Christian Burchardt

# Das Verfahren ohne mündliche Verhandlung
– § 128 Abs. 2 ZPO –

AF774788

# *Europäische Hochschulschriften*

Publications Universitaires Européennes
European University Papers

Reihe II

Rechtswissenschaft

Série II

Sciences juridiques
Law

Bd./vol. 99

Christian Burchardt

Das Verfahren ohne mündliche Verhandlung
– § 128 Abs. 2 ZPO –

Herbert Lang Bern
Peter Lang Frankfurt/M.
1974

Christian Burchardt

# Das Verfahren ohne mündliche Verhandlung
# – § 128 Abs. 2 ZPO –

Herbert Lang Bern
Peter Lang Frankfurt/M.
1974

Ab Manuskript des Autors gedruckt.

ISBN 3 261 01433 4

©

Peter Lang GmbH, Frankfurt/M. (BRD)
Herbert Lang & Cie AG, Bern (Schweiz)

1974. Alle Rechte vorbehalten.

Nachdruck oder Vervielfältigung, auch auszugsweise, in allen Formen wie Mikrofilm, Xerographie, Mikrofiche, Mikrocard, Offset verboten.

# INHALTSÜBERSICHT

# Einleitung

## § 1 Grundlagen des Verfahrens ohne mündliche Verhandlung

### I. Gesetzliche Grundlagen

Die Bestimmung des § 128 II [1] war der ZPO in ihrer ursprünglichen Fassung von 1877 fremd. Erstmals in der Bundesratsverordnung zur Entlastung der Gerichte vom 9.9.1915 [2] fand sich in deren § 23 eine Regelung über ein Verfahren omV. Dieses erfuhr mit § 23 a der Beschleunigungsverordnung vom 22.12.1923 [3] eine weitere Ausgestaltung und wurde schließlich, nachdem § 23 a BeschlVO zunächst in der Fassung des § 7 der Entlastungsverordnung vom 13.5.1924 [4] fortgegolten hatte, im Rahmen des Gesetzes zur Wiederherstellung der Rechtseinheit auf dem Gebiet der Gerichtsverfassung, der bürgerlichen Rechtspflege, des Strafverfahrens und des Kostenrechts vom 12.9.1950 [5] als §§ 128 II [6] und 310 II [7]

---

1) §§ ohne besonderen Hinweis sind solche der ZPO.
2) RGBl. S. 562; nachfolgend BundesratsVO.
3) RGBl. I S. 1239; nachfolgend BeschlVO.
4) RGBl. I S. 552; nachfolgend EntlVO.
5) BGBl. 1949/50 S. 455 (VereinhG).
6) Vormals § 7 Satz 1 EntlVO.
7) Vormals § 7 Satz 2 EntlVO.

unmittelbar in die ZPO übernommen und somit fester Bestandteil derselben [1)2)].

## II. § 128 II ZPO und Art. 6 I der Europäischen Menschenrechtskonvention

Gemäß Art. 6 I der Europäischen Konvention zum Schutze der Menschenrechte und Grundfreiheiten [3)] hat jedermann Anspruch darauf, daß seine Sache öffentlich gehört wird (" a fair and public hearing"). Art. 6 der Konvention verlangt demnach ein rechtsstaatliches Gerichtsverfahren [4)], in dem u.a. die Verhandlung vor dem Gericht öffentlich sein muß. Betrachtet man insoweit das Verfahren omV, in welchem der Verkehr zwischen dem Gericht und den Parteien schriftlich stattfindet, kann man von einer öffentlichen Verhandlung nicht sprechen. Zwar

---

1) Bereits vor der Übernahme in die ZPO war jedoch das Verfahren omV eine wesentliche Einrichtung des Zivilprozesses; siehe RGZ 95, 280 (282); Sydow-Busch-Krantz-Triebel, Anhang I, § 7 EntlBek. Anm. 1.

2) In der sowjetisch besetzten Zone Deutschlands ist die Vorschrift des § 7 EntlVO nicht in die ZPO eingearbeitet worden. § 7 gilt daher in diesem Gebiet weiter mit der Einschränkung, daß dieses Verfahren in der ersten Instanz nicht mehr anwendbar ist (Nathan, S. 39, 210). Letzteres beruht darauf, daß bei den Kreis- und Bezirksgerichten der DDR Schöffen mitwirken, §§ 43 I, 51 I GVG DDR (GBl. der DDR 1952, 983), denen der Sachverhalt nicht durch die Akten vermittelt werden soll.
Schließlich findet man dem § 128 II ähnliche Gesetzesformulierungen in anderen neueren Verfahrensordnungen der Bundesrepublik, so in § 124 II SGG (i.d.Fassung vom 23.8.1958, BGBl. I S. 614, in § 90 FGO (vom 6.10.1965, BGBl. I S. 1477), in § 101 II VwGO (vom 21.1.1960, BGBl. I S. 17), in § 25 I BVerfGG (vom 12.3.1951, BGBl. S. 243) und in § 35 S. 2 BVerwGG vom 23.9.1951, BGBl. I S. 625). Beachte dagegen § 46 ArbGG. Diese Bestimmung schließt die Anwendung des § 128 II vor dem erstinstanzlichen Arbeitsgericht ausdrücklich aus. Diese Regelung beruht auf der Tatsache, daß gerade in Arbeitssachen der mündlichen Erörterung des Sachstandes und dem persönlichen Eindruck der Parteien besonderes Gewicht beizumessen ist; vgl. Dietz-Nikisch, ArbGG § 46 Rdn. 5; Bernhardt, § 46 (S. 272).

3) Diese ist abgedruckt in BGBl. 1952 II, S. 685 ff.

4) Pieck, S. 10 f., 76.

schließt ein Schriftverfahren die Öffentlichkeit nicht notwendig aus. Diese wäre z.B. gewährleistet, wenn jedermann ein Recht auf Akteneinsicht eingeräumt würde. Dies ist aber - wie bereits erwähnt - praktisch undurchführbar. Die ZPO gestattet daher eine Akteneinsicht nur einem bestimmten Personenkreis (§§ 299, 760), grundsätzlich aber nicht der Allgemeinheit.

Unter diesem Gesichtspunkt könnte § 128 II der Konvention entgegenstehen, was zur Folge hätte, daß § 128 II unanwendbar wäre. Denn durch Gesetz vom 7.8.1952 (BGBl. II S. 685) hat der Deutsche Bundestag dem Vertrag zum Schutze der Menschenrechte zugestimmt. Dieses sogenannte Vertragsgesetz [1] hat doppelten Charakter. Es ermächtigt zunächst den Bundespräsidenten, den - völkerrechtlichen - Vertrag endgültig abzuschließen. Gleichzeitig bewirkt es die Umformung des Vertragsinhalts in innerdeutsches Recht [2][3]. Das Gesetz vom 7.8.1952 genießt nicht nur den Charakter eines formellen Gesetzes gemäß Art. 59 II GG, sondern steht in dem Range eines Bundesgesetzes in materiellem Sinne [4]. Das bedeutet, daß die Konvention unmittelbar geltendes Recht darstellt [5]. Eines

---

1) BVerfGE 1, 396 (41o); 6, 290 (294); von Mangoldt-Klein, GG Art. 59 Anm. IV 6.

2) Ganz hM.; siehe BVerfGE1,396 (411); 6, 290 (294); Maunz-Dürig, GG Art. 5 Rdn. 26; von Mangoldt-Klein, GG Art. 59 Anm. IV 7b; Echterhölder, JZ 1955, 698; Golsong, JbÖffR NF Bd. 10, 131; Süsterhenn, DVBl. 1955, 755; von Weber, MDR 1955, 389; vgl. die zahlreichen weiteren Nachweise für die Rechtsprechung bei Golsong, aaO., S. 131 Fußn. 41, und für das Schrifttum bei Pieck, S. 3 Fußn. 8.

3) Die Transformationswirkung beruht auf der Mitwirkung der jeweils zuständigen deutschen gesetzgebenden Körperschaft an der Ratifikation derartiger Verträge mit ausländischen Staaten, Maunz-Dürig, GG Art. 59 Rdn. 25; Jauernig, Zivilurteil, S. 54 Fußn. 3 mit weiteren Nachweisen.

4) OVG Münster, NJW 1956, 1374 (1375); von Mangoldt-Klein, GG Art. 59 Anm. IV 7 b; Pieck, S. 3; Echterhölder, JZ 1955, 689; Golsong, aaO., S. 131; Süsterhenn, DVBl. 1955, 754; von Weber, MDR 1955, 388; a.A. Henrichs MDR 1955, 141.

5) OVG Münster, aaO. ; BayObLG, NJW 1961, 270.

besonderen Ausführungsgesetzes, wonach gegebenenfalls innerdeutsches Recht mit den Bestimmungen der Konvention in Einklang zu bringen wäre, bedarf es daher nicht [1]. Daraus folgt, daß gemäß dem allgemeinen Grundsatz "lex posterior derogat legi priori" vom Zeitpunkt des Inkrafttretens der Konvention alle diejenigen Rechtssätze innerdeutschen Rechts unanwendbar sind, welche den entsprechenden Bestimmungen der Konvention entgegenstehen [2]. Es fragt sich daher, ob § 128 II mit Art. 6 I MRK zu vereinbaren ist, weil, wie gezeigt, mit dem Ausschluß der Mündlichkeit des Verfahrens auch die öffentliche Verhandlung entfällt [3].

Grundsätzlich ist davon auszugehen, daß Menschenrechte unveräußerlich und daher unverzichtbar sind [4]. Dies schließt aber nicht aus, im Einzelfall auf die Ausübung von Befugnissen, die sich aus dem konkreten Menschenrecht ergeben, zu verzichten [5] und sich damit des Rechtes vorübergehend zu begeben [6]. Betrachtet man unter Berücksichtigung dessen das Zivilprozeßverfahren, so zeigt sich, daß es den Parteien grundsätzlich einen Anspruch auf ein mündliches und öffentliches Verfahren gewährleistet (§ 128 I, GVG § 164). Davon abzuweichen unterliegt in erster Linie dem freien Entschluß der Parteien (§ 128 II). Selbst deren Einverständnis allein führt nicht bereits zu einer Aufhebung der Grundsätze der Mündlichkeit und Öffentlichkeit schlechthin. Die Zulässigkeit eines Verfahrens omV hängt vielmehr noch davon ab, ob nach der im freien Ermessen liegenden Meinung des Gerichts ein Verfahren omV seinem Sinn und Zweck nach den Prozeß in der konkreten Situation tatsächlich

---

1) Jauernig, Zivilurteil, S. 54; Wendt, MDR 1955, 658. Diese Auffassung entspricht im übrigen auch dem Willen des Gesetzgebers, wie sich aus den vorbereitenden Beratungen zum Vertragsgesetz vom 7.8.1952 (Deutscher Bundestag, 1. Wahlperiode, 1949, Drucksache Nr. 336 unter 1, 3) ergibt.
2) Jauernig, Zivilurteil S. 54; Hodler, NJW 1953, 532; Echterhölder, JZ 1955, 689 mit weiteren Nachweisen in Fußn. 12.
3) Vgl. Pieck, S. 78; ferner unten S. 308 f.
4) Vgl. die Hinweise in den beiden folgenden Fußnoten.
5) Echterhölder, JZ 1956, 145; Partsch, S. 383 (Fußn. 474); vgl. auch Henrichs, MDR 1955, 141; Müller, ZMR 1954, 231.
6) Schlochauer, S. 41; Maunz, § 17 IV 1 (S. 141); Morvay, ZaöRuVR 21, 337 f.

vereinfacht und beschleunigt und dabei weder die Interessen der Allgemeinheit noch die der Parteien an einer materiellen richtigen Entscheidung des Gerichts Schaden nehmen. Der von den Parteien erklärte Verzicht auf die Mündlichkeit gilt, wenn das Gericht im Einzelfall ein Verfahren omV aufgrund der besonderen Umstände angeordnet hat, nicht für den gesamten Prozeß, sondern lediglich für eine einzige dem Einverständnis nachfolgende Entscheidung [1]. Die Parteien verzichten also auf die mV und damit auf die Öffentlichkeit nur in bezug auf eine konkrete, eng begrenzte Prozeßlage. Es ist daher im Sinne des Art. 6 I MRK als rechtsstaatlich anzusehen, wenn entsprechend der Regelung des § 128 II im Einvernehmen mit den Parteien auf das Recht einer mündlichen und öffentlichen Verhandlung verzichtet wird [2].

Ein unter Ausschluß der Öffentlichkeit stattfindendes Verfahren darf aber nicht den Charakter eines "fair trial" verlieren [3], d.h.,es darf die prinzipielle Position einer Partei als einflußberechtigtes Subjekt des Verfahrens nicht in ihrem Wesen antasten [4]. Dann nämlich stünde das Verfahren omV trotz eines zulässigen Verzichts der Parteien mit dem Grund-

---

1) Siehe unten S. 278 f.

2) Ebenso Maunz-Dürig, GG Art. 1 Rdn. 70; Pieck, S. 106; Echterhölder, JZ 1956, 1 5; Müller, ZMR 1954, 231; Henrichs, MDR 1955, 141 (l.Sp.), allerdings mit der unzutreffenden Begründung, daß das Gesetz die Möglichkeit der Ausschließung der Öffentlichkeit zum "Schutze des Privatlebens der Prozeßparteien" (einer der in Art. 6 I 2 genannten zulässigen Ausschließungsgründe) zulasse. Ein derartiges Schutzbedürfnis sei immer dann anzunehmen, wenn die Parteien übereinstimmend keine mV wollten. Dieser Wille kann indes m.E. nicht unterstellt werden. Denn § 128 II ist eine reine prozessuale Zweckmäßigkeitsnorm. Nicht die privaten Interessen der Parteien, sondern - zumindest auch - das öffentliche Interesse an einem schleunigen Verfahren ohne starre Formen ist der Rechtfertigungsgrund für ein nicht öffentliches Verfahren omV. Siehe auch die Begründung bei Pieck, S. 106.

3) Vgl. Echterhölder, JZ 1956, 145 (l.Sp.).

4) Arndt, NJW 1959, 1301 (r.Sp.).

gedanken der Konvention [1] nicht mehr im Einklang. Ein Verfahren in dem genannten Sinne setzt voraus, daß die Parteien einen angemessenen Rechtsschutz genießen und der Prozeßgang dem Interesse der Gerechtigkeit allgemein dient. Beiden Anforderungen hält aber das Verfahren omV stand.

Die Vorschrift des § 128 II hat zwar mit den Grundsätzen der Mündlichkeit, Öffentlichkeit und teilweise der Unmittelbarkeit gebrochen. Aufrechterhalten wurden dagegen die sonstigen tragenden Verfahrensprinzipien der ZPO wie der Verhandlungsgrundsatz, die Dispositionsmaxime und - insbesondere - der Grundsatz des beiderseitigen Gehörs. Damit sind die Grundlagen für ein geordnetes, sachliches und "faires" Rechtsschutzverfahren auch im Falle des § 128 II gegeben. Dieses die Mündlichkeit aufhebende Verfahren dient im übrigen nach seinem ursprünglichen Sinn und Zweck der Entlastung der Gerichte sowie der Beschleunigung und Vereinfachung des Prozeßganges. § 128 II verfolgt somit Ziele, die vornehmlich im allgemeinen Interesse der Gerechtigkeit und damit auch im Interesse der Konvention liegen [2]. Da das Verfahren omV daher den Parteien mit dem nur als Ausnahme von dem grundsätzlich mündlichen und öffentlichen Verfahren gedachten nichtöffentlichen Prozeß einen angemessenen, rechtsstaatlichen Grundsätzen entsprechenden Rechtsschutz garantiert, bewegt es sich im Rahmen des in Art. 6 I MRK zum Ausdruck gebrachten "fair trial".

---

1) Zu Recht rügen Morvay, aaO., S. 337, und Pieck, S. 1o5 f., die Ausführungen des BGH in BGHZ 25, 60 (62). Das Gericht vertritt dort die Auffassung, daß die öffentliche Verhandlung durch eine Verfahrensgestaltung "in billiger Weise" grundsätzlich ersetzt werden könne. Das ist unzutreffend. Art. 6 I MRK garantiert ein öffentliches u n d billiges Verfahren ("a fair a n d public hearing"). Das eine kann also das andere nicht ersetzen. Richtig ist vielmehr, daß auf die Öffentlichkeit dann nicht verzichtet werden kann, wenn damit ein rechtsstaatliches Verfahren überhaupt nicht mehr gewährleistet ist.

2) Vgl. Echterhölder, JZ 1956, 145.

Zusammenfassend ergibt sich, daß das Verfahren omV mit der Europäischen Menschenrechtskonvention im Einklang steht. § 128 II ist daher auch nach Inkrafttreten der MRK anwendbar [1].

## § 2 Bedeutung und Anwendungsbereich des § 128 II ZPO

### I. Die Entwicklung des Verfahrens ohne mündliche Verhandlung in der ZPO

Der Grund für die Einführung eines Verfahrens omV in die ZPO im Jahre 1915 geht zurück auf die historische Entwicklung des Mündlichkeitsprinzips überhaupt [2] sowie auf die Situation in der deutschen Zivilprozeßgesetzgebung zur Zeit der Schaffung der ZPO in der Mitte des 19. Jahrhunderts im besonderen. Die schlechten Erfahrungen mit dem gemeinrechtlichen Schriftprozeß [3] in seiner Schwerfälligkeit [4] des Verfahrensganges bewirkten ein Wiederaufleben der Mündlichkeit, die in Deutsch-

---

1) Ebenso im Ergebnis BGHZ 25, 60 (62); Jauernig, Zivilurteil, S. 56; Partsch, S. 391 Fußn. 506 (S. 383 zu Fußn. 474); Echterhölder, JZ 1956, 145; Henrichs, MDR 1955, 141; Müller, ZMR 1954, 231 f.

2) Siehe dazu die eingehende Darstellung von Kip, Das sogenannte Mündlichkeitsprinzip. Ein kurzer Abriß findet sich bei Rosenberg-Schwab, § 80 I 3 (S. 378 f.).

3) Zu diesem Verfahren siehe näher Wetzell, S. 895 ff.; Weismann (I), § 47 III (S. 183); Maurer, S. 336 ff.; Feuerbach, S. 226 ff.; Kleinfeller , § 52 I (S. 163), jeweils m.w.Nachw.

4) Unter diesem Gesichtspunkt wurde die Mündlichkeit als Folgesatz der Öffentlichkeit, die in einem schriftlichen Verfahren praktisch nicht durchzuführen ist (Lent-Jauernig, § 27 IV (S. 74 f.); Meiss, S. 502; Pieck, S. 78 f.; Meyer, GruchBeitr. 31, 835; Walsmann, ZZP 61, 383), im Rahmen der Reformbewegungen im Jahre 1848 zu einem politischen Programm (Egger, S. 5; Kip, S. 57 f.; Volkmar, GruchBeitr. 55, 576; Leonhardt, Reichtagsrede, bei Hahn, Motive, S. 1292).

land [1] in der Allgemeinen bürgerlichen Prozeßordnung für das Königreich Hannover vom 8.11.1850 [2] seinen Niederschlag fand. Dieses Gesetzeswerk, das ganz streng auf dem Grundsatz der Mündlichkeit aufgebaut war, bildete die entscheidende Grundlage für die Reichszivilprozeßordnung von 1877 [4][5].

Unter diesen Voraussetzungen war die ZPO in ihrer ursprünglichen Fassung vollends vom Mündlichkeitsprinzip beherrscht. Dieser Grundsatz besagt im wesentlichen [6], daß die Parteien den gesamten Prozeßstoff in der entsprechenden Verhandlung mündlich vortragen müssen mit der Folge, daß das Gericht nur aufgrund einer mV eine Entscheidung treffen und a l l e n denjenigen, aber auch n u r denjenigen Streitstoff als Grundlage der Entscheidung verwerten muß bzw. darf, den die Parteien oder deren Vertreter in der mV vorgetragen haben [7].

---

1) Der französische Code de Procédure von 1806 und das schweizerische Loi sur la procédure des Kanton Genf von 1820 waren vom Grundsatz der Mündlichkeit beherrscht. Diese Verfahrensordnungen waren insoweit auch Vorbild für die Prozeßrechtsentwicklung in Deutschland.
2) Vgl. dazu im einzelnen Hellweg, AcP 61, 92; Leonhardt, Prozeßordnung, S. 3.
3) Vgl. §§ 87 ff.; 98 ff. der hannoverschen Prozeßordnung von 1850; Leonhardt, Prozeßordnung, S. 73 ff., 79 ff.
4) Hahn, Motive, S. 118 ff. (§ 3 der Begründung des Entwurfes von 1874); Schwartz, S. 623; Hellweg, AcP, 61, 91 ff.
5) Der Grundsatz der Mündlichkeit bestimmte auch die übrigen Landesprozeßordnungen dieser Epoche; vgl. dazu im einzelnen Wach, Handbuch, S. 141 ff.; Schwartz, S. 585 ff.
In dieselbe Richtung gingen auch die Prozeßordnungsentwürfe, die im Hinblick auf eine allgemeine Geltung für Deutschland ausgearbeitet, dann aber wegen der fortschreitenden Einigung des Landes im Stadium eines Entwurfs stecken geblieben sind. Diese Entwürfe sind deshalb von Bedeutung, da sie ebenfalls teilweise als Grundlage der Gesetzgebungsarbeiten an der RZPO dienten, so der Hannoversche Entwurf von 1866, der preußische Entwurf von 1864 und der norddeutsche Entwurf von 1870. Über den Inhalt und die Bedeutung für die RZPO im einzelnen, siehe Wach, Handbuch, S. 144 ff.
6) Wenn man vom Mündlichkeitsprinzip der ZPO spricht, so bezieht sich dies in der Regel auf das Parteivorbringen. Richtigerweise wirkt sich dieses aber auch auf die Beweisaufnahme und die richterlichen Handlungen aus. Was das Beweisverfahren angeht, kann hier die Frage der Mündlichkeit unerörtert bleiben, weil § 128 II lediglich die Streitverhandlung betrifft. Die Probleme um die Mündlichkeit der richterlichen Handlungen werden in einem besonderen Abschnitt zu untersuchen sein; siehe dazu unten S. 305 ff.
7) Weismann (I), § 47 I (S. 182); Rosenberg-Schwab, § 81 I 1 (S. 380); Stein-Jonas-Pohle, § 128 Anm. I, II u. III.

Die strenge Durchführung des Mündlichkeitsprinzips führte in der Praxis alsbald nach Inkrafttreten der RZPO zu erheblichen Mißständen und Fehlentwicklungen. Insbesondere die sog. Schlußverhandlung, d.h. die der Entscheidung unmittelbar vorangehende und damit maßgebliche Verhandlung vor dem erkennenden Gericht, stellte häufig nicht mehr als eine reine Formsache dar [1][2]. Sie erschöpfte sich in der Verlesung der Anträge und erschien daher überflüssig und obendrein zeitraubend. Verzögerungen der Prozesse und eine übermäßige Belastung der Gerichte waren die zwangsläufigen und zugleich unerfreulichen Begleiterscheinungen der reinen Mündlichkeit[3]. Die Folge war, daß sich die Praxis eines ungesetzlichen Verfahrens bediente, indem man teilweise nachgereichtes Schriftmaterial berücksichtigte, ohne daß dieser Vorgang ordnungsgemäß mündlich in den Prozeß eingeführt war und deshalb nicht als Entscheidungsgrundlage hätte dienen dürfen. Diesen Mißständen zu begegenen, war das Ziel des § 23 BundesratsVO [4]. Diese Regelung bildete zunächst eine vorsichtige, an fest umrissene Voraussetzungen gebundene Einschränkung eines übertriebenen Mündlichkeitsprinzips. So konnten die Parteien einverständlich auf eine mV verzichten. Wesentlich war jedoch, daß bereits eine mV stattgefunden haben mußte. Weiterhin mußten die Parteien durch Rechtsanwälte vertreten sein. Nach dem Willen des Gesetzgebers sollte es aber grundsätzlich dabei verbleiben, daß die mV die Regel, das Verfahren omV die Ausnahme bildete [5].

---

1) Magnus, Verh. d. 31. DJT, Bd. III S. 883, spricht von einer "Komödie".
2) Das galt insbesondere für die notwendigen Verhandlungen über das Ergebnis der Beweisaufnahme (§ 285). Gerade in diesen Fällen lassen sich aber auch noch heute entsprechende Mißstände beobachten, obgleich hier das Verfahren omV entsprechend seiner ursprünglichen Zielsetzung (vgl. Trendelenburg, JW 1915, 1070) sinnvolle Abhilfe schaffen könnte. Dies wird im Verlaufe dieser Abhandlung noch näher zu zeigen sein.
3) Trendelenburg, JW 1915, 1070.
4) Amtliche Begründung zu § 23 BundesratsVO; vgl. auch Neukamp, § 23 Anm. 1; Trendelenburg, JW 1915, 1070; Fasching, öZPO, § 183 Anm. 5 b.
5) Begründung der Reichstagsvorlage, Reichstagsdrucksache Nr. 6306 S. 4.

§ 23 BundesratsVO erfüllte jedoch die in ihn gesetzten Erwartungen nicht. Die strengen Voraussetzungen, insbesondere das Erfordernis einer früheren mV, beschränkten den Anwendungsbereich auf ganz wenige Fälle. Daher genügte diese Vorschrift den Bedürfnissen der Praxis bei weitem nicht [1]. Die Gerichte griffen deshalb häufig zu einem Verfahren omV über die gesetzlichen Grenzen des § 23 BundesratsVO hinaus [2]. Dieses Verfahren wurde schließlich durch § 23 a der BeschleunigungsVO legitimiert. Nunmehr konnten die Parteien in jeder Phase des Verfahrens in Übereinstimmung mit dem Gericht auf eine mV verzichten, ohne daß überhaupt jemals eine mV stattgefunden hatte und unabhängig davon, ob die Parteien durch Rechtsanwälte vertreten waren. Darüber hinaus blieb das Verfahren nicht mehr auf die unteren Instanzen und Gerichte beschränkt. Damit waren die Voraussetzungen für ein schriftliches Verfahren in der ZPO geschaffen. Schriftlichkeit bedeutet insoweit, daß nur der schriftliche Akteninhalt bei der Entscheidung berücksichtigt werden darf [3]. Im übrigen sollten nach dem ausdrücklichen Willen des Gesetzgebers [4] im Verfahren omV die sonstigen Verfahrensgrundsätze fortgelten, soweit diese nicht in so engem oder gar untrennbarem Zusammenhang mit der Mündlichkeit standen, wie z.B. die Öffentlichkeit [5] und Unmittelbarkeit [6], daß die Durchbrechung des Mündlichkeitsprinzips auch dessen Aufhebung oder Abschwächung zur Folge hatte.

---

1) Kip, S. 105; Volkmar, JW 1925, 709.
2) Delius, Recht 1924, 101; vgl. auch Levin, DJZ 1924, 14; Volkmar, BeschlVO, Begründung zu Artikel I (S. 15).
3) Rosenberg-Schwab, § 80 I 1 (S. 377); Weismann (I), § 47 I (S. 182).
4) Amtliche Begründung zu § 23 BundesratsVO.
5) Die Öffentlichkeit setzt die Mündlichkeit voraus; vgl. dazu näher Blomeyer, ZPR, § 22 vor I (S. 92); Nikisch, § 52 I 1 (S. 199); Blomeyer, Referate, S. 462; ferner Lent-Jauernig, § 27 IV (S. 74 f.); Weismann (I), § 66 A (S. 253); von Canstein, S. 101; Meiss, S. 5o2; Pieck, S. 78 f.; Meyer, GruchBeitr. 31, 835; Walsmann, ZZP 61, 383; u.a.
6) Zwar ist die Unmittelbarkeit auch im Schriftprozeß vorstellbar. Jedoch ergänzen sich Mündlichkeit und Unmittelbarkeit vortrefflich in dem Ziel einer schleunigen, sachgerechten und möglichst wahrheitsgetreuen Aufklärung des Streitstoffes; vgl. Kleinfeller, § 59 I (S. 188); von Canstein, S. 95; Hagen, S. 6.

Aus der Entstehungsgeschichte des Verfahrens omV, die mit § 23 der BundesratsVO ihren Anfang nahm, ergibt sich übrigens der grundlegende Sinn und Zweck dieses Verfahrens. Nachdem sich gezeigt hatte, daß die reine Mündlichkeit zu einer Verschleppung der Prozesse führte, sollte durch die Beseitigung der Mündlichkeit eine Vereinfachung und Beschleunigung des Verfahrens in denjenigen Fällen erreicht werden, in denen die obligatorisch mV eine bloße Formsache darstellte. Der Anwendungsbereich des Verfahrens omV sollte aber auf wirklich geeignete Fälle beschränkt bleiben [1]. Diesen Charakter hat das Verfahren omV bis heute nicht eingebüßt. Demgemäß geht die hM. zu Recht davon aus, daß die mV die beste Gewähr für eine vollständige und rasche Aufklärung des Sachverhalts biete und § 128 II daher nur in besonderen Ausnahmefällen Anwendung finden sollte [2].

## II. Anwendungsbereich des § 128 II ZPO

### 1. Allgemeine Voraussetzungen

In Anlehnung an die vorstehenden Ausführungen ergeben sich einige, im folgenden näher zu betrachtende allgemeine und besondere Schranken für die Anwendbarkeit des § 128 II.

Ein Verfahren omV setzt zunächst eine Prozeßlage voraus, aufgrund derer eine (erste oder weitere) mV "obligatorisch" ist. Daher scheidet die Anwendbarkeit des § 128 II zunächst in dem Bereich des fakultativ-mündlichen Verfahrens aus, in dem das Gericht schon aufgrund gesetzlicher Ermächtigung, ohne daß die besonderen Voraussetzungen des § 128 II vorliegen müßten, omV entscheiden kann.

---

1) Allg.-Verfügung des RJM, DJ 1935, 1656 (VII); ebenso die Allg.-Verfügung der Abt. Rechtswesen des Magistrats von Groß-Berlin vom 20.10.1950, JR 195o, 701 unter II g; Kuhn, DRiZ 1953, 123.
2) OLG Nürnberg, MDR 1966, 244; vgl. auch BGHZ 18, 61; Baumbach-Lauterbach, § 128 Anm. 4 B; Stein-Jonas-Pohle, § 128 Anm. VIII 1. Siehe dazu im einzelnen unten S. 155 ff.

Im obligatorisch-mündlichen Verfahren wiederum beschränkt sich die Anwendbarkeit des Verfahrens omV auf diejenigen Fälle, in denen eine Entscheidung tatsächlich nicht ohne eine (nochmalige) mV ergehen kann, Infolgedessen ist ein Verfahren omV prozeßordnungswidrig und daher unzulässig, wenn der Rechtsstreit bereits aufgrund einer vorausgegangenen mV zur Entscheidung reif ist [1][2][3]. Bei dieser Prozeßlage m u ß das Gericht eine Entscheidung treffen (§§ 300, 310 I). Die Anordnung eines Verfahrens omV in diesem Falle würde eine Umgehung der gesetzlichen Verkündungsvorschriften (§§ 300, 310 I) bedeuten, deren Zweck darin besteht, den alsbaldigen Erlaß einer Entscheidung auf die mündliche (Schluß-) Verhand-

---

1) So die hM.; siehe RGZ 133, 215 (217 f.); BGHZ 17, 118 (120 f.); BAGE 3, 52 (54); Baumbach-Lauterbach, § 128 Anm. 4 B; Stein-Jonas-Pohle, § 128 Anm. VIII 2 (a.E.); Zöller-Stephan, § 128 Anm. B 1; Blomeyer, ZPR, § 56 vor I (S. 270 f.); Rosenberg-Schwab, § 110 II 3 (S. 545); Schönke-Schröder-Niese, § 81 I (S. 365); Allg.-Verfügung des RJM, DJ 1935, 1656 (unter VII).

2) Zu den Auswirkungen dieses Fehlers auf eine in dieser Weise ergangenen Entscheidung, siehe unten S. 367 ff.,372.

3) Eine entsprechende - unzulässige - Verfahrenslage ist hingegen nicht gegeben, wenn zwar die Sache aufgrund einer mV vor dem Einzelrichter entscheidungsreif ist, jedoch eine Entscheidung nur vor dem Kollegialgericht gefällt werden kann. Dies setzt eine mV vor dem Kollegium voruas.
Die hiergegen erhobenen Bedenken von Lemberg, JW 1932, 646 f., sind unbegründet. Die Entscheidung durch das Kollegialgericht ergeht gegebenenfalls nicht nur aufgrund der mV vor dem Einzelrichter, sondern im wesentlichen aufgrund der Verhandlung vor dem Kollegium. Auch aus der prozessualen Stellung des Einzelrichters als das "Prozeßgericht" ergibt sich nichts anderes. Denn die Vorschriften der §§ 348 ff. sehen eine Verweisung an das Kollegium vor, wenn der Einzelrichter selbst nicht entscheiden kann mit der Folge, daß nunmehr vor dem Kollegium verhandelt werden muß und die Sache für den Einzelrichter prozessual nicht entscheidungsreif ist. Wenn man in diesem Falle daher die Anordnung eines Verfahrens omV für zulässig erachtet, steht dies der hM.,wonach ein Verfahren omV im Anschluß an eine mV, aufgrund derer der Rechtsstreit entscheidungsreif ist, nicht entgegen.

lung sicherzustellen [1]. Wenn hingegen die Parteien im Einzelfall trotz gegenwärtiger Entscheidungsreife noch weiteres Prozeßmaterial beizubringen wünschen, kann die Anordnung eines Verfahrens omV im Einverständnis der Parteien ausnahmsweise zulässig sein, aber nur dann, wenn auch das Gericht eine weitere Aufklärung des Streitstoffes für zweckmäßig erachtet [2]. Ein Verfahren omV setzt demnach grundsätzlich eine prozessuale Lage voraus, aufgrund derer nach den gesamten Umständen noch weiterer wesentlicher Prozeßstoff zu erwarten ist [3].

Im übrigen ist das Verfahren omV, abgesehen von den noch zu erörternden besonderen Voraussetzungen, an keine außergewöhnlichen Merkmale gebunden. Es gibt insbesondere keine allgemeine Zulässigkeitsvoraussetzungen des Inhalts, daß das Verfahren auf Einzelfälle beschränkt sei, in denen die mV eine bloße Formsache darstellte [4]. Zwar entspricht es dem ursprünglichen Sinn des Verfahrens omV, bei einer entsprechenden Prozeßlage die überflüssige mV zu ersetzen [5]. Das Fehlen dieser besonderen Verfahrenssituation macht aber das Verfahren omV angesichts einer gesetzlichen Regelung nicht prozessual unzulässig. Ein entgegen dem Sinn des § 128 II angeordnetes Verfahren omV macht dies allenfalls unzweckmäßig [6]. Diese

---

1) In dieser Beziehung wird in der Praxis häufig Mißbrauch getrieben; vgl. dazu Staud, DJ 1938, 374; de Boor, Entsch.nLdA., S. 51 Fußn. 6 a.
Zu welchen Auswüchsen die Umgehung der Wochenfrist gem. § 310 I führen kann, machen zwei Urteile des BGH besonders deutlich. In einem Falle erging das betreffende Urteil des Berufungsgerichts nach fast sechs Monaten (vgl. BGHZ 17, 118 ff.), in dem anderen, dem Urteil des BGH, aaO., zugrundliegenden Fall sogar erst nach 8 1/2 (!) Monaten nach der maßgeblichen mV (BGHZ 18, 61 ff.).

2) Johannsen, LM Nr. 6 zu § 128 ZPO. - Zur Entscheidungsreife siehe im einzelnen unten S. 266 ff.

3) BGH, NJW 1966, 52.

4) So unzutreffend Rosenberg-Schwab, § 110 II 2 (S. 545); Schönke-Kuchinke, § 8 IV 5 a (S. 39); Baur, JZ 1966, 72.

5) Siehe oben S. 18 ff.

6) Die Trennung zwischen gesetzlichen Voraussetzungen eines Verfahrens omV und Berücksichtigung von Zweckmäßigkeitserwägungen im Rahmen des richterlichen Ermessens wird auch von dem BSG, MDR 1966, 449 (zu § 124 I SGG) nicht deutlich gezogen.

Beurteilung, die im Einzelfall aus Zweckmäßigkeitserwägungen zu einer Beschränkung des Anwendungsbereiches des Verfahrens omV im genannten Sinne führen kann, findet im Rahmen der auf gesetzlicher Ermächtigung beruhenden Ermessensausübung des Gerichts statt. Dieses hat darüber zu befinden, ob aufgrund des Einverständnisses tatsächlich ein Verfahren omV, das dem Ausnahmecharakter des § 128 II entspricht, angeordnet werden soll. Diese Entschließung des Gerichts hat jedoch nichts mit der Frage zu tun, ob überhaupt die gesetzlichen Voraussetzungen für ein Verfahren omV gegeben sind [1].

Weiterhin ist das Verfahren omV nicht nur im ordentlichen Entscheidungsverfahren zulässig. Es bestehen keine Bedenken, § 128 II auch auf die besonderen Prozeßarten, wie den Urkunden-, Wechsel- und Scheckprozeß (§§ 592 ff.), anzuwenden. Das Verfahren omV durchbricht nämlich ganz allgemein den Grundsatz der Mündlichkeit und ist deshalb überall dort gangbar, wo gewöhnlich eine mV stattfinden müßte [2]. Das ist bei den genannten Urkundenprozessen aber der Fall. Diese Verfahrensarten weichen im wesentlichen insofern von dem gewöhnlichen Prozeßgang ab, als sie auf bestimmte Klagegründe und Einwendungen des Beklagten beschränkt sind. Diese Besonderheiten stehen zu den Grundsätzen der Mündlichkeit und Schriftlichkeit in keinem Zusammenhang. Die Durchbrechung der Mündlichkeit unter Anwendung des § 128 II stellt daher die Durchführung des Prozesses in der besonderen Art der §§ 592 ff. nicht in Frage.

Dagegen könnten sich in Ehesachen Zweifel gegen die Zulässigkeit eines Verfahrens omV ergeben. Insbesondere das verstärkte öffentliche Interesse an der Richtigkeit und Vollständigkeit der Sachaufklärung könnte der Anwendung des § 128 II entgegenstehen. Jedoch läßt sich der Prozeßstoff auch

---

1) Entgegen Rosenberg-Schwab, § 110 II 2 (S. 545), Schönke-Kuchinke, § 8 IV 5 a (S. 39) und Baur, JZ 1966, 72, findet sich für eine andere Auffassung im Gesetz kein Anhalt.
2) Vgl. RGZ 123, 333 (334).

im Eheprozeß grundsätzlich in einer schriftlichen Verhandlung herbeischaffen. Die mündliche Erörterung des Sach- und Streitstandes ist keine wesentliche Eigenschaft des Eheprozesses. Dagegen spricht auch nicht § 619. Diese Vorschrift schreibt die Anordnung des persönlichen Erscheinens und damit die Notwendigkeit eines mündlichen Verhandlungstermines nicht zwingend vor. Die entsprechende Entschließung steht vielmehr im Ermessen des Gerichts [1].

Auch in sonstiger Hinsicht bestehen gegen die Zulässigkeit eines Verfahrens omV im Eheprozeß keine Bedenken. Diese Verfahrensart unterliegt allen Grundsätzen des Zivilverfahrens mit Ausnahme einiger Abweichungen, die jedoch hier nicht von Interesse sind [2]. Insbesondere das Gebot der sachlichen Richtigkeit und der Vollständigkeit des Prozeßstoffes, auf die das Gesetz im Eheprozeß besonderen Wert legt, gilt uneingeschränkt. Ergibt sich aber, daß der Sachverhalt omV hinreichend geklärt ist, kann unter den besonderen Voraussetzungen des § 128 II auch im Ehescheidungsrechtsstreit eine Entscheidung im Verfahren omV ergehen [3][4].

---

1) BayObLGZ 1955, Nr. 33; Baumbach-Lauterbach, § 619 Anm. 2; Stein-Jonas-Schlosser, § 619 Anm. I 3.
2) So z.B. die teilweise Einschränkung des Dispositionsgrundsatzes und der Verhandlungsmaxime; vgl. dazu näher Rosenberg-Schwab, § 167 II 8 u. 9 (S. 883 f.).
3) Ebenso im Ergebnis RGZ 123, 333 (334); OLG Koblenz, NJW 1960, 1014; Baumbach-Lauterbach, § 128 Anm. 4 A; Stein-Jonas-Pohle, § 128 Anm. VIII 4; Rosenberg-Schwab, § 110 II 1 (S. 545); Lay, S. 37.
4) In der Praxis dürfte in Ehesachen eine Entscheidung omV selten sein. Im Hinblick auf das verstärkte öffentliche Interesse wird sich regelmäßig die Anordnung des persönlichen Erscheinens der Parteien empfehlen, um jegliches Mittel der Aufklärung des Sachverhalts auszuschöpfen; vgl. Baumbach-Lauterbach, § 619 Anm. 2; Stein-Jonas-Schlosser, § 619 Anm. V 3; Göppinger, ZZP 73, 89. Nur in besonderen Ausnahmefällen kann es daher angebracht sein, einen Eheprozeß durch ein Verfahren omV abzukürzen und zu vereinfachen, wenn unabhängig von einer mV eine sichere Gewähr für eine sachlich richtige Entscheidung gegeben ist, OLG Koblenz, NJW 1960, 1014.

Endlich ist im Hinblick auf die allgemeine Zulässigkeit des Verfahrens omV noch ergänzend darauf hinzuweisen, daß dieses in jedem Stadium innerhalb des Prozesses, so insbesondere auch nach einer früheren mV [1] sowie in allen Rechtsmittelinstanzen [2] Anwendung findet.

## 2. Der Richterwechsel und § 309 ZPO

### a. Problemstellung

Der häufigste Anwendungsfall des Verfahrens omV ist der, daß zunächst entsprechend dem normalen Verfahrensgang eine oder mehrere mVen stattgefunden haben und das Verfahren später aufgrund der Tatsache, daß nach Ansicht aller Prozeßbeteiligten eine weitere - an sich notwendige - mV überflüssig sei, in ein schriftliches Verfahren gemäß § 128 II übergeleitet wird [3]. In diesem "gemischten" (mündlich-schriftlichen) Verfahren [4] muß das Gericht nicht nur das nach Übergang in das Verfahren omV eingereichte Schriftmaterial berücksichtigen. Entscheidungsgrundlage ist nach ganz hM. auch das Ergebnis der vorangegangenen mV [5].

Es kommt nun im normalen Gang des Gerichtsalltags häufig vor, daß sich im Verlaufe des Verfahrens die Besetzung des Gerichts

---

1) Das folgt aus der Entstehungsgeschichte des § 128 II. Zunächst war es gemäß § 23 BundesratsVO eine notwendige Voraussetzung, daß eine mV stattgefunden hatte. Diese Voraussetzung ist mit § 23 a BeschlVO fortgefallen. Unrichtig wäre aber nunmehr der Schluß, daß keine mV mehr vorangehen "dürfe". Das ist ganz hM.; siehe RGZ 151, 193 (195); BGHZ 11, 27 (29 f.); 17, 116 (120); Baumbach-Lauterbach, § 128 Anm. 6 B; Stein-Jonas-Pohle, § 128 Anm. IX vor 1; Zöller-Stephan, § 128 Anm. B I; Rosenberg-Schwab, § 110 II 1 (S. 545); a.A. unzutreffend LG Hamburg, MDR 1950, 171; vgl. im übrigen die zahlreichen weiteren Nachweise bei Späth, S. 147 Fußn. 2.

2) Stein-Jonas-Pohle, § 128 Anm. VIII 4; Rosenberg-Schwab, § 110 II 1 (545).

3) Vgl. auch Kip, S. 106; Paech, ZZP 49, 323.

4) Auernhammer, ZZP 67, 260.

5) Vgl. dazu näher unten S. 241 ff.

ändert. In diesem Falle dürfen im mündlichen Verfahren nur diejenigen Richter eine Entscheidung treffen, die der der Entscheidung zugrunde liegenden Verhandlung beigewohnt haben (§ 309). Tritt daher zwischen der letzten mV und der Entscheidung ein Richterwechsel ein, muß im Hinblick auf § 3o9 die Verhandlung wiedereröffnet werden (§ 156). Wendet man demnach § 309 unter Berücksichtigung dessen, daß auch der mündliche Prozeßstoff die Entscheidungsgrundlage bildet, im Verfahren omV an, so hätte dies im Falle eines Richterwechsels nach Beendigung der m ü n d l i c h e n Verhandlung zur Folge, daß ein Verfahren omV unzulässig wäre, weil das erkennende Gericht nicht der maßgeblichen mV beigewohnt hat und deshalb den mündlichen Prozeßstoff nicht berücksichtigen kann [1].

b. Der Stand des Meinungsstreits

Um die Anwendung des § 309 im gemischt mündlich-schriftlichen Verfahren besteht seit Einführung des Verfahrens

1) In einem Verfahren omV dagegen, in dem nur schriftlicher Prozeßstoff die Entscheidungsgrundlage bildet, kommt man mit § 3o9 im Falle eines Richterwechsels nicht in Konflikt (de Boor, Entsch.nLdA., S. 40; Püschel, Einzelrichter, S. 77 Fußn. 83; Goldenring, ZZP 14, 59; von Marth, LZ 1932, 736). Denn § 309 dient allein dem Schutz der Unmittelbarkeit(siehe unten S.28 Fußn.3 ). Die erkennenden Richter sind aber im rein schriftlichen Verfahren jederzeit in der Lage, sich einen unmittelbaren Eindruck von dem Streitstoff zu verschaffen, indem sie die Akten persönlich lesen.
Entsprechend entfällt das Problem der Unmittelbarkeit auch in dem umgekehrten Fall eines gemischt schriftlich-mündlichen Verfahrens. Hier ergeht die Entscheidung aufgrund einer mV,und § 309 gilt uneingeschränkt; vgl. Sauerländer, LZ 1924, 228.

omV lebhafter Streit [1]. Bringt man die Auffassungen derjenigen, die die Anwendung des § 309 befürworten, auf einen Nenner, so kann danach keine Entscheidung im Verfahren omV ergehen, wenn nicht dieselben Richter mitwirken, die auch an einer oder mehreren dem Schriftverfahren vorausgegangenen mVen teilgenommen hätten. Da der mündliche Prozeßstoff zu berücksichtigen sei, gebiete der Grundsatz der Unmittelbarkeit in entsprechender Anwendung des § 309 die Wiedereröffnung der mV, damit die neu eingetretenen Richter einen unmittelbaren persönlichen Eindruck von dem Inhalt des mündlichen Vortrages erhielten [2].

---

1) Für die Anwendung: KG, JW 1916, 1356; Förster-Kann, Nachtrag B IV, § 7 EntlBek. Anm. 3; Goldschmidt, Neue ZPO, Anhang 4, § 7 EntlVO Anm. 6; ders., Zivilprozeßrecht, § 57, 2 (S. 182); Lent-Jauernig, § 70 (S. 205); Rosenberg-Schwab, § 110 V 1 a (S. 548); de Boor, Entsch. nLdA., S. 40 ff.; Samter, S. 63; Stürmer, S. 36; Zscherlich, S. 38 ff.; Auernhammer, ZZP 67, 256 ff.; Bielschowsky bei Schäffer, JW 1915, 1394; von Marth, LZ 1932, 796; Oppler, LZ 1915, 1500.
Einschränkend für den Fall, daß das Verhandlungsergebnis der mV erschöpfend protokolliert oder aktenkundig ist, siehe RGZ 132, 336 = JW 1931, 2478; Kann, JW 1924, 384; ders., ZPO, § 7 EntlBek. Anm. 3; Keidel, BayRpflZ 1924, 146; Schefold, DRiZ 1924, 168; für den Fall, daß die Wiedereröffnung der mV eine leere Form wäre, Späth, S. 176 f.
Gegen jede Anwendbarkeit des § 309: BGHZ 11, 27 f. = NJW 1954, 266; BGH, FamRZ 1957, 370 (371); MDR 1968, 314; BAGE 12, 56 (58); RGZ 133, 215 (220); BayObLG, MDR 1965, 392; Baumbach-Lauterbach, § 309 Anm. 1; Stein-Jonas-Pohle, § 128 Anm. X 2 e; Stein-Jonas-Schumann-Leipold, § 309 Anm. IV; Lucas, § 23 a Anm. 1; Thomas-Putzo, § 128 Anm. 3; Volkmar, BeschlVO, § 23 a EntlVO Anm. 5; Wieczorek, § 309 A I; Zöller-Stephan, § 128 Anm. B III; Blomeyer, ZPR, § 81 I 1 (S. 401) u. § 56 II 1 (S. 272); Stein-Juncker, § 13 IV (S. 42); Cremer, S. 76 f.; Lay, S. 18 ff.; Münzel, S. 123; Paeffgen, S. 3o; Püschel, Einzelrichter, S. 78; Sonnen, Das neue ZPrR, S. 44; Burkhardt, MDR 1957, 390; Johannsen, LM Nr. 2/3 zu § 128 ZPO; Reinberger, Recht 1924, 72; Sauerländer, LZ 1924, 228; Volkmar, JW 1924, 18; vgl. auch § 302 des Entwurfs 1931 (Begründung, S. 323). - Ebenso auch die hM. für das FGG-Verfahren, siehe BayObLG, MDR 1965, 392; ORG Berlin, RzW 1958, 176; OLG Celle, RzW 1952, 87; Keidel, FGG, Vorbem. 10 zu §§ 8-18.

2) Vgl. u.a. Rosenberg-Schwab, § 110 V 1 a (S. 548); de Boor, Entsch.nLdA., S. 41; Auernhammer, ZZP 67, 256 ff.

Die entgegengesetzten Auffassungen gehen übereinstimmend davon aus, daß § 309 ein rein mündliches Verfahren voraussetzte. Die Vorschrift des § 309 und der darin zum Ausdruck gelangte Grundsatz der Unmittelbarkeit passe daher nicht in ein Verfahren, in dem schriftlicher Prozeßstoff Grundlage der Entscheidung sei [1]. Im übrigen würde der Zweck des Verfahrens omV nicht erreicht werden, wenn wegen eines Richterwechsels die mV wiedereröffnet werden müßte [2].

c. Grundlagen der Untersuchung

Ausgangspunkt der Untersuchung, ob § 309 im gemischt mündlich-schriftlichen Verfahren Anwendung finden soll, muß eine nähere Betrachtung dieser Vorschrift sein. Sie ist ein Folgesatz der Unmittelbarkeit [3], d.h., es sollen nur diejenigen Richter entscheiden dürfen, die an der der Entscheidung zugrunde liegenden Verhandlung teilgenommen haben. Denn der direkte Eindruck des erkennenden Gerichts von den Parteien und deren Vortrag bieten eine bessere Gewähr für eine gerechte Entscheidung, als wenn die Richter den Inhalt der Verhandlung lediglich von anderen Richtern vermittelt erhielten. § 309 tritt darüber hinaus in enge Beziehung zur Mündlichkeit. Diese Vorschrift ist zwar kein Folgesatz des Mündlichkeitsprinzips [4], sie steht aber mit diesem aufgrund ihrer Entstehungsgeschichte in untrennbarem Zusammenhang. Bei der Schaffung des § 309 im Jahre 1877 [5] gab es kein Aktenlageverfahren (§§ 251 a, 331 a) und kein Verfahren omV (§ 128 II). Das Gesetz kannte also zu diesem Zeitpunkt

---

1) RGZ 149, 158 (159); Baumbach-Lauterbach, § 309 Anm. 1.
2) BGHZ 11, 27 (30); RGZ 149, 158 (159); Paeffgen, S. 29 f.
3) Rosenberg, LB,§ 64 I 1 (S. 302); Egger, S. 6; Hegler, Rechtsgang I, S. 217. Nach dem BayObLG, MDR 1965, 392, sei § 309 ein Folgesatz der Mündlichkeit, nach OLG Celle, RzW 1952, 87, und Stein-Jonas-Schumann-Leipold, § 309 Anm. II, ein Folgesatz sowohl der Mündlichkeit als auch der Unmittelbarkeit.
4) Zutreffend Hegler, aaO., S. 217 Fußn. 2. - Das Formprinzip der Mündlichkeit bewirkt auch "ohne § 309" die Verwertbarkeit als Prozeßstoff. Die Frage, ob dieser zu rechtlichem Dasein gelangte Vortrag verwertet werden kann, ist dann eine Frage der Unmittelbarkeit i.S. des § 309.
5) Damals als § 280 RZPO von 1877 (RGBl. S. 133).

keine Entscheidung auf der Grundlage eines schriftlichen Vortrages. § 309 setzt somit in seinem Grundgedanken einen Rechtsstreit voraus, der ausschließlich auf einer durch mündlichen Vortrag geschaffenen Entscheidungsgrundlage beruhte. Unmittelbarkeit und Mündlichkeit sind daher in dieser ursprünglichen Form miteinander verbunden. Wenn also § 309 eine unmittelbare Verhandlung vor dem erkennenden Gericht verlangt, so kann das nach dem ursprünglichen Sinn dieser Vorschrift allein "unmittelbar mV" bedeuten. Daraus ergibt sich zunächst, daß diese Vorschrift in ihrem Wortlaut und ihrer Entstehungsgeschichte keine Anhaltspunkte für ein Verfahren hergibt, in dem nicht nur mündlicher, sondern auch schriftlicher Prozeßstoff die Grundlage der Entscheidung bilden soll wie im gemischt mündlich-schriftlichen Verfahren.

Angesichts dessen hätte es nahegelegen, im Zusammenhang mit der Einführung eines Verfahrens omV die Bestimmung des § 309 der neu entstandenen Situation anzupassen. Da dies unterblieben ist, könnte man schließen, daß § 309 auch in der neuen Verfahrensart mit mündlicher und schriftlicher Entscheidungsgrundlage uneingeschränkt fortgelten sollte. Das würde aber voraussetzen, daß die gesetzesschaffenden Organe ein entsprechendes Bewußtsein hatten. Das ist jedoch nicht der Fall.

Die Regelung des Verfahrens omV beruhte auf Notverordnungen. Diese haben den Bearbeitern keine ausreichende Zeit gelassen, die betroffenen Vorschriften der ZPO anzupassen [1]. Der Gesetzgeber hat sich somit über die Auswirkungen des Verfahrens omV insbesondere auch im Hinblick auf § 309 keine Gedanken gemacht [2], wie sich auch aus einem fehlenden Hinweis in der

---

1) Püschel, Einzelrichter, S. 6o.
2) Auernhammer, ZZP 67, 259.

amtlichen Begründung zu § 23 EntlVO [1]) schließen läßt [2]). Das Gesetz enthält demnach insoweit eine Lücke, die es anhand der allgemeinen Grundlagen des Zivilverfahrensrechts zu schließen gilt.

Betrachtet man den Inhalt des § 309 näher, so spricht dieser ein bestimmtes Gebot aus. Die Vorschrift besagt im übrigen nichts über die Auswirkungen, die sich danach für die Praxis ergeben. Gerade jene sind es aber, an denen sich der Streit um die Anwendbarkeit des § 309 in gemischt mündlich-schriftlichen Verfahren entzündet hat. Sie sollen daher auch den Ausgangspunkt für die Untersuchung des vorliegenden Problems bilden.

In einem ausschließlich mündlichen Verfahren wird nur das in der mV Vorgetragene zum maßgeblichen Prozeßstoff, der schließlich in der richterlichen Entscheidung berücksichtigt werden darf. Das ist eine Folge des Mündlichkeitsprinzips. Findet deshalb eine einzige mV statt, so ist der gesamte Vortrag dieser Verhandlung der Entscheidung zugrunde zu legen. Der Prozeßstoff kann aber nur verwertet werden, wenn - und hier greift die Bedeutung des § 309 ein - alle entscheidenden Richter der Verhandlung beigewohnt haben. Tritt deshalb ein Richterwechsel ein, so versagt § 309 die Berücksichtigung des an sich ordnungsgemäß eingeführten und somit entscheidungserheblichen Prozeßstoffes, weil in bezug auf den neu eingetretenen Rich-

---

1) Erste Beilage zum RAnz. 1915, Nr. 215.
2) Dagegen finden sich in späteren gesetzgeberischen Werken entsprechende Hinweise, in welcher Weise das Problem des § 309 im Verhältnis zu schriftlichem und mündlichem Prozeßstoff zu lösen sei; § 3o2 des Entwurfes 1931; ferner anläßlich der Einführung der Aktenlageentscheidungen durch die Novelle vom 13.2.1924 (RGBl. S. 135 ff.); hier sollte die Lösung der Zweifelsfragen im Hinblick auf § 309 bewußt der Praxis überlassen bleiben (siehe Curtius, JW 1924, 357; Volkmar, JW 1924, 348; Rosenberg, Das neue ZPR, S. 74).

ter die Unmittelbarkeit nicht gewahrt ist [1]. Damit aber das Vorbringen gleichwohl verwertet werden kann, muß das Gericht bei einer Veränderung der Besetzung nach Schluß der mV (§ 136 IV) die Verhandlung wieder eröffnen. In der erneuten mV sind die Parteien dann gehalten, den gesamten Prozeßstoff nochmals vorzutragen [2]. Da dies jedoch in aller Regel überflüssig wäre und zudem eine nicht unerhebliche Mehrbelastung des Gerichts bedeuten würde, genügt zur Aufrechterhaltung des in § 309 zum Ausdruck gekommenen Unmittelbarkeitsgrundsatzes ein Bericht der Parteien über das Ergebnis der bisherigen mV [3][4]. Bei dieser Sachlage ist es dann allein diese letzte mV, die der Entscheidung i.S. des § 309 "zugrundeliegt"[5]. Daraus folgt, daß die praktische Anwendung des § 309 im Falle eines Richterwechsels auf die "Schlußverhandlung" beschränkt ist.

---

1) Die Unverwertbarkeit erstreckt sich jedoch nur auf diejenigen Parteierklärungen, die keine prozessual bindende Wirkung haben, also bei Heilung von Verfahrensmängeln durch Verzicht oder Rügeunterlassung (§ 295) oder speziell bei rügeloser Einlassung im Falle der Gerichtsunzuständigkeit (§ 39) oder Klageänderung (§ 269) oder bei Nichtgeltendmachung prozeßhindernder Einreden vor Beginn der mV (§ 274), und endlich bei bestimmten Erklärungen wie Geständnis, Anerkenntnis und Verzicht. Diese Parteiäußerungen behalten ihre volle Gestaltungskraft; vgl. Meiss, S. 511 f.

2) Schmidt, LB, § 73 II 2 (S. 443).

3) RAGE 14, 285 (290); Stein-Jonas-Pohle, § 128 Anm. IV 2; Nikisch, § 75 I 3 (S. 292); Rosenberg-Schwab, § 59 I 1 (274); Hellwig, System I, S. 583.
In diesem Sinne wohl auch Planck, der grundsätzlich eine Wiederholung für erforderlich hält (§ 40 III A, S. 189), die jedoch verhältnismäßig kurz sein könne (§ 40 III B 1, S. 190); vgl. ferner Mangler, SächsArch. 1915, 408.

4) Die Parteien können in diesem Falle auch auf einen entsprechenden mündlichen Bericht verzichten und sich auf eine Bezugnahme auf den Akteninhalt beschränken, § 137 III 1.

5) Baumbach-Lauterbach, § 309 Anm. 1; Blomeyer, ZPR, § 21, 1 (S. 92) ("die der letzten mV beiwohnten..."); Rosenberg-Schwab, § 83 II 1 (S. 390).
In diesem Sinne wohl auch Bernhardt, § 23 VIII (S. 149), wenn er meint, das Urteil könne nur von denjenigen Richtern gefällt werden, "die der Schlußverhandlung beigewohnt haben".

d. § 309 ZPO und die gemischt mündlich-schriftliche Verhandlung im besonderen

Auf der Grundlage der vorstehenden Ausführungen erkennt man für das gemischt mündlich-schriftliche Verfahren folgendes: Wenn für dieses Verfahren der Satz gilt, daß auch der mündliche Vortrag einer oder mehrerer vorausgegangener mVen bei der Entscheidung zu berücksichtigen ist [1], dann beruht dies darauf, daß das auf diese Weise eingebrachte Prozeßmaterial ordnungsgemäß eingeführt und deshalb Entscheidungsgrundlage ist. Insoweit gilt das Mündlichkeitsprinzip auch in dieser Verfahrensart. Mit § 309 hat dies nichts zu tun [2].

Entscheidungserheblich ist aber auch das aufgrund des Parteieinverständnisses eingereichte Schriftmaterial. Die erkennenden Richter müssen somit nebeneinander mündlichen und sich daran anschließenden schriftlichen Parteivortrag berücksichtigen. Dieses Verfahren mit seinen beiden Verhandlungsformen ist ein Verfahren sui generis . Es handelt sich dabei nicht nur um die Ergänzung vorangegangener mVen. Entgegen den Aktenlageentscheidungen und dem Verfahren omV in seiner ursprünglichen Form des § 23 BundesratsVO von 1915 ist eine vorangegangene mV keine Tatbestandsvoraussetzung für § 128 II. Das Gesetz hat vielmehr mit § 128 II die schriftliche Verhandlung als eigenständige Verhandlungsform anerkannt. Mit dem Übergang von einem mündlichen in ein Verfahren omV ist die Verhandlung in mündlicher Form, nicht aber überhaupt, beendet. Sie wird vielmehr in schriftlicher Form fortgesetzt und ersetzt damit vollends jede weitere mV. Wenn sich die schriftliche Verhandlung auch selbständig fortbewegt, so bleibt sie doch zusammen mit der (oder den) vorangegangenen mV(en) entsprechend dem Grundsatz von der Einheit der mV im Falle mehrerer Verhandlungstermine eine Einheit. Die schriftliche

---

1) Siehe oben S. 25 und unten S. 241 ff.
2) Siehe auch BGH, MDR 1956, 473 f. In dieser Entscheidung wird zwar auf die gleiche Besetzung der Richterbank hingewiesen, die Vorschrift des § 309 wird dabei aber an keiner Stelle erwähnt.

Verhandlung ist demnach der vorangehenden mündlichen in ihrer Bedeutung völlig gleichwertig. Das hat erhebliche Bedeutung für den Richterwechsel und für die Frage der Anwendung des § 309 im gemischt mündlich-schriftlichen Verfahren. Denn hier vollzieht sich der letzte, d.h. der der Entscheidung unmittelbar vorausgehende Teil einer Verhandlung in schriftlicher Form. Hier haben die Parteien Gelegenheit, ihren Vortrag durch Wiederholung oder einen Bericht über Inhalt und Ergebnis der mV [1] unmittelbar dem Gericht zur Kenntnis zu bringen. Eine entsprechende Notwendigkeit wie im mündlichen Verfahren, wegen eines Richterwechsels eine erneute Verhandlung stattfinden zu lassen, besteht daher im gemischt mündlich-schriftlichen Verfahren nicht, da die Streitverhandlung mit dem Schluß der mV ja noch nicht beendet ist. Es besteht demnach gar kein Bedürfnis, die Parteiverhandlung "wiederzueröffnen". Die der mündlichen völlig gleichwertige schriftliche Verhandlung bildet vielmehr wie im Falle mehrerer mündlicher Verhandlungstermine die maßgebende"Schlußverhandlung". Wenn auch der Entscheidung der gesamte Streitstoff sämtlicher Verhandlungsabschnitte zugrundezulegen ist, so ergeht die Entscheidung letzten Endes allein aufgrund des unmittelbar der Entscheidung vorangehenden schriftlichen Teiles der Verhandlung [2] und nicht etwa aufgrund der letzten mündlichen u n d schriftlichen Verhandlung. Da nun § 309 sich, wie gezeigt, im Falle eines Richterwechsels allein auf die Schlußverhandlung bezieht, folgt daraus, daß diese Bestimmung lediglich im Hinblick auf den schriftlichen, nicht aber auf den mündlichen Teil der gemischten Verhandlung anzuwenden ist.

Dieses Ergebnis setzt allerdings voraus, daß die Parteien, sofern ein Richterwechsel eingetreten ist, keinen Anspruch

---

1) Siehe oben S. 31.
2) OLG Jena, ZZP 51, 83 (84); Volkmar, JW 1924, 18. Dies kommt im übrigen auch im Rubrum eines derartigen Urteils zum Ausdruck. Während es im mündlichen Verfahren heißt, "auf die mV vom ...", findet man bei den Entscheidungen im Verfahren omV im Rubrum den Hinweis, daß die Entscheidung "... im Wege schriftlicher Entscheidung ...", oder "... im Verfahren omV..." oder "... im schriftlichen Verfahren..." ergangen sei; vgl. auch Lucas-Richter, § 251 a Anm. II 3 (S. 48).

auf die Wiedereröffnung einer mV im Sinne einer mündlichen Schlußverhandlung haben. Man könnte nämlich meinen, daß ungeachtet einer nachfolgenden schriftlichen Verhandlung das Vorbringen in den vorangegangenen mVen unter allen Umständen als m ü n d l i c h e r Prozeßstoff zu berücksichtigen sei und somit im Falle eines Richterwechsels wegen § 309 eine erneute m ü n d l i c h e Verhandlung stattfinden müsse. Das würde praktisch bedeuten, daß die letzte der vorangegangenen mVen die insoweit maßgebliche Schlußverhandlung bildete, auf die § 309 anzuwenden sei mit der Folge, daß im Falle einer zum Zeitpunkt der Entscheidung veränderten Gerichtsbesetzung die mV zur erneuten Verhandlung des mündlichen Prozeßstoffes wiedereröffnet werden müßte [1]. Diese Auffassung geht jedoch fehl.

Aufgrund der besonderen Situation im gemischt mündlich-schriftlichen Verfahren ist in dem Einverständnis der Parteien gemäß § 128 II der Verzicht auf die Berücksichtigung ihres mündlichen Vorbringens als "unmittelbar mündlichen" [2] Prozeßstoff - nicht aber als Entscheidungsgrundlage überhaupt [3] - enthalten. Die Parteien begeben sich also mit dieser Erklärung des Rechts, ihr mündliches Vorbringen in derselben Form zu wiederholen. Sie verzichten m.a.W. mit dem Einverständnis nicht nur auf die Mündlichkeit hinsichtlich ihres weiteren Vorbringens, sondern darüber hinaus auch auf die mündliche Unmittelbarkeit bereits eingeführten mündlichen Prozeßstoffes.

Nur wenn man den Einverständniserklärungen den vorgenannten Inhalt beigibt, erhält das Verfahren omV seinen wirklichen Sinn. Diesem würde es zuwiderlaufen, wenn die Parteien entgegen ihrem durch das Einverständnis zum Ausdruck gebrachten Willen wegen eines Richterwechsels erneut geladen werden müßten, damit sie um der Unmittelbarkeit willen ihr mündliches Vorbringen wiederholten. Dies würde regelmäßig auf

---

1) So Zscherlich, S. 39.
2) Im Sinne des § 309.
3) Anders wohl Paeffgen, S. 30, wenn er in den Einverständniserklärungen gleichzeitig die Kundgabe eines dahingehenden Parteiwillens sieht, daß die Parteien keinen Wert mehr auf das Ergebnis der früheren mV legten.

eine Bezugnahme auf den Akteninhalt (§ 137 III 1) hinauslaufen. Wer einen derartigen Formalakt für unentbehrlich hält, vereitelt infolge einer starren Durchführung des in § 309 zum Ausdruck gelangten Unmittelbarkeitsgedankens ein Verfahren, das die mit der Unmittelbarkeit Hand in Hand gehende Mündlichkeit aus Zweckmäßigkeitsgründen durchbrochen hat. Das Verfahren omV beruht aber gerade auf der Erkenntnis, daß die Mündlichkeit nicht um ihrer selbst willen vorhanden, sondern Mittel zum Zweck ist. Dasselbe gilt auch für das Prinzip der Unmittelbarkeit [1]. Mit dem Verlangen nach einer totalen Unmittelbarkeit im Verfahren omV würden die sinnvollen Bestrebungen des Gesetzgebers, von einem starren Mündlichkeitsprinzip zu einer "wahren Mündlichkeit" zu gelangen, zunichte gemacht. Dies kann nicht der Sinn des § 128 II sein. Somit wird bei richtigem Verständnis dieser Vorschrift mit der Durchbrechung der Mündlichkeit gleichzeitig eine teilweise Aufhebung der Unmittelbarkeit bewirkt, die eo ipso von dem Einverständnis erfaßt wird.

Dagegen kann man auch nicht einwenden, daß die Parteien mit ihrer Einverständniserklärung zu einem schriftlichen Verfahren diese Folge in der Regel nicht gewollt haben [2][3]. Dies wäre unerheblich, weil es auf ein entsprechendes Bewußt-

---

1) Von Canstein, S. 95, Fußn. 1.
2) So Auernhammer, ZZP 67, 261, Rosenberg-Schwab, § 110 V 1 a (S. 548) und Späth, S. 177 f., wenn diese einen ausdrücklichen Willen der Parteien bei Abgabe des Einverständnisses verlangen, dahingehend, daß ausschließlich der Akteninhalt (sc. nicht das Ergebnis der vorausgegangenen mVen) maßgeblicher Prozeßstoff sein solle. Rosenberg, aaO., nimmt diesen Willen im Zweifel an, wenn die Parteien das Einverständnis nach einem ihnen bekannten Richterwechsel abgeben. Ebenso Kann, ZPO, § 7 EntlBek., Anm. 3.
3) Späth, S. 175, meint, das Gericht müsse "unterstellen", daß die Parteien eine erneute mV (trotz ihres Einverständnisses) wollten, damit der ursprünglich mündliche Prozeßstoff in dieser Form auch als Entscheidungsgrundlage dienen könne.
Ungeachtet dessen, daß man dies nicht schon aus der Tatsache, daß die Parteien die frühere mV gewollt hätten (so Späth, aaO.), schließen kann, ist diese Auffassung auch insofern fraglich, als die Verwertung des mündlichen Prozeßstoffes als solchen durch einen Richterwechsel nicht zwingend ausgeschlossen sein muß; siehe dazu unten S. 246 ff.

sein der Parteien ankommt. Der Wille der Parteien, daß das Gericht nur in der ursprünglichen Besetzung wie bei der letzten mV entscheiden soll, könnte allenfalls unter dem Gesichtspunkt der Wirksamkeit der Einverständniserklärung beachtlich sein. Haben die Parteien diesen Willen ausdrücklich bei der Abgabe des Einverständnisses erklärt, dann wäre dieses mit einer Bedingung verknüpft, die die Unwirksamkeit der Einverständniserklärung zur Folge hätte [1]. In diesem Falle könnte eine Entscheidung ohne (erneute) Verhandlung nicht ergehen, da es an einem Tatbestandsmerkmal des § 128 II fehlte.

Der mit dem Einverständnis verbundene Verzicht auf eine mündliche Unmittelbarkeit in bezug auf den mündlichen Prozeßstoff in einem gemischt mündlich-schriftlichen Verfahren läßt auch keine erheblichen Gefahren oder Nachteile für die Parteien erkennen [2]. Es ist eine häufig auftretende Tatsache im Gerichtsalltag, daß sich die Besetzung der Richterbänke verändert. Die "Gefahr" eines Richterwechsels ist im gemischten Verfahren besonders groß, weil sich in der Regel das an die letzte mV anschließende Verfahren omV über einen längeren Zeitraum hinzieht, z.B. bis zum Abschluß einer (auswärtigen) Beweisaufnahme und der sich daran anschließenden schriftlichen Äußerungen der Parteien. Die Parteien müssen daher im Verlaufe des Verfahrens ständig mit einem Richterwechsel rechnen [3]. Dieser ist ein interner Vorgang im Gerichtsbetrieb, auf den die Parteien ohne jeden Einfluß sind. Haben sie nunmehr angesichts dieser bekannten Umstände auf die Mündlichkeit verzichtet, liegt es an ihnen, ihr Vorbringen in der schriftlichen Verhandlung zu wiederholen, um gegebenenfalls dem neuen Richter einen persönlichen Eindruck von ihrem bisherigen Vortrag zu vermitteln (soweit dies durch eine schriftliche Darstellung möglich ist). Da die schriftliche Verhandlung der mündlichen völlig gleichwertig ist und sich nur in der Form unterscheidet, obliegen den Parteien

---

1) Vgl. dazu näher unten S. 72 ff.
2) Anders Späth, S. 178.
3) Püschel, Recht 1924, 359; Reinberger, Recht 1924, 189; a.A. wohl HansOLG Hamburg, RzW 1960, 16, wonach die Parteien benachrichtigt und ihnen Gelegenheit gegeben werden müßte, den mündlichen Vortrag in Schriftsätzen nachzuholen.

naturgemäß in der schriftlichen Verhandlung alle Rechte und Pflichten der Parteiverhandlung [1]. Sie haben daher auch dafür Sorge zu tragen, daß das Gericht in der Besetzung, in der die Entscheidung schließlich getroffen wird, über den vollständigen Prozeßstoff informiert ist [2]. Von der Last der Vollständigkeit können die Parteien nicht allein deshalb entbunden werden, weil ein Richterwechsel im Verfahren omV normalerweise nicht so offenkundig wird wie im mündlichen Verfahren. Zwar empfiehlt sich ein entsprechender Hinweis des Gerichts. Auch wenn das Gericht jedoch nicht in dieser Weise tätig wird und die Parteien den Richterwechsel nicht erkennen, sind diese grundsätzlich nicht der Pflicht enthoben, den bisherigen mündlichen Vortrag in der schriftlichen Verhandlung, die die mündliche ersetzt, zu referieren [3].

Faßt man die vorstehenden Erörterungen zusammen, so ergibt sich, daß Grundlage der Entscheidung im gemischt mündlich-schriftlichen Verfahren die schriftliche Schlußverhandlung ist. Mit dem Verzicht auf eine weitere mV ist ein Verzicht auf eine mündliche Schlußverhandlung und damit gleichzeitig auf die mit der Mündlichkeit verbundene Unmittelbarkeit im Sinne des § 309 verbunden [4]. § 309 findet daher im gemischt mündlich-schriftlichen Verfahren keine Anwendung. Somit kann eine Entscheidung omV ergehen, auch wenn nicht dieselben Richter entscheiden, die an der vorangegangenen mV teilgenommen haben.

Demgegenüber überzeugen die Gründe, auf die die Befürworter der Anwendbarkeit des § 309 im Verfahren omV ihre Ansicht stützen, nicht. Zunächst findet sich in der Argumentation dieser Gegenmeinung immer wieder die Befürchtung, aus welcher Quelle das erkennende Gericht seine Kenntnis von dem zu berücksichtigenden mündlichen Prozeßstoff beziehen soll, wenn nicht aus der Teilnahme an der betreffenden mV [5]. Nicht das

---

1) Siehe im einzelnen unten S. 162.
2) Vgl. Johannsen, LM Nr. 2/3 zu § 128 ZPO; wohl auch Paeffgen, S. 30.
3) Vgl. auch Cremer, S. 77.
4) In diesem Sinne BGHZ 11, 27 ff.; Johannsen, LM Nr. 2/3 zu § 128 ZPO.
5) Vgl. de Boor, ZZP 50, 55 (unter V).

aber meint § 309. Dieses Problem ist vielmehr eine Frage nach dem richterlichen Wissen des Inhalts der mV und tritt sogar bei unveränderter Gerichtsbesetzung auf, wenn z.B. die mV so weit zurückliegt, daß sich das Gericht an deren Inhalt nicht mehr erinnern kann. Unter diesem Gesichtspunkt wäre der Rechtsstreit nicht entscheidungsreif, weil sich die wirkliche Entscheidungsgrundlage nicht zuverlässig ermitteln ließe [1]. Zwar berührt diese Frage ebenso wie § 309 auch den Grundsatz der Unmittelbarkeit der Verhandlung [2] und würde im Ergebnis wie im Falle eines Richterwechsels zur Wiedereröffnung der mV führen. Sie hat aber mit der Vorschrift des § 309 nichts zu tun [3]. Es ist daher verfehlt, die Frage, ob § 309 im Verfahren omV anwendbar ist oder nicht, unter dem Gesichtspunkt der Konservierung des Prozeßstoffes zu untersuchen. Diese unrichtige Betrachtungsweise führt zwangsläufig zu dem Ergebnis einer differenzierten Anwendbarkeit des § 309, wie dies in der Auffassung derer zum Ausdruck kommt, die § 309 unter der Voraussetzung für unanwendbar halten, daß der mündliche Vortrag aktenkundig ist [4].

Auch alle sonstigen Erwägungen vermögen die hier vertretene Auffassung nicht zu Fall zu bringen. De Boor [5] stützt seine abweichende Ansicht u.a. auf eine entsprechende Anwendung des § 272 a. Jedoch ist angesichts der Unterschiede zwischen dem Verfahren gemäß § 272 a und demjenigen omV [6] für eine Analogie kein Raum. Zwar durchbrechen beide Verfahren die Mündlichkeit, indem schriftliches Material bei der Entscheidung berücksichtigt wird, ohne daß dieses mündlich vorgetragen werden muß.

---

1) Siehe dazu unten S. 252 f.
2) Siehe unten S. 252 f.
3) Eine zutreffende Unterscheidung in diesem Sinne trifft Johannsen, LM Nr. 2/3 zu § 128 ZPO, wenn er bei der Besprechung des Urteils des BGH (Z 11, 27 ff.), der § 309 für unanwendbar hält, ausführt, daß der BGH sich nicht mit der Frage zu befassen hatte, inwieweit der Vortrag vorausgegangener mVen etc. bei der Entscheidung berücksichtigt werden kann.
Ebenso auch von Marth, LZ 1932, 796 f.; Püschel, Recht 1924, 359; ders., ZZP 61, 86; Münzel, S. 123 f.; a.A. wohl Auernhammer, ZZP 67, 263.
4) Siehe oben S. 27 Fußn. 1.
5) Entsch.nLdA., S. 41 f.
6) Siehe dazu im einzelnen weiter S. 383 ff.

Während jedoch eine Entscheidung nach § 128 II unter vollständigem Verzicht auf Mündlichkeit stattfindet, ergeht eine Entscheidung im Anschluß an ein Verfahren gemäß § 272 a "aufgrund einer mV" [1]. Der gemäß § 272 a zulässigerweise nachgereichte Schriftsatz ergänzt lediglich die der Entscheidung allein zugrunde liegende mV. Er wird trotz seiner Nachreichung so angesehen, als wäre er in der letzten mV ordnungsgemäß vorgetragen. Im Verfahren nach § 272 a darf deshalb die entscheidende Richterbank nach Eingang des nachgereichten Schriftsatzes keine andere sein als diejenige, die der maßgebenden mV beigewohnt hat [2]. In diesem Verfahren gilt daher § 309

---

1) Stein-Jonas-Schumann-Leipold, § 272 a Anm. III 4.
2) Stein-Jonas-Schumann-Leipold, § 272 a Anm. III 4; Püschel, JR 1926, 28; ders., Einzelrichter, S. 81; a.A. Graßhof, JR 1926, 593.

uneingeschränkt[1]. Ein solches Verfahren steht aber in strengem Gegensatz zu der auf einem Einverständnis der Parteien hin erfolgenden schriftlichen Verhandlung und der darauf beruhenden Entscheidung. Dieses Verfahren bezweckt - wie gezeigt - nicht die schriftliche Ergänzung mündlichen Vortrages mit dem Ziel,

---

1) Aufgrund dieser Überlegungen versteht sich, daß die Auffassung, § 309 müsse auch im Verfahren omV Anwendung finden, unter der Geltung des § 23 BundesratsVO, der dem § 272a sehr ähnlich ist, überwog. § 23 aaO. betraf nicht mehr als ein rein mündliches Verfahren, in dem die notwendige "Schlußverhandlung" unterbleiben konnte. Man nahm aber an, weil in jedem Falle eine mV vorauszugehen hatte, daß diese mV die eigentliche Verhandlung bildete, in der der Prozeßstoff zur Kenntnis des Gerichts gelangte. Somit durften nur diejenigen Richter entscheiden, die auch dieser Verhandlung beiwohnten (vgl. dazu Neukamp, § 23 Anm. 2 a; Bielschowsky, bei Schaeffler in JW 1915, 1394; Oppler, LZ 1915, 1498). Diese Argumentation entfiel mit der Neufassung des Verfahrens omV in § 23 a der VO vom 22.12.1923, da eine vorangehende mV nunmehr nicht mehr erforderlich war.
Mit der Einführung der Aktenlageentscheidungen entstand das Problem, ob § 309 wegen der "Notwendigkeit" einer vorangehenden mV bei einer Entscheidung im Falle der §§ 251 a, 331 a anwendbar sei , von neuem. In §§ 251 a, 331 a ist die vorangegangene mV Tatbestandsvoraussetzung. Es könnte sich also insoweit für die Beurteilung des § 309 etwas anderes ergeben als im Falle eines Verfahrens omV. Der Unterschied, daß in jedem Falle eine mV stattgefunden haben und die Aktenlageentscheidungen nicht wie in § 128 II auf dem freiwilligen Entschluß der Parteien beruhen muß, ist nicht von der Hand zu weisen. Diese Gesichtspunkte haben insbesondere Sauerländer, LZ 1924, 228, dazu bewogen, die Frage nach der Anwendbarkeit des § 309 im Aktenlageverfahren anders als im Verfahren omV zu beantworten; siehe dagegen de Boor, Entsch.nLdA., S. 41 (Fußn. 9).
Die Frage um die Anwendbarkeit des § 309 in den Aktenlageverfahren ist im übrigen gleichermaßen streitig wie bei § 128 II. Für die Anwendbarkeit: KG, ZZP 50, 51 (52 f.); Blomeyer, ZPR, § 55 III 1 (S. 269); Nikisch, § 77 III 2 (S. 306); Rosenberg-Schwab, § 109 III 1 (S. 542); Goldschmidt, Neue ZPO, § 251 a Anm. 4; de Boor, Entsch.nLdA , S. 41; ders., ZZP 50, 55 (unter V); Auernhammer, ZZP 67, 261.
Einschränkend für den Fall, daß der Inhalt der früheren mV aktenkundig ist: RGZ 132, 330 (336); Schönke-Schröder-Niese, § 80 II 6 (S. 364); Keidel, BayRpflZ 1924, 146; vgl. auch Kann, ZPO, § 251 a Anm. 4; Volkmar, BeschlVO, § 251 a Anm. 6.
Gegen die Anwendung des § 309: RGZ 149, 158 (159); RG, HRR 1936, 292 f.; OLG Karlsruhe, JW 1925, 2351 (2352); OLG Jena, ZZP 51, 83 (84); Lucas-Richter, § 251 a Anm. II 3; Stein-Jonas-Pohle, § 251 a Anm. III 2 vor a); Sydow-Busch-Krantz-Triebel, § 251 a Anm. 6; Wieczorek, § 309 I; Püschel, ZZP 51, 85; Reinberger, Recht 1924, 489; Sonnen, JW 1925, 2351 f.
Zweifelnd: von Hodenberg, JW 1924, 366.

wegen des nicht rechtzeitigen Zuganges eines Parteienschriftsatzes (§ 132) eine prozeßverschleppende Vertagung zu verhindern. Das Verfahren omV, insbesondere im Hinblick auf § 309 in seiner gemischt mündlich-schriftlichen Form, stellt ein Verfahren eigener Art dar. In diesem finden mündliches und rein (im Gegensatz zu dem bezogenen Schriftmaterial gemäß § 137 III) schriftliches Vorbringen bei der Entscheidung Berücksichtigung [1]. Die Schlußverhandlung, für die § 309 die Unmittelbarkeit gebietet, findet im Verfahren gemäß § 128 II schriftlich und nicht, wie gemäß § 272 a, mündlich statt. Daher ergeht die Entscheidung des Gerichts im Falle des § 128 II auch nicht aufgrund einer mündlichen [2], sondern auf der Grundlage einer schriftlichen Verhandlung [3]. Diese Unterschiede zwischen den Verfahren gemäß § 272 a und § 128 II verbieten eine Analogie mit der Folge der Anwendbarkeit des § 3o9.

Eingehend hat Auernhammer [4] seine Auffassung, § 309 finde auch im gemischt mündlich-schriftlichen Verfahren Anwendung, begründet. Seine Argumentation geht jedoch in zwei wesentlichen Punkten von unzutreffenden Voraussetzungen aus. Auernhammer behauptet zunächst, daß die Entscheidungen nach Lage der Akten und im schriftlichen Verfahren Urteile ohne Schlußverhandlung darstellten [5]. Es kann dahinstehen, inwieweit diese Feststellung für die Aktenlageverfahren gemäß §§ 251 a, 331 a zutreffend ist. Sie gilt jedoch nicht im Verfahren omV. Es hat sich gezeigt, welche Eigenständigkeit diesem Verfahren zukommt. Hier gilt nicht notwendig das mündlich Vorgetragene "in erster Linie"[6]. Sollte dies tatsächlich der Fall sein, weil die Parteien in der schriftlichen Verhandlung nichts

---

1) Püschel, Einzelrichter, S. 82.
2) Volkmar, BeschlVO, § 251 a Anm. 6; Lucas-Richter, § 251 a Anm. 2; a.A. de Boor, Entsch.nLdA., S. 41/42; Kann, ZPO, § 7 EntlBek. Anm. 3 Abs. 2.
3) Für den Fall, daß die Parteien im Anschluß an die Einverständniserklärungen überhaupt nicht mehr verhandeln, vgl. unten S.
4) ZZP 67, 256 ff.
5) Auernhammer, aaO., S. 258.
6) Auernhammer, aaO., S. 26o f.

Wesentliches mehr vortragen, so rechtfertigt das jedoch nicht eine Gleichstellung mit dem Verfahren nach Aktenlage.

Weiterhin geht Auernhammer zu Unrecht davon aus, daß das Gesetz aus der kongruenten Verwirklichung der Grundsätze der Mündlichkeit und Unmittelbarkeit in § 309 die Unmittelbarkeit "ohne Ausnahme" gewahrt wissen wolle, wo eine mV stattgefunden habe, und dessen Inhalt den Entscheidungsstoff bilde [1]. Diese Forderung wurzelt in einer Überspannung des Mündlichkeitsprinzips mit dem Folgesatz des § 309. Es ist bereits dargelegt worden, daß die Forderung nach der Anwendung des § 309 im gemischt mündlich-schriftlichen Verfahren eine Rückkehr zur reinen Mündlichkeit und deren Folgesatz der Unmittelbarkeit im strengen Sinne "um des Prinzips willen" bedeuten würde, ohne den Zweck der Mündlichkeit und Unmittelbarkeit im Hinblick auf das Ausnahmeverfahren gemäß § 128 II im Auge zu behalten [2]. Die Auffassung Auernhammer's widerspricht daher den Bestrebungen des Gesetzgebers, durch eine zweckmäßige Gestaltung eine wahre Mündlichkeit des Zivilverfahrens zu erreichen.

Späth [3] gelangt aufgrund seiner Untersuchungen zur Frage des § 309 zu einem vermittelnden Ergebnis. Er befürwortet wegen der Kongruenz zwischen Mündlichkeit und Unmittelbarkeit grundsätzlich die Anwendbarkeit des § 309. In der Erkenntnis jedoch, daß die starre Durchführung des § 309 das Verfahren omV erheblich belasten würde, räumt Späth ein, daß § 309 in besonderen Fällen außer Acht gelassen werden könne, ohne allerdings die Voraussetzung für die Nichtanwendbarkeit des § 309 im einzelnen zu bestimmen. Dies erscheint bedenklich. Der bloße Hinweis auf die sog. Elastitätsmaxime [4] vermag diese Auffassung nicht zu stützen. M.E. kann es für die Frage des § 309 keinen "Mittelweg" geben. Gerade die Parteiinteressen, auf die Späth [5] so bedeutenden Wert legt und deretwegen er insbesondere den

---

1) AaO., S. 260.
2) Siehe oben S. 35.
3) S. 176.
4) Späth, S. 177 zu Fußn. 3.
5) S. 178.

für die hier vertretene Auffassung entscheidenden Gesichtspunkt des in dem Einverständnis enthaltenen Verzichts auf mündliche Unmittelbarkeit ablehnt, gebieten eine klare Prozeßsituation, aus der sich ergibt, ob in einem mündlich-schriftlichen Verfahren im Falle eines Richterwechsels während der schriftlichen Verhandlung eine erneute mV stattfinden muß oder nicht. Je nachdem haben sich dann die Parteien darauf einzustellen [1].

---

1) Den Schutz vor möglichen nachteiligen Folgen im Falle der Nichtanwendbarkeit, die Späth, S. 175, 178, im besonderen befürchtet, bietet gegebenenfalls die richterliche Prozeßleitung. Im übrigen bewertet Späth, aaO., die Gefahren eines Verzichts auf mündliche Unmittelbarkeit des mündlichen Prozeßstoffes über.

# Erster Teil

## Die besonderen Voraussetzungen und der Gang des Verfahrens ohne mündliche Verhandlung

## § 5 Das Parteieinverständnis und die Zustimmung des Gerichts

### I. Der Rechtscharakter des Parteieinverständnisses

Eine der wesentlichen besonderen Voraussetzungen des Verfahrens omV ist das "Einverständnis der Parteien" (§ 128 II). Wie noch im einzelnen zu zeigen sein wird, ist es in verschiedener Hinsicht (Widerruf, Zulässigkeit von Bedingungen etc.) von Bedeutung, wie die betreffenden Äußerungen der Parteien gemäß § 128 II rechtlich zu qualifizieren sind. Dies soll daher im folgenden näher untersucht werden.

Die Einverständniserklärungen der Parteien i.S. des § 128 II sind darauf gerichtet, eine Prozeßlage zu schaffen, die es ermöglicht, abweichend von der obligatorischen Mündlichkeit (§ 128 I) schriftlich, d.h. omV eine Entscheidung zu treffen. Mit der Abgabe der Einverständniserklärungen entsteht daher eine Verfahrenssituation, die nicht mehr von dem Grundsatz der Notwendigkeit einer mV beherrscht wird, sondern an deren Stelle ein "fakultativ-schriftliches" Verfahren [1] tritt. In

---

1) Diese Terminologie bildet das Gegenstück zu dem Begriff des"fakultativ-mündlichen" Verfahrens. Bisweilen wird die letztere Bezeichnung auch für die mit dem allseitigen Einverständnis der Parteien gem. § 128 II entstehende Prozeßlage verwandt (Kip, S. 106; Münzel, S. 43; Reinberger, Recht 1924, 75 (81); vgl. auch Volkmar, BeschlVO, Begründung zu Art. I (S. 15)). Das ist jedoch irreführend. Denn das fakultativ-mündliche Verfahren im hergebrachten Sinne unterscheidet sich in seinem Ausgangspunkt wesentlich von der prozessualen Situation im Fall eines Einverständnisses mit einem Verfahren omV. Ersteres findet grundsätzlich schriftlich statt. Das Gericht hat in diesem Fall sein Ermessen dahingehend auszuüben, ob nach Art und Bedeutung sowie zur schleunigen Durchführung des Verfahrens eine mV zweckdienlich sein könnte. Dieses Verfahren gestaltet sich aber regelmäßig schriftlich. Umgekehrt hat das Gericht im Falle des § 128 II grundsätzlich ein mündliches Verfahren zu bevorzugen und nur in ganz besonderen Ausnahmefällen die durch ein Einverständnis geschaffene Möglichkeit, von einer mV abzusehen, wahrzunehmen.

diesem Verfahren ist das Gericht ermächtigt, aufgrund des schriftlichen Prozeßstoffes zu entscheiden oder aber eine mV zur Erörterung des Sach- und Streitstandes anzuberaumen. Daraus folgt zunächst, daß die Rechtswirkungen des auf dem Willen der Parteien beruhenden Verhaltens, nämlich des Einverständnisses, ausschließlich [1] auf prozessualer Ebene liegen. Eine solche bewußte und gewollte Handlung einer Partei im Prozeß, die auf die Herbeiführung einer bestimmten Verfahrensgestaltung gerichtet ist, bezeichnet man als Prozeßhandlung [2][3][4].

---

1) Auf die materielle Rechtslage haben die Einverständniserklärungen keinen Einfluß.

2) Die Prozeßhandlungen werden häufig in gerichtliche und Parteihandlungen geschieden; vgl. Stein-Jonas-Pohle, vor § 128 Anm. X 1; Nikisch, § 54 I 1 (S. 209); Rosenberg-Schwab, §§ 57 ff. (S. 258 ff.) und §§ 63 ff. (S. 300 ff.); Schönke-Kuchinke, § 32 (S. 140 ff.) und § 33 (S. 144 ff.); Goldschmidt, Prozeß, S. 364. Die Erfassung der richterlichen Handlungen und der Prozeßhandlungen der Parteien unter dem gemeinsamen Begriff "Prozeßhandlung" erscheint terminologisch nicht sehr gelungen. Sie ist auch nicht von Wert. Gerichtliche Handlungen und Parteihandlungen unterliegen nämlich gänzlich anderen Regeln. Erstere sind Staatsakte, letztere beruhen auf dem Verhalten von Privatpersonen. Man spricht daher besser von "Akten der Gerichtsorgane" auf der einen Seite und beschränkt andererseits den Begriff der Prozeßhandlungen auf die Handlungen der Parteien; vgl. auch Baumbach-Lauterbach, Grundz. vor § 128 Anm. 5 B; Thomas-Putzo, Einl. III 1. Diese Terminologie entspricht auch derjenigen des Gesetzes. Wenn z.B. in den §§ 54, 67, 78, 23o f. u.a. von Prozeßhandlungen die Rede ist, dann handelt es sich ausschließlich um Fälle einer"Partei"-handlung.

3) So die Begriffsbestimmung bei Stein-Jonas-Pohle, vor § 128 Anm. XI 1 c; Baumgärtel, S. 291. Auch nach dem Prozeßhandlungsbegriff Rosenberg's (LB, § 59, 2, und im Anschluß daran Niese, Prozeßhandlungen, S. 85, Eb. Schmidt I, Rdn. 203 (m.w.Nachw.) und die Rechtsprechung (RGZ 77, 329; BGHZ 49, 384 (386 f.)), demgemäß dasjenige Verhalten als Prozeßhandlung anzusehen ist, welches nach Voraussetzung und Wirkung nach Prozeßrecht geregelt ist, stellt sich die Einverständniserklärung gemäß § 128 II als Prozeßhandlung heraus. Denn sie gestaltet das Verfahren unmittelbar. Ihre Beachtlichkeit richtet sich nach prozeßrechtlichen Vorschriften.

4) Daß die Einverständniserklärungen Prozeßhandlungen sind, ist ganz hM.; vgl. statt vieler Stein-Jonas-Pohle, § 128 Anm. IX 1.

Bei näherer Betrachtung zeigt sich nun, daß sich das "Einverständnis der Parteien" i.S. des § 128 II, das die besondere Prozeßlage des fakultativ-schriftlichen Verfahrens begründet, aus mehreren übereinstimmenden Handlungen der Parteien zusammensetzt. Angesichts dessen erhebt sich die Frage, ob es sich bei dem Einverständnis der Parteien um selbständige einseitige Prozeßhandlungen oder um eine prozessuale Vereinbarung (Prozeßvertrag) handelt [1].

Der Wortlaut des Gesetzes läßt eine eindeutige Qualifizierung nicht zu. "Einverständnis" der Parteien kann sowohl die Parteivereinbarung im Prozeß über eine abweichende Verfahrensform als auch zwei selbständige an das Gericht gerichtete prozessuale Willenserklärungen bedeuten [2]. Es kommt deshalb darauf an, welche Gestaltung dem Sinn der Erklärungen des Einverständnisses mit einem Verfahren omV entspricht.

Es liegt zunächst nahe, in dem allseitigen Einverständnis eine erklärte Willenseinigung, also einen Vertrag zu sehen, der erforderlich ist, um den prozessualen Erfolg einer veränderten Verfahrenslage zu bewirken. Indes entsprechen die Einverständniserklärungen gemäß § 128 II nicht dem Rechtsgebilde eines Vertrages. Dessen typische Eigenschaften liegen in einer erklärten Willensübereinstimmung zweier (oder mehrerer) sich gegenüberstehenden Parteien. Diese tauschen einander inhaltlich verschiedene, aber einander entsprechende, auf einen einheitlichen Rechtserfolg gerichtete Erklärung aus [3]. Schließlich ist das Zustandekommen eines Vertrages grundsätzlich durch Angebot und Annahme gekennzeichnet [4].

---

1) Dies ist für die Beurteilung des Zustandekommens und der Wirksamkeit des Einverständnisses von erheblicher Bedeutung.
2) Eine gesetzgeberische Lösung wäre sowohl in dem einen wie in dem anderen Sinne denkbar; vgl. Schiedermair, S. 28 Fußn. 12.
3) Vgl. Stein-Jonas-Pohle, § 128 Anm. IX 1; Baumgärtel, Prozeßhandlungen, S. 185 f.; Eltzbacher, S. 169.
4) Bülow, S. 216 Fußn. 1; Rosenberg, aaO.; Schiedermair, S. 28.

Betrachtet man unter diesen Gesichtspunkten das Einverständnis der Parteien gemäß § 128 II, so läßt dieses Eigenheiten des Vertrages, wie sie eben genannt wurden, nicht erkennen. Die Parteien stehen sich insbesondere bei der Abgabe der Einverständniserklärungen nicht gegenüber. Eine mögliche Wechselbeziehung der entsprechenden Parteierklärungen, die darin bestehen könnte, daß eine Partei ihre Erklärung nur im Hinblick auf das Einverständnis des Prozeßgegeners abgibt, erfüllt nicht die Voraussetzungen eines Vertrages. Jedes Einverständnis ist von der Kenntnis der Erklärung durch die andere Partei unabhängig. Adressat der Erklärungen ist nicht die gegnerische Partei, sondern das Gericht [1], das mit dem Einverständnis zu einer besonderen Verfahrensart ermächtigt wird. Die Erklärungen treffen also nicht in sich, sondern in der Person des Gerichts als Erklärungsempfänger zusammen.

Die erstrebte prozessuale Wirkung des Einverständnisses tritt demnach nicht wie in einem Vertrag durch eine Willenseinigung ein, die dem Gericht gegenüber nur mitzuteilen wäre, sondern jede Parteierklärung im Sinne des § 128 II schafft für sich und unabhängig von dem erklärten oder tatsächlichen Willen der anderen Partei eine selbständige Voraussetzung für den angestrebten prozessualen Erfolg eines Verfahrens omV. Die Erklärungen der Parteien greifen deshalb auch nicht wie Angebot und Annahme ineinander. Im übrigen fehlt den Partein die Absicht, sich durch das Einverständnis gegenüber der anderen Partei in irgendeiner Weise verpflichten zu wollen [2].

Aus den vorstehend dargestellten Eigenschaften der Einverständniserklärungen ergibt sich, daß jene nicht zweiseitige im Sinne eines Prozeßvertrages, sondern jede für sich allein

---

1) Kann, ZPO, § 7 EntlBek. Anm. 1 a; de Boor, ZZP 51, 80; Bötticher, MDR 1959, 567.
2) Zur Bindung an das Einverständnis, siehe unten S. 104 ff.

dem Gericht gegenüber vorzunehmende, einseitige Prozeßhandlungen darstellen [1].

Mit diesem Ergebnis ist aber die Untersuchung des Rechtscharakters des Einverständnisses nicht erschöpft. Auch wenn es sich um keinen Vertrag handelt, so hatte sich doch gezeigt, daß erst das a l l s e i t i g e Einverständnis sämtlicher Parteien die Befugnisse des Gerichts erweitert. Derartige übereinstimmende Erklärungen sind den Zustimmungen zu Handlungen des Gegners zuzurechnen [2]. In diesen Fällen der besonderen Art des Zusammenwirkens mehrerer Prozeßhandlungen, die das Gericht zu einer bestimmten Verfahrensgestaltung ermächtigen (vgl. auch §§ 349 III, 377, 447, 485), spricht man von einem sog. prozessualen Gesamtakt [3]. Dieser aus dem sachlichen Zivilrecht übertragene Begriff [4] erfaßt alle diejenigen einverständlichen Prozeßhandlungen, die sich einerseits von den gewöhnlich selbständigen Erklärungen dadurch unterscheiden, daß jede einzelne Prozeßhandlung des Gesamtaktes nicht für sich allein, sondern nur in Verbindung mit den entsprechenden Handlungen der übrigen Parteien [5] den beabsichtigten prozessualen Rechtserfolg herbeiführen kann. Der Unterschied zwischen einem prozessualen Gesamtakt und einer Prozeßvereinbarung andererseits besteht darin, daß die mehreren Erklärungen der Parteien (Gesamtakt) nicht darauf gerichtet sind, Rechte einzuräumen oder Pflichten aufzuerlegen oder beides, wie dies für einen Vertrag typisch ist, sondern lediglich das Gericht zu einem bestimmten prozessualen

---

1) Ebenso im Ergebnis Baumbach-Lauterbach, § 128 Anm. 5 B; Stein-Jonas-Pohle, § 128 Anm. IX 1; Kann, ZPO, § 7 EntlBek. Anm. 1 a; Wieczorek, § 128 J II c; Rosenberg-Schwab, § 110 III 2 (S. 545); Schönke-Schröder-Niese, § 55 I 1; Arens, S. 48; Baumgärtel, S. 185; de Boor, Entsch.nLdA., S. 21; Schiedermair, S. 27 f.; Bötticher, MDR 1959, 566; Burkhardt, MDR 1957, 388; Reinberger, Recht 1924, 75; Walsmann, AcP 1o2, 150 f.
2) Schiedermair, S. 27.
3) Siehe Stein-Jonas-Pohle, vor § 128 Anm. XI 4; Baumgärtel, Prozeßhandlungen, S. 186 (Fußn. 9); Rosenberg, Stellvertretung, S. 103; Schiedermair, S. 27; Schlosser, S. 3.
4) Vgl. Eltzbacher, S. 165 f.
5) Zur Parteienmehrheit siehe im einzelnen unten S. 52 ff.

Verhalten zu ermächtigen [1].

Unter diesen Gesichtspunkten erfüllt das Einverständnis gemäß § 128 II die genannten begrifflichen Merkmale eines Gesamtaktes [2]. Das ergibt sich schon im Hinblick auf die Gründe, die zu der Ansicht führten, daß das Parteieinverständnis mit einem Verfahren omV nicht dem Wesen eines Vertrages entspricht. Es entsteht insbesondere kein "Recht" der einen Partei gegenüber der anderen, gegebenenfalls nicht gegen eine Entscheidung im Verfahren omV zu opponieren [3]. Dafür läßt sich weder der Vorschrift des § 128 II selbst noch dem Sinn und Zweck des Verfahrens omV allgemein ein Anhaltspunkt entnehmen.

## II. Die erforderlichen Einverständniserklärungen

### 1. Die Erklärung der Parteien

Voraussetzung einer Entscheidung im Verfahren omV ist das Einverständnis d e r P a r t e i e n . Das Gesetz sieht nun neben dem klassischen Fall, daß auf jeder Seite e i n e Partei den Rechtsstreit führt, die Möglichkeit vor, daß auf einer oder beiden Seiten mehrere Beteiligte stehen. Diese

---

1) Baumgärtel, Prozeßhandlungen, S. 186; Rosenberg, Stellvertretung, S. 104; Schiedermair, S. 28; vgl. auch die weiteren Nachweise bei Baumgärtel, aaO., Fußn. 9. Insoweit erkennt wohl auch Schlosser, S. 3 ff., der sich kritisch mit dem Begriff des Gesamtaktes auseinandersetzt, die terminologische Unterscheidung zwischen "Gesamtakt" und "Vereinbarung" an (S. 4). Soweit er sich gegen die begriffliche Verwirrung wendet, als auch solche Parteieinverständnisse als prozessuale Gesamtakte bezeichnet werden, die das Gericht zu einem bestimmten prozessualen Verhalten "verpflichten", braucht auf die Frage, wie in diesen Fällen die terminologische Trennung zwischen den beiden Rechtsakten vorzunehmen ist, nicht näher eingegangen zu werden. Dies führte in die allgemeinen Lehren des einverständlichen Parteihandelns im Prozeß und geht daher über den Rahmen dieser Untersuchung hinaus. Siehe dazu im einzelnen die Schrift von Schlosser, aaO., und die dortigen Nachweise.

2) Ebenso im Ergebnis Schiedermair, S. 27.

3) Insoweit zweifelnd Schlosser, S. 3 f. (im Hinblick auf das im Wesen dem des § 128 II sehr ähnlichen Einverständgemäß § 349 III).

können eine Parteienmehrheit bilden (Streitgenossenschaft, § 59 ff.) oder lediglich zur Unterstützung einer oder mehrerer Parteien (Nebenintervention, §§ 67, 69) oder in sonstiger Weise (Staatsanwalt, § 607) in einem Verfahren mitwirken. Inwieweit diese Prozeßsubjekte ihr Einverständnis abgeben müssen, hängt zunächst einmal, weil § 128 II lediglich von dem Einverständnis d e r P a r t e i e n spricht, davon ab, ob die betreffenden Prozeßbeteiligten als Partei i.S. der Zivilprozeßordnung anzusehen sind, d.h. als eine Person, die im eigenen Namen vom Gericht Rechtsschutz begehrt oder von der ein solcher begehrt wird [1]. Erfüllen die einzelen Beteiligten diese Voraussetzung, so fragt es sich, inwieweit unter Berücksichtigung der rechtlichen Beziehung der Parteien zueinander das Einverständnis sämtlicher Parteien erforderlich ist. Bei denjenigen Verfahrensbeteiligten, die keine Parteieigenschaft besitzen, wird man trotz des Wortlauts des § 128 II nicht schlechthin sagen können, daß deren Einverständnis nicht erforderlich bzw. unbeachtlich ist. Insoweit wird es vielmehr maßgebend auf deren rechtliche Stellung und Beziehung zu den übrigen Prozeßsubjekten sowie auf die Bedeutung des Einverständnisses zu den betreffenden Verfahrensbeteiligten ankommen. Dies soll nachfolgend im einzelnen untersucht werden.

## 2. Die Streitgenossenschaft

Bei der einfachen Streitgenossenschaft (§ 61) setzt sich das Prozeßrechtsverhältnis aus einer Mehrheit unabhängiger Prozeßrechtsverhältnisse zusammen, indem mehrere Kläger gegen mehrere Beklagte oder mehrere Kläger gegen mehrere Beklagte in einem Verfahren Rechtsschutz begehren. Jeder einzelne Streitgenosse ist mithin Partei. Die Verbindung in der Streitgenossenschaft innerhalb eines gemeinschaftlichen Prozesses ist nur äußerlich rein formal [2]. Die einzelnen Prozesse, deren Zahl sich nach der Anzahl der auf der

---

1) BGHZ 4, 328 (334); Baumbach-Lauterbach, Grundz. vor § 50 Anm. 1 A; Blomeyer, ZPR, § 6 I 2 (S. 41); Rosenberg-Schwab, § 40 I 1 (S. 165); Habscheid, ZZP 65, 477.

2) Vgl. RGZ 55, 310 (311).

einen Seite beteiligten Personen richtet,können eine eigene Entwicklung nehmen. Jeder Streitgenosse führt seinen Prozeß selbständig (§ 63, 1. Halbs.) und kann in dem Prozeß des anderen grundsätzlich keine Prozeßhandlungen vornehmen [1].

Daraus ergibt sich, daß eine Entscheidung omV im Verhältnis zu allen Streitgenossen ergehen kann, wenn sie a l l e ihr Einverständnis erklärt haben [2]. Sind dagegen nur einzelne Streitgenossen einverstanden, so wirkt die betreffende Prozeßhandlung nur für und gegen den Erklärenden, ohne dem anderen zum Vor- oder Nachteil zu gereichen.

Im Falle des Einverständnisses nur einzelener Streitgenossen hat das Gericht die Möglichkeit, das Verfahren gegenüber denjenigen Streitgenossen, die nicht mit einem Verfahren omV einverstanden sind, abzutrennen (§ 145) [3]. Alsdann könnte gegenüber den einverstandenen Streitgenossen eine Entscheidung omV ergehen [4]. In dem abgetrennten Verfahrensteil dagegen müßte weiterhin mündlich verhandelt werden. Ein solches Vorgehen dürfte aber dem Zweck des Verfahrens omV, das der Vereinfachung und Beschleunigung dienen soll, nur ausnahmsweise entsprechen. Denn das Verfahren würde in einen schriftlichen und mündlichen Teil auseinandergezogen. Der ursprünglich einheitliche Prozeß würde dadurch unübersichtlich und schwerfällig. Die bessere Übersichtlichkeit ist es aber gerade, die durch die Vorschrift des § 145 erreicht werden soll. Allerdings

---

1) Rosenberg-Schwab, § 49 III 1 c (S. 223).
Das gilt naturgemäß nicht, wenn eine besondere Vollmacht gegeben ist. Im Falle der Vertretungsmacht eines Streitgenossen für einen anderen muß das Einverständnis aber erkennbar für ihn selbst und den Vertretenen abgegeben werden, vgl. Stein-Jonas-Pohle, § 61 Anm. I.

2) Goldschmidt, Neue ZPO, § 348 Anm. 3 b; Stein-Jonas-Pohle, § 128 Anm. IX 1; Thomas-Putzo, § 128 Anm. III 2 b; Wieczorek, § 128 J II c 1; Rosenberg-Schwab, § 49 III 1 c (S. 223); Schönke-Schröder-Niese, § 81 III 1 (S. 366); Reinberger, Recht 1924, 74; Münzel, S. 35.

3) Das folgt aus der Unabhängigkeit der einzelnen Prozesse, die nur zur gemeinsamen Verhandlung, Beweisaufnahme und Entscheidung verbunden sind; vgl. Rosenberg, § 49 III 2 (S. 225).

4) Stein-Jonas-Pohle, § 61 Anm. III.

liegt der Sinn des § 145 auch darin, durch Ausscheiden einzelner Teile des Verfahrens eine Verschleppung des Prozesses im ganzen zu vermeiden [1]. Gleichwohl rechtfertigt die bloße Vermeidung einer mV, auch wenn das Verfahren im Verhältnis zu den einverstandenen Streitgenossen durch Abtrennung und Anordnung eines Verfahrens omV beschleunigt werden könnte, keine Trennung gemäß § 145. Vielmehr muß es auch aus Gründen des § 145 wegen der besonderen tatsächlichen und rechtlichen Umstände des Streitverhältnisses sinnvoll erscheinen, die Verfahrensteile abzutrennen. Nur unter dieser Voraussetzung würde eine unterschiedliche Verfahrensweise im Hinblick auf die Mündlichkeit oder Schriftlichkeit zweckmäßig sein.

Wenn sich demnach nicht sämtliche Streitgenossen mit einem Verfahren omV einverstanden erklären, hat das Gericht von einem solchen Verfahren grundsätzlich abzusehen [2].

### 3. Die notwendige Streitgenossenschaft

Bei der notwendigen Streitgenossenschaft(§ 62) hat das Gesetz die einzelnen Streitgenossen wegen der inneren rechtlichen Beziehungen zueinander stärker gebunden [3]. Wesentlich bei den notwendigen Streitgenossen ist aber, daß auch sie grundsätzlich - wie die einfachen Streitgenossen - getrennte Parteirollen innehaben [4]. Daraus folgt, daß zunächst jeder notwendige Streitgenosse sein Einverständnis nur mit Wirkung für und gegen sich selbst abgibt.

Es fragt sich aber, ob wegen der engen Beziehungen der Parteien untereinander das Einverständnis eines einzelnen notwendigen Streitgenossen auch für und gegen die übrigen wirkt, so daß praktisch auch ohne das Einverständnis sämt-

---

1) Stein-Jonas-Pohle, § 145 Anm. I; Levin, Prozeßleitung, S. 102.
2) So auch Zöller-Stephan, § 128 Anm. B II (Abs. 1); Rosenberg-Schwab, § 110 III 1 (S. 545).
3) Vgl. die Regelung über Säumnis und Fristen, § 62.
4) Stein-Jonas-Pohle, § 62 Anm. V vor 1; Rosenberg-Schwab, § 50 IV 1 (S. 231); Münzel, S. 32.

licher Parteien ein Verfahren omV angeordnet werden könnte. Diese Frage ist jedoch zu verneinen. Dagegen spricht die Art der rechtlichen Beziehungen zwischen den notwendigen Streitgenossen. Sei es, daß das Streitverhältnis nur allen Streitgenossen gegenüber einheitlich festgestellt werden kann (§ 62, 1. Alt.), sei es, daß die Streitgenossenschaft aus sonstigen Gründen eine "notwendige" ist (§ 62, 2. Alt.), in jedem Fall kann nur eine einheitliche Entscheidung [1] ergehen. Diese enge Bindung aller notwendigen Streitgenossen und deren gemeinschaftliches Interesse an der Rechtsverfolgung gestattet es nicht, das verantwortungslose Einverständnis eines einzelnen als ausreichende Grundlage für ein Verfahren omV anzusehen. Außerdem führt theoretisch jeder seinen eigenen Prozeß . Die Entscheidung für ein mündliches oder ein Verfahren omV steht daher jedem einzelnen Streitgenossen allein zu. Daraus folgt zunächst, daß auch im Falle der notwendigen Streigenossenschaft alle Streitgenossen ihr Einverständnis erklären müssen [2].

Eine Entscheidung omV für den Fall, daß nur einzelne notwendige Streitgenossen einverstanden sind, wäre daher auch hier wie bei der einfachen Streitgenossenschaft nur denkbar, wenn der Prozeß der einverstandenen Streitgenossen abgetrennt würde. Im Falle der notwendigen Streitgenossenschaft kann aber eine Entscheidung nur für und gegen alle Streitgenossen einheitlich ergehen. Eine Prozeßtrennung ist nicht möglich, weil entweder das Rechtsverhältnis nur allen gegenüber einheitlich festgestellt werden kann oder den einzelnen Streitgenossen in einem abgetrennten Verfahren die Sachlegitimation fehlen würde. Eine Gabelung des Verfahrens in einen mündlichen und schriftlichen Teil, wie dies bei der einfach Streitgenossenschaft theoretisch möglich ist [3], kommt daher im Falle der notwendigen Streitgenossen-

1) Rosenberg-Schwab, § 50 I (S. 226).
2) Im Ergebnis ebenso Baumbach-Lauterbach, § 128 Anm. 5 A; Goldschmidt, Neue ZPO, § 349 Anm. 3 b; Kann, ZPO, § 7 EntlBek. Anm. 1 a; Stein-Jonas-Pohle, § 128 Anm. IX 1; Rosenberg-Schwab, § 110 III ; (S. 545); Reinberger, Recht 1924, 74; Münzel, S. 37 f.
3) Siehe oben S.51.

schaft nicht in Betracht [1].

Aus der Vorschrift des § 62 ergibt sich aber für die notwendige Streitgenossenschaft gegenüber der einfachen eine Besonderheit. Gemäß § 62 I, 2. Halbs. werden die säumigen Streitgenossen im Termin zur mV durch die erschienenen als vertreten angesehen, mit der Folge, daß das Einverständnis der anwesenden Streitgenossen eine unwiderlegliche Vermutung [2] für das Einverständnis der säumigen schafft [3]. Mögliche Nachteile, die dem nichterschienenen Streitgenossen aus einem Verfahren omV entstehen, hat dieser demnach als Folge seiner Säumnis zu tragen [4]. Bei schriftlicher Abgabe der Einverständniserklärungen dagegen gilt mangels eines Termins zur mV, für den § 62 besonderes vorschreibt, die allgemeine Regel, daß jeder notwendige Streitgenosse seine Prozeßhandlungen selbst vornimmt, so daß außerhalb der mV alle notwendigen Streitgenossen ihr Einverständnis selbst erklären müssen [5].

4. Die einfache Nebenintervention

Bei der gewöhnlichen Nebenintervention (§§ 69, 67) folgt aus der nur unterstützenden Stellung (§ 66) des Streithelfers, daß dessen Einverständnis neben der untersützten

---

1) Zutreffend Stein-Jonas-Pohle, § 61 III 2.
2) Vgl. RGZ 90, 42 (45 f.).
3) Baumbach-Lauterbach, § 128 Anm. 5; Stein-Jonas-Pohle, § 128 Anm. IX 1; Schönke-Schröder-Niese, § 81 III 1 (S. 366); Münzel, S. 39.
4) RGZ 90, 42 (46).
5) Baumbach-Lauterbach, § 128 Anm. 5 A.

Partei [1] nicht erforderlich ist. Der Streithelfer ist nicht Partei, er ist Dritter [2] oder Gehilfe [3]. Als solcher nimmt er zur Unterstützung derjenigen Partei an einem Rechtsstreit teil, an deren Obsiegen er ein rechtliches Interesse hat. Er wird auch nicht dadurch Partei, daß die unterstützte Partei dem Streithelfer die Prozeßführung allein überläßt [4]. Verlangt daher § 128 II das Einverständnis der "Parteien", so ist deren Erklärung ohne Rücksicht auf die des Streithelfers allein maßgebend und ausreichend. Ein Widerspruch des Streithelfers ist bedeutungslos. Es fragt sich aber, ob umgekehrt der Streithelfer durch sein Einverständnis die Voraussetzungen für ein Verfahren omV auch mit Wirkung für die unterstützte Partei schaffen kann.

---

1) Man bezeichnet die unterstützte Partei häufig als H a u p t p a r t e i und den Streithelfer als N e b e n p a r t e i . Gegen diese Terminologie bestehen jedoch Bedenken. Zwar spricht das Gesetz selbst in den §§ 67, 68, 69 u.a. von der "Hauptpartei". Das allein rechtfertigt nicht, den Streithelfer als Nebenpartei zu bezeichnen. Für die Benennnung des Streithelfers als Neben-"partei" spricht allerdings dessen erhebliche Selbständigkeit in der Prozeßführung (§ 67). Er muß die persönlichen Voraussetzungen einer Partei haben, wie z.B. die Prozeßfähigkeit, Parteifähigkeit etc., siehe im einzelnen Stein-Jonas-Pohle, § 66 Anm. V. Ihm kann auch das Armenrecht bewilligt werden, BGH, LM Nr. 4 zu § 114 ZPO = NJW 1953, 1431; BGH, NJW 1966, 597; Habscheid, ZZP 65, 478 ff. u.a.m. Trotz dieser "parteiähnlichen" Stellung des Streithelfers ist es aber terminologisch zumindest irreführend, diesen als "Nebenpartei" zu bezeichnen. Er ist eben nicht "Partei" im rechtstechnischen Sinne, weil er keinen eigenen Rechtsschutz begehrt, siehe Habscheid, ZZP 65, 478; näheres zum Parteibegriff bei Blomeyer, ZPR, § 6 I 2 u. 3 (S. 41 f.); Rosenberg-Schwab, § 40 I 1 (S. 165); Schönke-Schröder-Niese, § 23 I (S. 118). Die Prozeßfigur des Streithelfers wird daher von dem Parteibegriff nicht erfaßt; ebenso auch Walsmann, Nebenintervention, S. 55 ff., 57; Goetzeler, S. 48 ff.; Stein-Jonas-Pohle, § 67 Anm. I; dagegen a.A.: Rosenberg-Schwab, § 47 I (S. 206); Hellwig, LB II, S. 510.

2) Stein-Jonas-Pohle, § 66 Anm. I 1; Rosenberg-Schwab, § 47 I (S. 205).

3) RGZ 64, 67 (70); Baumbach-Lauterbach, § 67 Anm. 1; Seuffert-Walsmann, § 67 Anm. 1; Münzel, S. 39; Wach, Handbuch I, S. 615 ("socius").

4) RG, JW 1933, 1065 (Nr. 17); Habscheid, ZZP 65, 478.

In seiner Eigenschaft als Gehilfe "kraft eigenen Rechts" [1] hat der Streithelfer die Befugnis, für die Partei im eigenen Namen, also nicht als Vertreter der Partei [2], Prozeßhandlungen vorzunehmen mit der Wirkung, als hätte die Partei selbst gehandelt (§ 67) [3]. Das gilt grundsätzlich für alle Prozeßhandlungen [4], also auch für das Einverständnis gemäß § 128 II. Der Streithelfer darf sich aber durch diese Erklärung nicht in Widerspruch zu Erklärungen und Handlungen der unterstützten Partei setzen, § 67, 2. Halbs. Das Einverständnis des Streithelfers ist daher unbeachtlich, wenn das Gesamtverhalten der Partei [5] einen anderen Willen hat erkennen lassen oder die Partei ausdrücklich widerspricht [6].

Der Streithelfer kann die Einverständniserklärung für die Partei sowohl in als auch außerhalb der mV abgeben. Es ist nicht ersichtlich, daß der Streithelfer nur in der mV tätig werden dürfe (arg. § 70). Nach dem Grundsatz des rechtlichen Gehörs muß aber die Partei in jedem Fall Gelegenheit gehabt haben, dem Einverständnis des Streithelfers zu widersprechen. Das bedeutet, daß bei einer Erklärung außerhalb der mV die Partei von dem Einverständnis des Streithelfers zu unterrichten ist [7][8]. Eine Mitteilungspflicht entfällt jedoch,

---

1) RGZ 64, 67 (70); Baumbach-Lauterbach, § 67 Anm. 1.
2) Siehe RGZ 64, 67 (70); Rosenberg, Stellvertretung, S. 21 f.; Walsmann, Nebenintervention, S. 58 ff.; Wach, Handbuch, S. 614 f.; Goetzeler, S. 50 f.; Stein-Jonas-Pohle, § 67 Anm. I m.w.Nachw.
3) Vgl. auch RGZ 108, 132 (133); RG, JW 1933, 1065 (Nr. 17); Stein-Jonas-Pohle, § 67 Anm. III 1.
4) RGZ 147, 125 (127).
5) RG, aaO.
6) Ebenso im Ergebnis Baumbach-Lauterbach, § 128 Anm. 5 A; Stein-Jonas-Pohle, § 128 Anm. IX 1 (anders noch die Vorauflage); Thomas-Putzo, § 128 Anm. III 2 b; Seuffert-Walsmann, Anhang zu § 128, Anm. 2 zu § 7 EntlVO; Sydow-Busch-Krantz-Triebel, Anhang I, § 7 EntlBek. Anm. 2; Zöller-Stephan, § 128 Anm. B II; Rosenberg-Schwab, § 110 III 1 (S. 366); Burkhardt, MDR 1957, 389; Reinberger, Recht 1924, 74; Stürmer, S. 31. - Dagegen a.A. Warneyer, Kriegsgesetze, § 23 EntlVO Anm. 1; Kann, JW 1915, 1132.
7) BayObLG, NJW 1964, 302; Goldschmidt, Neue ZPO, § 349 Anm. 3 b; Reinberger, Recht 1924, 75.
8) Die Gelegenheit, schriftlich zu widersprechen, genügt dem Anspruch auf rechtliches Gehör; BGHZ 13, 265 (270); Bernhardt, § 23 IV (S. 125).

wenn der Streithelfer die Einverständniserklärung in der mV abgegeben hat. Dabei kommt es nicht darauf an, ob die Partei anwesend war oder nicht. Mit der Möglichkeit des Erscheinens im Termin hat die Partei tatsächlich Gelegenheit gehabt zu widersprechen, wodurch dem Anspruch auf rechtliches Gehör Genüge getan ist [1].

## 5. Die streitgenössische Nebenintervention

In der Figur des streitgenössischen Nebenintervenienten (selbständigen Streithelfers) vereinigen sich Elemente der Nebenintervention und Streitgenossenschaft [2]. Der selbständige Streithelfer ist begrifflich Gehilfe der Partei kraft eigenen Rechts, also Streitgehilfe. Da er selbst von der Urteilswirkung betroffen wird, ist er zur eigenen Prozeßführung in dem fremdem Prozeß befugt [3]. Er gilt insoweit als notwendiger Streitgenosse. Denn wenn die Rechtskraft der im Hauptprozeß ergehenden Entscheidung auf das Rechtsverhältnis des Streithelfers zu dem Gegener einwirkt, liegen in der Regel [4] oder über-

---

1) Die hier vertretene Auffassung, daß der Streithelfer mit Wirkung für und gegen die Partei ein Einverständnis mit einem Verfahren omV erklären kann, steht auch nicht im Widerspruch zu dem von der Rechtsprechung entwickelten Grundsatz, demzufolge der Streithelfer nur solche Prozeßhandlungen wirksam vornehmen kann, die der Rechtsverfolgung durch die Partei nicht entgegenstehen (RGZ 112, 164 (168); BGH, NJW 1956, 1562; NJW 1966, 548; BayObLG, NJW 1964, 302; vgl. auch Rosenberg-Schwab, § 47 IV 3 c (S. 212)). Zwar bewirkt das Einverständnis einen Verzicht auf wesentliche prozessuale Rechte (Mündlichkeit, Öffentlichkeit, Unmittelbarkeit). Gleichwohl sind mit dieser Erklärung keine Nachteile verbunden, die die Rechtsverfolgung der Partei wesentlich beeinträchtigen können. Ungeachtet des richterlichen Ermessens gemäß § 128 II kann die Partei gegebenenfalls ihren Vortrag schriftlich ergänzen. Eine ernste Gefährdung der Parteiinteressen ist deshalb nicht zu befürchten. Ebenso im Ergebnis Stein-Jonas-Pohle, § 67 Anm. II 1 (im Gegensatz zur Vorauflage); vgl. auch BayObLG, NJW 1964, 302; a.A. Münzel, S. 40; vgl. ferner BayObLG, NJW 1964, 302.

2) Rosenberg-Schwab, § 47 V 2 (S. 216), spricht von einer "Doppelstellung".

3) Siehe dazu eingehend Walsmann, Nebenintervention, S. 105 ff. (insbesondere S. 119 ff., 126); ferner Stein-Jonas-Pohle, § 69 Anm. II vor 1.

4) Baumbach-Lauterbach, § 69 Anm. 2 A; Rosenberg-Schwab, § 47 V 2 (S. 216).

haupt, soweit ersichtlich [1], die Voraussetzungen des § 62 vor.

Aus dieser besonderen Rechtsstellung des selbständigen Streithelfers folgt, daß er alle Prozeßhandlungen vornehmen und somit den Prozeß in einer seinen Vorstellungen entsprechenden Weise selbständig führen kann, ohne den Beschränkungen, die für den gewöhnlichen Streithelfer gelten, zu unterliegen. Seine Prozeßhandlungen sind voll wirksam, auch wenn sie zu den Erklärungen und Handlungen der Partei im Widerspruch stehen [2]. Wegen der Verweisung in § 69 gilt im Verhältnis des streitgenössischen Nebenintervenienten zu der unterstützten Partei auch die Vorschrift des § 62. Daraus folgt, daß im Falle des Nichterscheinens einer der beiden im Termin zur mV jeweils der Säumige durch den Erschienenen als vertreten angesehen wird [3].

Aus den voranstehenden Grundsätzen ergibt sich für die Einverständniserklärung, daß eine Entscheidung omV nur mit Zustimmung des selbständigen Streithelfers möglich ist. Denn wenn nur die Erklärung der Partei notwendig wäre, wären die gleichen unzumutbaren Folgen zu befürchten, die im Falle der notwendigen Streitgenossenschaft dazu geführt haben, daß das Einverständnis aller notwendigen Streitgenossen erforderlich ist [4]. Im Gegensatz zur notwendigen Streitgenossenschaft ist aber eine ausdrückliche Erklärung des unselbständigen Streithelfers nicht notwendig. Er ist nicht Partei, sondern Gehilfe. Mit der Verweisung auf § 61 hat das Gesetz in § 69 nur insoweit die Selbständigkeit in der Prozeßführung zum Ausdruck bringen wollen, als der selbständige Streitgehilfe nicht den Beschränkungen des Widerspruchsrechts der unterstützten Partei unterliegt. Der selbständige Streitgehilfe ist daher Prozeßgehilfe mit erweiterten Befugnissen [5]. Dieser Rechtsposition entspricht

---

1) RGZ 108, 132 (134); Seuffert-Walsmann, § 69 Anm. 2; Wach, Handbuch I, S. 651; Münzel, S. 39 ff.
2) RGZ 108, 132 (134); 164, 129 (132); Stein-Jonas-Pohle, § 69 Anm. II 2; Rosenberg-Schwab, § 47 V 2 (S. 216).
3) RGZ 90, 42 (44); 108, 132 (134).
4) Münzel, S. 40; siehe auch oben S. 51 f.
5) Vgl. RGZ 108, 132 (134).

es, im Falle des Einverständnisses nicht eine ausdrückliche Erklärung, wie sie von einem notwendigen Streitgenossen abzugeben ist [1], zu verlangen, sondern sich entsprechend der Rechtsstellung einer durch einen gewöhnlichen Streithelfer unterstützten Partei (§ 67) mit einem Widerspruchsrecht zu begnügen [2]. Ist mithin der selbständige Streitgehilfe zum Widerspruch berechtigt, muß er in jedem Falle auch Gelegenheit haben, sich entsprechend zu äußern [3]. Im einzelnen gelten hier dieselben Voraussetzungen wie im Falle des Widerspruchsrechts einer Partei gegenüber dem Einverständnis des gewöhnlichen Streitgehilfen (§ 67) [4] entsprechend.

Das Einverständnis ist im Falle des § 69 ausdrücklich zu erklären, wenn dies mündlich geschieht. Es ist entweder persönlich oder im Falle der Säumnis gemäß §§ 61, 69 durch den selbständigen Streithelfer abzugeben. Außerhalb der mV gelten im Verhältnis zwischen den Parteien und dem streitgenössischen Nebenintervenienten die Regeln über die gewöhnliche Streithilfe entsprechend [5].

## 6. Beteiligung des Staatsanwalts und sonstiger Dritter

Das Einverständnis des Staatsanwalts ist, soweit er sich am Verfahren beteiligt, grundsätzlich nicht erforderlich. Dieser genießt zwar gewisse Rechte und Pflichten einer Partei, ist

---

1) Vgl. oben S. 52.
2) Im Ergebnis ebenso Baumbach-Lauterbach, § 128 Anm. 5 A; Rosenberg-Schwab, § 110 III 1 (S. 545); Burkhardt, MDR 1957, 389; Reinberger, Recht 1924, 75; a.A. Wieczorek, § 128 J II c 1; Zöller-Stephan, § 128 Anm. B II (Abs. 1); wohl auch Sydow-Busch-Krantz-Triebel, Anhang I, § 7 EntlVO Anm. 2.
3) Reinberger, Recht 1924, 75.
4) Siehe oben S. 56 f.
5) Siehe oben S. 56 f.

in Wahrheit jedoch nicht Partei im rechtstechnischen Sinne [1]. Er wirkt lediglich am Verfahren nach Maßgabe des Gesetzes (§ 607) mit. Der Staatsanwalt kann aber bei Nichtigkeits- oder Ehefeststellungsklagen im Eheprozeß die Stellung einer Partei bzw. die eines notwendigen Streitgenossen einnehmen (§§ 632, 638, 634), wenn er selbst Klage erhebt oder durch Rechtsmitteleinlegung auf seiten einer Partei dem Verfahren beitritt (§ 634) [2]. Er kann schließlich im Rahmen des § 634 den Prozeß betreiben und ist insoweit als selbständiger Streitgehilfe (§ 69) anzusehen [3]. Ob in den genannten Fällen das Einverständnis des Staatsanwalts mit einem Verfahren omV erforderlich ist, richtet sich jeweils nach den der Rechtsstellung entsprechenden allgemeinen Regeln.

---

1) Vgl. Baumbach-Lauterbach, § 607 Anm. 1; Reinberger, Recht 1924, 75.
2) Vgl. RGZ 169, 401 (404).
3) Das ist streitig. Wie hier Wieczorek, § 634 B I; Blomeyer, ZPR, § 120 IV 2 b (S. 676); Hellwig, LB II, S. 366; Reinberger, Recht 1924. 75.
Demgegenüber soll der Staatsanwalt, wenn er den Prozeß gem. § 634 auf seiten einer Partei betreibt, als notwendiger Streitgenosse (§ 62) gelten, Baumbach-Lauterbach, § 634 Anm. 1; Zöller-Karch, Anm. zu § 634; Rosenberg-Schwab, § 167 I 2 a (S. 875); Schönke-Schröder-Niese, § 94 III 2 a (S. 437). Eine andere Meinung sieht in dem Staatsanwalt eine Prozeßfigur sui generis, so Stein-Jonas-Schlosser, § 634 Anm. I (unter Hinweis auf den Vertreter des öffentlichen Interesses im Verwaltungsprozeß); Thomas-Putzo , Anm. zu § 634. Diese vorstehend genannten Auffassungen sind unzutreffend. Eine (notwendige) Streitgenossenschaft scheidet aus, weil der Staatsanwalt im Falle der Prozeßführung des § 634 gerade nicht "Partei" ist. Das ergibt sich aus dem Gesetz, welches ihm die Rechte eben für den Fall zugesteht, daß der Vertreter des Staates nicht Klage erhoben hat. Der Staatsanwalt ist deshalb auch nicht Partei sui generis. Der Hinweis auf den Vertreter des öffentlichen Interesses im Verwaltungsprozeß ist insoweit unfruchtbar. Denn die Stellung als Partei bzw. als Beteiligter im Verwaltungsprozeß ergibt sich dort kraft ausdrücklicher Bestimmung (§ 63 Nr. 4 VwGO). Der Staatsanwalt im Eheprozeß entspricht dagegen nach Grund und Maß seiner Befugnisse der Figur des selbständigen Streithelfers. Als Vertreter des Staates nimmt er dessen rechtliches (öffentliches) Interesse (§ 66) an dem Bestand der Ehe wahr. Das Maß der Selbständigkeit in der Prozeßführung gibt ihm daher die Stellung eines streitgenössischen Nebenintervenienten.

In einem Zwischenstreit gegenüber Dritten endlich ist auch das Einverständnis dieses Dritten neben den übrigen Beteiligten erforderlich [1].

## III. Form und Inhalt der Erklärung

### 1. Die Form des Einverständnisses

Eine bestimmte F o r m für die Abgabe der Einverständniserklärungen ist im Gesetz nicht vorgesehen [2]. Das bedeutet jedoch nicht, daß damit das Einverständnis an überhaupt keine Form gebunden ist. Als Prozeßhandlung unterliegt es vielmehr dessen allgemeinen Wirksamkeitsvoraussetzungen.

Demgemäß können die Parteien zunächst ihr Einverständnis im Verlauf einer mV in mündlicher Form erklären [3]. Diese Erklärung braucht sich nicht unbedingt aus dem Sitzungsprotokoll (arg. § 160 II Nr. 1) oder dem Urteilstatbestand zu ergeben [4]. In der Praxis empfiehlt es sich aber, über die Abgabe der Einverständniserklärungen einen entsprechenden Hinweis im Protokoll oder im Urteilstatbestand aufzunehmen. Dadurch werden gegebenenfalls Streitigkeiten um die Erklärungen vermieden. Eine schriftliche Niederlegung entspricht daher dem Grundsatz der Klarheit des Rechtsganges und dient somit der Rechtssicherheit.

Das Einverständnis kann auch außerhalb der mV erklärt werden [5]. Die entsprechende Einverständniserklärung bedarf

---

1) Stein-Jonas-Pohle, § 128 Anm. IX 1; Wieczorek, § 128 J II c 1.
2) Vgl. die amtliche Begründung zu § 23 BundesratsVO.
3) Kann, ZPO, § 7 EntlBek. Anm. 1 a; Stein-Jonas-Pohle, § 128 Anm. IX 1; Wieczorek, § 128 J II c; Rosenberg-Schwab, § 110 III 2 (S. 545 f.); Schönke-Schröder-Niese, § 81 III 1 (S. 366); Frankenburger, JW 1933, 514.
4) A.A. unzutreffend OLG Frankfurt, Recht 1925, Nr. 1466; Wieczorek, § 128 J II c 2; Burkhardt, MDR 1957, 388.
5) OLG Karlsruhe, HRR 1942 Nr. 807; Baumbach-Lauterbach, § 128 Anm. 5 B; Stein-Jonas-Pohle, § 128 Anm. IX 1; Rosenberg-Schwab, § 110 III 2 (S. 546).

aber der Schriftform [1]. Das folgt aus dem Charakter des Einverständnisses als eine Prozeßhandlung, die außerhalb der mV grundsätzlich schriftlich vorzunehmen ist [2]. Eine Ausnahme von diesem Grundsatz kommt wegen der besonderen Bedeutung des Einverständnisses für den weiteren Verlauf des Verfahrens in Betracht. Denn die Schriftlichkeit gewährleistet eine sichere Verfahrensgrundlage, auf die im Verfahren omV, das so wesentliche Grundsätze wie die Mündlichkeit, Unmittelbarkeit und Öffentlichkeit durchbricht, besonderen Wert zu legen ist.

Das Erfordernis schriftlicher Mitteilungen außerhalb der mV bedeutet zugleich die Statthaftigkeit aller im Prozeßrecht anerkannten Formen der Schriftlichkeit [3]. Demnach kann das Einverständnis nicht nur in einem Schriftsatz, sondern auch in Gestalt eines Telegrammes oder Fernschreibens erklärt werden. Diese Mitteilungsformen genügen grundsätzlich den Anforderungen, die an die Schriftform einer Prozeßhandlung gestellt werden [4], es sei denn, daß die schriftlichen Erklärungen zugestellt werden müssen [5]. Letzteres ist jedoch bei dem Einverständnis nicht erforderlich, da die Wirksamkeit der Erklärung allein von der Kenntnis des Gerichts abhängt.

---

1) Vgl. die vorherige Anmerkung auf S. 61 (Fußn. 5).
2) Stein-Jonas-Pohle, vor § 128 Anm. IX 3 d; Rosenberg-Schwab, § 65 II 2 b (S. 309).
3) Die §§ 125 ff. BGB finden auf Prozeßhandlungen keine Anwendung, so RGZ 135, 338 (339).
4) Das Telegramm betreffend, siehe BGH, NJW 1967, 2114; JZ 1953, 179; LM Nr. 3 zu § 518 Abs. 1 ZPO; RGZ 44, 369 f.; 139, 45 (46 ff.); 151, 82 (86); BVerwG, NJW 1954, 1135; BFH, BStBl. 1954 III, 27.
Das Fernschreiben betreffend, siehe BGH, LM Nr. 4 zu § 42 PatG.
Die genannten Entscheidungen sind zwar ausschließlich zur Rechtsmitteleinlegung ergangen, sie gelten jedoch für sonstige Prozeßhandlungen entsprechend, BAGE 13, 121 (123); Wieczorek, § 129 A II a 4.
5) In diesem Falle müßte ein zustellungsfähiges Schriftstück eingereicht werden. Diesen Anforderungen genügt ein Telegramm oder ein Fernschreiben nicht.

Ferner kann das Einverständnis im Amtsgerichtsprozeß außerhalb der mV auch zu Protokoll der Geschäftsstelle erklärt werden [1]. Diese Mitteilungsart ist eine Unterform der Schriftlichkeit einer dem Gericht gegenüber abzugebenden Erklärung [2]. Wenngleich § 128 II eine Erklärung des Einverständnisses zu Protokoll der Geschäftsstelle nicht ausdrücklich zuläßt, wie das in den übrigen Fällen im Gesetz geschehen ist (z.B. §§ 118, 271, 496 II 1 [3], 596 III), muß es den Parteien gestattet sein, im Verfahren vor den Amtsgerichten eine Form der Erklärung zu wählen, die auch sonst den Schriftsatz ersetzt. Denn wesentlich für die Beobachtung der Schriftform des Einverständnisses außerhalb der mV ist, daß, wie mehrfach erwähnt, eine sichere Verfahrensgrundlage für eine Entscheidung omV geschaffen wird. Diesen Anforderungen hält aber ein durch den Urkundsbeamten der Geschäftsstelle aufgenommenes Protokoll, aus dem sich die Abgabe der Einverständniserklärung ergibt, stand. Dieses Protokoll erbringt den urkundlichen Beweis, daß die in ihr enthaltenen Erklärungen von der erschienenen Person abgegeben wurden [4].

Dagegen kommt eine fernmündliche Einverständniserklärung nicht in Betracht [5]. Diese Form kann nicht mit der schrift-

---

1) Baumbach-Lauterbach, § 128 5 B; Förster-Kann, Nachtrag B IV, § 7 EntlBek. Anm. 1 a; Schönke-Schröder-Niese, § 81 III 1 (S. 366); Sonnen, Das neue ZPrR, S. 37 f.
2) Vgl. BVerwG, NJW 1964, 832 (l.Sp.); BFH, NJW 1965, 175 (r.Sp.).
3) Das Einverständnis gehört nicht zu den "sonstigen Erklärungen" i.S. dieser Vorschrift, da es den anderen Parteien nicht mitzuteilen ist (§ 496 IV) und § 496 II genau dieselben Erklärungen wie § 496 IV umfaßt. Vgl. im übrigen die Zusammenstellung der Beispiele bei Wieczorek, § 496 B III b.
4) RGSt 39, 346 f.
5) KG, JW 1928, 2156 (2157); OLG Karlsruhe, HRR 1942 Nr. 807; Förster-Kann, Nachtrag B IV, § 7 EntlBek. Anm. 1 a; Rosenberg-Schwab, § 110 III 2 (S. 546); Schönke-Schröder-Niese, § 81 III 1 (S. 366); a.A. Neumiller, BayRpflZ 1915, 315.

lichen gleichgesetzt werden.

Etwas anderes ergibt sich auch nicht im Hinblick auf die Rechtsprechung, die die fernmündliche Aufgabe oder Annahme eines Telegramms, das eine Rechtsmitteleinlegung zum Inhalt hat, für zulässig erachtet [1]. Im Gegensatz zur direkten Übermittlung im Fernsprechverkehr [2] setzt die Rechtsprechung die Telegrammaufgabe und -aufnahme durch den Fernsprecher einer Rechtsmittelschrift gleich und erkennt diese somit als prozeßordnungsgemäß an. Dagegen stößt die unmittelbare Abgabe v n fernmündlichen Erklärungen als der Schriftform nicht genügend übereinstimmend auf Ablehnung, auch wenn die Erklärung von einem zuständigen Beamten entgegengenommen und aufgezeichnet wurde [3].

Eine entsprechende Mitteilung durch den Fernsprecher kann auch nicht als formgerecht angesehen werden, wenn diese zu Protokoll der Geschäftsstelle erklärt worden ist [4]. Denn die Aufnahme der entsprechenden Parteierklärung durch den Urkundsbeamten der Geschäftsstelle ist ein Beurkundungsvorgang in Form einer "Verhandlung" [5]. Diese kann nicht mit einer bloß äußerlichen Wahrnehmung und mechanischen Aufzeichnung des Gehörten durch den Beamten gleichgesetzt werden [6]. Der Urkundsbeamte der Geschäftsstelle ist, wenn er als solcher tätig wird, "Organ der Rechtspflege". Er nimmt die Erklärungen nicht lediglich entgegen, sondern übt dabei auch

---

1) Vgl. BGH, LM Nr. 3 zu § 518 Abs. 1 ZPO; BGHSt 14, 233 (235); BVerwG, ZZP 69, 1187 f.; RAGE 3, 252 (254); RGZ 151, 82 (86).
2) Vgl. OLG Frankfurt, NJW 1953, 1118.
3) Vgl. BGH, NJW 1965, 174; BGHSt 14, 233 (240); BVerwG, NJW 1964, 831 (832); OLG Hamm, NJW 1952, 276; OLG Frankfurt, NJW 1953, 1118.
4) RGSt 38, 282 (285); OLG Hamm, NJW 1952, 276; OLG Frankfurt, NJW 1953, 1118; Eb. Schmidt (II), § 324 Erl. 6. Dagegen a.A. OLG Düsseldorf, NJW 1969, 3161; OLG Schleswig, NJW 1963, 1466; FinG Düsseldorf, EFG 1957, 59; Loewe-Rosenberg-Jagusch, § 314 Anm. 2 b; Dahs, NJW 1952, 276; Rötelmann, DRpfl 1953, 251; Schönke, JZ 1953, 180; Schultzenstein, ZZP 27, 569.
5) Vgl. Schwarz-Kleinknecht, Einl. 5 E c.
6) BVerwG, NJW 1964, 832 (l.Sp.).

eine gewisse beratende Funktion aus [1]. Die Entstehung eines Protokolls in diesem prozessualen Sinne setzt daher auch die persönliche Anwesenheit des Erklärenden vor dem Urkundsbeamten voraus [2]. Die Einhaltung dieser formellen Voraussetzung kann auch nicht von dem Ermessen des Urkundsbeamten abhängen [3]. Erscheint daher der Erklärende nicht, entsteht eben kein Protokoll, sondern allenfalls ein Aktenvermerk, der den Erfordernissen einer Erklärung "zu Protokoll der Geschäftsstelle" nicht entspricht [4]. Etwas anderes ergibt sich auch nicht aus der Rechtsprechung zur fernmündlichen Entgegennahme eines Telegramms [5]. Denn hierbei handelt es sich um die Mitteilung einer "schriftlichen", in dem Fall zu Protokoll der Geschäftsstelle hingegen um die Beurkundung einer "mündlichen" Erklärung. Demnach genügt die fernmündliche Einverständniserklärung zu Protokoll der Geschäftsstelle nicht der Schriftform, da das persönliche Erscheinen des Erklärenden vor dem Urkundsbeamten wesentliche Voraussetzung ist.

Im übrigen unterliegt das Einverständnis als Prozeßhandlung im Anwaltsprozeß dem Anwaltszwang [6].

## 2. Der Erklärungsinhalt

Der Inhalt der Einverständniserklärungen muß äußerlich so beschaffen sein, daß dieser einen dem § 128 II entsprechenden Parteiwillen deutlich erkennen läßt. Das folgt aus

---

1) Vgl. Schwarz-Kleinknecht, Einl. 5 E b.
2) BFH, NJW 1965, 175 (r.Sp.); BVerwG, NJW 1964, 832 (r.Sp.); Seibert, DRiZ 1952, 8; vgl. auch RGSt 39, 346; a.A. OLG Düsseldorf, NJW 1969, 3161; OLG Schleswig, NJW 1963, 1966; FinG Düsseldorf, EFG 1957, 59.
Vgl. auch die Vorschriften über die Urkundsverhandlungen in der Freiwilligen Gerichtsbarkeit und dem Notarwesen, insbes. die §§ 174, 176 FGG, 10 ff. BeurkG.
3) Schwarz-Kleinknecht, Einl. 5 G (a.E.).
4) Siehe Dahs, NJW 1952, 276; Seibert, DRiZ 1952, 8.
5) Siehe Dahs, NJW 1952, 276.
6) KG, JW 1928, 2156; OLG Karlsruhe, HRR 1942 Nr. 807; Goldschmidt, Neue ZPO , Anhang 4, § 7 EntlVO Anm. 2; Kann, ZPO, § 7 EntlBek. Anm. 1 a; Stein-Jonas-Pohle, § 128 Anm. XI 1; Wieczorek, § 128 J II c 2; Sonnen, Das neue ZPrR, S. 37.

dem Bedürfnis nach einer sicheren Verfahrensgrundlage für die weitere Prozeßentwicklung. Das Gericht hat daher tunlichst von einem Verfahren omV Abstand zu nehmen, wenn die Sachlage Zweifel an der Klarheit und Eindeutigkeit des erklärten Parteiwillens gemäß § 128 II offenläßt [1]. D.h. nicht, daß die Erklärung eine ausdrückliche [2] sein muß [3]. Andererseits reicht aber nicht jede stillschweigende Erklärung der Parteien aus, wie die folgenden Untersuchungen zeigen.

Das Parteieinverständnis ist, wie erwähnt, eine Prozeßhandlung. Genauer ausgedrückt handelt es sich um eine prozessuale Willenserklärung [4]. Der auch im Prozeßrecht gebräuchliche

---

1) Vgl. Baumbach-Lauterbach, § 128 Anm. 5 B; Stein-Jonas-Pohle, § 128 Anm. IX 1; Sydow-Busch-Krantz-Triebel, Anhang I, § 7 EntlVO Anm. 2; Rosenberg-Schwab, § 110 III 2 (S. 546); Schönke-Schröder-Niese, § 81 III 1 (S. 366).

2) Zu dem Begriff der Ausdrücklichkeit einer Willenserklärung siehe Lehmann-Hübner, § 30 II (S. 205 f.); Enneccerus-Nipperdey, § 153 II und die dortigen Fußn. 3-5 (S. 643); Palandt-Danckelmann, Einf. vor § 116 Anm. 1 m.w.Nachw.

3) So die hM.; siehe BGH, BB 1961, 484 (Nr. 3); OLG München, NJW 1955, 995 und die Nachweise in Fußn. 1) auf dieser Seite. Anders dagegen Püschel, JR 1925, 896; ders., Einzelrichter, S. 38, mit der Begründung, daß die Erklärung prozessual einen "Antrag" enthalte, der ausdrücklich gestellt werden müsse und aufgrund dessen das Gericht ersucht würde, von einer mV abzusehen. Das ist jedoch unzutreffend. Ein "Antrag" bedeutet die Aufforderung an das Gericht, eine Entscheidung bestimmten Inhalts zu erlassen (Stein-Jonas-Pohle, vor § 128 Anm. XI 2 b; Rosenberg-Schwab, § 64 I (S. 305); Goldschmidt, Prozeß, S. 381). Wenn sich das Gericht nunmehr im Falle der Einverständniserklärungen in dem einen oder anderen Sinn entschließt, kann man darin noch keine Entscheidung über einen Antrag sehen, der sich dadurch erledigte. Zwar folgt dies nicht aus einer angeblichen Widerrufsmöglichkeit des Einverständnisses (vgl. de Boor, Entsch.nLdA., S. 35), sondern aus der Möglichkeit des Gerichts, jederzeit das infolge des internen Einverständnisses eingeräumte Ermessen nach der einen oder anderen Seite hin auszuüben. Das Gericht kann daher trotz einer Anordnung eines Verfahrens omV wieder zum mündlichen Verfahren zurückkehren.
Im übrigen ergibt sich auch aus dem Wortlaut des § 128 II, daß die Einverständniserklärungen keine "Anträge", sondern Ausdruck eines bestimmten Parteiwillens sind, der die Voraussetzung für ein Verfahren omV schafft. Deshalb ist auch keine Ausdrücklichkeit einer entsprechenden Willenskundgebung erforderlich.
Hinsichtlich der Auslegung des Wortlautes ebenso Stein-Juncker, § 72 A V 1 (S. 214); a.A. Püschel, aaO.

4) Wieczorek, § 128 J II c 2; Rosenberg-Schwab, § 64 II 1 (S. 308).

Begriff der Willenserklärung [1] hat zwar keinen so bedeutenden Wert wie im materiellen Recht [2], weil die Prozeßhandlungen in erster Linie den besonderen Regeln des Verfahrensrechts unterliegen. Das hindert nicht, einzelne Merkmale der privatrechtlichen Willenserklärung auf eine prozessuale Willenserklärung zu übertragen und entsprechend anzuwenden. Das ist jedoch nur insoweit möglich, als nicht zwingende Grundsätze des Verfahrensrechts entgegenstehen. Unter diesem Gesichtspunkt soll die Frage des stillschweigenden Einverständnisses näher untersucht werden.

Zu den stillschweigenden Willenserklärungen allgemein gehört zunächst die Willensäußerung durch schlüssiges Handeln [3]. Ergibt sich demnach aus dem Gesamtverhalten der Parteien unzweideutig, daß sie auf eine mV verzichten wollen, dann bestehen keine Bedenken, trotz Fehlens einer ausdrücklichen Erklärung eine Entscheidung omV zu treffen [4]. Die Würdigung der besonderen Umstände richtet sich nach dem konkreten Einzelfall [5].

Dagegen kann aus dem bloßen Stillschweigen einer Partei nicht auf ein Einverständnis geschlossen werden. Eine Pflicht zum Handeln ist nicht ersichtlich. Das gilt insbesondere auch dann, wenn das Gericht die Parteien auffordert, sich mit einem Verfahren omV einverstanden zu erklären, und, falls eine entsprechende Erklärung nicht

---

1) Siehe Stein-Jonas-Pohle, vor § 128 Anm. XI 2 d; Blomeyer, § 30 II 2 (S. 136); Rosenberg-Schwab, § 64 II 1 (S. 307).
2) Stein-Jonas-Pohle, vor § 128 Anm. XI 2 d.
3) Palandt-Danckelmann, Einf. vor § 116 Anm 1; Enneccerus-Lehmann, § 153 II 2; Larenz, Allg. Teil, S. 360.
4) Vgl. BGH, BB 1961, 494 (Nr. 3) ; OLG München, NJW 1953, 187.
5) Ähnlich Stürmer, S. 32, wenn er in diesem Zusammenhang von einer "Tatfrage" spricht.

einginge, diese unterstellt würde [1)2)3)]. Insoweit ist auch unerheblich, ob die Anregung des Gerichts im Verlaufe einer mV oder außerhalb derselben durch schriftliche Mitteilung geschehen ist [4)]. Sowohl in dem einen als auch in dem anderen Fall kann man das bloße Stillschweigen einer Partei mangels einer Rechtspflicht zum Handeln nicht als Einverständnis werten.

Sachlich muß der Inhalt der Einverständniserklärung unzweideutig ergeben, daß die Parteien eben ein Verfahren omV gemäß § 128 II wollen. Insoweit entstehen in der Praxis häufig Zweifel, wenn die Parteien Terminologien ähnlicher Verfahrensarten verwenden. So stellen die Parteien oft

---

1) Im Ergebnis ebenso BGH, BB 1961, 494 (Nr. 3); KG, JW 1928, 2156; OLG Karlsruhe, HRR 1942 Nr. 807; OLG München, NJW 1955, 995; Baumbach-Lauterbach, § 128 Anm. 5 B; Lauterbach, BRAGO § 35 Anm. 2 c; Stein-Jonas-Pohle, § 128 Anm. IX 1; Volkmar, BeschlVO, § 23 a EntlVO Anm. 1; Wieczorek, § 128 J II c 2; Burkhardt, MDR 1957, 388; Heinsheimer, JW 1915, 1384; Reinberger, Recht 1924, 75; Stürmer, S. 32; a.A. OLG Hamm, Büro 1959, 216; Neukamp, § 23 Anm. 2 c; Seuffert, § 23 Anm. 1 c; Warneyer, Kriegsgesetze, § 23 EntlVO Anm. II 2; Neumiller, BayRpflZ 1915, 315.

2) Vgl. demgegenüber den Fall, daß das Verfahren regelmäßig schriftlich ist, und nur auf Antrag eines Beteiligten eine mV stattfinden "muß", so in Landwirtschaftssachen, § 15 LwVG. In diesem Falle kann man, soweit kein Antrag gestellt ist, einen stillschweigenden Verzicht auf eine mV annehmen (so BGH, LM Nr. 1 zu § 48 LwVG). Denn hier verpflichtet das Gesetz den Beteiligten durch das Antragserfordernis, entsprechend tätig zu werden.

3) Die Regierungsvorlage zur FGO von 1963 (Deutscher Bundestag - 4. Wahlperiode, Drucksache Nr. 1446) sah - abweichend von § 128 II,§ 101 VwGO - vor, daß das Einverständnis unwiderlegbar vermutet werde, wenn die Beteiligten sich nicht binnen einer bestimmten Frist äußerten (so § 87 II des Entwurfs). Eine ähnliche Bestimmung fand sich in § 62 II des Gesetzes Nr. 39 über die Verwaltungsgerichtsbarkeit in Bayern vom 25.9.1946 (BayGVBl. S. 258). Keine dieser Vorschriften aber hat in die heute geltenden Fassungen der entsprechenden Verfahrensgesetze - §§ 90 II FGO, 101 II VwGO - Eingang gefunden.

4) Eine Unterscheidung in diesem Sinne treffen Volkmar, BeschlVO, § 23 a EntlVO Anm. 1; Münzel, S. 34; Stürmer, S. 32.

den Antrag auf Erlaß einer Aktenlageentscheidung, obwohl sie eine Entscheidung gemäß § 128 II meinen. Es fragt sich, ob ein derartiger Antrag auf Entscheidung nach Lage der Akten als eine Einverständniserklärung zu einer Entscheidung gemäß § 128 II gewertet werden kann [1][2].

Als Prozeßhandlung unterliegt das Einverständnis dem in § 133 BGB zum Ausdruck gelangten allgemeinen Rechtsgrundsatz der Auslegung. Ein Haften am Wortlaut der Erklärung ist daher unzulässig und nur der wirklich (erklärte) Wille zu erforschen [3]. Nicht das bloß wörtlich Erklärte, sondern das Gesamtverhalten der Partei ist zu berücksichtigen und nach den für den Erklärungsempfänger nach Treu und Glauben erkennbaren [4] Umständen zu werten [5]. Das bedeutet nicht, daß der Erklärungswortlaut gänzlich außer acht zu bleiben hat [5]. Dieser ist vielmehr in erster Linie maßgebend [6]. Wenn dagegen besondere Nebenumstände zu dem äußerlich eindeutigen Wortlaut hinzutreten, die einen Willen erkennen lassen, kann die Auslegung zu einem von dem buchstäblichen Inhalt abweichenden Erklärungsinhalt führen [7].

---

1) So KG, ZZP 51, 79; Wieczorek, § 128 J II c 2; Sonnen, JW 1925, 1536; vgl. auch KG, JW 1933, 2711 (aus kostenrechtlicher Sicht); a.A. Baumbach-Lauterbach, § 128 Anm. V B; de Boor, ZZP 51, 80; Gaedecke, JW 1925, 1536.
2) Vgl. ferner KG, ZZP 54, 465 u. die Anmerkung von de Boor, ebenda, S. 469 ff. Diese Entscheidung befaßte sich mit der Frage, wie ein Urteil zu bewerten ist, das gemäß seiner Bezeichnung "nach Lage der Akten" ergangen ist. Während das KG meint, es handele sich in jedem Falle um ein Urteil nach Lage der Akten, ist de Boor seinerseits der Ansicht, daß eine Entscheidung omV vorliege.
3) Siehe zur Anwendbarkeit der Auslegungsregeln des materiellen Rechts im Prozeß: RGZ 141, 347 (351); BGHZ 22, 267 (269); Stein-Jonas-Pohle, vor § 128 Anm. XI 3 c; Blomeyer, ZPR, § 30 IV (S. 139 f.); Rosenberg-Schwab, § 65 III a.E. (S. 312); Bauer, ZZP 64, 336 ff.; Baumgärtel, Prozeßhandlungen, S. 112 ff.
4) BGHZ, 47, 75 (78).
5) Palandt-Danckelmann, § 133 Anm. 4 a; Lehmann-Hübner, § 30 VI 4 a (S. 212); Rosenberg-Schwab, § 65 III (S. 312); Bauer, ZZP 64, 338.
6) Vgl. RGZ 131, 78 (81); BGH, NJW 1957, 873 (874).
7) Stein-Jonas-Pohle, vor § 128 XI Anm. XI 3 c.

Das bedeutet für die hier zu erörternde Frage, ob in einem Antrag auf Entscheidung nach Lage der Akten ein Einverständnis i.S. des § 128 II gesehen werden kann, folgendes: Das Gericht wird zunächst im Rahmen seiner Aufklärungspflicht (§ 139) den wirklichen Erklärungsinhalt zu ermitteln [1] suchen. Erst wenn eine Erläuterung auf diesem Wege nicht mehr möglich ist, kommt eine Auslegung in Betracht [2]. Bei der sodann notwendig werdenden Ermittlung des wirklich erklärten Willens ist entsprechend den oben entwickelten Grundsätzen von dem Wortlaut der Erklärung auszugehen. Dieser läßt allerdings bei der gegebenen Sachlage kaum eine abweichende Sinngebung zu, als daß mit einem Antrag auf Entscheidung nach Lage der Akten auch ein solches gemeint ist. Denn die Ausdrücke "Entscheidung nach Lage der Akten" sowie "Entscheidung omV" bzw. "Verfahren omV" sind nach dem Wortlaut des Gesetzes und dem wohl üblichen Sprachgebrauch in Gerichts- und Anwaltskreisen feststehende Begriffe mit sehr verschiedener und eigenständiger Bedeutung. Erstere Formulierung betrifft die Fälle der §§ 251 a, 331 a, letztere allein den Fall des § 128 II. Im Hinblick auf die terminologische Unterscheidung im Gesetz müßten daher im Anwaltsprozeß wegen der Sachkenntnis der Prozeßbevollmächtigten ganz besondere Umstände hervortreten, aufgrund derer ein Antrag auf Aktenlageentscheidung abweichend von seinem Wortlaut als Einverständnis gemäß § 128 II angesehen werden könnte [3]. Aber auch im Parteiprozeß müßte das Gesamtverhalten der rechtsunkundigen Partei sorgfältig dahingehend überprüft werden, welchen wirklichen Willen diese mit dem Antrag auf eine Entscheidung nach Lage der Akten verfolgt hat. Allein wenn alle erkennbaren Umstände ohne jeden Zweifel auf ein Verfahren omV hindeuten, könnte in dem Antrag auf Entscheidung nach Lage der Akten ausnahmsweise ein Einverständnis gemäß § 128 II gesehen werden.

---

1) Vgl. auch Baumbach-Lauterbach, § 331 a Anm. 1 B.
2) Förster-Kann, vor § 128 Anm. 2 c) cc); Baumgärtel, Prozeßhandlungen, S. 112.
3) Vgl. KG, JW 1933, 2711 (aus kostenrechtlicher Sicht).

Haben die Parteien aufgrund eindeutiger oder durch Auslegung ermittelter Erklärung einen Antrag auf eine Entscheidung nach Lage der Akten gewollt, erhebt sich ein weiteres Problem im Hinblick auf § 128 II. Häufig kann in der entsprechenden Lage des Prozesses zwar kein Aktenlageurteil gemäß §§ 251 a, 331 a ergehen, weil dessen Voraussetzungen nicht gegeben sind; dagegen wäre eine Entscheidung omV möglich. In diesen Fällen erhebt sich die Frage, ob in dem Antrag auf eine Entscheidung nach Lage der Akten hilfsweise eine Einverständniserklärung gemäß § 128 II enthalten ist [1].

Stellt man die Verfahren nach Lage der Akten dem Verfahren omV gegenüber, so erkennt man, daß sich diese in ihren Voraussetzungen und Wirkungen wesentlich unterscheiden [2]. Insbesondere sind auch die jeweiligen verfahrenseinleitenden Erklärungen in ihrer Eigenart verschieden. Im Falle des Verfahrens omV handelt es sich um ein Einverstandensein der Parteien, im Falle der Aktenlageentscheidungen dagegen um eine Prozeßbitte (§ 251 a) bzw. einen formellen Antrag (§ 331 a). Daraus folgt, daß das Einverständnis gegenüber dem Antrag auf Entscheidung nach Lage der Akten ein aliud, und nicht etwa nur ein minus ist, so daß man in einem Antrag auf Aktenlageentscheidung auch nicht hilfsweise ein Einverständnis gemäß § 128 II sehen kann.

Aus den gleichen Gründen scheidet auch eine Umdeutung entsprechend dem in § 140 BGB enthaltenen Rechtsgedanken [3] aus. Demgemäß könnte der Antrag auf eine - unzulässige - Aktenlageentscheidung als ein Einverständnis gemäß § 128 II aufrechterhalten werden, wenn dadurch der mit der unzulässigen Parteierklärung beabsichtigte Erfolg ebenfalls erreicht würde. Eine

---

1) So zu § 331 a: Sonnen, JW 1926, 1536.
2) Siehe dazu im einzelnen unten S. 381 ff.
3) Eine Umdeutung im Zivilprozeßrecht ist nach ganz hM. zulässig. Sie richtet sich nach dem in § 140 BGB zum Ausdruck gelangten allgemeinen Rechtsgedanken; vgl. dazu eingehend Stein-Jonas-Pohle, vor § 128 Anm. XI 3 c; Blomeyer, ZPR, § 33 II 1 (S. 164); Rosenberg-Schwab, § 67 II (S. 326); Bauer, ZZP 64, 339 (insbesondere 348 ff.).

Umdeutung setzte weiter voraus, daß die betreffende Erklärung auch den Gültigkeitsanforderungen eines Einverständnisses sowie dem hypothetischen Parteiwillen entspräche [1]. Betrachtet man unter diesen Gesichtspunkten einen Antrag auf Erlaß einer Entscheidung nach Lage der Akten, so könnte man den mit diesem erstrebten Erfolg, nämlich die Vermeidung einer weiteren mV und eine sofortige Entscheidung auf der Grundlage des mündlichen und schriftlichen Vortrags unter Umständen auch mit einem Verfahren omV erreichen. Jedoch dürfte ein Verfahren omV in aller Regel nicht dem hypothetischen Parteiwillen entsprechen, weil die Auswirkungen eines Verfahrens omV wesentlich weitergehende sind als diejenigen in einem Aktenlageverfahren gemäß §§ 251 a, 331 a [2].

Somit kann in dem Fall eines eindeutigen oder aufgrund der Auslegung ermittelten Antrages auf Entscheidung nach Lage der Akten keine Entscheidung omV ergehen, auch wenn diese allein nach der prozessualen Situation zulässig wäre.

## § 4 Das Parteieinverständnis und die Zulässigkeit von Nebenbestimmungen

### I. Die Zulässigkeit von Bedingungen

In Ansehung der außerordentlichen Tragweite versuchen die Parteien in der Praxis das Einverständnis dadurch einzuschränken, daß sie es an Bedingungen knüpfen. Hierbei treten einzelne Nebenbestimmungen immer wieder in Erscheinung, die als typisch für das Einverständnis bezeichnet werden können. Ehe diese gesondert betrachtet werden [3], stellt sich jedoch zunächst die Frage, ob dem Einverständnis schlechthin Bedingungen beigefügt werden können.

---

1) Vgl. zu den Voraussetzungen der Umdeutung Palandt-Danckelmann, § 140 Anm. 1; Larenz, Allg. Teil, S. 456; insbes. für das Prozeßrecht: Bauer, ZZP 64, 348 ff.
2) Vgl. unten S. 381 ff.
3) Siehe dazu unten S. 84 ff.

## 1. Das bedingte Einverständnis allgemein

Anders als im bürgerlichen Recht [1] können Prozeßhandlungen nicht ohne weiteres mit einer Bedingung verknüpft werden [2]. Zwar sind Prozeßhandlungen nicht grundsätzlich bedingungsfeindlich [3], weil ein zweckmäßiges Prozeßrecht nicht ohne bedingte Handlungen auskommt [4]. Angesichts der Vielfältigkeit der Prozeßlagen und der sich daraus ergebenden verschiedenen Schwerpunktmöglichkeiten im Widerstreit der Interessen kann sich die Zulässigkeit einer bedingten Prozeßhandlung grundsätzlich nur nach den besonderen Bedürfnissen des Prozesses im Einzelfall richten [5].

Man hat mehrfach versucht, die Prozeßhandlungen unter verschiedenen Gesichtspunkten in bestimmte Kategorien einzuteilen, um auf diesen Grundlagen schließlich allgemeine Regeln - u.a. auch über die Zulässigkeit von Bedingungen - zu entwickeln. Insoweit ist es das Verdienst von Goldschmidt [6], die verschiedenen Funktionen der Prozeßhandlungen aufgezeigt und eine entsprechende systematische Ordnung erstellt zu haben. Seine Unterscheidung zwischen E r wirkungs- und B e - wirkungshandlungen hat zu Recht in der Rechtslehre überwie-

---

1) Siehe §§ 158 ff. BGB.
2) Ebenso im Ergebnis Stein-Jonas-Pohle, vor § 128 Anm. XI 3 g; Schönke-Schröder-Niese, § 31 II 3 (S. 148); Baumgärtel, Prozeßhandlungen, S. 119; Lang, S. 22.
3) In diesem Sinne Bernhardt, § 24 VI 7 (S. 158); Lent-Jauernig, § 29 VI 6 (S. 85); Rosenberg-Schwab, § 65 IV vor 1 (S. 312); Baumgärtel, Prozeßhandlungen, S. 124; Pietsch, S. 130; Stein, DJZ 1913, 36.
4) Blomeyer, ZPR, § 30 VI vor 1 (S. 141); vgl. z.B. den zulässigen Eventualantrag, RGZ 144, 71 (73 f.); Baumbach-Lauterbach, § 260 Anm. 2 C, D; Thomas-Putzo, § 260 Anm. 2 C.
5) Stein-Jonas-Pohle, vor § 128 Anm. XI 3 g; Blomeyer, ZPR, § 30 VI vor 1 (S. 141; Schönke-Schröder-Niese, § 31 II 3 (S. 148 f.).
6) Prozeß, S. 364 ff.

genden Zuspruch gefunden [1]. Nach dieser Einteilung umfassen die Erwirkungshandlungen alle diejenigen Prozeßhandlungen, die darauf gerichtet sind, den Richter auf eine Entscheidung bestimmten Inhalts hinzulenken [2]. Die Bewirkungshandlungen dagegen erzeugen eine unmittelbare prozessuale Wirkung und schaffen dadurch eine bestimmte prozessuale Lage des Verfahrens [3].

Allein leistet diese Einteilung der Prozeßhandlungen für die hier vorliegende Untersuchung nichts, weil die Parteierklärung gemäß § 128 II in Übereinstimmung mit der Ansicht von Stein-Jonas-Pohle [4] weder allein Erwirkungs- noch Bewirkungshandlung ist, sondern sowohl Merkmale der einen als auch der anderen Gruppe aufweist. Soweit Püschel [5] in den Einverständniserklärungen der Parteien prozessuale Anträge, also Erwirkungshandlungen sieht und es sich nach Goldschmidt [6], Nikisch [7] und Rosenberg-Schwab [8] um reine Bewirkungshandlungen handelt, kann dem nicht gefolgt werden.

Das Einverständnis der Parteien ist Bewirkungshandlung, soweit dieses eine bestimmte Prozeßlage zur Folge hat. Der unmittelbare Eintritt einer Rechtswirkung besteht darin, daß ein

---

1) Stein-Jonas-Pohle, vor § 128 Anm. XI 2 b, bezeichnen diese Unterscheidung als die wohl hM. Vgl. im einzelnen: Blomeyer, ZPR, § 30 II (S. 134); Lent-Jauernig, § 29 III (S. 81); Nikisch, § 54 I 2 u. 3 (S. 209 f.); Rosenberg-Schwab, § 64 I -II (S. 305 ff.); Baumgärtel, Prozeßhandlungen, S. 84; Foth, S. 46; Niese, Prozeßhandlungen, S. 89; Siegert, S. 27; Bruns, JZ 1959, 204 unter II.
Aus dem strafrechtlichen Schrifttum: Loewe-Rosenberg-Schäfer, Einl., Kapitel 2 Nr. 1; Eb. Schmidt (I), Rdn. 213 ff.; Henkel, § 60 I 2 (S. 236); Peters, Strafprozeß, § 32 II 6 (S. 215).
Gegen diese Einteilung Sauer, Prozeßrechtslehre, S. 142. Gegen Sauer wiederum Henkel, 1. Aufl., § 71 Fußn. 3 (S. 291).

2) Goldschmidt, Prozeß, S. 364; Niese, Prozeßhandlungen, S. 84.

3) Goldschmidt, Prozeß, S. 456 ff.; Stein-Jonas-Pohle vor § 128 Anm. XI 2 b; Baumgärtel, Prozeßhandlungen, S. 84.

4) Vor § 128 Anm. XI 2 b.

5) JR 1925, 897; ders., Einzelrichter, S. 38.

6) Prozeß, S. 458; ders., Zivilprozeßrecht, § 56, 2 b bei Fußn. 13 (S. 180).

7) § 54 I 3 (S. 210).

8) § 64 II 1 (S. 307).

fakultativ-schriftliches Verfahren [1] eröffnet wird. Das Einverständnis ist insoweit für die angestrebte richterliche Entscheidung nicht, wie die Erwirkungshandlungen, Bewertungsgegenstand, sondern es wirkt nur mittelbar auf die Entscheidung hin [2] und steht somit zu dieser in einer Zweckbeziehung. Neben diesen charakteristischen Eigenschaften der Bewirkungshandlungen enthält das Einverständnis aber auch Elemente der Erwirkungshandlungen. Denn die einwilligende Prozeßhandlung bedeutet letztlich nicht bereits den Eintritt des mit der Erklärung erstrebten Erfolges. Ein Verfahren omV setzt vielmehr das Einverständnis a l l e r Parteien und darüber hinaus eine entsprechende Entschliessung des Gerichts voraus. Das allseitige Einverständnis ist daher auch dazu bestimmt, durch psychische Einwirkung den Richter auf eine Entscheidung bestimmten Inhalts hinzulenken [3]. Demnach ist die Erklärung gemäß § 128 II weder allein Bewirkungs- noch Erwirkungshandlung.

Man könnte weiter die Zulässigkeit bedingter Prozeßhandlungen allgemein mit dem Begriff des prozessualen Rechtsgeschäftes [4] zu lösen versuchen. In Anlehnung an den bürgerlich-rechtlichen Begriff [5] des Rechtsgeschäfts versteht man darunter regelmäßig alle Willenserklärungen der Parteien, die nach ihrem Inhalt auf eine bestimmte prozessuale Wirkung gerichtet sind. Der gewollte Rechtserfolg tritt bereits mit der Vornahme der betreffenden Willenserklärung ein [6]. Aufgrund dieser Rechtswirkungen könnte man

---

1) Siehe zu diesem Begriff oben S. 44 Fußn. 1.
2) Vgl. zu diesen Begriffsmerkmalen Goldschmidt, Prozeß, S. 457; Niese, Prozeßhandlungen, S. 89 f.
3) Münzel, S. 42, meint, das Einverständnis habe in gewisser Weise "Antragsnatur".
4) Siehe Hellwig, Prozeßhandlungen, S. 75 ff.; ders., System, S. 426.
5) Vgl. Wach, AcP 64, 238 f.; Trutter, S. 109 ff.; Siegert, S. 110.
6) Vgl. Hellwig, Prozeßhandlung, S. 76; Süss, S. 67; Trutter, S. 130; Weismann (I), § 76 I 4 (S. 298); Wach, AcP 64, 242; vgl. auch die Begriffsbestimmung bei Siegert, S. 32, der den Begriff einerseits auf die Akte der Gerichtsorgane erweitert (S. 32, dagegen: Trutter, S. 133), andererseits aber auf diejenigen Handlungen beschränkt, bei denen der Rechtserfolg gleichzeitig mit der Vollendung der prozessualen Willenserklärung eintritt (S. 110 f.). Gänzlich abweichend Bunsen, ZZP 35, 401 ff.

angesichts der dynamischen Entwicklung des Zivilverfahrens auf eine Bedingungsfeindlichkeit der Prozeßgeschäfte schliessen. Jedoch kann diese Untersuchung und auch die Frage, ob das Einverständnis überhaupt ein Prozeßrechtsgeschäft darstellt [1], auf sich beruhen. Denn die Erfassung der prozessualen Willenserklärungen gestaltenden Inhalts unter dem Begriff des Prozeßrechtsgeschäfts hat keinen dogmatischen Wert. Im Grunde schafft jede Prozeßhandlung - zumindest auch - einen unmittelbaren Rechtserfolg, der darin besteht, daß eine besondere prozessuale Lage entsteht [2]. Der Begriff des Prozeßrechtsgeschäftes ist daher wertlos. Zu Recht wird dessen Notwendigkeit daher von der überwiegenden Meinung verneint [3][4].

Versagt somit auch dieser Begriff für eine allgemeine Lösung des Problems der Zulässigkeit bedingter Prozeßhandlungen, bleibt demnach kein anderer Weg, als die hier vorliegende Prozeßhandlung, nämlich das Einverständnis zu betrachten und sich zu fragen, ob diese Parteierklärungen unter Berücksichtigung der Wesenseigentümlichkeiten des Zivilprozesses bedingt vorgenommen werden können.

---

1) Verneinend de Boor, Entsch.nLdA., S. 26; Münzel, S. 135; Püschel, Einzelrichter, S. 38; Späth, S. 16; bejahend dagegen Reinberger, Recht 1924, 75.

2) So zutreffend Stein, ZZP 41, 420 f.; Nußbaum, S. 67. Das gilt auch für die Anträge. Diese bewirken insoweit einen unmittelbaren Erfolg, als das Gericht "über" den Antrag entscheiden muß, und nicht lediglich eine Entscheidung - als der gewünschte Erfolg - "nach" Antrag ergehe. Diese Wirkung auf den Richter tritt daher bereits mit der "Antragstellung" ein. Ebenso im Ergebnis Stein, ZZP 41,421; a.A. Siegert, S. 30.

3) Baumbach-Lauterbach, Grundz. vor § 128 Anm. 5 B; Stein-Jonas-Pohle, vor § 128 Anm. XI 2 e; Nikisch, § 54 I 3 (S. 210);Rosenberg-Schwab, § 46 III (S. 308); Schönke-Schröder-Niese, § 33 II 3 (S. 155); Baumgärtel, Prozeßhandlungen, S. 289 f. (m.w.Nachw. auf S. 290 Fußn. 582); Bülow, S. 153 ff.; Goldschmidt, Prozeß, S. 460 ff.; Nußbaum, S. 67 f.; Sauer, Prozeßrechtslehre, S. 135; Stein, ZZP 41, 427; Walsmann, AcP 102, 25 Fußn. 36; vgl. auch dazu Arens, S. 48.

4) Baumgärtel, Prozeßhandlungen, S. 290, gesteht dem Begriff des Prozeßrechtsgeschäfts wenigstens eine "didaktische" Bedeutung zu, ohne daß jedoch daraus praktische Schlußfolgerungen gezogen werden könnten.

Aus den Erörterungen im Zusammenhang mit dem mißlungenen Versuch, das Einverständnis unter den Begriff der Erwirkungs- oder Bewirkungshandlungen zu fassen, ergibt sich für die folgende Untersuchung doch ein entscheidender Anhaltspunkt. Es hatte sich gezeigt, daß die Einverständniserklärungen für das Gericht eine Anregung darstellen, abweichend von § 128 II omV zu entscheiden. Zwar lenken die Parteien mit ihren Erklärungen das Gericht auch darauf hin, daß das Gericht sein Ermessen im Sinne ihres Einverständnisses ausüben und ein Verfahren omV anordnen möge.Doch ist die "Antragsnatur" [1] des Einverständnisses, soweit es die Bitte der Parteien an das Gericht betrifft, einem Verfahren omV zuzustimmen, unbedeutend. Die entscheidende Wirkung der Einverständniserklärungen tritt nicht erst in dem Moment der entsprechenden Entschließung des Gerichts ein. Sie liegt vielmehr in dem Verzicht der Parteien, mündlich zu verhandeln, infolgedessen das obligatorisch-mündliche Verfahren in ein fakultativ-schriftliches [2] umgestaltet wird. Derartige Prozeßhandlungen aber, die sich funktionell auf das Verfahren beziehen und dieses in bestimmter Weise gestalten, sind grundsätzlich bedingungsfeindlich [3]. Das ergibt sich aus folgenden Erwägungen: Die verfahrensgestaltenden Handlungen der Parteien sind diejenigen, die die entscheidenden Grundlagen in der dynamischen Prozeßentwicklung bilden. Diese begründen die Verfahrenslagen, die ihrerseits die Voraussetzung für die nächsten Stufen in der Folge der prozessualen Lagen darstellen. Die Verknüpfung dieser gestaltenden Parteierklärungen mit einer Bedingung führte dazu, daß die entstandenen Prozeßlagen durch den Ausfall des ungewissen Ereignisses rückwirkend beseitigt würden. Das Verfahren würde in ein früheres Stadium zurückversetzt. Eine an derartige Prozeß-

---

1) Münzel, S. 42.
2) Siehe zu diesem Begriff oben S. 44 Fußn. 1.
3) Vgl. BGHZ 4, 54; RGZ 120, 243 (236); 144, 71 (72); 157, 369 (378 f.); Stein-Jonas-Pohle, vor § 128 Anm. XI 3 g; Nikisch, § 54 IV 1 (S. 214); Schönke-Schröder-Niese, § 31 II 3 (S. 148); Baumgärtel, Prozeßhandlungen, S. 127; Goldschmidt, Prozeß, S. 495; Lang, S. 33; Pietsch, S. 134.

handlungen geknüpfte Bedingung würde daher eine Unsicherheit in das Verfahren hineintragen, die sich mit der Zielsetzung des Zivilprozesses nicht verträgt. Dieser kann seiner Aufgabe, dem Rechtsuchenden wirksamen Rechtsschutz zu gewähren und durch schleunige Abwicklung des Verfahrens den Rechtsfrieden alsbald wiederherzustellen, nur gerecht werden, wenn er von einer sicheren Verfahrensgrundlage getragen wird. Unter Berücksichtigung dessen entwickelt sich der Zivilprozeß dynamisch fort [1)], indem die Handlungen der Parteien und die des Gerichts derart ineinandergreifen, daß jede Handlung der Prozeßrechtssubjekte eine bestimmte prozessuale Lage bewirkt, die ihrerseits die Voraussetzung für die nächstfolgende Stufe der Prozeßentwicklung bildet. Diese Entwicklung wird schließlich mit der Entscheidung des Rechtsstreits durch das Gericht abgeschlossen.

An der Klarheit und dem Bestand einer durch eine Prozeßhandlung bewirkten prozessualen Lage hat nicht nur das Gericht in Erfüllung seiner Rechtsschutzaufgabe ein schutzwürdiges Interesse, sondern auch der Prozeßgegner. Dessen Belange gestatten ebenfalls in der Regel keinen Schwebezustand durch die Beifügung einer Bedingung an eine prozeßgestaltende Handlung. Auch der Prozeßgegner muß in gewisser Hinsicht auf den ordnungsgemäßen Ablauf des Verfahrens, insbesondere im Hinblick auf die durch den Gegner bewirkte Prozeßgestaltung vertrauen dürfen. Es ist daher in Übereinstimmung mit Rechtsprechung und Lehre [2)] von dem Grundsatz auszugehen, daß ver-

---

1) Stein-Jonas-Pohle, Einl. F I 1; Rosenberg-Schwab, § 2 V 3 (S. 9 f.); Baumgärtel, Prozeßhandlungen, S. 86; Pietsch, S. 12; Vollkommer, ZZP 81, 102.
2) Siehe oben S. 77 Fußn. 3.

fahrensgestaltende Prozeßhandlungen bedingungsfeindlich sind [1].

Somit ergibt sich für das Einverständnis, da dessen Wirkungen entscheidend in der Prozeßgestaltung liegen, daß diese Erklärung entsprechend dem Grundsatz von der Bedingungsfeindlichkeit verfahrensgestaltender Prozeßhandlungen keine Nebenbestimmung verträgt.

Neben diese allgemeinen prozeßrechtlichen Erwägungen treten die besonderen Gesichtspunkte des Verfahrens omV hinzu, die gegen die Zulässigkeit eines bedingten Einverständnisses sprechen. Zunächst bringt schon das Gesetz selbst, indem es die letzte Entschließung über ein Verfahren omV in die Hände des Gerichts legt, zum Ausdruck, daß diese Verfahrensart ohnehin der Willkür der Parteien entzogen sein soll [2].

Wenn weiter die Prozeßordnung abweichend von der Regel ein Verfahren besonderer Art zuläßt, dann darf dieses nicht auf Unsicherheiten gebaut sein, die dem eigentlichen Zweck des Ausnahmeverfahrens nicht mehr entsprächen. Nach seinem Sinn und Zweck soll das Verfahren omV den Prozeß beschleunigen und

---

1) Dieses Ergebnis widerspricht nicht der Tatsache, daß auch das Prozeßrecht gewisse Verfahrensunsicherheiten in Kauf nimmt. So entsteht beispielsweise durch die Zulässigkeit der Klage- und Rechtsmittelrücknahme (§§ 271, 515, 566) ein vom Gesetz gebilligter Schwebezustand. In diesen Fällen bringt das Gesetz zum Ausdruck, daß es die Parteien gegen ihren Willen an der Durchführung eines Verfahrens nicht unbedingt festhalten will. Wenn die Zivilprozeßordnung also insoweit der auch im Prozeßrecht geltenden Privatautonomie Rechnung trägt und Verfahrensungewißheiten in Kauf nimmt, rechtfertigt dies jedoch nicht die Annahme, daß das Verfahren grundsätzlich Schwebezustände zuläßt und somit Prozeßhandlungen mit unmittelbar verfahrensgestaltender Wirkung auch unter Bedingung gestatten würde. Die genannten gesetzlichen Verfahrensungewißheiten unterscheiden sich von denen durch allgemein bedingte Prozeßhandlungen hervorgerufenen Verfahrenslagen ganz entscheidend dadurch, daß erstere an eine fest umrissene gesetzliche Regelung geknüpft, während die letzteren der Willkür der Parteien schlechthin ausgesetzt sind (vgl. zu dem Vorstehenden RGZ 144, 71, 72 f.)

2) Baumgärtel, Prozeßhandlungen, S. 125.

vereinfachen. Das Gericht könnte sich jedoch angesichts einer Bedingung, welchen Inhalts sie auch immer sein mag, niemals guten Gewissens zu einem Verfahren omV entschließen, und zwar auch dann nicht, wenn dies eine Beschleunigung und Vereinfachung des Verfahrensganges zunächst bewirkte. Denn der Ausfall der Bedingung würde in jedem Fall die Unwirksamkeit des Einverständnisses zur Folge haben. Dadurch würde ein Verfahren omV nachträglich unzulässig. Eine Entscheidung in dieser Prozeßart wäre daher prozeßordnungswidrig und damit fehlerhaft [1]. Das Gericht befände sich demnach bis zur Entscheidung ständig im Ungewissen, ob es eine mündliche Verhandlung anberaumen muß oder nicht. Es könnte seine Maßnahme nicht von vornherein unter dem Gesichtspunkt einer schriftlichen oder mündlichen Verhandlung ergreifen. Schriftliche Verhandlungen würden überflüssig, wenn diese durch eine einfache Frage in einer mV erledigt werden könnten. Diese Folgen trügen nicht dem Sinn des § 128 II entsprechend zur Vereinfachung des Verfahrens bei.

Neben dem Gericht befände sich auch der Prozeßgegner stets im unklaren über die zukünftige Verfahrensgestaltung, insbesondere darüber, ob es für die Beachtlichkeit des neuen Vorbringens im Anschluß an das Einverständnis auf die Schriftsätze oder einen mündlichen Vortrag im Verhandlungstermin ankommt. Die Belange des Prozeßgegners würden daher durch ein bedingtes Einverständnis regelmäßig in unzumutbarer Weise berührt. Dem kann man nicht entgegenhalten, daß wegen des gerichtlichen Ermessens ohnehin keine Partei wisse, ob sich das Verfahren mündlich oder schriftlich gestalten wird. Diese gesetzlich vorgesehene, dem Verfahren omV wesenseigene Unsicherheit rechtfertigt nicht die Zulässigkeit weiterer Ungewißheiten. Dies gilt um so mehr, als die Verantwortung für die Verfahrensentwicklung insoweit nicht von der auf pflichtgemäßem Ermessen beruhenden Prozeßleitung des Gerichts, sondern von der Willkür der Parteien getragen würde.

---

1) Zu den besonderen Auswirkungen des fehlenden Einverständnisses siehe unten S. 142 ff.

Diese vorstehend gezeigten Auswirkungen auf das Verfahren insgesamt verbieten daher die Verknüpfung des Einverständnisses mit einer Bedingung.

Mit diesem aus dem Rechtscharakter des Einverständnisses als Prozeßhandlung gewonnenen Ergebnis ist jedoch die Untersuchung der Zulässigkeit von Bedingungen neben der Einverständniserklärung nicht erschöpft. Es sind vielmehr Nebenbestimmungen des Einverständnisses denkbar, die trotz der prozeßgestaltenden Wirkung der Erklärungen dem Prozeßzweck in seiner Gesamtheit nicht entgegenwirken. Es könnte sich daher aus dem Charakter einzelner Bedingungen und deren Beziehung zu der Wirkung des Einverständnisses im Einzelfall die Statthaftigkeit einer bestimmten Erklärung im Sinne des § 128 II ergeben.

Bei der Untersuchung der Frage, ob Prozeßhandlungen eine Bedingung beigefügt werden kann, stellt man vereinzelt darauf ab, ob es sich um ein inner- oder außerprozessuales künftiges Ereignis handelt [1]. Diese Unterscheidung ist jedoch für die Einverständniserklärungen, die, wie gezeigt, im Hinblick auf die verfahrensgestaltende Wirkung wesentliche Elemente der Bewirkungshandlungen enthalten, ungeeignet. Die Grundsätze über Zulässigkeit inner- oder außerprozessualer Ereignisse sind allein für die Erwirkungshandlungen entwickelt worden. Sie können daher nicht auf die verfahrensgestaltenden Prozeßhandlungen (Bewirkungshandlungen) übertragen werden, auch wenn diese Elemente der Erwirkungshandlungen enthalten, deren entscheidende Bedeutung aber in der Gestaltung des Prozesses liegt. Der Grund der Bedingungsfeindlichkeit liegt in der Ungewißheit der Verfahrenslage. Diese Situation schafft aber das Parteieinverständnis im Hinblick auf die formale Gestaltung des Verfahrens in jedem Fall, ohne Rücksicht darauf, ob

---

1) Rosenberg, LB, § 108 II 1 c (S. 526); anders aber die 10. Aufl. in der Bearbeitung von Schwab, § 110 III 3 a (S. 546); vgl. auch Schönke-Schröder-Niese, § 31 II 3 (S. 149); Baumgärtel, Prozeßhandlungen, S. 121; Witte, NJW 1955, 1465.

die Bedingung auf einem inner- oder außerprozessualen Ereignis beruht [1].

Dagegen ist eine andere Art der Einteilung der Bedingungen von Bedeutung, nämlich die Unterscheidung zwischen echten und sogenannten Rechtsbedingungen (conditiones juris). Von einer Rechtsbedingung spricht man, wenn die Rechtsordung die Wirksamkeit des Verhaltens von dem Eintritt einer Begebenheit abhängig macht, die sich aus der besonderen Natur oder dem Gegenstand der Handlung selbst ergibt [2]. Diesen "bedingten" Handlungen wohnt also von vornherein eine Ungewißheit inne. Die Erwähnung solcher Bedingungen ist demnach an sich über-

---

1) Ebenso im Ergebnis Baumgärtel, Prozeßhandlungen, S. 125 Fußn. 159; a.A. Rosenberg, LB, § 108 II 1 c (S. 526); Witte, NJW 1955, 1465.
Die entgegengesetzte Auffassung beruht auf der fehlerhaften Überbetonung des Bedingungscharakters, ohne dabei in ausreichendem Maße das mindestens genauso bedeutsame Wesen der einzelnen Prozeßhandlung zu berücksichtigen. Allein beide zusammen, spezifischer Charakter der Prozeßhandlung u n d der der Bedingung, geben Aufschluß über die Zulässigkeit einer Verbindung.
Im übrigen spricht auch Rosenberg, LB, § 61 IV 2 (S. 283 f.) von der Zulässigkeit innerprozessualer Bedingungen nur im Zusammenhang mit den Erwirkungshandlungen, so über Eventualanträge und das -vorbringen. Insoweit ist der Wert dieser Einteilung nicht zu leugnen; vgl. dazu auch Stein-Jonas-Pohle, vor § 128 Anm. XI 3 g zu Fußn. 81; Blomeyer, ZPR, § 30 VI 1 u. 2 (S. 141 f.); Nikisch, § 54 IV (S. 214 f.). Die vorstehenden Verfasser heben stets zunächst die Bedingungsfeindlichkeit der prozeßgestaltenden Prozeßhandlungen hervor (Bewirkungshandlungen), und erörtern dann jeweils im Zusammenhang mit den Anträgen und dem Parteivorbringen, also den Erwirkungshandlungen, den Unterschied zwischen inner- und außerprozessualen Bedingungen. Ähnlich, aber nicht so deutlich Lent-Jauernig, § 29 VI 6 (S. 85); Schönke-Schröder-Niese, § 31 II 3 (S. 148 f.). Wenn Rosenberg aber das Einverständnis gem. § 128 II als Bewirkungshandlung ansieht (§ 60 II 1 (S. 278), andererseits die inner- und außerprozessualen Bedingungen lediglich im Hinblick auf die Erwirkungshandlungen untersucht, so fehlt es zumindest an dem Nachweis, daß die genannte Einteilung der Bedingungen auch bei den Bewirkungshandlungen gilt. Zutreffend jetzt im Hinblick auf das Einverständnis Rosenberg-Schwab, § 110 III 3 a (S. 456); danach ist das Einverständnis schlechthin bedingungsfeindlich.

2) Vgl. BGHZ 4, 54; RGZ 144, 71 (73); Staudinger-Coing, Vorbem. 13 zu § 158 BGB.

flüssig. Die Beifügung wiederum vermag der entsprechenden Handlung nicht deren Wirksamkeit zu nehmen, auch wenn diese ihrem Wesen nach bedingungsfeindlich ist. Dieser im materiellen Recht geltende Rechtssatz [1] läßt sich ohne Bedenken auf das Prozeßrecht übertragen [2]. Daraus folgt, daß die Beifügung einer Rechtsbedingung an die bedingungsfeindlichen Prozeßhandlungen unschädlich ist [3]. Somit kann auch das Einverständnis mit derartigen unechten Bedingungen [4] verbunden werden.

Zusammenfassend ergibt sich, daß die Einverständniserklärung gemäß § 128 II bedingungsfeindlich ist [5]. Zulässig sind allein sogenannte Rechtsbedingungen. Für die folgenden Untersuchungen der typischen, häufig mit dem Einverständnis verbundenen Bedingungen kann es daher für die Frage der Zulässigkeit derselben allein darauf ankommen, ob es sich um eine echte oder unechte (Rechts-) Bedingung handelt.

---

1) Vgl. Staudinger-Coing, Vorbem. 13 zu § 158 BGB; Enneccerus-Nipperdey, § 194 II 2 (S. 1186); Larenz , Allg. Teil, § 31 I (S. 480); Lehmann-Hübner, § 35 A I 1 (S. 278).

2) BGHZ 4, 54; RGZ 144, 71 (73); Stein-Jonas-Pohle, vor § 128 Anm. XI 3 g (vor Fußn. 183); Baumgärtel, Prozeßhandlungen, S. 120.

3) Palandt-Danckelmann, Einl. vor § 158 Anm. 6; Staudinger-Coing, Vorbem. 9 zu § 158 BGB; Pietsch, S. 158.

4) Zu den übrigen unechten Bedingungen, den sog. "Gegenwarts- und Vergangenheitsbedingungen" vgl. Pietsch, S. 158 ff.

5) Ebenso die einhellige Meinung in Rechtsprechung und Schrifttum; siehe BGHZ 18, 61 (62); BGH, LM Nr. 8 zu § 128 ZPO; RGZ 151, 193 (195); Baumbach-Lauterbach, § 128 Anm. 5 B; Stein-Jonas-Pohle, § 128 Anm. IX 2; Lauterbach, BRAGebO, § 35 Anm. 2 c; Blomeyer, ZPR, § 56 I 1 (S. 271); Rosenberg-Schwab, § 110 III 3 a (S. 546); Schönke-Kuchinke, § 8 IV 5 a (S. 39); Baumgärtel, Prozeßhandlungen, S. 125; Lang, S. 36; Münzel, S. 42; Pietsch, S. 137: Einschränkend dagegen Stürmer, S. 33 (für bestimmte Bedingungen).
Vgl. auch die Hinweise bei den Einzelerörterungen typischer Bedingungen, unten S. 84 ff.

## 2. Typische Bedingungen des Einverständnisses

### a. Unveränderte Gerichtsbesetzung

Die Parteien erklären ihr Einverständnis mit einem Verfahren omV oft unter der Bedingung, daß bestimmte Richter oder dieselben Richter bei der Entscheidung mitwirken, die zur Zeit der Einverständniserklärung mit der Sache befaßt waren. Eine solche Nebenbestimmung wird von der überwiegenden Meinung als unzulässig angesehen [1]. Dieser Auffassung ist zuzustimmen. Die abweichende Ansicht würde nach den hier vertretenen Grundsätzen voraussetzen, daß dieselbe Gerichtsbesetzung von Gesetzes wegen die Rechtswirksamkeit des Einverständnisses bedingte (condition juris). Das ist jedoch nicht der Fall.

Ohne Rücksicht auf das Einverständnis ist derjenige Richter zur Entscheidung berufen, der nach dem Gesetz vor der Verwirklichung des einen gesetzlichen Tatbestand bildenden Sachverhalts festgelegt und somit also für alle gleichgelagerten Fälle im voraus und auf Dauer bestimmt ist ("gesetzlicher Richter"). Dieses Bestimmtheitserfordernis betrifft einmal das nach den Prozeßgesetzen zuständige Gericht in seiner organisatorischen Einheit oder das erkennende Gericht als Spruchkörper. Zum anderen bezieht es sich auch auf den einzelnen in gesetzmäßiger Weise durch den Geschäftsverteilungsplan

---

1) BGHZ 18, 61 (62); RGZ 151, 193 (195); Baumbach-Lauterbach, § 128 Anm. 5 B; Stein-Jonas-Pohle, § 128 Anm. IX 2; Sydow-Busch-Krantz-Triebel, Anhang I, § 7 EntlBek. Anm. 2; Seuffert-Walsmann, Anhang zu § 128, Anm. 2 zu § 7 EntlVO; Zöller-Stephan, § 128 Anm. B II; Schönke-Schröder-Niese, § 81 III 2 (S. 366); Schönke-Kuchinke, § 8 IV 5 a (S. 39); Rosenberg-Schwab, § 110 III 3 a (S. 546); Münzel, S. 42; Stürmer, S. 34.
Dagegen a.A. Wieczorek, § 128 J II c 4; Kann, JW 1924, 385; ders., ZPO, § 7 EntlBek. Anm. 1 b.
Modifizierend Sonnen, Das neue ZPrR, S. 38. Er hält eine "auflösende" Bedingung, daß das Gericht nicht wechsele, für zulässig, lehnt aber andererseits die Auffassung Kann's (JW 1924, 385), daß das Einverständnis unter der Bedingung, es dürften nur bestimmte Richter mitwirken, zulässig sei, ab. Diese verschiedene Betrachtungsweise ist unzutreffend. Vgl. oben im Text.

2) Vgl. Maunz, § 29 IV (S. 268).

zur Entscheidung berufenen Richter [1]. Die im Einzelfall gesetzmäßige Gerichtsbesetzung bestimmt sich also allein nach objektiven Gesichtspunkten, ohne daß die Parteien darauf Einfluß hätten [2], deren verfassungsmäßig geschützter Anspruch auf "ihren gesetzlichen Richter" i.S. der Art. 101 I S. 2 GG[3] mit der Beobachtung der genannten Vorschriften über die Gerichtsbesetzung erfüllt ist.

Daraus folgt, daß die Beifügung einer Bedingung des genannten Inhalts an das Einverständnis unzulässig ist. Dabei kommt es nicht darauf an, ob die Parteien das Einverständnis davon abhängig machen, daß bestimmte Richter entscheiden würden, oder ob sie es unter der auflösenden Bedingung erklären, daß die Besetzung des Gerichts bis zu der Entscheidung omV nicht wechselt [4]. Im ersten wie im letzten Fall widerspricht es der objektiven Auswahl des gesetzlichen Richters, wenn nur deshalb eine Entscheidung omV nicht ergehen könnte, weil die Gerichtsbesetzung nicht dem Parteiwillen entspricht [5].

b. <u>Entscheidung durch den Einzelrichter</u>

Im engen Zusammenhang mit der vorgenannten Bedingung der bestimmten Gerichtsbesetzung steht der Fall, daß die Parteien

---

1) BVerfGE 17, 294 (299); 20, 344 (349, insbes. 352); Baumbach-Lauterbach, GVG § 16 Anm. 3.
2) Wegen des gemischt mündlich-schriftlichen Verfahrens und § 309 im besonderen vgl. oben S. 25 ff.
3) BVerfGE 17, 294 (299).
4) In diesem Sinne Sonnen, Das neue ZPrR, S. 38, der aber die Bedingung, daß bestimmte Richter mitwirken, nicht zulassen will (ebenda, Fußn. 1).
5) Etwas anderes ergibt sich auch nicht in dem besonderen Fall des gemischt mündlich-schriftlichen Verfahrens. Hier erklären die Parteien in der vorangehenden mV ihr Einverständnis häufig unter der Voraussetzung, daß dieselbe Richterbesetzung wie diejenige der mV zur Entscheidung berufen ist. Hier könnte eine Rechtsbedingung gegeben sein, wenn bei dieser Sachlage "von Gesetzes wegen" ohnehin nur in dieser Gerichtsbesetzung eine Entscheidung omV denkbar wäre. Wie aber bereits oben erörtert, findet § 309 im gemischt mündlich-schriftlichen Verfahren keine Anwendung (siehe oben S. 25 ff.). Können daher auch hier andere Richter als diejenigen entscheiden, die der vorangegangenen mV beigewohnt haben, so handelt es sich auch insoweit um keine - vom Parteiwillen unabhängige - Rechtsbedingung.

im Laufe einer Verhandlung vor dem Einzelrichter diesem gegenüber ihr Einverständnis erklären und dieses mit dem Zusatz versehen, daß es auf die Entscheidung durch den Einzelrichter beschränkt sei und nicht die Entscheidung des Kollegialgerichts decke [1].

Die Frage, ob diese Eventualerklärung zulässig ist, wird, soweit ersichtlich, in Rechtsprechung und Schrifttum nicht erörtert. Man begnügt sich entweder mit der bloßen Feststellung, daß eine solche Bedingung unzulässig sei [2] bzw. das auf den Einzelrichter beschränkte Einverständnis die Entscheidung durch das Kollegialgericht nicht decke [3]. Die Rechtsprechung konnte diese Frage ständig dahinstehen lassen, weil praktisch niemals Veranlassung zur endgültigen Entscheidung bestand. Denn einerlei, ob die Bedingung unzulässig oder zulässig war, konnte in keinem Falle eine Entscheidung omV ergehen. Ersterenfalls würde kein wirksames Einverständnis gegeben sein, letzterenfalls wäre das Gericht an die Bedingung gebunden [4]. Somit kann dieses Problem niemals praktisch werden. Dieser Umstand entbindet jedoch im Rahmen dieser Untersuchung nicht von der Prüfung, worin theoretisch der Verfahrensmangel in einem solchen Falle begründet liegt.

Das einem Einzelrichter gegenüber erklärte Einverständnis mit

---

1) Baumbach-Lauterbach, § 128 Anm. 5 B, und Schönke-Kuchinke, § 8 IV 5 a (S. 39), wollen in der Abgabe des Einverständnisses vor dem Einzelrichter immer eine Beschränkung der Erklärung auf eine Entscheidung durch den Einzelrichter sehen. Nach Rosenberg-Schwab, § 110 III 5 (S. 547), beziehe sich das Einverständnis "im Zweifel" auch auf eine sachliche Entscheidung durch das Kollegium. Weder für die eine, noch die andere einschränkende Auslegung des Einverständnisses gibt das Gesetz einen Anhalt. Es kommt vielmehr auf den Einzelfall an. - Vgl. auch RG, JW 1932, 646.
2) Stein-Jonas-Pohle, § 128 Anm. IX 2; Thomas-Putzo, § 128 Anm. III 2.
3) Baumbach-Lauterbach § 128 Anm. 5 B; Rosenberg-Schwab, § 110 III 4 (S. 546); Schönke-Kuchinke, § 8 IV (S. 39).
4) BGHZ 18, 61 (62); RG, JW 1932, 646; OLG Nürnberg, MDR 1966, 244; Rosenberg-Schwab, § 110 III 4 (S. 546).

einem Verfahren omV [1] mit dem Vorbehalt einer Entscheidung durch den Einzelrichter würde, um als eine zulässige unechte Bedingung angesehen zu werden, voraussetzen, daß nach der Prozeßordnung unabhängig von dem Parteiwillen allein der Einzelrichter, nicht auch das Kollegialgericht zum Erlaß einer Entscheidung innerhalb des betreffenden Verfahrens berufen wäre.

Der Einzelrichter hat keine uneingeschränkte Entscheidungsbefugnis. Zwar gilt er als das "Prozeßgericht" und insoweit auch als erkennendes Gericht [2]. Abgesehen aber von den Fällen des § 349, in dessen Rahmen der Einzelrichter ausnahmsweise zur Entscheidung berufen ist [3], trifft die eigentlichen Entscheidungen in der Regel das Kollegialgericht. Das hat zur Folge, daß der Einzelrichter gegebenenfalls die Sache zur Entscheidung an das Kollegialgericht abzugeben hat. Im Gegensatz zu den echten Entscheidungen im Rahmen der einzelrichterlichen Entscheidungsgewalt ist die Entschließung des Einzelrichters, die Sache an das Kollegium abzugeben, nicht als eine Entscheidung im Sinne des § 128 II anzusehen.Es handelt sich hier um einen gerichtsinternen Vorgang [4]. Das bedeutet, daß die Einverständniserklärungen durch den Verweisungsbeschluß des Einzelrichters nicht verbraucht werden [5]. Wirkt aber das Einverständnis fort, dann ist auch eine Entscheidung durch das Kollegium gedeckt [6]. Ein Einverständnis

1) Davon ist das Einverständnis gemäß § 349 III streng zu scheiden. Letzteres betrifft etwas ganz anderes, nämlich die Ermächtigung des Einzelrichters, anstelle des Prozeßgerichts zu entscheiden. Entsprechend können auch die Einverständniserklärungen gemäß § 349 III und § 128 II miteinander gekoppelt werden (de Boor, Entsch.nLdA., S.70) mit der Folge, daß der Einzelrichter im Rahmen seiner Befugnisse nach § 349 III eine Entscheidung im Verfahren omV erlassen kann.
2) RGZ 113,207 (212);BGHZ 40,179(182);Ansbacher,BayRpflZ 1924,123.
3) Vgl. auch die Fälle, die nicht ausdrücklich im Gesetz genannt sind, in denen jedoch wegen der nicht abschließenden Regelung in § 349 eine Entscheidung durch den Einzelrichter möglich ist; siehe dazu Baumbach-Lauterbach, § 349 Anm. 2 C; Stein-Jonas-Schumann-Leipold, § 349 Anm. VI 6.
4) RG, JW 1932, 646; vgl. dazu im einzelnen unten S. 302 f.
5) Siehe unten S. 302 f.
6) Siehe unten S. 303.

der Parteien im Sinne des § 128 II vor dem Einzelrichter ermöglicht mithin auch ein Verfahren omV vor dem Kollegialgericht [1]. Daraus folgt, daß die Wirkung einer im Einzelrichterverfahren abgegebenen Einverständniserklärung nicht von Gesetzes wegen auf die Entscheidung des Einzelrichters beschränkt ist. Es handelt sich deshalb bei einer dem Einverständnis beigefügten entsprechenden Nebenbestimmung nicht um eine Rechtsbedingung. Sie ist deshalb unzulässig und die betreffende Einverständniserklärung unerheblich [2].

c. <u>Bestimmte Entscheidung</u>

Als weitere typische Bedingung findet sich häufig die Erklärung des Einverständnisses für den Fall, daß eine bestimmte Entscheidung, z.B. ein Beweis- oder ein Aufklärungsbeschluß

---

1) Das gilt im übrigen auch für den Fall, daß die Parteien sich gleichzeitig mit einer Entscheidung durch den Einzelrichter (§ 349 III) einverstanden erklärt haben. Denn an diese Parteierklärungen ist der Richter nicht gebunden (Stein-Jonas-Leipold, § 349 Anm. IV), so daß er die Sache zur Entscheidung an das Kollegialgericht abgeben kann, wenn er dies nach seinem Ermessen für tunlich hält.

2) Insofern haben Baumbach-Lauterbach, § 128 Anm. 5 B, Thomas-Putzo, § 128 III 2 d, Rosenberg-Schwab, § 110 III 4 (S. 546) und Schönke-Kuchinke, § 8 IV 5 a (S. 39) im Ergebnis Recht, wonach ein auf den Einzelrichter beschränktes Einverständnis die Entscheidung des Kollegiums nicht deckt. Allerdings würde nach der hier vertretenen Auffassung auch eine Entscheidung durch den Einzelrichter unzulässig sein, weil das Einverständnis wegen der Beschränkung gänzlich unwirksam ist (dahingestellt von OLG Nürnberg, MDR 1966, 244).
Die dagegen von Rosenberg-Schwab, aaO., gegebene Begründung ist unzutreffend. Soweit die Beschränkung des Einverständnisses unter dem Gesichtspunkt gesehen wird, daß die Entscheidung dem Einverständnis entsprechen müßte (vgl. die Überschrift zu III 4 bei Rosenberg-Schwab, aaO.), ist diese Betrachtungsweise schon in ihrem Ansatzpunkt verfehlt. Ein zulässiges Einverständnis gemäß § 128 II deckt ihrem Wesen entsprechend j e d e Entscheidung. Das folgt aus § 128 II, der ein Verfahren omV mit allen Konsequenzen - ohne Beschränkung auf bestimmte Entscheidungen - eröffnet. Hinsichtlich der Meinung von Rosenberg-Schwab, aaO., liegt die Vermutung nahe, daß diese bei der Erörterung des § 128 II die Betonung mehr auf die"Entscheidung omV", nicht aber dem Sinn der Vorschrift entsprechend auf ein "Verfahren omV" gelegt haben. Das zeigt sich auch in der Veränderung der Überschrift in § 110 (S. 544) im Gegensatz zur Vorauflage bei Rosenberg, LB, § 108 (S. 524).

ergeht. Auch diese Art der Bedingung wird von der überwiegenden Meinung zutreffend für unzulässig gehalten [1]. Auch bei dieser Sachlage handelt es sich nicht um eine Rechtsbedingung [2], weil das Einverständnis jede Art der Entscheidung deckt [3]. Man könnte allenfalls erwägen, ob es sich im vorliegenden Fall um eine prozessual zulässige Beschränkung des Einverständnisses auf einen bestimmten Verfahrensteil [4] und nicht um eine wirkliche Bedingung handelt. Jedoch schafft die fragliche Begrenzung des Einverständnisses einen für Bedingungen typischen Schwebezustand. Das Einverständnis kann nämlich erst zur vollen Wirksamkeit gelangen, wenn feststeht, daß nur eine bestimmte Art der Entscheidung ergeht. Die Frage jedoch, welche gerichtliche Entscheidung ergehen soll, setzt logisch voraus, daß auch verfahrensrechtlich, d.h. aufgrund ordnungsgemäß eingeführten Prozeßmaterials eine Entscheidung bestimmten Inhalts omV erlassen werden kann. Da jedoch die Entscheidung omV selbst erst die Einführung des schriftlichen Prozeßstoffes bewirkt [5], geht die Prüfung der prozessualen Zulässigkeit einer Entscheidung der gerichtlichen Entschliessung, welche sachliche Entscheidung erlassen wird, notwendig voraus. Im übrigen würde das Gericht andernfalls gezwungen, sich zunächst über die Art der Entscheidung schlüssig zu werden. Das kann im Einzelfall eine lange und ausführliche Beratung bedingen. Käme das Gericht daraufhin zu dem Ergebnis,

---

1) BGH, LM Nr. 8 zu § 128 ZPO; Baumbach-Lauterbach, § 128 Anm. 5 B; Stein-Jonas-Pohle, § 128 Anm. IX 2; Thomas-Putzo, § 128 Anm. III 2; Zöller-Stephan, § 128 Anm. B II; Sydow-Busch-Krantz-Triebel, Anhang I, § 7 EntlBek. Anm. 2; Blomeyer, ZPR, § 56 I 1 (S. 271); Rosenberg-Schwab, § 110 III 3 a (S. 546). Offengelassen von OLG München, ZZP 54, 96. Abweichend Stürmer, S. 33/34; Wieczorek, J II c 4 unter - unverständlicher - Bezugnahme auf BGH, LM Nr. 8 zu § 128 ZPO, obgleich in dieser Entscheidung ausgesprochen ist, daß ein Einverständnis beschränkt auf einen Beweisbeschluß nicht die "Grundlage einer Entscheidung nach § 128 II" bilden kann.
2) Unzutreffend dagegen Wieczorek, aaO.
3) Vgl. dagegen das Einverständnis i.S. des § 349 III; siehe oben S. 87 Fußn. 1.
4) Vgl. die begriffliche Unterscheidung im einzelnen und die verschiedenen Arten der Beschränkungen unten S. 92 ff.
5) Siehe dazu im einzelnen unten S. 179 ff.

daß nach dem derzeitigen Sach- und Streitstand eine von dem Einverständnis nicht gedeckte Entscheidung zu fällen sei, müßte zunächst wegen der obligatorischen Mündlichkeit ( § 128 I) eine mV anberaumt werden. Das kann wegen neuen Sachvortrags oder anderer Gerichtsbesetzung dazu führen, daß die Sache gänzlich neu beraten werden müßte. Die "Vorberatung" würde daher überflüssig. Diese Folgen entsprechen nicht einer Verfahrensvorschrift, die den Prozeß vereinfachen und das Gericht entlasten soll. Die mit einem Einverständnis verbundene, auf eine bestimmte Art der Entscheidung gerichtete Bedingung ist deshalb unzulässig [1].

d. Widerruf eines Vergleiches

Das Einverständnis mit einem Verfahren omV wird in der Praxis schließlich häufig unter der Bedingung erklärt, daß eine Partei von dem ihr in einem gerichtlichen Vergleich vorbehaltenen Widerrufsrecht Gebrauch gemacht, so daß eine Entscheidung des Gerichts nötig wird, die gegebenenfalls omV ergehen soll.

Witte [2] hat versucht, die Zulässigkeit dieser Bedingung im Zusammenhang mit der Unterscheidung zwischen inner- und ausserprozessualen Vorgängen zu begründen, um dem praktischen Bedürfnis dieser Fälle gerecht zu werden. Wie anfangs gezeigt, ist jedoch eine Unterscheidung der Bedingungen unter diesem

---

1) Stürmer, S. 33 f., hält diese Art der Bedingung unter Hinweis auf das Verhältnis des maius zum minus für zulässig. Diese Bebründung muß aber fehl gehen. Im Interesse eines sicheren Ablaufes des Verfahrens omV kann nur ein umfassendes, auf jede mögliche Entwicklung des Verfahrens hinzielendes Einverständnis dem wirklichen Zweck des § 128 II dienen. Aber auch die Argumentation des a maiore ad minus im besonderen ist unzutreffend. Denn diese setzt voraus, daß der das minus betreffende Untersatz dem Zweck des Gesetzes entspricht (vgl. Larenz, Methodenlehre, S. 368), d.h., daß die Beschränkung des Einverständnisses auf eine bestimmte Entscheidung das Verfahren dem Sinn des § 128 II entsprechend vereinfachen und beschleunigen würde. Im Gegenteil hat sich jedoch im Verlauf der Untersuchungen gezeigt, daß gerade dieser Zweck durch ein beschränktes Einverständnis in Frage gestellt ist. Im übrigen ist ein Beschluß seinem Wesen nach gar kein "Weniger" eines Urteils, sondern ein aluid.

2) NJW 1955, 1465.

Gesichtspunkt im Falle des Einverständnisses untauglich [1]. Hingegen kann Witte [2] im Ergebnis zugestimmt werden.

Ein unter der Voraussetzung abgegebenenes Einverständnis, daß von einem in einem gerichtlichen Vergleich enthaltenen Widerrufsvorbehalt Gebrauch gemacht wird, ist an keine echte Bedingung geknüpft. Die Erklärung gilt vielmehr unbedingt für den Fall, daß das Verfahren infolge des Widerrufes eines Vergleichs seinen Fortgang nimmt. Letzteres hängt nicht von einem mit dem Einverständnis, sondern von einem mit dem gerichtlichen Vergleich verbundenen Eintritt oder Nichteintritt eines bestimmten Ereignisses ab. Der Bedingungseintritt bzw. -ausfall wirkt sich lediglich mittelbar auf das Einverständnis aus, insofern als dieses nur erheblich werden kann, wenn das Verfahren nicht durch den Vergleich beendet wurde [3][4]. Im

1) Siehe oben S. 81 f. ; vgl. auch Baumgärtel, Prozeßhandlungen, S. 125 Fußn. 159.
2) aaO.
3) Es besteht Einigkeit, daß ein gerichtlicher Vergleich den Rechtsstreit beendet; vgl. BGHZ 41, 310 (311); RGZ 157, 141 (143); Rosenberg-Schwab, § 132 II 2 a (S. 666 f.); Bonin, S. 83 f. Zwar stellt das Gesetz dies nirgends ausdrücklich fest. Es ergibt sich jedoch aus dem Sinn des Vergleichs, der in der vorzeitigen Beendigung des Streites unter Vermeidung einer gerichtlichen Entscheidung liegt. Diese Bedeutung und die entsprechenden Wirkungen eines Vergleiches kommen u.a. in den §§ 81, 83 ("Beseitigung des Rechtsstreits") zum Ausdruck.
4) Es kommt dabei nicht darauf an, wann die verfahrensbeendende Wirkung im Einzelfall eintritt. Gleichgültig, ob man in einem unter Widerrufsvorbehalt geschlossenen Vergleich einen auflösend (so Mennecke, S. 33; Scholz, S. 52; Wolf, AcP 88, 167) oder einen aufschiebend (so LG Berlin, NJW 1965, 765; LAG Bremen, MDR 1965, 330; Thomas-Putzo, § 794 Anm. 4 e; Rosenberg, LB, § 128 III 2 i (S. 630); Bonin, S. 49; Köhler, S. 31; vgl. auch § 23 II BRAGO) bedingten Vergleich sieht, so ist das Einverständnis in jedem Falle bis zur Ausübung oder Nichtausübung des Widerrufsvorbehaltes gegenstandslos, weil keine geeignete Verfahrensgrundlage gegeben ist. Dies versteht sich bei der Annahme eines auflösend bedingten Vergleiches von selbst, weil dann die verfahrensbeendende Wirkung sofort mit dem Vergleichsabschluß eintritt (streitig; wie hier Swolana, § 23 Anm. 3; Mennecke, S. 33; Lehmann, Prozeßvergleich, S. 152 f.; a.A. Bonin, S. 49). Handelt es sich dagegen um einen aufschiebend bedingten Vergleich, so endet das Verfahren zwar zunächst nicht. Es entsteht vielmehr ein Schwebezustand (Bonin, S. 49) oder Ruhezustand (Lehmann, Prozeßvergleich, S. 153; Schwarzer, S. 149), der den Fortgang des Verfahrens hemmt mit der Folge, daß auch in diesem Prozeßstadium die Einverständniserklärung keine Wirkung haben kann.

übrigen fehlt es an einer von der Einverständniserklärung zwar unabhängigen, aber notwendigen rechtlichen Voraussetzung, nämlich einer Prozeßlage, aufgrund derer überhaupt eine gerichtliche Entscheidung und damit gegebenenfalls ein Verfahren omV ergehen kann.

Die hier in Rede stehende Nebenbestimmung des Einverständnisses ist daher eine Rechtsbedingung [1], weil es eines entsprechenden Vorbehalts der Parteien ohnehin nicht bedarf. Daraus folgt, daß eine unter der Bedingung des Widerrufs eines gerichtlichen Vergleiches erklärte Einverständniserklärung deren Wirksamkeit nicht berührt [2].

## II. Zulässigkeit sonstiger Nebenbestimmungen

Die Parteien beschränken ihre Einverständniserklärungen bisweilen in der Weise, daß diese nur im Hinblick auf einen bestimmten Teil des Verfahrens gelten oder sonst an irgendwelche Voraussetzungen, so insbesondere an den Lauf bestimmter Fristen, geknüpft sein sollen. Diese Nebenbestimmungen des Einverständnisses unterscheiden sich von den bisher erörterten Bedingungen dadurch, daß es sich vorliegendenfalls um bedingungslose Erklärungen handelt. Diese sind nicht von dem Eintritt oder Ausfall eines unbestimmten Ereignisses abhängig. Damit ist auch der Grund für Bedingungsfeindlichkeit des Einverständnisses, nämlich die durch den Schwebezustand verursachten Unzuträglichkeiten für die Prozeßentwicklung hier nicht gegeben. Es bedarf deshalb im folgenden einer gesonderten Untersuchung, ob die genannten Beschränkungen des Einverständnisses dessen Wirksamkeit beeinträchtigen.

### 1. Das Teileinverständnis

Die Parteien verfolgen in einem Verfahren häufig mehrere An-

1) Zutreffend Stein-Jonas-Pohle, § 128 Anm. IX 2 Fußn. 70.
2) Stein-Jonas-Pohle, aaO.; im Ergebnis zutreffend Witte, NJW 1955, 1465.

sprüche in prozeßrechtlichem Sinne. Unter einem prozessualen Anspruch versteht man das berechtigte Begehren der Parteien auf den Ausspruch einer bestimmten Rechtsfolge [1]. Mehrere Ansprüche in diesem Sinne sind gegeben, wenn entweder eine Parteienmehrheit (§§ 59 f., sog. subjektive Klagenhäufung) oder mehrere Ansprüche (§ 260, sog. objektive Klagenhäufung) [2] in einem Prozeß miteinander verbunden sind. Insoweit erhebt sich die Frage, ob die Parteien das Einverständnis auf einen einzelnen prozessualen Anspruch beschränken können.

Ein Teileinverständnis im genannten Sinne hätte eine Gabelung des einheitlichen Verfahrens in einen mündlichen und einen schriftlichen Verhandlungsteil zur Folge. Dies widerspricht aber jeder Prozeßwirtschaftlichkeit. Ein derartiges Verfahren würde unübersichtlich und schwerfällig. Eine einheitliche Rechtsfindung über die zimeist in rechtlichem Zusammenhang stehenden verschiedenen prozessualen Ansprüche wäre entgegen dem Sinne des § 260 in Frage gestellt. Diese Konsequenzen sind letztlich auch nicht im Geiste des von Zweckmäßigkeitserwägungen getragenen Verfahrens omV. Eine Aufspaltung des Prozesses ist daher prozeßordnungswidrig und infolgedessen unzulässig [3][4]. Ein entsprechendes Teileinverständnis ist unbeachtlich.

Fraglich ist jedoch, ob dies auch dann gilt, wenn der Verfahrensteil, auf den sich das Einverständnis bezieht, von dem übrigen Teil des Prozesses abtrennungsfähig ist. So sieht das

---

1) Stein-Jonas-Pohle, § 148 Anm. II 1 a.
2) Diese Anspruchshäufung ist zu unterscheiden von einer Mehrheit materiell-rechtlicher Ansprüche, die auf ein einziges prozessuales Begehren, also einen prozeßrechtlichen Anspruch ausgerichtet sein können.
3) So Stein-Jonas-Pohle, § 128 Anm. IX 2; Cranz, DRiZ 1953, 42; von Marth, LZ 1932, 790.
3) Vgl. auch in anderem Zusammenhang, aber das gleiche Problem betreffend Stein-Jonas-Pohle, § 61 Anm. III 2.

Gesetz in den §§ 146, 275 [1] ein abgesondertes Verfahren über einzelne prozessuale Ansprüche vor. In diesen Fällen besteht die Möglichkeit, einzelne Verfahrensteile gesondert zu verhandeln, so daß auch gegen die Verhandlung der einzelnen Teile in voneinander abweichenden Formen grundsätzlich nichts einzuwenden wäre. Allein setzt eine abgetrennte Verhandlung voraus, daß diese das Gericht nach seinem pflichtgemäßen Ermessen für sachdienlich erachtet [2]. Unter Berücksichtigung dessen aber ergeben sich Bedenken gegen die Zulässigkeit eines entsprechend beschränkten Einverständnisses. Mit diesem wäre nicht nur die Erklärung der Parteien verbunden, daß sie auf die Mündlichkeit der Verhandlung verzichten, sondern zunächst das Begehren um eine abgesonderte Verhandlung über einzelne Verfahrensteile. Dies ist jedoch den Parteien verwehrt. Nach den maßgeblichen Bestimmungen (§§ 145 ff., 275) unterliegt die Gestaltung des Verfahrens in dieser Hinsicht ausschließlich der richterlichen Prozeßleitung. Der Einfluß der Parteien insoweit erschöpft sich darin, daß diese im Rahmen ihrer Freiheit der Prozeßführung (Verhandlungs- und Dispositionsmaxime) durch den entsprechenden Sachvortrag das Gericht zu einer Abtrennung oder gesonderten Verhandlung über einzelne Verfahrensteile veranlassen und gegebenenfalls anregen können. Dagegen können die Parteien auf die Abtrennung nicht unmittelbar einwirken.

Eine Entscheidung omV über einen bestimmten Verfahrensteil setzt demnach zunächst eine entsprechende Trennungsanordnung des Gerichts voraus. M.a.W. können die Parteien ihr Einverständnis in bezug auf einen Teil des Verfahrens erst dann erklären, wenn das Gericht eine entsprechende Entschließung getroffen und den betreffenden Verfahrensteil

---

1) Der Fall des § 145 entfällt für die hier in Frage stehende Problematik, weil das Einverständnis, das auf einen abtrennungsfähigen Teil beschränkt wurde, mit dem Trennungsbeschluß gemäß § 145 bereits verbraucht wäre (Stein-Jonas-Pohle, § 148 Anm. III 2, mit zahlreichen Nachweisen; siehe dazu näher unten S.284 ff.). Eine weitere Entscheidung wäre erst auf ein neues Einverständnis in dem abgetrennten Verfahren möglich.

2) Vgl. die §§ 145, 146, 175, demgemäß das Gericht jeweils abtrennen "kann".

abgetrennt hat. Ohne diese Voraussetzung ist eine Beschränkung des Einverständnisses unzulässig [1].

Gegen diese Ansicht wird geltend gemacht, daß es übertriebener Formalismus sei, eine Trennungsanordnung des Gerichts zur Bedingung für die Zulässigkeit einer Beschränkung des Einverständnisses auf einen abtrennungsfähigen Teil zu erheben [2]. Dieser Einwand ist jedoch nicht begründet. Denn, wie gezeigt, hat das Gesetz die hier in Rede stehende Verfahrensgestaltung unmißverständlich der Prozeßleitung des Gerichts zugewiesen mit der Folge, daß die durch das Einverständnis mögliche Einflußnahme der Parteien auf den Prozeßgang eines absonderungsfähigen Verfahrensteiles erst einsetzen kann, wenn die Abtrennungsanordnung des Gerichts vorliegt. Damit bleibt das Verfahren klar und übersichtlich, auch wenn in den einzelnen Teilen in verschiedenen Formen verhandelt wird. Diese Umstände rechtfertigen die Einhaltung einer bestimmten Reihenfolge des Prozeßgeschehens, ohne sich dadurch dem Vorwurf des Formalismus auszusetzen.

Reinberger [3] stützt seine - von der hier vertretenen - abweichende Auffassung auf die Tatsache, daß das Gesetz mit § 360 S. 2 die Zulässigkeit eines beschränkten Einverständnisses anerkannt habe. Nach dieser Vorschrift kann das Gericht einen Beweisbeschluß ohne erneute mV ändern, wenn die Parteien einverstanden sind [4]. Dieses Einverständnis bezieht sich also nicht nur auf den Erlaß, sondern auch auf den Inhalt der zu erlassenden Entscheidung [5]. Dieses Parteieinver-

---

1) Ebenso im Ergebnis OLG Köln, HEZ 2, 61; Baumbach-Lauterbach, § 128 Anm. 5 B; Stein-Jonas-Pohle, § 128 Anm. IX 2; de Boor, Entsch.nLdA., S. 28; Sonnen, Das neue ZPrR, S. 38 Fußn. 1. Dagegen a.A. Kann, ZPO, § 7 Entl.Bek. Anm. 1 b; ders., JW 1924, 385; Lucas, § 23 a Anm. 3; Münzel, S. 41; Reinberger, Recht 1924, 76.
2) Münzel, S. 42. Ebenso Späth, S. 50, der jedoch wegen der Gabelung des Verfahrens zu der hier vertretenen Auffassung gelangt.
3) Recht 1924, 76.
4) Stein-Jonas-Schumann-Leipold, § 360 Anm. II 1.
5) Vgl. Stein-Jonas-Schumann-Leipold, aaO.

ständnis unterscheidet sich jedoch wesentlich von demjenigen gemäß § 128 II. Letzteres betrifft den uneingeschränkten Verzicht auf Mündlichkeit für das gesamte Verfahren bis zur nächsten Entscheidung ohne Rücksicht auf deren Inhalt. Im Falle des § 360 S. 2 dagegen ist die Entscheidung (der Beweisbeschluß) in seiner Gesamtheit bereits erlassen. Nur eine Änderung des v o r l i e g e n d e n Beweisbeschlusses wird von § 360 S. 2 erfaßt. Diese Regelung stellt im übrigen nur klar, daß es sich bei der "Änderung" eines Beweisbeschlusses im Gegensatz zur "Ergänzung" und "Berichtigung" (§ 360 S. 2) nicht lediglich um einen Akt der Prozeßleitung handelt mit der Folge, daß die Änderung eines Beweisbeschlusses nur aufgrund einer erneuten mV ergehen könnte. Dagegen ist im Falle der Ergänzung und Berichtigung eine mV fakultativ [1]. Um nun bei der Änderung nicht die Konsequenz der reinen Mündlichkeit in Kauf nehmen zu müssen, sieht das Gesetz hier einen Sonderfall eines Verfahrens omV vor. § 360 S. 2 läßt sich deshalb nicht dem § 128 II vergleichsweise gegenüberstellen, um schließlich aus § 360 S. 2 einen allgemeinen Grundsatz für die Zulässigkeit eines Teileinverständnisses herzuleiten [2][3].

Es wird schließlich die Ansicht vertreten, daß ein Teileinverständnis gegenüber dem vollen Einverständnis, das sich auf das Verfahren im ganzen beziehen könne, ein minus darstelle und deshalb als zulässige Einschränkung anzusehen sei [4]. Dieser aus dem "argumentum a majore ad minus" gezogene Schluß ist jedoch unzutreffend. Er würde voraussetzen, daß das Weniger (minus) in dem Mehr (majus) enthalten ist, und das Weniger eine Lücke ausfüllt, die von dem majus konkret nicht erfaßt

---

1) Stein-Jonas-Pohle, § 128 Anm. III 3 d.
2) Ebenso de Boor, Entsch.nLDA., S. 27 Fußn. 32.
3) Im Gegenteil könnte man aus der besonderen Hervorhebung in § 360 Satz 2 schließen, daß das Einverständnis sich grundsätzlich nicht nur auf einen bestimmten Teil erstrecken darf. Andernfalls bedürfte es keiner Voraussetzung einverständlichen Parteiverhaltens im Falle der Änderung eines Beweisbeschlusses, es sei denn, daß man in dieser Regelung allein eine gesetzestechnische Erläuterung insoweit sähe, als die Änderung eines Beweisbeschlusses nur aufgrund einer mV ergehen könne.
4) Lucas, § 23 a Anm. 3; Stürmer, S. 32; a.A. de Boor, aaO., S. 27 f.

wird [1]. Entscheidend ist die Gleichheit der ratio legis [2]. Demgemäß wäre das Weniger eines Teileinverständnisses zu - lässig, wenn im Sinne der ratio legis des § 128 II durch das minus ein entsprechender Erfolg wie bei einem vollen Einverständnis, dem majus, erzielt würde. Das ist jedoch nicht der Fall. Wie bereits in anderer Hinsicht gezeigt [3], ist der Erfolg eines Teileinverständnisses, nämlich eine Gabelung des Verfahrens in einen mündlichen und einen schriftlichen Teil, dem ordnungsgemäßen Verfahrensgang abträglich. Wenn man nicht schon aus diesem Grunde einem Teileinverständnis die Wirkung versagen will, so ist darüber hinaus zu berücksichtigen, daß diese Prozeßhandlung nicht nur die Zustimmung zu einem Verfahren omV, sondern vor allem einen Antrag auf eine abgesonderte Verhandlung (§§ 146, 145) enthielte, der das Gericht jedoch nicht binden würde, sondern über den es nach seinem freien Ermessen zu befinden hätte. Das entspricht nicht dem rechtfertigenden Grund (ratio legis) des Verfahrens omV, das allein dann die mV entbehrlich machen soll, wenn dies einer beschleunigten und vereinfachten Durchführung des Prozesses dienlich ist. Das Teileinverständnis, das minus, bezieht sich dagegen auf eine von einer Zwischenentscheidung des Gerichts, nämlich einer Trennungsanordnung, abhängige Verfahrenslage, die herbeizuführen jedoch der Parteidisposition entzogen ist. Mithin führt ein Teileinverständnis gegenüber dem uneingeschränkten Einverständnis, das ohne prozessuales Zwischengeschehen voll wirksam wird, nicht zu dem der ratio des § 128 II entsprechenden Erfolg. Die Argumentation des a majore ad minus versagt daher.

Somit kann das Einverständnis nicht auf einzelne, abtrennungsfähige Teile des Verfahrens beschränkt werden, ohne daß die formellen Voraussetzungen durch Ausübung des entsprechenden richterlichen Ermessens (§§ 146, 275) dafür geschaffen sind. Kann das Einverständnis daher nur auf die Entscheidung in ihrer Ganzheit bezogen sein, fragt sich aber,

---

1) Vgl. Larenz, Methodenlehre, S. 367 f.; Canaris, S. 78.
2) Larenzm aaO., S. 368.
3) Siehe oben S. 51 f.

ob sich nicht eine Ausnahme für den Fall ergibt, daß ein bestimmter Teil des Prozesses nach der Sach- und Rechtslage nicht nur durch eine Entscheidung erledigt werden k a n n , sondern getrennt abgeschlossen werden m u ß . Das ist der Fall bei einem teilweisen Anerkenntnis des Beklagten und einem entsprechenden Antrag des Klägers im Sinne des § 307. In diesem Falle hat das Gericht in bezug auf die zu erlassende Teilentscheidung kein Ermessen [1]. Eine Prüfung des Sach- und Streitstandes in sachlicher und rechtlicher Hinsicht ist insoweit grundsätzlich [2] ausgeschlossen. Die Prüfung des Gerichts beschränkt sich demnach in der Regel auf die formellen Voraussetzungen für den Erlaß eines Anerkenntnisurteils gemäß § 307. Sind aber jene gegeben, dann ist das Gericht v e r - p f l i c h t e t , ein entsprechendes Urteil zu erlassen.

Unter diesen Umständen könnte man geneigt sein, in diesen Fällen eine Ausnahme zu machen und eine Beschränkung des Einverständnisses auf den anerkannten Anspruch zuzulassen, weil es hier in der Macht der Parteien liegt, das Gericht mit der Anerkenntniserklärung auf eine bestimmte Teilentscheidung hinzulenken. Dennoch rechtfertigt diese Dispositionsbefugnis der Parteien im Ergebnis keine Abweichung von dem Verbot eines Teileinverständnisses. Wenn der Prüfunng des Gerichts auch in sachlicher und rechtlicher Hinsicht wesentliche Schranken gesetzt sind, so ergeben sich dennoch eine Reihe von Gesichtspunkten, die den Erlaß eines Anerkenntnisurteils voraussetzen und einer sachgerechten Überprüfung des Gerichts bedürfen. Abgesehen von den bereits erwähnten Ausnahmen [3] muß das Gericht nicht nur die Wirksamkeitsvoraussetzungen des Anerkenntnisses [4]

---

1) § 301 greift hier nicht Platz; so zutreffend Stein-Jonas-Schumann-Leipold, § 301 Anm. III.
2) Ausnahmen bilden Verstöße gegen die Wahrheitspflicht, gesetzliches Verbot der anerkannten Leistung u.a.; vgl. dazu im einzelnen Stein-Jonas-Schumann-Leipold, § 307 Anm. III.
3) Siehe die vorstehende Fußnote.
4) Vgl. zu der streitigen Frage der Widerrufsmöglichkeit, Stein-Jonas-Schumann-Leipold, § 307 Fußn. 44.

und des Antrages [1], sondern im besonderen das Vorliegen der von Amts wegen zu beachtenden Prozeßvoraussetzungen (§ 274 Nr. 1, 2, 4, 7) [2] prüfen [3]. Umfaßt das Anerkenntnis nur einen Teilanspruch und erstreckt sich auch das Einverständnis nur auf diesen Teil, so muß das Gericht weiter untersuchen, ob überhaupt eine gesonderte Entscheidung insoweit ergehen kann. Es ist denkbar, daß das Einverständnis den Erlaß des Urteils über den anerkannten Anspruch (Hauptsache), nicht aber die Entscheidung über die Kosten deckt. Bei dieser Prozeßgestaltung herrscht aber Streit, ob ein Anerkenntnisurteil auch dann ergehen kann, wenn der Rechtsstreit nach dem Sach- und Streitstand noch nicht zum Erlaß einer Kostenentscheidung reif ist [4]. Die Prüfungstätigkeit des Gerichts ist daher auch im Falle eines Teilanerkenntnisses nicht unerheblich. Im Hinblick auf diese vielen Streitfragen um die Voraussetzungen eines Anerkenntnisurteils fällt aber die Dispositionsbefugnis der Parteien nicht so ins Gewicht, daß sich eine Ausnahme von dem Grundsatz der Unzulässigkeit des beschränkten Einverständnisses im gezeigten Sinne rechtfertigte.

Somit ergibt sich, daß eine Beschränkung des Einverständnisses auf einen bestimmten Verfahrensteil schlechthin unzulässig ist.

2. <u>Befristungen</u>

Nach der herrschenden Auffassung in Rechtsprechung [5] und Lehre [6] kann die Einverständniserklärung der Parteien be-

---

1) Zu der Streitfrage, ob überhaupt ein Antrag vorliegen muß, siehe näher bei Stein-Jonas-Schumann-Leipold, § 307 Anm. IV 2 und Fußn. 36 ebenda.
2) Vgl. Stein-Jonas-Schumann-Leipold, § 274 Anm. I 4.
3) Stein-Jonas-Schumann-Leipold, § 307 Anm. IV 3.
4) Für die Zulässigkeit OLG Köln, HEZ 2, 61; OLG München, NJW 1955, 447; Stein-Jonas-Schumann-Leipold, § 307 Anm. IV 5. Dagegen a.A. Thomas-Putzo, § 307 Anm. 3 c. Siehe ferner Baumbach-Lauterbach, § 307 Anm. 2 A. Nach dessen Ansicht soll schon das Anerkenntnis bei Verwahrung gegen die Kosten unbeachtlich sein. Das ist - zumindest in dieser Allgemeinheit - bedenklich.
5) RGZ 151, 193 (195 f.); OLG München, HRR 1938 Nr. 696.
6) Baumbach-Lauterbach, § 128 Anm. 5 B; Stein-Jonas-Pohle, § 128 Anm. IX 2; Rosenberg-Schwab, § 110 II 3 a (S. 546).

fristet werden, und zwar in dem Sinne, daß das Gericht nicht vor Ablauf einer bestimmten Frist, innerhalb derer sich die Parteien die Einreichung weiterer Schriftsätze vorbehalten haben, eine Entscheidung omV treffen darf. Gegen diese Art einer Nebenbestimmung des Einverständnisses bestehen jedoch Bedenken.

Geht man von der Zulässigkeit eines derart befristeten Einverständnisses aus, dann könnten die Parteien durch geräumige Fristen oder ständige Verlängerungen derselben das Verfahren omV nach ihrem Belieben verzögern und verschleppen. Diese Folgen entsprächen weder dem Prozeßziel allgemein noch dem Sinn und Zweck des § 128 II im besonderen.

Darüber hinaus unterliegt die Gestaltung des Verfahrensganges insoweit nicht der Parteidisposition. Insbesondere die Herrschaft über die Fristen hat die ZPO den Parteien entzogen (arg. § 224). Soweit sich die Fristen nicht aus dem Gesetz selbst ergeben, unterliegt deren Bestimmung allein dem Gericht. Daraus ergibt sich, daß die Verknüpfung einer Prozeßhandlung der Parteien an einen Anfangs- und Endtermin grundsätzlich unzulässig ist [1].

Gegen eine Fristsetzung durch die Parteien wäre jedoch dann nichts einzuwenden, wenn die Fristbestimmung prozessual zweckmäßig wäre und das Gericht nicht an die mit der Prozeßhandlung gekoppelte Fristbestimmung gebunden würde. Denn nur wenn dem Gericht jede Einflußnahme auf die von den Parteien gesetzten Fristen entzogen wäre, könnten an von einer der Prozeßordnung entgegenstehenden Herrschaft der Parteien über die Fristen sprechen. Eine derartige Prozeßlage entsteht aber mit der Abgabe eines befristeten Einverständnisses im oben gezeigten Sinne nicht.

Ausgangspunkt der zu diesem Ergebnis führenden Überlegungen ist die Tatsache, daß Fristen in einem Schriftwechselverfahren wegen des besonderen Charakters eine wesentlich größere Bedeutung haben als im mündlichen Verfahren. Der Austausch von Schriftstücken bedingt bestimmte Zeiträume zwischen den

---

1) Rosenberg-Schwab, § 65 IV vor 1 (S. 312).

einzelnen Parteierklärungen. In diesem Rahmen sind Fristen im Interesse eines ordnungsgemäßen Verfahrensganges nicht nur zweckmäßig, sondern sogar geboten. Weiterhin bringen die Parteien mit einem befristeten Einverständnis im gezeigten Sinne zum Ausdruck, daß der Prozeßstoff noch ergänzt werden soll. Diesen Willen muß aber das Gericht regelmäßig berücksichtigen. Das folgt aus der richterlichen Pflicht, den Streitstoff zu vervollständigen (vgl. § 139) und damit eine wahrheitsgerechte Entscheidung anzustreben.

Es besteht demnach im Verfahren omV ein Bedürfnis, den Parteien ein verstärktes Mitwirkungsrecht bei der Bestimmung des Verfahrens, insbesondere im Hinblick auf die Äußerungsfristen einzuräumen. Aufgrund dieser besonderen Gegebenheiten rechtfertigt sich daher trotz der oben genannten Bedenken die Zulässigkeit eines befristeten Einverständnisses, zumal dadurch dem Gericht die durch die ZPO übertragene Herrschaft über die Fristen praktisch nicht entzogen wird. Denn über deren Zulässigkeit kann das Gericht im Rahmen seines ihm durch § 128 II eingeräumten Ermessens befinden. Die Frage der Fristbestimmung durch die Parteien ist daher im Grund Teil der Zweckmäßigkeitserwägungen innerhalb des richterlichen Ermessens gemäß § 128 II und nicht ein Problem der Wirksamkeit der Einverständniserklärung [1].

Das Gericht hat deshalb von einem Verfahren omV Abstand zu nehmen, wenn es die von den Parteien gesetzten Fristen für unangemessen lang hält. In diesem Falle würde ein Verfahren omV

---

1) Im Falle der Bedingungen und Beschränkungen (siehe oben S. 72ff.,92ff.) liegt der Fall anders. Dort konnte das Gericht in die Ermessensprüfung erst eintreten, wenn es sachlich zu einer bestimmten Entschließung gelangt war, d.h., die Sachentscheidung ging in den genannten Fällen der Entschließung über die Verfahrensgestaltung voraus. Die betreffenden Nebenbestimmungen waren dort unzulässig, weil den Parteien im Hinblick auf die Sachentscheidung insoweit keine Dispositionsbefugnis zusteht.
Hier dagegen setzt die Entschließung über die Zulässigkeit der Fristsetzung keine besondere Prüfung in der Sache voraus. Diese Entscheidung fällt vielmehr auf der Grundlage derselben Umstände, die die Zweckmäßigkeitserwägungen im Rahmen des § 128 II bestimmen.

seinem Sinn und Zweck zuwider nicht beschleunigt werden, weil das Gericht bei Anordnung eines Verfahrens omV auf der Grundlage des befristeten Einverständnisses nicht vor Ablauf der Frist entscheiden könnte. Andernfalls würde regelmäßig eine Versagung des rechtlichen Gehörs gegeben sein [1]. Lehnt aber das Gericht das Verfahren omV ab, weil es der Meinung ist, daß die von den Parteien bestimmten Fristen eine schriftliche Entscheidung unzweckmäßig erscheinen lassen, so übernimmt der Prozeß seinen gewöhnlichen Verlauf in mündlicher Form. Damit ist das grundsätzliche Bedenken gegen befristete Prozeßhandlungen ausgeräumt, das darin bestand, daß mit der Zulässigkeit von Fristbestimmungen durch die Parteien der Gang des Verfahrens den Händen des Gerichts entgleiten könnte. Nach den bisherigen Ausführungen jedenfalls kann wegen der Erhaltung der Einflußmöglichkeit des Gerichts auf die Fristen im Falle des § 128 II kein Widerspruch zu dem betreffenden Prinzip der ZPO gesehen werden, wenn die Parteien das Einverständnis mit einer Befristung im gezeigten Sinne verbinden.

Der Zulässigkeit eines befristeten Einverständnisses könnte noch die Tatsache entgegenstehen, daß die Parteien mit der Fristbestimmung einen wesentlichen Einfluß auf den Verhandlungsschluß gewinnen [2]. Denn wenn das Gericht ein Verfahren omV anordnet, kann es die schriftliche Verhandlung nicht vor Ablauf der von den Parteien bestimmten Frist schließen. Die Entscheidung jedoch, wann die Verhandlung geschlossen wird, liegt nach dem Willen des Gesetzgebers allein in den Händen des Gerichts (vgl. § 136 IV). Dennoch ist die Einflußnahme der Parteien auf den Verhandlungsschluß nicht so wesentlich, daß man daraus die Unzulässigkeit eines befristeten Einverständnisses herleiten könnte.

Zunächst gelten die obigen Ausführungen über die Einwirkungsmöglichkeiten der Parteien auf die Fristen [3] in bezug auf den Verhandlungsschluß entsprechend. Auch insoweit besteht

---

1) Vgl. BVerfG, NJW 1965, 579.
2) Siehe Meiss, S. 539.
3) Siehe oben S. 100.

in jedem Falle die vordringliche Verpflichtung des Gerichts, den Willen der Parteien, den Streitstoff noch zu ergänzen, zu respektieren. Da der schriftliche Vortrag naturgemäß eine gewisse Zeit von der Niederlegung bis zur tatsächlichen Wahrnehmungsmöglichkeit durch das Gericht in Anspruch nimmt, ergibt sich für das Gericht die Pflicht, angemessene, in erster Linie auch die Vorstellungen der Parteien berücksichtigende Fristen zu gewähren. Gegenüber diesem Bedürfnis an einer Mitwirkung der Parteien an der Bestimmung der Fristen fällt der Umstand, daß die Parteien damit einen gewissen Einfluß auf die Anordnung des Verhandlungsschlusses gewinnen, nicht ins Gewicht.

Im übrigen unterliegt die eigentliche Entschließung über den Verhandlungsschluß auch im Falle eines befristeten Einverständnisses im wesentlichen der Herrschaft des Gerichts. Eine Fristsetzung durch die Parteien bedeutet nämlich nicht die Feststellung des Verhandlungsschlusses schlechthin. Die Wirkung der Fristbestimmung ist vielmehr darauf beschränkt, daß der Verhandlungsschluß nicht vor Ablauf der Frist eintreten darf. Dagegen können später eingehende Schriftsätze noch berücksichtigt werden [1], es sei denn, daß mit der Fristsetzung bzw. deren Bestätigung durch die gerichtliche Anordnung eines Verfahrens omV auch der Verhandlungsschluß eintreten sollte. Eine Bestimmung in diesem Sinne ist aber an besondere Voraussetzungen geknüpft [2] und kann, da es sich in diesem Falle um eine echte Verfügung über den Verhandlungsschluß handelt, nur vom Gericht getroffen werden. Unzulässig ist demnach eine Befristung des Parteieinverständnisses mit der Maßgabe, daß der zu erwartende schriftliche Prozeßstoff nur bis zu einem bestimmten Zeitpunkt berücksichtigt werden dürfe [3]. Haben die Parteien dagegen mit dem Einverständnis lediglich eine Befristung verbunden, der gemäß das Gericht erst nach Ablauf eines bestimmten Zeitpunktes eine Entscheidung treffen darf, so liegt darin

---

1) BGHZ 11, 27 (31); RGZ 151, 193 (195)
2) Siehe unten S. 236 ff.
3) Ebenso im Ergebnis Stein-Jonas-Pohle, § 128 Anm. IX 2.

keine eigentliche Festsetzung des Verhandlungsschlusses, sondern allenfalls ein Hinausschieben desselben. Dieser Wirkung, die zu einer unzweckmäßigen Verzögerung des Prozesses im Einzelfall führen könnte, kann das Gericht gegebenenfalls dadurch begegnen, daß es die Anordnung eines Verfahren omV ablehnt.

Aus dem Vorstehenden ergibt sich, daß auch die Herrschaft des Gerichts über den Verhandlungsschluß durch ein befristetes Einverständnis im gezeigten Sinne nicht in unzulässiger Weise beeinträchtigt wird, so daß gegen dessen Zulässigkeit auch insoweit keine Bedenken bestehen [1]. Im Ergebnis ist daher der hM.[2] zuzustimmen.

## § 5 Die Frage der Widerruflichkeit des Einverständnisses

### I. Der Widerruf einer Prozeßhandlung allgemein

Die Frage der Widerruflichkeit des Einverständnisses, die zu den umstrittensten Problemen des Verfahrens omV seit dessen

---

1) Die Wirkung liegt nicht darin, daß das betreffende fristgebundene Einverständnis erst mit dem Ablauf der Frist gelten soll, wie Stein-Jonas-Pohle, § 128 Anm. IX 2, meinen. Denn dies wäre ein unzulässiges Verfahren . Das ergibt sich aus folgenden Erwägungen: Das Gericht müßte, um ggf. den Prozeßstoff noch zu vervollständigen, einen Termin zur Fortsetzung der mV anberaumen, es sei denn, es würde sich zu einem Verfahren omV entschließen. Letzteres setzte aber das Einverständnis der Parteien voraus. Das Gericht müßte demnach, wenn das Einverständnis erst nach Ablauf einer Frist gelten würde, zunächst einen Termin anberaumen, um diesen nach Ablauf der Frist wieder aufzuheben, weil nunmehr die Voraussetzungen für ein Verfahren omV gegeben sind. Diese Folge zeigt die Unrichtigkeit der von Stein-Jonas-Pohle, aaO., vertretenen Auffassung. Im übrigen ist kein Grund ersichtlich, das Einverständnis nicht sofort wirksam sein zu lassen. Denn geht das Gericht auf die Fristsetzung ein, dann kann es nicht vor deren Ablauf entscheiden. Lehnt es diese ab, dann kann kein Verfahren omV stattfinden, mit der Folge, daß die Einverständniserklärungen hinfällig werden.

2) Siehe oben S. 99.

Einführung gehört [1], soll zunächst unter dem Gesichtspunkt des Rechtscharakters der Einverständniserklärungen, die bekanntlich Prozeßhandlungen sind [2], untersucht werden.

Was den Widerruf einer Prozeßhandlung allgemein angeht, kann man angesichts der Verschiedenartigkeit der einzelnen Prozeßhandlungen ähnlich wie bei der Frage der Zulässigkeit von Bedingungen [3] keinen allgemeingültigen Rechtssatz aufstellen, wenn man allen praktischen Bedürfnisses des Einzelfalles gerecht werden will. Einigkeit besteht zunächst insoweit, als jedenfalls nach ganz hM. die Vorschriften über Willensmängel (§§ 119 ff. BGB) auf Parteihandlungen keine - auch nicht entsprechende - Anwendung finden [4]. Dies folgt aus dem zutreffenden Gedanken, daß das Prozeßrecht grundsätzlich keine allgemeine Handlungsfreiheit der Parteien wie im sachlichen Recht dulden kann. Die staatliche Rechtsschutzaufgabe verlangt einen sicheren Verfahrensablauf. Insoweit findet die Privatautonomie [5][6] im Wesen und Ziel des Prozesses ihre Schranken. Demgemäß müssen für die Bindung der Parteien an ihre Erklärungen besondere an dem Prozeßrecht orientierte Regeln gelten.

---

1) Vgl. die gegensätzlichen Auffassungen seit Inkrafttreten des § 23 BundesratsVO bei Sonnen, JW 1924, 1285, sowie die bis zur Entscheidung des BGH, NJW 1970, 1458, entgegengesetzten Meinungen des BAG und BGH bei LM Nr. 12 ff. zu § 128 ZPO. Siehe eine vollständige Zusammenstellung unten S. 128.

2) Siehe oben S. 45.

3) Siehe oben S. 73 ff., 76.

4) RGZ 81, 177 (178); 105, 351 (355); 120, 243 (246); 161, 350 (358 f.); BGHZ 12, 284 (285); 20, 196 (205); BFH, NJW 1970, 631 (632); Stein-Jonas-Pohle, vor § 128 Anm. XI 3 h; Rosenberg-Schwab, § 65 V (S. 316); Siegert, S. 66; Westermann, JuS 1964, 177; Baumgärtel, Prozeßhandlungen, S. 115 f. (mit zahlreichen weiteren Nachweisen). A.A. in bezug auf einzelne Prozeßhandlungen, Arens, S. 119 ff., 205 f.

5) Diese gilt grundsätzlich auch im Zivilprozeß. Siehe dazu Arens, S. 37; Schiedermair, S. 31, 47 ff.; Schlosser, S. 9 ff.

6) Vgl. dazu Staudinger-Coing, Einl. vor § 104 Rdn. 2 a u. b, Larenz, Allg.Teil, § 7 IV (S. 91 ff.), Lehmann-Hübner, § 24 I (S. 140 ff.).

Aus denselben Gründen scheidet auch eine analoge Anwendung des § 183 BGB aus. Abgesehen von den Bedenken wegen der grundlegenden Verschiedenheit des Verfahrensrechts vom materiellen Recht würden im Falle des Einverständnisses auch die Voraussetzungen für eine entsprechende Anwendung fehlen. Denn das Einverständnis ist - wie gezeigt - kein Zustand. Es bezieht sich insbesondere nicht auf eine "schriftliche Entscheidung", sondern - bei richtigem Verständnis des § 128 II - auf ein "Verfahren" ohne Mündlichkeit [1]. Das Einverständnis bedeutet daher entsprechend dem Gedanken des § 183 BGB keine "Zustimmung" zur Vornahme eines Rechtsgeschäftes (hier Entscheidung). Die einwilligenden Parteierklärungen bewirken vielmehr unmittelbar die Eröffnung eines fakultativ-schriftlichen Verfahrens [2].

Ausgangspunkt für die Erörterung, ob das Einverständnis in seiner Eigenschaft als Prozeßhandlung widerruflich ist, soll wie schon bei der Untersuchung der Frage der Zulässigkeit von Bedingungen [3] die Funktion der Prozeßhandlung sein. Bei der Frage der Bindung kommt es in noch viel erheblicherem Maße als bei der Frage der Bedingungen darauf an, welche Bedeutung die Prozeßtätigkeit der Parteien im Hinblick auf die Erreichung des Prozeßzweckes hat. Es bietet sich daher auch hier die bereits erwähnte Einteilung der Prozeßhandlungen in Erwirkungs- und Bewirkungshandlungen an [4]. Allein kann es auf sich beruhen, ob diese Unterscheidung überhaupt eine allgemein gültige Lösung für die Frage des Widerrufes einer Prozeßhandlung geben kann [5]. Denn, wie gezeigt, enthalten die Einverständniserklärungen Wesensmerkmale sowohl der Erwirkungs- wie der Bewirkungshandlungen [6]. Schon aus diesem Grunde erweist sich diese Ordnung der Prozeßhandlungen praktisch als unverwertbar [7].

---

1) Goldschmidt, Neue ZPO, Anhang 4, § 7 EntlVO Anm. 2; Bötticher, MDR 1959, 566; Reinberger, Recht 1924, 76.
2) Ebenso im Ergebnis Goldschmidt, aaO.; Reinberger, aaO.
3) Siehe oben S. 73 ff.
4) Siehe oben S. 73 f.
5) Wegen des begrenzten Wertes dieser Einteilung vgl. Arens, S. 46 f.
6) Siehe oben S. 75.
7) Stein-Jonas-Pohle, vor § 128 Anm. IX 2 b.

Man hat weiterhin versucht, das Problem der Unwiderruflichkeit der Prozeßhandlungen mit dem Begriff des sog. prozessualen Rechtsgeschäfts [1] zu lösen. Als gleichsam charakteristisches Merkmal für die Prozeßrechtsgeschäfte hat man gerade die Unwiderruflichkeit angesehen [2]. Jedoch ist die Wertlosigkeit dieses Begriffes bereits nachgewiesen worden [3]. Deshalb hilft auch die Qualifikation der Prozeßhandlungen in der hier zu erörternden Frage nach der Widerruflichkeit des Einverständnisses nicht weiter [4].

Es ist fernerhin der Versuch unternommen worden, aus einzelnen Prozeßrechtsgrundsätzen eine regelmäßig freie Widerruflichkeit der Prozeßhandlungen abzuleiten. Walsmann [5] hat den Grund dafür in der Verhandlungsmaxime gesehen. Demgegenüber hat Siegert [6] an Hand der geschichtlichen Entwicklung des Prozeßrechts überzeugend nachgewiesen, daß die freie Widerruflichkeit der Prozeßhandlungen keine Wesenseigentümlichkeit des Verhandlungsgrundsatzes ist.

Siegert seinerseits [7] hält den Gegensatz zwischen der Eventualmaxime und dem Grundsatz der Einheit der mündlichen Verhandlung für das entscheidende Kriterium, aus dem sich die freie Widerruflichkeit ableiten ließe. Diese Auffassung trifft jedoch ebenfalls nicht zu. Der Zweck der Eventualmaxime liegt in dem Bedürfnis der Konzentration des Prozeßstoffes begründet. Deshalb müssen die Parteien bis zu einem bestimmten Zeitpunkt alle Tatsachen etc. in den Prozeß einführen, um eine Präklusion zu vermeiden. Nach Eintritt dieses Zeitpunktes könnte man zwar die Unwiderruflichkeit der Prozeßhandlungen allgemein annehmen [8]. Jedoch ist zumindest bis zu diesem Prozeßstadium ein Widerrufsverbot einer Prozeßhandlung nicht zwingend. Denn

---

1) Siehe oben S. 75.
2) Hellwig, Prozeßhandlung, S. 77; Siegert, S. 111; vgl. dagegen Arens, S. 48.
3) Siehe oben S. 76.
4) So im Ergebnis de Boor, Entsch.nLdA., S. 26 f. gegen Reinberger, Recht 1924, 74 f.
5) AcP 102, 82.
6) S. 90 ff.
7) S. 94 ff.
8) So Arens, S. 43. Auch das ist mE. zweifelhaft.

solange es dem Zweck der Konzentration nicht widerspricht, bestehen auch keine Bedenken gegen eine freie Widerruflichkeit. Die Unwiderruflichkeit einer Prozeßhandlung ist daher nicht begriffsnotwendig mit der Eventualmaxime verbunden [1]. Umgekehrt kann auch die Einheit der Verhandlung die sofortige Bindung der Parteien an ihre Erklärungen notwendig machen [2], so daß auch daraus nicht die freie Widerruflichkeit hergeleitet werden kann.

Weitere Anhaltspunkte für die Frage des Widerrufs von Prozeßhandlungen könnten sich endlich aus dem Gesetz selbst ergeben. Die ZPO sieht z.B. in den §§ 85 S. 2, 90 II, 271, 290, 515, 566 die Widerruflichkeit einer Prozeßhandlung vor. Aus diesen gesetzlichen Bestimmungen könnte man folgern, daß verfahrensgestaltende Prozeßhandlungen - denn nur um solche handelt es sich in den genannten Vorschriften - unwiderruflich sind, soweit nicht das Gesetz etwas anderes bestimmt [3].

Bei genauer Betrachtung lassen sich jedoch die genannten Regelungen der ZPO nicht in diesem Sinne auslegen. Den wenigen Bestimmungen kann man weder einen entsprechenden gesetzgeberischen Willen entnehmen, noch kann man in ihnen einen allgemeinen Grundsatz über die Widerruflichkeit der Prozeßhandlungen erkennen [4]. Die Prozeßordnung enthält keine besonderen Vorschriften über die Prozeßhandlungen als solche. Wenn daher der Gesetzgeber von Fall zu Fall eine Regelung über den Widerruf getroffen hat, kann nicht angenommen werden, daß mit diesen vereinzelten Bestimmungen eine grundsätzliche Stellungnahme des Gesetzes zu der Frage des Widerrufs einer Prozeßhandlung beabsichtigt war. Es muß bezweifelt werden, daß dem Gesetzgeber insbesondere die funktionale Bedeutung der verschiedenen Prozeßhandlungen, wie sie in der Unterscheidung von Erwirkungs- und Bewirkungshandlung deutlich zum Ausdruck gelangt sind, bewußt gewesen ist, so daß man auch aus diesem

---

1) Vgl. zu dem Vorstehenden eingehend Arens, S. 43 f.
2) Eingehend Arens, S. 44.
3) So Lehmann, Das neue ZPrR, S. 34.
4) Arens, S. 42; vgl. auch BGHZ 28, 278 (282).

Grunde von den betreffenden Vorschriften auf eine grundsätzliche Unwiderruflichkeit der verfahrensgestaltenden Prozeßhandlungen nicht schließen kann.

Im übrigen soll und will ein Verfahrensgesetz, wie auch die ZPO, nicht mit einer vollständigen Zusammenstellung alle Einzelfälle erfassen. Eine solche perfektionistische Verfahrensordnung wäre unbeweglich und damit nicht praktikabel. Das Gesetz gibt daher in derartigen Situationen regelmäßig nur Richtlinien und Anregungen. Dies rechtfertigt die Annahme, daß die gesetzlichen Sonderregelungen über die Widerruflichkeit von Prozeßhandlungen in der ZPO keine enumarative Aufzählung darstellen. Das Gesetz enthält daher im Ergebnis weder in dem einen noch in dem anderen Sinne eine Aussage über die Bindung der Parteien an ihre Prozeßhandlungen.

Die bisherigen Erörterungen haben demnach keinen allgemeinen Grundsatz über die Widerruflichkeit oder Unwiderruflichkeit der Prozeßhandlungen ergeben. Man kommt daher nicht umhin, das Einverständnis gemäß § 128 II im besonderen zu untersuchen.

## II. Der Widerruf des Einverständnisses im besonderen

### 1. Widerruflichkeit und Bedingungsfeindlichkeit

Man könnte zunächst daran denken, aus denselben Gesichtspunkten heraus, die zur Bedingungsfeindlichkeit des Einverständnisses geführt haben [1], auch dessen Unwiderruflichkeit zu folgern. Dafür spricht, daß sowohl im Falle einer bedingten, als erst recht für den Fall einer widerruflichen Prozeßhandlung die Verfahrensgrundlage einer willkürlichen, der freien Verfügung der Partei unterliegenden Parteidisposition ausgesetzt wäre. Dies widerspräche der Rechtssicherheit, insbesondere aber dem prozessualen Bedürfnis nach einer sicheren Grundlage des Verfahrens, und zwar gleichermaßen, wie dies im Falle der Zulässigkeit einer Bedingung gegeben wäre. Vergleicht man aber den im Prozeßrecht durch eine bedingte Parteihandlung ver-

---

1) Siehe oben S. 74 ff.

ursachten Schwebezustand mit demjenigen, der durch die Gefahr eines Widerrufes oder einer Rücknahme der Prozeßhandlung bewirkt würde, sei es, daß es sich um die Wiederherstellung einer alten oder die Begründung einer neuen Verfahrensgestaltung handelt, so zeigt sich ein wesentlicher Unterschied in der Struktur des durch die jeweilige Handlung hervorgerufenen Zustandes. Wenn in dem Falle einer bedingten Prozeßhandlung die Wirksamkeit der betreffenden Handlung von dem Eintritt eines ungewissen Ereignisses abhängig gemacht wird, dann entspricht der betreffende Schwebezustand einem freien unkontrollierbaren Willen der Parteien. Dagegen begründet eine unbedingte, lediglich widerrufliche Prozeßhandlung zunächst eine sichere Verfahrensgrundlage. Der durch eine Widerrufsmöglichkeit hervorgerufene Schwebezustand muß daher nicht zweckwidrig sein. Das Gesetz selbst nimmt einen entsprechenden Zustand der Ungewißheit in einer Reihe von Fällen in Kauf (vgl. die §§ 271, 290 u.a.), um nicht durch übertriebenen Formalismus die Parteien an einen bestimmten Weg der Rechtsverfolgung zu binden und damit möglicherweise dem wesentlichen Prozeßzweck der Rechtsschutzgewährung auf der Grundlage materieller Wahrheit und Gerechtigkeit entgegenzuwirken. Daraus folgt, daß aus der Bedingungsfeindlichkeit des Einverständnisses weder für noch gegen die Widerruflichkeit desselben etwas geschlossen werden kann [1].

2. Die Unwiderruflichkeit des Einverständnisses unter Berücksichtigung seiner prozeßgestaltenden Wirkung

Im Zusammenhang mit der Untersuchung, inwieweit ein allgemeiner Grundsatz in bezug auf die Widerruflichkeit von Prozeßhandlungen besteht, sind bereits einige grundsätzliche Gesichtspunkte hervorgetreten, die für die Prüfung der Frage, ob Prozeßhandlungen, insbesondere aber das Einverständnis gemäß § 128 II widerruflich sind, von Bedeutung sein können.

Es hatte sich gezeigt, daß der Grundsatz der Privatautonomie

1) Vgl. Baumgärtel, Prozeßhandlungen, S. 124.

auch im Prozeßrecht Geltung beansprucht. Es ist daher von dem grundlegenden Prinzip auszugehen, daß Prozeßhandlungen wie die bürgerlich-rechtlichen Willenserklärungen grundsätzlich frei widerruflich sind [1)2)]. Dieser Grundsatz wird auch nicht durch Wesen und Ziel des Prozesses allgemein in Frage gestellt. Er beruht vielmehr auf folgenden Erwägungen: Oberstes Gebot der Rechtspflege ist die Verwirklichung des materiellen Rechts. Das setzt eine weitgehende Berücksichtigung des Parteiwillens nicht nur in der Privatrechtsgestaltung selbst, sondern auch in der Durchsetzung des konkreten privaten Rechtes voraus. Dementsprechend ergibt sich auch aus den Bestimmungen der §§ 271, 290 u.a., daß die Zivilprozeßordnung die Parteien nicht durch Formstrenge ohne Rücksicht auf ihren tatsächlichen Willen an ihren Prozeßerklärungen festhalten will.

Das Gebot der materiellen Gerechtigkeit, in dem der Kern für die freie Widerruflichkeit zu suchen ist [3)], gerät allerdings - wie in sonstigen prozessualen Fragen - auch im Falle der freien Widerruflichkeit häufig mit anderen Verfahrensprinzipien in Konflikt. Die Rechtssicherheit [4)], das öffentliche Interesse an einem schleunigen Verfahrensgang [5)], Sicherheit des Verfahrensablaufs [6)], die Interessen des Prozeßgegners [7)], Prozeßwirtschaftlichkeit und andere Prinzipien lassen vielfach die materielle Gerechtigkeit gegenüber anderen überwiegenden Interessen des Prozeßrechts in den Hintergrund treten. Alle die genannten Grundsätze einschließlich dem Wahrheitsgebot stehen aber in einem untrenn-

---

1) Schönke-Kuchinke, § 31 II (S. 137); Kleinfeller, § 62 VI (S. 202) ; Arens, S. 44 f.; Siegert, S, 99 f.; Püschel, Einzelrichter, S. 42; siehe ferner Stein-Jonas-Pohle, vor § 128 Anm. XI 3 k.
A.A. dagegen Schönke-Schröder-Niese, § 31 II 1 (S. 147).
2) § 145 BGB bildet nur scheinbar eine Ausnahme, weil es in der Macht des Antragenden liegt, ob er sich binden will (§ 145 S. 2 BGB).
3) Sauer, Grundlage, S. 53 ff.
4) Siegert, S. 110.
5) BGHZ 30, 60 (66); Baumgärtel, Prozeßhandlungen, S. 124; Sauer, Prozeßrechtslehre, S. 136.
6) Vgl. BGH, NJW 1962, 1819; Stein-Jonas-Pohle, vor § 128 Anm. XI 3 k; Nikisch, § 54 V 3 (S. 216); Siegert, S. 110; Baumgärtel, ZZP 69, 122.
7) Siegert, S. 110 f.

barem Zusammenhang. Sie finden ihre Grundlage in dem Prozeßzweck allgemein. Der Prozeßzweck bildet daher den eigentlichen Grund der freien Widerruflichkeit der Prozeßhandlungen. Er bestimmt aber zugleich auch den Umfang der Ausnahmen.

In diesem Rahmen zeigt sich, daß der Funktion der betreffenden Prozeßhandlungen eine wesentliche Bedeutung zukommt. Wenn sich auch die Einteilung in Erwirkungs- und Bewirkungshandlungen wegen des "Zwittercharakters" des Einverständnisses [1] nicht als zweckmäßig erwiesen hat, so bleibt doch die Erkenntnis, daß es Handlungen gibt, die den Richter nur auf die Entscheidung hinlenken und solche, die eine bestimmte prozessuale Gestaltung bewirken. Demgemäß kann man hinsichtlich derjenigen Prozeßhandlungen, die eine Bitte der Parteien an das Gericht um eine ihr günstige Entscheidung enthalten (sog. Erwirkungshandlungen) [2], den Parteien einen verhältnismäßig weiten Raum privatautonomer Rechtsgestaltung im Prozeß zugestehen. In diesen Fällen rückt nämlich der Wille der rechtsverfolgenden Parteien in den Vordergrund. Beschränkungen dürften lediglich in Betracht zu ziehen sein, wenn die Interessen des Prozeßgegners bzw. dessen schutzwürdige Rechtsposition in unmittelbarer Weise willkürlichem Parteihandeln ausgesetzt würden. Insoweit hat das Gesetz der Handlungsfreiheit der Parteien ausdrücklich Schranken gezogen [3].

Betrachtet man demgegenüber die unmittelbar verfahrensgestaltenden Prozeßhandlungen (sog. Bewirkungshandlungen) [4], dann ergibt sich aus deren Beziehung zu dem Prozeßzweck, daß hier der freien Disposition der Parteien wesentlich engere Grenzen zu setzen sind als bei denjenigen Handlungen,die das Gericht auf eine bestimmte Entscheidung hinlenken sollen. Die unmittelbar gestaltenden Prozeßhandlungen schaffen nämlich, wie gezeigt, eine bestimmte Stufe in der dynamischen Fortentwicklung des Prozesses, die jeweils wiederum die Voraussetzung

---

1) Siehe oben S.75, 106.
2) Siehe oben S.74.
3) Vgl. §§ 91 a, 264, 268 Nr. 2 u. 3, 271, 399, 436, 515, 566 u.a.m.
4) Siehe oben S.74.

für die nächste Entwicklungsstufe bildet [1]. Der freie Widerruf dieser Prozeßhandlungen widerspräche demnach grundsätzlich dem allgemeinen Prozeßzweck [2]. Es fehlte insbesondere an einer sicheren Verfahrensgrundlage, wenn einzelne Prozeßentwicklungsstufen durch den Widerruf der diese bewirkenden Handlungen wieder beseitigt werden könnten. Diese Folge verträgt sich nicht mit der Dynamik des Prozesses. Darüber hinaus würden in der Regel auch die Interessen des Prozeßgegners berührt werden, wenn dieser etwa eine günstige prozessuale Stellung erlangt oder auf den Bestand der prozessualen Entwicklung vertraut hätte. Hier muß also das Einzelinteresse einer Partei regelmäßig zurücktreten.

Diese Erwägungen schließlich rechtfertigen die Annahme, daß abweichend von der freien Widerruflichkeit aller Prozeßhandlungen allgemein diejenigen mit unmittelbar prozeßgestaltender Wirkung grundsätzlich unwiderruflich sind [3]. Allein kann

---

1) Vgl. dazu auch oben S. 77 f.

2) Das folgt nicht schon aus dem allgemeinen Rechtsgedanken des "venire contra factum proprium". Dieser Grundsatz kann keine Antwort auf die Frage geben, ob prozeßgestaltende Handlungen einer Partei widerruflich sind. Die Zulässigkeit gegensätzlichen Verhaltens ergibt sich hier nämlich nicht aus Treu und Glauben (ein Grundsatz, der an sich auch im Prozeßrecht gilt, siehe Baumgärtel, ZZP 69, 90 m.w.Nachw.), sondern aus der konkreten prozessualen Situation. Die Prüfung der Zulässigkeit rechtlich erheblichen Verhaltens im Prozeß erstreckt sich im wesentlichen auf die prozeßrechtliche Wertung der einzelnen Handlung selbst und damit vorliegendenfalls primär auf die Frage der Widerruflichkeit der Einverständniserklärung.

3) BGHZ 28, 278 (283); OLG Bremen, NJW 1956, 1037; OLG Hamburg, NJW 1954, 516; Baumbach-Lauterbach, Grundzüge 5 G vor § 128; Stein-Jonas-Pohle, vor § 128 Anm. XI 3 k a.E.; Seuffert-Walsmann, Vorbem. zu § 128 Anm. 4 a; Bernhardt, § 24 VII (S. 159); Blomeyer, ZPR, § 30 V 2 (S. 140); Goldschmidt, Zivilprozeßrecht, § 50 I (S. 153); Lent-Jauernig, § 29 VII (S. 86); Nikisch, § 54 V 3 (S. 216); Schönke-Schröder-Niese, § 31 II 1 (S. 147); Sauer, Prozeßrechtslehre, S. 136; Siegert, S. 111; Drüll, S. 35; Burkhardt, MDR 1957, 389; Müller, DVBl. 1960, 100. Dagegen für eine freie Widerruflichkeit de Boor, Entsch. nLdA. S. 27; wohl auch Wieczorek, § 128 J II c 5. Zumindest gegen die hier vertretene Meinung Späth, S. 18.

wohl auch diese Regel nicht ohne Ausnahme gelten. Denn das Gesetz selbst durchbricht diesen Grundsatz in einigen Fällen, wie in § 271 u.a. Dies läßt den Schluß zu, daß man auch im Falle der prozeßgestaltenden Handlungen die Parteien nicht unbedingt an ihr einmal Erklärtes binden will. Es kann daher letzthin nur auf das Wesen der einzelnen Prozeßhandlung selbst ankommen [2]. Dabei ist von der grundsätzlichen Unwiderruflichkeit verfahrensgestaltender Prozeßhandlungen auszugehen. Es müßten demnach besondere Gründe vorliegen, die im Einzelfall eine Prozeßhandlung dieser Art mit Rücksicht auf deren konkrete Eigenschaften ausnahmsweise widerruflich sein lassen. Das wäre der Fall, wenn nach Abwägung der widerstreitenden Interessen, nämlich Handlungsfreiheit auf der einen und Prozeßzweck auf der anderen Seite, keine Bedenken gegen eine Beseitigung der betreffenden, durch die Prozeßhandlungen geschaffenen Verfahrenslage bestünden.

Unter Berücksichtigung der vorstehend herausgearbeiteten Grundsätze über die Widerruflichkeit von Prozeßhandlungen stellt sich das Einverständnis gemäß § 128 II im besonderen als grundsätzlich unwiderruflich heraus, weil die Einverständniserklärungen, wie sich bereits in anderem Zusammenhang ergeben hat[2], den verfahrensgestaltenden Prozeßhandlungen zuzuordnen sind.

Dieses Ergebnis wird auch allein den Besonderheiten des Einverständnisses gerecht. Es ist kein hervorragendes Einzelinteresse der Parteien ersichtlich, das das Allgemeininteresse an dem Bestand der durch die prozeßgestaltenden Einverständniserklärungen bewirkten Prozeßlage in den Hintergrund verdrängen könnte. Im Gegenteil besteht im Hinblick auf die durch das Einverständnis geschaffene prozessuale Lage ein erhebliches Bedürfnis, daß jene von Dauer ist. Letzteres wird deutlich, wenn man sich vorstellt, wie sich ein Widerruf auf das Verfahren omV unter besonderer Berücksichtigung dessen

---

1) BGHZ 28, 278 (282); Baumbach-Lauterbach, Grundzüge vor § 128 Anm. 5 A; Arens, S. 48; Münzel, S. 136; Baumgärtel, ZZP 69, 122; Stein, ZZP 41, 426.
2) Siehe oben S. 77.

Sinnes und Zweckes auswirken würde.

Der maßgebende Sinn und Zweck des Verfahrens omV liegt bekanntermaßen in der Beschleunigung und Vereinfachung des Prozeßganges. Diese Ziele würden zur Bedeutungslosigkeit herabsinken, wenn man den freien Widerruf des Einverständnisses gestattete. Die Widerruflichkeit des Einverständnisses hätte nämlich zur Folge, daß entgegen dem Sinn und Zweck des § 128 II die Gefahr einer Prozeßverzögerung wesentlich erhöht würde [1]. Das Gericht müßte wegen eines Widerrufs Termin zur mündlichen Verhandlung anberaumen, auch wenn die Sache bereits im Zeitpunkt der Widerrufserklärung aufgrund des schriftlichen Materials entscheidungsreif und kein neuer wesentlicher Parteivortrag zu erwarten wäre. Das würde auch dann gelten, wenn der Widerruf erkennbar mit dem Ziel abgegeben würde, das Verfahren zu verzögern. Da das Gesetz den Parteien einen Anspruch auf mV gibt, könnte man in dem betreffenden Widerruf nicht einmal einen Rechtsmißbrauch sehen. Das größte Bedenken gegen die Widerruflichkeit liegt daher insoweit zunächst darin, daß es praktisch in der Macht der Parteien läge, durch eine einfache Widerrufserklärung das Prozeßende hinauszuziehen, obwohl gegebenenfalls ein schriftliches Verfahren objektiv den Interessen der Parteien sowie dem öffentlichen Anliegen eines schleunigen Zivilprozesses entspräche.

Darüber hinaus würden in der Regel die Gerichte infolge eines Widerrufes des Einverständnisses entgegen dem Vereinfachungszweck zusätzlich belastet werden. In einer Reihe von Fällen müßte sich nämlich das Gericht mehrfach mit der Sache befassen, auch wenn es diese schon abgeschlossen hatte. Man nehme z.B. an, daß der Prozeßstoff eines Rechtsstreits aufgrund des schriftlichen Vorbringens entscheidungsreif war und das Gericht in der Absicht, omV zu entscheiden, die Sache eingehend beraten und schließlich ein Urteil gefällt hat. In

---

1) BGHZ 28, 278 (283); OLG Hamburg, NJW 1954, 516; ebenso im Ergebnis Späth, S. 258 f.

diesem Augenblick ist dann zwar bereits die Entscheidung tatsächlich vorhanden. Um aber von einem Urteil im Rechtssinne sprechen zu können, bedarf es noch der Zustellung der Urteilsformel an die Parteien (§ 310 II) [1]. Diese wird von der Geschäftsstelle betrieben. Das hat zur Folge, daß zwischen Fällung und Entstehung der richterlichen Entscheidung eine gewisse Zeit vergeht, deren Dauer sich je nach der Geschäftslast des internen Betriebes der einzelnen Gerichte bestimmt[2]. Geht nun in dieser Interimszeit ein Widerruf des Einverständnisses ein [3], so wäre, wenn man davon ausgeht, daß dieser erheblich ist, das Gericht genötigt, einen Termin zur mV anzuberaumen. Das würde bedeuten, daß das Gericht von neuem mit der Sache befaßt würde. Häufig müßte eine gänzlich neue Beratung stattfinden, weil inzwischen ein Richter gewechselt hat [4] oder die Sach- und Rechtslage in Vergessenheit geraten ist [5]. Die Mehrbelastung der Gerichte wird somit offenkundig. Diese Auswirkungen des Widerrufs des Einverständnisses zeigen, daß im Falle der Zulässigkeit desselben der Beschleunigungs- und Vereinfachungszweck des § 128 II in sein Gegenteil verkehrt [6], zumindest aber erheblich in Frage gestellt würde.

Neben diesen praktischen Bedenken ergeben sich eine Reihe weiterer Gesichtspunkte, die die Widerruflichkeit des Einverständnisses gebieten. Geht man von einer uneingeschränkten Widerruflichkeit aus, so könnten die Parteien durch willkürliche

---

1) Siehe dazu unten S. 313 ff.
2) Das führt an einigen Gerichten zu ganz erheblichen Verzögerungen.
3) Diese Gefahr wird umso größer, je länger die Parteien auf eine schriftliche Entscheidung warten müssen. Man würde dann in dem Widerruf eine Möglichkeit sehen können, das Gericht zu einem alsbaldigen Erlaß einer Entscheidung anzuhalten, indem eine mV anberaumt werden müßte und unmittelbar im Anschluß daran oder aber spätestens eine Woche danach (§ 310 I) eine Entscheidung zu verkünden wäre.
4) Das ist eine bei nahezu allen Gerichten anzutreffende alltägliche Erscheinung.
5) BGHZ 28, 278 (283).
6) Ebenso Bötticher, MDR 1959, 566.

Erklärung dem Gericht jederzeit die Grundlage für die Durchführung des durch das Einverständnis ermöglichten Ausnahmeverfahrens entziehen [1]. Die ordnungsgemäße Prozeßentwicklung erfordert aber eine beständige Verfahrensgrundlage [2]. Jene darf nicht der dauernden Gefahr des Wegfalls einzelner Entwicklungsstufen ausgesetzt sein. Die Rechtssicherheit verlangt aber nach einer einfachen und klaren Sachlage in bezug auf die prozessualen Parteiakte und die dadurch geschaffenen Verfahrenssituationen. Dies gilt umsomehr, als es sich vorliegendenfalls um ein Ausnahmeverfahren handelt [3]. Für innere Willensmängel und Gesinnungswandel der Parteien ist daher insoweit kein Raum. Das erfordert zwar naturgemäß eine erhöhte Aufmerksamkeit der Beteiligten bei der Abgabe der Einverständniserklärungen, ein Umstand jedoch, der im Interesse der Allgemeinheit an einem ordnungsgemäßen Verfahrensgang eine unausweichliche Last der Prozeßbeteiligten ist. Würde man dagegen den Widerruf des Einverständnisses zulassen, so käme dies zwar den Parteiinteressen entgegen. Das hätte aber einen unsicheren Prozeßgang zur Folge, der nicht nur den dargelegten Rechtsgrundsätzen widerspräche, weil dem Verfahren omV jederzeit der sichere Boden entziehbar wäre, sondern den auch der Gesetzgeber mit der Einführung des § 128 II sicher nicht gewollt hat.

Man könnte meinen, daß mit der Bindung der Parteien an das Einverständnis der Grundsatz der materiellen Gerechtigkeit, in dem nicht zuletzt der alleinige Grund für das Interesse der Parteien an einem freien Widerruf zu finden ist [4], eine wesentliche Einbuße erleide, weil die Parteien gegebenenfalls gehindert sein könnten, eine vollständige Klärung des Streitstoffes herbeizuführen. Allein gilt im gewöhnlichen wie auch im Verfahren omV der Verhandlungsgrundsatz [5]. Die Parteien genießen also auch in der schriftlichen Verhandlung ihre uneingeschränkten Rechte bei der Beibringung des Prozeß-

---

1) Vgl. auch Baumgärtel, Prozeßhandlungen, S. 125.
2) BGH, NJW 1962, 1819.
3) Siehe oben S. 20.
4) Vgl. Siegert, S. 110 f.
5) Siehe oben S. 19.

stoffes. Dem Gericht ist es daher auch hier nicht immer möglich, dem Ziel der objektiven Wahrheitsfindung ausreichend gerecht zu werden. Der Richter ist andererseits auch im Verfahren gemäß § 128 II aufgrund seiner Prozeßleitungspflicht [1] gehalten, im Interesse der materiellen Wahrheit den Sachverhalt unter Ausnutzung seiner richterlichen Machtbefugnis aufzuklären (analog § 139). Ist das Gericht aber von dieser Verpflichtung im Schriftverfahren nicht entbunden, so geht die pflichtgemäße richterliche Prüfung der Entscheidungsreife nicht nur dahin, inwieweit der Sachverhalt hinreichend geklärt ist oder nicht. Darüber hinaus müssen die erkennenden Richter erwägen, in welcher Form, also in mündlicher oder schriftlicher, eine weitergehende Aufklärung gegebenenfalls stattzufinden hat [2]. Gelangt das Gericht zu der Überzeugung, daß es für die rasche Abwicklung des Prozesses zweckmäßiger ist, eine mündliche Streitverhandlung stattfinden zu lassen, so ist es nicht nur berechtigt, sondern vielmehr verpflichtet, einen Termin zur mV anzuberaumen [3].

Im Hinblick auf die widerstreitenden Interessen zwischen öffentlicher Rechtsschutzaufgabe und privatem Rechtsschutzersuchen wird der gesetzgeberische Sinn der Einschaltung des gerichtlichen Ermessens zwischen das Einverständnis der Parteien und die schriftliche Entscheidung offenkundig. Das Kriterium des richterlichen Ermessens bietet nämlich die sichere Gewähr für die Erhaltung der materiellen Gerechtigkeit. Damit wird gleichzeitig der auf diesem Grundsatz beruhenden Forderung genügt, dem Parteiwillen auch im Prozeß grundsätzlich Beachtung zu schenken [4]. Im Falle des Einverständnisses mit

---

1) Siehe Stein-Jonas-Pohle, § 139 Anm. I, und ders., vor § 128 Anm. II 3.

2) Zu beachten ist, daß im mündlichen Verfahren das Gericht eine bereits geschlossene Verhandlung wiedereröffnen m u ß , wenn § 139 verletzt ist, obgleich § 156 lediglich eine Ermessensvorschrift darstellt, hM.; siehe BGH, JR 1958, 344; BGHZ 30, 60 (65); BGH, ZZP 73, 233; RGZ 102, 262 (266).

3) Einen Anspruch auf eine erneute mV haben die Parteien freilich in diesem Falle nicht.

4) Siehe oben S. 110 ff.

einem Verfahren omV besteht daher für die Berücksichtigung des Parteiwillens durch die Zulässigkeit des Widerrufs der entsprechenden Parteierklärung kein wirkliches Bedürfnis, weil dem tatsächlichen Willen der Parteien auf Wiedereinräumung der obligatorischen Mündlichkeit durch das richterliche Ermessen erforderlichenfalls Rechnung getragen wird [1].

Stellt man dagegen in Abrede, daß dieses Ermessen eine ausreichende Gewähr für die Beachtung der Parteiinteressen bietet, so würde man damit ein generelles Mißtrauen gegenüber der dritten Gewalt bekunden. Mangelndes Vertrauen und auftretende Mißstände in einem Verfahren vor den staatlichen Gerichten rechtfertigen jedoch nicht die Annahme, entgegen dem allgemeinen Prozeßzweck sowie insbesondere entgegen dem Sinn des Verfahrens omV die Widerruflichkeit des Einverständnisses zu befürworten. Erkennt man vielmehr entsprechend dem Willen des Gesetzes ein Verfahren omV auf der Grundlage eines bindenden Parteieinverständnisses und des richterlichen Ermessens als zweckgerechte Lösung an, dann hängt die Praktikabilität dieses Verfahrens von denen ab, die es handhaben.

Auch die weittragenden Wirkungen des Einverständnisses begründen kein schutzwürdiges Interesse der Parteien für eine Widerruflichkeit, wie eine Betrachtung der Entwicklungsgeschichte des § 128 II und vergleichbarer Bestimmungen in anderen Verfahrensordnungen zeigt. So hat der Gesetzgeber keineswegs die Gefahren verkannt, denen die Parteien infolge des Verzichts auf Mündlichkeit ausgesetzt sind. Unter diesem Eindruck hatte das Gesetz die Parteien auch zunächst dadurch schützen wollen, daß das Einverständnis ursprünglich nur von den durch Rechtsanwälte vertretenen Parteien abgegeben werden konnte (§ 23 BundesratsVO). Im Laufe der Entwicklung des Verfahrens omV ist zwar diese Zulässigkeitsvoraussetzung fortgefallen. Es ist jedoch bemerkenswert, daß die heutige Vorschrift des § 128 II im ersten Rechtszug vor den Arbeitsge-

---

1) Ebenso im Ergebnis Rosenberg-Schwab, § 110 III 3 c (S. 546); Bötticher, MDR 1959, 566.

richten keine Anwendung findet (§ 46 I ArbGG). Das beruht darauf, daß im Verfahren vor den Arbeitsgerichten die persönliche Anhörung der Parteien für die Sachaufklärung besonders wertvoll ist [1]. Darüber hinaus sollen die Parteien des Arbeitsgerichtsprozesses, die in der Regel nicht durch Anwälte vertreten sind, nicht Gefahr laufen, sich mit einem Verfahren einverstanden zu erklären, über deren Auswirkungen und Tragweite sie in der Regel keine Vorstellungen haben können. Hier hat also der Gesetzgeber zum Schutze der Parteien vor den Gefahren eines Einverständnisses mit einem Verfahren omV eingegriffen und damit gezeigt, daß ihm die weitreichende Bedeutung dieser Erklärung tatsächlich bewußt ist [2].

In den übrigen neueren Verfahrensordnungen hat der Gesetzgeber dagegen von einem solchen Schutz abgesehen. Die Verantwortung liegt also bewußt in den Händen der Parteien selbst. Das Gesetz fordert demnach von diesen eine erhöhte Sorgfalt in bezug auf ihren Entschluß, sich mit einem Verfahren omV und allen damit verbundenen Vor- und Nachteilen einverstanden zu erklären. Letztlich bietet auch hier das richterliche Ermessen im Rahmen des § 128 II eine Gewähr dafür, daß die Parteiinteressen hinreichende Beachtung finden [3].

Anknüpfend an die vorstehenden Überlegungen im Hinblick auf das richterliche Ermessen spricht im übrigen auch die Tatsache, daß das Verfahren omV häufig zu Verzögerungen führen kann und in der Praxis auch geführt hat [4], nicht etwa für eine Widerruflichkeit des Einverständnisses [5]. Damit würde man, um eine Beschleunigung des Prozesses erreichen zu können, von einem Verfahren Abstand nehmen müssen, das eigens zu dem Zweck eröffnet wurde, den Prozeß zu beschleunigen. Es

---

1) Dietz-Nikisch, ArbGG § 46 Rdn. 5.
2) Bötticher, MDR 1959, 566.
3) Nikisch, § 78 II 4 (S. 308); Bötticher, MDR 1959, 566; siehe oben S. 118 f.
4) Vgl. BGHZ 28, 278 (284).
5) Ebenso BGH, aaO. - Anders dagegen Wieczorek, § 128 J II c 5.
Nach Wieczorek, aaO., soll im übrigen der Widerruf des Widerrufs ein erneutes Einverständnis enthalten. M.E. entspricht diese Auffassung wohl kaum mehr dem Sinn des § 128 II.

bedeutete einen Widerspruch in sich, wenn man den mit dem Verzicht auf Mündlichkeit erstrebten Beschleunigungserfolg durch die Rückkehr zur Mündlichkeit (infolge Widerrufs des Einverständnisses) zu erreichen suchte. Es ist sehr wohl denkbar, daß sich die Prozeßlage so wesentlich ändert, daß die ursprünglichen, dem Sinn des § 128 II entsprechenden Vorzüge eines Verfahrens omV nicht mehr zu erreichen sein würden. Dennoch kann aber nicht der Widerruf des Einverständnisses das rechte Mittel sein, um gegebenenfalls Verzögerungen entgegenzuwirken [1]. Liegt die Ursache für Verschleppungen tatsächlich in der Schriftlichkeit, dann widerspricht das Verfahren omV seinem Sinn und Zweck. In diesem Fall ist es Aufgabe des Gerichts, nicht aber die der Parteien, aufgrund seines ihm eingeräumten Ermessens tätig zu werden und von einem Verfahren omV Abstand zu nehmen. Wenn das Gericht dieser ihm obliegenden öffentlichen Pflicht nicht nachkommt oder wenn gar das Gericht selbst für die Verzögerung des Verfahrens verantwortlich ist, stehen den Parteien andere Mittel und Wege offen, das Gericht als staatliches Organ zu einer ordnungsgemäßen Durchführung des Prozesses anzuhalten [2].

Man kann auch nicht aus dem Ausnahmecharakter des Verfahrens omV [3] das Verbot eines unwiderruflichen Verzichts der Parteien folgern [4]. Dieser Auffassung ist zwar zuzugeben, daß die Vorschrift des § 128 II wegen der Durchbrechung des den Zivilprozeß beherrschenden Grundsatzes der Mündlichkeit streng auszulegen ist [5]. Jedoch gilt das Mündlichkeitsprinzip nicht ohne Einschränkungen. So wird die mV durch Schriftsätze vorbereitet (§ 129), ihr Inhalt zum Teil durch das Protokoll (§§ 160, 161, 298, 510 a)und wesentlich durch den Urteilstatbestand (§ 313 I Nr. 2) festgestellt.

---

1) Johannsen, LM Nr. 12 zu § 128 ZPO.
2) Zur Dienstaufsicht der Gerichte und den Möglichkeiten einer Einflußnahme durch den Rechtssuchenden siehe im einzelnen Schmidt-Räntsch, DRiG § 26 Rdn. 20 ff.; Baumbach-Lauterbach, DRiG § 26 Anm. 3 B a; Schönke-Schröder-Niese, § 11 IV 2 (S. 72); ferner BGHZ 42, 163 (169 ff.); 47, 275 (284 ff.).
3) Siehe oben S.20.
4) So BAGE 12, 59; ähnlich auch Fischer, JW 1928, 2156.
5) Vgl. BAG, aaO.

Eine Reihe maßgebender Prozeßhandlungen können nur schriftlich vorgenommen werden. Endlich ist das Mündlichkeitsprinzip durch die Bestimmungen der §§ 272 b, 272 a, 251 a, 331 a sowie eben durch das Verfahren omV nicht unerheblich eingeschränkt worden. Nach dem Gesamtbild der ZPO stellt die Mündlichkeit demnach keinen so bedeutsamen Verfahrensgrundsatz mehr dar, als daß man nicht auch unwiderruflich darauf verzichten könnte [1].

Schließlich muß einer weitverbreiteten Auffassung entgegengetreten werden, die aus einer angeblichen Abhängigkeit der Frage des Widerrufs des Einverständnisses von dem Problem , in welchem Zeitpunkt im Verfahren omV der Verhandlungsschluß eintritt, ein Ergebnis zu gewinnen sucht [2]. Demnach dürften die Parteien nicht an ihre Einverständniserklärungen gebunden werden, wenn man über das Einverständnis hinaus den Austausch von Schriftsätzen zuließe [3]. Andererseits bestehe für eine Widerrufsmöglichkeit kein Bedürfnis, wenn der Schluß der Verhandlung bereits mit der Einverständniserklärung eintrete [4].

Es ist zuzugeben, daß sich die beiden genannten Fragenkreise berühren. Bei der Frage des Widerrufs sowie bei der des Verhandlungsschlusses [5] ergibt sich die Lösung des Problems vornehmlich aus einer Abwägung zwischen dem Einzelinteresse der Parteien und dem Allgemeininteresse an einem ordnungsgemäßen Zivilrechtsschutzverfahren. In diesem Widerstreit der Interessen nehmen jeweils die gleichen Verfahrensgrundsätze wie Rechtssicherheit und materielle Gerechtigkeit eine bedeutende Rolle ein. Bei den betreffenden Untersuchungen

---

1) Anders Fischer, JW 1928, 2156.
2) So Lay, S. 73 ff.; de Boor, Entsch.nLdA., S. 23, drückt dies so aus: "Wer Bindung annimmt, darf nicht Berücksichtigung späteren Materials behaupten, wer letzteres annimmt, muß die Bindung verneinen". Im Anschluß an de Boor, aaO., auch Münzel, S. 136 f. (Fußn. 6). - Vgl. im übrigen Goldschmidt, Neue ZPO, Anhang 4, § 7 EntlVO Anm. 2 (a.E.); Fenn, Anschlußbeschwerde, S. 114.
3) De Boor, aaO.; Lay, aaO.
4) Goldschmidt, Neue ZPO, Anhang 4, § 7 EntlVO Anm. 2 u. 6.
5) Siehe unten S. 201 ff., 205, 213 f.

über die Widerruflichkeit des Einverständnisses können daher dieselben Gesichtspunkte von Gewicht sein, die auch für das Problem, wann der Verhandlungsschluß im Verfahren omV eintritt, eine Rolle spielen. Trotz der inneren Beziehungen kann jedoch der Nachweis, daß die Bindung an das Einverständnis und die Beendigung der Verhandlung zu einem späteren Zeitpunkt als dem der Einverständniserklärung nicht miteinander in Einklang zu bringen seien, nicht erbracht werden. Vielmehr untersteht jedes Problem seinen eigenen Rechtsgrundsätzen. Im äußersten Fall kann die Entscheidung über den Widerruf für die Frage des Verhandlungsschlusses einen Gesichtspunkt unter vielen bilden und umgekehrt. Selbst wenn man der Ansicht ist, daß das Verfahren nicht mit dem Eingang der Einverständniserklärungen endet [1], kann daraus nicht zwingend die Notwendigkeit eines freien Widerrufs geschlossen werden. Vielmehr sprechen, wie gezeigt, gewichtige Gründe gegen die Widerruflichkeit des Einverständnisses. Daher kann weder nach der einen noch nach der anderen Seite aufgrund der behaupteten Abhängigkeit ein Ergebnis gefunden werden.

Endlich läßt sich aus dem Gesetzeswortlaut des § 128 II nichts für eine Widerruflichkeit des Einverständnisses herleiten. Der Wortlaut des § 128 II nämlich wird von einer weit verbreiteten Ansicht dazu bemüht, eine Widerrufsmöglichkeit zu begründen. Danach ergebe sich aus der in § 128 II gewählten Formulierung "mit Einverständnis", daß das Gesetz einen Zustand des "Einverstandenseins" voraussetze. Dieser geistige Zustand [2] offenbare sich in einer einfachen Mitteilung der Parteien an das Gericht. Ein "Einverständnis" im Sinne des § 128 II sei daher nicht mehr gegeben, wenn dieser geistige Zustand der Übereinstimmung im Augenblick der Entscheidung nicht mehr vorliege. Letzteres sei der

---

1) Siehe dazu unten S. 208 ff.
2) Sonnen, Das neue ZPrR, S. 38: "Seelischer Dauerzustand."

Fall, wenn eine Partei ihre Erklärung widerrufen habe [1].

Diese Auslegung des Gesetzeswortlautes führt zu erheblichen Rechtsunsicherheiten. Sie widerspricht auch dem Gesetz. Was das Letztere angeht, so soll hier der zwar nicht alltägliche, aber doch immerhin denkbare Fall betrachtet werden, daß zwischen dem Verhandlungsschluß und der Fällung der Entscheidung der Tod oder die Prozeßunfähigkeit einer Partei eintritt. Die oben genannte Auslegung des Gesetzeswortlautes des § 128 II hätte zur Folge, daß eine Entscheidung omV nicht ergehen könnte. Eine dessen ungeachtet ergehende Entscheidung wäre fehlerhaft, da im Augenblick derselben der Zustand des Einverständnisses nicht mehr gegeben wäre. Dieses Ergebnis steht jedoch ersichtlich nicht mit dem Gedanken des § 249 III im Einklang, demgemäß die Verkündung erfolgen "muß", auch wenn dem Gericht die Unterbrechung, hier der Tod (§ 239 I) oder die Prozeßunfähigkeit der Partei (§ 241 I) bekannt ist [2].

Darüber hinaus würde die dargetane Auslegung des § 128 II zu erheblichen praktischen Schwierigkeiten führen. Führt man nämlich die Ansicht, daß das Einverständnis ein geistiger Zustand sei, der noch im Augenblick der Entscheidung vorliegen müsse, konsequent durch, so bedeute dies, daß ungeachtet einer entsprechenden Erklärung eine Entscheidung im Verfahren omV nicht ergehen könnte, wenn tatsächlich - aus welchen Gründen auch immer - ein Einverstandensein der Parteien im Zeitpunkt des Erlasses der Entscheidung nicht mehr gegeben ist. Wegen der Ungewißheit des geistigen Zustandes könnte der Richter praktisch niemals davon ausgehen, daß das Einverständnis noch vorliegt, auch wenn die Parteien ihre ehemalige Erklärung nicht widerrufen haben. Vielmehr müßte der Richter unmittelbar vor dem beabsichtig-

---

1) In diesem Sinne BAG, NJW 1962, 509; Seuffert-Walsmann, Anhang zu § 128, Anm. 2 zu § 7 EntlVO; Volkmar, BeschlVO, § 23 a EntlVO Anm. 1; ders., JW 1924, 17; Sonnen, Das neue ZPrR, S. 38; Stein-Juncker, § 72 A V 2 (S. 214); Cremer, S. 73 f.; Wach, DJZ 1924, 251.
2) Vgl. auch Bötticher bei AP Nr. 2 zu § 128 ZPO.

ten Erlaß einer Entscheidung die Parteien auffordern, sich darüber zu erklären, ob sie mit einem Verfahren omV n o c h einverstanden seien. Selbst dann wären aber, weil der geistige Zustand des Einverstandenseins nicht hervortritt, nicht sämtliche Unsicherheiten für eine Entscheidung im Verfahren omV beseitigt. Schließlich könnte eine Partei zwischen ihrer positiven Erklärung auf die Aufforderung des Gerichts, ob sie noch einverstanden sei, und der daraufhin im Verfahren omV ergehenden Entscheidung plötzlich doch wieder anderen Sinnes werden mit der Folge, daß das Verfahren omV mangels Einverständnisses der Parteien unzulässig wäre. Diese Unzuträglichkeiten sprechen ganz entschieden gegen die Ansicht von dem "Einverständnis" als geistigen Zustand.

Endlich würde auch das Problem auftauchen, wie verfahren werden soll, wenn die Parteien plötzlich nach Erlaß einer im Verfahren omV ergangenen Entscheidung behaupteten, daß sie im Augenblick des Erlasses nicht mehr einverstanden gewesen seien. Sollte diese Einlassung mangels rechtzeitiger Erklärung unbeachtlich sein, obwohl der angeblich vom Gesetz gewollte Zustand möglicherweise nicht mehr vorlag oder wäre das Verfahren mit dem Mangel eines fehlenden Einverständnisses behaftet? Diese Auswirkungen zeigen mit hinreichender Deutlichkeit, daß die dargelegte Auffassung praktisch unbrauchbar ist. Sie läßt einen sicheren und klaren Verfahrensgang vermissen.

Nach richtiger Ansicht handelt es sich daher bei dem "Einverständndis" der Parteien im Sinne des § 128 II nicht um die Fortdauer eines geistigen Zustandes, sondern um das Ergebnis prozessualer Erklärungen [1]. Auch dem Wortlaut des Gesetzes läßt sich nicht entnehmen, daß die Formulierung in § 128 II "mit Einverständnis" zwingend auf das Bestehen eines geistigen Zustandes hindeutet [2]. Sie gibt nicht einmal

1) Zutreffend Reinberger, Recht 1924, 76. Ebenso im Ergebnis Goldschmidt, Neue ZPO, Anhang 4, § 7 EntlVO Anm. 2; ders., Prozeß, S. 459 Fußn. 2433 a; de Boor, Entsch.nLdA., S. 25 f.; Münzel, S. 136; Kann, JW 1924, 451. Siehe ferner oben S. 48.

2) BGH, NJW 1962, 1819.

einen sicheren Anhaltspunkt für diese Deutung des Gesetzestextes [1].

Etwas anderes ergibt sich auch nicht aus den unterschiedlichen Formulierungen in § 128 II entsprechenden Vorschriften anderer Verfahrensordnungen. Während die §§ 124 II SGG, 90 II FGO ebenfalls von einem "Einverständnis" sprechen, hat der Gesetzgeber dagegen in den §§ 101 VwGO, 35 II BVerwGG, 25 I BVerfGG, 32 MRVO Nr. 165 und 80 prLVG den Ausdruck "Verzicht" gewählt. Unter Hinweis auf diesen Unterschied im Wortlaut der Gesetze hat das OVG Münster [2] dem § 32 MRVO Nr. 165 entnommen, daß es sich dort im Gegensatz zu dem dauernden "Einverständnis" des § 128 II um einen einmaligen Erklärungsakt handele. Diese Wortinterpretation entbehrt aber jeder sachlichen Grundlage. In Wahrheit besteht zwischen einem Verzicht auf mV und einem Einverständnis mit schriftlicher Entscheidung [3] kein Unterschied [4]. In dem einen wie in dem anderen Fall handelt es sich um eine Verzichtserklärung unabhängig davon, ob die Parteien ausdrücklich die Formulierung "verzichten" oder "einverstandensein" gebrauchen. Hier wie dort liegt den Erklärungen das mit dem Verfahren omV angestrebte Ziel zugrunde, daß die Parteien und das Gericht Gelegenheit erhalten sollen, auf die Einhaltung bzw. Durchführung der strengen Mündlichkeit zu verzichten, soweit sie diese für entbehrlich halten [5]. Somit ergeben sich aus den teilweise verschiedenen Formulierungen anderer Verfahrensordnungen, die entsprechend dem § 128 II ein Verfahren omV im Einvernehmen mit den Parteien regeln, keine Anhaltspunkte für die Frage, ob es sich bei dem Einverständnis im Sinne des § 128 II um einen Zustand oder um das Ergebnis prozes-

---

1) Ebenso im Ergebnis OLG Hamburg, NJW 1954, 516.
2) VwRspr. 4, 864 (Nr. 188).
3) So das OVG Münster, aaO.
4) Zutreffend Müller, DVBl. 1960, 100.
5) Die amtlichen Begründungen zu den neueren Verfahrensordnungen, so z.B. die zur FGO bei § 87 des Entwurfs (Anlage 1, S. 54 der Drucksache IV/1446 des Deutschen Bundestages) und zu § 102 des Entwurfes einer VwGO (Anlage 1, S. 44 der Drucksache IV/4278 des Deutschen Bundestages) enthalten keinen Hinweis, was die Formulierungen insoweit angeht.

sualer Erklärungen handelt. Es zeigt sich vielmehr, daß der Wortlaut des Gesetzes zumindest mehrdeutig ist. Es ist daher verfehlt, eine Wortinterpretation zur Grundlage rechtlich so schwerwiegender Folgerungen - hier: Widerruf - zu machen [1].

Demgegenüber überzeugen die Gründe des BAG [2] nicht. Dieses erkennt in seiner Argumentation zunächst an, daß eine prozessuale Erklärung bezogen auf das Einverständnis unentbehrlich sei. Mangels eines Widerrufes bestehe der durch diese Erklärung geschaffene Zustand fort. Wenn also die Parteien nicht (mehr) einverstanden sind, so würde dies auch nach Auffassung des BAG eine Erklärung voraussetzen. Das BAG bleibt demnach bei seiner Untersuchung auf halbem Wege stehen, indem es weder den Charakter der Widerrufserklärung, noch deren actus contrarius, der zu dem Zustand des "Einverstandenseins" geführt haben soll, näher betrachtet. Dies war aber nach Lage der Dinge geboten. Damit wäre auch das BAG auf die gleiche Problematik gestoßen, wie sie der Auffassung von dem Einverständnis als prozessuale Erklärung begegnet. Die Konstruktion eines Zustandes, wie sie das BAG vertritt, löst daher das Problem des Widerrufes eigentlich überhaupt nicht, weil sie die Frage der Herstellung und Beseitigung dieses Zustandes offen läßt. Letzteres stellt doch aber den eigentlichen Kern der Problematik dar.

Zusammenfassend ist somit festzustellen, daß kein Argument die grundsätzliche Unwiderruflichkeit des Einverständnisses als prozeßgestaltende Parteihandlung zu erschüttern vermag. Im Gegenteil hat sich gezeigt, daß gewichtige Verfahrensgrundsätze im Zusammenhang mit dem Sinn und Zweck des Verfahrens omV eben die Unwiderruflichkeit des Einverständ-

---

1) So mit Recht BGH, NJW 1962, 1819.
2) BAG 12, 56 ff. = NJW, 1962, 509 f.

nisses gebieten [1)2)].

---

1) Im Ergebnis für die grundsätzliche Unwiderruflichkeit, siehe BGHZ 28, 278 ff.; BGH, NJW 1962, 1819; NJW 1970, 1458; BSG, NJW 1966, 904; inzwischen auch das BAG, unter Aufgabe seiner früheren Ansicht, vgl. BGH, NJW 1970, 1458; weiter OLG München, MDR 1957, 234 (Nr. 30); OLG Hamburg, NJW 1954, 516; Baumbach-Lauterbach, § 128 Anm. 5 C; Stein-Jonas-Pohle, § 128 Anm. IX 3; Goldschmidt, Neue ZPO, Anhang 4, § 7 EntlVO Anm. 2; Förster-Kann, § 7 EntlBek. Anm. 1 c; Lauterbach, BRAGO § 35 Anm. 2 C; Thomas-Putzo, § 128 Anm. III 2; Warneyer, Kriegsgesetze, § 23 EntlVO Anm. II 2; Zöller-Stephan, § 128 Anm. B II; Bernhardt, § 46 (S. 273); Blomeyer, ZPR, § 56 I 1 (S. 271); Goldschmidt, Zivilprozeßrecht, § 57, 2 (S. 182); Kann, ZPO, § 7 EntlBek. Anm. 1 c (unter Aufgabe seiner älteren Ansicht von der Lehre des Einverständnisses "rebus sic stantibus"); Lent-Jauernig, § 70 (S. 204); Nikisch, § 78 II 4 (S. 308); Rosenberg-Schwab, § 110 III 3 c (S. 546); Schönke-Kuchinke, § 8 IV 5 (S. 39); Fenn, Anschlußbeschwerde, S. 114; Siegert, S. 113; Blomeyer, Beiträge, S. 485; Späth, S. 273; Bötticher, MDR 1959, 567 f.; Heilberg, JW 1915, 1517; Delius, Recht 1924, 101; Müller, DVBl. 1960, 100; Reinberger, Recht 1924, 76; Siegel, BayRpflZ 1926, 386. Ein Teil der vorstehend Genannten treten aber für einen Widerruf bei veränderter Prozeßlage ein; vgl. dazu näher unten S.130 ff.
Dagegen sind für eine freie Widerruflichkeit: BAGE 12, 56 ff. (siehe aber BGH, NJW 1970, 1458); OLG Nürnberg, JW 1929, 872 f.; KG, JW 1932, 1981; OLG München, HRR 1938 Nr. 696; Lucas, § 23 a Anm. 5; Sydow-Busch-Krantz-Triebel, Anhang I, § 7 EntlBek. Anm. 2; Seuffert-Walsmann, Anhang zu § 128,Anm. 2 zu § 7 EntlVO; Wieczorek, § 128 J II c 5; Stein-Juncker,§ 72 A V 2 (S. 214); Grunsky, S. 189 f.; Hellwig, System, S. 426; Sonnen, Das neue ZPrR, S. 38; de Boor, Entsch.nLdA., S. 271;ders., Rechtsstreit, S. 115; Cremer, S. 73; Ehlert, S. 29; Jauernig, Zivilurteil, S. 70 Fußn. 81; Münzel, S. 136 f.; Paeffgen, S. 30; Prüll, S. 35; Stürmer, S. 35; Burkhardt, MDR 1957, 389; Frankenburger, JW 1933, 516; Heinsheimer, JW 1915, 1384; von Marth, LZ 1932, 794; Pollak, Judicium 1931, 299; Püschel, JR 1925, 896; Volkmar, JW 1924, 17; ders., LZ 1924, 254; Wach, DJZ 1924, 251.
Vgl. auch die Ansichten zu dieser Frage in bezug auf die entsprechenden Bestimmungen in anderen Verfahrensordnungen; hier ist nach ganz hM. die Zustimmungserklärung zu einem Verfahren omV unwiderruflich; so BVerfGE 9, 73 (76); BFH, BB 1971, 990; BVerwG, DÖV 1956, 411 ; DÖV 1957, 461; DÖV 1964, 569; BayVerfGH, DÖV 1950, 723; HessVGH, VwRSpr. 4, 516 (522); OVG Münster, DVBl. 1952, 414; Eyermann-Fröhler, § 101 Rdn. 3; Klinger, § 101 D a; Köhler, § 101 Anm. IV 7; Schunck-de Clerk, § 101 Anm. 2 b; Redeker-von Oertzen, § 101 Anm. 3; Görg-Müller, § 90 Anm. 3; Ziemer-Birkholz, § 90 Rdn. 12.

2) Eine einzige Ausnahme bildet der Wiederaufnahmegrund, vgl. hierzu unten S. 140 f.

3. Der Zeitpunkt des Eintritts der Unwiderruflichkeit

Ist das Einverständnis gemäß § 128 II unwiderruflich [1], so erhebt sich die Frage, in welchem Augenblick die Erklärungen für die Parteien bindend werden [2].

Die einzelne Einverständniserklärung wird an sich aufgrund ihres Rechtscharakters als eine einseitige, dem Gericht gegenüber abzugebende Prozeßhandlung [3] mit dem Zugang bei Gericht erheblich [4] und damit bindend [5]. Es hatte sich nun aber gezeigt, daß sich die einseitigen Einverständniserklärungen zu einem sog. Gesamtakt zusammenfügen [6]. Zwar ändert sich damit nichts an dem Wesen jeder einzelnen Erklärung. Sie bleiben Prozeßhandlung und unterliegen daher wie jede andere einseitige Prozeßhandlung deren Regeln [7]. Gleichwohl ergibt sich aus dem Charakter des Gesamtaktes eine Besonderheit. Der mit den einverständlichen Parteierklärungen erstrebte Gestaltungserfolg, der darauf gerichtet ist, den Prozeß in ein Verfahren mit fakultativer Schriftlichkeit [8] überzuleiten, wird nämlich tatsächlich erst erreicht, wenn a l l e Parteien [9] zugestimmt haben. Erst in diesem Augenblick des Zusammentreffens aller Erklärungen in der Person des Gerichts entsteht die insoweit notwendige prozessuale Grundlage für ein Verfahren omV. Nunmehr kann das Gericht im Rahmen seines Ermessens den Übergang zu einem Verfahren ohne Mündlichkeit durch seine Entschließung vollziehen. Die prozessuale Gestaltungswirkung, die die Ursache für die Unwiderruflichkeit des Einverständnisses bildet, tritt demnach erst mit

---

1) Zu der Ausnahme bei Vorliegen eines Wiederaufnahmegrundes siehe unten S. 140 f.; zur Frage von Ausnahmen von der Unwiderruflichkeit überhaupt siehe unten S. 130 ff.
2) Die Auffassung von der - wenn auch nur beschränkten - Widerruflichkeit des Einverständnisses sieht sich hier erheblichen Schwierigkeiten im Hinblick auf die Frage des Verhandlungsschlusses gegenüber; vgl. Bötticher, MDR 1959, 567.
3) Siehe oben S. 47 f.
4) Stein-Jonas-Pohle, vor § 128 Anm. XI 3 e; Rosenberg-Schwab, § 65 II 2 b (S. 310).
5) Stein-Jonas-Pohle, aaO.
6) Siehe oben S. 48 f.
7) Stein-Jonas-Pohle, vor § 128 Anm. XI 4.
8) Zu diesem Begriff siehe oben S. 44 Fußn. 1.
9) Siehe oben S. 49 ff.

Eingang der letzten Einverständniserklärung der Parteien bei Gericht ein. Es besteht folgerichtig auch kein Bedürfnis, die einzelnen Einverständniserklärungen bereits mit ihrer Erheblichkeit als solcher im Anschluß an den Eingang bei Gericht bindend werden zu lassen. Denn bei dieser Prozeßlage können die Parteiinteressen durchaus noch berücksichtigt werden, ohne daß dadurch überwiegende Allgemeininteressen verletzt würden. Darüber hinaus ist es auch im Hinblick auf die Gleichbehandlung der Parteien gerecht, die Bindung an ihr Einverständnis in einem einzigen Augenblick für alle Parteien gleichzeitig eintreten zu lassen. Insoweit ist der Eingang der letzten aller erforderlichen Erklärungen maßgebend für den Zeitpunkt der Ungewißheit sämtlicher Einverständniserklärungen. Erst in diesem Moment ist mit Wirkung für und gegen alle Parteien diejenige Prozeßlage entstanden, die den Widerruf des Einverständnisses nach den oben angestel lten Erwägungen verbietet [1].

## III. Der Widerruf bei Veränderung der Umstände

Ungeachtet der durchgreifenden Gründe für eine Unwiderruflichkeit des Einverständnisses bleibt der weittragende Verzicht der Parteien auf grundlegende Verfahrensprinzipien zu berücksichtigen. Dieser könnte in ganz bestimmten Verfahrenslagen ein beachtliches Interesse der Parteien an der Rückgängigmachung des Einverständnisses und Wiedereröffnung der Mündlichkeit der Verhandlung begründen.

Sieht man einmal von der gerichtlichen Ermessensentschei-

---

1) Im Ergebnis ebenso Baumbach-Lauterbach, § 128 Anm. 5 C; Goldschmidt, Neue ZPO, Anhang 4, § 7 EntlVO Anm. 2; Stein-Jonas-Pohle, § 128 Anm. IX 3; Rosenberg-Schwab, § 110 III 3 c (S. 546); Grunsky, S. 189; Reinberger, Recht 1924, 76.
Ebenso für den Verwaltungsgerichtsprozeß BVerwG, DÖV 1956, 411; Klinger, § 101 Anm. D a; Schunck-de Clerk, § 101 Anm. 2 b; anders dagegen Eyermann-Fröhler, § 101 Rdn. 3; Redeker-von Oertzen, § 101 Rdn. 6.

dung als ausgleichendes Element in dieser Beziehung ab [1], demgemäß das Gericht trotz des Einverständnisses eine mV anberaumen könnte, so hätten die Parteien jedoch keinen Anspruch auf eine Verhandlung in mündlicher Form, solange das Einverständnis Bestand hat. Die damit verbundenen Nachteile könnten für die Parteien bisweilen recht erheblich sein. Das gilt insbesondere dann, wenn der Prozeß nach Abgabe der Einverständniserklärungen eine zu diesem Zeitpunkt noch nicht voraussehbare Entwicklung nimmt. In diesen Fällen könnte das Interesse der Parteien an einem mündlichen, öffentlichen und unmittelbaren Verfahren wieder aufleben, weil die Grundlage der Einverständniserklärungen sich wesentlich verändert hat. Angesichts dieser berechtigten Parteiinteressen könnte man eine beschränkte Widerrufsmöglichkeit, d.h. die Beachtlichkeit eines Widerrufs in einigen bestimmten Ausnahmefällen in Erwägung ziehen. In dieser Hinsicht haben sich verschiedene Rechtsauffassungen herausgebildet, die unter bestimmten Voraussetzungen dem Parteiwillen Rechnung tragen wollen. Nach der wohl insoweit herrschenden Ansicht sollen die Parteien an das Einverständnis nicht gebunden sein, wenn sich die Prozeßlage wesentlich geändert habe [2] oder ein "wichtiger Grund" vorliege [3]. Zumindest müsse der Widerruf begründet sein [4]. Endlich solle der Grundsatz von Treu und Glauben den für die Zulässigkeit des Widerrufs ent-

---

1) Siehe unten S. 157 und oben S. 118 ff., 120.
2) BGHZ 11, 27 (32); OLG Celle, MDR 1954, 302 (Nr. 275); Goldschmidt, Neue ZPO, Anhang 4, § 7 EntlVO Anm. 2; Stein-Jonas-Pohle, § 128 Anm. IX 3; Zöller-Stephan, § 128 B II (2.Abs.); Bernhardt, § 46 (S. 273); Blomeyer, ZPR, § 56 I 1 (S. 271); Schönke-Schröder-Niese, § 81 III 2 (S. 366); Rosenberg, LB, § 108 II 1 c (S. 526); Arens, S. 50; Fenn, Anschlußbeschwerde, S. 113 ff.; Samter, Güteverfahren, S. 61; Bendix, JW 1924, 393 Fußn. 3; Blomeyer, Referate, S. 485; Fischer, JW 1928, 2156; Reinberger, Recht 1924, 77; Pohle, AP Nr. 11 zu § 72 ArbGG 1953 (Streitwertrevision). - Dahingestellt von BGHZ 28, 285; BVerfGE 9, 73 (76).
3) Schönke-Kuchinke, § 8 II 5 a (S. 39).
4) OLG München, MDR 1957, 235.

scheidenden Gesichtspunkt bilden [1]. Demgegenüber hält eine Mindermeinung an der uneingeschränkten Unwiderruflichkeit auch unter veränderten Umständen fest [2]. Dieser letzteren Auffassung ist der Vorzug zu geben.

Gegen die Widerruflichkeit des Einverständnisses auch unter den genannten Voraussetzungen bestehen gewichtige Bedenken. Die Problematik stellt sich nämlich in diesen Fällen nicht anders dar, als bei der Frage der Widerruflichkeit überhaupt. Es kann nicht geleugnet werden, daß die Parteien häufig ein beachtliches Interesse an einer Wiedereröffnung der Mündlichkeit der Verhandlung haben können. Dieselben Erwägungen jedoch, die zu der grundsätzlichen Unwiderruflichkeit des Einverständnisses geführt haben, lassen eine Einschränkung dieses Ergebnisses nicht zu. Das gilt auch für den Fall, daß sich die Verfahrenssituation im Verhältnis zu derjenigen im Augenblick der Einverständniserklärungen verändert, selbst wenn diese Entwicklung unvorhersehbar war und das Maß der betreffenden Veränderung erheblich ist. Denn unbedingter Grundsatz des Prozeßrechts ist die Schaffung und Erhaltung einer sicheren Verfahrensgrundlage [3]. Dieses Erfordernis würde preisgegeben, wenn man den Verfahrensgang in seiner rechtlichen Grundlage mit Be griffen wie "wesentliche Änderung der Prozeßlage", "wichtiger Grund" oder "Treu und Glauben" belastete. Gelänge es allerdings, mit fest umrissenen Begriffen eine sichere Basis für das Verfahren zu schaffen, von der aus das Widerrufsbedürfnis der Parteien im Einzelfall dem hauptsächlichen Gegengewicht der Rechtssicherheit standhalten könnte, bestünden gegen die Zulässigkeit eines Widerrufs insoweit keine Bedenken. Indessen erfüllt keiner der genannten Begriffe diese Anforderungen. In keinem Falle ist eine zuverlässige Abgrenzung im tatsächlichen Bereich des Einzelfalls möglich. Es handelt sich vielmehr jeweils um allgemeine

---

1) Burkhardt, MDR 1957, 389; Johannsen, LM Nr. 2 zu § 128 ZPO.
2) Rosenberg-Schwab, § 110 III 3 c (S. 546); Bötticher, MDR 1959, 566; Müller, DVBl. 1970, 100.
3) Vgl. oben S. 111, 113.

Zumutbarkeitserwägungen. Diese führen zu Unsicherheiten, die im Hinblick auf den Zweck des Verfahrens [1] die Unwiderruflichkeit des Einverständnisses auch unter veränderten Umständen gebieten.

Was zunächst im einzelnen den Widerruf aus "wichtigem Grund" betrifft, so sind die erheblichen Schwierigkeiten, saubere Abgrenzungskriterien zu finden, aus anderen Rechtsgebieten (Arbeitsrecht, Mietrecht etc.) hinreichend bekannt. Diese würden im Prozeßrecht keine anderen sein. Die Frage nämlich, ob das Festhalten der Parteien an dem Einverständnis unter besonderen Umständen zumutbar [2] erscheint, würde unter so mannigfaltigen Gesichtspunkten zu prüfen sein, daß eine Grenze weder nach der einen noch nach der anderen Seite gezogen werden könnte. Diese Situation steht einer freien Widerruflichkeit des Einverständnisses mit den damit verbundenen Verfahrensunsicherheiten nahezu gleich. Ein Widerruf "aus wichtigem Grunde" ist daher abzulehnen.

Entsprechendes gilt von der Ansicht der Zulässigkeit eines Widerrufes unter der Voraussetzung, daß dieser begründet würde [3]. Ein bloßer Begründungszwang kann aus den gleichen Erwägungen wie hinsichtlich des wichtigen Grundes nicht den prozessualen Bedürfnissen genügen, die an das Einverständnis geknüpft sind.

Nicht anders verhält es sich mit dem - auch im Zivilprozeß geltenden [4] - Grundsatz von Treu und Glauben. Auch dieses Kriterium vermag die gegen die Rechtsunsicherheit bestehenden Bedenken [5] nicht auszuräumen. Eine sichere

---

1) Siehe oben S. 114 ff.
2) Die Zumutbarkeit allgemein ist ein auch im Zivilprozeß beachtlicher Gesichtspunkt; vgl. Staudinger-Weber, § 242 Rdn. B 672.
3) OLG München, MDR 1957, 235.
4) Das ist heute hM.; siehe RGZ 102, 217 (222); 154, 299 (303); 151, 350 (369); BGH, JZ 1953, 153; BGHZ 20, 198 (206); 31, 77 (83); BAG, NJW 1969, 110; Baumbach-Lauterbach, Einl. III 6; Stein-Jonas-Pohle, Einl. E II 2; Blomeyer, ZPR, § 30 IX (S. 148 f.); Nikisch, § 53 III 1 (S. 204); Rosenberg-Schwab, § 2 IV (S. 8 f.); de Boor, Rechtsstreit, S. 32; Schiedermair, S. 146 Fußn. 23; eingehend Baumgärtel, ZZP 69, 90 ff. (m.w.Nachw.).
5) Siehe oben S. 116 f.

Abgrenzung der Fälle eines zulässigen Widerrufs unter dem Gesichtspunkt von Treu und Glauben ist schlechthin ausgeschlossen. Damit wäre dem Verfahren omV der beständige Boden in jedem Falle entzogen [1]. Der Grundsatz von Treu und Glauben verträgt sich nicht mit der Eigenart des Verfahrens omV [2] und kann daher insoweit keine Berücksichtigung finden.

Scheiden somit die erwähnten allgemeinen Rechtsbegriffe als besonderer Grund für die Widerruflichkeit in besonderen Fällen aus, könnte allenfalls der im Hinblick auf das Prozeßrecht konkretisierte Begriff der "wesentlichen Veränderung der Prozeßlage" den besonderen Anforderungen für eine Widerrufsmöglichkeit des Einverständisses standhalten. Bei genauer Betrachtung erfüllt aber die praktische Anwendung auch dieses Begriffes die Erwartungen nicht. Das zeigt bereits eine Reihe von Entscheidungen, die auf der Grundlage der betreffenden Rechtsprechung des Bundesgerichtshofes insoweit verschiedene verfahrensrechtliche Vorgänge unter dem Gesichtspunkt der wesentlich veränderten Prozeßlage untersucht haben. Demgemäß könne man eine entsprechende Veränderung z.B. in einer Klageänderung, Klageerweiterung oder Aufnahme des Rechtsstreites durch eine andere Person sehen [3]. Dagegen werden beispielsweise dem Bekanntwerden einer ausländischen Gerichtsentscheidung [4] und dem Antrag auf Ruhen des Verfahrens bzw. dessen Anordnung [5] nicht der Charakter einer wesentlichen, die Prozeßlage verändernden Eigenschaft zuerkannt. Diese angeführten Beispiele sind aber in ihrem Ergebnis nicht zwingend. Eine allgemeine Geltung in diesem Sinne scheidet wegen der besonderen Interessen der Parteien im Hinblick auf die jeweilige Prozeßlage aus. Denn es ist doch z.B. denkbar, daß das Bekanntwerden einer ausländischen Gerichtsentscheidung von wesentlich größerer Bedeutung sein kann, als eine geringfügige Klage-

---

1) So zutreffend BGHZ 28, 278 (285).
2) Vgl. Staudinger-Weber, § 242 Rdn. A 58 (2. Abs.).
3) So BGHZ 11, 27 (31 ff.).
4) BVerfGE 9, 73 (76).
5) BGHZ 28, 278 ff. = ZZP 72, 243 (248), insoweit in BGHZ aaO. nicht abgedruckt.

änderung. Wird weiterhin nach Abgabe des Einverständnisses beispielsweise von der verklagten Partei Widerklage erhoben, dürfte regelmäßig die Rückkehr zum mündlichen Verfahren wegen wesentlicher Veränderung der Prozeßlage angebracht sein [1]. Aber auch das ist nicht in jedem Falle bindend. Vielmehr kann jedes Parteiverhalten im Rahmen der Entwicklung des bestimmten Prozesses erwartungsgemäß sein, wenn etwa die Widerklageerhebung bereits angekündigt oder ganz offensichtlich war. Diese Erwartung könnte sogar bereits Grundlage des Einverständnisses gewesen sein.

Für das Tatbestandsmerkmal der "wesentlichen Veränderung der Prozeßlage", die den Widerruf des Einverständnisses begründen soll, kommt es daher, wie die angeführten Beispiele zeigen, nicht entscheidend auf das tatsächliche Vorliegen einer bestimmten Art prozessualer Ereignisse, wie Klageänderung, Widerklageerhebung etc. an. Vielmehr sind gegebenenfalls immer die "gesamten" Umstände der Prozeßentwicklung zu berücksichtigen und in die Prüfung, ob diese Umstände höher zu bewerten sind als das Bedürfnis an einer sicheren Verfahrensgrundlage, einzubeziehen.

Dieses an wenigen Beispielen verdeutlichte Ergebnis zeigt, daß das Verfahren auf einem bei wesentlicher Veränderung der Prozeßlage widerruflichen Einverständnisses mit einer Unsicherheit belastet würde, deren Beurteilung im Einzelfalle niemals vorauszusehen wäre. Infolgedessen könnte der Richter in solchen Fällen, um nicht fehlerhafte oder sonst an einem Verfahrensmangel leidende Entscheidungen zu treffen, bei pflichtgemäßer Ermessensausübung diesen Mißständen nur begegnen, indem er zum mündlichen Verfahren zurückkehrte, wenn eine Partei irgendwie ihren Willen kundtäte, aus bestimmten Gründen nicht mehr an ihrem Einverständnis festhalten zu wollen. Das bedeutete gleichsam die freie Widerruflichkeit des Einverständnisses.

Aus den angeführten Gründen gibt es keinen Mittelweg zwischen

---

1) Vgl. OLG Celle, MDR 1954, 302 (Nr. 275).

der Widerruflichkeit oder Unwiderruflichkeit der Einverständniserklärungen gemäß § 128 II. Die Entscheidung dieses Problems kann nur "entweder - oder" heißen [1].

Lassen bereits allgemeine Grundsätze des Verfahrensrechts eine Einschränkung der Unwiderruflichkeit auch unter den genannten veränderten Bedingungen nicht zu, so ergibt sich die Unzulässigkeit im übrigen auch insoweit aus dem Sinn des Verfahrens omV im besonderen. Das dem Gericht eingeräumte Ermessen zeigt nämlich, daß der Gesetzgeber jede Unsicherheit des Verfahrensablaufes ausschalten wollte, indem er die endgültige Wahl der Verfahrensform der Parteiherrschaft entzog. Wenn demnach die Parteien sich mit einer Entscheidung omV einverstanden erklärt haben, so geben sie gleichzeitig zu erkennen, daß das Gericht unter Berücksichtigung ihrer Parteiinteressen das richtige Verfahren auch für den Fall wählen möchte, daß sich die Prozeßlage wesentlich ändern sollte [2]. Die Parteien ordnen sich daher auch insoweit mit der Abgabe der Einverständniserklärungen dem Ermessen des Gerichts unter. Die Gefahr aber, auch an das Verfahren gebunden zu sein, falls eine bedeutende Änderung der Verfahrenslage eintreten sollte, tragen die Parteien selbst. Das Verfahren omV tritt unbedingt an die Stellte des mündlichen. Zwar wirken die Parteien an dem Zustandekommen dieses Verfahrens mit, indem sie durch ihr Einverständnis eine fakultative Schriftlichkeit [3] begründen. Darin erschöpft sich aber auch die Möglichkeit der Parteien, den Gang des Verfahrens in dieser Beziehung weiterhin maßgebend zu beeinflussen. Diese Befugnis steht nunmehr - ebenso wie bei einem gesetzlich fakultativ-mündlichen Verfahren - allein dem Gericht [4] zu.

---

1) Ebenso Bötticher, MDR 1959, 566.
2) Zutreffend Rosenberg-Schwab, § 110 III 3 c (S. 546); ähnlich Nikisch, § 78 II 4 (S. 308).
3) Zum Begriff siehe oben S. 44 Fußn. 1.
4) Rosenberg-Schwab, aaO.; Bötticher, aaO.. Anders dagegen Stein-Jonas-Pohle, § 128 Anm. IX 3 und Fenn, SAE 1962, 167, die auch den Parteien eine entsprechende Möglichkeit der Einflußnahme zugestehen wollen.

Dagegen kann der Ansicht nicht gefolgt werden, daß den Parteien eine dem Gericht gleichwertige Einflußnahme zuzugestehen sei, wenn die wesentlichen Grundlagen der Einverständniserklärungen sich geändert hätten [1]. Die Unrichtigkeit dieser Meinung wird offenkundig, wenn man die unterschiedliche Stellung der Prozeßrechtssubjekte und deren Funktion im Prozeß betrachtet. So genießt insbesondere die Prozeßleitung des Gerichts dann den Vorrang vor der möglichen Einwirkung der Parteien auf den Verfahrensgang, wenn, wie bereits mehrfach gezeigt, die von dem Gericht in diesem Rahmen vertretenen öffentlichen Interessen die privaten Belange der Parteien überwiegen. Das ist aber gerade, wie ebenfalls erörtert, bei der Frage der Widerruflichkeit des Einverständnisses der Fall und ergibt sich im übrigen aus dem dem Gericht vom Gesetz eingeräumten Ermessen.

Zivilrechtliche Gesichtspunkte schließlich, wie etwa der Wegfall der Geschäftsgrundlage [2] und der Grundsatz von der "clausula rebus sic stantibus" [3][4] sind ebenfalls nicht ge-

---

1) So insbesondere Stein-Jonas-Pohle, aaO.
2) Stein-Jonas-Pohle, § 128 Anm. IX 3, hat offensichtlich dieses Rechtsinstitut im Auge.
3) Beide Prinzipien, sowohl die Lehre von der Geschäftsgrundlage als auch der Grundsatz der "clausula" sind heute infolge der erheblichen Ausdehnung des Begriffes der Geschäftsgrundlage weitgehend vermischt; siehe Staudinger-Weber, § 242 Rdn. E 1.
4) So Kann, JW 1924, 284, mit der Folgerung, daß das Einverständnis bei Eingang eines neuen Schriftsatzes von selbst außer Kraft trete. Dagegen zutreffend und überzeugend de Boor, Entsch.nLdA., S. 27 Fußn. 30. Auch Volkmar, LZ 1924, 254, wendet sich gegen die Ansicht von Kann, jedoch nur insoweit, als mit Einreichung eines neuen Schriftsatzes das Einverständnis von selbst außer Kraft trete. Nach Volkmar, aaO., werde dem Gedanken Kann's, daß infolge der neuen Schriftsätze die Voraussetzungen, unter denen die Parteien ihr Einverständnis erklärt haben, fortgefallen sein könnte, durch die freie Widerruflichkeit des Einverständnisses Rechnung getragen. Ähnlich Baumbach-Lauterbach, § 128 Anm. 6 B, wenn er annimmt, daß bereits mit dem Einverständnis der Aktenschluß anzunehmen sei, weil "kein vernünftiger Mensch sein Einverständnis auf einen nicht vorliegenden Sachverhalt" beziehe. Diese Überlegung ist jedoch unzutreffend; siehe dazu näher unten S. 211 ff.

eignet, den Parteiinteressen an einer Rückkehr zum mündlichen Verfahren wegen veränderter prozessualer Umstände Rechnung zu tragen. Es ist überhaupt zu bezweifeln, ob diese materiell-rechtlichen Grundsätze außer in den gesetzlich vorgesehenen Fällen [1] auch im Prozeß Anwendung finden können [2]. Denn diese privatrechtlichen Prinzipien sind mit einem sicheren, klaren und einfachen Verfahrensablauf grundsätzlich nicht zu vereinbaren. Es bestehen daher schon insoweit erhebliche Bedenken, die im Ergebnis die Anwendung der genannten Rechtsgrundsätze auf das Einverständnis, insbesondere wegen dessen hervorragender Bedeutung für das Verfahren verbieten. Würde man dagegen annehmen, daß das Einverständnis nur unter den jeweiligen Umständen zu der Zeit, in der das Einverständnis erklärt wurde, bindend sein solle, dann käme dies einem freien Widerruf gleich [3]. Denn dieser wäre dann praktisch bei jeglicher auch nur geringen Veränderung der Prozeßlage zulässig [4]. Diese Folge widerspricht aber dem Sinn und Zweck des Verfahrens omV [5]. Daher scheidet eine Berücksichtigung der Parteiinteressen an einem Widerruf ihrer Einverständniserklärungen auch unter diesen Gesichtspunkten aus.

Zusammenfassend ergibt sich, daß ein Widerruf des Einverständnisses auch nicht ausnahmsweise zulässig ist,

---

1) So hinsichtlich der "clausula" insbesondere § 323. Weitere Fälle bei Staudinger-Weber, § 242 Rdn. E 772 ff.; Hengsbach, S. 12 ff.
2) Für eine ausdehnende Anwendung grundsätzlich Hengsbach, S. 29, jedoch beschränkt auf solche den gesetzlichen gleichgelagerte Fälle, aaO., S. 30 ff.
3) De Boor, Entsch.nLdA., S. 27 Fußn. 30.
4) Arens, S. 50, sieht in der Auffassung von der Widerruflichkeit bei wesentlicher Veränderung der Prozeßlage (BGHZ 11, 27 ff., u.a.,siehe oben S. 131 Fußn. 2 ) eine Anwendung des Grundsatzes der "clausula" im Prozeßrecht auf den besonderen Fall des Einverständnisses. Dies könnte man im Hinblick auf die Breite des Anwendungsbereiches des Begriffes von der "clausula" wohl so sehen, wenngleich der BGH, aaO., die Widerruflichkeit auf "wesentliche" Umstände beschränken will und somit einen erheblich engeren Begriff zugrundelegt, als es dem ursprünglichen Sinn von der "clausula" entspricht (vgl. Staudinger-Weber, § 242 Rdn. E 2).
5) Siehe dazu oben S. 114 ff.

wenn sich die prozessualen Umstände gegenüber denen zur Zeit der Abgabe der Erklärungen verändert haben [1)2)].

## IV. Der Widerruf im allseitigen Einvernehmen der Parteien

Es fragt sich, ob abweichend von dem Grundsatz der Unwiderruflichkeit die Rücknahme der Erklärung im Sinne des § 128 II zulässig ist, wenn auch die übrigen Parteien zustimmen.

Das Einverständnis ist, wie gezeigt [3)], seinem rechtlichen Charakter nach eine einseitige, dem Gericht gegenüber vorzunehmende Prozeßhandlung, nicht jedoch ein Prozeßvertrag. Die Parteien können daher auch nicht durch übereinstimmende Erklärungen die Wirksamkeit des allseitigen Einverständnisses (im Sinne einer Zusammenfassung aller entsprechenden Prozeßhandlungen) wieder beseitigen. Jede Einverständniserklärung für sich unterliegt vielmehr den allgemeinen Regeln über die Aufhebung von Prozeßhandlungen. Es ist insoweit auch kein Ausnahmefall anzunehmen [4)]. Selbst wenn man dem allseits übereinstimmenden Willen der Parteien eine

---

1) Ebenso im Ergebnis Rosenberg-Schwab, § 110 III 3 c (S. 546); Bötticher, MDR 1959, 566; Müller, DVBl. 1960, 100.
Im übrigen spricht auch einiges dafür, daß der 5. Zivilsenat des BGH (BGHZ 28, 278 (283)) entgegen der Auffassung des 6. Zivilsenats (BGHZ 11, 27 (32)) das Einverständnis auch im Falle der wesentlichen Veränderung der Prozeßlage für unwiderruflich halten würde. Der 5. Zivilsenat hat diese Frage zwar ausdrücklich dahinstehen lassen, hat aber beiläufig den rechtlichen Gesichtspunkt von "Treu und Glauben" (vgl. Johannsen, LM Nr. 2/3 zu § 128 ZPO) wegen der dadurch drohenden Unsicherheit für den Verfahrensgang als ungeeignet zurückgewiesen, das entscheidende Kriterium für die Widerruflichkeit des Einverständnisses zu bilden. Legt man dies zugrunde, so ist schwer ersichtlich, welche Gründe im Hinblick auf den ebenso dehnbaren Begriff der "wesentlichen Veränderung der Prozeßlage" zu einem anderen Ergebnis führen könnten.

2) Siehe auch die Auffassungen zu dem gleichen Problem im Verwaltungsprozeß; wie hier Eyermann-Fröhler, § 101 Rdn. 3; dagegen i.S. der hM. zu § 128 II (oben S. 131 Fußn. 2) Redeker-von Oertzen, § 101 Rdn. 4; Schunck-de Clerk, § 101 Anm. 2 b.

3) Siehe oben S. 47 f.

4) Ebenso Bötticher, MDR 1959, 567.

hervorragende Bedeutung zukommen ließe, rechtfertigt dies nicht die Abweichung von dem Grundsatz der Unwiderruflichkeit. Im Prozeß ist nun einmal, wie mehrfach betont, das Parteiinteresse nicht allein maßgebend. Zumindest ebenso wesentlich ist das öffentliche Interesse im Rahmen der Erfüllung der Rechtsschutzaufgabe. Diese Allgemeininteressen gehen im Falle des Einverständnisses dem Wunsche der Parteien, den Normalzustand eines mündlichen Verfahrens wieder herzustellen, vor.

Man könnte demgegenüber argumentieren, daß bei allseitigem Widerruf des Parteieinverständnisses dem Gericht kein Ermessen mehr zustehe [1]. Dies entspricht jedoch nicht der mit dem Einverständnis bewirkten Prozeßlage. Das Ermessen des Gerichts folgt aus § 128 II. Dieses setzt ein wirksames Einverständnis der Parteien voraus. Ergibt sich daher, daß die Erklärungen wirksam abgegeben sind und können diese nicht widerrufen werden, so nehmen die übereinstimmenden Widerrufserklärungen dem Ermessen nicht die Grundlage.

Zusammenfassend ergibt sich also, daß auch ein allseitiger Widerruf des Einverständnisses einer Entscheidung omV nicht entgegensteht [2].

## V. Der Widerruf bei Vorliegen eines Wiederaufnahmegrundes

Das Einverständnis ist entgegen dem Grundsatz von der Unwiderruflichkeit ausnahmsweise dann widerruflich, wenn die Voraussetzungen eines Wiederaufnahmegrundes gegeben sind. In diesem Fall könnten die Parteien die Wirkung des Urteils ohnehin mit der Restitutionsklage gemäß § 580 beseitigen.

---

1) Vgl. zu dem Umfang des richterlichen Ermessens gemäß § 128 II unten S. 155 ff.

2) In diesen Fällen dürfte regelmäßig Anlaß gegeben sein, daß das Gericht im Rahmen seiner Ermessensausübung dem Willen der Parteien Rechnung trägt und, soweit nicht besondere Umstände entgegenstehen, von einem Verfahren omV Abstand nimmt. Dies ändert hingegen nichts an der ggf. rechtlichen Unzulässigkeit des Widerrufes.

Darüber hinaus verpflichtet das Gesetz die Parteien durch § 582, den Restitutionsgrund bereits in dem anhängigen Verfahren geltend zu machen, wenn die betreffende Partei nicht gegebenenfalls in einem Wiederaufnahmeverfahren mit diesem Vorbringen als unbeachtlich zurückgewiesen werden will. Es wäre daher widersinnig und widerspräche der allgemeinen Prozeßwirtschaftlichkeit, an dem Bestand unwiderruflicher Prozeßhandlungen auch unter diesen Umständen festzuhalten [1].

Somit kann unter den besonderen hier in Betracht kommenden Fällen einer strafbaren Handlung des Gegners oder eines Prozeßvertreters (§ 580 Nr. 4) die grundsätzlich unwiderrufliche Einverständniserklärung zurückgenommen werden [2]. Der Wiederaufnahmegrund muß sich aber - zumindest auch - auf die Abgabe des Einverständnisses beziehen, weil nur unter dieser Voraussetzung ein Widerruf der Erklärung möglich ist [3].

Diese Ausnahme wird im Hinblick auf das Parteieinverständnis kaum praktisch werden. Denn Voraussetzung für den Widerruf im anhängigen Verfahren wäre die strafgerechtliche Verurteilung [4]. Der bloße Verdacht eines Restutitionsgrundes im genannten Sinne dürfte jedoch im Hinblick auf das Einverständnis genügen, das Gericht zu veranlassen, von einem Verfahren omV abzusehen, um somit der Gefahr einer insoweit fehlerhaften Entscheidung zu begegnen.

---

1) So mit Recht die hM.; siehe RGZ 150, 392 (395 f.); 153, 65 (69); BGHZ 33, 73 (75); OLG Kiel, JR 1948, 78; Stein-Jonas-Pohle, vor § 128 Anm. XI 3 k (zu Fußn. 202); Blomeyer, ZPR, § 30 V 2 (S. 140 f.); Rosenberg-Schwab, § 65 V 2 c (S. 317); Lent-Jauernig, § 29 VII (S. 86); Baumgärtel, Prozeßhandlungen, S. 152; Goldschmidt, Prozeß, S. 472; Sauer, Prozeßrechtslehre, S. 135; Siegert, S. 119 f.; eingehend dazu Arens, S. 60 ff.; Gaul, ZZP 74, 49 ff.

2) Stein-Jonas-Pohle, § 128 Anm. IX 3; Rosenberg-Schwab, § 110 III 3 c (S. 546).

3) Vgl. Siegert, S. 119.

4) BGHZ 12, 284 (285 f.); 33, 73 (75), jeweils zum Widerruf der Rechtsmittelrücknahme. In bezug auf alle übrigen Prozeßhandlungen siehe Stein-Jonas-Pohle, vor § 128 Anm. XI 3 k; Arens, S. 70 ff.; a.A. dagegen Rosenberg-Schwab, § 65 V 2 c (S. 317).

## § 6 Die Fehlerhaftigkeit des Einverständnisses der Prozeßbeteiligten und deren Auswirkungen auf das Verfahren ohne mündliche Verhandlung

Das Parteieneinverständnis ist häufig insofern fehlerhaft, als die Parteien eine Erklärung dieses Inhalts überhaupt nicht abgeben wollten oder daß die einem Verfahren omV zustimmende Prozeßhandlung - z.B. wegen Beifügung einer unzulässigen Bedingung - unwirksam ist [1]. Findet dennoch ein Verfahren omV statt, so ist dies fehlerhaft, weil der Grundsatz der Mündlichkeit verletzt ist [2]. Ein unter Nichtbeachtung dieses Prinzips durchgeführtes Verfahren kann keine ordnungsgemäße Grundlage einer Entscheidung sein. Dennoch liegt kein wesentlicher Verfahrensmangel i.S. des § 539 vor, so daß eine auf das fehlende Einverständnis gestützte Berufung nur Erfolg haben kann, wenn die Verletzung des Mündlichkeitsprinzips die Entscheidung beeinflußt haben kann [3]. Das ist in der Regel der Fall, wenn das Gericht schriftlichen Streitstoff berücksichtigt hat, den die betreffende Partei in der Erwartung vorgetragen hatte, daß sie diesen in einer mV würde mündlich einführen müssen, ehe der Inhalt dieser schriftlichen Erklärung entscheidungserheblich würde [4]. Dies ist aber nur dann anzunehmen, wenn es an einer Einverständniserklärung dieser Partei überhaupt fehlt. Im Falle eines - wenn auch unwirksamen - Einverständnisses hingegen müssen die Parteien damit rechnen, daß ihr schriftliches Vorbringen als wesentliche Entscheidungsgrundlage verwertet wird. Sie können sich daher später nicht darauf berufen, daß die Entscheidung bei Einhaltung des Mündlichkeitsprinzips anders ausgefallen wäre.

In der Revisionsinstanz kommt es ohnehin auf die Ursächlich-

---

1) Siehe oben S. 72 ff., 83.
2) BGHZ 18, 61 (63); Thomas-Putzo, § 128 Anm. 2 e; Jauernig, Zivilurteil, S. 72.
3) Vgl. zu der Streitfrage, inwieweit es auf die Ursächlichkeit des Verfahrensverstoßes im Hinblick auf § 539 ankommt, die eingehenden und zutreffenden Ausführungen von Bettermann, DVBl. 1961, 62.
4) Ebenso Jonas, JW 1932, 1982.

keit der Gesetzesverletzung im Hinblick auf § 128 II an [1]. Es gelten daher die Ausführungen zur Berufung entsprechend. Unzutreffend dagegen ist die Auffassung, daß, wenn eine Entscheidung ohne wirksames Einverständnis ergeht, darin eine Versagung des rechtlichen Gehörs liege [2]. Dagegen spricht zunächst grundsätzlich, daß nicht jede Unterlassung einer notwendigen mV die Verletzung des Rechts auf rechtliches Gehör zur Folge hat [3]. Dieses kann vielmehr auch durch die Gelegenheit schriftlichen Vortrages gewährt sein [4]. Der Grundsatz des rechtlichen Gehörs könnte allenfalls dann verletzt sein, wenn einer Partei infolge einer Entscheidung omV die Möglichkeit weiteren Vorbringens in der (notwendigen) mV abgeschnitten wurde, also z.B. wenn sich das schriftliche Vorbringen auf das wesentlichste beschränkte [5]. Selbst dann könnte aber ein auf die Versagung rechtlichen Gehörs gestütztes Rechtsmittel nur Erfolg haben, wenn die Entscheidung darauf beruhen konnte. Ein absoluter Revisionsgrund ist hingegen nicht ersichtlich [6][7].

In diesem Zusammenhang erhebt sich die Frage, ob eine Verletzung des Mündlichkeitsgrundsatzes dadurch der Nachprüfbarkeit im Rechtsmittelverfahren entzogen sein kann, daß die Parteien auf die rechtzeitige Rüge derselben verzichtet haben

---

1) Siehe unten S. 373.
2) Baumbach-Lauterbach, § 128 Anm. 6 D.
3) BVerfGE 9, 231 (236).
4) BGHZ 13, 265 (270); Bernhardt, § 23 IV (S. 125).
5) Vgl. BVerfGE 9, 231 (236).
6) So zutreffend und eingehend Jauernig, Zivilurteil, S. 70 ff.; Henckel, ZZP 77, 344 ff.; a.A. Baumbach-Lauterbach, § 128 Anm. 6 D. Ebensowenig kommt eine Nichtigkeitsklage in Betracht, Jauernig, aaO., S. 72; a.A. Baumbach-Lauterbach, aaO.
7) Eine Verfassungsbeschwerde wegen Verletzung des Art. 103 I GG scheidet ebenfalls aus, weil die Versagung des rechtlichen Gehörs in der hier vorliegenden Form kein Verfassungsrecht verletzt; BVerfGE 9, 231 (236).

(§ 295). Dies ist mit der hM. zu bejahen [1]. Die Vorschrift des § 128 II hat nämlich das Mündlichkeitsprinzip in der ZPO dahingehend modifiziert, daß die Wahl der Verhandlungsform nicht mehr gänzlich der Parteidisposition entzogen ist. Die Parteien können daher wirksam auf die Rüge der Fehlerhaftigkeit des mündlichen Verfahrens verzichten mit der Folge, daß der Verfahrensverstoß für das weitere Vorbringen unbeachtlich ist.

Nicht nur das Einverständnis der Parteien, sondern auch die Zustimmung des Gerichts ist bisweilen die Quelle eines Verfahrensfehlers, der in der Regel darin liegt, daß das Gericht bei Vorliegen des Parteieinverständnisses ein Verfahren omV anordnet, obwohl dieses prozeßordnungswidrig ist, sei es, daß es im besonderen Fall unzweckmäßig ist, weil es entgegen dem Sinn und Zweck des § 128 II das Verfahren weder beschleunigt noch vereinfacht, sei es, daß die Anordnung eines Verfahrens omV aus sonstigen prozessualen Gesichtspunkten einen Verfahrensverstoß darstellt. Diese Entschließung des Gerichts ist jedoch gegebenenfalls, weil sie dem freien richterlichen Ermessen [2] im Rahmen des § 128 II [3] unterliegt, nicht nachprüfbar, es sei denn, es läge ein Ermessensmißbrauch [4] oder aber eine Überschreitung der gesetzlichen Grenzen des aufgrund der Voraussetzungen gemäß § 128 II eingeräumten Ermessensspielraumes vor [5]. Letzteres

---

1) Siehe BGHZ 11, 27 (30); RG, WarnRspr. 1937 Nr. 140; OLG Nürnberg, NJW 1949, 24 f.; Baumbach-Lauterbach, § 295 Anm. 2 D; Stein-Jonas-Pohle, § 128 Anm. VI; Wieczorek, § 128 H III; Rosenberg-Schwab, § 81 I 1 d (S. 382); Jauernig, Zivilurteil, S. 72.
Die noch in RGZ 90, 356 (362 f.) vertretene entgegengesetzte Ansicht beruht auf dem damaligen Rechtszustand, der dem Verfahren omV einen relativ beschränkten Anwendungsbereich zudachte (vgl. § 23 BundesratsVO).
2) Staab, DÖV 1954, 522 (l.Sp.); siehe auch unten S. 154 Fußn. 1.
3) Siehe unten S. 155 ff.
4) Siehe unten S. 153.
5) BSG, MDR 1966, 449 (Nr. 100); siehe auch Blomeyer, ZPR, § 104 III 3 c a.E. (S. 573); Goldschmidt, Zivilprozeßrecht, § 66, 2 a (zu Fußn. 14, 15); ferner BGH, VersR 1966, 577; NJW 1968, 1136.

wäre der Fall, wenn infolge sachwidriger Ausübung richterlichen Ermessens im Rahmen des § 128 II zwingende Vorschriften des Gesetzes (z.B. § 310 I [1]) umgangen oder höherrangige Verfahrensgrundsätze (z.B. das rechtliche Gehör [2]) verletzt würden. Lediglich unter diesen Voraussetzungen würde die fehlerhafte richterliche Anordnung eines Verfahrens omV der Nachprüfung zugänglich. Die Behandlung des betreffenden Verfahrensverstoßes in den Rechtsmittelzügen richtete sich im übrigen nach den jeweils geltenden Grundsätzen.

## § 7 Die Zustimmung des Gerichts

Aufgrund des Parteieneinverständnisses "kann" das Gericht eine Entscheidung omV treffen (§ 128 II). Ob also eine Entscheidung in dieser Verfahrensart ergeht, ist demnach in das Ermessen des Gerichts gestellt [3]. Dieses braucht der Anregung der Parteien nicht zu folgen. M.a.W. muß auch das Gericht mit dem Verfahren omV "einverstanden" sein, wenn eine Entscheidung in dieser Form ergehen soll. Dieser Entschluß des Gerichts soll im folgenden näher untersucht werden.

### I. Wesen, Form und Wirkung der Entschließung des Gerichts zu einem Verfahren ohne mündliche Verhandlung

Ihrer r e c h t l i c h e n N a t u r nach ist die Entschließung des Gerichts, dem Parteiwillen entsprechend ohne eine mV zu entscheiden, eine prozeßleitende Anordnung [4]. Darunter versteht man diejenige Tätigkeit des Gerichts, die den äußeren Fortgang, d.h. den gesetzmäßigen und zweckför-

---

1) Siehe oben dazu S. 21 f.
2) Siehe BSG, MDR 1966, 449 (Nr. 100).
3) Das ist unstreitig; vgl. statt vieler Stein-Jonas-Pohle, § 128 Anm. X 1 vor a); Göppinger, JJb. 9, 114.
4) Zutreffend Stein-Jonas-Pohle, 17./18. Aufl, § 128 Anm. III 2; de Boor, Entsch.nLdA., S. 29 f.; Zscherlich, S. 19 f.; Wach, DJZ 1924, 251.

dernden Verlauf des Verfahrens zum Gegenstand hat [1]. In den Bereich dieser gerichtlichen Betätigung fällt auch die Entschließung, im Interesse eines vereinfachten und beschleunigten Verfahrens auf die Mündlichkeit zu verzichten und eine Entscheidung omV zu treffen [2].

Die Befugnis, prozeßleitende Anordnungen zu erlassen, steht grundsätzlich dem Gericht, im Kollegialgericht ausnahmsweise dem Vorsitzenden allein zu (z.B. §§ 136, 139) [3]. Hinsichtlich der Entschließung im Sinne des § 128 II ergibt sich schon aus dem Wortlaut des Gesetzes, daß das "Gericht", also im Kollgialgericht nicht der Vorsitzende allein die Ermessensentscheidung über die Form des Verfahrens zu treffen hat. Im übrigen gebieten es auch die folgeschweren Auswirkungen des Verfahrens omV, daß die Anordnung eines derartigen Verfahrens dem vollbesetzten Gericht vorbehalten sein muß [4].

Eine besondere F o r m für die prozeßleitenden Anordnungen gibt es grundsätzlich nicht. Ausgenommen sind diejenigen Fälle, in denen das Gesetz etwas Besonderes vorschreibt. Da § 128 II insoweit keine Regelung enthält,kommt praktisch jede Art der Erscheinungsform richterlicher Prozeßleitung in Betracht. Das Gericht kann daher einen ausdrücklichen

---

1) Siehe eingehend dazu Rosenberg-Schwab, § 62 I u. II (S. 295 ff.); Levin, Prozeßleitung, S. 36 ff.
2) De Boor, Entsch.nLdA., S. 30, sieht in der hier in Rede stehenden Entschließung des Gerichts einen "neuen Typ der prozeßleitenden Anordnung". Zu diesem Ergebnis gelangt de Boor auf der Grundlage der - viel zu engen - Begriffsbestimmung einer prozeßleitenden Anordnung Levin's, Prozeßleitung, S. 40. Denn die Prozeßleitung umfaßt einen wesentlich breiteren Bereich gerichtlicher Tätigkeit als bloße Befehle und Anordnungen an die Parteien (so Levin, aaO.); siehe die Übersicht bei Rosenberg-Schwab, § 62 II u. III (S. 296 ff.). Im Hinblick auf diesen weiteren Begriff ist es entgegen de Boor, aaO., S. 30, keine Besonderheit der (prozeßleitenden) Anordnung eines Verfahrens omV, wenn damit besondere Wirkungen auf Prozeßvorgänge eintreten, die in der Vergangenheit liegen, so z.B. die rückwirkende Einführung des schriftlichen Prozeßstoffes (siehe dazu unten S. 189 f.
3) Rosenberg-Schwab, § 62 IV 1 (S. 299).
4) De Boor, Entsch.nLdA., S. 30 f.; im Ergebnis ebenso Zscherlich, S. 19.

Beschluß erlassen, durch den es das Verfahren omV anordnet [1]. Ein derartiger Beschluß erübrigt sich aber in der Regel, weil sich die Absicht des Gerichts, schriftlich entscheiden zu wollen, im Zusammenhang mit anderen Gerichtshandlungen offenbart. Die häufigste Erscheinungsform der Entschließung ist daher auch die Zustimmungserklärung durch schlüssiges Verhalten des Gerichts. Praktisch fällt der Entschluß in der Mehrzahl aller Fälle sogar erst mit der Entscheidung in der Sache selbst zusammen, ohne daß das Gericht vorher ausdrücklich ein Verfahren omV anordnet oder eine entsprechende Absicht zu erkennen gibt [2]. Die Zustimmungserklärung des Gerichts braucht aber nicht erst in der Entscheidung zum Ausdruck zu gelangen. Sie kann vielmehr in allen richterlichen Verfügungen und Anordnungen enthalten sein, die auf ein schriftliches Verfahren gerichtet sind, so z.B. in einer schriftlichen Frage in entsprechender Anwendung des § 139 [3].

Die W i r k u n g e n eines ausdrücklichen oder stillschweigenden Entschlusses, omV zu entscheiden, sind von weitreichender Bedeutung für den Fortgang des Verfahrens, insbesondere im Hinblick auf die - später noch zu erörternde - schriftliche Verhandlung. Denn mit der zustimmenden Entschließung des Gerichts sind die wesentlichen Voraussetzungen des § 128 II erfüllt [4]. Welche Bedeutung diese Erklärung des Gerichts auf den Fortgang des Verfahrens im einzelnen hat, wird im Rahmen der Untersuchungen der verschiedenen Verfahrensabschnitte zu zeigen sein. An dieser Stelle soll nur die Frage untersucht werden, welchen Einfluß die Zustimmung des Gerichts gegebenenfalls auf einen bereits anberaumten Termin zur mV hat.

---

1) So Stein-Jonas-Pohle, § 128 Anm. X 1 d; de Boor, Entsch. nLdA., S. 32.
2) Wach, DJZ 1924, 251, meint, daß das Gericht "selbstverständlich" seine Absicht, omV entscheiden zu wollen, vorher, nicht aber erst mit der "Entscheidung" selbst zu erkennen geben müsse. Ein wirklicher Grund für die Annahme Wach's ist jedoch nicht ersichtlich.
3) Rosenberg-Schwab, § 110 III 6 (S. 547); vgl. auch unten S. 162 u. 268.
4) Siehe unten S. 180.

Man könnte meinen, daß in der Entschließung des Gerichts automatisch die Aufhebung eines anberaumten Verhandlungstermins enthalten ist [1]. Dieser Auffassung liegt der an sich überzeugende Gedanke zugrunde, daß, wenn sich das Gericht zu einem Schriftverfahren entschließt und dies zum Ausdruck bringt, eine Terminstunde gegenstandslos werden muß [2]. Gleichwohl bestehen praktische Bedenken, die Aufhebung des Verhandlungstermins schlechthin zu unterstellen. Angesichts der Tatsache, daß ein ausdrücklicher, das Verfahren omV anordnender Beschluß nicht vorgesehen ist und diese Entschließung daher regelmäßig stillschweigend erfolgt, besteht ein dringendes Bedürfnis, die Ungewißheit der Parteien im Hinblick auf einen bereits anstehenden und trotz Parteieneinverständnisses nicht aufgehobenen Verhandlungstermin zu beseitigen. Die durch das Einverständnis geschaffene prozessuale Unsicherheit darf nicht zu Lasten der Parteien gehen. Die Parteien müßten in den Fällen, in denen sich nicht mit Sicherheit erkennen läßt, wie das Gericht zu verfahren gedenkt, einen nicht aufgehobenen Termin wahrnehmen, um sich nicht u.U. den Säumnisfolgen der §§ 330 ff. auszusetzen. Dies entspricht aber gerade nicht dem Sinne des Verfahrens omV. Die aufgabe des Gerichts ist es daher, durch Aufhebung des Verhandlungstermins für klare Verhältnisse zu sorgen, wenn es

---

1) Vgl. insoweit de Boor, Entsch.nLdA., S. 33 Fußn. 4.
2) Die von Reinberger, Recht 1924, 79, vertretene Auffassung, daß bereits das Einverständnis der Parteien die Aufhebung eines anstehenden Termins bewirke, ist abzulehnen. Dem steht der klare Wille des Gesetzes entgegen, demgemäß die Terminsaufhebung der Herrschaft der Parteien entzogen ist (§ 227 I).

einem Verfahren omV zuzustimmen beabsichtigt [1].

Der einmal gefaßte und - gleichgültig in welcher Erscheinungsform - geäußerte Entschluß, schriftlich entscheiden zu wollen, b i n d e t das Gericht nicht [2]. Dieser Beschluß ist, wie gezeigt, eine prozeßleitende Anordnung [3]. Aus den §§ 150, 156, 360, 571 u.a., sowie aus dem Wesen der Prozeßleitung ergibt sich, daß das Gericht an seine Verfügungen auf dem Gebiete prozeßleitender Tätigkeit grundsätzlich nicht gebunden ist [4]. Es wäre übertriebener Formalismus, wenn die Abänderung oder Aufhebung derartiger gerichtlicher Handlungen die Anrufung eines höheren Gerichts erforderlich werden ließe [5]. Wenn sich daher gegebenenfalls im späteren Verlauf des Verfahrens eine prozeßleitende Maßnahme als irrtümlich oder unzweckmäßig herausstellt und kein sachliches Bedürfnis für eine Instanzentscheidung vorhanden ist, besteht gegen eine Aufhebung der betreffenden gerichtlichen Anordnung kein Bedenken.

Überträgt man diese Bedenken auf die das Verfahren omV an-

---

1) Zutreffend de Boor, aaO., S. 33. - Verschiedentlich wird in dem Einverständnis der Parteien auch ein übereinstimmender Antrag auf Aufhebung des Termins gem. § 227 I gesehen, so Goldschmidt, Neue ZPO, Anhang 4, § 7 EntlVO Anm. 5; Stein-Juncker, § 71 A V 1 (S. 214). Diese Ansicht ist jedoch unzutreffend. Denn einerseits sind die Einverständniserklärungen keine prozessualen Anträge (siehe oben S.74 f.). Andererseits bedarf es im Falle des § 128 II zur Terminsaufhebung keines Antrages der Parteien. Entweder entschließt sich das Gericht zu einem Verfahren omV, dann wird der Termin zur mV gegenstandslos und ist von Amts wegen aufzuheben. Hält das Gericht dagegen an dem mündlichen Verfahren fest, würden auch die Anträge auf Terminsaufhebung ihren Sinn verlieren. Goldschmidt, aaO., hält im letzteren Fall sogar wegen § 227 II 1 einen "begründeten" Beschluß für erforderlich. Dieses Ergebnis spricht für sich.

2) Stein-Jonas-Pohle, § 128 Anm. X 1 e; Volkmar, BeschlVO, § 23 a EntlVO Anm. 2; de Boor, Entsch.nLdA., S. 34.

3) Siehe oben S.145.

4) Stein-Jonas-Schumann-Leipold, § 329 Anm. XX 1 a (mit zahlreichen Nachweisen in Fußn. 12); Blomeyer, ZPR, § 29 II (S. 132); Rosenberg-Schwab, § 62 IV 5 (S. 300); Levin, Prozeßleitung, S. 42.

5) So überzeugend Stein-Jonas-Schumann-Leipold, § 329 Anm. II 1 a.

ordnende Entschließung, so kann das Gericht entgegen seiner ursprünglich geäußerten Absicht zum mündlichen Verfahren zurückkehren, wenn sich insbesondere während des Schriftsatzwechsels herausstellen sollte, daß aufgrund einer wesentlichen Veränderung der Umstände oder nachträglicher anderer Erkenntnis die Mündlichkeit gegenüber der Schriftlichkeit im konkreten Fall als das allein geeignete Mittel für die Sachaufklärung herausstellen sollte [1][2].

## II. Die Ablehnung eines Verfahrens ohne mündliche Verhandlung durch das Gericht

Bisher war lediglich von dem das Verfahren omV "anordnenden" Beschluß die Rede. Lehnt dagegen das Gericht wider das Einverständnis der Parteien ein schriftliches Verfahren ab, so fragt es sich, ob an ein entsprechendes Verhalten des Gerichts besondere Anforderungen zu stellen sind und insbesondere, welche prozessualen Wirkungen dieser Entschluß auf die Einverständniserklärungen und den Fortgang des Verfahrens überhaupt ausübt.

In Ansehung der durch das Einverständnis geschaffenen ungewissen Verfahrenslage besteht ein dringendes Bedürfnis, daß das Gericht gegebenenfalls die Parteien von ihrer negativen Entschließung in Kenntnis setzt [3]. Dieser ent-

---

1) Siehe auch Bötticher, MDR 1959, 567; Fenn, SAE 1962, 165; Pohle, AP Nr. 11 zu § 72 ArbGG (Streitwertrevision). - Die Rücknahmebefugnis folgt aus dem Rechtscharakter der Entschließung als prozeßleitende Anordnung, nicht jedoch, wie Stein-Jonas-Pohle, § 128 Anm. X 1 e, meinen, aus einem den Parteien entsprechend zustehenden Recht des Gerichts, seine Zustimmung bei wesentlicher Veränderung der Prozeßlage zu "widerrufen"; ähnlich auch Stein-Juncker, § 72 A V 2 (S. 214).

2) Das gilt zwangsläufig nur solange, als die Entschließung nicht mit der Sachentscheidung erledigt wird. Denn mit der letzteren wird auch die erstere bindend; de Boor, Entsch.nLdA., S. 34.

3) Im Ergebnis zutreffend de Boor, Entsch.nLdA., S. 32; Zscherlich, S. 20; Reinberger, Recht 1924, 79.

sprechende gerichtliche Akt braucht zwar kein ausdrücklicher zu sein, wenn bis zu dem Zeitpunkt der Einverständniserklärungen noch kein Verhandlungstermin bestimmt war. Hier würde das Gericht mit einer Terminsanberaumung hinreichend zum Ausdruck bringen können, daß weiterhin "mündlich" verhandelt werden soll. War dagegen vor Abgabe des Parteieneinverständnisses bereits ein Verhandlungstermin bestimmt, dann muß das Gericht die Parteien im Rahmen seiner Prozeßleitung davon in Kenntnis setzen, wenn es bei dem alten Termin verbleiben soll. Dies ist im Interesse der Klarheit des Verfahrensganges dringend erforderlich.

Im übrigen kann sich die Ablehnung eines Verfahrens omV schlüssig in solchen Anordnungen des Gerichts äußern, die eine mV notwendig voraussetzen. Hierzu gehören z.B. die Anordnung des persönlichen Erscheinens (§§ 141 [1], 272 b Nr. 3) oder die Ladung von Zeugen und Sachverständigen zur mV im Rahmen vorbereitender Tätigkeit (§ 272 b Nr. 4 u. 5). In diesen Maßnahmen des Gerichts würde die klar erkennbare Absicht, nicht im Verfahren omV entscheiden zu wollen, schlüssig zum Ausdruck gelangen.

Die negative Entschließung des Gerichts in jeglicher Form erledigt die Einverständniserklärungen der Parteien endgültig [2][3]. Es bedarf daher des erneuten Einverständnisses, wenn gleichwohl omV entschieden werden soll [4].

Die ablehnende Entschließung des Gerichts verpflichtet dieses endlich, das Verfahren in seiner ursprünglichen Form

---

1) De Boor, Entsch.nLdA., S. 66; Zscherlich, S. 11.
2) Wieczorek, § 128 J II c 3; Nikisch, § 78 I 3 (S. 307); Rosenberg-Schwab, § 110 III 6 (S. 547); de Boor, Entsch. nLdA., S. 33; Zscherlich, S. 21.
3) Im Hinblick darauf empfiehlt sich nicht nur eine formlose Mitteilung einer das Verfahren omV ablehnenden Entschließung, sondern die Zustellung eines entsprechenden Beschlusses. Dies erscheint zur Beseitigung der durch das Vorliegen der Einverständniserklärungen bestehenden Unsicherheiten notwendig. Ebenso im Ergebnis de Boor, Entsch.nLdA., S. 32; Zscherlich, S. 20.
4) Rosenberg-Schwab, § 110 III 6 (S. 547); de Boor, Entsch. nLdA., S. 33.

weiterzuführen. War daher im Zeitpunkt des Einverständnisses noch kein Termin anberaumt, so muß dies nunmehr von Amts wegen geschehen (§216 I) [1]. Eines besonderen Parteiantrages bedarf es dagegen nicht.

## III. Das Ermessen des Gerichts

Wie erwähnt liegt die Entschließung, ob bei Vorliegen des allseitigen Einverständnisses der Parteien und der prozessualen Zulässigkeit eines Verfahrens omV überhaupt [3] auf die Mündlichkeit verzichtet werden kann, im Ermessen des Gerichts. Wegen des Ausnahmecharakters, der weitreichenden Konsequenzen und der Gefahren eines Verfahrens omV gewinnt dieses richterliche Ermessen ganz besonderes Gewicht. Diese Gründe geben Anlaß, das Ermessen des Richters zunächst allgemein zu betrachten, um auf dieser Grundlage den Ermessensspielraum in § 128 II etwas näher konkretisieren zu können.

Das Ermessen gemäß § 128 II gehört in den Bereich derjenigen richterlichen Handlungsfreiheit, das man als Verfahrensermessen [4] bezeichnet [5]. Dabei handelt es sich um Ermessensnormen, die dem Gericht im Rahmen der Prozeßleitung eine Entschließungsfreiheit dahingehend einräumen, das Verfahren in dieser oder jener Form zu gestalten [6][7]. Dieses sog. Verfahrensermessen ist daher hier näher zu betrachten.

---

1) Wieczorek, § 128 J II d 1; Reinberger, Recht 1924, 79.
2) So Stein-Jonas-Pohle, § 128 Anm. X 1 c.
3) Siehe dazu insbesondere oben S. 20 ff.
4) Göppinger, JJb. 9, 112 ff.
5) Göppinger, JJb. 9, 114; Staab, DÖV 1954, 522.
6) Vgl. z.B. §§ 141, 150, 275 S. 2, 251 a, u.a.
7) Demgegenüber steht das sog. Rechtsfolgeermessen. Das ist derjenige Bereich des richterlichen Ermessens, der dem Gericht einen Spielraum in der "Sach"-Entscheidung einräumt. Die betreffenden Entscheidungen werden daher auch als materielle Ermessensentscheidungen bezeichnet, siehe Westermann bei Schwarz, AcP 152, 445 ff. Die Ausübung dieses Ermessens tritt daher in einem entsprechenden Erkenntnisakt als Ausspruch einer "Rechtsfolge" in Erscheinung (z.B. § 91 a, MSchG § 40 III, BGB §§ 319, 660, 2048, 2156, u.a.; vgl. die ausführliche Zusammenstellung bei Bettermann, Gedächtnisschrift für Walter Jellinek, S. 366.

Das richterliche Ermessen untersteht im Grunde dem Gebot der Verfassung, demgemäß der Richter an Gesetz und Recht gebunden ist (Art. 20 III GG). Das Verfahrensermessen im besonderen ergibt sich daher in erster Linie aus den entsprechenden Verfahrensordnungen. Diese bilden die konkrete Grundlage für eine Ermessensentscheidung überhaupt. Sie bestimmen zugleich den Rahmen der richterlichen Handlungsfreiheit.

Betrachtet man unter diesem Gesichtspunkt die ZPO allgemein, so ist zunächst von folgendem auszugehen: Die Regelungen der ZPO beschränken sich auf die Herausstellung der allgemeinen Verfahrensgrundsätze sowie auf die generelle Festlegung des Verfahrensganges. Dieser kann im Hinblick auf das Prozeßziel bestimmte Formen nicht entbehren. Insoweit unterliegen die Parteien und das Gericht dem Zwang der entsprechenden Prozeßordnungsvorschriften. Daneben räumt das Gesetz aber den Prozeßbeteiligten, insbesondere auch dem Richter in einer Vielzahl von Fällen eine gewisse Handlungsfreiheit ein, damit das Verfahren im Einzelfall sinnvoll gestaltet werden kann, ohne an starre Formen gebunden zu sein. Die Aufgabe des Richters liegt gegebenenfalls darin, die Gesetzeslücken auszufüllen, die der Gesetzgeber im Interesse eines beweglichen Verfahrensganges bewußt gelassen hat. Daraus ergibt sich eine wesentliche Schranke des richterlichen Ermessens in diesem Bereich. Der Richter ist nämlich nicht gänzlich frei in seiner Entschließung. Neben den immanenten Grenzen jeden rechtsstaatlichen Ermessens wie Willkür, Parteilichkeit und Zwang kann eine rechte Gesetzesausfüllung nur darin bestehen, daß das Gericht im Einzelfall die konkrete Entscheidung unter dem Gesichtspunkt zu fällen hat, welche Regelung der Gesetzgeber eben in diesem speziellen Fall getroffen hätte [1], wenn er diesen in einer Gesetzesbestimmung hätte regeln wollen. Die entsprechende richterliche Prüfung bei der Handhabung des Ermessens setzt daher zunächst die Erkenntnis des Zweckes

1) Vgl. auch Göppinger, JJb. 9, S. 109.

der ermächtigenden Ermessensnormen voraus [1]. Auf der Grundlage dieses ermittelten Gesetzeszweckes hat der Richter sodann unter Subsumierung der Tatsachen des Einzelfalls die Gesetzeslücke auszufüllen, indem er eine Anordnung trifft, die nach seiner persönlichen richterlichen Erfahrung und seiner Auffassung von dem maßgebenden Verfahrensgrundsatz dem Stand des Prozesses entsprechend im Sinne der Prozeßordnung am zweckmäßigsten erscheint [2], d.h., eine Anordnung, die nach der Überzeugung des Richters eine sichere Gewähr dafür bietet, daß der Rechtsstreit schnell und vollständig aufgeklärt und einer sachgerechten Entscheidung zugeführt werden kann [3][4].

Damit sind die allgemeinen Schranken des richterlichen Verfahrensermessens aufgezeigt. Es fragt sich nunmehr, welche Folgerungen sich daraus in einzelnen für das Ermessen des Richters im Verfahren omV ergeben.

Es bedarf keiner besonderen Hervorhebung, daß mit der Ausdehnung des gerichtlichen Handlungsermessens die Verantwortung und Sorgfaltspflichten des Richters insoweit gleichermaßen anwachsen [5]. Die Ermessensgewährung stellt daher ganz besondere Anforderungen an die richterliche Abwägung. Das gilt insbesondere dann, wenn eine Ermessensnorm im Bereich der Verfahrensgestaltung wie § 128 II eine Prozeßart eröffnet, die nicht nur schwer in den Rahmen der grundlegenden Prozeßrechtssätze überhaupt einzufügen ist [6],

---

1) Siehe zu der Frage, ob das gerichtliche Ermessen, jedenfalls soweit es den hier erörterten Verfahrensgestaltungsbereich angeht, begrifflich "gebundenes" oder "freies" Ermessen darstellt, Jellinek, S. 37; Heilbron, S. 27, 32 f.; von Laun, S. 61 ff.; ders., ZZP 42, 3; Stier, S. 16; Göppinger, JJb. 9, 111; Staab, DÖV 1954, 522.
2) Vgl. Jellinek, S. 37; Göppinger, JJb. 9, 113; ferner Walsmann, JW 1930, 549.
3) Von Laun, S. 57; Göppinger, JJb. 9, 113.
4) Es ist nicht notwendig, daß jeder Richter in der gleichen prozessualen Situation zu demselben Ergebnis gelangen würde. Hier zeichnet sich die besondere Handlungsfreiheit des Richters ab.
5) Stein-Juncker, § 9 II (S. 28); Wach, DJZ 1924, 246.
6) Siehe Wach, DJZ 1924, 246.

sondern darüber hinaus erhebliche Gefahren für die rechtssuchenden Parteien in sich birgt. Es hatte sich gezeigt, daß das Verfahren omV eine auf Zweckmäßigkeitserwägungen beruhenden Ausnahmeform des grundsätzlich mündlichen Prozesses darstellt. Unter diesem Gesichtspunkt muß das Gericht bei der Zustimmung zu diesem Verfahren besondere Vorsicht walten lassen. Der maßgebliche Sinn und Zweck des § 128 II liegt, wie die Entstehungsgeschichte zeigt [1], in der Vereinfachung und Beschleunigung des Verfahrens, das schließlich zu einer Entlastung der Gerichte führen soll. Nach den dargelegten Grundsätzen über die Schranken des richterlichen Verfahrensermessens hat daher das Gericht auf der Grundlage der Zweckbestimmung des § 128 II zu prüfen, ob die jeweilige Prozeßlage ein Abgehen von der obligatorischen Mündlichkeit sinnvoll erscheinen läßt, um dadurch das Verfahren zu beschleunigen oder zu vereinfachen. Der Richter hat darüber hinaus in die Ermessensentscheidung eine Reihe von Überlegungen einzubeziehen, die sich nicht unmittelbar aus § 128 II, sondern aus dessen Verhältnis zu der gesamten Prozeßordnung sowie aus dem Gang des Verfahrens omV im besonderen ergeben.

Das bedeutet im einzelnen folgendes: Wesentlich für das von dem Mündlichkeitsprinzip abweichende Verfahren ist zunächst, daß die Mündlichkeit tatsächlich die Ursache für den schleppenden Verfahrensablauf ist. Selbst wenn diese Voraussetzung gegeben ist, steht aber noch keineswegs fest, daß die Schriftlichkeit tatsächlich Abhilfe schaffen und das Verfahren beschleunigen kann. Denn gerade die Schriftlichkeit der Verhandlung neigt häufig zur Prozeßverschleppung. So kann sich infolge der erschwerten Verhandlungsleitung die schriftliche Aufklärung der Sach- und Rechtslage schwerfälliger und zeitraubender gestalten, als eine Erörterung in einem Termin zur mV [2]. Der notwendige Austausch von Schriftsätzen in einem schriftlichen Prozeß allein führt schon zu Prozeßverzögerungen. Erweist sich trotz alledem ein schriftliches Verfahren

---

1) Siehe oben S. 16 ff., 20.
2) De Boor, Entsch.nLdA., S. 12; vgl. auch Pollak, Jucicium 1931, S. 309.

als beschleunigend, so muß dies noch lange nicht "zweckmäßig" sein. Die Zweckbestimmung des § 128 II, nämlich die Beschleunigung ist kein absoluter Verfahrensgrundsatz. Er ist vielmehr Bestandteil des Prozeßzieles allgemein. Neben dem Anspruch auf einen schleunigen Verfahrensgang steht das Gebot des wahrheitsgerechten Prozesses [1]. Läßt sich der Prozeßzweck ohne Verletzung einer der beiden Verfahrensprinzipien- Beschleunigung hier, materielle Wahrheit dort - nicht erreichen, dann wird man dem letzteren Grundsatz den Vorzug zu geben haben. Damit würde der Beschleunigungszweck des § 128 II zurücktreten und die Anordnung eines Verfahrens omV ebenfalls unterbleiben müssen.

Bleibt schon nach den vorstehenden Ausführungen für die Anwendung des Verfahrens omV ein verhältnismäßig kleiner Anwendungsbereich, so sind es darüber hinaus besondere Parteiinteressen, die das Gericht verpflichten, mit der Zustimmung zu einem Verfahren omV besondere Vorsicht zu üben. Die den Parteien drohenden Gefahren eines Schriftprozesses werden in der Praxis nur allzu häufig nicht erkannt. In dem Einverständnis gemäß § 128 II liegt bekanntlich nicht nur ein - unwiderruflicher [2] - Verzicht auf Mündlichkeit. Darüber hinaus werden die Grundsätze der Unmittelbarkeit und Öffentlichkeit wesentlich betroffen [3]. Eine die mündliche ersetzende schriftliche Verhandlung stellt insbesondere auch

---

1) Dies ist das erkennbare Ziel des Zivilprozesses, wie sich insbesondere aus der Wahrheitspflicht gemäß § 138 I ergibt. Zwar wird der Umfang und die Beweisbedürftigkeit des Streitstoffes vordringlich von den Parteien bestimmt (Verhandlungsmaxime), so daß eine Gewähr für eine volle Wahrheit niemals gegeben ist (vgl. RGZ 132, 330 (338); Zscherlich, S. 49; Wach, DJZ 1924, 248 f.). Gleichwohl sorgt auch insoweit eine maßvolle Mitwirkung des Gerichts bei der Stoffsammlung (§§ 139, 141, 272 b, 279 a, 448 u.a.) für eine wahrheitsgerechte Entscheidung. Im übrigen widerspricht die Verhandlungsmaxime dem Ziel der Wahrheit nur scheinbar. Die gegensätzlichen Parteiinteressen bieten eher als eine staatliche Untersuchung die Gewähr für eine erschöpfende und damit wahrheitsgetreue Beibringung des Prozeßstoffes (ebenso im Ergebnis Rosenberg-Schwab, § 78 I 3 u. 4 (S. 369)).

2) Siehe oben S. 110 ff.

3) Siehe oben S. 19.

an die Parteien erhöhte Anforderungen [1]. Insoweit ist auch von seiten der Parteien Vorsicht am Platze, bevor sich diese zu einem Verfahren omV entschließen sollten. Endlich gibt es wegen der nahezu gänzlich fehlenden Regelung des Verfahrens omV eine, wie die vorliegende Arbeit zeigt, Unzahl von Streitfragen. Infolgedessen entbehrt diese Verfahrensart einer sicheren voraussehbaren Grundlage. Die Parteien begeben sich mit ihrem Einverständnis auf einen entsprechenden unsicheren Verfahrensgang. Alle diese Umstände muß das Gericht im Rahmen seines pflichtgemäßen Ermessens berücksichtigen. Es hat aufgrund seiner Fürsorgepflicht für die Parteien diese vor nachteiligen Folgen zu schützen. Das gilt insbesondere im Hinblick auf die Unwiderruflichkeit des Einverständnisses [2]. So gesehen bildet das richterliche Ermessen inhaltlich ein nicht zu unterschätzendes, wesentliches Merkmal des Verfahrens omV.

Ergänzend ist bei der Frage des Ermessens zu beachten, daß dieses nicht etwa bereits mit der vorzeitigen Entschliessung des Gerichts, omV entscheiden zu wollen, erlischt. Es dauert vielmehr wegen der freien Abänderlichkeit dieses Entschlusses [3] bis zum endgültigen Schluß der "schriftlichen" Entscheidung fort. Auch unter diesem Gesichtspunkt wird die hervorragende Bedeutung des richterlichen Ermessens offenkundig.

## IV. Die Anfechtbarkeit der Entschließung

Die gerichtliche Entschließung über ein Verfahren omV unterliegt nicht der Beschwerde. Das gilt sowohl für eine das

---

1) Darauf ist bereits im Hinblick auf das Problem der Unwiderruflichkeit des Einverständnisses mehrfach hingewiesen worden. Dies wird sich auch noch in anderem Zusammenhang zeigen, siehe unten S. 191 f.
2) Vgl. oben S. 110 ff.
3) Siehe oben S. 49.

Verfahren omV ablehnende [1] als auch für eine dieses Verfahren anordnende [2] Entscheidung des Gerichts. Denn, wie gezeigt, stellen die Einverständniserklärungen der Parteien weder einen prozessualen Antrag noch ein Gesuch auf die Zulassung einer schriftlichen Entscheidung dar [3]. Die Willensäußerungen der Parteien schaffen vielmehr einen tatsächlichen Zustand, der dem Gericht die Möglichkeit eröffnet, abweichend von dem Grundsatz des § 128 II omV zu entscheiden (fakultative Schriftlichkeit) [4]. Das Einverständnis ist daher insoweit nicht mehr als ein Verzicht auf Mündlichkeit, der allenfalls eine Anregung für das Gericht sein kann, den entsprechenden Willen der Parteien zu berücksichtigen. Diese letzte Entschließung unterliegt aber sowohl in dem einen wie in dem anderen Sinne - Anordnung der schriftlichen Entscheidung oder Ablehnung des Verfahrens omV - dem Ermessen des Gerichts. Die Parteien haben demnach trotz ihres Einverständnisses insoweit keinen prozessualen Anspruch auf eine bestimmte Entscheidung des Gerichts [5]. Diese kann daher auch kein Beschwerderecht gemäß § 567 auslösen [6].

---

1) So die hM.; siehe LG Berlin, JW 1934, 2940 (Nr. 2); Baumbach-Lauterbach, § 128 Anm. 6 A; Stein-Jonas-Pohle, § 128 Anm. X 1 f; Seuffert-Walsmann, Anhang zu § 128, § 7 EntlVO Anm. 3; Wieczorek, § 128 J II d 1, § 567 C II b 1; Blomeyer, ZPR, § 56 I vor 1 (S. 271); Schönke-Schröder-Niese, § 81 IV (S. 367); Stein-Juncker, § 72 A V 1 (S. 214); de Boor, Entsch.nLdA., S. 35; Münzel, S. 107; Sonnen, Das neue ZPrR, S. 47; Zscherlich, S. 23; Staab, DÖV, 1954, 522.

2) Stein-Jonas-Pohle, § 128 X 1 f ; Wieczorek, § 128 J II d 1; Blomeyer, ZPR, § 56 I vor 1 (S. 271); Zscherlich, S. 23. Wieczorek, aaO., will in der Rüge der Unrichtigkeit des ein Verfahren omV anordnenden Beschlusses einen Widerruf des Parteieinverständnisses sehen. Dies ist jedoch auf der Grundlage der hier vertretenen Auffassung von der Unwiderruflichkeit des Einverständnisses unerheblich.

3) Siehe oben S. 73 f.

4) Siehe oben S. 44.

5) Stein-Jonas-Pohle, § 128 Anm. X 1 f.

6) Vgl. Wieczorek, § 567 C II b 1; ferner OLG Kiel, HRR 1931 Nr. 1984.

# Zweiter Teil

# Der Gang des Verfahrens ohne mündliche Verhandlung bis zur Entscheidung

## § 8 Die schriftliche Verhandlung

### I. Begriff und Wesen der schriftlichen Verhandlung

Über den eigentlichen Gang des Verfahrens, wenn sich alle Prozeßbeteiligten mit einem Verfahren omV einverstanden erklärt haben, schweigt das Gesetz. Den einzigen Anhaltspunkt bildet die in § 128 II enthaltene Formulierung, daß das Gericht im Einvernehmen der Parteien eine Entscheidung *ohne mündliche Verhandlung* treffen könne. Welchen Sinn das Gesetz mit dieser Formulierung verbindet, soll im folgenden untersucht werden.

Der Wortlaut des § 128 II ist nicht eindeutig. Je nachdem, auf welches Wort man die Betonung legt, ob auf *Verhandlung* oder auf *mündlich*, findet entweder überhaupt keine oder aber keine Verhandlung in mündlicher Form statt. Welche dieser beiden Deutungen dem Wortlaut des § 128 II beizulegen ist, ergibt sich aus der ratio legis.

Greift man auf die Entstehungsgeschichte dieser Vorschrift zurück, läßt sich die Frage zunächst im Hinblick auf § 23 BundesratsVO, durch die das Verfahren omV in den deutschen Zivilprozeß von 1877 Eingang fand, nicht ohne weiteres beantworten. Denn diese Bestimmung setzte für eine Entscheidung omV zwingend voraus, daß einmal mündlich verhandelt worden war [1]. Wenn nach Auffassung des Gerichts aufgrund dieser früheren mV der Sach- und Streitstand ausreichend

1) Siehe oben S. 18.

geklärt war, konnte in Übereinstimmung mit den Parteien von einer weiteren mV abgesehen werden. Die Entscheidung erging demnach auf der Grundlage der letzten mV [1]. Angesichts dieser Regelung nahm auch die derzeit überwiegende Auffassung [2] - wohl zutreffend - an, daß im Verfahren gemäß § 23 BundesratsVO keine Schriftsätze berücksichtigt werden konnten, die nicht Gegenstand der letzten mV waren [3]. Es gab demnach unter der Geltung des § 23 BundesratsVO in diesem Verfahren nach Abschluß der betreffenden, notwendig vorausgegangenen mV keine weitere Verhandlung.

Mit der Weiterentwicklung des Verfahrens omV und der Neufassung des § 23 BundesratsVO durch § 23 a BeschlVO [4] jedoch bekam dieses Verfahren einen anderen Sinn [5]. Entscheidend dafür war die Änderung des Gesetzes dahingehend, daß dem Verfahren omV keine mV mehr voranzugehen brauchte. Damit entfiel auch die Voraussetzung, daß der Rechtsstreit bereits auf der Grundlage der vorangegangenen mV hinreichend geklärt sein mußte. § 23 a eröffnete demnach ein Verfahren, ohne daß jemals eine mV stattgefunden haben mußte. Diese Gesetzesänderung bedeutete aber nicht die Einführung eines Prozesses ohne jegliche Verhandlung. Denn wie § 23 war auch die erweiterte Regelung des Verfahrens omV von dem Grundgedanken getragen, daß eine der wesentlichen Ursachen für die seinerzeit lange Prozeßdauer in der strengen Mündlichkeit der Verhandlung lagen [6]. Dieses Prinzip abzuschwächen,

---

1) So ähnlich § 272 a.
2) De Boor, Entsch.nLdA., S. 22; Levin, GruchBeitr. 60, 50 f.; von Marth, LZ 1932, 791; Sauerländer, LZ 1924, 224; Volkmar, JW 1925, 709; vgl. auch die amtliche Begründung zu § 23.
Abweichend Trendelenburg, BundesratsVO, § 23 Anm. 3 b; Neumiller, BayRpflZ 1915, 315.
3) Eine einfache Bezugnahme wie nach der heute geltenden Bestimmung des § 137 III 1 war unter Geltung des § 23 BundesratsVO nicht möglich. Bis zur Novelle von 1924 mußte der Vortrag in freier Rede geschehen (§ 137 III a.E.).
4) Zu der Entwicklung bis zur Übernahme dieser Bestimmung in die ZPO, siehe oben S. 19 f.
5) Sauerländer, LZ 1924, 225; Volkmar, LZ 1924, 254.
6) Begründung der Reichstagsvorlage bei Volkmar, BeschlVO, S. 16.

war das Ziel der Novellen von 1915 und 1925 [1]. Im übrigen sollten aber die wesentlichen Verfahrensgrundsätze, soweit sie nicht als Folgesätze der Mündlichkeit durchbrochen wurden, nicht angetastet werden [2]. Das gilt insbesondere auch für die Verhandlung des Rechtsstreits vor dem Gericht, d.h. für die Tätigkeit der Parteien und des Gerichts. Das ergab sich schon daraus, daß eine Entscheidung im Verfahren omV - wie ein mündliches Verfahren - voraussetzte, daß der Rechtsstreit entscheidungsreif war [3]. Die Parteien mußten demnach, auch wenn überhaupt keine mV stattfand, im Zusammenwirken mit dem Gericht im Rahmen der dafür maßgebenden Verfahrensprinzipien die Grundlage für die Entscheidung beschaffen, sie mußten also i.S. der zivilprozessualen Streitverhandlung [4] verhandeln. Die Entstehungsgeschichte des Verfahrens omV zeigt also, daß § 23 a zwar unter bestimmten Voraussetzungen die Mündlichkeit, nicht aber die Verhandlung des Rechtsstreits beseitigen wollte.

Der ursprüngliche Sinn des Verfahrens omV ist auch trotz der mehrfachen gesetzestechnischen Veränderungen stets erhalten geblieben. Das ergibt sich für die heute maßgebende Bestimmung des § 128 II insbesondere auch aus deren systematischer Einordnung. Die Gegenüberstellung dieser Regelung über das Verfahren omV zum Absatz 1 des § 128 und dessen Zusammenhang mit den folgenden Vorschriften über die Verhandlung des Rechtsstreits vor Gericht, in denen die Bestimmung des § 128 II durch seine Stellung mit einbezogen ist, macht deutlich, daß der Kern des Verfahrens omV in

---

1) Siehe dazu im einzelnen oben S. 17 ff.
2) Vgl. die amtliche Begründung zu § 23, siehe oben auch S. 19.
3) Siehe dazu unten S.266 ; ebenso de Boor, Entsch.nLdA., S. 70; Lay, S. 34; Münzel, S. 49; Püschel, Einzelrichter, S. 68 f.; Zscherlich, S. 47; Sonnen, Das neue ZPrR, S. 39; Reinberger, Recht 1924, 82.
4) D.h. Stellung der Anträge, Vortrag der Parteien über das Streitverhältnis in tatsächlicher und rechtlicher Beziehung, §§ 137 I u. II. Vgl. auch BGHZ 17, 118 (120); OLG Kiel, Rspr. 39, 55; Stein-Jonas-Schumann-Leipold, § 333 Anm. I; ferner Wach, Vorträge, S. 152 f.; Schima, S. 160 f.

der Beseitigung der Mündlichkeit liegt [1].

Somit ergibt sich, daß die Betonung in der Formulierung o m V in § 128 bei richtiger Interpretation des Gesetzes auf dem Worte m ü n d l i c h liegt [2]. Es findet daher auch im Verfahren omV eine Verhandlung statt. Diese steht ebenso wie im mündlichen Verfahren im Mittelpunkt als derjenige Teil des Prozesses, in dem die Entscheidungsgrundlage gebildet wird. Sie unterscheidet sich von der mV lediglich dadurch, daß der Streitstoff nicht im mündlichen Gespräch, sondern auf schriftlichem Wege beigebracht wird. Dementsprechend obliegen den Parteien alle Rechte, Pflichten und Lasten wie in der mV (§§ 128 ff.), so insbesondere die Stellung der Anträge (§ 137 I) und der Parteivortrag (§ 137 II). Das Gericht hat für eine zweckfördernde, erschöpfende und schleunige Erörterung des Rechtsstreits in der schriftlichen Verhandlung Sorge zu tragen; es hat insbesondere auch in entsprechender Anwendung des § 139 bei der Stoffsammlung mitzuwirken.Begrifflich stellt also die "schriftliche Verhandlung" die Parteiverhandlung vor dem erkennenden Gericht in der von dem Grundsatz des § 128 I abweichenden Form der Schriftlichkeit dar [3][4].

Es ist bereits oben [5] festgestellt worden, daß ein Verfahren omV nur dann zulässig ist, wenn nach der allgemeinen Prozeßlage eine mV stattfinden müßte, damit eine Entschei-

---

1) Dies gilt übrigens nicht etwa nur für die Mündlichkeit der Verlautbarung (310 I), sondern auch für die des Verfahrens überhaupt; BGH, NJW 66,52; Fenn, NJW 66, 732 (zu 1).
2) Im Ergebnis ebenso Stein-Juncker, § 72 A 1 (S. 212); Ehlert, S. 28.
3) Ebenso im Ergebnis de Boor, Entsch.nLdA., S. 24; Sauerländer, LZ 1924, 225; Volkmar, LZ 1924, 150; ders., JW 1925, 709; ferner BGH, NJW 1966, 52.
4) Dieses Ergebnis wird auch durch die Vorschriften der §§ 25 II GKG (ehemals in § 8 EntlVO), 35 BRAGO bekräftigt. Darin wird das Verfahren omV dem Verfahren mit mV kostenrechtlich gleichgestellt; ebenso Stein-Juncker, § 72 A I (S. 212); Späth, S. 212. Dagegen unzutreffend Münzel, S. 56, der die Heranziehung dieser Vorschriften zur Auslegung des § 128 II (§ 7 EntlVO) aus wenig überzeugenden Gründen für unzulässig hält.
5) S. 21.

dung ergehen kann. Es fragt sich daher, nachdem die schriftliche Verhandlung als das Kernstück des Verfahrens omV erkannt worden ist, welche die an sich notwendige mV ersetzt, ob jene gleichermaßen obligatorisch ist in dem Sinne, daß eine Entscheidung im Verfahren omV nur erlassen werden kann, wenn die Parteien (schriftlich) verhandelt haben.

Diese Frage ist angesichts der Funktion der schriftlichen Verhandlung als Ersatz für eine obligatorische mV grundsätzlich zu bejahen. Da das Verfahren omV die Streitverhandlung i.S. der ZPO als Grundlage einer Entscheidung nicht beseitigt hat und es weiter zum Wesen der schriftlichen Verhandlung gehört, daß diese entsprechend der ersetzten mV unerläßliche Voraussetzung für eine Entscheidung ist, so führt dies zu der - praktisch bedeutsamen - weiteren Frage, welche Folgen eintreten, wenn die Parteien tatsächlich nicht (schriftlich) verhandeln. Unter dem Gesichtspunkt der Notwendigkeit einer schriftlichen Verhandlung wäre gegebenenfalls eine Entscheidung zunächst nur unter der Voraussetzung denkbar, daß es im Verfahren omV analog dem mündlichen (§§ 330 ff.) ein Säumnisverfahren gibt.

Die Voraussetzungen eines Versäumnisurteils i.S. der ZPO sind verschiedene. Die Vorschriften der §§ 330, 331 gehen davon aus, daß eine Partei im Termin zur mV ausbleibt. Da eine entsprechende Säumnis, wie sie die §§ 330, 331 regeln, in einem Verfahren, das keinen Termin zur mV kennt, aber nicht denkbar ist, kann daher im Verfahren omV unter diesem Gesichtspunkt kein Versäumnisurteil ergehen.

Etwas anderes könnte sich dagegen im Falle des § 333 ergeben. Gemäß dieser Vorschrift gilt auch diejenige Partei als nicht erschienen, die nicht verhandelt. Nur unter dieser Voraussetzung wäre im Verfahren omV eine Versäumnisentscheidung überhaupt denkbar, weil eine sog. "Totalsäumnis" der §§ 330, 331 auch bei entsprechender Anwendung wegen der Einverständniserklärungen niemals gegeben wäre. Eine Untersuchung, ob im Falle des § 333 eine "schriftliche" Versäumnisentscheidung möglich ist, erübrigt sich, wenn man bereits in der Abgabe der Einverständniserklärungen ein "Verhandeln" i.S. des § 333 sieht [1]. Diese Auffassung ist jedoch unzutreffend. "Verhandeln" bedeutet insoweit jede aktive Beteiligung einer Partei an der Erörterung der Sach- und (oder) Rechtslage vor dem Gericht [2]. So gilt beispielsweise die bloße Verlesung eines Antrages [3] oder die Stellung von Vertragungs-, Aussetzungs- und Verbindungsanträgen [4] grundsätzlich nicht als "Verhandeln" im Sinne einer Streitverhandlung vor Gericht. Gibt daher eine Partei nicht mehr als eine prozessuale Willenserklärung ohne sachliche Erörterung ab, so kann man darin kein Verhandeln im Sinne der Säumnisvorschriften erkennen [5]. Allein der durch das Einverständnis bekundete Wille, eine Entscheidung omV zu erwirken [6], genügt also nicht.

Ist somit eine Säumnis im Sinne des § 333 dann gegeben, wenn eine Partei sich nur mit einem Verfahren omV einverstanden erklärt, ansonsten aber nicht verhandelt hat, so fragt es sich, ob unter diesen Umständen ein Versäumnisurteil ergehen kann.

Diese Frage ist zu verneinen. Das Säumnisverfahren paßt in der Form, wie es in der ZPO geregelt ist, nicht in das Verfahren omV. Das Versäumnisrecht ist eine Erscheinung des Mündlichkeitsprinzips. Dementsprechend knüpfen die

---

1) So de Boor, Entsch.nLdA., S. 67; Münzel, S. 110 f.
2) BGHZ 17, 118 (120); OLG Kiel, Rspr. 39, 55; Stein-Jonas-Schumann-Leipold, § 333 Anm. I; vgl. dazu eingehend Wach, Vorträge, S. 152 f.; Schima, S. 160 f.
3) BGH, aaO.; RGZ 132, 330 (336); Stein-Jonas-Schumann-Leipold, § 333 Anm. I; Rosenberg-Schwab, § 108 II 3 b (S. 529).
4) RGZ 110, 169 (171) (betreffend den Fall, daß sich eine Partei nach Ablehnung eines Vertagungsantrages entfernt hatte; sie wurde deshalb als säumig i.S. des § 333 angesehen); OLG Braunschweig, SeuffA 65, 423 (betreffend einen Verbindungsantrag mit Begründung).
5) Im Ergebnis ebenso Lay, S. 85 Fußn. 4.
6) So de Boor, Entsch.nLdA., S. 67.

betreffenden Säumnisvorschriften ihre Rechtsfolgen im wesentlichen an das Erscheinen oder Nichterscheinen im Termin zur mV und nicht nur an die Tatsache des Verhandelns oder Nichtverhandelns. Das gilt insbesondere auch im Falle des § 333. Diese Vorschrift setzt ein Erscheinen im Termin u n d ein Nichtverhandeln voraus. Daher findet auch diese Regelung im Verfahren omV keine entsprechende Grundlage. Hier fehlt es eben an einer Terminierung wie im mündlichen Verfahren. Entsprechendes könnte im Verfahren omV mit seinem Austausch von Schriftsätzen allenfalls durch Fristsetzung erreicht werden. Für die Anwendung der Säumnisvorschriften auf diesen Fall bietet das Gesetz jedoch keine Handhabe [1].

Im übrigen entspricht ein Säumnisverfahren nicht dem Sinn und Zweck des § 128 II. Zwar hat sich gezeigt, daß die Parteien, auch wenn sie auf die mV verzichtet haben, die gleichen Verpflichtungen wie im ordentlich mündlichen Verfahren treffen, was insbesondere für die Pflicht zu verhandeln gilt [2]. Darüber hinaus ist auch das Gericht im Verfahren omV nicht davon entbunden, gegebenenfalls durch schriftliche Anfrage (§ 139) der Wahrheitsfindung zu dienen und unter Umständen durch Fristsetzungen den Fortgang des Prozesses zu fördern. Führt dies nicht zum Erfolg und ist eine Partei in diesem Sinne "säumig", so ist aber der Erlaß eines Versäumnisurteils nicht der richtige Weg. Denn der Beschleunigungs- und Vereinfachungszweck des § 128 II zielt darauf ab, eine mündliche durch eine schriftliche Verhandlung zu ersetzen, wenn sich die mündliche Erörterung des Sach- und Streitverhältnisses als überflüssig erweist, weil etwa bereits alles mündlich vorgetragen ist oder sich vollständig aus den Akten ergibt. Diesem Grundgedanken widerspräche es, wenn man im Verfahren omV eine Säumnisentscheidung zuließe, weil die Parteien überhaupt

---

1) Vgl. aber §§ 331 III, 261 a I 1, II des Entwurfs 1970; dazu unten S. 394 f.
2) Siehe oben S. 32 f.

noch nicht verhandelt haben. Hier ist für ein Verfahren omV kein Raum. Das Gericht muß zum mündlichen Verfahren zurückkehren. Auf diese Weise kann dann die Möglichkeit einer Säumnis mit den entsprechenden Verfahrensfolgen herbeigeführt werden. Der Erlaß eines Versäumnisurteils im Verfahren omV scheidet daher im Ergebnis aus [1].

Dies gilt auch für den Fall, daß sich die Parteien ausdrücklich mit einer Säumnisentscheidung einverstanden erklärt haben [2]. Denn die Unanwendbarkeit des Säumnisverfahrens auf § 128 II folgt aus den Eigenheiten des Verfahrens omV. Die Zulässigkeit einer entsprechenden Entscheidung kann daher auch nicht durch den Willen der Parteien herbeigeführt werden.

Aus dem Vorstehenden folgt, daß im Verfahren omV schriftlich verhandelt worden sein muß, damit eine Entscheidung ergehen kann. Andernfalls muß das Gericht zu dem mündlichen Verfahren übergehen, um gegebenenfalls auf diese Weise eine Entscheidung trotz Säumnis einer Partei (§§ 330 ff.) zu ermöglichen. Dieses Ergebnis ist im rein schriftlichen Verfahren unumgänglich. Es stößt dagegen im gemischt mündlich-schriftlichen Verfahren auf Bedenken. Denn es war gerade der maßgebende Grund für die Einführung des Verfahrens omV, mit dessen Hilfe die Voraussetzungen dafür zu schaffen, mVen zu umgehen, die das Gesetz zwar vorschreibt, in denen jedoch die Parteien in der Regel

---

1) Wie hier im Ergebnis Goldschmidt, Neue ZPO, Anhang 4, § 7 EntlVO Anm. 6 (a.E.); Lucas, § 23 a Anm. 2 (Abs. 2); Stein-Jonas-Pohle, § 128 Anm. X 2 b u. Anm. X 3 c; Thomas-Putzo, § 128 Anm. II 3 b; Wieczorek, § 128 J II d 2; Nikisch, § 78 III 1 (S. 308); Rosenberg-Schwab, § 110 IV 3 (S. 548); Stein-Juncker, § 72 A IV (S. 213 f.); de Boor, Entsch.nLdA., S. 67; Lay, S. 85; Münzel, S. 110; Schima, S. 161; Stürmer, S. 37; Zscherlich, S. 52 f. Entgegengesetzter Ansicht sind Volkmar, BeschlVO, § 23 EntlVO Anm. 5 (Abs. 4); Bull, JR 1961, 248; Levin, DJZ 1924, 14; Sauerländer, LZ 1924, 225.
Der Bericht 1961, S. 202, geht - wie hier - davon aus, daß die Säumnisentscheidung im Verfahren omV nicht denkbar ist; er hält aber die Einführung derselben für erstrebenswert.

2) Unter dieser Voraussetzung halten Sonnen, Das neue ZPrR, S. 49, und Reinberger, Recht 1924, 83, ein Versäumnisurteil für zulässig.

lediglich formell die Anträge stellen, ansonsten aber auf ihr bisheriges Vorbringen Bezug nehmen und somit nicht mehr tun, als schlüssig zu erklären, ihrem bisherigen Vortrag nichts hinzufügen zu wollen (so z.B. im Anschluß an eine Beweisaufnahme, § 285 I). Wollte man nunmehr als zwingende Voraussetzung für eine Entscheidung omV verlangen, daß die Parteien innerhalb des Verfahrens omV irgendwie schriftlich verhandelt haben müssen, und sei es unter Bezugnahme auf einen bereits aktenkundigen Prozeßstoff, so wäre dies eine ebenso leere Förmlichkeit wie diejenigen mündlichen Verhandlungstermine, die gerade mit dem Verfahren omV umgangen werden sollten. Diese Erwägungen rechtfertigen die Annahme, daß in denjenigen Fällen, in denen bereits einmal (mündlich) verhandelt worden ist und dieser mündlich geführte Prozeßstoff ohnehin Entscheidungsgrundlage bleibt [1], auf eine förmliche schriftliche Verhandlung im Verfahren omV verzichtet werden kann. Vielmehr liegt in einer auf das entsprechende Einverständnis gemäß § 128 II folgenden Untätigkeit der Parteien die stillschweigende Erklärung, dem bisherigen mündlichen Streitstoff nichts hinzufügen zu wollen [2].

Dieses Ergebnis widerspricht auch nicht den allgemeinen Grundsätzen des Verfahrens. Es führt insbesondere nicht zu einem verhandlungslosen Prozeß [3]. Es handelt sich hier vielmehr um eine zweckgerechte Folge des Verfahrens omV. Im übrigen ist eine entsprechende Form der Streitverhandlung dem Gesetz nicht fremd. Sie findet sich insbesondere in den dem Verfahren omV verwandten Verfahren der §§ 251 a, 331 a und 272 a. Die Entbehrlichkeit einer tatsächlichen schriftlichen Verhandlung im vorliegenden Fall ist deshalb als prozeßordnungsgemäß anzusehen.

---

1) Siehe unten S. 242.
2) Ebenso Lay, S. 107 f.; Zscherlich, S. 27; Volkmar, ArbRSamml. 24, 37; ders., ArbRSamml. 28, 160; Wiener, JW 1927, 2471; a.A. KG, JW 1927, 2150 (Nr. 3); de Boor, Entsch.nLdA., S. 51; von Marth, LZ 1932, 791; Sauerländer, LZ, 1924, 227.
3) Siehe oben S. 161 f.

## II. Systematische Einordnung in die ZPO

Über die äußere und sachliche Durchführung der schriftlichen Verhandlung im einzelnen läßt das Gesetz eine Regelung gänzlich vermissen. Man steht somit vor dem Problem, diese von der gewöhnlich mündlichen abweichende Form der Verhandlung in die Zivilprozeßordnung systematisch einzuordnen.

Einen entsprechenden Versuch hat Kann [1] mit der sog. Fiktionstheorie unternommen. Nach dieser Theorie wird mit dem Eingang der letzten Einverständniserklärung im Verfahren omV fingiert, daß eine "streitige mV" stattgefunden habe. Diese Fiktion soll auf der einen Seite die Grundlage für die Entscheidung schaffen, andererseits verbindet man mit ihr gleichzeitig sämtliche prozessualen Wirkungen, die das Gesetz an das Parteiverhalten in der mV knüpft [2]. Mit dieser Theorie erreicht man daher zweierlei: Erstens wird das vorbereitende Schriftmaterial zu maßgeblichem Prozeßstoff, weil es als mündlich vorgetragen gilt. Zweitens ergibt sich daraus die - wenn auch nur entsprechende - Anwendung aller Vorschriften über die mV [3][4].

In Übereinstimmung mit der überwiegenden Meinung [5] ist die Fiktionstheorie abzulehnen. Sie ist bereits in ihrem Ansatzpunkt verfehlt. Sie beruht auf dem Satz, daß das Verfahren omV kein schriftliches, sondern eine Unterart des ordentlichen, dem Mündlichkeitsprinzip unterworfenen Verfah-

---

1) JW 1924, 385; ders., ZPO, § 7 EntlBek. Anm. 3 u. § 251 a Anm. 1.
2) Kann, JW 1924, 385.
3) Im Ergebnis ebenso Sonnen, Das neue ZPrR, S. 47.
4) In dem letzteren Sinne auch Sydow-Busch-Krantz-Triebel, Anhang I, § 7 EntlBek. Anm. 3; Reinberger, Recht 1924, 82 (Fußn. 21) und 485; Striemer, DJZ 1924, 501. Für eine entsprechende Anwendung, jedoch ohne Fiktion einer mV, Lucas-Richter, § 251 a Anm. II 1.
5) Stein-Jonas-Pohle, 17./18. Aufl., § 128 Fußn. 15; Rosenberg-Schwab, § 109 III 2 vor a (S. 543); Stein-Juncker, § 71 II vor 1 (S. 205); de Boor, Entsch.nLdA., S. 48 ff., 51 f.; Münzel, S. 67 ff.; Püschel, JR 1925, 897; Volkmar, HWB, S. 291; ders., JW 1925, 709.

rens sei [1]. Unter diesem Gesichtspunkt wird die schriftliche Verhandlung so bewertet, als habe tatsächlich eine mV stattgefunden. Diese Interpretation der schriftlichen Verhandlung geht aber an dem Wesen des Verfahrens omV vorbei. § 128 II ist keine Unterart des Verfahrens mit mV. Die Vorschrift bedeutet eine echte Ausnahme von dem Grundsatz der Mündlichkeit. § 128 II durchbricht dieses Prinzip vollends. Soweit demnach omV verfahren wird, herrscht das Schriftlichkeitsprinzip uneingeschränkt [2]. Das der Entscheidung zugrundliegende Prozeßmaterial wird, soweit es nicht aus einer früheren mV stammt, nicht durch mündlichen Vortrag, sondern ausschließlich auf schriftlichem Wege in den Prozeß eingeführt. Darin liegt das Wesen dieses Verfahrens [3]. Es hieße daher eine Verkennung desselben, wenn man mit Hilfe eines Kunstgriffes - nämlich der Fiktion einer mV - wieder mündliche Elemente in das Verfahren omV hineintragen wollte [4].

Die Fiktion steht auch nicht mit dem Willen des Gesetzgebers in Einklang. Wäre dieser von einer fingierten mV im Falle des Verfahrens omV ausgegangen, dann hätte es weder einer besonderen Vorschrift über das Entstehen der Verhandlungsgebühr des Rechtsanwalts, § 35 BRAGO [5], noch einer Bestimmung über eine besondere Form der Verlautbarung, § 310 II, bedurft. Die Vorschrift des § 35 BRAGO bezweckt gerade die Gleichstellung des Verfahrens omV mit einem Verfahren mit mV [6]. § 35 BRAGO wäre entbehrlich gewesen, wenn das Gesetz das schriftliche Streitmaterial im Verfahren omV so hätte behandelt wissen wollen, als wäre mündlich verhandelt worden [7]. Unter dem gleichen Gesichtspunkt

---

1) Kann, ZPO, § 251 a Anm. 1.
2) Von einem schriftlichen Verfahren im ganzen zu sprechen, wäre allerdings verfehlt, weil der Inhalt vorangegangener mVen m ü n d l i c h e r Prozeßstoff bleibt; siehe unten S. 242.
3) Vgl. auch BGH, LM Nr. 2 zu § 87 ZPO.
4) Zutreffend Münzel, S. 52.
5) Ehemals § 8 EntlVO und § 13 a BRAGO.
6) Riedel-Corves-Sußbauer, § 35 Rdn. 10.
7) A.A. Striemer, DJZ 1924, 501, der in dieser Regelung ein Argument f ü r die Fiktionstheorie zu sehen glaubt. Dagegen zutreffend de Boor, Entsch.nLdA., S. 50 Fußn. 5.

würde sich auch die Regelung des § 310 [1] als systemwidrig erweisen. Denn hätte man das Verfahren omV nicht als echtes vom Schriftlichkeitsprinzip beherrschtes Verfahren angesehen, hätte es bei der Verkündung verbleiben müssen [2].

Die Fiktionstheorie erweist sich aber nicht nur in ihren Grundlagen als verfehlt. Vielmehr sind auch die mit ihrer Hilfe auf die schriftliche Verhandlung gezogenen Schlußfolgerungen unzutreffend. So beruht die Umwandlung der vorbereitenden Schriftsätze in maßgebendes Entscheidungsmaterial nicht auf einer fiktiven mV, sondern auf dem Schriftlichkeitsprinzip [3], dessen Geltung allein von den vom Gesetz vorgeschriebenen Voraussetzungen abhängt. Auch die weitere von Kann [4] aus der Unterstellung gezogene Folgerung, daß die Vorschriften über die mV Anwendung fänden, soweit das Gesetz an die Tatsache des mündlichen Verhandelns Wirkungen geknüpft habe, hält einer kritischen Überprüfung nicht stand. Eine entsprechende Anwendung der Vorschriften über die mV s c h l e c h t h i n scheitert daran, daß diese zumeist ganz speziell auf die Mündlichkeit zugeschnitten sind, wie überhaupt das Mündlichkeitsprinzip sich wie ein roter Faden durch das gesamte Verfahren hindurchzieht [5]. Einzelne Vorschriften, die die mV betreffen, sind daher häufig in ihrem Wesen nach nicht mit dem Schriftlichkeitsprinzip zu vereinbaren. Die Unanwendbarkeit der Säumnisvorschriften (§§ 330 ff.) [6] hat dies bereits deutlich werden lassen. Eine generelle Analogie der Vorschriften über die mV stößt daher, wie sich schon in diesem einen Beispiel zeigt, auf erhebliche Bedenken. Im übrigen ist auch ohne die Kann'sche Theorie eine Analogie zu den Bestimmungen über die mV möglich, so daß die Fiktion insoweit sogar überflüssig ist [7].

---

1) Siehe dazu näher unten S. 305 f.
2) Stein-Juncker, § 72 A VIII (S. 216). Siehe dazu im einzelnen unten S. 305 f. u. 391 ff.
3) Püschel, JR 1925, 897.
4) Oben S. 168 Fußn. 1.
5) De Boor, Entsch.nLdA., S. 3.
6) Siehe oben S. 163 ff.
7) Zutreffend Münzel, S. 69.

Ist mithin die Fiktionstheorie aus den vorstehenden Erwägungen abzulehnen [1], so bleibt die Frage offen, wie die schriftliche Verhandlung in die ZPO systematisch einzuordnen und nach welchen Grundsätzen diese im Einzelfall zu regeln ist.

Im Rahmen der Kritik gegenüber der Fiktionstheorie ist bereits der entscheidende Gesichtspunkt hervorgetreten, auf dessen Grundlage der Standort des Verfahrens omV zu suchen ist. Dort hatte sich gezeigt, daß § 128 II ein echtes schriftliches Verfahren schafft. Dieses ist zwar ein solches sui generis, weil nicht nur schriftlicher Prozeßstoff, sondern gegebenenfalls auch mündlicher Vortrag aus einer vorangegangenen mV bei der Entscheidung berücksichtigt wird [2]. Für den schriftlichen Teil aber herrscht das Schriftlichkeitsprinzip uneingeschränkt. Daraus folgt für die schriftliche Verhandlung, daß diese entsprechend ihren Bedürfnissen, denen sie als Streitverhandlung vor dem Gericht unterliegt, und ihrem Charakter, der auf dem Schriftlichkeitsprinzip beruht, eigenen Gesetzmäßigkeiten unterliegen muß. Wenn es insoweit jeglicher gesetzlichen Regelung ermangelt, wäre es verfehlt, die Vorschriften über die mV generell entsprechend anzuwenden. Da die schriftliche Verhandlung jedoch - wie das Verfahren omV überhaupt - ein echter Bestandteil der ZPO ist [3], müssen die Regelungen über die mV einen entscheidenden Anhaltspunkt für die entsprechende Ausgestaltung der schriftlichen Verhandlung geben. Man muß demnach bei den jeweiligen regelungsbedürftigen Fällen der schriftlichen Verhandlung danach fragen, wie der Gesetzgeber entschieden haben würde, wenn dieser im Einzelfall eine entsprechende Bestimmung im Rahmen der ZPO getroffen hätte.

---

1) Vgl. weitere an Einzelfolgerungen gezeigte Unzuträglichkeiten dieser Theorie bei de Boor, Entsch.nLdA., S. 50 ff.; diese sind letzten Endes alle auf den unrichtigen Ansatzpunkt zurückzuführen, daß das Verfahren omV eine Unterart des mündlichen sei.
2) Siehe dazu unten S. 242.
3) Vgl. RGZ 95, 280 (282).

Das bedeutet konkret, daß die Grundlage der Untersuchung, welchen Regeln die schriftliche Verhandlung unterliegt, zunächst diejenigen Verfahrensprinzipien und sonstigen allgemeinen Prozeßrechtssätze sein werden, die durch die Beseitigung der Mündlichkeit insoweit ihre Geltung nicht eingebüßt haben [1]. Denn, wie mehrfach erwähnt, sollten nach dem Willen des Gesetzgebers die für das Zivilprozeßrecht maßgebenden Verfahrensgrundsätze im wesentlichen unberührt bleiben. Unter diesem Gesichtspunkt werden daher die Vorschriften über die mV bei der Auslegung des mutmaßlichen Willens des Gesetzgebers im Hinblick auf eine schriftliche Verhandlung besondere Berücksichtigung finden müssen. Die betreffenden Bestimmungen werden daher Ausgangspunkt für die Frage sein, wie die schriftliche Verhandlung gestaltet ist. Dabei kommt es im wesentlichen darauf an, ob die einzelnen Regelungen der mV gegebenenfalls auf den Besonderheiten des Mündlichkeitsprinzips beruhen. Ist dies der Fall, muß - soweit überhaupt notwendig - ein dem Schriftlichkeitsprinzip entsprechendes Korrelat gefunden werden. Stehen dagegen einzelne Bestimmungen über die mV in keiner unmittelbaren Beziehung zur Mündlichkeit oder Schriftlichkeit, was allerdings seltener der Fall sein wird [2], dürfte in der Regel eine entsprechende Anwendung der Vorschrift über die mV auf die schriftliche Verhandlung in Betracht kommen [3]. Diese Analogie erscheint in den betreffenden Fällen sogar geboten, weil damit dem mußmaßlichen Willen des Gesetzgebers am ehesten entsprochen wird. Bei allen diesen Überlegungen darf jedoch niemals der Charakter der Verhandlung als schriftliche Verhandlung sui generis und der mit § 128 II verbundene Sinn und Zweck außer acht gelassen werden.

Die vorstehenden Ausführungen bilden das "Rüstzeug", mit dem man an die einzelnen Fragen der schriftlichen Verhandlung herangehen kann.

---

1) Vgl. Kleinfeller, § 52 III (S. 164).
2) Vgl. Vollkommer, NJW 1968, 1093.
3) Für eine generelle entsprechende Anwendung, Lucas-Richter, § 251 a Anm. II 1; Münzel, S. 69.

## § 9 Der Beginn und Fortgang der schriftlichen Verhandlung

### I. Der Beginn der Verhandlung

Die Untersuchung der einzelnen Probleme soll von der Frage nach dem Beginn der schriftlichen Verhandlung ausgehen. Nach den für die schriftliche Verhandlung allgemein herausgearbeiteten Grundsätzen [1] ist von der entsprechenden Situation in der mV auszugehen. Diese wird im Termin zur mV nach Aufruf der Sache (§ 220) von dem Vorsitzenden eröffnet (§ 136 I). Die eigentliche Verhandlung leiten die Parteien dadurch ein, daß sie die Anträge stellen (§ 137 I). Daran schließt sich der Parteivortrag des der Entscheidung zugrundeliegenden Sachverhalts an. Diese Prozeßhandlungen (Anträge und Tatsachenvortrag) werden gleichzeitig mit ihrer Vornahme in der mV maßgeblicher Prozeßstoff.

Versucht man diesen Geschehnisablauf und dessen Wirkung auf die schriftliche Verhandlung zu übertragen, so stößt man auf erhebliche Schwierigkeiten. Denn die genannten Regelungen über die formelle Eröffnung und technische Durchführung sind auf den mündlichen Vortrag unter gleichzeitiger Anwesenheit der Parteien in einer Terminstunde zugeschnitten. Die schriftliche Verhandlung dagegen findet unter Abwesenden statt. Sie beschränkt sich nicht auf eine - zeitlich begrenzte - Terminstunde, sondern kann sich über Tage, Wochen oder sogar Monate erstrecken. Es fehlt daher naturgemäß an einer entsprechenden Situation, die eine analoge Anwendung der Vorschriften über den formellen Gang der mV ermöglichte. Diese können deshalb für die hier zu untersuchende Frage nur Richtlinie sein.

Im übrigen müssen aber Kriterien gefunden werden, die unter Beachtung der Eigentümlichkeiten des Schriftlichkeitsprinzips den Verhandlungsbeginn charakterisieren. Ein schrift-

---

1) Siehe oben S. 171 f.

licher Eröffnungsakt entsprechend § 136 I ist zwar denkbar, erscheint aber entbehrlich, weil dieser nur eine äußerliche Formalhandlung darstellt. Wesentlich näherliegend ist es, für den Beginn der schriftlichen Verhandlung auf den Eingang der letzten Einverständniserklärung abzustellen [1]. Allein scheidet dieses Mermal aus folgender Erwägung aus: Wie gezeigt [2] bedeuten die Einverständniserklärungen für sich allein kein eigentliches "Verhandeln" i.S. der ZPO. Diese Prozeßhandlungen der Parteien eröffnen lediglich die "Gelegenheit" einer anschließenden schriftlichen Verhandlung. Sie bilden demnach die Voraussetzung, nicht aber dasjenige Element einer schriftlichen Verhandlung, das als deren Bestandteil, und somit im besonderen als deren "Beginn" i.S. des § 136 I gelten könnte.

Anknüpfend an die vorstehenden Gedanken muß also ein weiteres Moment zu den die Voraussetzung einer schriftlichen Verhandlung bildenden Einverständniserklärungen hinzutreten. Unter Berücksichtigung dessen liegt es nahe, den Beginn der schriftlichen Verhandlung auf denjenigen Zeitpunkt zu legen, in dem die Parteien im Anschluß an ihre Einverständniserklärungen in der für die schriftliche Verhandlung eigentümlichen Übermittlungsform Prozeßhandlungen vornehmen, nämlich mit der Einreichung eines Schriftsatzes. Denn das eigentliche "Verhandeln" beginnt auch im mündlichen Verfahren erst mit der Stellung der Anträge, also der Vornahme bestimmter sachbezogener Prozeßhandlungen (§ 137). Allein könnte man aber dieses Moment dem Verhandlungsbeginn im Verfahren omV nur gleichsetzen, wenn mit der Einreichung eines Schriftsatzes die darin enthaltene Erklärung ebenso bei der Entscheidung berücksichtigt werden könnte, wie dies bei einer entsprechenden mündlichen Erklärung in einer mV der Fall ist. Denn solange die Schriftsätze nicht erheblich sind, kann man nicht von einer wirklichen Streitverhandlung, also auch

1) So Wieczorek, § 128 J II c 3; Cremer, S. 74; Reinberger, Recht 1924, 81; wohl auch Baumbach-Lauterbach, § 271 Anm. 2 D; dahingestellt von BGH, NJW 1970, 198; Wach, DJZ 1924, 251 f.

2) Siehe oben S. 164.

nicht von deren Beginn mit der entsprechenden Einreichung eines Schriftsatzes sprechen.

Gewöhnlich haben diejenigen Schriftsätze, die im normalen mündlichen Verfahren zu den Akten gereicht werden, nicht die Wirkung, daß die schriftlichen Erklärungen gleichzeizig mit deren Abgabe entscheidungserheblich sind. Die ZPO unterscheidet vielmehr zwischen sog. b e s t i m m e n - d e n und v o r b e r e i t e n d e n Schriftsätzen [1]. Letztere bilden im Normalverfahren die Regel. Sie sind ihrer Art nach ein besonderes Gebilde des Mündlichkeitsprinzips. Die vorbereitenden Schriftsätze kündigen lediglich an, was die Parteien in der mV vorzutragen beabsichtigen [2]. Dagegen bewirken die sog. bestimmenden Schriftsätze unmittelbar mit deren Einreichung die Maßgeblichkeit der darin enthaltenen Erklärungen [3]. Diese Form der Prozeßhandlung ist vom Gesetz in einigen besonderen Fällen vorgeschrieben. Sie entspricht daher in ihrem Wesen und Wirkung dem Schriftlichkeitsprinzip.

Legt man diese in der ZPO gebräuchliche begriffliche Einteilung der Schriftsätze zugrunde und geht man von der primären Geltung des Mündlichkeitsprinzips aus, so gilt jeder Schriftsatz, soweit er nicht ausnahmsweise aufgrund ausdrücklicher gesetzlicher Regelung bestimmend wirkt, nach den Bestimmungen des Gesetzes als vorbereitender. Für die Frage, wann der Beginn der schriftlichen Verhandlung im Verfahren gemäß § 128 II anzunehmen ist, genügt daher nicht die bloße Einreichung eines Schriftsatzes. Es muß vielmehr ein Ereignis hinzutreten, das das Mündlichkeits- durch das Schriftlichkeitsprinzip ersetzt, d.h., ein Vorgang, der den Schriftsätzen bestimmenden Charakter beimißt,

---

1) Der Ausdruck "bestimmender" Schriftsatz findet sich im Gesetz nicht. Der Gesetzgeber ging aber, wie sich aus Motiven zur ZPO (siehe Hahn, Motive, S. 126) ergibt, von dem Vorhandensein dieses Begriffes aus; siehe RGZ 151, 82 (84).
2) Stein-Jonas-Pohle, § 129 Anm. I 1; siehe dazu eingehend Rosenberg-Schwab, § 81 II (S. 382 ff.).
3) Vgl. Stein-Jonas-Pohle, § 128 Anm. I 1.

sei es, daß diese Wirkung bereits mit der Einreichung der schriftlichen Erklärung eintritt, sei es, daß der betreffende Schriftsatz von einem vorbereitenden in einen solchen mit bestimmender Kraft umgewandelt wird. Erst dann wären die Voraussetzungen gegeben, aufgrund derer man den Beginn der schriftlichen Verhandlung annehmen könnte.

Grundlegende Voraussetzung für ein Verfahren omV und damit für eine schriftliche Verhandlung bzw. deren Beginn überhaupt ist das Einverständnis der Parteien. In den Einverständniserklärungen könnte man demnach bereits das entscheidende Kriterium sehen, aufgrund dessen die Schriftsätze bestimmende Kraft erhielten [1].

Aus § 128 II ergibt sich kein Anhaltspunkt, aus dem man schließen könnte, daß die nach Abgabe der Einverständniserklärungen eingereichten Schriftsätze bestimmend wirken, auch wenn diese ihrem Wesen nach als vorbereitende zu gelten hätten. Nach der üblichen Gesetzestechnik hat aber die ZPO jeweils in den maßgeblichen Regelungen durch das Schriftformerfordernis Klarheit geschaffen, welche Schriftsätze als bestimmende anzusehen sind. Auch aus dem allgemeinen Sinn und Zweck des Verfahrens omV ergibt sich nichts für die Beantwortung der vorliegenden Frage. Denn § 128 II geht in seinem Grundgedanken von der Mündlichkeit als herrschendem Prinzip der ZPO aus. Es verbleibt daher grundsätzlich bei dem vorbereitenden Charakter der Schriftsätze, soweit das Gesetz nichts anderes bestimmt. Nicht jedes Merkmal aber, das auf ein Verfahren omV hinführt, verleiht dem nachfolgenden Schriftmaterial bereits die Bedeutung maßgebenden Prozeßstoffes. Das gilt insbesondere für die Einverständniserklärungen der Parteien. Denn mit diesen allein ist die Grundlage für ein Verfahren omV nur zum Teil gegeben. Die letzte Entscheidung, ob auf die Mündlichkeit tatsächlich verzichtet werden soll, hat das Gesetz dem richterlichen Ermessen unterstellt (§ 128 II). Das Gericht ist dabei an das Einverständnis der Parteien nicht gebunden. Es kann durch

---

1) So Reinberger, Recht 1924, 81 ff.

Anordnung einer mV die Anregung der Parteien negieren [1]. Reichen demnach die Parteien nach Abgabe des Einverständnisses Schriftsätze mit der Maßgabe ein, daß dieser Vortrag die Entscheidungsgrundlage bilden soll, wirken diese schriftlichen Erklärungen zunächst nicht in der angestrebten Weise, weil bei Vorliegen des Parteieneinverständnisses die endgültige Form der Einführung des Prozeßstoffes noch nicht feststeht.

Vertritt man dagegen die Auffassung, daß es sich dabei bereits um bestimmende Schriftsätze handelte, ergäben sich für das weitere Verfahren bedenkliche Konsequenzen. Schließt das Gericht sich nämlich dem Einverständnis der Parteien, das die maßgebende Wirkung auf die Schriftsätze ausüben soll, nicht an, wären die Parteien an ihr schriftliches Vorbringen gebunden, obwohl weiterhin mündlich verhandelt würde und die Schriftsätze nicht Gegenstand der Verhandlung wären. Das Gericht wäre verpflichtet, schriftliches Vorbringen zu verwerten, obwohl die Entscheidung aufgrund einer mV ergeht, und ohne daß die Parteien auf diese Schriftsätze mündlich Bezug genommen hätten (§ 137 III 1). Es würde somit schriftlicher Streitstoff als Entscheidungsgrundlage gelten müssen, obwohl kein Verfahren gemäß § 128 II, sondern ein rein mündlicher Prozeß stattgefunden hat [2]. Will man dieses Ergebnis nicht, müßte man die ursprünglich bestimmenden Schriftsätze in ankündigendes Material herabsinken lassen, wenn trotz der Einverständniserklärungen keine Entscheidung omV erginge [3]. Diese Folge widerspricht jedoch allgemeinen prozeßrechtlichen Gesichtspunkten. Ein Wechsel von maßgeblichen in unmaßgeblichen schriftlichen Prozeßstoff, der u.U. durch Bezugnahme in einer mV gemäß § 137 III 1 tatsächlich wieder das erhebliche Entscheidungsmaterial bildet, verträgt sich nicht mit dem Bedürfnis des Prozeßrechts nach Klarheit und Einfachheit. Es entstünde

---

1) Siehe oben S. 145.
2) So im Ergebnis Wieczorek, § 128 J II c 3; Reinberger, Recht 1924, 84.
3) So folgerichtig Cremer, S. 75.

ein verwirrendes "Hin und Her" [1]. Eine Sicherung der Verfahrensgrundlage wäre nicht mehr gewährleistet [2], weil sich häufig Zweifel ergäben, ob einzelne schriftsätzliche Erklärungen berücksichtigungsfähig sind und gegebenenfalls in welcher Form, nämlich ob als vorbereitender oder bestimmender Streitstoff.

Die ohne die endgültige Entschließung des Gerichts fehlende Gewißheit, ob tatsächlich eine Entscheidung omV ergeht, führt daher zu der Annahme, daß Schriftsätzen,die nach Abgabe der Parteieinverständniserklärungen eingehen, allein aufgrund dieses Umstandes kein bestimmender Charakter zuerkannt werden kann. Das bedeutet weiter, daß mangels dessen auch die der mV entsprechenden Voraussetzungen für einen Beginn mit Einreichung eines Schriftsatzes im Anschluß an das Parteieinverständnis nicht gegeben sind.

Dieser Auffassung steht auch nicht entgegen, daß in der in der ZPO geregelten Art eines schriftlichen Verfahrens, nämlich dem fakultativ-mündlichen Verfahren, die Schriftsätze als bestimmende gelten, obwohl auch in diesem Verfahren die Entscheidung, ob der Prozeßstoff in mündlicher oder schriftlicher Form beizubringen ist, im Ermessen des Gerichts steht [3]. Die verschiedenen Ergebnisse beruhen auf dem wesentlichen Unterschied zwischen beiden Verfahrensarten. Während im fakultativ-mündlichen Verfahren grundsätzlich die Schrift die eigentliche Form der Verhandlung bildet, geht demgegenüber das Verfahren omV von der Mündlichkeit als Grundprinzip aus. Dem entspricht es, wenn im gemischt mündlich-schriftlichen Verfahren gemäß § 128 II der mündliche Vortrag einer vorangegangenen mV maßgeblicher Prozeßstoff bleibt, und vorbereitendes schriftliches Material nur im Einverständnis der Parteien und des Gerichts entscheidungserheblich wird, und wenn dagegen im fakultativ-mündlichen Verfahren das bisher schriftlich Eingeführte

---

1) De Boor, Entsch.nLdA., S. 46.
2) Im Ergebnis ebenso Wach, DJZ 1924, 251.
3) Vgl. dazu näher Stein-Jonas-Pohle, § 128 Anm. V 5 vor a.

entscheidungserheblich bleibt, ohne rückwirkend zu bloßem vorbereitenden Material herabzusinken für den Fall, daß eine mV anberaumt ist [1]. Dieser Unterschied zwischen den beiden Arten eines schriftlichen Verfahrens in der ZPO läßt eine Gleichbehandlung in bezug auf die gezeigte Eigenschaft der Schriftsätze nicht zu.

Scheidet somit das Einverständnis der Parteien als entscheidendes Kriterium für die Erheblichkeit des schriftlichen Vorbringes, die ihrerseits die Voraussetzung für den Beginn der schriftlichen Verhandlung bildet, aus, so fragt es sich, aufgrund welchen Ereignisses jene dann bewirkt wird.

Geht man von den bisherigen Überlegungen aus, so war den im Anschluß an eine Einverständniserklärung eingereichten Schriftsätzen der Charakter eines bestimmenden deshalb zu versagen, weil das Einverständnis lediglich die "Möglichkeit" einer schriftlichen Verhandlung eröffnet, diese jedoch nicht gewährleistet. Daraus folgt, daß die Endgültigkeit der Prozeßlage im Hinblick auf die schriftliche Verhandlung den für die Erheblichkeit der Schriftsätze entscheidenden Gesichtspunkt bildet.

Unter Berücksichtigung dessen steht die hM. [2] auf dem Standpunkt, daß erst die Entscheidung, mit der das Verfahren omV abschließt, die vorbereitenden Schriftsätze in bestimmende umwandele. Nach dieser Auffassung sei dagegen nicht schon die Entschließung des Gerichts, omV entscheiden zu wollen, maßgebend; das gelte auch dann, wenn diese der Entscheidung zeitlich voranginge, weil jene erst mit der Entscheidung selbst unabänderlich werde. Diese

---

1) Vgl. Stein-Jonas-Pohle, aaO.
2) BGH, LM Nr. 2 zu § 87 ZPO; Stein-Jonas-Pohle, § 128 Anm. X 2 b; Lucas, § 23 a Anm. 2; Volkmar, BeschlVO, § 23 a Anm. 5; ders., HWB, S. 293; Seuffert-Walsmann, § 251 a Anm. 3 c; Blomeyer, ZPR, § 55 III 2 b (S. 269); Goldschmidt, Zivilprozeßrecht, § 57, 2 (S. 182); Rosenberg-Schwab, § 109 III 2 b (S. 543); Stein-Juncker, § 72 A V 3 (S. 214); Münzel, S. 64; von Marth, LZ 1932, 794; a.A. de Boor, Entsch.nLdA., S. 46 f.; Cremer, S. 74; Zscherlich, S. 42 f.; Reinberger, Recht 1924, 81.

Ansicht ist zwar vom praktischen Ergebnis her zutreffend. In theoretischer Hinsicht jedoch bildet nicht die Entscheidung, sondern der Entschluß des Gerichts zu einem Verfahren omV das für den Beginn der schriftlichen Verhandlung erhebliche Moment.

Es ist zunächst zuzugeben, daß die Entschließung des Gerichts allein für die Umwandlung des Prozeßstoffes nicht ausschlaggebend sein kann, weil sie ebensowenig wie das Einverständnis der Parteien eine endgültige Klarheit über die Erheblichkeit des schriftlichen Vorbringens schafft. Denn das Gericht ist an seine Entschließung, omV zu verfahren, nicht gebunden [1]. Erst mit der Entscheidung selbst wird die Anordnung eines Verfahrens omV unabänderlich, sei es, daß sie der Entscheidung zeitlich getrennt vorangeht, sei es, daß sie mit dieser unmittelbar zusammenfällt. In jedem Falle steht erst mit dem Erlaß der Entscheidung fest, daß das in dem betreffenden Verfahrensabschnitt eingeführte schriftliche Prozeßmaterial die Entscheidungsgrundlage bildet, d.h., daß die entsprechenden Schriftsätze bestimmend wirken.

Dennoch ist logisch nicht die Entscheidung, sondern die Entschließung des Gerichts zu einem Verfahren omV das maßgebende Ereignis, das die vorbereitenden Schriftsätze in bestimmende verwandelt. Denn die Entschließung ist die notwendige Voraussetzung für ein Verfahren omV. Sie bewirkt, daß das schriftliche Prozeßmaterial zur Entscheidungsgrundlage wird. Allerdings hängt der Eintritt dieser Wirkungen davon ab, daß das Gericht auch tatsächlich eine Entscheidung omV erläßt. Das bedeutet, daß im Falle einer der Entscheidung zeitlich vorangehenden Anordnung eines Verfahrens omV die Umwandlung des entsprechenden Schriftmaterials in entscheidungserheblichen Prozeßstoff bis zum Erlaß der Entscheidung in diesem Verfahren aufschiebend bedingt ist. Die Eigen-

---

1) Siehe oben S. 149.

schaft der Schriftsätze als bestimmende oder vorbereitende bleibt daher bis zur Entscheidung in der Schwebe [1].

Demgegenüber wird die Ansicht vertreten, daß die Schriftsätze mit der Entschließung gegebenenfalls bestimmende würden, jedoch unter der "auflösenden" Bedingung, daß das Gericht seine Anordnung rückgängig macht [2]. Gegen diese Auffassung richten sich dieselben Bedenken, die zur Untauglichkeit des Parteieinverständnisses als Kriterium für die Maßgeblichkeit des schriftlichen Streitstoffes geführt hatten [3]. In dem einen wie in dem anderen Fall würde eine unerträgliche Verfahrensunsicherheit daraus entstehen, daß der Prozeßstoff einem stetigen Wandel zwischen ankündigendem und erheblichem Streitmaterial ausgesetzt wäre [4].

Während demnach im Falle einer der Entscheidung vorausgehenden Entschließung die letztere die vorbereitenden Schriftsätze in bestimmende verwandelt, so gilt dies auch dann, wenn die Anordnung des Verfahrens omV mit der Entscheidung zusammenfällt. Hier tritt zwar die Entschließung des Gerichts nicht besonders in Erscheinung, sie geht jedoch der Entscheidung logisch voraus und äußert sich darin, daß das Gericht eine Entscheidung erläßt, ohne nochmals mündlich zu verhandeln. Ohne die betreffende Trennung von Entschließung und Entscheidung wäre eine Entscheidung omV auch gar nicht möglich, weil die Zustimmung des Gerichts gemäß § 128 II Voraussetzung für die Berücksichtigungsfähigkeit des Schriftmaterials ist, das schließlich die Grundlage der zu fällenden Entscheidung bilden soll. In dem Zeitpunkt aber, in dem das Gericht die Sachentscheidung berät, muß im Interesse eines sicheren Verfahrensablaufes bereits feststehen, welcher Streitstoff der zu fäl-

---

1) Vgl. Stein-Juncker, § 72 A V 3 (S. 214).
2) Vgl. de Boor, Entsch.nLdA., S. 46; Zscherlich, S. 42.
3) Siehe oben S. 176 ff.
4) Diese unerfreuliche Erscheinung wird im übrigen auch von Zscherlich, aaO., gesehen; siehe ferner auch de Boor, aaO., S. 44, 46.

lenden Entscheidung zugrundezulegen ist [1]. Das bedeutet, daß das Gericht seine Entschließung über die Anordnung eines Verfahrens omV vor der Entscheidung getroffen haben muß.

Faßt man das Ergebnis der vorstehenden Erörterungen zusammen, so ergibt sich, daß die Entschließung des Gerichts im Sinne des § 128 II das entscheidende Moment für die Erheblichkeit des schriftlichen Vorbringes bildet. Praktisch jedoch tritt die endgültige Klarheit, ob der schriftliche Vortrag als solcher verwertet werden darf erst mit der Entscheidung im Verfahren omV ein. Insoweit deckt sich dies vom Ergebnis her mit der hM. [2][3].

Geht man wieder auf den Ausgangspunkt der Erörterungen zurück, nämlich auf die Frage nach dem Beginn der schriftlichen Verhandlung, so tritt dieser mit der der Entscheidung logisch vorangehenden Entschließung des Gerichts, schriftlich entscheiden zu wollen, ein, weil damit sämtliche Voraussetzungen für den Verhandlungsbeginn entsprechend denen im mündlichen Verfahren erfüllt sind, nämlich die mit der Erheblichkeit der Schriftsätze gegebene Stellung der darin enthaltenen Anträge sowie der Einführung des der Entscheidung zugrundezulegenden Prozeßstoffes.

---

1) Die Auffassung, daß bereits die Entschließung den Beginn der Verhandlung bedeutet, macht auch die Konstruktion einer rückwirkenden Einführung des Prozeßstoffes entbehrlich, wie sie von der hM. angenommen werden muß (BGH, LM Nr. 2 zu § 87 ZPO; Stein-Jonas-Pohle, § 128 Anm. X 2 b; Rosenberg-Schwab, § 109 III 2 b (S. 543)), um damit die Tatsache zu umgehen, daß ohne eine solche Rückwirkung eine Entscheidung aufgrund unmaßgeblichen Schriftmaterials erginge, weil nach der hM. eben erst die Entscheidung selbst die Berücksichtigungsfähigkeit der Schriftsätze bewirkt.

2) Siehe oben S. 179 Fußn. 2.

3) Diesem Ergebnis entspricht im übrigen auch die maßgebliche Regelung im Kostenrecht. So entsteht die Verhandlungsgebühr des Rechtsanwalts im Verfahren omV mit dem Erlaß der Entscheidung (§ 35 BRAGO), siehe Gerold, § 35 Rdn. 7; Lauterbach, § 35 Anm. 2 D; Riedel-Corves-Sußbauer, § 35 Anm. 7; Swolana, § 35 Anm. 2 (a.E.).

## II. Die Reihenfolge der Prozeßhandlungen

Das Leitbild der mV im Sinne der ZPO schließt eine Zerlegung der Streitverhandlung in einzelne Abschnitte und eine entsprechende feste Reihenfolge des Streitmaterials aus [1]. Die mV ist ein einheitliches Ganzes, auch wenn diese zeitlich in mehrere Termine zerfällt (§ 278). Eine gewisse Ordnung des Prozeßstoffes ist jedoch im Interesse eines zweckmäßigen Verfahrensganges nicht zu entbehren. Dementsprechend können die Parteien einzelne Erklärungen überhaupt nicht (§§ 306, 307) oder nur unter ganz bestimmten Voraussetzungen widerrufen (§§ 288, 290). In anderen Fällen ist ihnen die Nachholung versäumter Handlungen versagt (§§ 39, 76, 269, 274 III, 295, GVG § 101). Endlich entstehen mit der Einlassung des Beklagten Bindungswirkungen in bezug auf besondere Prozeßhandlungen des Klägers (§§ 264, 271, 515 I). Die Reihenfolge der Prozeßhandlungen ist endlich dann von Bedeutung, wenn es darum geht, den Streitstoff zu konzentrieren. In diesen Fällen hat das Gericht die Möglichkeit, die Parteien mit Vorbringen auszuschließen oder ihnen Sanktionen aufzuerlegen, wenn der Vortrag zu einem früheren Zeitpunkt in der mV hätte geschehen können (§§ 278 II, 279, 283 II, 356, 519, 529). Diese vorgenannten gesetzlichen Regelungen stellen also eine gewisse Beziehung zwischen früheren und späteren Prozeßhandlungen her. Insbesondere mit der Bindung der Parteien an ein bestimmtes Verhalten in der Verhandlung erfährt diese eine Einteilung, die den Gang einer fortschreitenden Streitverhandlung sichtbar werden läßt.

Will man nunmehr an die entsprechenden schriftsätzlichen Äußerungen der Parteien in einer schriftlichen Verhandlung dieselben bindenden Wirkungen im Hinblick auf nachfolgendes Parteiverhalten knüpfen, wie dies bei den genannten Erklärungen in der mV der Fall ist, so würde dies voraussetzen, daß sich die schriftliche Verhandlung entsprechend der Situation im mündlichen Verfahren als eine fortschreitende Streit-

---

1) Siehe Hahn, Motive, S. 128 f.

verhandlung mit aufeinanderfolgenden Prozeßhandlungen darstellt. Das Problem der Bindung an ein bestimmtes Parteiverhalten ist also im wesentlichen eine Frage des Charakters der schriftlichen Verhandlung überhaupt.

Die Annahme einer schriftlichen, in sich fortschreitenden Verhandlung erscheint im Hinblick auf das für den Beginn der Verhandlung gewonnene Ergebnis [1] aufgrund folgender Überlegungen zweifelhaft: In der mV wird die Entscheidungsgrundlage uno actu mit dem entsprechenden mündlichen Vortrag gebildet. Hier schreitet demnach die Verhandlung infolge des Nacheinander der sofort maßgeblichen mündlichen Parteierklärungen voran. Im Verfahren omV dagegen setzt sich die Beschaffung der Entscheidungsgrundlage aus zwei selbständigen, zeitlich auseinanderfallenden Akten zusammen, nämlich der Abgabe der schriftlichen Erklärungen durch Einreichung eines Schriftsatzes und der Entschließung des Gerichts, omV zu entscheiden. Eine Reihenfolge der Prozeßhandlungen kann hier allenfalls durch das zeitliche Nacheinander der Schriftsätze bestimmt werden. Dies erscheint aber bedenklich, solange nicht auch die auf diese Weise tatsächlich vorgenommenen Prozeßhandlungen rechtlich erheblich sind, weil es eine Bindung der Parteien an unmaßgeblichen Prozeßstoff nicht geben kann. Maßgeblich werden die Schriftsätze aber alle zusammen in dem logischen, der Sachentscheidung vorausgehenden Augenblick der Entschliessung des Gerichts. Im Hinblick darauf wird die Auffassung vertreten, daß es im Verfahren omV keine Reihenfolge der Prozeßhandlungen gebe und die schriftliche Verhandlung sich in der "gleichzeitigen" Einführung schriftlich angekündigten Materials erschöpfe [1].

Legt man diese Ansicht von dem Gang der schriftlichen Verhandlung zugrunde, dann folgt daraus eine Gleichstellung allen Parteivorbringens. Dieses ist so zu berücksichtigen, wie es sich im Zeitpunkt der Entscheidung offenbart. Bei

---

1) So im Ergebnis Rosenberg-Schwab, § 110 V 1 b (S. 549); § 109 III 2 b (S. 543); Lay, S. 60.

Widersprüchen zwischen schriftsätzlichen Erklärungen wäre jeweils der spätere Schriftsatz maßgebend. Das würde auch für Erklärungen gelten, die, wären sie in der mV abgegeben worden, bindende Wirkungen gehabt hätten (z.B. ein Geständnis, § 288). Prozeßhindernde Einreden könnten ohne Vorbehalt noch in dem letzten einer ganzen Reihe von Schriftsätzen erhoben werden (§ 274 III). Nach dieser Auffassung gibt es demnach keine Bindung der Parteien im Hinblick auf früheres Verhalten, weil die zeitliche Reihenfolge des Einganges der Parteihandlungen unerheblich ist. Dieses Ergebnis begegnet in mehrfacher Hinsicht Bedenken.

Die dargelegte Vorstellung von der schriftlichen Verhandlung entspricht einerseits nicht dem Wesen einer fortschreitenden Verhandlung, wie sie der Gesetzgeber mit der Regelung der mV geschaffen hat. Andererseits steht auch die Gleichzeitigkeit schriftlichen Vortrages nicht mit den Eigenheiten eines vom Schriftlichkeitsprinzip beherrschten Verfahrens, insbesondere des Verfahrens i.S. des § 128 II, im Einklang.

Was zunächst den Charakter eines schriftlichen Verfahrens angeht, so findet sich darin nicht nur eine tatsächliche Reihenfolge der Prozeßhandlungen schlechthin. Diese ist vielmehr mit der Geltung der für ein schriftliches Verfahren charakteristischen [1] Eventualmaxime [2] regelmäßig zum Verfahrensgrundsatz erhoben gewesen. Es erscheint daher befremdend, wenn im Verfahren omV dieses einem schriftlichen Verfahren eigene Merkmal fehlen sollte. Zwar ist das Verfahren gemäß § 128 II ein Schriftprozeß sui generis. Dies beruht aber lediglich auf dem möglichen Nebeneinander von mündlichem und schriftlichem Prozeßmaterial [3]. Im übrigen ist, soweit das Schriftlichkeitsprinzip herrscht, dieses allein bestimmend. Man ist daher nicht gehindert, bestimmte

---

1) Skonietzki-Gelpcke, vor § 128 (Verfahren) Anm. 2 B 1 vor a).
2) Das Bedürfnis der Beschleunigung führt in einem Schriftprozeß notwendig zu einer Zerlegung des Verfahrens in einzelne Abschnitte. Dadurch werden die Parteien verpflichtet, alle Tatsachen u. Beweise, Einreden u. Repliken usw. gleichzeitig vorzubringen, und zwar auch diejenigen, die nur bedingt für den Fall verwertet sollten, daß vorrangige Tatsachen unerheblich sein würden (in eventum).
3) Siehe oben S. 32 f.

Merkmale eines echten schriftlichen Verfahrens auf das Verfahren omV zu übertragen. Insbesondere ist kein Grund ersichtlich, warum es im Verfahren omV eine Reihenfolge der Prozeßhandlungen nicht geben sollte. Mündlichkeit und Schriftlichkeit, also die wesentlichen das Verfahren unterscheidenden Prinzipien, haben im Grunde mit der Frage des Nebeneinander des Parteivorbringens, das letztlich eine Bindung der Parteien an bestimmte Erklärungen im Prozeß bewirkt, nichts zu tun. Der Sinn dieser Einteilung des Parteiverhaltens liegt hingegen in dem Wesen des Prozesses allgemein begründet. Gleichgültig, ob sich die Verhandlung in mündlicher oder schriftlicher Form abwickelt, besteht ein unabweisbares Bedürfnis der Rechtspflege, die Parteien im Interesse eines reibungslosen Verfahrensganges einer gewissen Ordnung des Prozeßstoffes zu unterwerfen. Es entspricht daher einem allgemeinen prozessualen Anliegen, an einzelne bestimmte Parteierklärungen bindende Prozeßlagen zu knüpfen und somit unter den betreffenden Prozeßhandlungen eine Reihenfolge festzulegen. Aus den vorstehenden Gründen ergeben sich daher grundsätzliche Bedenken, im Verfahren omV auf eine entsprechende Ordnung der Parteiverhandlung, die auch die ZPO in einer Reihe von Fällen anerkennt, zu verzichten. Die Auffassung von der Gleichzeitigkeit allen schriftlichen Prozeßstoffes kann deshalb nicht als Lösung angesehen werden, die der Gesetzgeber gewählt haben würde, wenn er eine entsprechende Regelung für die schriftliche Verhandlung gemäß § 128 II getroffen hätte. Dafür spricht auch noch ein weiterer Gesichtspunkt.

Nach dem Willen des Gesetzgebers soll sich der Rechtsstreit unmittelbar vor dem Gericht entwickeln [1]. Der Sinn der Streitverhandlung - also auch einer dem Grundgedanken der ZPO entsprechenden schriftlichen Verhandlung [2] - besteht daher nicht darin, daß dem Gericht durch einen zusammengefaßten Bericht das "Ergebnis" einer Verhandlung, d.h. ein bereits abgegrenzter und feststehender Sach- und Streitstand

1) Vgl. Hahn, Motive, S. 16.
2) Siehe oben S. 171.

vermittelt würde. Dies wäre aber die Folge der Gleichstellung des gesamten schriftlichen Streitmaterials [1]. Daher entspricht die Auffassung von der Gleichzeitigkeit des schriftlichen Vorbringens im Verfahren omV schon der grundlegenden Vorstellung des Gesetzgebers von der Streitverhandlung allgemein nicht.

Für die Gleichstellung des gesamten schriftlichen Prozeßmaterials wird demgegenüber geltend gemacht, daß im Falle der Bezugnahme gemäß § 137 III 1 niemand an der Tatsache Anstoß nähme, daß das gesamte angekündigte Material gleichzeitig die Kraft entscheidungserheblichen Streitstoffes enthalte [2]. Dieser Hinweis geht jedoch fehl. Die äußeren und inneren Umstände der Einführung schriftlichen Vorbringens sind im Falle des § 137 III 1 von denen im Verfahren omV grundverschieden. Äußerlich unterscheiden sich beide Einführungsmodalitäten dadurch, daß mit der Bezugnahme gemäß § 137 III 1 die Schriftsätze solche vorbereitenden Charakters bleiben und deren Inhalt nur aufgrund der mündlichen Erklärung für die Entscheidung verwertbar ist. Im Verfahren omV dagegen werden die ankündigenden Schriftsätze in solche mit bestimmender Kraft umgewandelt. Schon unter diesem Gesichtspunkt rechtfertigt sich eine unterschiedliche Betrachtungsweise bei der Frage einer Reihenfolge der schriftsätzlichen Erklärungen im Rahmen einer echten schriftlichen Verhandlung.

---

1) Zwar kennt die ZPO auch im mündlichen Verfahren ein "Referat" über das Ergebnis einer oder mehrerer mVen, so z.B. im Falle des § 309, oder in der Rechtsmittelinstanz (siehe oben S. 31 ; vgl. ferner § 285 II). Es besteht jedoch insoweit ein wesentlicher Unterschied zwischen den genannten Verfahrenssituationen, die eine Übertragung des Berichtwesens auf die schriftliche Verhandlung verbietet. In dem Falle des "Referats" im mündlichen Verfahren handelt es sich um die - obligatorische - Wiederholung bereits maßgeblichen Prozeßstoffes. Das zeigt sich insbesondere darin , daß die Parteien in bestimmten Fällen an ihre Erklärungen gebunden bleiben, auch wenn ein Neuvortrag in einer obligatorischen mV erforderlich würde, vgl. Stein-Jonas-Pohle, § 128 Anm. IV 3. Im Verfahren omV dagegen handelt es sich um die erstmalige Einführung des Ergebnisses eines vorbereitend geführten Schriftwechsels.

2) Lay, S. 62 Fußn. 5.

Der entscheidende Unterschied zwischen der Einführung des Streitmaterials im Falle des § 137 III 1 und im Verfahren omV liegt aber in dem Bewußtsein der Parteien bei Einreichung der Schriftsätze. Im mündlichen Verfahren geben sie ihre schriftsätzlichen Erklärungen mit der Maßgabe ab, daß deren Inhalt nur verwertet werden kann, wenn dieser auch tatsächlich durch Bezugnahme gemäß § 137 III 1 Gegenstand des Vortrages in der mV gewesen ist. Dieses schriftliche Vorbringen wird also niemals ohne weitere - wenn auch stillschweigende - Parteihandlung in der mV verbindlich. Haben die Parteien dagegen ihr Einverständnis mit einem Verfahren omV erklärt, haben ihre Schriftsätze zwar zunächst auch nur vorbereitenden Charakter. Sie müssen aber ständig damit rechnen, daß diese schriftlichen Erklärungen durch eine Entscheidung des Gerichts in eine essentielle Entscheidungsgrundlage umgewandelt werden. Mit dieser Möglichkeit der Prozeßentwicklung müssen die Parteien jederzeit rechnen, weil sie nicht wissen können, ob bzw. zu welchem Zeitpunkt tatsächlich eine Entscheidung ergeht. Es macht daher einen bedeutenden Unterschied, ob die ankündigenden Schriftsätze wie bei § 137 III 1 mit der Vorstellung eingereicht werden, daß es zu ihrer endgültigen inhaltlichen Einführung noch eines Vortrages in der mV bedarf, oder ob die schriftlichen Erklärungen in der - dem Einverständnis entsprechenden - Absicht abgegeben werden, die Entscheidungsgrundlage zu bilden, ohne daß noch eine Handlung der Parteien erforderlich sein würde. Somit kann § 137 III 1 nicht zur Stützung der Auffassung von der Gleichzeitigkeit allen Parteivorbringens im Verfahren omV herangezogen werden. Im Gegenteil spricht, wie sich herausgestellt hat, gerade das Bewußtsein der Parteien über die mögliche Maßgeblichkeit des schriftlichen Vorbringes im Falle ihres Einverständnisses mit einem Verfahren omV für die Annahme einer notwendigen Reihenfolge der Prozeßhandlungen.

Die bisherigen Erörterungen kann man folgendermaßen zusammenfassen: Zum Schutze der Gerichtstätigkeit besteht im mündlichen wie im schriftlichen Verfahren ein dringendes Bedürfnis nach einer Reihenfolge der Prozeßhandlungen. Dem kann die Auffassung von der Gleichzeitigkeit sämtlichen Vorbringes im Zeitpunkt der Entscheidung omV nicht Rechnung tragen. Diese Ansicht widerspricht darüber hinaus dem ursprünglichen Sinn von der Streitverhandlung, in der sich der Rechtsstreit vor dem Gericht entwickeln soll. Auch hat sich die Bezugnahmeerklärung gemäß § 137 III 1 nicht als taugliches Argument für die Gleichzeitigkeit allen schriftsätzlichen Vorbringes im Verfahren omV erwiesen. Vielmehr kann man annehmen, daß angesichts der Bedeutung einer Reihenfolge der Prozeßhandlungen und deren Ausgestaltung im mündlichen Verfahren auch der mutmaßliche Wille des Gesetzgebers, den es für die Regelung der schriftlichen Verhandlung zu erforschen gilt, dahingeht, im Verfahren omV wie im mündlichen von einer in sich fortschreitenden schriftlichen Verhandlung mit entsprechenden, an schriftsätzliche Parteierklärungen geknüpfte, bindenden Prozeßlagen auszugehen.

Die rechtliche Voraussetzung dafür kann nur durch die - mit der Entscheidung omV verbundenen - Entschließung des Gerichts, gemäß § 128 II zu verfahren, geschaffen werden, weil hier rechtlich der Beginn der schriftlichen Verhandlung und damit auch die Grundlage für eine bestimmte Reihenfolge der Prozeßhandlungen liegt. Die (bindende) Zustimmung des Gerichts zu einem Verfahren omV bewirkt, wie gezeigt [1], u.a. die Umwandlung des zunächst vorbereitenden Schriftmaterials in entscheidungserheblichen Prozeßstoff. Diese Einführung der Schriftsätze als essentielle Entscheidungsgrundlage erfolgt nun aber nicht unter Gleichstellung aller darin enthaltenen Erklärungen auf den Augenblick des Umwandlungsaktes, sondern im Hinblick auf die dringende Notwendigkeit einer Reihenfolge der Prozeßhandlungen rückwirkend in der Reihenfolge der Schriftsätze [2]. Die in den

1) Siehe oben S. 180.
2) Ebenso de Boor, Entsch.nLdA., S. 57; a.A. Lay, S. 60 f.

verschiedenen [1] Schriftsätze enthaltenen Parteierklärungen werden daher so angesehen, als wären sie in der Folge der Einreichung bei Gericht mit entscheidungserheblicher Wirkung abgegeben.

Gegen diese Rückwirkung einer sich fortentwickelnden Verhandlung in der Reihenfolge der Schriftsätze wird geltend gemacht, daß sich die Verhandlung nicht aufgrund der Akten, sondern nur mit der Entscheidung fortbewege [2]. Dieser Einwand geht jedoch fehl. Er berücksichtigt nicht, daß die "Entschließung des Gerichts", und nicht die "Entscheidung" die schriftliche Verhandlung anordnet. Das Gericht prüft deshalb zunächst, ob nach dem Sach- und Streitstand, wie er sich nach dem ankündigenden Material darbietet, eine Entscheidung omV überhaupt ergehen kann. Ordnet das Gericht gegebenenfalls eine schriftliche Verhandlung an, dann entwickelt sich mit dieser - tatsächlich vorausgesetzten (§ 128 II) - Zustimmung des Gerichts das Verfahren fort, auch wenn diese Entschließung äußerlich nicht, bzw. erst mit der Entscheidung in Erscheinung tritt.

Diese Rückwirkung kann man auch nicht mit dem Argument leugnen, das Ergehen der Entscheidung omV stelle lediglich klar, daß das schriftliche Material nicht des mündlichen Vortrages bzw. keiner mV über diese Schriftsätze bedürfe, um sie verwerten zu können [3]. Dem ist entgegenzuhalten, daß es nicht die Entscheidung ist, sondern die prozeßleitende Anordnung eines Verfahrens omV, die diese Wirkungen hat. Zum anderen bewirkt diese mehr als die bloße Entbehrlichkeit mündlichen Vortrages. Im Verfahren omV herrscht das Schriftlichkeitsprinzip, d.h., daß die Schriftsätze die essentielle Entscheidungsgrundlage bilden. Sie gelten nicht

---

1) Bei den nicht bindenden Prozeßhandlungen gilt von mehreren widersprechenden Schriftsätzen nur der letzte, wie im mündlichen Verfahren auch. Innerhalb eines Schriftsatzes gibt es dagegen keine Reihenfolge der schriftsätzlichen Erklärungen. Denn auf die Reihenfolge der Niederschrift des Prozeßstoffes kommt es nicht an. So zutreffend de Boor, Entsch.nLdA., S. 58
2) Lay, S. 60 f.
3) So Lay, S. 61.

nur als Gedächtnisstütze oder als Mittel für eine sachgerechte mV wie bei § 137 III 1 [1]. Diese Umstände rechtfertigen daher die Annahme einer rückwirkenden Einführung im Hinblick auf die Aufeinanderfolge der schriftsätzlichen Erklärungen.

Die mit dieser Rückwirkung geschaffene Voraussetzung für bindende Prozeßlagen könnte aber schutzwürdigen Interessen der Parteien und damit dem allgemeinen Prozeßzweck widersprechen, wenn man berücksichtigt, daß die schriftsätzlichen Parteierklärungen in dem Augenblick ihrer Abgabe nur die Wirkung ankündigenden Materials haben [2]. Bei näherer Betrachtung zeigt sich jedoch, daß die Bedenken unbegründet sind. Das entscheidende Argument liegt in dem bereits erwähnten Bewußtsein der Parteien bei der Einreichung der Schriftsätze [3]. Warum sollen die Parteien nicht im Interesse eines ordnungsgemäßen Verfahrensganges an schriftliche Erklärungen gebunden sein, von denen sie wissen, daß sich diese ohne ihr weiteres Zutun in wesentlichen Prozeßstoff verwandeln können, nachdem sie sich mit einem Verfahren omV einverstanden erklärt haben. Unter diesen Umständen kann man von den Parteien verlangen, daß sie sich bei der Abgabe schriftlicher Erklärungen, die, wenn sie in der mV erfolgten, bindende Wirkung hätten (z.B. Geständnis oder Anerkenntnis etc.), ebenso schlüssig werden, wie wenn diese in der mV zu Protokoll gegeben oder aber durch Bezugnahme auf eine schriftliche Ankündigung ausdrücklich zu maßgeblichem Streitstoff bestimmt würden. Dies ist eine Folge des durch Parteieneinverständnis eröffneten fakultativ-schriftlichen Verfahrens. Hier erhalten die Schriftsätze eine gesteigerte Bedeutung, weil ihnen in einem Verfahren omV dieselbe Funktion wie dem gesprochenen Wort in der mV zufällt. Es müssen daher an die Parteien andere Anforderungen bei der Abfassung der Schriftsätze gestellt werden, als dies gewöhnlich bei den lediglich ankündigenden Schrift-

---

1) Siehe oben S. 187.
2) Siehe oben S. 175.
3) Oben S. 188 ; vgl. auch Nikisch, § 78 II 2 (S. 307).

sätzen im mündlichen Verfahren der Fall ist. Das Bedenken also, daß die Parteien nicht an nur ankündigendes Schriftmaterial gebunden werden dürften, wie dies mit der Rückwirkung tatsächlich geschieht, greift daher nicht durch.

Aus den vorstehenden Ausführungen folgt aber von selbst eine Beschränkung der Rückwirkung auf solche Schriftsätze, die zwar infolge des Verfahrens omV bei der Entscheidung verwertet, nicht aber in die rückwirkende Anordnung einer sich fortentwickelnden schriftlichen Verhandlung einbezogen werden können. Hierbei handelt es sich um diejenigen Schriftsätze, die eine Partei vor Abgabe ihres Einverständnisses eingereicht hat. Denn der Grund für die Rechtfertigung der Bindung an zunächst ankündigenden Prozeßstoff lag darin, daß die Parteien damit rechnen mußten, daß nach Abgabe des Einverständnisses ohne weiteres Zutun eine Entscheidung auf der Grundlage der Schriftsätze ergehen kann. Dieses Kennenmüssen darf den Parteien jedoch nur dann hinzugerechnet werden, wenn diese selbst ihr Einverständnis und damit ihrerseits die tatbestandliche Voraussetzung für ein Verfahren omV gegeben haben. Dagegen kann man eine Partei beispielsweise nicht an einem Geständnis festhalten, wenn sie zu diesem Zeitpunkt noch die Möglichkeit gehabt hätte, diese Erklärung in der mV nicht zum Gegenstand ihres Vorbringens zu erheben. Das ist aber der Fall, solange die Parteien sich nicht i.S. des § 128 II einverstanden erklärt haben. Daher erstreckt sich die Rückwirkung in bezug auf die Reihenfolge der Prozeßhandlungen nur auf diejenigen schriftsätzlichen Erklärungen, die die betreffende Partei n a c h Abgabe ihres Einverständnisses eingereicht hat.

Diesem Ergebnis könnte man entgegenhalten, daß diejenige Partei benachteiligt würde, die ihr Einverständnis als erste erklärte. Denn der Prozeßgegner könnte praktisch sein Einverständnis hinauszögern mit der Folge, daß er an seine schriftlichen Erklärungen nicht gebunden werden kann. In Wahrheit erwächst aber der zuerst einverstandenen Partei gegenüber den übrigen kein Nachteil. Denn bis zum Eingang der letzten (erforderlichen) Einverständniserklärung ist das Einverständnis frei widerruflich [1]. Damit kann die betreffende Partei ihre einseitige Voraussetzung für die mögliche Umwandlung aller nachfolgenden Schriftsätze in entscheidungserheblichen Prozeßstoff durch Widerruf des Einverständnisses beseitigen.

Dieses Ergebnis gefährdet wiederum nicht, wie es zunächst den Anschein hat, die schutzwürdigen Interessen der gerichtlichen Prozeßleitung. Um einem unsicheren Hin und Her zu begegnen und gleichzeitig die Waffengleichheit der Parteien zu wahren, indem einer Partei keine Gelegenheit gegeben wird, ihr Einverständnis unzumutbar zurückzuhalten, wird das Gericht gut daran tun, bei Eingang einer Einverständniserklärung die übrigen Parteien innerhalb einer kurz bemessenen Frist zur Erklärung auf das Einverständnis aufzufordern, um nach erfolglosem Verstreichen der Frist oder aber, wenn keine Frist gesetzt war, nach einem angemessenen Zeitraum Termin zur mV anzuberaumen.

Zusammenfassend ergibt sich für die Frage der Reihenfolge der Prozeßhandlungen und der damit verbundenen Wirkungen folgendes: Mit der der Entscheidung vorangehenden Entschliessung des Gerichts, eine Entscheidung omV zu treffen, werden die schriftsätzlichen Parteierklärungen, soweit sie nach Abgabe des Einverständnisses eingereicht wurden, in den Prozeß eingeführt und dabei so angesehen, als wären sie von Anfang an in der Reihenfolge der Schriftsätze abgegeben worden. Die Parteien können daher die der Rückwirkung unterliegenden Prozeßhandlungen nur berichtigen, ergänzen oder ändern, soweit diese nicht, wären sie in einer mV vorgenommen, bindend oder beschränkt widerruflich sind oder sonst bindende Prozeßlagen schaffen.

Dieses Ergebnis wirkt sich im einzelnen auf die schriftliche Verhandlung wie folgt aus: Die Parteien können ein Anerkenntnis oder einen Verzicht überhaupt nicht (§§ 306, 307), ein Geständnis nur unter den Voraussetzungen des § 290 widerrufen, wenn die betreffende schriftsätzliche Erklärung

---

1) Siehe oben S. 129 f.

der Rückwirkung unterliegt [1].

Weiterhin sind die Parteien entsprechend auch an diejenigen Prozeßhandlungen gebunden, deren Unwiderruflichkeit sich zwar nicht unmittelbar aus dem Gesetz ergibt, die aber aufgrund der jeweiligen Besonderheiten nicht widerruflich sind, wenn sie in rechtserheblicher Form vorgenommen worden sind. Demnach ist z.B. die Erklärung einer Partei, der Rechtsstreit sei in der Hauptsache erledigt (§ 91 a), bindend [2], wenn diese in einem Schriftsatz enthalten ist, der der Rückwirkung unterliegt. Ein Widerruf in einem späteren Schriftsatz wäre, wenn sämtliche Voraussetzungen für die Unwiderruflichkeit eingetreten sind [3], unerheblich.

Die schriftsätzlichen Erklärungen stehen auch denjenigen Äußerungen in der mV gleich, an die das Gesetz, wenn sie in einer mV abgegeben worden wären, eine Präklusion für die weitere Verhandlung knüpft. In diesem Sinne hat die rügelose Einlassung auf einen verzichtbaren Verfahrensmangel den Verlust des Rügerechts (§ 295) [4], die Einlassung in der Hauptsache nach Maßgabe des § 274 III den Verlust der verzichtbaren prozeßhindernden Einreden [5] sowie die

---

1) Nikisch, § 79 II 2 (S. 307); de Boor, Entsch.nLdA., S. 58; Zscherlich, S. 45; wie hier im Ergebnis Reinberger, Recht 1924, 84, allerdings unter Zugrundelegung der unzutreffenden Auffassung, daß die Schriftsätze mit der Abgabe des Einverständnisses bestimmend wirken, vgl. dazu oben S. 176 ff.
Anderer Ansicht dagegen sind Stein-Jonas-Pohle, § 128 Anm. X 2 b; Rosenberg-Schwab, § 109 III 2 b (S. 543); Münzel, S. 65.

2) Die Hauptsachenerledigungserklärungen sind im mündlichen Verfahren mit deren Abgabe in der mV unwiderruflich; siehe BGHZ, NJW 1968, 991; Stein-Jonas-Pohle, § 91 a Anm. II 1 c, d.

3) Stein-Jonas-Pohle, § 91 a Anm. II 1 d.

4) De Boor, Entsch.nLdA., S. 58; Zscherlich, S. 45 f.; Bendix, JW 1924, 384.

5) Bendix, aaO.

Vermutung der Gerichtsstandvereinbarung[1] , und endlich die Einlassung des Beklagten auf eine geänderte Klage die unwiderlegliche Vermutung der Einwilligung in die Änderung zur Folge (§ 268) [2]. Die Ausschlußwirkung tritt jeweils ein, wenn die vom Gesetz erwartete Handlung nicht bereits in dem auf die betreffende Tatsache folgenden Schriftsatz vorgenommen wird [3][4].

Von dem vorstehenden Ergebnis, daß in den Fällen, in denen das Gesetz an die Einlassung bestimmte Bindungswirkungen an vorangegangene Erklärungen des Prozeßgegners knüpft, die Reihenfolge der Schriftsätze maßgebend ist, bildet die Klagerücknahme eine - wenn auch nur scheinbare - Ausnahme [5]. So kann der Kläger im Verfahren omV die Klage auch dann noch ohne Einwilligung des Beklagten zurücknehmen, wenn dieser

---

1) Zscherlich, S. 46; a.A. BGH, NJW 1970, 198; demgemäß könne der Beklagte sich die Rüge der örtlichen Unzuständigkeit (ausdrücklich) vorbehalten und diese bis zum Verhandlungsschluß im Verfahren omV nachbringen (letzteren Zeitpunkt meint wohl der BGH, wenn er in diesem Zusammenhang die Wendung "rechtzeitig" gebraucht). Die Auffassung des BGH läßt eine Auseinandersetzung mit der eigentlichen Problematik vermissen. Die Begründung stützt sich allein auf die Tatsache, daß der Beklagte seine Ausführungen zur Hauptsache nur hilfsweise für den Fall berücksichtigt wissen will, daß er die Einrede der örtlichen Zuständigkeit erhebt. Dieser Gesichtspunkt kann aber nicht entscheidend sein. Denn das Gesetz verlangt wenigstens im mündlichen Verfahren gerade eine klare Stellungnahme des Beklagten vorab. Die Entscheidung des BGH läßt im übrigen nicht erkennen,ob das Gericht von der Gleichzeitigkeit allen schriftlichen Vorbringens oder von einer Reihenfolge der Prozeßhandlungen in der schriftlichen Verhandlung ausgeht. Im ersteren Fall hätte es keines Vorbehalts bedurft, dagegen kann dieser Vorbehalt im letzteren Fall den Verlust des Rügerechts nicht aufschieben, wenn man § 39 im Verfahren omV überhaupt anwenden will.

2) Bendix, aaO.

3) Vgl. auch Bendix, aaO.

4) Unklar in bezug auf die vorgenannten Wirkungen, Goldschmidt, Neue ZPO, § 251 a Anm. 4 g; Volkmar, BeschlVO, § 23 a EntlVO Anm. 5. Golschmidt, aaO., scheint jedoch zu der hier vertretenen Meinung zu neigen, wenn er die Wirkungen der Einlassung an die Zustellung und Einreichung des Schriftsatzes knüpft.

5) Vgl. de Boor, Entsch.nLdA., S. 58.

sich auf die Klage schriftsätzlich eingelassen hat [1]. Entsprechendes gilt für die Rechtsmittelrücknahme (§§ 515, 566). Das beruht darauf, daß die schriftsätzliche Rücknahmerklärung bereits kraft Gesetzes rechtlich erheblich ist, weil der betreffende Schriftsatz ein bestimmender [2] ist [3]. Das hat zur Folge, daß mit der Einreichung einer entsprechenden schriftlichen Erklärung der Rechtsstreit als nicht anhängig geworden gilt [4]. Damit fehlt es an der Grundlage für eine Entscheidung omV, die allein die rückwirkende Einführung des schriftlichen Prozeßstoffes in der Reihenfolge der Schriftsätze und damit eine Bindung in dem Sinne hervorrufen würde, daß der Schriftsatz und damit die Einlassung des Beklagten erheblich und daher gemäß § 271 dessen Einwilligung zur Klagerücknahme erforderlich würde [5].

Diese somit bereits innerhalb der schriftlichen Verhandlung eintretenden Bindungswirkungen bleiben nicht auf das Verfahren omV beschränkt. Sie behalten für den gesamten Rechtsstreit Geltung [6]. Ein Geständnis bindet die betreffende Partei daher z.B. auch dann, wenn das Verfahren omV nicht durch ein Urteil, sondern durch einen Beweisbeschluß beendet wird. In dem sich daran anschließenden Verfahrensabschnitt, sei dieser mündlich oder aufgrund eines (notwen-

---

1) Vgl. dagegen § 72 I 2 FGO; danach kann im Falle eines Verzichts auf die mV - das entspricht dem Einverständnis i.S. des § 128 II - die Klage kraft ausdrücklicher Vorschrift nur mit Einwilligung des Beklagten zurückgenommen werden.
2) Siehe oben S. 175.
3) Vgl. Baumbach-Lauterbach, § 271 Anm. 3 b; Stein-Jonas-Schumann-Leipold, § 271 Anm. III 2 a.
4) Stein-Jonas-Schumann-Leipold, § 271 Anm. VI 1.
5) Die Kostenentscheidung gemäß § 271 III ist lediglich ein Anhang des beendeten Verfahrens. Sie setzt einen ausdrücklichen Antrag voraus. Es handelt sich insoweit um ein selbständiges Verfahren, das kraft Gesetzes keiner mV bedarf.
6) Insoweit zutreffend Goldschmidt, Neue ZPO, Anhang 4, § 7 EntlVO Anm. 7; Stein-Jonas-Pohle, § 128 Anm. X 2 b; Lay, S. 59; Münzel, S. 70; Sonnen, Das neue ZPrR, S. 48; Volkmar, JW 1924, 13; ders., HWB, S. 291, 293. Unklar Rosenberg-Schwab, der in diesem Zusammenhang auf seine Ausführungen zu den Aktenlageverfahren verweist (§ 110 V 1 b a.E. (S. 549), für jenes Verfahren aber speziell eine andere Auffassung vertritt. Siehe dazu unten S. 197 Fußn. 3.

digen) [1] neuen Einverständnisses schriftlich, kann die Erklärung daher lediglich unter der Voraussetzung des § 290 widerrufen werden [2)3)]. Entsprechendes gilt auch für die Berufungsinstanz (§ 532) [4].

Das hier gewonnene Ergebnis einer fortschreitenden schriftlichen Verhandlung mit einer Reihenfolge der schriftsätzlichen Erklärungen wirkt sich noch in einer weiteren Beziehung aus. Das Gesetz hat mit den Vorschriften der §§ 278 II, 279, 283 II dem Gericht Maßnahmen an die Hand gegeben, die Verhandlung zu konzentrieren und damit das Verfahren zu beschleunigen. Diese auf den Grundsatz der Konzentration des Verfahrens zurückgehenden Vorschriften stehen zwar in einem gewissen Zusammenhang zum Mündlichkeitsprinzip in dem Ziel, das Verfahren in möglichst einer einzigen mV durchzuführen. Gleichwohl steht die Einführung der Schriftlichkeit der Fortgeltung dieser Bestimmungen auch im Verfahren omV nicht entgegen. Denn § 128 II hat nur die Mündlichkeit beseitigt, nicht hingegen auch die sonstigen Prozeßgrundsätze und Verfahrensvorschriften außer Kraft gesetzt [5], soweit

---

1) Siehe unten S. 278 f.
2) Entsprechendes gilt von dem Verlust des Rügerechts, §§ 39, 274 III, 295; vgl. Baumbach-Lauterbach, § 39 Anm. 1 B; Stein-Jonas-Pohle, § 39 Anm. II 1; Stein-Jonas-Schumann-Leipold, § 274 Anm. IV 2; ders., § 295 Anm. III 2 d (a.E.); BGH, NJW 1970, 198 zu § 39.
3) Baumbach-Lauterbach, § 251 a Anm. 3 E; Blomeyer, ZPR, § 55 III 2 c (S. 270) und Rosenberg-Schwab, § 109 III 2 c (S. 544), beschränken die Bindungswirkungen im Aktenlageverfahren gemäß §§ 251 a, 331 a auf den der Aktenentscheidung zugrundeliegenden Verfahrensteil. Diese Auffassung ist wohl zutreffend. Für eine solche Einschränkung besteht dagegen im Verfahren omV kein Anlaß. Während bei der Aktenlageentscheidung die Maßgeblichkeit des Schriftmaterials auf der Säumnis der Partei(en) beruht (vgl. §§ 251 a, 331 a), setzt die Entscheidung omV den ausdrücklichen Willen der Parteien für ein schriftliches Verfahren voraus. Daher trifft der entscheidende Gesichtspunkt, den Rosenberg-Schwab, aaO., für eine beschränkte Bindungswirkung anführt, nicht zu, wenn es dort heißt, daß man eine Partei nicht infolge einer vielleicht gänzlich unverschuldeten Säumnis an ein nur angekündigtes Geständnis binden könne. Denn im Verfahren omV werden die schriftlichen Erklärungen aufgrund des ausdrücklichen Willens der Parteien essentielle Entscheidungsgrundlage. Die genannte Ansicht für das Aktenlageverfahren steht deshalb der hier vertretenen Auffassung von der Bindungswirkung über das Verfahren omV hinaus nicht entgegen.
4) Sonnen, Das neue ZPrR, S. 48.
5) Siehe oben S. 19.

diese nicht die Mündlichkeit voraussetzen. Das ist jedoch hier nicht der Fall. Im Gegenteil muß auch im Verfahren omV das Gericht bestrebt sein, in entsprechender Anwendung der Vorschriften über die Konzentration der mV durch eine sachgerechte und straffe Prozeßleitung die schriftliche Verhandlung schleunig abzuwickeln [1]. Dem entspricht die Pflicht, der Parteien für einen rechtzeitigen, vollständigen Vortrag des Prozeßstoffes Sorge zu tragen.

Die Voraussetzungen für eine entsprechende Anwendung der §§ 278 II, 279, 283 II bietet der Umstand, daß es im Verfahren omV eine Reihenfolge des schriftlichen Parteivorbringens gibt. Infolgedessen können Angriffs- und Verteidigungsmittel als verspätet zurückgewiesen werden, wenn diese von der betreffenden Partei in einem früheren Schriftsatz im Verlaufe der schriftlichen Verhandlung hätten vorgetragen werden können (analog § 279) [2]. Denn in der schriftlichen Verhandlung ist dieses Vorbringen gegenüber demjenigen Prozeßstoff, der in einem früheren Termin zur mV hätte vorgetragen werden können [3], als "nachträglich" i.S. des § 279 anzusehen. Es wird jedoch im Einzelfall zu prüfen sein, inwieweit ein "nachträgliches" Vorbringen im Verfahren omV zu Verzögerungen des Rechtsstreits führt [4]. Unter den gleichen Gesichtspunkten bestehen auch gegen die Auferlegung der Kosten im Verzögerungsfalle im Verfahren omV keine Bedenken, wenn die entsprechenden Voraussetzungen des § 278 II innerhalb der schriftlichen Verhandlung gegeben sein sollten. Entsprechendes gilt auch für § 283 II.

---

1) Vollkommer, NJW 1968, 1093.
2) Ebenso OLG Stuttgart, MDR 1957, 746; Pohle, AP Nr. 11 zu § 72 ArbGG 1953 (Streitwertrevision); Späth, S. 142; a.A. Rosenberg-Schwab, § 109 III 2 b (S. 543); Reinberger, Recht 1924, 81; Wach, DJZ 1924, 251.
   Vgl. auch RGZ 132, 330 (338); in dieser Entscheidung hat das RG die Anwendbarkeit des § 279 im Verfahren gemäß § 331 a abgelehnt. Ob dies zutreffend ist, kann dahinstehen, weil diese Auffassung auf den Besonderheiten des Aktenlageverfahrens (insbes. der Säumnis) beruht.
3) Vgl. Baumbach-Lauterbach, § 278 Anm. 2 A; Stein-Jonas-Schumann-Leipold, § 278 Anm. III 1; Skonietzki-Gelpcke, § 278 Anm. 5.
4) Vgl. dazu Späth, S. 140 ff.

In bezug auf die vorstehenden Maßnahmen kann es abschliessend keinem Zweifel unterliegen, daß die schriftliche Verhandlung die mündliche in dem weiteren Verlauf, insbesondere auch in der Rechtsmittelinstanz (§§ 519, 529), vollends ersetzt [1] und in ihren Auswirkungen, soweit sie in der schriftlichen Verhandlung eintreten, der mV gleichzuachten ist.

## III. Zeitliche Begrenzung der schriftlichen Verhandlung

Das Gesetz bestimmt nicht innerhalb welcher Frist seit der Einleitung eines Verfahrens omV durch Abgabe der Einverständniserklärungen eine Entscheidung zu ergehen hat [2]. Das führt in der Praxis dazu, daß Entscheidungen im Verfahren omV häufig erst nach Wochen oder gar Monaten ergehen [3]. Diese Erscheinung ist zu mißbilligen, insbesondere deshalb, weil damit gerade entgegen dem Sinn und Zweck des § 128 II der Prozeß nicht beschleunigt, sondern erheblich verzögert wird.

Man hat nun versucht, diese Lücke im Gesetz durch entsprechende Anwendung des § 310 I zu schließen und damit wenigstens den Zeitraum zwischen Verhandlungsschluß und Entscheidung der Einwochenfrist des § 310 I zu unterwerfen [4]. Diese Vorschrift, die wesentlich zu einer Beschleunigung des Verfahrens beiträgt [5], liegt zwar ganz im Sinne des Zweckgedankens des § 128 II; ihre entsprechende Heranziehung im Verfahren omV ist aber auf die Fälle beschränkt, in denen der Verhandlungsschluß und der Erlaß der Entscheidung zeitlich sichtbar auseinanderfallen, also bei einem ausdrücklichen Beschluß des

1) Siehe oben S. 32 f.
2) Vgl. dagegen de lege ferenda: § 128 II 3 i.d.Fassung des Entwurfes 1970.
3) Vgl. BGHZ 17, 118 (119); 18, 61 (62); Dispeker, JW 1925, 694.
4) Neukamp, § 23 Anm. 2 e; Lay, S. 82; ferner Oppler, LZ 1915, 1500.
5) So Lay, aaO.; siehe auch Stein-Jonas-Schumann-Leipold, § 310 II 1 a.

Gerichts analog § 136 IV. Das ist aber die Ausnahme. Regelmäßig fallen der Verhandlungsschluß und Entscheidung mit deren Übergabe an die Geschäftsstelle zusammen [1]. In diesen Fällen greift der mit § 310 I beabsichtigte Beschleunigungseffekt, der alsbaldige Erlaß einer Entscheidung nach Schluß der Verhandlung, nicht ein. Mit der Übergabe der Entscheidung an die Geschäftsstelle ist die Tätigkeit des gerichtlichen Spruchkörpers zunächst einmal abgeschlossen. Die Dauer des weiteren Verfahrensganges bis zur Verlautbarung bestimmt sich nach der gerichtsinternen Geschäftslast der Geschäftsstellen und Kanzleien. Diesen Verfahrensabschnitt meint jedoch § 310 I ebensowenig wie denjenigen bis zum Verhandlungsschluß. Die Bedeutung dieser Vorschrift ist daher für das Verfahren omV denkbar gering. Sie bietet insbesondere keinen Schutz gegen eine Verzögerung des Rechtsstreits dadurch, daß das Gericht die schriftliche Verhandlung nicht schließt und keine Entscheidung erläßt. Denn diese setzt voraus, daß der Rechtsstreit entscheidungsreif ist [2]. Die Beurteilung dessen unterliegt dem Ermessen des Gerichts [3]. Wenn das Gericht auch entsprechend dem Beschleunigungszweck des § 128 II gehalten ist, unverzüglich eine Entscheidung zu treffen, sobald der Rechtsstreit in irgendeiner Hinsicht entscheidungsreif ist [4], so haben die Parteien praktisch keine Möglichkeit [5], den alsbaldigen Erlaß einer Entscheidung herbeizuführen [6]. Hier liegt ein wirklicher Mangel des Verfahrens omV, der jedoch nicht mit § 310 I, sondern allein durch den Gesetzgeber zu lösen ist [7].

---

1) Siehe unten S. 225 f.
2) Siehe unten S. 266.
3) BGH, MDR 1968, 314.
4) Stein-Jonas-Pohle, § 128 Anm. X 5; Thomas-Putzo, § 128 Anm. III 3 c; ferner Baumbach-Lauterbach, § 128 Anm. 6 C.
5) Zu den Voraussetzungen einer Dienstaufsichtsbeschwerde, siehe oben S. 121 Fußn. 2.
6) Eine Verzögerung des Rechtsstreits infolge Untätigkeit des Gerichts bildet gegebenenfalls keinen Grund für die Zulässigkeit des Widerrufes der Einverständniserklärungen, wie Wieczorek, § 128 II c 5 annimt; vgl. dazu eingehend oben S. 120 f.
7) Vgl. § 128 II 3 des Entwurfes 1970.

## § 10 Der Verhandlungsschluß

### I. Problemstellung

Ein Problem von großer praktischer Bedeutung ist die Frage, wann im Verfahren omV der Schluß der Verhandlung eintritt. Das Gesetz knüpft im mündlichen Verfahren an diesen Zeitpunkt wesentliche Rechtsfolgen. Bis dahin müssen die Parteien alle Tatsachen, Angriffs- und Verteidigungsmittel (§§ 278 I, 280), Beweisangebote (§ 288) und Klagegründe (§ 614 I) vorgetragen haben, damit diese bei der Entscheidung berücksichtigt werden können. Tatsachen, die die Parteien bis zu diesem Zeitpunkt hätten vortragen können, unterliegen der Rechtskraftwirkung für künftige Prozesse (§§ 323 II, 767 II). Der Verhandlungsschluß ist weiterhin bestimmend für die Tatsache der Säumnis überhaupt (§ 220 II) sowie für einzelne versäumte Handlungen der Parteien im besonderen (§ 231 II). Endlich zeigt dieser Zeitpunkt Wirkungen in bezug auf verfahrensunterbrechende Ereignisse (§ 249 III). Trotz dieser weitreichenden und besonders im Hinblick auf die Präklusionswirkung (§§ 323 II, 767 II) hervorstechenden Bedeutung des Verhandlungsschlusses für den Prozeß hat es der Gesetzgeber bisher versäumt, einen dem im mündlichen Verfahren § 136 IV entsprechenden Zeitpunkt für den Schluß der Verhandlung im Verfahren omV festzulegen [1]. Aufgabe der folgenden Untersuchung ist es daher, dieses Moment anhand der geltenden Verfahrensbestimmungen zu bestimmen.

Einen richterlichen Prozeßleitungsakt gemäß § 136 IV in der Form, wie er sich am Ende eines Termins zur mV anschließt, gibt es naturgemäß in einer Verhandlung, die in einem Austausch von Schriftsätzen unter Abwesenden besteht, nicht. Daraus folgt hingegen nicht, daß es an einem dem Schluß der mV entsprechenden Analogon im Verfahren omV überhaupt fehle und die Berücksichtigung des schriftlichen Materials dem freien Ermessen des Gerichts unterliege [2].

---

1) Vgl. aber § 230 Entwurf 1931.
2) So Reinberger, Recht 1924, 73.

Diese Auffassung unterschätzt die praktische Notwendigkeit, einen bestimmten Zeitpunkt festzulegen, der insbesondere im Hinblick auf §§ 323 II, 767 II wegen der Rechtskraftwirkung ganz klare Verhältnisse für mögliche künftige Prozesse schaffen muß. Die Rechtssicherheit gebietet es daher, die insoweit bestehende Gesetzeslücke zu schließen.

## II. Überblick über den Stand der Meinungen

Die besondere Schwierigkeit des Problems, das so alt ist wie das Verfahren omV überhaupt [1], spiegelt sich wider in der Vielzahl der Ansichten, die sich im Hinblick auf den Zeitpunkt des Verhandlungsschlusses im Verfahren omV herausgebildet haben. Von dem Eingang der ersten Einverständniserklärung, also dem frühest möglichen Beginn des Verfahrens omV, bis zum letzten Augenblick dieses Verfahrens, nämlich dem Zugang der gemäß § 310 II zuzustellenden Urteilsformel bei den Parteien, werden alle nur denkbaren inner- und außerprozessualen Ereignisse im Zusammenhang mit einem Verfahren omV dazu bemüht, um das entscheidende Moment für den Verhandlungsschluß zu bilden. Die verschiedenen Meinungen lassen sich im wesentlichen in drei grundsätzliche Auffassungen zusammenfassen. Die einen sehen den maßgeblichen Zeitpunkt für den Verhandlungsschluß in den Einverständniserklärungen der Parteien. Andere betrachten das Stadium der Entscheidungstätigkeit des Gerichts als den richtigen Ausgangspunkt für die Bestimmung des Verhandlungsschlusses. Eine dritte Gruppe vertritt schließlich die Ansicht, daß weder in dem Parteieneinverständnis, noch in dem gerichtlichen Entscheidungsvorgang ein echter,allen Anforderungen gerecht werdender Zeitpunkt für den Schluß der Verhandlung zu finden sei und daher in der Regel

---

1) Vgl. aus der älteren Literatur Kann, ZPO, § 7 EntlBek. Anm. 3; Trendelenburg, BundesratsVO, § 23 Anm. 3 (a.E.); Volkmar, BeschlVO, § 23 a EntlVO Anm. 5 (letzter Absatz); Warneyer, Kriegsgesetze, § 23 Anm. V; Heinsheimer, JW 1915, 1384; Reinberger, Recht 1924, 73 f.

- teilweise alternativ zu anderen Auffassungen - in einer entsprechenden Betätigung richterlichen Willens, nämlich in der ausdrücklichen Schließung der Streitverhandlung ein Ausweg aus den Schwierigkeiten gegeben sei.

Innerhalb dieser drei grundlegenden Ansichten zeigen sich abermals sehr verschiedene Meinungen. So geht es im Rahmen der ersten Anschauung um die Frage, ob dem Eingang der ersten [1] oder dem Zugang der letzten Einverständniserklärung [2] die entscheidende Wirkung beizumessen ist. Die Auffassungen innerhalb der zweiten Grundanschauung wiederum stimmen darin überein, daß der Verhandlungsschluß in jedem Falle "nach" dem Eingang der Einverständniserklärungen zu suchen sei. Weitgehende Uneinigkeit besteht allerdings insoweit, welche der verschiedenen Phasen in dem gerichtlichen Entscheidungsvorgang für den Zeitpunkt des Verhandlungsschlusses geeignet sei. Als maßgebend haben die einen den Augenblick, in dem das Gericht allgemein in die Entscheidungstätigkeit eintritt [3], andere die Beschlußfassung oder

---

1) Münzel, S. 34 f.
2) Baumbach-Lauterbach, 28. Aufl., § 128 Anm. 6 B (siehe aber auch die folgenden Fußn.); Stein-Jonas-Pohle, 17./18. Aufl., § 128 Anm. X 4; Zöller-Stephan, § 128 B III 2 (aber nur für den Fall, daß das Einverständnis außerhalb der mV erklärt worden ist); Förster-Kann, Nachtrag B IV, § 7 EntlBek. Anm. 2; Goldschmidt, Neue ZPO, Anhang 4, § 7 EntlVO Anm. 6; Kann, ZPO, § 7 EntlBek. Anm. 3; Bruns, ZPR, § 48 (S. 439); Schönke-Schröder-Niese, § 81 IV (S. 367); Warneyer, Kriegsgesetze, § 23 Anm. V; Samter, Güteverfahren, S. 62; Blomeyer, Referate, S. 492; Delius, Recht 1924, 100; Fraeb, GruchBeitr. 67, 418; Heinsheimer, JW 1915, 1384; Marwitz, JW 1924, 249; Striemer, DJZ 1924, 502; wohl auch Sydow-Busch-Krantz-Triebel, Anhang I, § 7 EntlBek. Anm. 3.
3) Lay, S. 75; Keidel, BayRpflZ 1924, 146.

Fällung der Entscheidung [1], wieder andere die Übergabe der Entscheidungsformel an die Geschäftsstelle [2] oder die Absendung der Entscheidungsausfertigung an die Parteien zum Zwecke der Zustellung oder Mitteilung [3] und schließlich den Zugang der Entscheidung bei den Parteien [4] angesehen. Im Rahmen der dritten Grundanschauung schließlich werden einzelne, das Verfahren omV ausdrücklich gestaltende Akte des Gerichts als die die schriftliche Verhandlung schließende Ereignisse erwogen, so die Bekanntgabe des Beschlusses, durch den das Verfahren omV angeordnet wird [5], ein ausdrücklicher Beschluß analog § 136 IV [6] und endlich der Ablauf einer vom

---

1) OLG München, HRR 1938 Nr. 696; Baumbach-Lauterbach, 29. Aufl., § 128 Anm. 6 B; Lucas, § 23 a Anm. 6; Volkmar, BeschlVO, § 23 a EntlVO Anm. 5; ders., ArbRSamml. 30 (2. Abt.), 134; Bernhardt, § 46 (S. 273); Rosenberg-Schwab, § 110 IV 2 b (S. 547 f.); de Boor, Entsch.nLdA., S. 56; Zscherlich, S. 29; Baur, JZ 1966, 72; Reinberger, Recht 1924, 73; Sauerländer, LZ 1924, 227 f.
Ebenso für den Verwaltungsprozeß Schunck-de Clerk, § 101 Anm. 2 d. - Für den Finanzgerichtsprozeß, siehe BFH, BStBl. 1963 III, 163; Ziemer-Birkholz, § 93 Rdn. 17 (unter Berücksichtigung der Besonderheiten des finanzgerichtlichen Verfahrens).

2) Dersch-Volkmar, ArbGG § 64 Rdn. 39; Sonnen, Das neue ZPrR, S. 46; Volkmar, HWB, S. 293; von Marth, LZ 1932, 794; Meiss, S. 536; ebenso § 230 des Entwufs 1931.

3) BGH, NJW 1966, 52 (in einem obiter dictum); NJW 1967, 1466; NJW 1970, 198; BAG, NJW 1962, 126 = AP Nr. 11 zu § 72 ArbGG 1953 (Streitwertrevision); OLG Nürnberg, JW 1929, 872; OLG Hamburg, JW 1929, 674; KG, JW 1932, 1982; OLG Stuttgart, SJZ 1946, 35; LG Berlin I, JW 1930, 735; LG Mannheim, MDR 1969, 674; Baumbach-Lauterbach, § 128 Anm. 6 B; Zöller-Stephan, § 128 Anm. B III 2 (für den Fall, daß die Einverständniserklärungen innerhalb der mV abgegeben werden); Nikisch, § 78 II 3 (S. 203); Rosenberg, LB, § 108 III 2 b (S. 527); Fenn, Anschlußbeschwerde, S. 113; Jauernig, Zivilurteil, S. 58; Stürmer, S. 38; Püschel, JR 1925, 894; Vollkommer, NJW 1968, 1093.
Ebenso für den Verwaltungsprozeß Redeker-von Oertzen, § 101 Rdn. 7. - Vgl. auch BGH, NJW 1968, 49, betreffend ein Verfahren mit freigestellter mV.

4) Stein-Juncker, § 72 A VII (S. 222).

5) Thomas-Putzo, § 128 Anm. III 3 d; Schönke-Kuchinke, § 8 IV 5 a (S. 39 f.); Thomas, NJW 1962, 836 (unter 2 b), jeweils alternativ zur Einräumung von Schriftsatzfristen; ähnlich Predari, GruchBeitr., 60, 708.

6) BAG, AP Nr. 11 zu § 72 ArbGG 1953 (Streitwertrevision); Nikisch, § 78 II 3 (S. 308); Rosenberg-Schwab, § 110 IV 2 b (S. 547); de Boor, Entsch.nLdA., S. 56; Lay, S. 78; Baur, JZ 1966, 72; Fenn, NJW 1966, 732 (unter 3); Sauerländer, LZ 1924, 228; Vollkommer, NJW 1968, 1093.

Gericht gesetzten Schriftsatzfrist [1].

## III. Die grundlegenden Anforderungen an den Verhandlungsschluß

Angesichts dieser kaum noch überschaubaren Vielzahl von Auffassungen empfiehlt es sich zunächst einmal die einzelnen Voraussetzungen, die der Verhandlungsschluß im Verfahren omV erfüllen muß, herauszuarbeiten, um dann auf dieser Grundlage die einzelnen Meinungen näher zu untersuchen.

Welchen Anforderungen der Verhandlungsschluß ganz allgemein zu genügen hat, ergibt sich aus den an diesen Zeitpunkt geknüpften Rechtsfolgen. Diese bestehen im wesentlichen in dem Ausschluß der Parteien mit weiterem Vorbringen (§§ 278 I, 280, 283, 614 I) und in der Präklusion für künftige Prozesse (§§ 767 II, 323 II). Aufgrund dieser bedeutenden Wirkungen ist es unbedingt erforderlich, daß der Schluß der Verhandlung exakt festliegt. Insbesondere im Hinblick auf die Rechtskraftwirkung (§§ 767 II, 323 II) darf es im Interesse der Rechtssicherheit nicht die geringste Ungewißheit geben, wann der Verhandlungsschluß eintritt. Dieser Zeitpunkt sollte darüber hinaus grundsätzlich [2] für alle Parteien der gleiche sein. Andernfalls wäre das Prinzip der Waffengleichheit [3] verletzt, weil u.U. die Belange einer Partei einseitig denen des Gegners bevorzugt würden.

Zweifelhaft ist dagegen, ob und inwieweit der Zeitpunkt des Verhandlungsschlusses für die Parteien erkenntlich sein muß, damit sich diese darauf einrichten können, bis wann noch neuer Prozeßstoff vorgebracht werden kann [4]. Bei näherer Betrachtung zeigt sich, daß die Erkennbarkeit nicht zu

---

1) Thomas-Putzo, § 128 Anm. III 5 d; Grunsky, § 47 Fußn. 155 (S. 460); Lent-Jauernig, § 70 (S. 204); Schönke-Kuchinke, § 8 IV 5 c (S. 40); Baur, JZ 1966, 72; Thomas, NJW 1962, 836 (unter 2 a).

2) Eine Ausnahme bildet § 272 a.

3) Vgl. Stein-Jonas-Pohle, vor § 128 Anm. V 2; Blomeyer, ZPR, § 15 (S. 71 f.)

4) In diesem Sinne Schönke-Kuchinke, § 8 IV 5 a (S. 39); Baur, JZ 1966, 72 (unter 3 vor a).

den wesentlichen Eigenschaften des Verhandlungsschlusses gehört. Im Gegenteil bleibt den Parteien in der Regel unbekannt, wann das Gericht die Verhandlung schließt [1]. Es gehört zu den Lasten der Parteien, jeden neu auftauchenden wesentlichen Prozeßstoff unverzüglich vorzutragen, um der Gefahr zu entgehen, mit diesem Vorgehen präkludiert zu werden. Das folgt aus der Verhandlungsmaxime und dem Grundsatz der Konzentration. So überläßt die ZPO auf der einen Seite die Beibringung des Prozeßstoffes im wesentlichen den Parteien. Andererseits stellt das Gesetz dem Gericht die Aufgabe, den Rechtsstreit in einer einzigen mV zu erledigen. Zu diesem Zweck sind dem Gericht einzelne verfahrensrechtliche Mittel an die Hand gegeben, durch die die Parteien zu einer konzentrierten Stoffsammlung angehalten werden sollen (z.B. §§ 272 b, 439 II 1). Dazu gehört im besonderen auch die Schließung der Verhandlung [2]. Die Konzentration äußert sich im mündlichen Verfahren darin, daß die Parteien vor einem Entschluß des Gerichts, die Verhandlung zu schließen, nicht geschützt sind. Sie müssen im Gegenteil in jedem Verhandlungstermin mit dem Erlaß einer Entscheidung rechnen, weil das Gericht den Rechtsstreit in irgendeiner Hinsicht für entscheidungsreif ansehen könnte [3].

Im schriftlichen Verfahren kann nichts anderes gelten. Auch hier gilt der Beibringungsgrundsatz und die Konzentrationsmaxime [4]. Es ist auch hier die Last der Parteien, neuen geeigneten Prozeßstoff alsbald in den Rechtsstreit einzuführen [5]. Die Parteien müssen allerdings im Verfahren omV verstärkt dafür Sorge tragen, daß der Streitstoff rechtzeitig und vollständig vorgetragen wird, weil es keinen Verhandlungstermin gibt und deshalb die Ungewißheit, wann das Gericht die Verhandlung schließen wird, noch größer ist. Dieser Unterschied zum mündlichen Verfahren rechtfertigt jedoch nicht die Annahme, daß in einer schriftlichen Verhandlung der Verhand-

1) Vgl. Baur, Konzentration, S. 18.
2) Baur, Konzentration, S. 18; Vollkommer, NJW 1968, 1093.
3) Vgl. Rosenberg-Schwab, § 81 IV 1 (S. 387, Kleindruck); Baur, JZ 1966, 72 (unter 3 c); ders., Konzentration, S. 19.
4) Siehe oben S. 19.
5) BGH, NJW 1966, 52 (53, l.Sp.).

lungsschluß den Parteien erkennbar werden muß. Bleibt dieser Zeitpunkt auch im mündlichen Verfahren den Parteien regelmäßig verschlossen, besteht kein Anlaß für eine abweichende Beurteilung im Verfahren omV [1].

Der entscheidende Gesichtspunkt für die Bestimmung des Verhandlungsschlusses im Hinblick auf die grundlegende Bedeutung dieses Zeitpunktes ist demnach allein das Bedürfnis nach einem für die Parteien gleichzeitigen und jederzeit festlegbaren Zeitmoment. Für die Feststellung dieses Zeitpunktes im Verfahren omV im besonderen kann es keinem Zweifel unterliegen, daß das Wesen dieser Verfahrensart nicht ohne Bedeutung sein kann. Insoweit gelten daher für die folgende Untersuchung die allgemeinen Richtlinien für die Regelung der schriftlichen Verhandlung, wie sie oben [2] aufgestellt worden sind.

## IV. Der Zeitpunkt des Verhandlungsschlusses im Verfahren ohne mündliche Verhandlung

Auf dieser Grundlage kann man an die Lösung des Problems herangehen. Ausgangspunkt der Erwägungen sollen die einzelnen Grundanschauungen sein. Stellt man diese zunächst gegenüber, dann erkennt man vorab einen grundlegenden Unterschied im Verhältnis der ersten zu den beiden anderen. Die erste geht im Gegensatz zu den übrigen davon aus, daß nach Abgabe der Einverständniserklärungen eingehendes Schriftmaterial grundsätzlich nicht mehr bei der Entscheidung berücksichtigt werden kann. Die erste Anschauung schließt daher die zweite und dritte aus, während die beiden letzten sich lediglich dadurch unterscheiden, daß einmal das Gericht im Hinblick auf den Verhandlungsschluß konkrete Maßnahmen ergreift

---

1) Zutreffend hat auch der BGH, NJW 1966, 52 (53, l.Sp. unten) aus dem Beibringungsgrundsatz heraus ein Recht der Parteien, daß diesen der Zeitpunkt des Verhandlungsschlusses genau bekannt sein, verneint.
2) S.171.

(dritte Grundanschauung), im anderen Fall dagegen untätig bleibt (zweite Grundanschauung) mit der Folge, daß verschiedene Ereignisse in Betracht kommen können. Es gilt daher vorab zwischen den grundlegend gegensätzlichen Meinungen - erste Grundanschauung hier, zweite und dritte Anschauung dort - eine Entscheidung zu treffen.

1. Die Einverständniserklärung der Parteien

Betrachtet man die erste Grundanschauung näher, so hält diese einer kritischen Überprüfung nicht stand. Die vorzeitige Beendigung der schriftlichen Verhandlung mit den Einverständniserklärungen entspricht nämlich nicht dem Wesen des Verfahrens omV. Dieser Ansicht liegen folgende Erwägungen zugrunde: § 128 II eröffnet ein Verfahren ohne Mündlichkeit. Dieses - somit - schriftliche Verfahren wickelt sich im übrigen nach den für die mV geltenden Prozeßgrundsätzen entsprechend ab [1]. In diesem Zusammenhang stellen zunächst die Einverständniserklärungen die formellen Voraussetzungen für das Verfahren ohne Mündlichkeit dar. Zusammen mit der Zustimmung des Gerichts bilden sie die Grundlage für die Verwertbarkeit des Schriftmaterials [2]. Die Berücksichtigungsfähigkeit schriftlichen Vorbringens ist aber nicht auf die vor den Einverständniserklärungen eingegangenen Schriftsätze beschränkt. Erst mit der Abgabe des Einverständnisses kann überhaupt eine richtige schriftliche Verhandlung einsetzen. Von diesem Zeitpunkt an kann man den Schriftsätzen daher auch erst Wirkungen beilegen, die jeder Verhandlung, sei sie mündlich oder schriftlich, typisch sind [3]. Nach Abgabe der Einverständniserklärungen, d.h., wenn also die feste Grundlage für ein fakultativschriftliches Verfahren geschaffen ist, kann auch das Gericht in die schriftliche Verhandlung prozeßleitend eingreifen, indem es z.B. durch schriftliche Anfragen die Aufklärung des Sachverhalts betreibt (analog § 139). Gerade

1) Siehe oben S. 19 u. 171.
2) Vgl. Baur, JZ 1966, 72.
3) Vgl. oben S. 173 ff.

die Unvollständigkeit des Streitmaterials ist es, die ein Verfahren omV überhaupt statthaft macht [1]. Denn dieses setzt eine weitere(notwendige) mV voraus, an deren Stelle es treten kann. Andernfalls wäre der Rechtsstreit entscheidungsreif mit der Folge, daß gemäß §§ 300, 310 I eine Entscheidung zu erlassen wäre [2]. Das Gesetz geht demnach davon aus, daß noch weiterer Prozeßstoff zu erwarten ist. Mit § 128 II schafft es die Möglichkeit, eben diesen Prozeßstoff in Schriftsätzen beizubringen.

Es ist bereits mehrfach darauf hingewiesen worden, daß § 128 ein rein schriftliches (ohne jede mV) oder aber partiell-schriftliches (teils mündlich, teils schriftlich) Verfahren ermöglicht. Wie die Entstehungsgeschichte zeigt, handelt es sich nicht nur um eine "Entscheidung" omV [3], sondern um ein echtes "Verfahren", das an die Stelle einer weiteren mV tritt, und zwar mit allen Konsequenzen, die sich daraus ergeben. Die Einverständniserklärungen beinhalten also mehr als die bloße nachträgliche Einführung schriftlichen Materials (etwa im erweiterten Sinne des § 137 III 1). Sie leiten vielmehr eine neue Form der Verhandlung ein [4]. Gerade in der Fortsetzung des Verfahrens durch eine schriftliche Verhandlung liegt der maßgebliche Sinn des § 128 II, wodurch er sich insbesondere auch von der Aktenlageentscheidung gemäß § 251 a unterscheidet [5].

Somit erweist sich schon im Hinblick auf das Wesen des Verfahrens omV es als unzutreffend, die Einverständniserklärungen als verfahrensbeendend anzusehen. Vielmehr ist auch nachträglich eingehender schriftsätzlicher Vortrag bei der Ent-

---

1) Siehe oben S. 22.
2) Siehe oben S. 21.
3) Bötticher, MDR 1959, 567; Bull, JR 1961, 248; dagegen unzutreffend Münzel, S. 56.
4) Sauerländer, LZ 1924, 227 f.; Püschel, JR 1925, 894.
5) Volkmar, JW 1925, 709; Levin, JW 1925, 1968.

scheidung zu berücksichtigen [1)2)].

Ein weiteres Bedenken gegen den Eintritt des Verhandlungsschlusses mit den Einverständniserklärungen ergibt sich aus einem in § 136 IV enthaltenen, allgemeinen prozessualen Gesichtspunkt. Durch diese Vorschrift hat das Gesetz die Schließung der Verhandlung dem Vorsitzenden übertragen. Damit ist die Bestimmung über den Schluß der Verhandlung mit hinreichender Deutlichkeit der Prozeßleitung zugewiesen. Diese gesetzliche Lösung steht in keiner Beziehung zu den Grundsätzen der Mündlichkeit und Schriftlichkeit. Sie folgt vielmehr aus der notwendigen Verteilung der Aufgaben im Prozeßbetrieb, um eine sachgerechte Erledigung des Rechtsstreites zu ermöglichen. Auf der Grundlage der oben herausgebildeten Richtlinien für die Regelung der schriftlichen Verhandlung [3)] besteht daher kein Anlaß, von den gezeigten Vorstellungen des Gesetzgebers abzuweichen. Der Zeitpunkt des Verhandlungsschlusses würde aber der Einflußnahme des Gerichts im wesentlichen entzogen, wenn die Parteien durch ihre Einverständniserklärungen den Schluß der Verhandlung herbeiführen könnten. Es ist aber nicht der Sinn der gerichtlichen Entschließung gemäß § 128, von einem Verfahren omV deshalb Abstand nehmen zu müssen, weil die Sache aufgrund des Entscheidungsstoffes vor Abgabe des Einverständnisses noch nicht entscheidungsreif ist. Der

---

1) Im Ergebnis schon RGZ 151, 193 (195 f.); BGHZ 11, 27 (31); 28, 278 (280 f.), ohne jedoch speziell die Frage des Verhandlungsschlusses zu erörtern; so aber ausdrücklich BGH, NJW 1966, 52.
Im übrigen ist dies zwangsläufig die Auffassung aller derjenigen, die den Zeitpunkt des Verhandlungsschlusses innerhalb der zweiten und dritten Grundanschauung sehen, weil diese die Zulassung weiteren Vorbringens voraussetzen. Siehe daher oben S. 202 f.

2) Vgl. auch BAG, AP Nr. 11 zu § 72 ArbGG 1953 (Streitwertrevision). Nach den Ausführungen des BAG sei die Zulässigkeit weiteren Vorbringens darauf zurückzuführen, daß das Einverständnis bis zur Entscheidung fortdauern müsse. Diese Begründung geht jedoch fehl. Sie beruht auf der abgelehnten Auffassung von dem Einverständnis als "geistigem Zustand" (Siehe oben S. 123 ff.).

3) Siehe oben S. 171 f.

Einfluß der Parteien auf den Verhandlungsschluß muß vielmehr auch im Verfahren omV darauf beschränkt bleiben, im Rahmen der Verhandlungsmaxime den Sach- und Streitstand - wenn auch nur scheinbar - vollständig vorzutragen und damit das Gericht zu veranlassen, auf dieser Grundlage eine Entscheidung zu erlassen. Letztlich entscheidet aber auch hier die Auffassung des Gerichts, ob die Sache entscheidungsreif ist und deshalb geschlossen werden kann [1]. Auch unter Berücksichtigung dieser vorstehenden Erörterungen kann der Auffassung, die den Einverständniserklärungen verfahrensbeendende Wirkung beimißt, nicht beigepflichtet werden.

Gegen die Berücksichtigung nachträglich eingehenden schriftlichen Prozeßmaterials wird vornehmlich geltend gemacht, daß keine Partei ihr Einverständnis im Hinblick auf nicht übersehbaren Prozeßstoff abgeben würde [2]. Dieser Einwand ist aber bereits in seinem Ansatzpunkt verfehlt. Der mutmaßliche Parteiwille, der dem Einverständnis beigelegt wird, kann nicht als Argument für eine Rechtsfolge innerhalb desjenigen Verfahrens gewertet werden, das erst mit den Einverständniserklärungen ermöglicht wird. § 128 II eröffnet ein Schriftverfahren eigener Art, das zwar in seinen Voraussetzungen, nicht hingegen in seiner grundlegenden Ausgestaltung von dem Parteiwillen abhängt. Somit kann der Wille der Parteien nicht dafür entscheidend sein, wann der Verhandlungsschluß eintritt. Wann dies der Fall ist, rich-

---

1) A.A. insoweit unzutreffend Thomas, NJW 1962, 836 (unter 3 c). Eine ausdrückliche Erklärung der Parteien, nichts mehr vortragen zu wollen, kann, muß aber nicht die Schliessung der Verhandlung beeinflussen. Entscheidend ist die Auffassung des Gerichts. Hält dieses die Sache für entscheidungsreif, kann es die Verhandlung schließen, ohne Rücksicht darauf, ob die Parteien erklärt haben, noch etwas vortragen zu wollen. Umgekehrt kann das Gericht einen Aufklärungsbeschluß erlassen, wenn es die Sache noch nicht für vollständig geklärt erachtet. Dieser Anordnung steht ein erkennbarer Wille der Parteien, nichts mehr vortragen zu wollen, nicht schlechthin entgegen. Vgl. ferner auch § 156.

2) Baumbach-Lauterbach, 28. Aufl., § 128 Anm. 6 B; Lent, Zivilprozeßrecht, 9. Aufl., § 70 (S. 196); Schönke-Schröder-Niese, § 81 V (S. 367); ferner Zöller-Stepahn, § 128 Anm. B III; Blomeyer, Referate, S. 492; Kann, JW 1924, 384; Striemer, DJZ 1924, 502. Siehe dagegen BGH, NJW 1966, 52; Pohle, AP Nr. 11 zu § 72 ArbGG 1953 (Streitwertrevision).

tet sich nach den Regeln des Verfahrens omV. Im übrigen wird der mit dem Einverständnis verbundene Wille der Parteien regelmäßig dahin gehen, mit der entsprechenden Erklärung nicht auch ihr Anrecht auf weiteren Vortrag zu verlieren. Das Einverstandensein beinhaltet lediglich den Verzicht auf weiteren "mündlichen" Vortrag, nicht jedoch auf künftigen Vortrag überhaupt [1]. Die Parteierklärungen beruhen vielmehr auf dem Interesse, das Verfahren durch "schriftliches" Vorbringen zu vereinfachen und zu beschleunigen, indem man es von einer entbehrlichen mV entlastet [2].

Für die Frage des Ausmaßes späteren Schriftmaterials kann es schließlich auch nicht auf die Tatsache ankommen, ob die Einverständniserklärungen innerhalb oder außerhalb der mV abgegeben werden [3]. Dieses Ergebnis beruht vornehmlich auf der Herstellung einer Beziehung zwischen der Frage des Widerrufs des Einverständnisses und dem Problem des Verhandlungsschlusses. Diese Betrachtungsweise ist jedoch fehlerhaft [4]. Bei richtigem Verständnis hingegen wird mit dem unwiderruflichen Einverständnis die Mündlichkeit mit allen Konsequenzen eines schriftlichen Verfahrens beseitigt. Auf den Stand der Sach- und Rechtslage sowie auf die Vorstellung der Parteien in bezug auf den Fortgang des Prozesses kann es dagegen für den Zeitpunkt des Verhandlungsschlusses nicht ankommen.

Die den Einverständniserklärungen beigemessene Bedeutung würde auch zu folgenden praktischen, im Ergebnis untragbaren Folgen führen. Nimmt man einmal an, daß mit dem l e t z t e n Einverständnis der Verhandlungsschluß einträte, so müßte diejenige Partei, die ihr Einverständnis zuerst erklärt, mit weiterem Vorbringen des Prozeßgegners rechnen. Zumindest diese Partei würde daher ihr Einverständnis immer im Hinblick auf zu diesem Zeitpunkt noch nicht

---

1) Dagegen unzutreffend Münzel, S. 85; nach dessen Ansicht bedeute das Einverständnis, daß jedes weitere Vorbringen überflüssig sei.
2) Ähnlich auch BGH, NJW 1966, 52 f.
3) So Zöller-Stephan, § 128 Anm. B III.
4) Siehe oben S. 122 f.

übersehbaren Streitstoff beziehen. Die andere [1] Partei dagegen hätte es in der Hand, den Schluß der Verhandlung nach ihrem Gutdünken durch Erklärung des Einverständnisses herbeizuführen, ohne daß die Gegenseite noch Gelegenheit hätte zu erwidern. Damit würden jedoch die Belange derjenigen Partei einseitig bevorzugt, die ihr Einverständnis als letzte erklärt. Im Interesse der Waffengleichheit der Parteien muß aber der Verhandlungsschluß gleichzeitig für alle Parteien eintreten [2][3]. Folgerichtig müßte man den Schluß der schriftlichen Verhandlung an die e r s t e Einverständniserklärung knüpfen. Das kann jedoch erst recht nicht richtig sein. Mit dieser Annahme wäre ein Verfahren omV schlechthin undenkbar. Die übrigen - notwendigen - Einverständniserklärungen lägen in jedem Falle außerhalb der Verhandlung. Man käme deshalb nicht umhin, den Verhandlungsschluß wiederum auf einen späteren Zeitpunkt zu verlegen, um wenigstens für ein Verfahren omV die notwendigen Einverständniserklärungen als rechtserhebliche Prozeßerklärungen berücksichtigen zu können. Aufgrund dieser Erwägungen erweist sich die Annahme, wonach der Eingang der Einverständniserklärungen den Verhandlungsschluß bilden, auch in praktischer Hinsicht als verfehlt.

Die vorstehenden Ausführungen führen zu dem Ergebnis, daß das Gericht weitere Schriftsätze, die im Anschluß an die Einverständniserklärungen eingehen, bei der Entscheidung grundsätzlich berücksichtigen muß. Dem stehen weder besondere Interessen der Parteien noch solche des Gerichts entgegen. Die Belange der Parteien sind nicht schon deshalb unzureichend geschützt, weil ihnen wegen der Unwiderruflichkeit des Einverständnisses bei einer unvorhergesehenen Prozeßentwicklung keine Handhabe gegeben ist, das Verfahren wieder in die gewöhnliche Form der Mündlichkeit zurückzu-

---

1) Bei einer Parteienmehrheit würde dies für die "letzte" der Parteien gelten.
2) Vgl. Fenn, Anschlußbeschwerde, S. 109.
3) Siehe oben S. 205.

führen. Insoweit berührt die Frage nach dem Verhandlungsschluß auch das Problem der Widerruflichkeit der Einverständniserklärungen. Es besteht aber - wie gezeigt [1] - keine Abhängigkeit zwischen beiden Fragenkomplexen in dem Sinne, daß man wegen der hier vertretenen Unwiderruflichkeit kein weiteres Vorbringen zulassen dürfe [2]. Im übrigen besteht auch kein Anlaß, wegen der für die Parteien entstehenden Gefahren eines schriftlichen Verfahrens unvorhergesehenen Ausmaßes für den Schluß der Verhandlung im Zeitpunkt der Einverständniserklärungen einzutreten. Entscheidend ist auch hier das entsprechend bei der Unwiderruflichkeit angeführte Argument, daß das richterliche Ermessen im Rahmen des § 128 II die Parteien gegenüber unüberschaubaren Prozeßentwicklungen und damit verbundenen Schwierigkeiten in einem Verfahren ohne Mündlichkeit hinreichend schützt. Die im Zusammenhang mit dem Problem des Widerrufs getroffenen Ausführungen gelten hier entsprechend [3].

Das Gericht seinerseits kann sich vor Mißbräuchen mit dem Verfahren omV oder vor einer unverhältnismäßigen Ausdehnung der schriftlichen Verhandlung dadurch bewahren, daß es, sobald die entsprechenden Voraussetzungen vorliegen, unverzüglich eine Entscheidung erläßt [4] oder aber an dem mündlichen Verfahren festhält. Auch insoweit besteht daher kein Bedürfnis, die Verhandlung mit den Einverständniserklärungen als geschlossen zu betrachten.

Für den Verhandlungsschluß im Zeitpunkt der Einverständniserklärungen spräche, daß dieser Moment vor allen anderen späteren den Vorzug genießt, klare Verhältnisse zu schaffen [5]. Denn die Abgabe der Einverständniserklärungen läßt sich in der Regel ohne weiteres nachweisbar feststellen. Im Falle mündlicher Erklärungen würden diese aus dem Sitzungsprotokoll, in das das Einverständnis tun-

---

1) Siehe oben S. 122 f. u. 212.
2) Siehe oben S. 122; anders dagegen de Boor, Entsch.nLdA., S. 24 f.
3) Siehe oben S. 118 f.
4) Vgl. BGH, NJW 1966, 52.
5) Vgl. Fenn, Anschlußbeschwerde, S. 111.

lichst aufgenommen werden sollte [1], im Falle des schriftlich erklärten Einverständnisses aus dem Eingangsdatum, mit dem jedes bei Gericht eingehende Schriftstück versehen zu werden pflegt, ersichtlich. Der Gesichtspunkt der klaren Feststellbarkeit ist aber nicht so wesentlich, daß man allein daraus auf eine Beendigung der schriftlichen Verhandlung mit den Einverständniserklärungen schließen könnte, zumal dies mit dem Wesen des Verfahrens omV nicht zu vereinbaren ist.

Schließlich scheint es ganz im Sinne des dem Verfahren omV zugrundeliegenden Beschleunigungs- und Vereinfachungszweckes zu sein, den Verhandlungsschluß bereits mit den Einverständniserklärungen und damit möglichst frühzeitig eintreten zu lassen [2]. Denn diesen Grundgedanken des Verfahrens omV widerspricht es ganz offensichtlich, wenn sich das Gericht infolge der Berücksichtigungspflicht jeden Prozeßstoffes bis unmittelbar vor dem Erlaß der Entscheidung veranlaßt sähe, diese immer wieder hinauszuschieben, sobald ein neuer Schriftsatz eingeht [3]. Diesen Überlegungen ist zuzugeben, daß sich das Verfahren omV entgegen seinem Sinn und Zweck prozeßverschleppend auswirken kann. Das ist z.B. der Fall, wenn durch ständig neues Vorbringen der Parteien der Eintritt der Entscheidungsreife [4] und dadurch der Erlaß einer Entscheidung verzögert wird [5]. Diese möglichen Auswirkungen

---

1) Vgl. dazu auch oben S. 61 . - Im übrigen braucht die Abgabe der Einverständniserklärungen nicht ausdrücklich protokolliert zu werden. Das ergibt sich häufig schlüssig aus den Beschlüssen des Gerichts, so z.B., wenn es heißt, daß nach Eingang irgendwelcher Akten oder auf den Widerruf eines Vergleiches "schriftlich entschieden werden sol ". Darin liegt die konkludente Feststellung, daß die Parteien in der betreffenden Sitzung sich entsprechend einverstanden erklärt haben.

2) Vgl. Fenn, Anschlußbeschwerde, S. 111; Thomas, NJW 1962, 836.

3) So Thomas, aaO.

4) Siehe unten S. 267 f.

5) Insoweit sind Mißbräuche nicht ausgeschlossen. So können die Parteien unter bewußter Ausnutzung der Parteimaxime und der Pflicht des Gerichts, den Streitstoff möglichst vollständig aufzuklären, ihr Vorbringen entsprechend "frisieren" und das Gericht durch ständigen Neuvortrag daran hindern, eine Entscheidung zu treffen, weil ihnen jeweils innerhalb einer angemessenen Frist Gelegenheit gegeben werden müßte, auf das neue Vorbringen zu erwidern.
Zur mißbräuchlichen Anwendung des Verfahrens omV seitens des Gerichts siehe oben S. 21.

eines Verfahrens omV führen jedoch nicht zu der Annahme, daß deshalb zweckmäßigerweise der Verhandlungsschluß auf den Eingang der Einverständniserklärungen zu legen sei. Denn dem ursprünglichen Sinne des Verfahrens omV nach ist dieses nur ausnahmsweise anzuwenden, und zwar dann, wenn die Mündlichkeit entbehrlich und gerade dadurch das Verfahren beschleunigt werden kann [1]. Das bedeutet aber, daß, wenn der Beschleunigungszweck nicht erreicht wird, sondern im Gegenteil die Schriftlichkeit zu einer Prozeßverzögerung führt, für ein Verfahren omV kein Raum ist. Vielmehr ist gegebenenfalls das Gericht aufgrund seines ihm nach § 128 II eingeräumten Ermessens [2] gehalten, zum mündlichen Verfahren zurückzukehren. Dagegen wäre es verfehlt, dem Beschleunigungsgedanken dadurch Rechnung tragen zu wollen, daß man die Verhandlung mit den Einverständniserklärungen als geschlossen betrachtet [3].

Faßt man das Ergebnis der vorstehenden Erörterungen zusammen, so läßt sich im Hinblick auf die hauptsächliche Frage nach dem Verhandlungsschluß im Verfahren omV feststellen,

---

1) Zutreffend hat die Rechtsprechung stets auf diesen Gesichtspunkt hingewiesen, vgl. BGHZ 17, 118 ff.; 18, 61 f.; 28, 278 (284); BGH, NJW 1966, 52; OLG Nürnberg, MDR 1966, 244. Der Ausnahmecharakter des Verfahrens omV ergibt sich mit hinreichender Deutlichkeit aus der Entstehungsgeschichte des § 128 II, vgl. dazu oben S. 20.
Das Nichtvorliegen dieser besonderen Voraussetzungen führt allerdings nicht zur Unzulässigkeit des Verfahrens omV schlechthin, siehe dazu oben S. 22.

2) Siehe dazu eingehend oben S. 155.

3) Ferner dürfte das Bedürfnis nach einer Beschleunigung des Verfahrens omV durch Begrenzung der Verhandlung auf den Eingang der Einverständniserklärung hinter dem Grundsatz der materiellen Wahrheit zurücktreten müssen. In diesem letzteren Gesichtspunkt hat im übrigen der BGH, NJW 1966, 52, ein entscheidendes Argument gegen die Ansicht des Verhandlungsschlusses mit den Einverständniserklärungen gesehen. Das ist jedoch m.E. sekundär. Wesentlich ist vielmehr, daß die Nichtberücksichtigung des nachträglichen Vorbringens nicht mit dem Sinn des Verfahrens omV in Einklang gebracht werden kann, weil dieses ebenso der Vervollständigung des Prozeßstoffes dienen soll wie die mV, die es ersetzt. Somit liegt es bereits in dem Sinn des Verfahrens omV, u.a. auch dem Grundsatz der materiellen Wahrheit zu dienen.

daß die Einverständniserklärungen sich für diesen Zeitpunkt nicht eignen.

## 2. Die Entscheidungstätigkeit des Gerichts

Wendet man sich zunächst der zweiten und dritten der grundlegenden Ansichten [1] zu, so erkennt man, daß zwischen diesen beiden im Grunde kein Widerspruch besteht. Sie stehen sich vielmehr alternativ gegenüber. Die dritte Grundanschauung sieht nämlich eine ausdrückliche, die schriftliche Verhandlung beendende Betätigung des Gerichts vor, während die zweite von einem gestaltungslosen [2] schriftlichen Verfahren ausgeht. Man ist daher nicht der Schwierigkeiten enthoben, einen für alle Fälle gültigen Zeitpunkt innerhalb der zweiten Grundanschauung zu suchen, auch wenn man einzelne Maßnahmen im Rahmen der dritten Anschauung für zulässig erachten sollte. Es fragt sich daher im besonderen, welche der möglichen Zeitpunkte im Rahmen der Entscheidungstätigkeit den Verhandlungsschluß im Verfahren omV ersetzen kann.

Auf der Grundlage der allgemeinen Grundsätze über die nähere Regelung der schriftlichen Verhandlung [3] bildet § 136 IV als diejenige Gesetzesbestimmung, die den entsprechenden Fall im mündlichen Verfahren regelt, den Ausgangspunkt dieser Untersuchung. Diese Vorschrift enthält bei näherer Betrachtung einen wesentlichen Anhaltspunkt. Aus § 136 IV ergibt sich nämlich eine bestimmte Reihenfolge in der Beziehung zwischen dem Schluß der Verhandlung und der Entscheidung. Im Anschluß an die "tatsächliche" Beendigung der mV muß sich das Gericht schlüssig werden, ob es die Verhandlung schliessen will. Das setzt voraus, daß es den Sachstand für hinreichend geklärt erachtet. Gegebenenfalls tritt das Gericht in die Beratung über die Entscheidung ein und trifft sie, um sie (möglichst noch in demselben Termin, § 310 I) zu ver-

---

1) Siehe oben S. 203 ff.
2) Vgl. Baur, JZ 1966, 71; Vollkommer, NJW 1968, 1093.
3) Siehe oben S. 171 f.

künden. Praktisch fällt also die Entschließung über die Spruchreife regelmäßig mit der sachlichen Beratung über die Entscheidung zusammen. Mit diesem Akt setzt das Gericht den "Schlußpunkt" [1] unter den Abschnitt des Prozesses, der der Stoffsammlung diente. Wesentlich für das vorliegende Problem ist daher zunächst die Feststellung, daß der Verhandlungsschluß im mündlichen Verfahren "vor" der Entscheidung des Gerichts liegt, spätestens aber mit der "Beschlußfassung" über die Entscheidung zusammenfällt.

Dem entsprechen auch die folgenden prozessualen Gesichtspunkte in bezug auf den Verhandlungsschluß. Im Interesse eines ordnungsgemäßen Verfahrensablaufes darf die Entscheidungstätigkeit des Gerichts nicht mehr durch die Berücksichtigungspflicht weiteren Vorbringens gestört werden. Das Gericht muß die Möglichkeit haben, bei "geschlossener" Verhandlung den Prozeßstoff erfassen und eine Entscheidung treffen zu können [2]. Es besteht demnach ein dringendes Bedürfnis, den Verhandlungsschluß der Beschlußfassung über die Entscheidung vorangehen zu lassen. Daß dies im übrigen dem Willen der ZPO entspricht, folgt nicht allein aus § 136 IV. Dieses Ergebnis wird auch durch die §§ 156, 272 a, 310 I 2 getragen. In diesen Vorschriften kommt zum Ausdruck, daß, wenn die Entscheidung selbst nicht unmittelbar auf die letzte mV folgt (§§ 310 I 2, 272 a), in der die Verhandlung überhaupt, zumindest für eine Partei (§ 272 a), geschlossen wurde, dieser verhandlungsbeendende Zeitpunkt nicht berührt wird, es sei denn, daß das Gericht eine dem § 156 entsprechende Anordnung erläßt.

Überträgt man diese vorstehenden Gedanken auf das Verfahren omV, so kann nur die Beschlußfassung des Gerichts als maßgebender Zeitpunkt für den Verhandlungsschluß in Betracht kommen. Denn einen natürlichen Augenblick wie das Ende der Terminsstunde gibt es im schriftlichen Verfahren nicht. Gestaltet daher das Gericht die schriftliche Verhandlung nicht durch einen entsprechenden Beschluß, so ist die Fällung der

---

1) Vgl. Baur, JZ 1966, 72 (unter 3 c).
2) Vollkommer, NJW 1968, 1093.

Entscheidung selbst maßgebend. Jeder später liegende Moment dagegen entspricht nicht den in den §§ 136 IV, 156, 272 a, 310 zugrundeliegenden Vorstellungen des Gesetzgebers über den ordnungsgemäßen Gang des Verfahrens.

Mit diesem Ergebnis ist die Untersuchung aber nicht erschöpft. Denn die Regelung des Verhandlungsschlusses im mündlichen Verfahren kann zunächst nur einen wichtigen Anhaltspunkt geben. Dieser Zeitpunkt ist nunmehr daraufhin zu überprüfen, ob er sich mit dem Schriftlichkeitsprinzip in Einklang bringen läßt oder ob insoweit besondere Regeln gelten.

Es hat sich gezeigt, daß das Verfahren omV einen Schriftprozeß eigener Art darstellt. Diese Tatsache legt den Vergleich mit solchen Verfahrensarten nahe, die nicht vom Mündlichkeitsprinzip beherrscht sind, sondern in denen die mV freigestellt ist und sich das Verfahren grundsätzlich schriftlich abwickelt. Für dieses sog. fakultativ-mündliche Verfahren [1] findet sich im Gesetz ebensowenig wie im Falle des § 128 II eine Bestimmung darüber, bis zu welchem Zeitpunkt die Parteien oder die Beteiligten neue Tatsachen, Beweismittel und Erklärungen vorbringen können, die das Gericht bei der Entscheidung berücksichtigen muß. In diesem Verfahren, so insbesondere im Beschwerdeverfahren (§573) und dem der freiwilligen Gerichtsbarkeit, gelten die Parteien nach ganz hM. von demjenigen Augenblick an als mit weiterem Vorbringen ausgeschlossen, in dem die Entscheidung im ordnungsgemäßen Geschäftsgang aus dem internen Bereich

---

1) So die Entscheidungen des Vorsitzenden, des ersuchten oder beauftragten Richters, für alle Entscheidungen auf eine Beschwerde (§ 573 I) und die des Vollstreckungsgerichts (§ 764 III), sowie in den sonstigen zahlreichen Fällen, in denen es die ZPO ausdrücklich sagt (z.B. §§ 37, 45 III, 102 iI, 104 III 2, 109 III 2, 271 III, 515 u.a.m.)

des Gerichts hinausgegeben wird [1]. Unterstellt man diese Auffassung als richtig, könnte man angesichts des ebenfalls vom Schriftprinzip beherrschten Verfahrens omV daran denken, diese Meinung schlechthin auf das Verfahren omV zu übertragen [2]. Dagegen spricht aber zunächst das grundsätzliche Bedenken, daß die Verfahren mit fakultativer mV eine wesentlich andere Struktur als das Verfahren omV haben. Der entscheidende Grund gegen eine Gleichstellung beider Verfahrensarten in bezug auf den Verhandlungsschluß liegt jedoch in einem anderen Gesichtspunkt. Dieser für das fakultativ-mündliche Verfahren von der hM. angenommene - und hier als richtig unterstellte - Zeitpunkt der Hinausgabe würde nur unter der Voraussetzung auch im Verfahren omV maßgebend sein können, wenn dieses Ergebnis auf den Grundlagen des Schriftlichkeitsprinzips beruhte. Denn dieser an die Stelle der Mündlichkeit getretene Verfahrensgrundsatz ist die Ursache für die veränderte Prozeßsituation. Nur dieser bildet daher auch den Ansatzpunkt für die Abwandlung einzelner für das mündliche Verfahren geltender Rechtssätze. Es fragt sich demnach, ob die Hinausgabe der Entscheidung als Schluß der Verhandlung auf Gesetzmäßigkeiten des Schriftlichkeitsprinzips beruht.

---

1) Für das zivilprozessuale Beschwerdeverfahren siehe BGH, NJW 1967, 1466; KG, Rspr. 25, 132; KGJ 46, 1 (2 f.); OLG Hamm, JMBl. NRW 1956, 110 (111); KG, MDR 1960, 931; Baumbach-Lauterbach, § 329 Anm. 4 A; § 573 Anm. 3 C; Stein-Jonas-Pohle, § 128 Anm. V 4 (bei Fußn. 35); Stein-Jonas-Grunsky, § 573 Anm. III; Zöller-Degenhart, § 329 Anm. 3 a; Nikisch, § 127 V 1 (S . 503); Müller, JR 1954, 212; Fenn, Anschlußbeschwerde, S. 113; a.A. Rosenberg-Schwab, § 149 II 2 b (S. 786), die im Beschwerdeverfahren wie im Verfahren omV (vgl. oben S. 204 Fußn. 1 ) die Beschlußfassung über die Entscheidung dem Schluß der mV gleichstellen. Für das FGG-Verfahren siehe BGHZ 12, 248 (252 f.); 13, 166 (168 f.); Keidel, FGG, § 12 Fußn. 75 und § 18 Rdn. 3; Müller, JR 1954, 213.
Für das Beschwerdeverfahren im Verwaltungsprozeß vgl. OLG Hamburg, DVBl. 1953, 30; Eyermann-Fröhler, § 150 Rdn. 4. Vgl. auch für den Strafprozeß BayVGH, MDR 1963, 376; OLG Bremen, NJW 1956, 435; OLG Frankfurt, MDR 1962, 744 (= DRpfl. 1962, 340, mit zustimmender Anmerkung von Lappe); OLG Hamburg, NJW 1963, 874.

2) So im Ergebnis Fenn, SAE 1962, 167; ders., Anschlußbeschwerde, S. 110.

Zur Beantwortung dieser Frage erscheint es zweckmäßig, aus der Geschichte der Zivilprozeßgesetzgebung einen echten Schriftprozeß heranzuziehen, um daran zu erkennen, in welcher Beziehung der Verhandlungsschluß zu der Entscheidungstätigkeit des Gerichts in einem Verfahren steht,das grundlegend von dem Schriftlichkeitsprinzip beherrscht war. Richtungsweisend für diese Betrachtung dürfte der gemeinrechtliche Schriftprozeß sein, weil in diesem das Schriftlichkeitsprinzip in der deutschen Prozeßgeschichte wohl am stärksten ausgeprägt war [1]. Hier bedeutete der "Aktenschluß" (conclusio) die Schließung des Verfahrens "zum Zwecke der Erlassung" des Urteils aufgrund der vorangegangenen Verhandlungen [2]. Dieser prozessuale Akt oblag dem Gericht und galt als Ausfluß der richterlichen Prozeßleitung [3]. Daraus ergibt sich, daß der richterliche Entscheid, die Akten zu schließen, dem Erkenntnisakt in der Sache selbst vorausging [4]. Diese Vorstellungen des gemeinrechtlichen Schriftprozesses entsprechen aber voll und ganz denjenigen, wie sie im geltenden Recht für das mündliche Verfahren in den bereits genannten Vorschriften zum Ausdruck gelangt sind. Der in § 136 IV enthaltende Gedanke, daß der Verhandlungsschluß "vor" der Entscheidung liegt, ist daher kein dem Münlichkeitsprinzip wesenseigenes Merkmal. Auch im schriftlichen Verfahren besteht das Bedürfnis - und zwar, wie noch zu zeigen sein wird [5], in weit größerem Maße - , daß das Gericht bei geschlossener Verhandlung den Prozeßstoff durcharbeiten und seine Entscheidung fällen kann [6]. Es entspricht daher weder dem Wesen des mündlichen noch dem des schriftlichen Verfahrens, den Verhandlungsschluß über den Zeitpunkt der Beschlußfassung hinauszuschieben [7].

---

1) Vgl. dazu Wetzell, S. 894 ff.
2) Renaud, S. 667.
3) Renaud, S. 668; Linde, S. 275; Martin (I), S. 518 (unter 2).
4) Vgl. auch Martin (II), S. 167.
5) Siehe unten S. 230 f.
6) Vollkommer, NJW 1968, 1093.
7) Thomas, NJW 1962, 836.

Betrachtet man unter diesem Gesichtspunkt die für das fakultativ-mündliche Verfahren hM., nach der die Berücksichtigungsmöglichkeit weiteren Vorbringes erst mit der Absendung der Entscheidung ende, also der "Aktenschluß" der Beschlußfassung nachfolgen soll, so ergeben sich erhebliche Bedenken gegen die Richtigkeit dieser Auffassung. Dies kann jedoch im Rahmen der vorliegenden Untersuchung auf sich beruhen. Ungeachtet der verschiedenen Strukturen dieser Prozeßart zum Verfahren omV verbietet sich eine entsprechende Heranziehung schon deshalb, weil diese Auffassung ihr Ergebnis ohnehin nicht auf der Grundlage des Schriftlichkeitsprinzips gewinnt. Darüber hinaus ist diese Meinung in ihrem Ansatzpunkt verfehlt. Denn für den Zeitpunkt der Absendung wird vornehmlich das Argument verwendet, daß das Gericht erst in diesem Zeitpunkt an seine Entscheidung gebunden sei [1]. Bis dahin sei das Gericht tatsächlich in der Lage, jeden eingehenden Prozeßstoff zu berücksichtigen, weil sich die schriftlich abgefaßte Entscheidung oder die Entscheidungsformel noch innerhalb des Einwirkungs- und Zugriffsbereiches befinde. Daraus folge die rechtliche "Notwendigkeit" der Berücksichtigung dieses Streitstoffes. Diese Beziehung zwischen der Unabänderlichkeit und dem Verhandlungsschluß ist zumindest für das Urteilsverfahren gemäß § 128 II eine bloße Behauptung. Betrachtet man das Gesetz, so könnte man daraus sogar das Gegenteil folgern. Die Vorschriften der §§ 156, 277 a, 310 I 2 zeigen nämlich, daß es in verschiedenen Fällen ein Zwischenstadium zwischen dem Verhandlungsschluß und der Entscheidung gibt. Ohne daß das Gericht bereits irgendwie an eine Entscheidung gebunden wäre, darf es in dem Zeitraum zwischen dem Verhandlungsschluß und dem endgültigen Entscheidungserlaß eingehendes Schriftmaterial mit Ausnahme eines gemäß § 272 a nachgelassenen Schriftsatzes nicht mehr berücksichtigen. Nachträgliches Vorbringen könnte allenfalls Anlaß zur Wiedereröffnung der Verhandlung

---

1) Vgl. zur Bindung des Gerichts an seine Entscheidungen unten S. 318 ff.

2) Vgl. auch BFH, BStBl. 1964 III, 338 (339); BGH, NJW 1967, 1467 (l.Sp.).

(§ 156) [1)2)] sein. Es ist demnach im mündlichen wie im schriftlichen Verfahren denkbar, daß die Verhandlung geschlossen ist, ohne Rücksicht darauf, ob das Gericht tatsächlich und damit rechtlich imstande wäre, später eingehendes Prozeßmaterial zu verwenden.

Aus dem Vorstehenden ergibt sich zunächst, daß die Auffassung über den Verhandlungsschluß im fakultativ-mündlichen Verfahren im Verfahren omV nicht authentisch ist. Jener liegen weder die Eigenheiten des Schriftlichkeitsprinzips noch eine auf das Verfahren omV anwendbare Argumentation zugrunde. Letzteres gilt insbesondere für die behauptete Beziehung zwischen der Unabänderlichkeit der Entscheidung und dem Verhandlungsschluß.

Für die Untersuchung des Verhandlungsschlusses im Verfahren omV im Rahmen der zweiten Grundanschauung ist bisher lediglich die Erkenntnis gewonnen, daß jener sowohl in einem mündlichen (§§ 136 IV, 156, 272 a, 310 I 2) wie in einem schriftlichen Prozeß der Entscheidung vorauszugehen hat. Wie bereits gezeigt, entsprach diesem Augenblick im Verfahren omV die Beschlußfassung des Gerichts [3)]. Betrachtet man nunmehr diesen Zeitpunkt näher, so wird ein wesentlicher Nachteil offenkundig. Dieser liegt nicht so sehr darin, daß der betreffende Vorgang der Entscheidungstätigkeit ein Gerichtsinternum ist [4)], als vielmehr in der Schwierigkeit, den maßgeblichen Zeitpunkt "tatsächlich" festzulegen [5)]. Die Feststellbarkeit war wie gezeigt ein

---

1) RGZ 102, 262 (266); BGH, JR 1958, 344; BGHZ 30, 60 (65); BGH, LM Nr. 1 a zu § 156 ZPO; BGH, MDR 1964, 832 (Nr. 20); BayObLGZ 1948-1951, 70 (79).
Das Gericht ist bisweilen unter bestimmten Voraussetzungen zur Wiedereröffnung verpflichtet, siehe BGH, LM Nr. 1 a zu § 156 ZPO; Baumbach-Lauterbach, § 156 Anm. 1; Stein-Jonas-Pohle, § 156 Anm. I.

2) Eine entsprechende Regelung wie § 156 fand sich auch im gemeinrechtlichen Schriftprozeß; vgl. Martin (I), S. 518 f. (unter 4); ders., (II), S. 167; Renaud, S. 668 f.

3) Siehe oben S. 218 .

4) So Fenn, Anschlußbeschwerde, S. 108.

5) Püschel, JR 1925, 894; vgl. die besonderen Schwierigkeiten für die Bestimmung dieses Zeitpunktes im Hinblick auf § 249 III bei Münzel, S. 82.

unbedingtes an den Verhandlungsschluß zu stellendes Erfordernis [1]. Die Fällung der Entscheidung würde daher als Verhandlungsschluß nur geeignet sein, wenn sie diesen Anforderungen genügt. Zum Zweck dieser Untersuchung bedarf es einer genauen Analyse des Werdeganges der Entscheidung.

Die Beschlußfassung ist zunächst eine geistige Tätigkeit. Sie manifestiert sich im Kollegialgericht in der Beratung und Abstimmung. Je nach Umfang der Sache kann sich eine Beratung über mehrere Tage hinweg erstrecken. Hier kann allenfalls die letzte Beratung für die eigentliche Beschlußfassung entscheidend sein. Wann diese erfolgt ist, läßt sich praktisch nur dadurch feststellen, daß der Zeitpunkt der abschließenden Beratung in den Akten vermerkt wird. Ein entsprechender Vermerk würde sich daher nicht nur wegen der Überprüfung, ob das Gericht bei der Beschlußfassung vorschriftsmäßig besetzt war [2], sondern auch zum Zwecke der Feststellbarkeit des Verhandlungsschlusses empfehlen , der damit äußerlich erkennbar würde. Die Beschlußfassung in Verbindung mit dem formellen Erfordernis eines entsprechenden Vermerkes wäre daher geeignet, zumindest im Kollegialgericht als maßgebender Zeitpunkt für den Verhandlungsschluß betrachtet zu werden. Fraglich ist jedoch, ob diese Lösung auch für den Einzelrichter praktikabel ist. Hiergegen bestehen Bedenken.

Die Entschließung des Einzelrichters ist als reiner geistiger Vorgang überhaupt nicht zu erfassen. So ist es z.B. denkbar, daß ein Richter auf dem Wege vom Gericht zu seiner Wohnung in einer Sache zu einer Entscheidung gelangt. Am nächsten Tage legt er diesen Entschluß schriftlich nieder, nachdem er sich seine Überlegungen des Vortages ins Gedächtnis zurückgerufen hat. Dieses Schriftstück gibt er schließlich in den Geschäftsgang. Soll hier der Vortag, an dem der eigentliche Entschluß gefallen ist oder der Tag der Absetzung der Entscheidung maßgebend sein, insbesonde-

---

1) Siehe oben S. 207.
2) BGH, MDR 1968, 314.

re wenn dem betreffenden Richter noch am Tage der Abfassung ein weiterer entscheidender Gedanke gekommen ist? Dieses Beispiel, wie es im Alltag jedes Amtsrichters vorkommt, zeigt die Schwierigkeiten, den Zeitpunkt der Beschlußfassung zu bestimmen. Der Verhandlungsschluß aber darf nicht auf derartigen Unsicherheitsfaktoren aufbauen. Die Beschlußfassung des Alleinrichters läßt sich daher zunächst überhaupt nicht konkretisieren. Ein denkbarer und empfehlenswerter Vermerk wie beim Kollegialgericht, wann die Entscheidung endgültig in der Abstimmung beschlossen wurde [1], wäre beim Einzelrichter oftmals willkürlich und zufällig. Die Möglichkeit einer Festlegung wie beim Kollegialgericht führt deshalb in der vorliegenden Untersuchung nicht weiter, weil der Verhandlungsschluß vor allen Spruchkörpern, ob Kollegialgericht oder Einzelrichter, in dem gleichen Augenblick eintreten muß.

Verfolgt man den Werdegang einer Entscheidung weiter, dann steht am Ende der nicht konkretisierbaren geistigen Bildung der Entscheidung das Ergebnis. Dieses manifestiert sich in einem äußeren Ereignis, durch das das Produkt der geistigen Tätigkeit des Gerichts in einer dritten Personen zugänglichen Weise erkennbar die geistige Sphäre verläßt. Es fragt sich somit, in welchem Ereignis im Verlauf der Entscheidungstätigkeit eines Gerichts dieser Moment zu finden ist.

Die Beratung im Kollegialgericht bzw. der Entscheidungsfindungsprozeß des Einzelrichters vollenden sich in der Weise, daß das Ergebnis der Beratung bzw. der Überlegungen niedergeschrieben, sodann von allen Richtern bzw. dem Alleinrichter unterzeichnet und schließlich der Geschäftsstelle als dem gesetzlich berufenen Organ zum Zwecke der Zustellung oder Mitteilung an die Parteien übergeben wird. In diesem "letzten" Augenblick aber konkretisiert sich in einem einzigen Akt die Beschlußfassung des gerichtlichen Spruchkörpers. Damit dokumentiert das Gericht erkennbar, eine Entscheidung in dieser Form und diesen Inhalts erlassen zu wollen. Darin ist nicht zuletzt auch die Erklärung

---

1) Vgl. BGH, aaO.

enthalten, daß das Gericht die schriftliche Verhandlung als abgeschlossen betrachte. Die Übergabe der abgefaßten Entscheidung oder der Entscheidungsformel muß daher auch als derjenige Zeitpunkt angesehen werden, der den Schluß der Verhandlung im Verfahren omV ersetzt [1].

Dieser Augenblick läßt sich auch eindeutig festlegen. Er wird sich häufig aus den Akten ersehen lassen [2] dadurch, daß die Übergabe der Entscheidung oder der Formel in Form einer datierten Verfügung des Richters geschieht, die die Geschäftsstelle anweist, die Entscheidung zuzustellen oder mitzuteilen. Die betreffende richterliche Verfügung erfolgt zwar im internen Bereich des Gerichts. Sie ist aber gegebenenfalls aus den Akten ersichtlich. Sie schafft demnach klare Verhältnisse und ist daher für den Eintritt des Verhandlungsschlusses geeignet.

Diesem Ergebnis steht nicht entgegen, daß eine entsprechende Verfügung nicht ausdrücklich vorgeschrieben ist. Sie gilt als ein unerläßliches Gebot des Verfahrens omV, damit dieses der Rechtsschutzaufgabe des Prozesses, nämlich die Herstellung des Rechtsfriedens auf der Grundlage des gegebenen Streitmaterials (vgl. §§ 323 II, 767 II), gerecht werden kann [3]. Dieses ungeschriebene Gebot [4] ergibt sich

1) Im Ergebnis ebenso Sonnen, Das neue ZPrR, S. 46; von Marth, LZ 1932, 794; Meiss, S. 536,; Volkmar, HWB, S. 293 (r.Sp.); vgl. auch den Entwurf 1931, § 230.
2) Anders dagegen BGH, NJW 1967, 1466 (1467).
3) Die richterliche Weisung bei der Übergabe an die Geschäftsstelle erweist sich noch in anderer Hinsicht als empfehlenswert. Mit einer entsprechenden Verfügung wird jeder Zweifel an einem gerichtlichen Verlautbarungswillen, und damit der Einwand einer mißbräuchlichen Urteilszustellung ausgeschlossen; vgl. Burkhardt, MDR 1957, 390.
4) Das Ergebnis, mit Hilfe eines ungeschriebenen Gebotes die Grundlage für eine bestimmte Rechtsfolge im Verfahren omV zu schaffen, scheint, wenn auch in anderer Beziehung, der Vorstellung des BGH zu entsprechen, wenn z.B. im Hinblick auf die Frage der Gerichtsbesetzung wegen § 309 eine bestimmte Tätigkeit des Gerichts gefordert wird, so BGH, MDR 1968, 314. Da dieser Zeitpunkt bei mehreren Beratungen zwar theoretisch, nicht jedoch praktisch feststellbar ist, folgert der BGH eine entsprechende Verpflichtung des Gerichts. Dieser Gedankengang entspricht dem hier vertretenen Standpunkt über die Unerläßlichkeit einer richterlichen Verfügung bei der Übergabe der Entscheidung an die Geschäftsstelle.

daher bereits aus grundlegenden prozessualen Gesichtspunkten. Es folgt im übrigen zwingend aus dem Verfahren omV selbst, wenn dieses nicht - wie noch an den entgegenstehenden Auffassungen zu zeigen sein wird - seines Sinnes beraubt werden soll.

Trifft das Gericht im Einzelfall keine entsprechende Verfügung bei der Übergabe an die Geschäftsstelle, so wird man zugunsten der Parteien den nächsten "feststellbaren" Zeitpunkt wählen müssen, der der Übergabe an die Geschäftsstelle folgt [1]. Dieser Nachteil führt aber nicht zu der Annahme, den Zeitpunkt der Übergabe an die Geschäftsstelle überhaupt für unbrauchbar zu halten. Denn der Mangel der "Feststellbarkeit" des Verhandlungsschlusses im Einzelfall schadet nicht. Dieser bedeutet insbesondere keinen Widerspruch zu dem, oben aufgestellten, allgemeinen Erfordernis, daß hinsichtlich dieses Moments klare Verhältnisse herrschen sollten [2]. Wesentlich ist allein, daß der Zeitpunkt des Verhandlungsschlusses "festlegbar" ist. Diese Voraussetzung erfüllt aber die Verfügung des Gerichts. Auch wenn diese im Gesetz nicht vorgeschrieben ist, so erweist sie sich doch als eine notwendige Folge des Verfahrens omV. Auf diese Weise läßt sich der Verhandlungsschluß in dieser Prozeßart auf einen Verfahrensabschnitt legen, der dem Zeitpunkt im mündlichen Verfahren am nächsten kommt. Betrachtet man darüber hinaus den Vorschlag der vom Reichsjustizministerium im Jahre 1920 eingesetzten Kommission zur grundlegenden Neugestaltung des Zivilprozesses [3], so kann man sagen, daß dieser Zeitpunkt auch dem mußtmaßlichen Willen des Gesetzgebers, zumindest des damaligen, am ehesten entsprechen dürfte.

Es bestehen auch keine Bedenken, dem Gericht die Pflicht einer entsprechenden Verfügung bei der Übergabe der Ent-

1) Vgl. Lay, S. 77.
2) Siehe oben S. 207.
3) Der Bericht 1961 läßt eine Stellungnahme zum Verhandlungsschluß vermissen.

scheidung an die Geschäftsstelle im Verfahren omV aufzuerlegen. Sie folgt aus dem Gebot der Rechtssicherheit und -klarheit. Diese Tätigkeit überfordert das Gericht nicht. Soweit man darin dennoch eine Mehrbelastung sehen sollte, die insbesondere auch dem Vereinfachungszwecke des § 128 II zuwiderliefe, so fällt dieses Argument nicht ins Gewicht, wenn man bedenkt, welche Vorzüge der Zeitpunkt der Übergabe an die Geschäftsstelle jedem nachfolgenden gegenüber genießt.

Jener Vorgang der Übergabe der Entscheidungsformel an die Geschäftsstelle wird sich regelmäßig unmittelbar an die gerichtliche Beschlußfassung anschließen. Die Möglichkeit, daß zwischenzeitlich noch weiterer Prozeßstoff eingeht, wird deshalb denkbar gering. Zumindest hat es das Gericht in der Hand, den Zeitraum zwischen dem Abschluß des geistigen Erkenntnisaktes und der beginnenden Entäußerung an die Außenwelt durch Übergabe an die Geschäftsstelle abzukürzen. Nimmt man dagegen mit der wohl hM.[1] an, daß erst die Absendung, also die Hinausgabe der Entscheidung aus dem verwaltungsmäßigen Geschäftsgang des Gerichts maßgebend ist, entsteht eine dem richterlichen Einfluß weitgehend entzogene Zeitspanne zwischen Übergabe und Absendung. Diese kann sich je nach der augenblicklichen Geschäftslast der Geschäftsstellen und Kanzleien mehr oder weniger lang hinziehen. Hier werden in der Regel wenigstens einige Tage - wenn nicht Wochen - vergehen. Jeder neue, zwischenzeitlich eingehende Schriftsatz müßte berücksichtigt werden. Das Gericht könnte bei erheblichem Neuvorbringen genötigt sein, die Entscheidung aus dem Geschäftsgang zurückzurufen, die Sache erneut zu beraten und zu beschließen und gegebenenfalls die abgeänderte Entscheidung nochmals abzufassen[2]. Das führte zu einem wahrhaft unwürdigen Spiel mit dem Gericht[3]. Das Ergebnis wäre eine Verzögerung in der Erledigung des Rechtsstreits, die aber im Gegensatz zu dem mit dem Verfahren omV verbunde-

---

1) Siehe oben S. 204 Fußn. 3.
2) Vgl. LArbG München, ArbRSamml. 30, 132; Zscherlich, S. 29; Reinberger, Recht 1924, 73.
3) De Boor, Entsch.nLdA., S. 56; Zscherlich, S. 29 Fußn. 17 ; vgl. auch Reinberger, Recht 1924, 73.

nen Sinn und Zweck der Beschleunigung steht [1].

Man kann dem nicht entgegenhalten, daß es doch im Interesse der materiellen Gerechtigkeit zweckmäßig wäre, den Gedanken der Schleunigkeit in den Hintergrund treten zu lassen. Dieser Gesichtspunkt mag in dem von dem Grundsatz der Schleunigkeit getragenen Verfahren omV für eine Reihe anderer bestimmter Prozeßsituationen zutreffen. Für die vorliegende Frage der Berücksichtigung weiteren Prozeßstoffes nach der Übergabe der Entscheidung an die Geschäftsstelle besteht jedoch für eine solche Annahme kein Anlaß. Denn auch im mündlichen Verfahren kann der Verhandlungsschluß einige Zeit vor der Beschlußfassung und Entäußerung der Entscheidung liegen (§§ 272 a, 310 I 2). Eine Berücksichtigung weiteren in diesem Zeitraum eingehenden Prozeßstoffes kommt nicht mehr in Betracht. Lediglich die Wiedereröffnung der Verhandlung (§156) bietet dem Gericht die Möglichkeit, einer voreiligen Schließung oder einem nachfolgenden Schriftsatz im Interesse der materiellen Wahrheit Rechnung zu tragen. Einen Anspruch auf Wiedereröffnung haben die Parteien jedoch grundsätzlich nicht [2]. Dies gilt entsprechend im Verfahren omV.

Ein frühzeitiger Verhandlungsschluß dient im übrigen als wirksames Mittel für eine beschleunigte Beendigung des Rechtsstreites [3]. Im Hinblick auf die §§ 136 IV, 156 gibt das Gesetz in der betreffenden Verfahrenssituation dem Beschleunigungsgrundsatz ersichtlich den Vorrang vor dem Streben nach materieller Gerechtigkeit. Es bestehen insoweit keine Bedenken, im Interesse des Beschleunigungszweckes des § 128 II diese vorstehenden Gedanken auf das Verfahren omV zu übertragen. Obgleich daher nach der Übergabe der Entscheidung an die Geschäftsstelle noch weiterer Prozeßstoff tatsächlich berücksichtigt werden könnte, besteht kein Anlaß,

---

1) Vgl. Münzel, S. 80.
2) Vgl. Stein-Jonas-Pohle, § 156 Anm. I. In Ausnahmefällen besteht eine Verpflichtung zur Wiedereröffnung, siehe BGH, JR 1958, 344; LG Stuttgart, ZZP 67, 284 f.; BayObLG, HEZ 2, 291 ff.; Buchholz, NJW 1955, 535 f.
3) Baur, Konzentration, S. 18; Vollkommer, NJW 1968, 1093; vgl. auch Stein-Jonas-Pohle, § 128 Anm. X 4; anders dagegen wohl Späth, S. 136.

dieses Vorbringen im Interesse der materiellen Wahrheit in jedem Falle noch bei der Entscheidung zu verwerten [1]. Auch hier schafft § 156 in analoger Anwendung den entsprechenden Interessenausgleich.

Aus den vorstehenden Erwägungen ergeben sich schwerwiegende Bedenken gegenüber jedem späteren Zeitpunkt als der Übergabe der Entscheidung an die Geschäftsstelle. Nur dieses Moment entspricht dem in § 136 IV zum Ausdruck gelangten Willen des Gesetzes, demgemäß die Bestimmung des Schlusses der Verhandlung in den Verantwortungsbereich der richterlichen Prozeßleitung gelegt ist. Der Verhandlungsschluß wäre hingegen zufälligen, der Einwirkungsmöglichkeit der gerichtlichen Tätigkeit entzogenen Einflüssen ausgesetzt, wenn Schriftsätze der Parteien noch zu einem Zeitpunkt berücksichtigt werden müßten, in dem das Gericht durch Übergabe der Entscheidung erkennnbar seinen Willen bekundet hat, die Entscheidung so zu erlassen und damit die Verhandlung als geschlossen zu betrachten.

Der Gefahr, daß noch weiterer Prozeßstoff eingeht, kann man nur unzureichend mit der Möglichkeit des Erlasses einer alsbaldigen Entscheidung [2] oder der Rückkehr zum mündlichen Verfahren [3] begegnen. Denn immerhin befindet sich die Entscheidung noch erhebliche Zeit im Geschäftsgang des Gerichts, bis sie schließlich zur Absendung gelangt [4]. Darüber hinaus könnte es auch geschehen, daß ein Schriftsatz zwar noch vor der Absendung der Entscheidung eingeht, aber erst nachher dem zuständigen Richter vorgelegt wird [5]. Folgerichtig müßte auch dieser Schriftsatz berücksichtigt werden [6], ohne Rücksicht darauf, ob geschäftsmäßig überhaupt noch die Möglichkeit einer rechtzeitigen Vorlage bestand. In diesem Falle wäre die Zustellung an die Parteien nicht mehr aufzuhalten. Enthielte der neue Schriftsatz erhebliches Vorbringen, müßte gegebenen-

---

1) A.A. Fenn, Anschlußbeschwerde, S. 112 f.
2) In diesem Sinne BGH, NJW 1966, 52; Fenn, aaO., S. 113 Fußn. 167; vgl. auch BGHZ 28, 278 (284).
3) Fenn, aaO., S. 113.
4) Vgl. z.B. die Verhältnisse bei den Berliner Zivilgerichten, Nordemann, BerlAnwBl. 1969, 58 f.
5) Vgl. Nordemann, aaO., S. 59.
6) So OLG Stuttgart, SJZ 1946, 35.

falls die Entscheidung zurückgerufen und abgeändert werden [1].

Alle diese Unzuträglichkeiten sind keine notwendige Folge des § 128 II [2], sondern eine Konsequenz der Auffassung, daß der Verhandlungsschluß erst mit der Absendung der Entscheidung eintrete. Denn erst die Zulässigkeit weiteren Vorbringens bis zur Absendung schafft Gefahrenmomente, die dem Sinn und Zweck des Verfahrens zuwiderlaufen. Diese mißlichen Folgen können hingegen durch eine entsprechende Vorverlagerung des Verhandlungsschlusses vermieden werden. Auch unter diesen Gesichtspunkten zeigt sich, daß der hier vertretenen Auffassung vor dem insbesondere von der Rechtsprechung [3] vertretenen Standpunkt (Absendung der Entscheidung) der Vorzug zu geben ist.

Auch im übrigen vermögen die Gesichtspunkte, die insbesondere für den Zeitpunkt der Absendung geltend gemacht werden, nicht zu überzeugen. Das Hauptargument, die Verknüpfung von Verhandlungsschluß und Unabänderlichkeit der Entscheidung, hat sich bereits als hinfällig erwiesen [4]. Alle Versuche, dies zu begründen, gehen fehl. Der BGH [5] stellt darauf ab, daß die Parteien erst dann, wenn die Entscheidung für das Gericht unabänderlich i.S. des § 318 geworden ist, nicht mehr erwarten könnten, daß noch weiteres Vorbringen berücksichtigt werde. Für einen derartigen Vertrauensschutz besteht jedoch kein ersichtlicher Grund, wie sich mit hinreichender Deutlichkeit aus den §§ 272 a, 310 I 2 ergibt.

Gleichfalls verfehlt ist es, aus § 310 I 1 eine Beziehung zwischen dem Verhandlungsschluß und dem Entäußerungsakt der Entscheidung herstellen zu wollen [6], um auf diese Weise den Verhandlungsschluß mit der Bindung des Gerichts an

---

1) Dieses Ergebnis wäre schon im Hinblick auf § 318 untragbar. Vgl. dazu unten S. 318 ff.
2) So OLG Stuttgart, aaO. (zu § 7 EntlVO).
3) Siehe oben S. 204 Fußn. 3.
4) Siehe oben S. 222 ff.
5) NJW 1967, 1466 (1467 f.).
6) Fenn, NJW 1966, 732.

seine Entscheidung zu verknüpfen [1]. Auch dafür bietet das Gesetz keinen Anhalt. Verhandlungsschluß und Erlaß der Entscheidung sind zwei verschiedene, trennbare Geschehen, die weder sachlich noch insbesondere zeitlich zusammenfallen müssen. Ein bloßer Hinweis auf §§ 272 a, 310 I 2 läßt eher das Gegenteil vermuten. Im übrigen liegt der maßgebende Grund des § 310 I 1, wonach die Entscheidung in dem die Verhandlung schließenden Termin verkündet werden soll, vornehmlich in dem Grundsatz der Unmittelbarkeit. Die Richter sollen unter dem unmittelbaren Eindruck der Verhandlung eine Entscheidung treffen. Über eine Verknüpfung von Verhandlungsschluß und Entäußerung enthält diese Vorschrift keinen sicheren Anhaltspunkt.

Endlich würde sich, wenn man die Auffassung der Rechtsprechung zugrundelegt, die weitere Frage ergeben, wann die "Absendung" im Einzelfall anzunehmen ist. Die Schwierigkeiten können bei der Würdigung besonderer Umstände zur Maßgeblichkeit verschiedener Ereignisse führen, wie dies in einer Entscheidung des BGH [2] deutlich geworden ist. Demgemäß soll wegen der Form, in der der Postbetrieb bei dem Deutschen Patentamt abläuft, bereits die Übergabe an die Postabfertigungsstelle, nicht dagegen die Absendung durch jene den entscheidenden Zeitpunkt darstellen [3]. Betrachtet man in dieser Hinsicht den Geschäftsbetrieb bei den einzelnen Gerichten, so könnten sich wegen der verschiedenen Übungen bei der Postabfertigung ebenfalls abweichende Momente für die "Absendung" ergeben. Derartige Unsicherheiten dürften aber dem Zeitpunkt des Verhandlungsschlusses abträglich sein.

Abzulehnen ist schließlich der noch nach der Absendung liegende Zeitpunkt des "Zuganges" der Entscheidung bei den Parteien [4]. Insoweit gelten die Bedenken gegen den Zeit-

---

1) Fenn, aaO.
2) NJW 1967, 1466 (1468).
3) BGH, aaO.
4) Siehe oben S.204 Fußn. 4.

punkt der Absendung entsprechend. Darüber hinaus würde diese Auffassung zu dem befremdenden Ergebnis führen, daß die Parteien durch neues Vorbringen das Gericht zu erneuter Beratung und Entscheidung verpflichten könnten in einem Augenblick, in dem sich das Gericht bereits der Möglichkeit, die Entscheidung abzuändern, begeben hätte [1]. Das Gericht müßte deshalb gegebenenfalls seine Entscheidung zurückrufen [2]. Diese Unzuträglichkeiten zeigen deutlich, daß die Auffassung von dem Verhandlungsschluß im Zeitpunkt des Zuganges der Urteilsformel nicht haltbar ist.

Somit ergibt sich im Rahmen der zweiten Grundanschauung, daß der Verhandlungsschluß grundsätzlich, d.h. soweit tatsächlich feststellbar, mit der Übergabe der Entscheidung an die Geschäftsstelle zum Zwecke der Mitteilung oder Zustellung an die Parteien, andernfalls mit jedem späteren offenkundigen Ereignis innerhalb des Entscheidungsvorganges eintritt.

### 3. Der gesonderte Gerichtsbeschluß über den Schluß der Verhandlung

Es bedarf schließlich noch einer näheren Betrachtung der letzten drei grundlegenden Auffassungen über den Verhandlungsschluß. Diese geht im Gegensatz zu den bisher erörterten Ansichten davon aus, daß das Gericht das Verfahren omV auf irgendeine Weise gestaltet und somit den Zeitpunkt des Verhandlungsschlusses durch einen entsprechenden Prozeßleitungsakt festlegt. Insoweit kommt zunächst der rechtlich entbehrliche, förmliche Beschluß des Gerichts, eine schriftliche Entscheidung zu erlassen, in Betracht. Allein kann man darin nicht ohne weiteres einen Schluß der schriftlichen Verhandlung sehen [3]. Diese Entschließung des Gerichts enthält rechtlich die neben dem Einverständnis der Parteien notwendige Zustimmung des Gerichts i.S. des § 128 II. Sie bildet daher die Grundlage für die Erheblichkeit künftigen

1) Siehe dazu unten S. 320.
2) Vgl. BGH, NJW 1967, 1466 (1467); Baur, JZ 1966, 72.
3) Vgl. zur Verbindung der Entschließung mit Fristsetzungen unten S. 236 ff.

schriftlichen Prozeßstoffes [1]. Dieser Beschluß kann so früh liegen, daß, würde man darin gleichzeitig eine Schliessung der Verhandlung sehen, eine schriftliche Verhandlung überhaupt ausgeschlossen würde. Das entspricht jedoch nicht dem Sinn des Verfahrens omV. as Problem des Verhandlungsschlusses mit der Entschließung des Gerichts, schriftlich zu entscheiden, ist im Grunde genau dasselbe wie bei der Frage, ob bereits die Einverständniserklärungen die schriftliche Verhandlung beschließen. Insoweit gelten daher die dortigen Ausführungen entsprechend [2]. Somit scheidet die Entschließung des Gerichts i.S. des § 128 II als ein die Verhandlung schließender Akt des Gerichts aus.

Es bestehen dagegen keine Bedenken gegen einen Beschluß des Gerichts, demgemäß die Verhandlung in entsprechender Anwendung des § 136 IV für geschlossen erklärt wird. Voraussetzung ist lediglich, daß die Sache nach Auffassung des Gerichts vollständig erörtert ist (analog § 136 IV) [3]. Ein Beschluß in diesem Sinne wird allen verfahrensrechtlichen Gesichtspunkten, die sich im Hinblick auf den Schluß der Verhandlung ergeben, vollauf gerecht. Es hatte sich gezeigt, daß im mündlichen wie im schriftlichen Verfahren der Verhandlungsschluß "vor" der Beschlußfassung in der Sache liegt. Diese dem Willen des Gesetzgebers entsprechende Verfahrenssituation wird durch einen Beschluß analog § 136 IV erreicht. Das Gericht kann daraufhin bei "geschlossener" Verhandlung, und damit auf der Grundlage eines rechtlich vollständigen Sachverhalts seine Entscheidung treffen. Der verhandlungsbeendende Beschluß befreit somit diesen wichtigen Zeitpunkt von zufälligen Ereignissen. Er schafft klare und beweisbare Verhältnisse für allle Verfahrensbeteiligten. Zwar wissen die Parteien nicht, wann diese Entscheidung ergeht. Das ist jedoch, wie bereits dargelegt, keine Besonderheit des Verfahrens omV [4].

---

1) Baur, JZ 1966, 72; ferner Vollkommer, NJW 1968, 1093, der ausdrücklich auf den Unterschied zwischen einer Entschließung i.S. des § 128 II und dem - noch zu erörternden - Beschluß analog § 136 IV hinweist.
2) Siehe oben S. 208 ff.
3) Ebenso die hM.; siehe oben S. 204 Fußn. 6.
4) Siehe oben S. 205 f.

Ein solcher auf das Ende der Verhandlung gerichteter Beschluß stellt sich auch als verfahrensbeschleunigend heraus. Er dient somit nicht nur einem allgemeinen Prozeßzweck, sondern im besonderen dem Zweck des Verfahrens omV, wenn die Parteien zu einem konzentrierten Vortrag angehalten, und damit die Voraussetzungen geschaffen werden, das Verfahren möglichst bald zu beenden.

Im Hinblick auf die große Bedeutung des Verhandlungsschlusses und die durch einen Beschluß analog § 136 IV geschaffene klare Verfahrenssituation kann in der Mitteilung dieser Entschließung nicht eine dem Vereinfachungszweck des Verfahrens omV zuwider laufende Mehrbelastung des Gerichts gesehen werden [1]. Es erscheint zwar empfehlenswert, die Parteien gegebenenfalls von dem entsprechenden Entschluß in Kenntnis zu setzen, damit erkennbar wird, von welcher Entscheidungsgrundlage das Gericht bei seiner Beschlußfassung ausgeht. Eine Bekanntmachung in diesem Sinne ist aber keine notwendige Voraussetzung für den Eintritt des Verhandlungsschlusses [2]. Denn da die Parteien jederzeit mit dem Verhandlungsschluß rechnen müssen [3], entfällt das Erfordernis einer Publizierung. Wesentlich ist allein die Feststellbarkeit. Zu diesem Zweck ist es aber erforderlich, daß das Gericht seinen Entschluß, die Verhandlung zu schließen, aktenkundig macht. Es empfiehlt sich darüber hinaus zur Vermeidung von Mißverständnissen bei den Parteien, im Rubrum [4] oder im Tatbestand den Zeitpunkt des von dem Gericht beschlossenen Verhandlungsschlusses und damit den Aktenstand kenntlich zu machen, den das Gericht seiner Entscheidung zugrundegelegt hat.

Zusammenfassend bleibt festzustellen, daß sich ein Beschluß des Gerichts analog § 136 IV als sehr zweckmäßiges Mittel erweist, den Verhandlungsschluß entsprechend den prozessualen Bedürfnissen klar und deutlich festzulegen.

---

1) Anders unzutreffend Späth, S. 111.
2) Ebenso Lay, S. 76.
3) Siehe oben S. 206.
4) Vgl. Vollkommer, NJW 1968, 1093.

Endlich erscheint es prozeßökonomisch, wenn das Gericht über das gewöhnliche Maß im mündlichen Verfahren hinaus den Parteien für die Einreichung der Schriftsätze im Verfahren omV Fristen setzt, um den Rechtsstreit zu fördern [1]. Entsprechende Anordnungen werden häufig in der Praxis mit dem Beschluß des Gerichts, omV zu entscheiden, verbunden. Es fragt sich im Hinblick darauf, inwieweit entsprechende Fristbestimmungen geeignet sind, mit deren Ablauf den Schluß der Verhandlung eintreten zu lassen.

Es wäre verfehlt, in jeder Schriftsatzfrist eine Bestimmung des Verhandlungsschlusses mit Fristablauf zu sehen [2]. Dieser Zeitpunkt kommt vielmehr nur in Frage, wenn das Gericht zu erkennen gibt, daß es nach dem Ablauf der Frist die schriftliche Verhandlung als geschlossen betrachte. Dieser Wille muß ausdrücklich sein. Im Interesse der Rechtssicherheit darf hier kein Zweifel bestehen. Daran ändert auch die Tatsache nichts, daß die Parteien nach Ablauf der Frist immer verstärkt mit einer Schließung der Verhandlung rechnen müssen. Verbindet das Gericht hingegen ersichtlich eine Frist mit dem Schluß der Verhandlung, dann ist diese Entschließung als ein Beschluß im entsprechenden Sinne des § 136 IV anzusehen mit der Maßgabe, daß der Verhandlungsschluß erst mit dem Ablauf der Frist eintritt.

Eine solche Anordnung des Gerichts bedeutet praktisch, daß die Bestimmung des Verhandlungsschlusses auf einer ungewissen und unübersehbaren Verfahrensgrundlage getroffen wird. Dies könnte Anlaß zu rechtlichen Bedenken geben, da die Verhandlung grundsätzlich im Hinblick auf "vorliegenden" Prozeßstoff, der nach Ansicht des Gerichts keiner weiteren Erörterung bedarf, geschlossen wird (vgl. § 136 IV). In Anbetracht des § 272 a ist jedoch eine entsprechende Anordnung des Gerichts auch unter diesen Umständen zulässig, weil diese wesentlich zur Konzentrierung des Prozeßstoffes beiträgt und

---

1) Zur Fristbestimmung durch die Parteien, siehe oben S. 99 ff.

2) So wohl Baur, JZ 1966, 71; Fenn, NJW 1966, 732; Thomas, NJW 1962, 836.

damit dem Zweck des Verfahrens omV entsprechend die schriftliche Verhandlung verkürzt. Setzt daher das Gericht eine Schriftsatzfrist, tritt bei einem entsprechenden Willen des Gerichts mit diesem Zeitpunkt der Verhandlungsschluß ein.

Das hat zur Folge, daß das Gericht später eingehendes Schriftmaterial nicht berücksichtigen darf, ohne erneut in die Streitverhandlung einzutreten [1]. Dieses Ergebnis führt - wie bei den übrigen bisher erörterten Zeitpunkten des Verhandlungsschlusses - zu der Frage, ob das Gericht im Falle der Zweckmäßigkeit einer Wiedereröffnung [2] befugt ist, analog § 156 eine erneute "schriftliche" Verhandlung zuzulassen [3] oder ob Termin zur mV anberaumt werden muß [4]. Von diesen beiden Auffassungen ist der ersteren der Vorzug zu geben. Es ist kein Grund ersichtlich, der die Möglichkeit ausschließen würde, nochmals schriftlich zu verhandeln, nachdem das Gericht angesichts eines nach dem Verhandlungsschluß eingehenden Schriftsatzwechsels seine Ansicht, daß die Sache vollständig erörtert sei, im Interesse einer materiell richtigen Entscheidung revidieren muß. Eine entsprechende Anweisung des Gerichts analog § 156 stellt auch lediglich eine prozeßleitende Maßnahme dar, die kraft Gesetzes omV ergehen kann und daher das Parteieneinverständnis nicht verbraucht [5]. Der Fortsetzung des Verfahrens omV in diesem Sinne steht daher nichts entgegen. Das Gericht wird gleichwohl im Einzelfall mit besonderer Sorgfalt zu prüfen haben, ob der Vereinfachungs- und Beschleunigungszweck gewahrt ist, wenn es an dem Verfahren omV festhält. In Fällen der genannten Art dürfte es häufig zweckmäßig sein, im Inter-

1) Die verspäteten Schriftsätze sind aber in jedem Fall zu den Akten zu nehmen,und nicht etwa an die Parteien zurückzusenden; so zutreffend Stein-Jonas-Pohle, § 133 Anm. II 2; eingehend Erdsiek, NJW 1955, 939 m.w.Nachw.; ferner Buchholz, NJW 1955, 535 f.
2) Wann dies der Fall ist, siehe oben S. 223 Fußn. 1.
3) So Thomas, NJW 1962, 837; Vollkommer, NJW 1968, 1003 (a.E.).
4) So Baur, JZ 1966, 76 (unter 3 d); Fenn, NJW 1966, 733; de Boor, EntschnLdA. , S. 34; wohl auch Predari, GruchBeitr. 60, 708.
5) Siehe dazu näher unten S. 302.

esse einer schleunigen und vollständigen Sachaufklärung zum mündlichen Verfahren zurückzukehren. Denn die mV kann diese Aufgabe in der Regel besser erfüllen als ein Schriftwechselverfahren [1].

Hat das Gericht eine Fristsetzung mit der Bestimmung getroffen, daß mit Ablauf der Frist die Verhandlung geschlossen sei, so erhebt sich die weitere Frage, ob diese Frist verlängert werden kann. Das ist zu bejahen, soweit die Verlängerung vor dem Fristende ausgesprochen wurde [2]. Damit wird zwar der Verhandlungsschluß hinausgeschoben, was aber keine dem Gesetz fremde Erscheinung ist. Denn auch im mündlichen Verfahren kann der voraussichtliche Verhandlungsschluß durch eine Terminsverlegung (§ 227), Vertagung oder aber auch durch Fristverlängerung im Falle des § 272 a [3] auf einen späteren Zeitpunkt aufgeschoben werden.Bei einem entsprechenden Fristverlängerungsantrag muß das Gericht bei der Abwägung zwischen dem Interesse der Parteien und dem Allgemeininteresse [4] im Rahmen des § 224 besonders darauf achten, ob die besonderen Gründe nicht dem dem Verfahren omV zugrundeliegenden Beschleunigungszweck widersprechen. Gegebenenfalls kann das Gericht aber den Parteiinteressen auch dadurch Rechnung tragen, indem es zwar keine Fristverlängerung gewährt, sondern sich zum mündlichen Verfahren entschließt. Grundsätzlich ist daher eine Verlängerung der Schriftsatzfristen mit der Folge, daß der Verhandlungsschluß verschoben wird, zulässig.

Dagegen ist eine Verlängerung ausgeschlossen, wenn die entsprechende Frist abgelaufen ist. Dies ist schon begrifflich nicht möglich [5]. Im Hinblick auf den Verhandlungsschluß ergibt sich als alleiniger prozessual zulässiger Behelf für eine Verlängerung der Verhandlung deren Wiedereröffnung. Das

---

1) Siehe oben S.155.
2) Vgl. dazu näher Baumbach-Lauterbach, § 224 Anm. 3; Stein-Jonas-Pohle, § 224 Anm. II 3.
3) § 224 II; vgl. Stein-Jonas-Schumann-Leipold, § 272 a Anm. II 2 (a.E.).
4) Vgl. Stein-Jonas-Pohle, § 224 Anm. II 1.
5) Baumbach-Lauterbach, § 224 Anm. 3; vgl. auch Stein-Jonas-Pohle, § 224 Anm. II 3.

folgt zwingend aus § 156.

Dem insoweit gewonnenen Ergebnis steht auch die Rechtsprechung nicht entgegen, die das Gericht nach Ablauf einer Frist zur Berücksichtigung später eingehenden Materials für befugt hält [1]. Denn in diesen Fällen handelte es sich nicht um gerichtliche Fristsetzungen mit gleichzeitiger Festlegung des Verhandlungsschlusses, sondern um bloße Fristsetzungen im Verlauf der Verhandlung [2]. Deren Nichtbeachtung führt nicht schlechthin, sondern nur unter den besonderen Voraussetzungen der §§ 279, 356 zur Zurückweisung des später eingehenden Prozeßstoffes [3]. Die Entscheidung, die nach Ablauf der Frist eingehenden Schriftsätze zu verwerten, liegt im freien Ermessen des Gerichts. Eine Wiedereröffnung der Verhandlung analog § 156 ist nicht notwendig, weil die Verhandlung noch nicht geschlossen war. Die Bedeutung dieser Fristsetzung für den Verhandlungsschluß besteht lediglich darin, daß es dem Gericht untersagt ist, vor Ablauf der Schriftsatzfrist eine Entscheidung omV zu erlassen und damit die Verhandlung vorzeitig zu schließen [4].

4. Ergebnis

Faßt man das Ergebnis der Untersuchung über den Verhandlungsschluß zusammen, so muß man unterscheiden, ob das Gericht im Hinblick auf diesen Zeitpunkt eine bestimmte Anordnung getroffen hat. Ist das der Fall, ist jene entscheidend. Fehlt es an einer entsprechenden Maßnahme, so tritt der Schluß der Verhandlung mit der Übergabe der Entscheidung an die Geschäftsstelle zum Zwecke der Zustellung bzw. Mitteilung an die Parteien ein. Kann dieses Moment nicht ermittelt werden, ersetzt der erste feststellbare Vorgang danach den Schluß der Verhandlung im Verfahren omV.

---

1) RGZ 151, 193 (196); BGHZ 11, 27 (31).
2) Fenn, NJW 1966, 732 (unter 3), trifft keine solche Unterscheidung. Wenn Fenn daher bei jeder Fristsetzung im Verfahren omV mit dem Fristende den Schluß der Verhandlung verbindet, kommt er notgedrungen mit der genannten Rechtsprechung in Konflikt.
3) Siehe oben S. 197 f.
4) Zutreffend RGZ 151, 193 (195); BGHZ 11, 27 (31).

# Dritter Teil

# Die Grundlagen und Voraussetzungen einer Entscheidung aufgrund eines Verfahrens ohne mündliche Verhandlung

## § 11 Die Entscheidungsgrundlage

### I. Der entscheidungserhebliche Prozeßstoff

Einer Entscheidung ist grundsätzlich der gesamte Streitstoff zugrundezulegen, der im Verlauf des Prozesses ordnungsgemäß, d.h. in der gesetzlich zulässigen Form eingeführt ist. Für das vom Schriftlichkeitsprinzip beherrschte Verfahren omV im besonderen bedeutet dies, daß die Schrift die alleinige Form der Bildung der Entscheidungsgrundlage darstellt. Infolgedessen können nur diejenigen Erklärungen, die die Parteien gegenüber dem Gericht schriftsätzlich abgegeben haben [1], als Grundlage der Entscheidung berücksichtigt werden. Danach entfällt im Gegensatz zum gewöhnlichen Verfahren jede Notwendigkeit eines mündlichen Vortrages [2]. Das gilt insbesondere auch für diejenigen Parteierklärungen, die kraft besonderer Vorschrift im mündlichen Verfahren des ausdrücklichen Vortrages in der mV bedürfen, wie die Erledigungserklärung (§ 91 a)[3], das Anerkenntnis (§307) [4] und der Verzicht (§ 306) [5].

---

1) Zu den formellen Voraussetzungen der Verwertbarkeit der Schriftsätze siehe unten S. 258 ff.

2) Das gilt selbstverständlich nur insoweit, als das Schriftlichkeitsprinzip gilt. Zum gemischt mündlich-schriftlichen Verfahren siehe unten S. 239 f,

3) Baumbach-Lauterbach, § 91 a Anm. 2 A (a.E.); Stein-Jonas-Pohle, § 91 a Anm. II 1 c und § 128 Anm. X 2 b.

4) Baumbach-Lauterbach, § 307 Anm. 2 B; Goldschmidt, Neue ZPO, Anhang 4, § 7 EntlVO Anm. 6 (a.E.); Volkmar, BeschlVO, § 23 a EntlVO Anm. 5 (Abs. 4); Stein-Juncker, § 72 A IV (S. 214); Stein-Jonas-Pohle, § 128 Anm. II 3; Thomas-Putzo, § 307 Anm. 2; Rosenberg-Schwab, § 134 IV 4 a (S. 360); de Boor, Entsch.nLdA., S. 68; Lay, S. 57; Münzel, S. 109; Sonnen, Das neue ZPrR, S. 47 (unten); Levin, DJZ 1924, 15 (oben).

5) Baumbach-Lauterbach, § 306 Anm. 1 B.
Ebenso unter bloßem Hinweis auf die Anwendung der entsprechenden Ausführungen zum Anerkenntnis, Stein-Jonas-Schumann-Leipold, § 306 Anm. I 2; Thomas-Putzo, Anm. zu § 306; weiter de Boor, Lay u. Münzel, jeweils aaO., vgl. insoweit auch die vorstehende Fußn.

Dagegen ist die Ansicht, daß ohne eine Änderung der §§ 306, 307 an dem Erfordernis der Mündlichkeit dieser Erklärungen festgehalten werden müsse [1], verfehlt. Sie verkennt, daß mit dem Verfahren omV das Mündlichkeitsprinzip vollends durchbrochen und durch die Schriftlichkeit ersetzt wird. Das gilt in jeder Beziehung, also auch insoweit, als einzelne Vorschriften der ZPO die Mündlichkeit voraussetzen.

Der Wirksamkeit eines schriftlichen Anerkenntnisses oder Verzichts steht auch nicht der Protokollierungszwang gemäß § 160 II Nr. 1 entgegen [2]. Die fehlende Protokollierung ist schon deshalb nicht von Bedeutung, weil diese nach zutreffender hM. [3] ohnehin keine Wirksamkeitsvoraussetzung für die betreffenden Erklärungen ist [4]. Darüber hinaus liegt der Sinn der Protokollierung nicht in der "amtlichen" Niederlegung einer Parteierklärung, sondern in der Festlegung der Tatsachen, die für eine klare und eindeutige Verfahrenslage sorgen und somit für den ordnungsgemäßen Gang des Verfahrens unerläßlich sind. Diesem Bedürfnis genügt aber eine entsprechende, zweifelsfreie Parteierklärung in einem Schriftsatz mit bestimmender Wirkung. Eine zusätzliche Protokollierung wäre in diesem Falle eine leere Form. § 160 paßt nicht in ein Verfahren, in dem die Erklärungen der Parteien in Schriftsätzen niedergelegt werden müssen, wenn sie berücksichtigt werden sollen.

In der Mehrzahl der Fälle einer Entscheidung im Verfahren omV gehen - wie bereits erwähnt [5] - dem Verfahren gemäß § 128 II eine oder mehrere mVen voraus. In diesem sog. gemischt mündlich-schriftlichen Verfahren [6] gilt das Schriftlichkeitsprinzip naturgemäß lediglich für denjenigen Teil des Verfahrens, in dem

---

1) In diesem Sinne Levin, DJZ 1924, 15 (oben).
2) Zutreffend Lay, S. 57.
3) RG, GruchBeitr. 42, 915 (918 f.); OLG München, Rspr. 35, 127; Baumbach-Lauterbach, § 307 Anm. 2 B; Stein-Jonas-Schumann-Leipold, § 307 Anm. II 5; Thomas-Putzo, § 307 Anm. 2 a (a.E.); Rosenberg-Schwab, § 134 IV 4 a (S. 690); a.A. Wieczorek, § 160 B I a.
4) Darauf weist Lay, S. 57, zutreffend hin.
5) Siehe oben S. 25.
6) Siehe oben S. 25.

das Mündlichkeitsprinzip nach dem Willen der Parteien und des Gerichts durch die Schriftlichkeit abgelöst werden soll. Derjenige Verfahrensabschnitt also, der sich in mündlicher Form abgewickelt hat, unterliegt nach wie vor dem Mündlichkeitsprinzip, auch wenn das Verfahren im Anschluß an eine oder mehrere mVen in ein Verfahren omV übergeleitet worden ist. Daraus folgt, daß das Gericht gegebenenfalls den mündlichen Vortrag bzw. das durch mündliche Bezugnahme auf Schriftsätze (§ 137 II 1) eingeführte schriftliche Material aufgrund der betreffenden mVen berücksichtigen muß [1], es sei denn, daß die Parteien innerhalb der schriftlichen Verhandlung - ausdrücklich oder stillschweigend - auf die vorbereitenden Schriftsätze des mündlichen Verfahrensteiles Bezug nehmen. In diesem Falle bildet auch dieses Schriftmaterial neben den unmittelbar in der schriftlichen Verhandlung vorgetragenen Schriftsätzen die essentielle Entscheidungsgrundlage.

Im übrigen bedeutet die Fortgeltung des Mündlichkeitsprinzips

---

1) Ganz hM.; siehe BGH, MDR 1956, 473; Baumbach-Lauterbach, § 128 Anm. 6 B; Stein-Jonas-Pohle, § 128 Anm. X 2 a; Rosenberg-Schwab, § 110 V 1 a (S. 548); von Marth, LZ 1932, 795; Kann, JW 1924, 384; Sauerländer, LZ 1924, 224; vgl. auch Curtius, JW 1924, 357.
In der älteren Literatur fand sich in der ersten Verwirrung, die sich mit der vollständigen Durchbrechung der Mündlichkeit durch Einführung des Verfahrens omV verband, vielfach die Auffassung, daß mit den Aktenlageverfahren und dem Verfahren omV das Schriftlichkeitsprinzip und damit der gemeinrechtliche Grundsatz der "Aktenmäßigkeit" (quod non est in actis, non est in mundo) wieder auferstanden sei (so Sydow-Busch-Krantz-Triebel, § 251 a Nr. 6; Sonnen, Das neue ZPrR, S. 47; Delius, Recht 1924, 87; ferner zu §§ 251 a, 331 a Wach, DJZ 1924, 251) mit der Folge, daß ohne Rücksicht auf eine bereits stattgefundene mV allein der schriftliche Prozeßstoff bei der Entscheidung zu berücksichtigen wäre. Diese Ansicht ist jedoch unzutreffend. Der Sinn des Verfahrens omV liegt - wie mehrfach betont - darin, die obligatorische Mündlichkeit zum Zwecke der Vereinfachung und Beschleunigung des Verfahrens zu durchbrechen, insbesondere in den Fällen, in denen die mV eine leere Form darstellen würde. Damit hat der Gesetzgeber die Mündlichkeit jedoch nicht gänzlich beseitigen wollen. Das Schriftlichkeitsprinzip gilt vielmehr nur, soweit die Mündlichkeit aufgehoben ist, also im gemischt mündlich-schriftlichen Verfahren nur hinsichtlich des schriftlichen Teils; vgl. die eingehenden und zutreffenden Ausführungen bei Lay, S. 16 ff.

die ausschließliche Maßgeblichkeit des entsprechenden mündlichen Vorbringens. Weicht daher der mündliche Vortrag von dem Inhalt der ankündigenden Schriftsätze innerhalb des mündlichen Verfahrensteiles ab, so ist allein das erstere erheblich, weil in dieser Verfahrenslage die Mündlichkeit die einzige Form der Einführung des Prozeßstoffes bildet. Andererseits kann das mündliche Vorbringen, soweit es sich nicht um bindende Parteierklärungen handelt, durch einen entsprechenden Vortrag in der schriftlichen Verhandlung überholt sein [1]. Die vorstehenden Grundsätze gelten im übrigen auch in dem umgekehrten Falle eines schriftlich-mündlichen Verfahrens entsprechend. In diesen gemischten Verfahren hat das Gericht demnach mündlichen und schriftlichen Prozeßstoff gleichberechtigt nebeneinander zu berücksichtigen.

Neben dem mündlichen bzw. schriftlichen Vortrag in der Parteiverhandlung hat das Gericht bei der Entscheidung im Verfahren omV gegebenenfalls das schriftliche Ergebnis einer Beweisaufnahme zu verwerten [2]. Voraussetzung ist, daß das Ergebnis in einem ordnungsgemäßen Protokoll über die Beweisaufnahme niedergelegt ist, § 160 Nr. 3 und 4 [3]. Das gilt aber nicht, wenn die Beweisaufnahme unter den Voraussetzungen des § 161 stattgefunden hat. Auch diese Ausnahmevorschrift gilt im Verfahren omV [4]. Unter besonderer Berücksichtigung des Sinnes der Protokollierungsvorschriften über die Beweisaufnahme ist kein Grund zu ersehen, weshalb die Verwertung des Ergebnisses einer unmittelbar vor dem Prozeßgericht durchgeführten Beweisaufnahme im Verfahren omV an strengere Voraussetzungen geknüpft sein sollte als im normalen mündlichen Prozeß. § 161 durchbricht die Regel des § 160 Nr. 3 [5]. Der Grundgedanke

---

1) Vgl. Lay, S. 19; Späth, S. 156 f.
2) Vgl. Stein-Jonas-Schumann-Leipold, § 285 Anm. III 2.
3) Persönliche Eindrücke des vernehmenden Richters, die nicht in dem Sitzungsprotokoll enthalten sind, können keine Berücksichtigung finden, BGHZ 32, 233 (237); RG, JW 1933, 2215; WarnRspr. 1931 Nr. 147; Baumbach-Lauterbach, § 128 Anm. 6 B.
4) A.A. Baumbach-Lauterbach, § 128 Anm. 6 B.
5) § 161 gilt für den Fall des § 160 Nr. 4 analog; so zutreffend BGH, JR 1953, 144; BAGE 4, 291 (293); Stein-Jonas-Pohle, § 161 Anm. 1.

des Protokollierungszwanges gemäß § 160 in der Beweisaufnahme folgt aus dem Bedürfnis, die Aussagen der Zeugen und Sachverständigen sicher in den Akten niederzulegen, damit sie dem Gericht bei der Entscheidung jederzeit gegenwärtig sind. Die Gefahr aber, die § 161 begründet, daß nämlich das Gericht im Augenblick der Entscheidung die Einzelheiten des Inhalts einer Zeugenaussage nicht mehr im Gedächtnis hat, droht im Verfahren omV ebenso wie im mündlichen. Daher kann eine Zeugenaussage im Wege schriftlicher Entscheidung auch dann verwertet werden, wenn das erkennende Gericht unter den Voraussetzungen des § 161 kein Protokoll errichtet hat [1].

Hat eine Beweisaufnahme nicht vor dem Prozeßgericht, sondern vor einem ersuchten oder beauftragten Richter stattgefunden, müssen die Parteien im mündlichen Verfahren das Ergebnis aufgrund der Beweisverhandlungen vortragen (§ 285 II). Es fragt sich, ob diese Bestimmung auch im Verfahren omV Anwendung findet, obgleich in diesen Fällen die Protokollierung der Aussagen der Zeugen und Sachverständigen sowie der Parteivernehmung zwingend vorgeschrieben (§§ 160 II Nr. 3, 161) und daher das Beweisergebnis stets aktenkundig ist.

Zu den Beweggründen, die zu der Einführung eines Verfahrens omV führten, gehörte u.a. die Ausschaltung der meist überflüssigen Verhandlung über das Ergebnis der Beweisaufnahme [2]. Das schriftliche Verfahren sollte gerade hier Abhilfe schaffen. Die Möglichkeit einer schriftlichen Verhandlung im Rahmen des § 128 II hat schließlich nicht nur dazu geführt, daß die Parteien nach Durchführung der Beweisaufnahme nicht mehr in einem Termin zur mV erscheinen müssen (§ 285 I), sondern daß sie auch das Ergebnis der Beweisaufnahme vor dem ersuchten oder beauftragten Richter nicht mehr vortragen müssen (§ 285 II). Das Ergebnis einer entsprechenden Beweisaufnahme ist - wie auch im mündlichen Verfahren - bereits mit der Durchführung

---

1) Die Praxis sollte allerdings von der Anwendung des § 161 nur vorsichtig Gebrauch machen; siehe eingehend dazu Stein-Jonas-Pohle, § 161 Anm. I.
2) Vgl. de Boor, Entsch.nLdA., S. 51.

und bei auswärtigen Beweisaufnahmen mit der Überreichung des Protokolls zu den Akten (§ 362 II) maßgeblicher Streitstoff geworden [1]. Der Parteivortrag gemäß § 285 II hat demnach tatsächlich und rechtlich nicht mehr die Bedeutung der Einführung neuen Prozeßstoffes, sondern lediglich die eines Referats über bereits maßgebliches Streitmaterial [2]. Darin zeigt sich, daß § 285 II ohnehin die Folge eines überspitzten Mündlichkeitsprinzips darstellt [3], was in der Praxis zu völlig überflüssigen Verhandlungsterminen führt, in denen nur noch formell "verhandelt" wird, weil es das Gesetz so vorschreibt. Muß aber das Gericht die Beweisaufnahmeprotokolle i.S. des § 285 II ohnehin bei der Entscheidung berücksichtigen, weil diese bereits mit deren Errichtung die essentielle Entscheidungsgrundlage bilden und herrscht noch dazu das Schriftlichkeitsprinzip, ist die Notwendigkeit für einen Vortrag des Beweisergebnisses nicht mehr zu erkennen. Das Gericht kann sich vielmehr durch eigene Wahrnehmung selbst den besten und unmittelbarsten Eindruck von dem Beweisergebnis beschaffen, ohne daß dieses durch einen dem § 285 II entsprechenden Parteivortrag mittelbar zur Kenntnis gebracht werden müßte. § 285 II ist daher im Verfahren omV nicht anzuwenden [4]

Wie an dem Fall des § 285 II gezeigt, kann man sagen, daß in allen entsprechenden Prozeßlagen des mündlichen Verfahrens, in denen schriftlich niedergelegter Prozeßstoff trotz seiner Erheblichkeit eines mündlichen Referats bedarf, im Verfahren omV eine Berichterstattung, die naturgemäß schriftlich zu erfolgen hätte, unterbleiben kann. Es wäre widersinnig, aktenkundigen Prozeßstoff nochmals durch einen zusammenfassenden Parteivortrag zu den Akten bringen zu wollen. Daher ist z.B. in dem Verfahren vor dem Berufungs- und Revisionsgerichten,

---

1) Wach, Grundfragen, S. 79 Fußn. 2; die kommissarische Vernehmung betreffend Sauerländer, LZ 1924, 226.
2) Stein-Jonas-Schumann-Leipold, § 285 Anm. III 1; Stein-Jonas-Pohle, § 128 Anm. III 4.
3) Vgl. de Boor, Entsch.nLdA., S. 51; Wach, Grundfragen, S. 79.
4) Im Ergebnis ebenso Stein-Jonas-Schumann-Leipold , § 285 Anm. III 1; de Boor, Entsch.nLdA., S. 51 f.

wenn jenes omV stattfindet, auch der Prozeßstoff der Vorinstanzen zugrundezulegen, ohne daß die Parteien über den betreffenden Sach- und Streitstand Bericht erstattet haben. Die §§ 526, 566 finden demnach ebensowenig wie § 285 II im Verfahren omV Anwendung [1].

Schließlich bilden neben dem Parteivortrag und den Beweisprotokollen alle sonstigen Verhandlungsprotokolle (§§ 159ff.), schriftliche Gutachten (§ 411), schriftliche Zeugenaussagen, amtliche Auskünfte sowie herbeigezogene Akten den bei einer im Verfahren omV ergehenden Entscheidung zu berücksichtigenden Prozeßstoff.

## II. Die Verwertbarkeit erheblichen Prozeßstoffes im Falle eines Richterwechsels

Das Problem des Richterwechsels im Verfahren omV war bereits im Zusammenhang mit § 309 Gegenstand einer eingehenden Untersuchung. Es hatte sich ergeben, daß § 309 im gemischt mündlich-schriftlichen Verfahren - nur insoweit wird § 309 praktisch bedeutsam - keine Anwendung findet. Daraus folgte, daß das Gericht auch im Falle einer Veränderung in der Besetzung der Richterbank eine Entscheidung omV treffen d a r f , ohne erneut eine mV stattfinden lassen zu müssen. Die Frage, die sich nunmehr im Zusammenhang mit der Entscheidungsgrundlage ergibt, geht dahin, inwieweit das Gericht im Falle eines Richterwechsels das mündliche Parteivorbringen der vorangegangenen mVen berücksichtigen k a n n .

In den Einverständniserklärungen der Parteien liegt, wie gezeigt, ein Verzicht auf die Berücksichtigung des bereits mündlich Vorgetragenen als "unmittelbar mündlichen Prozeßstoff" i.S. des § 309. Die Parteien verzichten damit jedoch nicht zugleich auch auf die Verwertbarkeit dieses Prozeßstoffes überhaupt [2]. Dies gilt selbst dann, wenn die Parteien

---

1) Im Ergebnis ebenso Stein-Jonas-Grunsky, § 526 Anm. IV; Wieczorek, § 526 A III.
2) Anders Paeffgen, S. 30.

im Verlaufe der Schlußverhandlung in strenger Durchführung des in § 309 enthaltenen Unmittelbarkeitsgedankens nicht ihrer Verpflichtung genügen, wegen des Richterwechsels den mündlichen Prozeßstoff zu wiederholen bzw. das Ergebnis der mVen aktenkundig zu machen. Dieser Pflicht werden die Parteien im Verfahren omV in der Regel deshalb nicht nachkommen, weil sie keine Kenntnis von dem Richterwechsel haben oder weil das wesentliche Vorbringens aktenkundig ist, so daß die Parteien eine Wiederholung in schriftlicher Form für entbehrlich halten dürfen. Keinesfalls kann das Gericht aber in diesen Fällen davon ausgehen, daß die Parteien den mündlichen Prozeßstoff nicht berücksichtigt wissen wollen, zumal das Verfahren omV häufig nur dazu dient, den bisherigen Streitstoff noch in einzelnen, während der mV erörterten Punkten zu ergänzen oder z.B. auf eine auswärtige Beweisaufnahme hin nicht nochmals bei Gericht erscheinen zu müssen. Der Schwerpunkt der Verhandlung im gemischt mündlich-schriftlichen Verfahren liegt gewöhnlich nicht auf der schriftlichen (Schluß-) Verhandlung, sondern auf den vorangegangenen mVen.

Enthält somit das Einverständnis der Parteien einen Verzicht auf die "mündliche Unmittelbarkeit" i.S. des § 309 [1], nicht aber auf die Berücksichtigung mündlichen Prozeßstoffes überhaupt, so kann es für die Verwertbarkeit des betreffenden mündlichen Prozeßstoffes nicht gänzlich unerheblich sein, aus welcher - unmittelbaren oder mittelbaren - Quelle das erkennende Gericht seine Kenntnis von dem Inhalt des mündlichen Parteivortrages bezieht, nachdem ein Richterwechsel eingetreten ist. Der Verzicht auf Unmittelbarkeit mit dem Einverständnis gemäß § 128 II ist vielmehr beschränkt auf die besondere in § 309 zum Ausdruck gelangte Form des Unmittelbarkeitsprinzips, das bekanntlich besagt, daß nur derjenige Richter mündlichen Prozeßstoff berücksichtigen "darf" (sc. auch wenn er es aufgrund des Akteninhalts könnte), der der betreffenden Verhandlung beigewohnt hat. Das heißt aber

---

1) Siehe dazu oben S. 34.

nicht, daß damit der Unmittelbarkeitsgrundsatz im Verfahren omV schlechthin keine Geltung hat. Vielmehr bildet der Unmittelbarkeitsgedanke, von dem die ZPO hinsichtlich der Wahrnehmung des Prozeßstoffes beherrscht ist, den entscheidenden Gesichtspunkt für die Untersuchung, in welchen zulässigen Grenzen das Gericht den Prozeßstoff vorangegangener mVen im gemischt mündlich-schriftlichen Verfahren berücksichtigen k a n n .

Betrachtet man die verschiedenen Erscheinungsformen der Unmittelbarkeit zwischen dem Vortrag des Streitstoffes und dessen Wahrnehmung durch das Gericht, so findet sich selbst in dem unter der Geltung des § 309 stehenden gewöhnlichen Verfahren eine Reihe von Abschwächungen des in dieser Vorschrift manifestierten Unmittelbarkeitsgrundsatzes. So ist die Unmittelbarkeit bereits gewahrt, wenn z.B. die Parteien bereits festliegenden Akteninhalt nicht erneut vortragen müssen, sondern sich mit einem kurzen Bericht über das Ergebnis des betreffenden Verfahrensabschnittes begnügen können (§§ 285 II, 526, 566, 669, 679 IV, 975). Entsprechendes gilt auch im Falle des § 309 selbst [1], der lediglich ein Referat über den bisherigen Streitstoff genügen läßt, dessen Umfang das Gericht bestimmt [2]. Dessen Ermessen unterliegt es, inwieweit die Wiederholung und damit die Wahrung der Unmittelbarkeit dem Zweck des Prozesses dienlich ist [3]. Hier zeigt sich, daß auch die Unmittelbarkeit wie alle übrigen Verfahrensgrundsätze im Dienste der Prozeßwirtschaftlichkeit steht . Sie ist Zweckmäßigkeitsform und kein Dogma. Infolgedessen kann ein schwächeres Maß der Unmittelbarkeit dann als zulässig erachtet werden, wenn andere Verfahrensprinzipien im Hinblick auf das Prozeßziel es verlangen.

Auf der Grundlage der vorstehenden Erwägungen geht es bei der Frage, inwieweit im Falle des Richterwechsels im ge-

---

1) Vgl. Stein-Jonas-Pohle, § 128 Anm. IV u. III 4.
2) Stein-Jonas-Pohle, aaO.
3) Vgl. Stein-Jonas-Pohle, § 128 Anm. IV 2. - Diese Prüfung ist dem Bereich der gesteigerten Pflicht des Gerichts zur Sachaufklärung zuzuordnen, siehe Schmidt, LB, § 73 II 2 b a.E. (S. 445).

mischt mündlich-schriftlichen Verfahren der mündliche Prozeßstoff (auch ohne Wiederholung in der schriftlichen Verhandlung) berücksichtigt werden kann, um einen Interessenwiderstreit. Auf der einen Seite steht das Bedürfnis, um der Beschleunigung und Vereinfachung willen, denen das Verfahren omV zu dienen bestimmt ist, auch im Falle eines Richterwechsels den mündlichen Prozeßstoff möglichst weitgehend berücksichtigen zu können, um die Möglichkeit eines Verfahrens omV wegen der häufigen Wechsel in den Richterbänken nicht gänzlich in Frage zu stellen. Auf der anderen Seite geht es um die Aufrechterhaltung des Unmittelbarkeitsprinzips, das zwar nicht in dem Maße des § 309, so doch aber unter dem allgemeinen Gesichtspunkt eines möglichst unmittelbaren Verkehrs zwischen den Parteien und dem Gericht auch im Verfahren omV Geltung hat. Was den Zweck des Verfahrens omV angeht, so hat sich bereits mehrfach gezeigt, daß dieser solchen Grundsätzen weichen muß, die dem obersten Gebot des Zivilprozesses dienen sollen, nämlich eine wahrheitsgerechte Entscheidung zu finden. Zu diesen Verfahrensgrundsätzen gehört insbesondere auch das Prinzip der Unmittelbarkeit der Verhandlung [1]. Bei den möglichen Einzelfallgestaltungen ist daher abzuwägen, inwieweit der Unmittelbarkeitsgedanke nach dem Willen des Gesetzes in Anbetracht des Zweckes des Verfahrens omV die Verwertung des Parteivorbringens vorangegangener mVen im gemischt mündlich-schriftlichen Verfahren gestattet. Angesichts der verschiedenen Grade der Unmittelbarkeit ist jede Quelle der Erkenntnis als zulässig anzusehen, aufgrund derer es gelingt, den bei der Entscheidung gemäß § 128 II mitwirkenden Richtern das Ergebnis der

---

1) Von Canstein, S. 95, spricht daher auch nicht von einem "Prinzip" der Unmittelbarkeit. Nach seiner Ansicht sei es richtiger, von dem Prinzip der materiellen Wahrheit zu sprechen. Auf dieser Grundlage entwickelt er sodann die an die Unmittelbarkeit zu stellenden Anforderungen. Diese begriffliche Ordnung der beiden Verfahrensgrundsätze erscheint in dieser Form überspitzt, weil mehr oder weniger sämtliche Verfahrensgrundsätze von dem Ziel einer wirklichkeitsgetreuen und richtigen Entscheidung getragen sind und daher nahezu alle Prinzipien in diesem Gebot ihren Ursprung haben.

vorangegangenen mVen in einer Weise zu vermitteln, die dem allgemeinen Grundgedanken der Unmittelbarkeit der Verhandlung im Rahmen der gesetzlichen Vorschriften genügt [1].

In den folgenden Einzeluntersuchungen ist zwischen folgenden grundlegenden Prozeßlagen zu unterscheiden:

1. Der wesentliche Streitstoff ergibt sich nicht aus den Akten, weil er nur mündlich vorgetragen wurde (ein Fall "reiner Mündlichkeit").

2. Der mündliche Vortrag ergibt sich vollständig aus den Akten, indem die Parteien die mV durch Schriftsätze vorbereitet und auf dieses Material Bezug genommen haben (§ 137 III 1) und (oder) deren rein mündlicher Vortrag gegebenenfalls in das Verhandlungsprotokoll aufgenommen ist (ein Fall der Mündlichkeit unter Verwendung der Schrift).

Diese einzelnen Sachgestaltungen sind weiterhin jeweils unter dem Gesichtspunkt zu betrachten, ob es sich um einen Amtsgerichts- oder Kollegialgerichtsprozeß handelt.

In der Fallgestaltung zu 1) soll die maßgebliche Entscheidungsgrundlage in einem rein mündlichen Vortrag bestehen. Betrachtet man zunächst das Verfahren vor dem Amtsrichter, so kann im Falle eines Richterwechsels der neu eingetretene Richter, der der vorangegangenen mV nicht beigewohnt hat, den Inhalt dieser Verhandlung aus eigener Wahrnehmung nicht kennen. Diese Kenntnis könnte er allenfalls dadurch erlangen, daß er sich von dem ausgeschiedenen Richterkollegen, der die maßgebende mV geleitet hat, einen mündlichen oder schriftlichen Bericht über Inhalt und Ergebnis der mV erstatten läßt. Eine solche Erkenntnisquelle der Entscheidungsgrundlage muß aber einem erkennenden Richter verschlossen sein. In diesem Falle tritt zwischen die Erklärungen der Parteien und die Wahrnehmung des erkennenden Gerichts eine richterliche Mittelsperson, und zwar in einer Weise, die den grundlegenden Gedanken der Unmittelbarkeit der Ver-

---

1) Vgl. auch Lay, S. 20; von Marth, LZ 1932, 797.

handlung im Zivilprozeß vollends aufheben würde. Hier bestünde die ernste Gefahr, daß der Sachverhalt wegen der Übermittlung durch mehrere richterliche Zwischenpersonen verfälscht und daher eine materiell unrichtige Entscheidung gefällt wird.

Kann daher ein neu eingetretener Amtsrichter in einem gemischt mündlich-schriftlichen Verfahren nur unter vollständiger Außerachtlassung der Unmittelbarkeit von dem mündlichen Prozeßstoff Kenntnis erlangen, müssen insoweit alle Zweckmäßigkeitserwägungen im Hinblick auf das Verfahren omV zurücktreten. Zwar gilt das Unmittelbarkeitsprinzip nur beschränkt. Allein läßt die Zivilprozeßordnung nach ihrem Gesamtbild nirgends erkennen, daß die Berücksichtigung mündlichen Prozeßstoffes auch unter vollständiger Aufgabe der Unmittelbarkeit zulässig sei.

Die Sachlage ist nicht anders zu beurteilen in den Fällen, in denen der Inhalt einer mV durch Notizen des ausgeschiedenen Richters aktenkundig gemacht ist. Denn die Verwertung privater Vermerke eines Richters ist unzulässig [1]. Derartige persönliche Aufzeichnungen eines Gerichtsmitglieds sind in der Regel für einen Dritten nicht hinreichend verständlich, um als sichere Verfahrensgrundlage dienen zu können. Abgesehen davon, daß diese Notizen sich der Kenntnis der Parteien entzögen, wären diese dem Bericht einer richterlichen Mittelsperson gleichzusetzen mit der Folge, daß der Streitstoff nicht unmittelbar von dem erkennenden Gericht wahrgenommen würde. In diesem Fall wäre von der Unmittelbarkeit der Verhandlung nichts übrig. Das Vorhandensein nichtamtlicher Aktennotizen eröffnet demnach nicht die Möglichkeit, den den Aufzeichnungen zugrundeliegenden mündlichen Parteivortrag bei der Entscheidung zu verwerten.

Aus den vorstehenden Erörterungen ergibt sich, daß reiner mündlicher Vortrag im Amtsgerichtsprozeß zur Wiedereröffnung führen muß, wenn während der schriftlichen Verhandlung

---

1) Lay, S. 22; Sonnen, Das neue ZPrR, S. 47.

gemäß § 128 II ein Richterwechsel eintritt [1]. Es fragt sich dagegen, ob dies auch im Kollegialgerichtsprozeß entsprechend gilt, wenn wenigstens eines der Mitglieder des erkennenden Kollegiums bei der vorangegangenen mV mitgewirkt hat [2].

Bei dieser Sachlage ist die Unmittelbarkeit der Verhandlung zumindest in dem Umfange gewahrt, als ein Glied des erkennenden Gerichts den betreffenden mündlichen Prozeßstoff u n m i t t e l b a r wahrgenommen hat. Dies genügt aber dem Grundsatz der Unmittelbarkeit der Verhandlung, indem nicht a l l e erkennenden Richter des Kollegiums den mündlichen Prozeßstoff unmittelbar wahrgenommen haben müssen. Zwar dient der unmittelbare Eindruck sämtlicher erkennender Richter eher dem Ziele der Wahrheitsfindung, als wenn nur einzelne Mitglieder des Kollegiums mittelbar durch einen (richterlichen) Bericht Kenntnis von dem Entscheidungssachverhalt erhielten [3]. Das Prozeßziel einer wahrheitsgerechten Entscheidung darf andererseits nicht dazu führen, den Prozeß übermäßig in die Länge zu ziehen, wenn nur unwesentliche oder überhaupt keine Fehler bei der Übermittlung des Prozeßstoffes zu befürchten sind. Dementsprechend gilt der Grundsatz der Unmittelbarkeit der Verhandlung praktisch in vielen Fällen lediglich in abgeschwächter Form. So wird sich z.B. das Gericht in einem mündlichen Verfahren, wenn sich nicht alle Richter, ohne daß ein Wechsel in der Besetzung der Richterbank eingetreten ist, an bestimmte Einzelheiten mündlichen Parteivortrages erinnern, in der Regel mit

---

1) Eine Ausnahme würde dann gelten, wenn die Parteien ausdrücklich erklärten, daß sie auf die Berücksichtigung ihres mündlichen Prozeßstoffes keinen Wert legten, sondern allein den Vortrag der schriftlichen Verhandlung verwertet wissen wollen. Dies kann man aber nicht ohne weiteres in das Einverständnis hineindeuten, wie Paeffgen, S. 30, dies tut.

2) Sollte der verhältnismäßig seltene Falle gegeben sein, daß die gesamte Richterbank gewechselt hat, so kann nichts anderes als im Falle des Wechsels eines Einzelrichters gelten. Denn der neuen Richterbank stünde ebenfalls keine zulässige Quelle offen, den rein mündlichen Prozeßstoff in Erfahrung zu bringen.

3) Von Canstein, S. 95; siehe ferner Hahn, Motive, S. 21.

der "amtlichen" Kenntnis [1] eines oder einzelner Mitglieder des Kollegiums begnügen dürfen. Denn wenn das Gericht der Meinung ist, daß mit dieser Erkenntnisquelle eine sichere Entscheidungsgrundlage gewonnen werden kann, bestehen gegen die Verwertung des betreffenden Prozeßstoffes keine Bedenken [2]. Das folgt ohne weiteres aus dem richtigen Verständnis des Unmittelbarkeitsgrundsatzes als Zweckmäßigkeitsprinzip. Entsprechendes hat in dem Fall zu gelten, daß der mündliche Prozeßstoff nicht dem Gedächtnis des Richters entfallen, sondern ein neuer Richter in ein Kollegium eingetreten ist, der den betreffenden Vortrag überhaupt noch nicht wahrgenommen hat. Entscheidend ist der Gesichtspunkt, daß eigentlich überhaupt keine richterliche "Mittelsperson", durch die die Unmittelbarkeit beseitigt würde [3], zwischen die Parteien und das erkennende Gericht tritt, weil der Richter, der den Prozeßstoff unmittelbar wahrgenommen hat, selbst Mitglied und damit Teil der erkennenden Richterbank ist. Schließlich entspricht dieses Ergebnis einem praktischen Bedürfnis und ist daher in zweckgerechter Anwendung des Unmittelbarkeitsprinzips in dem Sinne der ZPO als prozeßordnungsgemäß anzusehen.

Zusammenfassend ergibt sich also für die konkrete Frage nach der Verwertbarkeit reinen mündlichen Vortrages in einem Verfahren omV, wenn sich nach der letzten mV die Besetzung der Richterbank eines Kollegialgerichtes verändert, daß der gesamte mündliche Prozeßstoff der Entscheidung zugrunde gelegt werden kann, wenn nur e i n Richter dem erkennenden Kollegium zugehört, der der maßgebenden mV beigewohnt hat. Die Berücksichtigung solchen mündlichen Vorbringens setzt allerdings immer voraus, daß sich das Kollegium mit dem Bericht und der Kenntnis des betreffenden Mitgliedes be-

1) Vgl. Püschel, Einzelrichter, S. 79.
2) Lucas-Richter, § 251 a Anm. II 3; Püschel, ZZP 51, 86; a.A. Burkhardt, MDR 1957, 390. - Siehe ferner Reinberger, Recht 1924, 484; Schefold, DRiZ 1924, 168.
3) Vgl. Rosenberg-Schwab, § 83 I 1 (S. 389); Baur, FGG, § 16 IV (S. 165); Hegler, Rechtsgang I, S. 214; Paeffgen, S. 20 f.

gnügt, d.h., daß es sich mit dieser unmittelbaren Quelle der Erkenntnis des Sachverhalts als sichere Grundlage für eine wahrheitsgerechte Entscheidung zufrieden gibt. Hat sich dagegen die Besetzung der Richterbank eines Kollegialgerichts seit der letzten mV vollständig verändert, gelten die Erwägungen in bezug auf den Alleinrichter entsprechend [1].

Wendet man sich der Fallgestaltung zu 2) zu, so erkennt man einen wesentlichen Unterschied zu der vorstehend erörterten Sachlage, der darin besteht, daß sich hier in dem schriftlichen Akteninhalt jedem neueintretenden Richter eine unmittelbare Erkenntnisquelle des mündlichen Vortrages eröffnet. Daraus folgt aber noch keineswegs die Verwertbarkeit der dem mündlichen Teil des Verfahrens zugrundeliegenden Schriftsätze. Diese sind trotz der Bezugnahme gemäß § 137 III 1 formell mündlicher Vortrag und nicht essentielle Entscheidungsgrundlage [2]. Maßgebend ist vielmehr die betreffende mV, in der auf die ihrem Wesen nach vorbereitenden Schriftsätze Bezug genommen wurde. Betrachtet man diesen Prozeßstoff unter dem Gesichtspunkt der Berücksichtigungsfähigkeit für den Fall eines Richterwechsels im gemischt mündlich-schriftlichen Verfahren, so könnte man das Problem zunächst zu umgehen suchen, indem man in das Einverständnis eine stillschweigende Bezugnahme auf das schriftlich niedergelegte mündliche Parteivorbringen hineininterpretierte [3]. Allein kann man dies nicht unterstellen, ohne daß ein klar erkennbarer Wille der Parteien, daß aufgrund des gesamten schriftlichen Akteninhalts entschieden werden solle, zum Ausdruck kommt [4]. Da

---

1) Siehe oben S. 250 ff.
2) Siehe oben S. 242.
3) So für den Fall, daß v o r Abgabe der Einverständniserklärung der Richterwechsel eingetreten ist, Lay, S. 23; einschränkend Rosenberg-Schwab, § 110 V 1 a (S. 548); ("im Zweifel"); Kann, ZPO, § 7 EntlBek. Anm. 3 ("regelmäßig"). Tritt dagegen der Richterwechsel n a c h den Erklärungen des Einverständnisses ein, wenden zumindest Rosenberg-Schwab, aaO., und Kann, aaO., § 309 mit der Folge an, daß das betreffende, schriftlich niedergelegte mündliche Vorbringen n i c h t verwertet werden kann.
4) Insoweit gehen allerdings Rosenberg-Schwab, aaO., und Lay, aaO., zutreffend davon aus, daß die Parteien frei bestimmen können, welches Vorbringen der Entscheidung zugrundegelegt werden soll.

dies jedoch in der Regel nicht der Fall ist, bleibt angesichts der Unanwendbarkeit des § 309 die Frage unbeantwortet, inwieweit im Falle eines Richterwechsels ohne ausdrückliche Bezugnahme in der schriftlichen Verhandlung mündlicher Parteivortrag verwertet werden kann, wenn dieser schriftlich niedergelegt ist.

Bei der Entscheidung durch ein Kollegialgericht bestehen keine Bedenken, daß das betreffende Schriftmaterial berücksichtigt wird, wenn nur e i n Mitglied des Kollgiums an der vorangegangenen mV, in der die Parteien auf das schriftliche Material mündlich Bezug genommen haben, teilgenommen hat. Insoweit gelten die Ausführungen zu dem Fall, daß der mündliche Vortrag überhaupt nicht schriftlich niedergelegt ist, entsprechend. Fraglich ist jedoch, ob bei der vorliegenden Fallgestaltung der Einzel-(Amts-)richter oder auch ein Kollegialgericht, das sich gegenüber der vorangegangenen mV in seiner Besetzung völlig verändert hat, gehindert ist, den schriftlich niedergelegten Prozeßstoff zu berücksichtigen.

Der entscheidende Grund, weshalb der Amtsrichter, der der vorangegangenen mV im gemischt mündlich-schriftlichen Verfahren nicht beigewohnt hat, den reinen mündlichen Parteivortrag nicht verwerten durfte, lag darin, daß dieser Richter nur unter völliger Durchbrechung des Prinzips der Unmittelbarkeit der Verhandlung Kenntnis von der Entscheidungsgrundlage erlangen konnte. Dieser Gesichtspunkt scheidet aber bei der vorliegenden Sachlage aus. Hier ist die Unmittelbarkeit wenigstens insoweit gewahrt, als der erkennende Richter den mündlichen und zugleich schriftlich vorliegenden Streitstoff unmittelbar wahrnehmen kann, indem er die Schriftsätze persönlich liest.

Zugunsten der Praktikabilität des Verfahrens omV im gemischt mündlich-schriftlichen Verfahren ist es sachgerecht, keine strenge, sondern eine zweckmäßigkeitsbetonte Unmittelbarkeit walten zu lassen in dem Maße, wie sie das Gesetz auch in anderen Fällen als ausreichend anerkennt. Von besonderer Bedeutung ist hier § 137 III 1. Mit Einführung dieser Bestimmung hat der Gesetzgeber die Unmittelbarkeit der Verhandlung wesentlich abgeschwächt, indem praktisch die gemäß § 137 III 1 "bezogenen" Schriftsätze die Grundlage der Entscheidung bilden. Darüber hinaus nehmen in der Praxis der Kollegialgerichte nicht einmal sämtliche Richter diesen Streitstoff durch persönliches Aktenstudium unmittelbar wahr.

Der Akteninhalt gelangt vielmehr durch ein mündliches oder schriftliches Referat des Berichterstatters zur Kenntnis der übrigen Gerichtsmitglieder. Damit ist im mündlichen Verfahren bei den Kollegialgerichten praktisch ein Stück Unmittelbarkeit aufgegeben, und zwar in zweifacher Hinsicht:

Einmal besteht die Unmittelbarkeit nur noch darin, daß sich die Parteien unmittelbar vor dem erkennenden Gericht auf das Schriftmaterial beziehen, wobei diese Erklärung nicht einmal ausdrücklich abgegeben zu werden braucht [1]. Darin könnte man zwar rein formalistisch die Aufrechterhaltung des Unmittelbarkeitsprinzips sehen. In Wahrheit besteht aber nur ein Scheinunmittelbarkeit [2].

Der Grundsatz der Unmittelbarkeit ist mithin insbesondere in bezug auf den schriftlich niedergelegten mündlichen Prozeßstoff so weitgehend eingeschränkt, daß man die Verwertung desjenigen schriftlichen Materials im gemischt mündlich-schriftlichen Verfahren, das zwar nicht essentiell, so doch aber tatsächlich durch die Bezugnahme entscheidungserheblich geworden ist, auch im Falle eines Richterwechsels als zulässig erachten kann. Der aktenkundige Prozeßstoff wird

---

1) Stein-Jonas-Pohle, § 137 Anm. II 3.

2) Cremer, S. 71. Koffka, GruchBeitr. 31, 145 ff., würde in der Bezugnahme gemäß § 137 III 1 - diese Vorschrift galt zur Zeit seiner Abhandlung noch nicht - eine "mittelbare" Verhandlung gesehen haben. Er versteht unter Unmittelbarkeit der Verhandlung, daß der zu berücksichtigende Prozeßstoff in der Verhandlung vor dem Gericht gebildet ("produziert", S. 193 ff.) und nicht in den "Werkstätten der Anwälte" (S.194) erzeugt und dieses Gebilde dann in der Verhandlung "reproduziert" wird (S. 195).
Das gilt übrigens entsprechend für die Mündlichkeit. So spricht Paeffgen, S. 28, von einem "verdeckten Schriftprozeß" trotz Mündlichkeit.

demnach so angesehen, als hätten die Parteien diesen unverändert in der maßgeblichen mV vorgetragen, es sei denn, daß sich aus den Akten ausdrücklich etwas anderes ergibt. Die Parteien, die stets mit einem Richterwechsel rechnen müssen [1], haben eben dafür Sorge zu tragen, daß eventuelle Abweichungen von dem bezogenen (§ 137 III 1) schriftlichen Vorbringen richtig gestellt werden. Nur auf diese Weise läßt sich verhindern, daß das Verfahren omV angesichts der häufigen Richterwechsel nicht zur Bedeutungslosigkeit herabsinkt.

Faßt man das Ergebnis der Untersuchungen über die Entscheidungsgrundlage im Falle eines Richterwechsels im gemischt mündlich-schriftlichen Verfahren zusammen, dann ergibt sich folgendes: Während ein rein mündlicher Vortrag von einem neu eingetretenen Amtsrichter überhaupt nicht, von einem Kollegialgericht nur dann berücksichtigt werden kann, wenn mindestens e i n Mitglied der erkennenden Richterbank der vorangegangenen mV beigewohnt hat, steht der Verwertbarkeit des in Schriftsätzen niedergelegten mündlichen Parteivorbringens in keinem Falle etwas entgegen [2].

---

1) Vgl. auch oben S. 36.
2) Dieses Ergebnis gilt im übrigen entsprechend, wenn die Parteien vor dem Einzelrichter (§§ 348 ff.) mündlich verhandelt haben und sich nach Abschluß des Einzelrichterverfahrens mit einer Entscheidung omV einverstanden erklärten. In diesem Fall kann das Kollegium, wenn es eine Entscheidung erläßt, den r e i n e n mündlichen, vor dem Einzelrichter vorgetragenen Streitstoff verwerten, es sei denn, daß der Einzelrichter nicht Mitglied des erkennenden Gerichts ist. Im letzteren Falle verbietet sich eine Berücksichtigung, weil diese nur unter völliger Durchbrechung des Unmittelbarkeitsprinzips möglich wäre (vgl. die entsprechende Sachlage im amtsgerichtlichen Verfahren, oben S. 250 f.). Die Verwertbarkeit dieses Prozeßstoffes ergibt sich im übrigen aus dem Wesen des Einzelrichterverfahrens, wonach die Verhandlung vor dem Einzelrichter Teil der einheitlichen Streitverhandlung vor dem erkennenden Gericht ist. Auf dieser Linie bewegt sich wohl auch de Boor, Entsch. nLdA., S. 42, wenn er im Falle des Überganges des Verfahrens von dem Einzelrichter auf das Kollegium die Vorschrift des § 309 nicht anwenden will, weil hier das Gesetz selbst ein Stück Unmittelbarkeit aufgegeben habe (de Boor, aaO.).

## § 12 Die Entscheidungsreife

### I. Die prozessuale Entscheidungsreife

Im gewöhnlichen Verfahren steht der mündliche Vortrag, durch den die Parteien den Prozeßstoff einführen, im Mittelpunkt der Verhandlung. Die Schriftsätze dienen regelmäßig nur dazu, die mV vorzubereiten. Dagegen gewinnen die Schriftsätze im Verfahren omV eine gesteigerte Bedeutung. Sie bilden die essentielle Entscheidungsgrundlage [1]. Ihrem Wesen nach verwandeln sie sich mit der Entschließung des Gerichts, schriftlich entscheiden zu wollen, von zunächst vorbereitenden Schriftsätzen in bestimmende [2]. Mit der Maßgeblichkeit schriftlichen Vortrages ergibt sich notwendig eine Reihe formeller Anforderungen, die grundsätzlich strengeren Maßstäben unterliegen müssen als diejenigen Schriftsätze, die lediglich ankündigen, was die Parteien in der mV vorzutragen beabsichtigen. Wegen des besonderen Charakters des Schriftwechselverfahrens stellt sich daher die Frage, welche Voraussetzungen gegeben sein müssen, damit formell eine Entscheidung ergehen kann, d.h., wann der Rechtsstreit als "prozessual entscheidungsreif" anzusehen ist.

Was die äußere Form der Schriftsätze angeht, besteht zunächst Streit, ob diese, wenn sie bei einer Entscheidung omV Verwertung finden sollen, unterschrieben sein müssen [3]. Betrachtet man die an einen Schriftsatz zu stellenden Anforderungen im mündlichen Verfahren, so muß man im Hinblick auf das Unterschriftserfordernis zwischen vorbereitenden und bestimmenden Schriftsätzen unterscheiden. Demnach ist die Unterschrift unter einem vorbereitenden Schriftsatz entbehrlich, weil § 130 Nr. 6 lediglich eine Sollbestimmung enthält [4]. Für die bestimmenden Schriftsätze dagegen herrscht die Auffassung vor, daß diese von den Parteien oder deren Prozeßvertretern unterzeichnet sein

---

1) Siehe oben S. 240.
2) Siehe oben S. 180.
3) Für das Unterschriftserfordernis Lay, S. 54; dagegen a.A. Stein-Jonas-Pohle, § 129 Anm. I 3 a.E.
4) Stein-Jonas-Pohle, § 130 Anm. II zu Nr. 6.

m ü s s e n [1], und zwar eigenhändig [2]. Die notwendige Unterzeichnung der bestimmenden Schriftsätze folgt aus deren Wesen als schriftliche Willenserklärung [3]. Denn während die in einem bestimmenden Schriftsatz enthaltenen Prozeßhandlungen bereits mit deren Einreichung vollzogen sind, werden die in einem vorbereitenden Schriftsatz abgegebenen Erklärungen dagegen erst mit deren Vortrag (oder Bezugnahme gemäß § 137 III) in einer mV maßgeblicher Prozeßstoff [4].

Legt man diese Erwägungen zugrunde, so würde im Verfahren omV ein Schriftsatz nur dann berücksichtigt werden können, wenn dieser unterzeichnet ist, weil den Schriftsätzen im Verfahren omV bestimmende Wirkung zukommt. Allein gibt zu bedenken, daß die Schriftsätze einer schriftlichen Verhandlung erst kraft einer Umformung von vorbereitenden in bestimmende umgewandelt werden [5]. Der endgültige Charakter dieser Schriftsätze steht daher nicht, wie im gewöhnlichen mündlichen Verfahren, kraft Gesetzes fest, sondern ergibt sich erst im weiteren Verlauf des Verfahrens. Der bestimmende Charakter der Schriftsätze kann daher nicht allein ausschlaggebend dafür sein, welche äußeren Voraussetzungen der betreffende Schriftsatz erfüllen muß. Hier sind vielmehr die Beonderheiten des Verfahrens omV zu berücksichtigen [6].

Die Notwendigkeit der eigenhändigen Unterzeichnung ist für diejenigen Schriftsätze zu bejahen, die die Parteien nach Abgabe ihres Einverständnisses mit einem Verfahren omV eingereicht haben. Dem liegen folgende Erwägungen zugrunde: Die in den Schriftsätzen enthaltenen Parteierklärungen wer-

---

1) RGZ 151, 82 ff.; 152, 23 (27); RG, JW 1936, 2914; BGH, JR 1955, 266; Baumbach-Lauterbach, § 129 Anm. I B; Stein-Jonas-Pohle, § 129 Anm. I 2 (zu Fußn. 3); Wieczorek, § 129 A III.
2) RGZ 151, 82; BAGE 3, 55; BVerwGE 2, 190; a.A. Stein-Jonas-Pohle, § 129 Anm. II 2 (letzter Absatz).
3) Stein-Jonas-Pohle, § 129 Anm. I 2.
4) Stein-Jonas-Pohle, § 129 Anm. I 3; Zöller-Stephan, § 129 Anm. 1.
5) Siehe oben S. 180.
6) Im Ergebnis ebenso Stein-Jonas-Pohle, § 129 Anm. I 3 a.E., wenn es dort heißt, daß die Schriftsätze im Verfahren omV zwar bestimmend wirken, ihrer F o r m nach aber vorbereitende Schriftsätze bleiben.

den bei einer schriftlichen Entscheidung zur essentiellen Entscheidungsgrundlage. Es darf daher für das Gericht keinen Zweifel geben, ob der schriftliche Vortrag tatsächlich von den Parteien oder deren Anwälten herrührt und ob gegebenenfalls das Vorbringen ernstlich und endgültig gemeint ist. Im Interesse eines sicheren und schleunigen Verfahrensablaufes muß möglichst ausgeschlossen werden, daß über die Maßgeblichkeit des Inhalts eines Schriftsatzes Streit entstehen kann. Zwar schließt das Unterschriftserfordernis Fäschungen nicht aus; es verringert die Gefahr jedoch wesentlich. Im übrigen werden die Parteien durch diese Form an die Bedeutung ihrer prozessualen Erklärungen erinnert. Unter diesen Gesichtspunkten ist die eigenhändige Unterzeichnung der nach Abgabe des Einverständnisses eingereichten Schriftsätze zu verlangen, weil die schriftlichen Parteierklärungen in dieser Prozeßlage bereits im Hinblick auf eine schriftliche Verhandlung abgegeben werden, also in dem Bewußtsein, daß diese Schriftsätze die Entscheidungsgrundlage bilden könnten. Diese Situation unterscheidet sich daher nicht von derjenigen, in der eine Partei einen - kraft Gesetzes - bestimmenden Schriftsatz einreicht, von dem er weiß oder wissen muß, welche prozessualen Rechtsfolgen damit bewirkt werden.

Die Notwendigkeit der Unterzeichnung dieser Schriftsätze belastet zwar das Verfahren omV mit einer gewissen Formstrenge, die aber aus den genannten Gründen unerläßlich ist. Keinesfalls aber bedeutet dieses Formerfordernis einen so bedeutenden Mehraufwand für die Parteien, daß dadurch der Vereinfachungszweck des Verfahrens omV in Frage gestellt sein würde.

Fraglich ist dagegen, ob auch diejenigen Schriftsätze unterzeichnet sein müssen, die vor Abgabe der Einverständniserklärungen eingereicht worden sind. Insoweit fehlte es bei deren Einreichung an dem Bewußtsein, daß diese schriftlichen Erklärungen gegebenenfalls die essentielle Entscheidungsgrundlage bilden könnten und nicht nur einen mündlichen Vortrag ankündigten. Tatsächlich ist die Unterzeichnung dieser

Schriftsätze entbehrlich. Denn in den Einverständniserklärungen liegt die stillschweigende Bezugnahme auf das bereits vorliegende schriftliche Vorbringen. Das Einverständnis ersetzt somit die in einer Unterschrift liegende Erklärung, daß das bisher schriftliche Prozeßmaterial von den betreffenden Parteien als vorgetragen gelte. Für eine Unterschrift besteht somit kein Bedürfnis, es sei denn, das Gericht hätte begründete Zweifel, ob ein Schriftsatz von den Parteien stammt. Nur letzterenfalls dürfte der betreffende Schriftsatz nicht, ohne daß er unterschrieben ist, bei der Entscheidung verwertet werden.

Neben der Frage der Unterzeichnung ergeben sich in einem Verfahren omV eine Reihe weiterer formeller Voraussetzungen, ohne die der Rechtsstreit nicht zur Entscheidung reif ist. Diese sind vornehmlich auf den Grundsatz des rechtlichen Gehörs zurückzuführen. Dementsprechend haben die Parteien zunächst einen Anspruch darauf, von jedem Schriftstück, das bei der Entscheidung berücksichtigt werden soll, Kenntnis erlangt und gegebenenfalls Gelegenheit gehabt zu haben, sich dazu zu erklären. Daraus folgt im Rahmen der Entscheidungsreife zunächst die Verpflichtung des Gerichts zu prüfen, ob die entscheidungserheblichen Schriftsätze den Parteien zugegangen, d.h. zugestellt oder gemäß § 396 IV mitgeteilt worden sind. Fraglich ist, in welchem Umfang das Gericht sich von dem Zugang überzeugen muß.

Angesichts der Vorschriften der §§ 261 b II, 272 a, 496 IV, 198 I 4 könnte man meinen, daß die Zustellung der Schriftsätze dem Gericht gegenüber n a c h g e w i e s e n sein muß, wenn der betreffende Schriftsatz im Verfahren omV verwertet werden soll [1]. Anders als in diesen Bestimmungen stellt jedoch das Gesetz das Erfordernis eines Zustellungs-

---

1) So Lucas, § 23 a Anm. 8; Lucas-Richter, § 251 a Anm. II 2; Goldschmidt, Neue ZPO, § 251 a Anm. 4 b u. c; ders., Zivilprozeßrecht, § 57, 2 (S. 182); Nikisch, § 77 II 2 (S. 305); Stürmer, S. 40.

nachweises für das Verfahren omV nicht auf [1]. Dies wiederum läßt nicht zwingend den Schluß zu, daß der Nachweis im Verfahren omV entbehrlich ist. Letzteres ergibt sich aber aus dem Sinn und Zweck des § 128 II. Insbesondere im Anwaltsprozeß würde eine Entscheidung omV häufig an dem formellen Zustellungsnachweis scheitern, weil die betreffende Zustellungsurkunde, nämlich das anwaltliche Empfangsbekenntnis, in den Händen der zustellenden Partei verbleibt. Es gelangt in der Regel nicht zu den Gerichtsakten, es sei denn, man würde die Einreichung des Empfangsbekenntnisses zu den Akten verlangen. Will man aber die Praktikabilität des Verfahrens omV mit seinem Beschleunigungs- und Vereinfachungszweck nicht in Frage stellen, ohne das Gericht und die Parteien mit einer Reihe von Förmlichkeiten zu belasten [2], wird man jedenfalls in diesem Fall auf einen entsprechenden Nachweis verzichten müssen. Das kann aber nicht schlechthin gelten. Es ist grundsätzlich zu bedenken, daß die Gelegenheit der Kenntnisnahme des Streitstoffes seitens der Parteien auf dem verfassungsrechtlich geschützten Grundsatz des rechtlichen Gehörs beruht und deshalb von so bedeutendem Gewicht ist, daß Zweckmäßigkeitserwägungen prozessualer Art, insbesondere auch solche des Verfahrens omV gegebenenfalls zurücktreten müßten, wenn die entsprechenden Parteiinteressen infolge einer Verletzung des rechtlichen Gehörs gefährdet sind. Dementsprechend wird sich das Gericht in freier Würdigung des Schriftmaterials davon überzeugen dürfen, ob das betreffende Schriftstück, das bei der Entscheidung verwertet werden soll, den Parteien bekannt ist [3].

---

1) Eine Analogie aus § 272 a (so Goldschmidt, Neue ZPO, § 251 a Anm. 4; Rosenberg, Das neue ZPR, S. 74), der eine ausdrückliche Regelung insoweit enthält, kommt nicht in Betracht, weil sich die Verfahren gemäß § 128 II und § 272 a wesentlich unterscheiden, insbesondere darin, daß lediglich e i n e r Partei die Einreichung eines Schriftsatzes nachgelassen ist, ohne daß die andere Partei das Recht hätte zu erwidern.

2) Zu den umständlichen Voraussetzungen,die damit verbunden wären, siehe Lucas, § 23 a Anm. 7.

3) Stein-Jonas-Pohle, § 128 Anm. X 3 a; Volkmar, BeschlVO, § 23 a EntlVO Anm. 5 (5. Absatz); Lay, S. 89; Reinberger, Recht 1924, 82; vgl. ferner Kann, JW 1924, 384.

Diese Überzeugung wird das Gericht z.B. dann gewinnen, wenn eine Partei auf eine bestimmte Behauptung des Gegners erwidert. Häufig werden sich auch aus dem Gesamtvorbringen Bezugspunkte ergeben, aus denen man erkennen kann, ob einer Partei ein Schriftsatz bekannt ist. In allen diesen Fällen ist bei vernünftiger Würdigung der Sachlage ein Zustellungsnachweis entbehrlich [1].

Im Anwaltsprozeß schließlich wird man den in einem Schriftsatz enthaltenen Vermerk, daß eine Zustellung von Anwalt zu Anwalt erfolgt sei, als ausreichendes Indiz für den Zugang ansehen können. Dieser Hinweis, der zwar auf die Wirksamkeit der Zustellung keinen Einfluß hat [2], weil es sich in § 198 I 3 um eine Sollvorschrift handelt [3], empfiehlt sich daher im Verfahren omV ganz besonders.

Bestehen dagegen begründete Zweifel an der Kenntnisnahme bestimmten Schriftmaterials durch eine Partei und lassen sich dem Akteninhalt keine Anhaltspunkte entnehmen, die auf einen Zugang schließen lassen, muß das Gericht den betreffenden Schriftsatz unberücksichtigt lassen oder den Zustellungsnachweis anfordern [4]. Gegebenenfalls kann sich das Gericht die Gewißheit des Zuganges auch durch eine Anfrage bei der Partei, der der Schriftsatz zuzustellen war, oder im Rahmen der Aufklärungstätigkeit gemäß § 139 verschaffen [5].

Neben dem Zugang der von den Parteien eingereichten Schriftsätze muß das Gericht im Hinblick auf die Gewährung des rechtlichen Gehörs darauf achten, daß die Parteien auch von dem übrigen Streitmaterial sowie von allen Vorgängen des

---

1) Siehe Stein-Jonas-Pohle, § 128 Anm. X 3 a; Volkmar, BeschlVO, § 23 a EntlVO Anm. 5; de Boor, Entsch.nLdA., S. 60; Reinberger, Recht 1924, 82.
2) BGHZ 14, 342 (344); Baumbach-Lauterbach, § 198 Anm. 1 C; Stein-Jonas-Pohle, § 198 Anm. I 3.
3) Stein-Jonas-Pohle, § 198 Anm. I 3.
4) Vgl. de Boor, Entsch.nLdA., S. 59.
5) Stein-Juncker, § 72 A III 1 (S. 213). - Sonnen, Das neue ZPrR, S. 41, meint, das Gericht werde sich "irgendwie davon überzeugen müssen, daß sie (sc. die Schriftsätze) dem Gegner bekannt sind."

Prozeßverfahrens, die erkennbar wesentliche Tatsachen enthalten, Kenntnis erlangt haben. Das gilt für amtliche Auskünfte, Gutachten (§ 411), auswärtige Beweisprotokolle, schriftliche Zeugenaussagen (§ 377 III), Nebenakten und sonstige Schriftstücke, soweit diese der Entscheidung zugrunde gelegt werden sollen. In diesen Fällen empfiehlt sich ein entsprechender Hinweis des Gerichts, wie es für auswärtige Beweisprotokolle vorgesehen ist (§ 362 II), aufgrund dessen den Parteien Gelegenheit gegeben wird, von ihrem Recht zur Akteneinsicht (§ 299 I) Gebrauch zu machen[1]. Für die Beweisaufnahme vor dem Prozeßgericht oder einem beauftragten Richter (§ 361) bedarf es dagegen keiner Mitteilung über das Protokoll. Hier genügt die Benachrichtigung im Termin (§ 357) [2].

Mit der tatsächlichen Möglichkeit der Kenntnisnahme jedoch ist dem Grundsatz des rechtlichen Gehörs und damit der prozessualen Entscheidungsreife nicht vollends genügt. Die Parteien müssen darüber hinaus Gelegenheit gehabt haben, sich auf dieses Material zu äußern. Das bedeutet, daß das Gericht nicht vor Ablauf eines "angemessenen" Zeitraumes [3] oder einer Frist, die das Gericht selbst gesetzt hat, eine Entscheidung treffen darf [4]. Letzterenfalls dürfen die Parteien darauf vertrauen, daß das Gericht nicht vor Ablauf

---

1) Vgl. Stein-Jonas-Schumann-Leipold, § 285 Anm. III 2.
2) Rosenberg-Schwab, § 109 III 2 a (S. 543); de Boor, Entsch.nLdA., S. 62.
3) BVerfGE 7, 239 (240); 8, 89 (291); 12, 6 (8 f.); OLG München, MDR 1955, 308. Das gilt insbesondere auch für die Verhandlung über das Ergebnis einer nicht vor dem Prozeßgericht stattgefundenen Beweisaufnahme (§ 285 I). Hier bedarf es des Verstreichenlassens einer angemessenen Frist, aber nur für den Fall, daß die Parteien ihr Einverständnis vor der Benachrichtigung gemäß § 362 II oder dem Abschluß der Beweisaufnahme vor dem beauftragten Richter erklärt haben. Andernfalls dürfte in dem bloßen Einverständnis die schlüssige Erklärung enthalten sein, sich nicht mehr besonders zu dem Ergebnis der Beweisaufnahme äußern zu wollen. Dann kann sofort eine Entscheidung ergehen, ohne daß es noch einer tatsächlichen Erörterung des Beweisergebnisses und einer ordentlichen Verhandlung durch Antragstellung bedurfte. Dem § 285 I ist vielmehr Genüge getan, wenn den Parteien Gelegenheit gegeben war, Stellung zu nehmen (RAG, ArbRSamml. 41, 412 (416)).
4) BVerfGE 12, 110 (113).

dieser Frist entscheiden wird [1][2]. Welcher Zeitraum dagegen angemessen ist, wenn keine Fristsetzung erfolgt ist, beurteilt sich nach dem Einzelfall. Dabei werden insbesondere die Schwierigkeit einzelner Rechtsfragen, der Umfang des Entscheidungsmaterials, Gründe in der Person der Parteien, wie z.B. deren Wohnort [3] sowie die Sach- und Rechtskenntnis der Prozeßbeteiligten zu berücksichigen sein [4].

Die Vorschrift des § 132 schließlich, die ohnehin nur im Anwaltsprozeß gilt (§ 129 I), findet im Verfahren omV keine Anwendung [5]. Dafür fehlt es an einer entsprechenden Verfahrenslage. Hier gibt es keinen Verhandlungstermin, der rechtzeitig durch Schriftsätze vorbereitet werden muß. Geht aber im Verfahren omV ein Schriftsatz nicht in der Frist des § 132 vor dem beabsichtigten Verhandlungsschluß ein, so wird jedoch die Verhandlung häufig deshalb nicht geschlossen werden können, weil die Sache sachlich nicht entscheidungsreif ist, indem der gegnerischen Partei das rechtliche Gehör gewährt werden muß. Dieses Element bietet daher im Verfahren omV einen ausreichenden Schutz vor der Berücksichtigung von Prozeßstoff, auf das die Parteien keine hinreichende Gelegenheit hatten, sich zu erklären. Der Grundsatz des rechtlichen Gehörs macht daher die Vorschrift des § 132 im Verfahren omV entbehrlich [6].

Mit den vorstehenden Ausführungen sind die wichtigsten grundlegenden Voraussetzungen dargelegt, die im Verfahren omV an die verfahrensrechtliche Entscheidungsreife im oben genannten Sinne zu stellen sind.

---

1) Siehe dazu auch oben S. 102 f.
2) Daraus folgt ferner, daß sich das Gericht in diesem Fall an die gesetzlichen Fristbestimmungen halten muß, z.B. § 222 II; vgl. dazu BVerfGE 18, 380 (384).
3) So das BVerfGE 12, 6 (8 f.) mit dem Hinweis, daß - wie in dem dortigen Fall - eine Woche nicht ausreichend sei, sofern die Partei im Ausland wohnt und keine Eilbedürftigkeit gegeben ist.
4) OLG München, MDR 1959, 308.
5) Stein-Juncker, § 72 A III 1 (S. 213); a.A. Kann, JW 1924, 384; Zscherlich, S. 44 m.w.Nachw.
6) Ebenso im Ergebnis zutreffend de Boor, Entsch.nLdA., S. 61.

## II. Die sachliche Entscheidungsreife

Unabhängig von der Prüfung der formellen Voraussetzungen für den Erlaß einer Entscheidung stellt sich die Frage, ob der Rechtsstreit auch in sachlicher Hinsicht zum Erlaß einer Entscheidung reif ist. Das ist, geht man von dem im Gesetz vorhandenen Formulierungen aus, der Fall, wenn der Sachverhalt ausreichend geklärt erscheint (§ 331 a) bzw. die Sache nach Ansicht des Gerichts vollständig erörtert ist (§ 136 IV).

Dieses Erfordernis der sachlichen Entscheidungsreife gilt uneingeschränkt auch im Verfahren omV [1]. Denn insoweit unterscheidet sich dieses Verfahren nicht von einem mündlichen Prozeß. Weder die Grundsätze der Mündlichkeit und Schriftlichkeit allgemein noch das Verfahren omV im besonderen haben die sachliche Entscheidungsreife als Voraussetzung für den Erlaß einer Entscheidung beseitigt [2]. Dagegen ist die Annahme, daß in dem Einverständnis der Parteien ein Verzicht auf eine weitere Aufklärung des Sachverhalts liege [3], mit dem Sinn und Zweck des Verfahrens omV nicht zu vereinbaren. Vielmehr schließt sich, wie bereits mehrfach erwähnt, an die Einverständniserklärungen eine gewöhnliche Streitverhandlung an, die sich lediglich in der Schriftlichkeit und deren Folgesätzen von der mV unterscheidet. Die Schriftlichkeit wirft jedoch im Hinblick auf die sachliche Entscheidungsreife insoweit besondere Fragen auf, als es um die Voraussetzungen der Entscheidungsreife selbst geht. Dies

---

1) Stein-Jonas-Pohle, § 128 Anm. X 1 a; de Boor, Entsch. nLdA., S. 70; Ginnut, S. 19; Lay, S. 34; Münzel, S. 49, 2o; Püschel, Einzelrichter, S. 68 f.; Sonnen, Das neue ZPrR, S. 39; Zscherlich, S. 49 (Fußn. 2); Reinberger, Recht 1924, 82; a.A. Wach, DJZ 1924, 251.

2) Weder der Fortfall des in § 23 BundesratsVO enthaltenen Passus, "... wenn das Gericht den Sach- und Streitstoff... für hinreichend geklärt erachtet...", noch die entsprechende besondere Hervorhebung in § 331 a lassen den Schluß zu, daß eine entsprechende Sachlage im Verfahren omV nicht erforderlich sei, um eine Entscheidung zu treffen. Dies hat Späth, S. 201 f., eingehend und zutreffend ausgeführt.

3) Fraeb, GruchBeitr. 67, 420; Wach, DJZ 1924, 248 f.; Delius, Recht 1924, 99.

erfordert zunächst eine nähere Betrachtung der Entscheidungsreife allgemein. Die Frage nach der Entscheidungsreife, d.h., nach der V o l l s t ä n d i g k e i t des Prozeßstoffes als Voraussetzung für eine materiell richtige Entscheidung ergibt sich aus dem Zusammenwirken derjenigen Verfahrensgrundsätze, die die Beschaffung des Streitstoffes betreffen. Hier steht auf der einen Seite die Verhandlungsmaxime. Sie stellt es den Parteien frei, ihrem Willen entsprechend dem Gericht denjenigen Sachverhalt, der die Entscheidungsgrundlage bilden soll, zu unterbreiten (vgl. § 138). Dies birgt natürlich die Gefahr in sich, daß es dem Gericht häufig nicht gelingt, eine vollständige Klärung des Sachverhalts herbeizuführen. Eine absolute Gewähr für eine materiell richtige Entscheidung ist daher niemals gegeben [1]. Das ist aber eine Folge, die durchaus dem Wesen des Zivilprozesses entspricht, weil der Staat in der Regel kein eigenes Interesse an dem Ausgang eines Rechtsstreits hat [2].

Diese eben dargestellte Handlungsfreiheit der Parteien findet ihre Schranke in dem Ziel des Zivilprozesses, durch eine beschleunigte Verfahrensabwicklung alsbald Rechtsfrieden zu schaffen. Diesem Umstand trägt das Gesetz dadurch Rechnung, daß es im Interesse sowohl der Wahrheitsfindung als auch der Beschleunigung des Verfahrens dem Gericht eine gewisse Mitverantwortung an der für die Rechtsfindung bedeutsamen Sachverhaltsforschung einräumt (§§ 139, 279 a u.a.). Die entsprechende richterliche Fragepflicht ist auf die Aufklärung und die Feststellung aller für die Entscheidung wesentlicher Tatsachenbehauptungen gerichtet. Sie findet ihrerseits aber ihre Grenze in der Dispositions- und Verhandlungsfreiheit der Parteien und beschränkt sich somit auf die Vervollständigung v o r g e g e b e n e n Prozeßeßstoffes [3], d.h., das Gericht hat lediglich daraufhin-

---

1) Siehe auch RGZ 132, 330 (338); Zscherlich, S. 49; Wach, DJZ 1924, 248 f.
2) Vgl. dazu Bericht 1961, S. 175 f.
3) Vgl. Levin, Prozeßleitung, S. 117, 124. Eine Beratung der Parteien obliegt dem Gericht im Rahmen des § 139 nicht, BGHZ 3, 206 (213); RG, JW 1937, 35; siehe auch Baur, ZZP 66, 209 (210 Fußn. 3).

zuwirken, daß die Parteien lückenhaften Vortrag oder fehlende tatsächliche Angaben ergänzen, allgemeine Behauptungen näher substantiieren, infolge ungenauer Behauptungen oder bloßer Ausdrucksweise Zweifel beheben, Widersprüche klären usw. [1]. Das sieht im mündlichen Verfahren praktisch so aus, daß die Parteien in der dafür vorgesehenen Streitverhandlung den Prozeßstoff vortragen und im Anschluß daran die Sach- und Rechtslage durch Frage und Antwort sowie in Rede und Gegenrede zwischen den Parteien und dem Gericht erörtert wird. "Vollständigkeit" im Sinne der sachlichen Entscheidungsreife bedeutet somit grundsätzlich, daß der Tatsachenvortrag der Parteien nach dem Ergebnis der Streitverhandlung keine Unklarheiten, Lücken oder sonstige Zweifel aufweist, die das Gericht im Rahmen seiner gezeigten Mitverantwortung bei der Stoffsammlung hätte zu beheben versuchen müssen [2].

Betrachtet man dementsprechend das Verfahren omV, so sind es hier einmal die Schriftsätze, die den mündlichen Vortrag der Parteien ersetzen. Mangels einer mV kann das Gericht daher seiner Fragepflicht nur genügen, indem es anhand der Schriftsätze analog § 139 [3] in schriftlicher Form auf die Stellung sachdienlicher Anträge, auf die Klärung unvollständigen Tatsachenvortrages, auf die Abgabe von Erklärungen zu Behauptungen des Gegners u.a.m. hinwirkt, um auf diese Weise den Rechtsstreit zur Vollständigkeit und somit zur Entscheidungsreife hinzuführen. Insoweit unterscheidet sich also das Verfahren omV nicht von dem ordentlichen mündlichen Prozeßgang. Die entsprechende Anwendung der Grundsätze über die Mitwirkung des Gerichts bei der Stoffsammlung sowie die Frage der Entscheidungsreife im Ver-

---

1) Vgl. zu dem Umfang der Aufklärungspflicht eingehend Stein-Jonas-Pohle, § 139 Anm. II; Rosenberg-Schwab, § 78 II 3 (S. 371 ff.).

2) Der Rechtsstreit ist auch dann entscheidungsreif, wenn das Gericht seiner Aufklärungspflicht genügt hat und die Bemühungen des Gerichts ergebnislos geblieben sind; vgl. auch Ginnut, S. 20.

3) Ebenso zutreffend Stein-Jonas-Pohle, § 139 Anm. VI; Wieczorek, § 128 J II d 1; de Boor, Entsch.nLdA., S. 67; Lay, S. 92; wohl auch Späth, S. 110, 200.

fahren omV überhaupt bereitet demnach keine besondere Schwierigkeiten.

Eine Ausnahme bildet jedoch die Vorschrift des § 138 III. Hier herrscht lebhafter Streit, ob diese Bestimmung auch im Verfahren omV anwendbar ist, wenn eine Partei auf eine wesentliche Behauptung des Prozeßgegners schweigt oder einen Schriftsatz einreicht, der keine Erklärungen auf dieses Vorbringen enthält, was im mündlichen Verfahren zur Folge hätte, daß gemäß § 138 III die betreffende Behauptung als zugestanden gelten würde.

Die die Anwendung des § 138 III ablehnende Meinung [1] beruht auf der Annahme, daß diese Vorschrift ihre Rechtfertigung in der mV finde, in der den Parteien während der Erörterung des Sach- und Streitstandes mit dem Gericht hinreichende Gelegenheit zur Äußerung gegeben sei. Dem steht die Auffassung gegenüber, daß § 138 III auch im Verfahren omV anwendbar sei [2]. Die Parteien seien gegebenenfalls von ihrer Verpflichtung, sich auf die (schriftlichen) Behauptungen des Gegners zu erklären, nicht deshalb befreit, weil die Möglichkeit, dies in einer mV nachzuholen, entfalle. Die schriftlichen Behauptungen im Verfahren omV bildeten eben die maßgebliche Entscheidungsgrundlage. Es sei deshalb kein Grund gegeben, abweichend vom mündlichen Verfahren der Geständnisfiktion des § 138 III im Verfahren omV die Geltung zu versagen. Einer vermittelten Ansicht [3] zufolge komme es darauf an, ob die entscheidenden schrift-

1) Blomeyer, § 56 II 1 (S. 272), § 55 III 2 a (S. 269); Lucas-Richter, § 251 a Anm. II 2; Seuffert-Walsmann, § 251 a Anm. 3 a; Sydow-Busch-Krantz-Triebel, § 251 a Anm. 5; Volkmar, § 251 a Anm. 6; Wieczorek, § 128 J II d 2; de Boor, Entsch.nLdA., S. 71/72; Zscherlich, S. 50. Einschränkend für den Fall, daß schlechthin kein Schriftsatz mehr eingeht, Goldschmidt, Neue ZPO, Anhang 4, § 7 EntlVO Anm. 6; ders., Zivilprozeßrecht, § 57, 2 (S. 182); Reinberger, Recht 1924, 492. - Zweifelnd Wach, DJZ 1924, 251; vgl. auch RGZ 132, 330 (336) zu § 331 a.

2) OLG Breslau, JW 1929, 1672; Thomas-Putzo, § 138 Anm. III 1 b; Zöller-Stephan, § 138 Anm. III (1. Abs.); Nikisch, § 78 II 2 (S. 307); Münzel, S. 87 f.; grundsätzlich auch Lay, S. 86 f., unter besonderem Hinweis auf eine gesteigerte Mitwirkungspflicht des Gerichts.

3) Stein-Jonas-Pohle, § 128 Anm. X 2 b u. X 3 c; Rosenberg-Schwab, § 110 V 1 b (S. 549).

lichen Erklärungen vor oder nach der Abgabe des Einverständnisses eingereicht worden sind. Nur hinsichtlich des sog. nachträglichen Prozeßstoffes [1] sei im Falle des Unterbleibens einer Gegenerklärung ein "Geständnis" i.S. des § 138 III anzunehmen. Diese Vorschrift sei auf die vor den Einverständniserklärungen eingereichten Schriftsätze nicht anzuwenden, weil es sich insoweit lediglich um schriftsätzlich "angekündigten" Streitstoff handele, der keine so durchgreifenden Rechtswirkungen wie die des § 138 III nach sich ziehen dürfe [2]. Im Ergebnis ist der Auffassung, daß § 138 III ohne Einschränkung auch im Verfahren omV anwendbar sei, der Vorzug zu geben.

Entgegen de Boor [3] resultiert die Vorschrift des § 138 III nicht aus der Gewährung "aktiven rechtlichen Gehörs" in der mV, sondern aus der Verhandlungsmaxime. Danach fällt der Hauptanteil der Beibringung des Streitstoffes den Parteien zu [4]. Den Parteien obliegt insoweit eine L a s t , sich auf das gegnerische Vorbringen zu erklären (§ 138 II) [5]. Äußert sich dagegen eine Partei zu einer bestimmten Behauptung gegebenenfalls nicht, wäre der Streitstoff nicht hinreichend geklärt, so daß mangels Entscheidungsreife keine Entscheidung ergehen könnte. Um aber den Fortgang des Prozesses infolge der Parteiherrschaft über den Streitstoff

---

1) Rosenberg-Schwab, aaO.
2) So wohl Stein-Jonas-Pohle, aaO.
3) Entsch.nLdA., S. 71 f.
4) Zum Umfang der Mitwirkung des Gerichts bei der Stoffsammlung siehe eingehend Stein-Jonas-Pohle, § 139 Anm. II; Rosenberg-Schwab, § 78 II 3 (S. 371 ff.).
5) Siehe dazu eingehend Stein-Jonas-Pohle, § 138 Anm. II 1; Rosenberg-Schwab, § 117 I 2 (S. 579). - Es besteht keine eigentliche Erklärungs-"pflicht". Sachlich handelt es sich um eine "Last" der Parteien. Deren Verhalten bestimmt die Vollständigkeit des Streitstoffes, jedoch mit der Maßgabe, daß das Gesetz im Falle der Untätigkeit der Parteien dieses Verhalten zwar nicht mißbilligt, indem es bestraft, sondern um die Erreichung des Prozeßzieles nicht zu gefährden, im Untätigkeitsfall einen Rechtsnachteil androht und die Partei somit zwingt, sich zu erklären, wenn sie nicht will, daß die Behauptung des Gegners ohne Prüfung der Wahrheit dem Urteil zugrundegelegt wird. Siehe zur Erklärungs-"last" der Parteien eingehend Lent, ZZP 67, 350 f.; Blomeyer, ZPR, § 30 VII 2 (S. 144 ff.).

nicht in Frage zu stellen, unterstellt das Gesetz, daß die betreffende Tatsache zugestanden sei. In diesen Fällen erweitert sich auch nicht die Fragepflicht des Gerichts [1]. Diese beschränkt sich vielmehr auf eine ergänzende Aufklärung [2]. Das Gericht muß daher gemäß § 138 III die Behauptung, die ohne Gegenerklärung geblieben ist, wie eine unstreitige Tatsache behandeln.

§ 138 III ist somit eine Bestimmung, die ihre Grundlage in dem Beibringungsgrundsatz findet [3]. Dieses Verfahrensprinzip gilt im Verfahren omV ohne jede Einschränkung fort [4], weil dieses durch den Fortfall der Mündlichkeit nicht berührt wird. Es sind deshalb keine Gründe ersichtlich, die der Anwendung des § 138 III als Folgesatz der Verhandlungsmaxime im Verfahren omV entgegenstünden. Für die Frage der Herrschaft über den Prozeßstoff kommt es nicht darauf an, in welcher Form die Parteien das Streitmaterial dem Gericht unterbreiten müssen. Die Erklärungslast auf das gegnerische Vorbringen [5] entfällt insbesondere nicht etwa deshalb, weil der Streitstoff nicht mündlich erörtert wird. Denn sowohl im mündlichen wie im Verfahren omV kennen die Parteien ihre prozessualen Lasten. Im Gegensatz zum mündlichen verlangt aber das Verfahren omV von den Parteien eine gesteigerte Aufmerksamkeit beim Studium der gegnerischen und bei der Abfassung der eigenen Schriftsätze, weil diese zur essentiellen Entscheidungsgrundlage werden können, wenn das Gericht aufgrund eines Parteieneinverständnisses ein Verfahren omV anordnen sollte. Dann würde die Gelegenheit einer Ergänzung des lediglich vorbereitenden schriftlichen Vorbringens in einem Termin zur mV fortfallen. Damit müssen aber die Parteien als Folge ihres Einverständnisses rechnen. Es besteht daher kein Anlaß, von den Parteien entsprechend ihren prozessualen Lasten zu verlangen, daß sie sich auch

1) Die Fragepflicht setzt lediglich in Zweifelsfällen ein; unklar Stein-Jonas-Pohle, § 138 Anm. II 3. Wie hier Baumbach-Lauterbach, § 138 Anm. 4 b; Thomas-Putzo, § 138 Anm. III 1 a bb; Rosenberg-Schwab, § 117 I 2 (S. 579).
2) Siehe die Nachweise in Fußn. 2 auf S. 267.
3) Vgl. auch Pagenstecher, Rechtskraft, S. 251 ff.
4) Siehe oben S. 19.
5) Siehe oben S. 270 Fußn. 5.

im Verfahren omV auf Behauptungen der Gegenseite vollständig erklären (§ 138 II), wenn sie vermeiden wollen, daß die betreffenden Behauptungen von dem Gericht als unstreitig angesehen werden (§ 138 III).

Es kann auch keinen Unterschied machen, ob es sich um Schriftsätze handelt, die die Parteien vor oder nach Erklärung des Einverständnisses eingereicht haben . Entscheidend ist das Bewußtsein der Parteien von der Erheblichkeit des schriftlichen Vorbringens. Das ist nicht auf die nach Abgabe der Einverständniserklärungen eingehenden Schriftsätze beschränkt [1]. Wenn die Parteien ihr Einverständnis gemäß § 128 II erklärt haben, müssen sie, weil auch das bisher eingereichte Schriftmaterial, soweit es nicht durch eine mV überholt ist, d.h., durch mündlichen Vortrag in den Prozeß eingeführt ist, omV zur Entscheidungsgrundlage wird, dafür Sorge tragen, daß sie ihren Vortrag gegebenenfalls so ergänzen, wie sie dies in einer mV getan hätten. Dazu gehört u.a. auch, daß sie sich, soweit es bis dahin versäumt worden ist, auf solche schriftlichen Behauptungen des Gegners erklären, die in einem dem Einverständnis vorangegangenen Schriftstück enthalten sind [2].

Die Anwendbarkeit des § 138 III im Verfahren omV bedingt auch nicht, wie Lay [3] meint, eine gesteigerte Aufklärungspflicht in dem Sinne, als das Gericht immer dann, wenn auf eine Behauptung keine Äußerungen des Gegners vorliegen, zunächst von seiner Fragepflicht gemäß § 139 Gebrauch machen müsse, ehe es die Behauptung als zugestanden ansehen dürfe. So wenig wie im mündlichen setzt auch im Verfahren omV die Fiktion eines Geständnisses gemäß § 138 III nicht voraus, daß das Gericht eine Aufklärung im Hinblick auf die betreffende Behauptung versucht hat [4]. Nur wenn die Gesamtheit der Äußerungen Zweifel an dem Willen der Parteien entstehen

---

1) Anders aber Stein-Jonas-Pohle, § 128 Anm. X 2 b und 3 c; Rosenberg-Schwab, § 110 V 1 b (S. 549).
2) Im Ergebnis ebenso Münzel, S. 87.
3) S. 86 f.
4) Siehe oben S. 271 Fußn. 1.

lassen, ob insbesondere eine Behauptung bestritten werden soll oder nicht, muß das Gericht gemäß § 139 aufzuklären versuchen [1]. Eine entsprechende Sachlage ist im Verfahren omV insbesondere nicht schon dann gegeben, wenn auf einen Schriftsatz, der die betreffende Behauptung enthält, kein Erwiderungsschriftsatz eingeht [2]. In dieser Verfahrenssituation darf das Gericht in Ansehung des § 138 III unter der Voraussetzung, daß die Partei ausreichende Gelegenheit zur Gegenäußerung [3] hatte, ohne weiteres unterstellen, daß die betreffende Partei sich darauf nicht zu äußern gedenkt und somit davon ausgegangen werden kann, daß die Behauptung des Gegners in dessen letztem Schriftsatz nicht bestritten werden soll. Dies gilt erst recht, wenn die Partei, von der man eine Äußerung auf eine gegnerische Behauptung erwarten muß, noch einen Schriftsatz einreicht, ohne darin zu der betreffenden Behauptung Stellung zu nehmen.

Zusammenfassend ergibt sich, daß § 138 III ohne Einschränkung auch im Verfahren omV Anwendung findet.

Die Frage nach der sachlichen Entscheidungsreife im Verfahren omV unterliegt somit keinen Besonderheiten. Es ist lediglich zu bedenken, daß in den Fällen, in denen die richterliche Fragepflicht eingreifen muß, um die Entscheidungsreife herbeizuführen, sehr sorgfältig zu prüfen sein wird, ob ein Verfahren omV zweckmäßig ist. Denn eine "schriftliche" Aufklärungstätigkeit gestaltet sich zwangsläufig schwieriger und umständlicher. Ein unzureichend geklärter Sach- und Streitstand wird daher häufig Anlaß sein, zum mündlichen Verfahren zurückzukehren.

Weiter können in einem gemischt mündlich-schriftlichen Ver-

---

1) Vgl. für das mündliche Verfahren Stein-Jonas-Pohle, § 138 Anm. II 3.
2) Im Ergebnis ebenso Münzel, S. 87. Anders dagegen die wohl hM.; siehe Goldschmidt, Zivilprozeßrecht, § 57, 2 (S. 182); ders., Neue ZPO, Anhang 4, § 7 EntlVO Anm. 6; Nikisch, § 78 II 2 (S. 307); Reinberger, Recht 1924, 482.
3) Das ist eine Frage der prozessualen Entscheidungsreife, siehe oben S. 261.

fahren im Zusammenhang mit der Prüfung, ob der Rechtsstreit sachlich entscheidungsreif ist, besondere Schwierigkeiten auftreten, wenn das erkennende Gericht dem mündlichen Teil des Verfahrens nicht beigewohnt hat. In diesen Fällen kann der betreffende Richter nicht wissen, ob der Prozeßstoff, wie er sich aus den Akten ergibt, auch tatsächlich erschöpfend ist oder ob nicht die Parteien daneben erhebliche, aus den Akten nicht ersichtliche, mündliche Erklärungen abgegeben haben. Wie sich das Gericht bei dieser Sachlage, die praktisch nur für den Einzelrichter bedeutsam wird, weil das amtliche Wissen eines oder der übrigen an der mV beteiligten Mitglieder eines Kollegiums ausreichend ist, um den mündlichen Prozeßstoff bei der Entscheidung zu verwerten [1)2)], zu verhalten hat, ergibt sich aus dem Begriff der "Vollständigkeit", auf den sich die Prüfung des Gerichts erstreckt und der oben näher dargelegt worden ist [3)]. Danach ist der Prozeßstoff vollständig, wenn das Gericht in dem Tatsachenvorbringen der Parteien keine Lücken erkennt, die es im Rahmen seiner Mitwirkungspflicht bei der Stoffsammlung (§ 139) zu beheben versuchen müßte [4)]. Ist letzteres nicht der Fall, steht dem Erlaß einer Entscheidung nichts im Wege. Das gilt auch dann, wenn der Richter mündlichen Vortrag nicht berücksichtigen kann, weil er diesen nicht kennt. Es ist grundsätzlich die Last der Parteien, dafür Sorge zu tragen, daß dem erkennenden Gericht der gesamte Streitstoff gegenwärtig ist. Sie müssen daher solchen Prozeßstoff, der infolge Richterwechsels unverwertbar werden oder, was dem praktisch gleichsteht, wegen eines längeren Zeitraumes zwischen der mV und der Entscheidung verloren gehen könnte, akten-

---

1) Siehe oben S. 253.
2) Die Situation, daß Streitstoff nicht aktenkundig ist, tritt ohnehin im Kollegialgerichtsprozeß seltener auf, weil die Parteien die Verhandlung schriftsätzlich vorbereiten müssen (§ 129).
3) Siehe oben S. 267 f.
4) Siehe oben S. 208 f.

kundig machen [1]. Versäumten die Parteien dies, braucht der Richter keine weiteren Nachforschungen anzustellen, ob in der mV, an der er nicht teilgenommen hat, Tatsachen erörtert worden sind, die nicht aus den Akten ersichtlich sind, es sei denn, daß sich konkrete Anhaltspunkte ergeben, die auf ein Parteivorbringen schließen lassen, das weder schriftsätzlich vorgetragen noch in das Verhandlungsprotokoll aufgenommen worden ist, das jedoch Gegenstand der mV gewesen sein muß. In diesem Falle muß das Gericht im Interesse einer wahrheitsgerechten Entscheidung die Parteien auffordern, den betreffenden rein mündlichen Vortrag schriftsätzlich zu wiederholen. Erst dann ist die für eine Entscheidung im Verfahren omV notwendige Entscheidungsreife gegeben, ohne daß es allerdings darauf ankäme, ob die Parteien der Aufforderung nachkommen. Denn wenn sich die Parteien nicht äußerten, würde das Gericht davon auszugehen haben, daß auf die Berücksichtigung der betreffenden mündlich vorgetragenen Tatsachen kein Wert gelegt würde. Im Zweifel sollte das Gericht, wie überhaupt in allen Fällen, in denen der Sachverhalt aufklärungsbedürftig ist, auch hier zum mündlichen Verfahren zurückkehren, weil die mV in der Regel schneller und einfacher zu der notwendigen Aufklärung des Sachverhalts führen wird, als ein umständlicher Austausch von Schriftsätzen und schriftlichen Verfügungen des Gerichts im Rahmen einer schriftlichen Verhandlung.

---

1) Es empfiehlt sich daher, insbesondere wenn ein Verfahren omV beabsichtigt ist, den rein mündlichen Vortrag in das Verhandlungsprotokoll aufnehmen zu lassen (vgl. auch §§ 298, 510 a). Die Verwertung dieses Vorbringes wäre dann sichergestellt, auch wenn ein Richter die Entscheidung fällen sollte, der der mV nicht beigewohnt hat. Denn § 309 findet im Verfahren omV keine Anwendung (siehe oben S. 37 ). Auch sonst bestehen unter dem Gesichtspunkt der Unmittelbarkeit keine Bedenken gegen eine Verwertung des betreffenden Vorbringes, weil die amtliche Niederlegung des Parteivorbringens eine ausreichende Gewähr dafür bietet, daß der Protokollinhalt die Erklärungen der Parteien richtig und vollständig wiedergibt.

## § 13 Die Entscheidungen im besonderen

### I. Die Arten der im Verfahren omV zulässigen Entscheidungen

Sind alle Voraussetzungen für ein Verfahren omV gegeben, und ist der Rechtsstreit in irgendeiner Beziehung entscheidungsreif, kann das Gericht endlich eine sog. schriftliche Entscheidung [1] treffen. Grundsätzlich ist jede Entscheidung möglich, die die Prozeßlage zuläßt [2]. Demnach kann ein End-, Zwischen- oder Teilurteil, insbesondere auch ein Anerkenntnis und Verzichtsurteil (§§ 307, 306) ergehen. Daß ein Anerkenntnis oder Verzicht im Verlaufe einer schriftlichen Verhandlung trotz der Regelungen in §§ 306, 307 dieselbe Wirkung hat wie die entsprechenden mündlichen Erklärungen in einer mV, ist bereits dargelegt worden [3]. Wenn daher die übrigen Voraussetzungen einer entsprechenden Entscheidung gegeben sind, bestehen gegen den Erlaß eines Anerkenntnis- oder Verzichtsurteils im Verfahren omV keine Bedenken [4]. Für dieses Urteilsverfahren eignet sich das Verfahren omV in besonderem Maße, weil die betreffenden Parteierklärungen regelmäßig eine reine Formsache sind und daher ein Erscheinen in einem Termin zur mV entbehrlich machen. Entsprechend dem Zweck des § 128 II und dem allgemeinen Prozeßziel kann auf diese Weise das Verfahren für Parteien und Gericht ein-

---

1) Diese Bezeichnung für das Verfahren gemäß § 128 II, die in der Praxis gebräuchlich ist ("... im Wege schriftlicher Entscheidung..." o.ä.) ist ungenau. Sie trifft nicht das Wesen dieser Bestimmung, die keine "Entscheidung omV", sondern ein "Verfahren omV" eröffnet; siehe Bötticher, MDR 1959, 567; Bull, JR 1961, 148.

2) Rosenberg-Schwab, § 110 IV 3 (S. 548); Zscherlich, S.52.

3) Siehe oben S. 240.

4) So ausdrücklich Lucas. § 23 a Anm. 2; Volkmar, BeschlVO, § 23 a EntlVO Anm. 5 (Abs. 4); Nikisch, § 78 III 1 (S. 308) unter Bezugnahme auf § 77 III 1 (305); de Boor, Entsch.nLdA., S. 68; Münzel, S. 109.
Wenn auch - insbesondere - in den neuen Kommentaren kein entsprechender Hinweis enthalten ist, kann man die Übereinstimmung mit der hier vertretenen Meinung aus der Tatsache schließen, daß Anerkenntnis und Verzicht ausnahmslos die Wirkungen i.S. einer Erklärung gemäß §§ 306, 307 beigemessen werden (vgl. oben S. 240 Fußn.4,5. Dies wäre wenig sinnvoll, wenn man nicht auch eine entsprechende Entscheidung für zulässig erachtete.

fach und schleunig beendet werden [1].

Eine Ausnahme von dem Satz, daß im Verfahren omV grundsätzliche jede Entscheidung ergehen kann, ist für die Säumnisentscheidungen zu machen, §§ 330 ff., 251 a, 331 a. Es ist bereits ausführlich dargelegt worden, daß es im Verfahren omV wegen der Besonderheiten des Schriftlichkeitsprinzips ein Versäumnisurteil aufgrund der §§ 330 ff. nicht gibt [2]. Entsprechendes gilt im Ergebnis für die Aktenlageentscheidungen gemäß §§ 331 a, 251 a [3]. Auch diese Verfahrensarten knüpfen ihre Wirkungen im wesentlichen an ein Nichterscheinen im Termin zur mV. Sie sind deshalb ebenso wie die Säumnisvorschriften Ausfluß des Mündlichkeitsprinzips. Sie lassen sich nicht auf das Schriftverfahren übertragen [4]. Im übrigen streben die Aktenlageentscheidungen wie das Verfahren omV eine Beschleunigung des Prozeßganges unter Aufhebung der Mündlichkeit an. Es kann daher nur die eine oder die andere Verfahrensart, Aktenlage- oder Verfahren omV, der zweckentsprechenden Erreichung des Prozeßzieles dienen. Eine Entscheidung nach Lage der Akten kommt daher im Verfahren omV nicht in Betracht.

Schließlich sind im Verfahren omV grundsätzlich sämtliche Arten von Beschlüssen und richterlichen Verfügungen zulässig, soweit sie in einer schriftlichen Verhandlung denkbar sind.

---

1) Vgl. de Boor, Entsch.nLdA., S. 68; Münzel, S. 109.
2) Siehe oben S. 164 ff.
3) Stein-Jonas-Pohle, § 128 Anm. X 2 b; Wieczorek, § 128 J II d 2; de Boor, Entsch.nLdA., S. 28; a.A. unzutreffend Sauerländer, LZ 1924, 225.
4) Siehe dazu näher oben S. 164 f.; die dortigen Ausführungen gelten für die Aktenlageentscheidungen entsprechend.

## II. Die "Entscheidungen" i.S. des § 128 II ZPO

### 1. Voraussetzungen

Nach hM. [1] deckt ein Einverständnis der Parteien gemäß § 128 II lediglich eine einzige, und zwar die auf die übereinstimmenden Erklärungen folgende Entscheidung des Gerichts. Demgegenüber wird zwar auch die Ansicht vertreten, daß das Einverständnis sich auf alle folgenden Entscheidungen derselben Instanz erstrecke [2] oder zumindest auf das gesamte Verfahren bis zum Endurteil bezogen werden könne [3]. Diese Mindermeinung findet jedoch im Gesetz keine Stütze. Im Gegenteil entspricht es allein dem Willen der Schöpfer des Verfahrens omV, daß das Einverständnis durch die nächstfolgende Entscheidung verbraucht wird [4] und jedes weitere Verfahren in schriftlicher Form ein neues Einverständnis voraussetzt. Trotz mehrfacher Änderungen der gesetzlichen Regelung des Verfahrens omV ist nicht ersichtlich, daß die ursprüngliche Gestaltung

---

1) BGHZ 17, 118 (123); RG, JW 1932, 646; KG, JW 1928, 2156; Baumbach-Lauterbach, § 128 Anm. 5 C; Thomas-Putzo, § 128 Anm. IX 2; Zöller-Stephan, § 128 Anm. III (Abs. 2 vor 1); Blomeyer, ZPR, § 56 I 2 (S. 271); Nikisch, § 78 II 1 (S. 307); Rosenberg-Schwab, § 110 III 5 (S. 547); Späth, S. 125.
Aus der älteren Literatur: Goldschmidt, Neue ZPO, Anhang 4, § 7 EntlVO Anm. 3; Kann, ZPO, § 7 EntlBek. Anm. 1 b; Lucas. § 23 a Anm. 4; Seuffert-Walsmann, Anhang zu § 128, § 7 EntlVO Anm. 2; Sydow-Busch-Krantz-Triebel, Anhang I, § 7 EntlBek. Anm. 2; Trendelenburg, BundesratsVO, § 23 Anm. 2; ders., JW 1915, 1071; Volkmar, BeschlVO, § 23 a EntlVO Anm. 3; ders., JW 1924, 18; de Boor, Entsch.nLdA., S. 22; Cremer, S. 74; Münzel, S. 43; Sonnen, Das neue ZPrR, S. 38; Stürmer, S. 34; Heilberg, JW 1915, 1516 (unter Nr. 5 zu § 23); Neumiller, BayRpflZ 1915, 315; Reinberger, Recht 1924, 75.

2) Späth, S. 264; Bull, JR 1961, 248; Fischer, JW 1926, 2156. Vgl. de lege ferenda den Bericht 1961, S. 177 f. Die Kommission geht auf der Grundlage des geltenden Rechts von der Wirkung des Einverständnisses nur für "eine" Entscheidung aus. Sie schlägt jedoch vor, aus Zweckmäßigkeitserwägungen das Einverständnis unter der Voraussetzung einer Widerrufsmöglichkeit auf die gesamte Instanz zu beziehen. Anders dagegen die Beschleunigungsnovelle 1970, die an der ursprünglichen Regelung festhält.

3) Wieczorek, § 128 J II c 3; Grunsky, S. 188 f.; Schönke-Kuchinke, § 8 IV 5 a (S. 39).

4) So insbesondere die amtliche Begründung zu § 23 BundesratsVO; siehe auch Volkmar, BeschlVO, § 23 a EntlVO Anm. 3.

dieses Verfahrens insoweit eine Erweiterung erfahren hat. Somit folgt aus der Entstehungsgeschichte des § 128 II, daß die in dieser Bestimmung enthaltene Formulierung e i n e Entscheidung wörtlich zu nehmen ist [1].

Entgegen der Meinung von Bull [2] führt die hier vertretene Auffassung von der beschränkten Wirkung des Einverständnisses auf die nächstfolgende Entscheidung nicht dazu, daß es sich bei § 128 II nicht um ein schriftliches "Verfahren", sondern lediglich um eine schriftliche "Entscheidung" handele und daß deshalb der Standort des § 128 II falsch gewählt sei, dieser vielmehr bei § 310 zu suchen wäre. Diese Argumentation ist nicht zwingend. Wesentlich ist vielmehr, daß einer Entscheidung gemäß § 128 II ein echtes Verfahren vorausgeht. Dafür kann nicht entscheidend sein, ob das betreffende Verfahren in der schriftlichen Form jeweils nur bis zur nächsten Entscheidung reicht.

Auch der von Wiecorek [3], Grunsky [4] und Schönke-Kuchinke [5] vertretenen Ansicht, daß das Einverständnis sich zwar grundsätzlich auf die nächste Entscheidung beziehe, es jedoch im Belieben der Parteien stehe, vorab auf die Mündlichkeit für das gesamte Verfahren bis zum Endurteil zu verzichten, kann nicht gefolgt werden. Gilt schon - wie gezeigt - das Einverständnis nach der Entstehungsgeschichte des Verfahrens omV nicht über die nächste Entscheidung hinaus, widerspräche es darüber hinaus dem Ausnahmecharakter des Verfahrens omV, wenn die Parteien von vornherein für alle Fälle auf die Mündlichkeit verzichten könnten, wo immer eine mV notwendig

---

1) Volkmar, aaO.; dagegen insbesondere Fischer, JW 1928, 2156.
2) JR 1961, 148.
3) § 128 J II c 3.
4) S. 188 f.
5) § 8 IV 5 a (S. 39).

würde [1].

Bezieht sich somit das Einverständnis jeweils nur auf die nächste Entscheidung, so ist im folgenden zu untersuchen, welche Arten von Entscheidungen des Gerichts das Einverständnis verbrauchen. Dazu gehören sämtliche Endentscheidungen [2] sowie diejenigen Entscheidungen im Verlauf eines Prozesses, die das Streitverhältnis in der Sache betreffen [3] oder die Endentscheidung wesentlich vorbereiten oder fördern [4]. Diese Voraussetzungen für eine Entscheidung i.S. des § 128 II beruhen auf der Überlegung, daß einerseits das Verfahren omV in seiner Praktikabilität nicht dadurch erheblich eingeschränkt werden dürfe, daß unwesentliche Nebenentscheidungen durch den Verbrauch des Einverständnisses das Verfahren unsinnigerweise vorzeitig beenden [5]. Andererseits sollen nicht nur Endentscheidungen zum Verbrauch des Einverständnisses führen, um nicht einem reinen grenzenlosen Schriftprozeß zum Einzug in die ZPO zu verhelfen und damit das Wesen des Verfahrens omV als Ausnahme von dem beherrschenden Mündlichkeitsprinzip in Frage zu stellen.

2. Einzelne Entscheidungen

a. Urteile und Beschlüsse allgemein

Konsumieren somit sämtliche Urteile als sog. Endentscheidungen das Einverständnis, bedarf es hingegen bei den Beschlüssen

1) Die hier vertretene Auffassung kann auch nicht mit dem Hinweis widerlegt werden, daß infolgedessen nicht z.B. ein Teilurteil und gleichzeitig ein Beschluß über den übrigen Verfahrensteil ergehen könnte (so Bull, JR 1961, 248). Dieser Schluß ist insofern unrichtig, als sich das Einverständnis auf den gesamten Sach- und Streitstand bezieht. Das bedeutet, daß, wenn ein Teilurteil ergeht, das Einverständnis nur im Hinblick auf den durch diese Entscheidung aufgezehrten Teil des Prozesses verbraucht ist. Dagegen kann über den noch nicht abgeurteilten Teil solange omV entschieden werden, bis auch insoweit eine das Einverständnis aufzehrende Entscheidung ergeht.
2) Stein-Jonas-Pohle, § 128 Anm. IX 2; Rosenberg-Schwab, § 110 III 5 (S. 547); Gerold-Schmidt, § 35 Rdn. 4.
3) RG, JW 1932, 646; BGH, LM Nr. 3 zu § 407 BGB.
4) BGHZ 17, 118 (123); Baumbach-Lauterbach, § 128 Anm. 5 C; Stein-Jonas-Pohle, § 128 Anm. IX 2; Zöller-Stephan, § 128 Anm. B III vor 1; Gerold-Schmidt, § 35 Rdn. 4; Rosenberg-Schwab, § 110 III 5 (S. 547); Burkhardt, MDR 1957, 389.
5) Vgl. RG, JW 1932, 646.

und sonstigen richterlichen Zwischenentscheidungen, soweit sie nicht selbst die Endentscheidung darstellen [1], jeweils der Prüfung, ob diese die den Rechtsstreit abschließende Entscheidung sachlich vorbereiten. Hierbei kann es sich naturgemäß jeweils nur um solche Entscheidungen handeln, die nur aufgrund einer "notwendigen mV" ergehen können, was im Gegensatz zu den Urteilen bei Beschlüssen nicht immer der Fall ist. Ist hingegen die mV kraft gesetzlicher Bestimmung ohnehin fakultativ, bedarf es zu einer Entscheidung omV keines Parteieinverständnisses gemäß § 128 II [2]. Insoweit steht die Wahl der Verfahrensform schon kraft Gesetz im richterlichen Ermessen [3]. Es ergibt sich somit bei den folgenden Einzeluntersuchungen eine doppelte Fragestellung. Es wird zunächst zu prüfen sein, ob die betreffende gerichtliche Entscheidung nur aufgrund einer mV ergehen kann und bejahendenfalls, ob diese die Entscheidung sachlich vorbereitet.

b. Beweisbeschluß

Was zunächst den B e w e i s b e s c h l u ß (§ 358) angeht, so kann dieser nach einhelliger Meinung [4] mit Ausnahme der in § 360 geregelten Fälle [5] nur aufgrund einer mV ergehen. Dieser Ansicht ist zuzustimmen. Zwar enthält das Gesetz insoweit keine ausdrückliche Regelung. Es brauchen aber auch keine allgemeinen Grundsätze herzuhalten, weil schon ein Umkehrschluß aus § 360 Satz 2 die Notwendigkeit einer mV für den Erlaß eines Beweisbeschlusses ergibt. Da der Beweisbeschluß ohne weiteres auch die Endentscheidung

---

1) So z.B. ein Beschluß gemäß § 91 a.
2) Riedel-Corves-Sußbauer, § 35 Rdn. 7; Lay, S. 27.
3) Haben die Parteien gleichwohl ihr Einverständnis erklärt, so handelt es sich in dem Fall, daß omV entschieden wird, rechtlich nicht etwa um ein Verfahren gemäß § 128 II, sondern um ein echtes fakultativ-mündliches Verfahren.
4) BGHZ 31, 210 (214); KG, Büro 1965, 720; LAG Düsseldorf, AP Nr. 1 zu § 158 GVG; Rosenberg-Schwab, § 119 III 1 (S. 594); Fezer, S. 70 f.; Heinsheimer, Der neue ZP, S. 32; Kuhnke, DR 1940, 182.
5) Vgl. Heinsheimer, Der neue ZP, S. 32 Fußn. 1.

wesentlich sachlich vorbereitet, ist mit der hM. [1] davon auszugehen, daß er das Einverständnis der Parteien verbraucht.

c. Verweisungsbeschluß gemäß § 270 ZPO

Nach der überwiegenden Meinung in Rechtsprechung und Lehre [2] kann auch ein V e r w e i s u n g s b e s c h l u ß wegen örtlicher oder sachlicher Unzuständigkeit (§ 276) nur aufgrund einer mV ergehen. Ob diese Ansicht zutreffend ist, soll im folgenden näher untersucht werden.

Über die Notwendigkeit einer vorangehenden mV besteht bei einer Reihe richterlicher Entscheidungen - mit Ausnahme der Urteile - heftiger Streit [3]. Das ist darauf zurückzuführen, daß die ZPO angesichts ihrer kasuistischen Einzelregelungen ein zwiespältiges Bild bietet. Man kann weder sagen, daß Ausnahmen von der Generalklausel des § 128 I im Gesetz bestimmt sein müssen [4], noch kann man argumentieren, daß in den nichtgeregelten Fällen die Frage der Notwendigkeit einer mV allein nach Zweckmäßigkeitserwägungen zu entscheiden sei [5]. Beide Auffassungen finden im Gesetz keine Stütze.

---

1) BGHZ 31, 210 (214); Stein-Jonas-Pohle, § 128 Anm. IX 2; Gerold-Schmidt, § 35 Rdn. 4; Goldschmidt, Neue ZPO, Anhang 4, § 7 EntlVO Anm. 3; Zöller-Stephan, § 128 Anm. III B (2. Absatz); Lucas, § 23 a Anm. 4; Volkmar, BeschlVO, § 23 a EntlBek. Anm. 3; Püschel, JR 1925, 874; Volkmar, JW 1925, 707 f.

2) RGZ 121, 20 (22); BGHZ 1, 341 f.; OLG Düsseldorf, JW 1927, 406; JW 1938, 1188; KG, BBl. 1930, 82; Gerold - Schmidt, § 35 Rdn. 4; Lauterbach, § 35 Anm. 2 D; Riedel-Corves-Sußbauer, § 35 Anm. 8; Seuffert-Walsmann, § 276 Anm. 1 b; Thomas-Putzo, § 276 Anm. 3; Wieczorek, § 276 B III; Rosenberg-Schwab, § 81 I 1 a (S. 381); Lay, S. 31; einschränkend Stein-Jonas-Schumann-Leipold, § 276 Anm. III 1 (grundsätzlich); a.A. Baumbach-Lauterbach, § 276 Anm. 2 D.

3) Vgl. dazu die nachfolgenden Untersuchungen zu den einzelnen Entscheidungsarten und die dortigen Nachweise.

4) Baumbach-Lauterbach, Übers. vor § 128 Anm. 1 B; Thomas-Putzo, § 128 Anm. II 1 b; Stein-Jonas-Pohle, § 128 Anm. II 3 d; Meiss, S. 507; Fezer, S. 64; im Ergebnis auch Rosenberg-Schwab, § 81 I 1 a Abs. 4 (S. 381), wenngleich es daselbst in Abs. 2 heißt: "Ausnahmen müssen im Gesetz bestimmt sein ...".

5) Ebenso Stein-Jonas-Pohle, aaO.; Fezer, S. 64 f.

Vielmehr ist zu berücksichtigen, daß das Gesetz ursprünglich eine geschlossene Regelung enthielt, wann eine mV stattzufinden hatte und wann nicht. Erst die verschiedenen, nachträglich in die ZPO eingeführten Bestimmungen, die zu einem teilweisen Abbau der Mündlichkeit geführt haben, sind die Ursache dafür, daß keine klare Stellungnahme des Gesetzes mehr zu erkennen ist. Insbesondere unter Hinweis auf § 272 b wird behauptet, daß mit der Einführung dieser der Konzentration dienenden Vorschrift, die weit wichtigere Entscheidungen außerhalb der mV gestattet, das Mündlichkeitsprinzip wesentlich durchbrochen sei, so daß man insgesamt betrachtet bei Beschlüssen mit weniger bedeutsamer Tragweite nicht mehr an dem Erfordernis einer vorangegangenen mV festhalten könne [1]. Diese Auffassung bewertet jedoch die Bedeutung der Novelle vom 13. Februar 1924 über.

Das Mündlichkeitsprinzip bildet trotz der mehrfachen erheblichen Einschränkungen durch die Novellgesetzgebung nach wie vor den Kern unseres Zivilprozeßverfahrens [2]. Es ist deshalb grundsätzlich davon auszugehen, daß für sämtliche Entscheidungen des Gerichts die Generalklausel des § 128 I gilt, es sei denn, daß sich für eine bestimmte Entscheidung aus dem Gesetz etwas anderes ergibt. Letzteres ist aber nicht nur dann der Fall, wenn eine Vorschrift ausdrücklich bestimmt, daß die betreffende Entscheidung omV ergehen kann, sondern auch dann, wenn sich aus dem Zusammenhang mit anderen Bestimmungen der ZPO, die für gleichartige oder ähnliche Entscheidungen das Mündlichkeitsprinzip durchbrochen haben, eine Ausnahme von der Regel des § 128 I rechtfertigen läßt.

---

1) So für den Fall eines Trennungs- oder Verbindungsbeschlusses (§§ 145, 147) OLG Kiel, HRR 1929 Nr. 657; KG, JW 1937, 2465; ebenso im Ergebnis, jedoch ohne Begründung Baumbach-Lauterbach, § 145 Anm. 2 A und § 147 Anm. 2 A; Warneyer, ZPO, Anm. zu § 147; für den Fall des Aussetzungsbeschlusses (§§ 148 ff.) siehe OLG Kiel, HRR 1933 Nr. 1702; OLG München, NJW 1969, 2150; Stier, JZ 1960, 355.

2) Vgl. BGHZ 18, 61 f.; Rosenberg-Schwab, § 80 I 2 b (S. 378); Schönke-Schröder-Niese, § 9 I 4 d (S. 56); Blomeyer, Referate, S. 490; Cranz, DRiZ 1953, 41; Begründung zum Entwurf 1931, das. S. 313 f.; Allg.-Verfügung des RJM, DJ 1935, 1955 (unter III).

Dafür müssen im Zweifel, um das Mündlichkeitsprinzip nicht gänzlich auszuhöhlen, ganz besondere Gründe vorliegen [1].

Betrachtet man unter diesen Gesichtspunkten den Verweisungsbeschluß, so ergibt sich, daß für eine Abweichung von der Generalklausel des § 128 I keine Anhaltspunkte ersichtlich sind. Es muß demnach bei der Notwendigkeit der mV in diesem Falle verbleiben. Darüber hinaus ist der Verweisungsbeschluß auch als eine Entscheidung i.S. des § 128 II anzusehen. Er bereitet die Endentscheidung insofern sachlich vor, als der Rechtsstreit durch eine bindende Entscheidung an das zuständige [2] Gericht weitergeleitet wird [3].

d. Trennungs-, Verbindungs- und Aussetzungsbeschluß

Ein Beschluß über die T r e n n u n g oder V e r b i n d u n g von Prozessen (§§ 145, 147) kann nach richtiger Ansicht ebenfalls nicht omV ergehen, soweit nicht die Ausnahmebestimmungen der §§ 251 a, 331 a, 128 II eingreifen [4].

Aus den Vorschriften über die Verbindung und Trennung selbst ergeben sich keine Anhaltspunkte, die auf eine Ausnahme von dem Grundsatz des § 128 I schließen lassen. Man könnte allenfalls daran denken, im Hinblick auf § 272 b die Notwendigkeit einer mV bei Beschlüssen der vorliegenden Art zu verneinen. Dem § 272 b liegt der vordringliche Gedanke zugrunde, die Mündlichkeit zum Zwecke der Beschleunigung zu durchbrechen. Diese Vorschrift enthält auch keinen abschließenden Katalog der zulässigen richterlichen Maßnahmen, so daß eine Ergänzung

---

1) Vgl. ergänzend zu dem Vorstehenden die eingehenden und zutreffenden Ausführungen bei Fezer, S. 63 ff.
2) Zu dem Umfang der Bindungswirkung der Verweisung für das angewiesene Gericht siehe die eingehenden Erläuterungen bei Stein-Jonas-Schumann-Leipold, § 276 Anm. IV 2.
3) Im Ergebnis zutreffend Kann, ZPO, § 7 EntlBek. Anm. 4; ders., JW 1924, 384; Zöller-Stephan, § 128 Anm. B III (2. Absatz); Lay, S. 31; Münzel, S. 119..
4) RGZ 142, 255 (257); BGH, LM Nr. 1 zu §147 ZPO; OLG Hamburg, Rspr. 20, 331; Stein-Jonas-Pohle, § 145 Anm. III 2; Sydow-Busch-Krantz-Triebel, § 145 Anm. 1; Thomas-Putzo, § 145 Anm. I 1;Wieczorek, § 145 A I; Rosenberg-Schwab, § 81 I 1 a (S. 381); Fezer, S. 67; Lay, S. 31; Oertmann, S. 182 (mit zahlreichen Nachweisen).

in bezug auf die prozeßleitenden Anordnungen der Trennung und Verbindung nicht ausgeschlossen erscheint. Gleichwohl lassen die einzelnen Beispiele der Anordnungen in § 272 b (Aufforderung zur Tatsachenergänzung, Begutachtung durch Sachverständigen, Anordnung und Ausführung einer Augenscheinseinnahme, Ladung von Zeugen und Sachverständigen, Anordnung des persönlichen Erscheinens u.s.f.), die bis zur Einführung dieser Vorschrift im obligatorisch-mündlichen Verfahren regelmäßig einer vorangehenden mV bedurften, erkennen,daß es sich ausschließlich um Maßnahmen der "Darlegungs- und Beweisstation" handelt [1]. § 272 b kann daher in Anbetracht der gesetzlichen Begrenzung durch die beispielhafte Aufzählung nur durch solche nicht genannten Maßnahmen als ergänzungsfähig anerkannt werden, die in den Rahmen dieser Vorschrift passen, wie z.B. die Beiziehung von Akten desselben Gerichts, Niederlegung von Urkunden u.ä. [2]. Angesichts dieser Einschränkungen ist aber die Ausdehnung des § 272 b in diesem Sinne auf die Trennung und Verbindung von Prozessen unzulässig. Diese sind nicht in den genannten Katalog der Beispiele des § 272 b einzuordnen. Zusammenfassend ergibt sich daher, daß ein Trennungs- bzw. Verbindungsbeschluß gemäß §§ 145, 147 allein aufgrund einer mV ergehen kann.

Ähnlich liegt das Problem bei einem A u s s e t z u n g s - b e s c h l u ß gemäß §§ 148 ff. Auch hier herrscht um die

1) Vgl. Baur, ZZP 66, 214.
2) Vgl. Stein-Jonas-Schumann-Leipold, § 272 b III vor 1.

Notwendigkeit einer vorangegangenen mV heftiger Streit [1]. Wie in den Fällen der Verbindung und Trennung argumentiert man auch bei der Aussetzung mit der verminderten Geltung des Mündlichkeitsprinzips aufgrund der Novelle von 1924 [2] und folgert daraus die Entbehrlichkeit einer mV. Nach dieser Ansicht habe das Gesetz in weit bedeutenderen Fällen einen Verzicht auf Mündlichkeit konstatiert, so daß dies auch für Entscheidungen der vorliegenden Art gelten könne, zumal sich der Streitstand insoweit in aller Regel ohnehin vollständig aus den Akten ergebe [3] und eine mV deshalb überflüssig sei. Diese Gründe überzeugen nicht.

Es ist immer wieder zu betonen, daß die Mündlichkeit trotz aller erfahrenen Einschränkungen die bedeutende Grundmaxime unseres Verfahrensrechts für die Form der Streitverhandlung in bürgerlichen Rechtsstreitigkeiten geblieben ist (siehe § 128 I). Das Gesetz begnügt sich deshalb grundsätzlich nicht mit einem schriftlichen Vortrag. Den Schriftsätzen kommt lediglich ankündigender Charakter zu, der erst durch Vortrag in der mV zu maßgeblichem Prozeßstoff erwächst. Allein aufgrund dieses "erheblichen" Streitmaterials kann und darf sich dann das Gericht eine endgültige Vorstellung von dem Sachstand des Rechtsstreits bilden. Dementsprechend soll das Gericht auch erst aufgrund einer mündlichen Erörterung darüber urteilen dürfen, ob gegebenenfalls die Entscheidung des

---

1) Für die Notwendigkeit einer mV siehe RGZ 40, 373 (375); OLG Hamburg, Rspr. 23, 138 f.; KG, Rspr. 25, 137 (138); OLG Karlsruhe, Rspr. 27, 66; OLG Stuttgart, SeuffA 81 Nr. 58; LG Mönchengladbach, MDR 1960, 501; OLG Oldenburg, NJW 1969, 101 (speziell zu § 620 II); Förster-Kann, § 148 Anm. 4; Skonietzki-Gelpcke, § 148 Anm. 12; Zöller-Stephan, § 148 Anm. II 2; Rosenberg-Schwab, § 128 I 1 (S. 649); Fezer, S. 67; Lay, S. 31; Münzel, S. 119.
Anders dagegen RGZ 29, 383 ff.; OLG Kiel, HRR 1933 Nr. 1702; OLG München, NJW 1968, 2150; Baumbach-Lauterbach, § 148 Anm. 2 B; Thomas-Putzo, § 148 Anm. 2 (vor a); Wieczorek, § 148 E I; Goldschmidt, Zivilprozeßrecht, § 60, 2 c (S. 199); Nikisch, § 72 IV 1 (S. 283); Stier, JZ 1960, 355; Wenzel, ArbuR 1969, 177.
Einen vermittelnden Standpunkt nehmen Stein-Jonas-Pohle, § 148 Anm. II 3 und Sydow-Busch-Krantz-Triebel, § 148 Anm. 5 ein, indem sie grundsätzlich eine mV für erforderlich halten, mit Ausnahme des Falles, daß die Parteien übereinstimmend die Aussetzung beantragen.

2) So OLG Kiel, HRR 1933 Nr. 1702; OLG München, NJW 1968, 2150; Stier, JZ 1960, 355.

3) OLG Kiel, aaO.

Prozesses von dem Bestehen oder Nichtbestehen eines Rechtsverhältnisses, das Gegenstand eines anderen anhängigen Rechtsstreites ist, abhängt (§ 148), oder ob u.a. eine strafbare Handlung auf die zutreffende Entscheidung Einfluß haben kann (§ 149) [1].

Bestehen somit keine Anhaltspunkte, bei einem Aussetzungsbeschluß von dem Grundsatz der Mündlichkeit abzuweichen, könnte man doch erwägen, in entsprechender Anwendung der Vorschrift des § 248 II auf die Fälle der §§ 148 ff. auf die Notwendigkeit einer mV zu verzichten [2]. Diese Ansicht begegnet jedoch Bedenken.

Die unterschiedliche Regelung der Vorschriften der §§ 148 ff. und §§ 239 ff. insoweit ist nämlich nicht zufällig, so daß man vielleicht auf ein Versehen des Gesetzgebers schließen könnte. Zwar ergibt sich dies nicht bereits aus der verschiedenen Stellung der betreffenden Vorschriften [3]. Die Tatsache, daß die Vorschriften der §§ 239 ff. nicht wie die übrigen Aussetzungsfälle im Titel über die mündliche Verhandlung stehen, rechtfertigt nicht den Schluß, daß nicht auch innerhalb des Abschnittes über die mV Entscheidungen ohne eine solche ergehen könnten. Vielmehr zeigt eine vergleichende Betrachtung der verschiedenen Aussetzungsvorschriften, daß die §§ 239 ff. eine ganz andere Art von Aussetzungssachverhalten betreffen als die der §§ 148 ff. Während die Aussetzung im Todesfall (§ 239), bei Verlust der Prozeßfähigkeit (§ 241), der Nacherbfolge einer Partei (§ 242) sowie bei Verhinderung der Wahrnehmung der Parteirechte (§ 247) an tatsächliche außerprozessuale Umstände anknüpft, bedarf es in den Fällen der §§ 148 ff. (Abhängigkeit der vorliegenden Entscheidung von dem Ausgang bereits anhängiger Verfahren, z.B. eines Zivilrechtsstreites (§ 148), einem Strafverfahren (§ 149), einem Ehenichtigkeitsverfahren (§ 151), einer Ehelichkeitsan-

---

1) Vgl. Seuffert-Walsmann, § 148 Anm. 4.
2) So OLG München, NJW 1968, 2150; Wieczorek, § 148 E I; Goldschmidt, Zivilprozeßrecht, § 60,2 c (S. 199); Stier, JZ 1960, 355.
3) Insoweit zutreffend RGZ 29, 383 (385); Stier, JZ 1960, 355.

fechtung (§ 153) u.a. einer sachlich-rechtlichen Würdigung des Streitmaterials. Die besondere Regelung des § 248 II findet daher ihre Rechtfertigung in den unterschiedlichen Aussetzungstatbeständen [1]. Daraus ergibt sich nicht nur das Verbot einer analogen Anwendung des § 248 II [2], sondern im Gegenteil die Notwendigkeit einer mündlichen Verhandlung in den Fällen der §§ 148 ff., um damit aufgrund mündlicher Erörterung des Sach- und Streitstandes eine ausreichende sachliche Prüfung des Prozeßstandes durch das Gericht zu ermöglichen.

Auch der vermittelnden Ansicht, nach der die Notwendigkeit einer mV aufgrund eines entsprechenden übereinstimmenden Parteiantrages entfalle [3], kann nicht gefolgt werden. Für die Zulässigkeit einer Entscheidung omV aufgrund eines übereinstimmenden Parteiantrages gibt es im Gesetz keine Stütze. Hier bietet sich als die einzig mögliche Ausnahme, auf die mV zu verzichten, das Verfahren omV gemäß § 128 II an [4]. Zusammenfassend ergibt sich, daß ein Aussetzungsbeschluß gemäß §§ 148 ff. nur aufgrund mV ergehen kann.

Mit dieser Feststellung, die auch für die Verbindungs- und Trennungsbeschlüsse getroffen worden ist [5], erhebt sich nunmehr die Frage, ob diese Entscheidungen auch als solche im Sinne des § 128 II anzusehen sind, so daß sie das Einverständnis verbrauchen.

---

1) Im Ergebnis ebenso LG Mönchengladbach, MDR 1960, 501.
2) Im Ergebnis ebenso Stein-Jonas-Pohle, § 248 Anm. I (a.E.).
3) Stein-Jonas-Pohle, § 148 Anm. II 3; Sydow-Busch-Krantz-Triebel, § 148 Anm. 5; vgl. oben S. 286 Fußn. 1 a.E.
4) Die Auffassung von Stein-Jonas-Pohle, aaO., über die Entbehrlichkeit der notwendigen mV in den genannten Ausnahmefällen würde insoweit zu einer gänzlichen Prinziplosigkeit führen. Mag auch das Festhalten an der Mündlichkeit in dem einen oder anderen Falle unbequem und unzweckmäßig sein, so rechtfertigt dies nicht die - praktisch - willkürliche Nichtbeachtung dieses Grundsatzes. Die damit hervorgerufenen Gefahren wären unabsehbar. Zu welchen Mißverständnissen schon die Einführung des § 128 II und der Aktenlageentscheidung geführt haben, zeigen die vorstehenden Erörterungen im Text sowie die nicht unbeachtliche Zahl von Entscheidungen oberer Gerichte. Es würde daher bestimmt nicht zur Erleichterung des Rechtsschutzes der Parteien beitragen, wenn man die Unsicherheiten durch eine Durchlöcherung des Mündlichkeitsprinzips i.S. Stein-Jonas-Pohle's, aaO., noch erhöhte.
5) Siehe oben S. 285.

Während die Trennung eine bessere Übersichtlichkeit des Verfahrens und die Vermeidung einer Prozeßverschleppung [1], die Verbindung die Ersparnis von Arbeit und Kosten durch eine gemeinsame Verhandlung schaffen und dadurch das Verfahren sachlich vorbereiten und fördern, bedeutet auch die Aussetzung eine Förderung der Sache selbst. Die letztere soll wegen tatsächlicher und rechtlicher Beziehung zu anderen Rechtsstreitigkeiten und gegebenenfalls dazu dienen, deren Ergebnisse heranzuziehen. Damit wird die angestrebte Endentscheidung in der Sache wesentlich verbessert. Ungeachtet dessen erspart die Aussetzung den Parteien wie dem Gericht Mühe und Kosten mehrfacher gerichtlicher Prüfung derselben Sachfragen. Demnach erfüllen ein Aussetzungs- sowie ein Verbindungs- und Trennungsbeschluß jeweils die Voraussetzungen der sachlichen Vorbereitung bzw. Förderung des Rechtsstreits. Die entsprechenden Entscheidungen verbrauchen daher auch das Einverständnis gemäß § 128 II [2].

e. Aufklärungsbeschluß gemäß § 279 a ZPO

Heftig umstritten ist endlich die Frage, ob ein Aufklärungsbeschluß gemäß § 279 a das Einverständnis der Parteien ver-

---

1) Baumbach-Lauterbach § 145 Anm. 1.
2) Im Ergebnis ebenso Lay, S. 31; Münzel, S. 119.

braucht [1]. Dieses Problem ist für das Verfahren omV praktisch von so erheblicher Bedeutung, weil gerade die gerichtliche Aufforderung der Parteien zur Einreichung einer schriftlichen Erklärung unter Fristsetzung ein typisches Mittel des Schriftprozesses darstellt, um das Verfahren zu fördern und zu beschleunigen [2]. Es erscheint daher bei ober-

---

1) Bejahend KG, JW 1928, 2156; Goldschmidt, Neue ZPO, Anhang 4, § 7 EntlVO Anm. 3; ders., Zivilprozeßrecht, § 57 Nr. 2 (S. 182); Kann, ZPO, § 7 EntlBek. Anm. 1 B; Sydow-Busch-Krantz-Triebel, Anhang I, § 7 EntlBek. Anm. 2; Sonnen, Das neue ZPrR, S. 47; Münzel, S. 116 ff., 119; Delius, Recht 1924, 97; Püschel, JR 1925, 874 ff.
Im Ergebnis ebenso zu § 251 a Keidel, BayRpflZ 1924, 146; Reinberger, KGBl. 1925, 2; Rosenberg, Das neue ZPR, S. 73. Vgl. auch die hM. zum Kostenrecht, dergemäß der Aufklärungsbeschluß als Entscheidung i.S. des § 35 BRAGO ( darunter fällt auch § 128 II) angesehen wird mit der Folge, daß eine Verhandlungsgebühr entsteht; so zutreffend Gerold-Schmidt, § 35 Rdn. 4; Lauterbach, § 35 Anm. 2 D; Riedel-Corves-Sußbauer, § 35 Rdn. 9.
Der BGH hat sich zu dieser Frage noch nicht geäußert. Den Ausführungen in BGHZ 31, 210 ff. kann man jedenfalls insoweit keine klare Ansicht entnehmen. Nach Auffassung des BGH (aaO., S. 214 f.) verbraucht ein Auflagen- und Beweisbeschluß das Einverständnis der Parteien mit der Folge, daß eine erneute mV stattfinden muß. Die Entscheidung läßt aber nicht erkennen, welcher der Bestandteile des Beschlusses das Einverständnis konsumiert, also die Auflage zur Ergänzung des Parteivorbringens oder die Beweiserhebung. Nicht als "Entscheidung" i.S. des § 128 II wird der Aufklärungsbeschluß hingegen angesehen von Baumbach-Lauterbach, § 128 Anm. 5 C; Stein-Jonas-Pohle, § 128 Anm. IX 2; Thomas-Putzo, § 128 Anm. III 2 d; Wieczorek, § 128 J II c 8; Blomeyer, ZPR, § 56 I 2 (S. 271); Rosenberg-Schwab, § 110 III 5 (S. 547); Stein-Juncker, § 72 A VI 1 (S. 215); de Boor, Entsch.nLdA., S. 64, 66 f.; Lay, S. 31; Späth, S. 127; Zscherlich, S. 11; Fischer, JW 1928, 2156; Volkmar, JW 1925, 708.

2) De Boor, Entsch.nLdA., S. 92; ferner oben S. 100 f. Unzutreffend ist jedoch die Ansicht, daß ein Beschluß gemäß § 279 a die "einzige Form" wäre, in der das Gericht im Verfahren omV seine Fragepflicht erfüllen könne; so mißverständlich Stein-Jonas-Pohle, § 128 Anm. IX 2. Vielmehr kann das Gericht analog § 139 ohne Fristsetzung aufklärend tätig werden. Das ist im Grunde auch die Auffassung von Stein-Jonas-Pohle, § 139 Anm. VI. Ein Widerspruch zu dem Zitat in Anm. IX 2 zu § 128 ist nur scheinbar vorhanden. Stein-Jonas-Pohle wollten wohl an dieser Stelle lediglich zum Ausdruck bringen, daß § 279 a das allein "zweckmäßige" Aufklärungsmittel im Verfahren omV ist. Dem ist allerdings zuzustimmen, weil auf diese Weise die schriftliche Verhandlung in zeitlichen Grenzen gehalten und damit der Sinn des Verfahrens omV, nämlich eine Beschleunigung des Prozeßganges nicht durch einen langwierigen Austausch von Schriftsätzen vereitelt wird. Ähnlich de Boor, Entsch.nLdA., S. 66 f.; Stürmer, S. 35.

flächlicher Betrachtung widersinnig, eine derartige vom Gericht vorgesehene Maßnahme als eine das Verfahren omV beendende Entscheidung anzusehen. Dies bedarf jedoch einer eingehenden Untersuchung.

In Rechtsprechung und Lehre herrscht zunächst Streit, ob der Aufklärungsbeschluß gemäß § 279 a überhaupt eine mV voraussetzt [1]. Diese für das Hauptproblem einer "Entscheidung" i.S. des § 128 II ausschlaggebende Vorfrage, weil ohne die Notwendigkeit einer mV ein Verfahren omV überflüssig wäre, wird von einer gewichtigen Meinung aus folgenden Gründen verneint: Der Beschluß gemäß § 279 a sei eine prozeßleitende Anordnung, die lediglich die mündliche Streitverhandlung vorbereite. Sie sei hingegen keine Maßnahme, die das Ergebnis der Entscheidung vorwegnähme [2]. Die eigentliche "Entscheidung" falle insoweit erst in der Streitverhandlung selbst, wenn das Gericht über die Präklusion befinde [3]. Dieser Gedankengang liegt wohl auch denjenigen Auffassungen zugrunde, die

---

1) Bejahend LAG Düsseldorf, AP Nr. 1 zu § 158 GVG; Seuffert-Walsmann, § 279 a Anm. 2; Rosenberg-Schwab, § 78 II 3 a (S. 371); Sonnen, Das neue ZPrR, S. 72; Püschel, Einzelrichter, S. 114 f.; ders., JR 1925, 871; Reinberger, Recht 1924, 492; ders., KGBl. 1925, 1 ff. Wohl ebenso Goldschmidt, Neue ZPO, § 279 a Anm. 2, wenn er meint, daß ein Aufklärungsbeschluß auch omV, "also in den Fällen der §§ 251 a, 331 a und § 7 (23 a) EntlVO"ergehen könne. Dies kann nur heißen, daß eine Entscheidung i.S. des § 279 a außer in den im Gesetz vorgesehenen Fällen nur aufgrund einer mV erlassen werden kann. Zu Unrecht berufen sich daher Lay, S. 31 Fußn. 12,und Abraham, KGBl. 1924, 106,für ihre entgegengesetzte Auffassung auf Goldschmidt, aaO.
Vgl. auch das Kostenrecht. Hier wird übereinstimmend der Aufklärungsbeschluß als eine Entscheidung angesehen, die nur aufgrund mV ergehen könne; so Gerold-Schmidt, § 35 Rdn. 4; Lauterbach, § 35 Anm. 2 D; Riedel-Corves-Sußbauer, § 35 Rdn. 7 u. 9.
Gegen die Notwendigkeit einer mV: Baumbach-Lauterbach, § 279 a Anm. 3 A; Kann, ZPO, § 279 a Anm. 2; Lucas-Richter, Anm. zu § 279 a; Stein-Jonas-Schumann-Leipold, § 279 a Anm. III 2; Thomas-Putzo, § 279 a Anm. 1; Schönke-Schröder-Niese, § 8 I 2 (S. 50); de Boor, Entsch.nLdA., S. 66; Lay, S. 29 f.; Abraham, KGBl. 1924, 106; Levin, JW 1925, 1969; Volkmar, JW 1925, 708; ebenso § 236 II Nr. 1 des Entwurfes 1931 (§ 272 b II Nr. 1 ZPO), der die Streitfrage in diesem Sinne entschieden hat. Hiergegen im besonderen Reinberger, JR 1932, 89.

2) Volkmar, JW 1925, 707 f.

3) Volkmar, aaO.; Abraham, KGBl. 1924, 106.

die Aufklärungstätigkeit und die Fristsetzung zu § 279 a trennen und mit der Feststellung, daß keine dieser Maßnahmen allein, insbesondere nicht die Fristsetzung einer vorangehenden mV bedürfe, deren Notwendigkeit auch für den diese Maßnahmen verbindenden Beschluß gemäß § 279 a ausschließen [1].

Endlich ergebe sich die Entbehrlichkeit einer mV aus § 272 b. Diese Bestimmung durchbreche die Mündlichkeit, soweit es der Vorbereitung der Streitverhandlung zweckdienlich sei. Da die Maßnahmen in § 272 b keine abschließende Regelung enthielten, komme dieser Bestimmung eine Tragweite zu, die es gerechtfertigt erscheinen lasse, auch im Falle des § 279 a von der Notwendigkeit einer mV abzusehen [2].

Untersucht man die vorstehenden Argumente auf ihre Stichhaltigkeit, so ergibt sich zunächst aus dem Gesichtspunkt des Mündlichkeitsprinzips in der ZPO ein grundsätzliches Bedenken gegen das Ergebnis dieser Auffassung. Ohne sich dem Vorwurf eines "Mündlichkeitsfanatikers" aussetzen zu wollen, sollten Bestrebungen aufgehalten werden, die die gesetzgeberischen Maßnahmen, die einer übertriebenen Mündlichkeit entgegenwirken sollten, in einem Maße interpretieren, so daß man sich in gefährliche Nähe des Schriftprozesses begibt [3]. Das ist nicht der Sinn der Novellgesetzgebung gewesen. Betrachtet man den Streit um die Notwendigkeit einer mV zum Erlaß eines Trennungs-, Verbindungs- oder Aussetzungsbeschlusses und folgte man der darin zum

---

1) Vgl. Sydow-Busch-Krantz-Triebel, § 279 a Anm. 5; Schönke-Schröder-Niese, § 8 I 2 (S. 50).

2) Volkmar, JW 1925, 708.

3) Zutreffend weisen Stein-Jonas-Schumann-Leipold, § 279 a Anm. III 2, auf diese Gefahr hin, kommen aber gleichwohl zu dem Ergebnis, daß der Aufklärungsbeschluß keiner vorangehenden mV bedürfe. - Auch de Boor, Entsch.nLdA., S. 66 f., zeigt in seiner Begründung zu der Frage, ob der Aufklärungsbeschluß eine Entscheidung i.S. des § 128 II sei, eine bedenkliche Abkehr vom Mündlichkeitsprinzip und Tendenz zu einem reinen Schriftprozeß, wenn er in dem Aufklärungsbeschluß eine Maßnahme sieht, die ohnehin nicht recht in das mündliche Verfahren passe (aaO., S. 66) und deshalb im Verfahren omV nicht als Entscheidung angesehen werden könne.

Ausdruck kommenden Tendenz der Entbehrlichkeit der mV, so blieben praktisch als einzige Entscheidungen die Urteile und Beweisbeschlüsse übrig, die noch dem Grundsatz des § 128 I unterlägen. Wenn man darüber hinaus die Meinungen um den Aufklärungsbeschluß und die Notwendigkeit einer mV analysiert, so könnte man schließlich, wie sich noch zeigen wird, auch hinsichtlich des Beweisbeschlusses Zweifel bekommen, ob dieser eine mV voraussetzt [1]. Dann aber liegt die Frage, was von der Mündlichkeit unseres Zivilprozesses übrig bleibt, nicht fern. Demgegenüber erfordert eine rechtsstaatliche Rechtspflege Verfahrensgrundsätze, die den "Gleichklang der Prozesse" [2] gewährleisten. Eine Modifikation des Mündlichkeitsprinzips, wie sie die eben genannten Auffassungen heraufbeschwören, sind aber einem ordnungsgemäßen Verfahrensablauf abträglich. Man könnte unter diesen Voraussetzungen nur schwerlich noch von der Mündlichkeit als einem Prinzip der ZPO sprechen. Die Wahl der Form bei der Beschaffung der Verfahrensgrundlage läge mehr oder weniger im Ermessen des Gerichts. Dies wäre eine Folge, die nicht nur nicht wünschenswert wäre, sondern trotz der verschiedenen konkreten Einschränkungen im Einzelfall auch dem Grundgedanken der ZPO über die Verfahrensgrundsätze widerspräche.

Dies vorausgeschickt verlieren die einzelnen Argumente, die bei einem Aufklärungsbeschluß gemäß § 279 a zu der Entbehrlichkeit einer mV führen sollen, erheblich an Gewicht. Zunächst ist von dem mehrfach hervorgehobenen Grundsatz auszugehen, daß eine Entscheidung nur aufgrund mV ergehen kann, es sei denn, daß das Gesetz etwas anderes bestimmte [3]. Was insoweit die Zulässigkeit einer Abweichung von dem Grundsatz der Mündlichkeit (§ 128 I) betrifft, findet sich im Gesetz keine Stütze [4]. Die Gesetzessystematik deutet vielmehr auf das Gegenteil hin.

Betrachtet man zunächst die Stellung des § 279 a im Gesetz,

---

1) Siehe unten S. 298 f.
2) Baur, Freiwillige Gerichtsbarkeit, S. 161.
3) Siehe oben S. 283.
4) Ebenso Püschel, Einzelrichter, S. 114; Reinberger, KGBl. 1925, 2.

so ergibt sich daraus kein wesentlicher Anhaltspunkt. Zwar spricht nach dem Aufbau der §§ 253 ff. einiges für die Notwendigkeit einer mV [1]. So regeln die §§ 253, 271 zunächst die Klage, deren Voraussetzungen und Wirkungen. Die anschließenden Bestimmungen der §§ 272 ff. handeln von der mV, und zwar in den §§ 272, 272 a, 272 b von der Vorbereitung bzw. Ergänzung der mV. Mit §§ 273 ff. beginnen dann die Einzelregelungen über die mV selbst, zu denen schließlich auch § 279 a gehört. Allein läßt diese gesetzestechnische Einordnung des § 279 a nicht zwingend den Schluß zu, daß ein Beschluß gemäß § 279 a eine mV voraussetzt.

Aufschlußreich dagegen ist eine Gegenüberstellung des § 279 a mit der Vorschrift des § 356 [2]. Ein Vergleich dieser Bestimmungen läßt unschwer eine gewisse Ähnlichkeit erkennen. In beiden Verfahrenssituationen besteht eine Bedürfnislage. Im Falle des § 279 a fehlt es an einzelnen konkreten Tatsachen im Parteivortrag, im Falle des § 356 kann ein notwendiger Beweis mangesl Beweisantrittes nicht erhoben werden. In beiden Fällen sieht das Gesetz die Möglichkeit einer Ausschließungsfrist zur Beseitigung der Aufklärungs- bzw. Beweisbedürftigkeit vor. Im Gegensatz zu § 279 a aber hat der Gesetzgeber die Fristbestimmung in § 356 ausdrücklich von dem Erfordernis einer vorausgehenden mV ausgenommen (§ 356 Satz 2). Da § 279 a durch dieselbe Novelle 1924 [3] in die ZPO eingeführt worden ist, durch die § 356 mit dem hier in Rede stehenden Satz 2 versehen wurde, kann man nicht annehmen, daß die Unterlassung eines entsprechenden Zusatzes in § 279 a ein Versehen war. Im Gegenteil folgt daraus der Schluß, daß der Gesetzgeber im Falle des § 279 a eben auf die Notwendigkeit einer mV unter keinen Umständen verzichten wollte [4]. Schon aus diesem Grunde kann ein Aufklärungsbeschluß gemäß § 279 a nicht omV ergehen.

---

1) Siehe Reinberger, KBGl. 1925, 2.
2) Siehe eingehend und überzeugend Püschel, JR 1925, 872; Reinberger, KGBl. 1925, 2.
3) RGBl. 1924 I, S. 135.
4) Vgl. Püschel, Einzelrichter, S. 115.

Unter Berücksichtigung der klaren Regelung des § 356 Satz 2 erweist sich zunächst die Auffassung als verfehlt, aufgrund derer nicht die Fristbestimmung als solche, sondern erst die Entscheidung des Gerichts über die Präklusion verspäteten Parteivorbringens eine mündliche Verhandlung voraussetze [1]. § 356 Satz 2 beweist vielmehr, daß das Gesetz bereits die Bestimmung der Frist als eine Maßnahme ansieht, die der obligatorischen Mündlichkeit unterliegt. Dieses Ergebnis ist auch sachlich gerechtfertigt. Maßgebend für die Präklusion ist nämlich der Inhalt des Aufklärungsgeschlusses, der die rechtliche Möglichkeit der Ausschließung der in dem Beschluß näher bezeichneten Tatsachen innerhalb der genannten Frist begründet. Diese Maßnahme kann deshalb nicht als weniger einschneidend angesehen werden, als der Ausschluß mit verspätetem Vorbringen selbst.

Das wohl bedeutendste Argument gegen die Notwendigkeit einer mV ist § 272 b und die daraus gezogene Folge, daß ein Beschluß gemäß § 279 a als vorbereitende Maßnahme und deshalb unter Hinweis auf § 272 b auch omV ergehen könne [2]. Die Gründe, die für diese Auffassung angeführt werden, können jedoch nicht überzeugen.

Ausgangspunkt dieser Meinung ist zunächst die zutreffende Feststellung, daß § 272 b keine abschließende Aufzählung aller in dieser Form zulässigen gerichtlichen Anordnungen enthält. Der in § 272 b genannte Katalog ist nur beispielhaft, wie sich aus dem Wort "insbesondere" ergibt [3]. Wenn daher der Aufklärungsbeschluß gemäß § 279 a in § 272 b nicht ausdrücklich genannt ist, dann kann daraus nicht der Schluß gezogen werden, daß diese Maßnahme des Gerichts nicht auch im Wege des § 272 b vorgenommen werden könnte. Dafür spricht insbesondere die grundlegende Übereinstimmung des mit dem Aufklärungsbeschluß verbundenen Sinn und Zweckes mit der Zielsetzung der einzelnen in § 272 b vorgesehenen richter-

1) So Abraham, KGBl. 1924, 106; Volkmar, JW 1925, 707 f.
2) So eingehend Volkmar, JW 1925, 708.
3) Siehe oben S. 284 f.

lichen Anordnungen. Letztere dienen, wie bereits dargelegt [1], u.a. der Beschaffung der Urteilsgrundlage. In diese Prozeßstation gehört zweifellos die dem Gericht obliegende Aufklärungstätigkeit, die in § 279 a ihren besonderen Ausdruck gefunden hat. § 279 a berührt also insofern deutlich den Rahmen des § 272 b [2]. Die darauf beruhende Annahme hingegen, daß deshalb ein Aufklärungsbeschluß gemäß § 279 a auch in der Form einer vorbereitenden Anordnung gemäß § 272 b möglich sei, ist fehlerhaft.

Gegen die Zulässigkeit eines Aufklärungsbeschlusses als vorbereitende Maßnahme i.S. des § 272 b gibt zunächst die Tatsache zu Bedenken Anlaß, daß gegebenenfalls der Vorsitzende allein zum Erlaß berechtigt sein würde, obgleich in § 279 a - im Gegensatz zu § 272 b - ausdrücklich von dem "Gericht" die Rede ist [3]. Insoweit steht demnach bereits der klare Wortlaut des Gesetzes entgegen. Die verschiedenen Zuständigkeiten in § 272 b und § 279 a - hier der Vorsitzende, dort das Gericht - sind aber auch sachlich begründet. Daß insbesondere der Vorsitzende zwar im Falle des § 272 b, nicht aber im Falle des § 279 a allein eine Anordnung treffen kann, beruht auf dem verschiedenen Inhalt der gemäß § 272 b und 279 a möglichen Maßnahmen. Ein Aufklärungsbeschluß dient nicht der bloßen "Ergänzung und Erläuterung" (§ 272 b) des ankündigenden Parteivorbringens zum Zwecke der Vorbereitung des Verhandlungstermines. Er setzt vielmehr voraus, daß das Gericht bestimmte Punkte für aufklärungsbedürftig erachtet (§ 279 a). Der Beschluß gemäß § 279 a ist demnach das Ergeb-

---

1) Siehe oben S.285.
2) Insoweit zutreffend Volkmar, aaO.
3) Die Zulässigkeit einer Anordnung durch den Vorsitzenden bei § 279 a wird bejaht von Stein-Jonas-Schumann-Leipold, § 279 a Anm. II 2 vor a); Abraham, KGBl. 1924, 106; Heilberg, JW 1924, 447; Volkmar, JW 1924, 348; ders., JW 1925, 707 ff.; ferner Dersch-Volkmar, ArbGG § 56 Rdn. 11.
Dagegen a.A. de Boor, Entsch.nLdA., S. 66; Püschel, Einzelrichter, S. 114; Goldschmidt, Neue ZPO, Anm. zu § 139; LAG Berlin, ArbRspr. 1931, 3; Kann, ZPO, § 279 a Anm. 2 u. § 272 b Anm. 2 a; Sonnen, das neue ZPrR, S. 72 f.; Reinberger, Recht 1924, 492; ders., KGBl. 1925, 3; ferner Schmincke-Sell, ArbGG, § 56 Anm. 3 Nr. 5.

nis einer Sachprüfung des Gerichts. Er beinhaltet mehr als eine bloße Verhandlungsvorbereitung. Die Parteien werden vielmehr unter Berücksichtigung der Sach- und Rechtslage zur Erklärung über konkrete Tatsachen aufgefordert. Unter diesen Umständen kann es nicht als zulässig angesehen werden, wenn der Vorsitzende insoweit allein tätig würde, ohne die Rechtsauffassung des Kollegiums zu kennen. Aus diesem Grunde ermächtigt das Gesetz folgerichtig nur das Gericht zum Erlaß eines Aufklärungsbeschlusses. Kraft klarer Gesetzesbestimmungen verbietet sich daher der Erlaß eines Aufklärungsbeschlusses durch den Vorsitzenden. Dieses Ergebnis spricht aber auch gegen die Möglichkeit eines Beschlusses gemäß § 279 a als vorbereitende Maßnahme überhaupt.

Die Unzulässigkeit eines Aufklärungsbeschlusses im Rahmen des § 272 b ergibt sich darüber hinaus aus einer Gegenüberstellung der einzelnen Gesetzesvorschriften, die die Aufklärungstätigkeit des Gerichts zum Gegenstand haben (§§ 139, 272 b, 279 a).Sie lassen jede für sich ganz bestimmte Funktionen im Verlaufe des Prozesses erkennen. Dementsprechend soll das Gericht gemäß § 272 b im Anfangsstadium des Rechtsstreits die Möglichkeit haben, in Vorbereitung der Streitverhandlung die Parteien zur Ergänzung und Vervollständigung ihres ankündigenden Vorbringens anzuhalten. Kommen die Parteien dieser Aufforderung nicht nach, tritt an die Stelle der vorbereitenden Tätigkeit das richterliche Fragerecht in der Verhandlung selbst (§ 139). Führt dieses schließlich auch nicht zum Erfolg, dann erst kann das Gericht den Weg des Aufklärungsbeschlusses beschreiten [1]. Dieser dient also dazu, das richterliche Fragerecht zu ergänzen, nicht aber zu ersetzen.

Die oben genannten einzelnen Mitwirkungshandlungen des Gerichts bei der Stoffsammlung verfolgen ersichtlich alle ein gemeinsames Ziel. Sie sollen den Rechtsstreit zu einer möglichst wahrheitsgerechten Entscheidung hinführen. Sie unterscheiden sich jedoch deutlich in ihrer äußeren Gestaltung,

---

1) Vgl. Baumbach-Lauterbach, § 279 a Anm. 1; Stein-Jonas-Schumann-Leipold, § 279 a Anm. II; Reinberger, KGBl. 1925, 2.

indem jede Handlung den Besonderheiten des betreffenden Prozeßabschnittes angepaßt ist. Dem widerstrebt es, wenn man bereits im vorbereitenden Stadium Fristsetzungen zuließe, die zur Ausschließung mit weiterem Vorbringen führen können. Das könnte gegebenenfalls bedeuten, daß den Parteien ein Ausschluß drohte, bevor überhaupt jemals verhandelt wurde, weil die Äußerungsfrist - zulässigerweise [1] - bereits vor dem Verhandlungstermin ablief. Entspräche dies dem Willen des Gesetzgebers, dann hätte es der Vorschriften der §§ 139, 279 a nicht bedurft, sondern lediglich eines erweiterten § 272 b in dem Sinne, daß die Parteien unter Fristsetzung bereits außerhalb der mV zur Äußerung aufgefordert werden könnten und eine entsprechende Säumnis zum Ausschluß mit bestimmtem Parteivorbringen führen würde. Eine solche gesetzgeberische Lösung hätte einen gefährlichen Schritt zum Schriftlichkeitsprinzip und zur Eventualmaxime unter Abkehr von dem Mündlichkeitsprinzip und dem Grundsatz der Einheit der mündlichen Verhandlung bedeutet. Es ist jedoch nirgends ersichtlich, daß der Gesetzgeber mit dem geltenden § 272 b so weit hat gehen wollen. Auch insofern kann daher ein Aufklärungsbeschluß im Rahmen des § 272 b nicht als zulässig angesehen werden.

Gegen den Erlaß eines Aufklärungsbeschlusses als vorbereitende Maßnahme im Rahmen des § 272 b besteht schließlich vom Ergebnis her ein gewichtiges Bedenken. § 272 b gestattet dem Gericht neben den gezeigten aufklärenden Anordnungen eine Reihe von Maßnahmen aus dem Bereiche des Beweisverfahrens (vgl. § 272 b Nr. 4 und 5). Würde man § 272 b auch insoweit gleichermaßen weit auslegen, wie das von der hier kritisierten Meinung in bezug auf die Aufklärungstätigkeit geschieht, könnte man argumentieren, daß infolge der Durchbrechung der Mündlichkeit durch § 272 b auch ein Beweisbeschluß omV und darüber hinaus durch den Vorsitzenden allein erlassen werden könnte, weil doch die endgültige Bewertung der Beweisbedürftigkeit ohnehin der Entscheidung des Kollegiums vorbehalten sei. Diese Auffassung wird hingegen - soweit ersichtlich -

---

1) So zutreffend BGHZ 33, 236 (240 f.).

nirgends vertreten. Sie entspräche wohl auch kaum dem Sinn des § 272 b. Dieser Vergleich der Aufklärungstätigkeit (§ 279 a) mit der Beweiserhebung (§ 358) einerseits und deren Verhältnis zu § 272 b andererseits ist angesichts des Zusammenhangs dieser Vorschriften gerechtfertigt. Im Grunde besteht hinsichtlich der Bedeutung für den Prozeßverlauf kein wesentlicher Unterschied zwischen der Mitwirkungspflicht des Gerichts bei der Stoffsammlung und der prozessualen Notwendigkeit, über streitige Tatsachen Beweis zu erheben. Während sich die letztere Verpflichtung des Gerichts aus dem System der ZPO ergibt, begründen die Vorschriften der §§ 139, 272 b, 279 a eine Pflicht des Gerichts, aufklärend tätig zu sein. Damit tritt die Gleichwertigkeit der Aufklärungstätigkeit mit der Beweiserhebung deutlich hervor. Beides beruht zwar auf verschiedenen Verfahrensgrundsätzen. Es besteht aber kein Anlaß, die Aufklärungspflicht geringer zu achten als die Beweiserhebung. Daher läßt § 272 b, so wenig wie diese Vorschrift im Rahmen der Anordnungen in Nr. 4 und 5 einen Beweisbeschluß gestattet [1], im Rahmen der Nr. 1 einen Aufklärungsbeschluß unter Fristsetzung gemäß § 279 a zu.

Die vorstehenden Erörterungen haben im übrigen deutlich gemacht, daß der Schwerpunkt des Aufklärungsbeschlusses gemäß § 279 a nicht in der Vorbereitung der Verhandlung, sondern in der sachlichen Förderung der Entscheidung zu suchen ist. Diese Tragweite kommt jedoch § 272 b nicht zu. Der Aufklärungsbeschluß kann daher nicht den in dieser Vorschrift gegebenen Anordnungen gleichgesetzt werden [2]. Diese Vorschrift bietet demnach keine gesetzliche Handhabe für den Erlaß eines Auf-

---

1) Volkmar, JW 1925, 708, sieht in den Nummern 4 und 5 des § 272 b eine enumerative Aufzählung der omV vorwegnehmbaren Beweiserhebungen. Dies soll hingegen nicht für die Nr. 1 - 3 gelten, da sonst das Wort insbesondere seinen Sinn verlieren würde. Diese Argumentation überzeugt hingegen nicht. Es ist nirgends ersichtlich, daß sich die Bedeutung des Wortes "insbesondere" in § 272 b auf bestimmte Anordnungen beschränkt.

2) Vgl.dazu eingehend und überzeugend Püschel, JW 1925, 879 f.

klärungsbeschlusses außerhalb der mV [1]. Im Ergebnis gibt es daher keinen überzeugenden Grund, der es rechtfertigte, einen Aufklärungsbeschluß von dem Prinzip einer notwendigen vorangehenden mV (§ 128 I) auszunehmen.

Setzt daher § 279 a eine mV voraus, fragt es sich nunmehr, ob ein entsprechender Aufklärungsbeschluß eine Entscheidung i.S. des § 128 II darstellt mit der Folge, daß das Einverständnis verbraucht würde.

Dem Aufklärungsbeschluß kann bei näherer Betrachtung keine geringere Bedeutung im Verhältnis zur Endentscheidung beigemessen werden als einem Beweisbeschluß, der unbestritten eine "Entscheidung" i.S. des § 128 II darstellt [2]. Denn der Aufklärungsbeschluß dient nicht dazu, erkennbare Lücken im Sachverhalt irgendwie zu erforschen. Er verlangt vielmehr eine gründliche rechtliche und tatsächliche Würdigung des bisherigen Streitstoffes [3] nach Erörterung mit den Parteien [4]. Das ergibt sich schon aus dem Gesetzeswortlaut [5]. Der Beschluß muß demgemäß die einzelnen aufklärungsbedürftigen Punkte genau bezeichnen [6]. Das Gericht (§ 279 a, nicht aber der Vorsitzende, §§ 139, 272 b [7]) muß infolgedessen erwägen, welche Tatsachen für die Endentscheidung nach der derzeitigen Entscheidungsgrundlage als wesentlich zu erachten sind. Diese Beurteilung setzt eine sachliche Erörterung des Streitstoffes voraus. Entdeckt das Gericht aufgrund

---

1) Das hindert jedoch das Gericht bzw. den Vorsitzenden nicht, im Rahmen des § 272 b unter Berücksichtigung der Sach- und Rechtslage aufklärend tätig zu werden. Die entsprechenden, auf der Grundlage einer Sachprüfung anordnenden Auflagen können auch innerhalb § 272 b II Nr. 1 mit einer Fristsetzung verbunden werden. Indes kann dies unter keinen Umständen die Ausschlußwirkungen des § 279 a nach sich ziehen; zutreffend Reinberger, KGBl. 1925, 3; Püschel, JR 1925, 873.

2) Siehe oben S. 281.

3) Püschel, JR 1925, 872; a.A. Lay, S. 30.

4) RGZ 132, 330 (337 f.); Goldschmidt, Zivilprozeßrecht, § 57, 1 (S. 181).

5) Vgl. den Wortlaut des § 279 a: "Erachtet das Gericht bestimmte Punkte für aufklärungsbedürftig,...".

6) Baumbach-Lauterbach, § 279 a Anm. 3 A; Stein-Jonas-Schumann-Leipold, § 279 a Anm. III 2 b.

7) Siehe oben S. 296.

dessen in dem bisherigen Streitmaterial Lücken, so wird es diese durch das ihm zustehende Fragerecht auszufüllen versuchen. Gelingt das im Verlauf der Verhandlung nicht und ist der Rechtsstreit unter diesen Umständen weder zum Erlaß eines Urteils noch eines Beweisbeschlusses reif, dann muß das Gericht durch "förmlichen" Beschluß gemäß § 279 a den Parteien unter genauer Bezeichnung der sachlich wesentlichen, jedoch noch unzureichend geklärten Tatsachen aufgeben, sich zu erklären, um auf diese Weise zur Förderung des Rechtsstreits mit dem Ziel einer wahrheitsgerechten Entscheidung beizutragen [1]. Durch eine entsprechende Fristsetzung unter Ausschlußandrohung erreicht das Gericht schließlich, daß die Parteien sich vor der Nichtbeachtung der gerichtlichen Auflagen hüten werden in dem Bewußtsein, daß gegebenenfalls einzelne Tatsachen, die das Gericht nach vorläufiger sachlicher Prüfung für wesentlich erachtete, wegen Verspätung nicht mehr berücksichtigt werden könnten. Der Aufklärungsbeschluß ist somit nicht nur eine prozeßleitende Verfügung [2], sondern eine "Entscheidung", die die Endentscheidung wesentlich fördert und sachlich vorbereitet [3]. Dabei kommt es nicht darauf an, daß mit einer Anordnung gemäß § 279 a nichts über die Erheblichkeit der darin bezeichneten Tatsachen "entschieden" wird [4]. Auch mit dem Erlaß eines Beweisbeschlusses ist keine endgültige Entscheidung über die Maßgeblichkeit der beweisbedürftigen Tatsachen getroffen [5]. Erst bei der Beratung der Endentscheidung selbst stellt sich die wirkliche Erheblichkeit der einzelnen Tatsachen, über die Beweis erhoben ist oder zu deren Aufklärung die Parteien (erfolglos) aufgefordert worden sind, für die Entscheidung selbst heraus. Tatsächlich ist aber der Aufklärungsbeschluß geeignet, durch eine Straffung des Prozeßstoffes auf das Wesentliche den Fortgang des Rechtsstreits zu

---

1) Vgl. auch KG, JW 1928, 2156; Münzel, S. 115.
2) Sydow-Busch-Krantz-Triebel, Anhang I, § 7 EntlBek. Anm. 2; a.A. Nikisch, § 57 III 1 (S. 228); Ehlert, S. 19.
3) A.A. unzutreffend Rosenberg-Schwab, § 110 III 5 (S. 547); Späth, S. 127.
4) Volkmar, JW 1925, 708.
5) Zutreffend Püschel, JR 1925, 874.

fördern. Damit erfüllt ein Aufklärungsbeschluß gemäß § 279 a die Voraussetzungen, um als "Entscheidung" i.S. des § 128 II zu gelten. Mit dem Erlaß eines entsprechenden Beschlusses wird daher das Parteieinverständnis verbraucht.

Dieses Ergebnis entspricht nicht zuletzt auch einem praktischen Bedürfnis. Mit dem Verbrauch des Einverständnisses wird dem mit dieser Erklärung verbundenen Parteiwillen Rechnung getragen, der sich regelmäßig nicht auf eine infolge eines Aufklärungsbeschlusses unvorhergesehene Verfahrenssituation erstrecken dürfte [1]. Da das Einverständnis auch unter dem Gesichtspunkt veränderter Umstände unwiderruflich ist [2], würden die Parteien für den Fall, daß das Einverständnis auch über einen Aufklärungsbeschluß hinaus wirksam wäre, zu einem Verfahren genötigt, dem sie nicht zugestimmt hätten, wenn sie den Erlaß eines Aufklärungsbeschlusses und die sich häufig daraus ergebende wesentlich veränderte Prozeßlage vorausgesehen hätten. Wenn auch diese Parteiinteressen aus einer Reihe von Gründen bei der Frage der Widerruflichkeit des Einverständnisses keine Berücksichtigung finden konnten [3], so erweist sich die hier vertretene Auffassung, aufgrund derer der Erlaß eines Aufklärungsbeschlusses das Einverständnis verbraucht, im Hinblick auf das Einverständnis und damit das Verfahren omV im ganzen als ein vernünftiges Ergebnis.

f. Sonstige Beschlüsse und Anordnungen

Im Gegensatz zu den bisher erörterten Beschlüssen verbrauchen solche Entscheidungen, die lediglich einen inneren Vorgang des Gerichts darstellen und der Einflußnahme der Parteien entzogen sind, das Einverständnis nicht. Diese bereiten die Endentscheidung nicht sachlich vor. Hierzu gehören die Verweisung des Rechtsstreits vom Einzelrichter an das

---

1) Dieser Grund hat das KG, JW 1928, 2156, u.a. zu der Auffassung bewogen, daß der Aufklärungsbeschluß das Einverständnis verbrauche.
2) Siehe oben S. 130 ff.
3) Siehe oben S. 136 ff.

Kollegialgericht (Kammer oder Senat) [1]. Daraus folgt, daß das vor dem Einzelrichter erklärte Einverständnis gemäß § 128 II auch eine Entscheidung des Kollegialgerichts deckt, nachdem der Einzelrichter, ohne selbst eine Sachentscheidung zu treffen, die Sache an die Kammer oder den Senat abgegeben hat [2].

Entsprechendes gilt für den umgekehrten Fall, daß die Sache durch Beschluß einer Kammer oder eines Senats gemäß §§ 348, 349 an den Einzelrichter verwiesen wird. Auch diese Entscheidung ist ein interner Vorgang des Gerichts [3]. Dies gilt auch dann, wenn die Verweisung nicht durch den Vorsitzenden allein, sondern durch das Kollegialgericht erfolgt. Obgleich diese Entscheidung nur aufgrund einer mV ergehen kann [4], wird das Einverständnis nicht verbraucht, weil die Endentscheidung

---

1) RG, JW 1932, 646; KG, JW 1936, 2574; Baumbach-Lauterbach, § 128 Anm. 5 C; Stein-Jonas-Pohle, § 128 Anm. IX 2; Rosenberg-Schwab, § 110 III 5 (S. 547); vgl. ferner Gerold-Schmidt, § 35 Rdn. 4; Riedel-Corves-Sußbauer, § 35 Rdn. 8.

2) So zutreffend RG, JW 1932, 646; Stein-Jonas-Pohle, § 128 Anm. IX 2; Sydow-Busch-Krantz-Triebel, Anhang I, § 7 EntlBek. Anm. 2; Thomas-Putzo, § 128 Anm. 2 d; Wieczorek, § 128 J II c 3.
Vgl. auch BGHZ 18, 61 (62) . Dieser Entscheidung glauben Stein-Jonas-Pohle, § 128 Fußn. 65, eine der hier vertretenen entgegengesetze Rechtsauffassung entnehmen zu können. Jedoch gibt das Urteil weder in dem einen noch in dem anderen Sinne einen sicheren Anhalt. Der BGH mußte im Ergebnis zur Unzulässigkeit einer Entscheidung omV gelangen, weil die Parteien das Einverständnis auf die Einzelrichterentscheidung beschränkt hatten (vgl. dazu näher oben S. 85 ff.). Selbst wenn der BGH die Bedingung als zulässig erachtet hätte (im Falle der Unzulässigkeit fehlt es mangels wirksamen Einverständnisses ohnehin an der Voraussetzung eines Verfahrens omV), konnte keine über die Beschränkung hinausgehende Entscheidung durch das Kollegium erfolgen. Daß der BGH andererseits "selbstverständlich" angenommen habe, das Einverständnis werde durch die Verweisung an die Kammer nicht verbraucht (so Johannsen, LM Nr. 7 zu § 128 ZPO), wird den Urteilsgründen ebensowenig zu entnehmen sein wie die entgegengesetzte Auffassung.

3) Stein-Jonas-Schumann-Leipold, § 348 Anm. II 1; Rosenberg-Schwab, § 111 II 3 (S. 551).

4) OLG München, NJW 1962, 1114 (Nr. 12) m.w.Nachw.

nicht wesentlich sachlich vorbereitet wird, es sei denn, daß die betreffende Anordnung mit einem Beweisabschluß verbunden ist [1]. Die bloße Verweisung der Sache an den Einzelrichter bezweckt dagegen erst die sachliche Vorbereitung durch diesen.

Ebensowenig berührt die Erklärung des Rechtsstreits zur Feriensache gemäß § 200 II 1, IV 1 GVG das Einverständnis der Parteien gemäß § 128 II [2]. Diese Entscheidung kann nicht als solche i.S. des § 128 II angesehen werden. Die bloße Möglichkeit, daß auch in den Gerichtsferien eine Entscheidung getroffen werden könne, bedeutet keine wesentliche sachliche Vorbereitung oder Förderung des Rechtsstreits. Im übrigen bedarf der betreffende Beschluß ohnehin keiner vorangehenden mV [3], so daß schon aus diesem Grunde das Einverständnis ins Leere ginge [4].

Aus denselben Erwägungen verbraucht schließlich auch eine Anordnung gemäß § 272 b nicht die Einverständniserklärungen der Parteien [5], soweit derartige Maßnahmen in einem Verfahren omV überhaupt denkbar sind [6]. § 272 b durchbricht selbst das Mündlichkeitsprinzip [7]. Es bedarf daher zum Erlaß der entsprechenden Anordnungen des Gerichts keines Parteieinverständnisses.

---

1) Vgl. RG, JW 1938, 2767 (2768, unter 2.).
2) So die hM.; siehe BGHZ 17, 118 (123); BGH, LM Nr. 3 zu § 407 BGB; Baumbach-Lauterbach, § 128 Anm. 5 C; Stein-Jonas-Pohle, § 128 Anm. IX 2; Thomas-Putzo, § 128 Anm. III 2 d; Wieczorek, § 128 J II c 3; Zöller-Stephan, § 128 Anm. B III (Abs. 2); Rosenberg-Schwab, § 110 III 5 (S. 547).
Vgl. ferner Gerold-Schmidt, § 35 Rdn. 4; Lauterbach, § 35 Anm. 2 D; Riedel-Corves-Sußbauer, § 35 Rdn. 8.
3) BGH, LM Nr. 3 zu § 407 BGB; Wieczorek, GVG § 200 D II b.
4) Siehe oben S. 281.
5) Lay, S. 27; Gerold, NJW 1958, 1243 a.E.
6) Das gilt für solche Anordnungen, die nicht, wie z.B. § 272 b II Nr. 3, 4 u. 5, eine mV voraussetzen; ebenso
7) Stein-Juncker, § 72 A II (S. 213); Späth, S. 131; Zscherlich, S. 54 f.; Reinberger, Recht 1924, 80 f.
7) Vgl. Baur, ZZP 66, 215.

# Vierter Teil

# Die Verlautbarung der Entscheidungen im Verfahren ohne mündliche Verhandlung

## § 14 Die Verlautbarung von Urteilen

### I. Die gesetzliche Grundlage

#### 1. § 310 II ZPO als Folge der Schriftlichkeit im Verfahren ohne mündliche Verhandlung

Am Ende des streitigen Verfahrens steht regelmäßig die Verlautbarung der richterlichen Entscheidung. Das ist derjenige Akt, durch den sich das Gericht seiner aufgrund der vorangegangenen Verhandlung gefundenen Entscheidung entäußert. Das geht im ordentlichen mündlichen Verfahren so vor sich, daß das Urteil des Gerichts verkündet wird (§§ 310 I), indem der Richter (im Kollegialgericht der Vorsitzende) den Tenor der Entscheidung öffentlich verliest (§§ 311 II 1 [1]). Die Verkündung geschieht entweder im Anschluß an die letzte mV oder in einem besonderen Verkündungstermin (§ 310 I). Zu diesem Termin sind die Parteien zu laden, damit sie Gelegenheit haben, der Verlesung der Entscheidung beizuwohnen. Die Verkündung stellt daher die mündliche Übermittlung der Entscheidung an die Parteien dar. Die Form der Verlautbarung im gewöhnlichen Verfahren der ZPO paßt sich also ganz dem Mündlichkeitsprinzip an, das demnach nicht nur die Form der "Verhandlung" bestimmt [2].

Mit der Einführung eines den Grundsatz der Mündlichkeit

---

1) Für die Beschlüsse gilt die Vorschrift des § 329 I. Hier ist die Verlesung des vollständigen Tenors nicht erforderlich. Die insoweit maßgebende Vorschrift des § 311, die nur für Urteile gilt, ist in § 329 nicht für entsprechend anwendbar erklärt worden.

2) Vgl. dagegen den Verwaltungsgerichtsprozeß. Hier stehen dem Gericht verschiedene Verlautbarungsformen zur Verfügung (§ 116 I VwGO).

durchbrechenden Verfahren omV stand der Gesetzgeber demnach vor der Frage, ob die Aufrechterhaltung der mündlichen Verlautbarung insoweit systemgerecht und zweckmäßig wäre oder ob eine dem Schriftlichkeitsprinzip entsprechende Verlautbarungsform geboten erschien. Von beiden Lösungsmöglichkeiten hat man sich in letzterem Sinne entschieden. Danach wird die Verkündung von Urteilen, die im Verfahren gemäß § 128 II ergehen, durch Zustellung der Urteilsformel ersetzt (§ 310 II [1][2]).

Diese gesetzgeberische Lösung wirft eine Reihe von Problemen auf, die im Grunde darauf beruhen, daß § 310 II [3] - wie das Verfahren omV überhaupt - in einer Verfahrensordnung steht, die grundlegend auf dem Prinzip der Mündlichkeit aufgebaut ist. Es gilt daher, bei den einzelnen Fragen, die sich mit § 310 II [4] verbinden, eine Lösung zu finden, die sich dem Gesamtgebilde eines Prozesses nach der vom Mündlichkeitsgrundsatz beherrschten ZPO anpaßt.

2. § 310 II und Art. 6 I der Menschenrechtskonvention

Eine zunächst sehr wesentliche, für die Gültigkeit der Vorschrift des § 310 II entscheidende [5] Frage ist, ob sich die schriftliche Form der Verlautbarung gemäß § 310 II mit Art. 6 I MRK vereinbaren läßt [6]. Während hinsichtlich der

---

1) Vormals die Vorschriften der §§ 23 I 2 BundesratsVO, § 23 a S. 2 BeschlVO und § 7 S. 2 EntlVO.
2) Für die Beschlüsse gilt die entsprechende Vorschrift des § 329 III; siehe dazu unten S. 354 ff.
3) Das gilt für § 329 III 1 entsprechend.
4) Zu § 329 III siehe unten S. 354 ff.
5) Siehe oben S. 12 entsprechend zu § 128 II.
6) Im Verfahren vor den allgemeinen und besonderen Verwaltungsgerichten stellt sich dieses Problem im Hinblick auf die entsprechenden Vorschriften der §§ 116 VwGO, 104 FGO, 133 SGG nicht, weil Art. 6 I MRK nach seinem Wortlaut allein die Zivil- und Strafgerichtsbarkeit, nicht jedoch die Verwaltungsgerichte, die über öffentlich-rechtliche Streitigkeiten zu entscheiden haben, einbezieht (BVerwG, MDR 1957, 697; OVG Münster, MDR 1956, 572). Das ergibt sich insbesondere aus dem französischen Wortlaut der Menschenrechtskonvention. Siehe dazu eingehend und überzeugend Geck, DVBl. 1958, 514; Morvay, ZaöRuVR 21, 334 f.; ferner BVerwG, DVBl. 1958, 24; Kah, DÖV 1957, 525.

Fortgeltung des § 128 II weitgehend Einigkeit herrscht [1], ist die Frage der Anwendbarkeit des § 310 II wegen Art. 6 I MRK in Rechtsprechung und Schrifttum streitig. Der BGH [2] und im Anschluß daran ein Teil des Schrifttums [3] vertreten folgende Auffassung: Art. 6 I Satz 2 MRK gehe davon aus, daß eine öffentliche Verhandlung stattfinde. Mit dem allseitigen Verzicht auf eine mündliche und damit öffentliche Verhandlung entfalle gleichzeitig die Grundlage für die Notwendigkeit einer öffentlichen Urteilsverkündung. § 310 II sei eine vom Willen der Parteien unabhängige Folge des mit Art. 6 I MRK übereinstimmenden Verfahrens omV. Somit stehe auch § 310 II in Einklang mit der Konvention [4]. Die entgegengesetzte Ansicht [5] sieht das entscheidende Argument darin, daß die Öffentlichkeit der Verhandlung und die Öffentlichkeit der Urteilsverkündung in den Sätzen 1 und 2 des Art. 6 I MRK getrennt aufgeführt werden und deshalb als gesondert geschützte Rechte anzusehen seien. Das Einverständnis der Parteien beziehe sich aber grundsätzlich nur auf die Verhandlung und nicht auf die Verkündung.

Mit der ersteren Auffassung ist davon auszugehen, daß § 310 II mit der Konvention im Einklang steht, Es ist zwar der Ansicht von Müller, Echterhölder und Pieck [6] zuzugestehen, daß nach dem Wortlaut des Art. 6 I MRK Öffentlichkeit der Verhandlung und Öffentlichkeit der Urteilsverkündung nicht ein und dasselbe sind [7]. Sie gelten nach dieser Bestimmung

---

1) Siehe oben S. 16 Fußn. 1.
2) BGHZ 25, 60 (62).
3) Maunz-Dürig-Herzog, GG Art. 1 Abs. 2 Rdn. 70; Baumbach-Lauterbach, § 310 Anm. 3 A; Stein-Jonas-Schumann-Leipold, § 310 Anm. IV 1; Blomeyer, ZPR, § 81 I 2 b (S. 402).
4) Vgl. auch Jauernig, Zivilurteil, S. 56 f.; Morvay, ZaöRuVR 21, 338; Partsch, Die Grundrechte (I 1), S. 391 Fußn. 506. - Ähnlich Henrichs, MDR 1955, 141 (1.Sp.); er sieht in der Formalzustellung gemäß § 310 II eine "logische Folge" des von den Parteien mit dem Einverständnis erstrebten"Schutzes des Privatlebens der Prozeßparteien". Letzteres bilde nach Henrichs (aaO.) die Grundlage für die Zulässigkeit des Verfahrens omV und damit die Möglichkeit eines nichtöffentlichen Verfahrens überhaupt. Siehe auch oben S. 13.
5) Müller, ZMR 1954, 231; Echterhöder, JZ 1956, 145; Pieck, S. 108 f.
6) Siehe die vorhergehende Fußn.
7) So auch Morvay, ZaöRuVR 21, 337.

als gesondert geschützte Teile des gesamten Verfahrens ("trial"). Dementsprechend schließt insbesondere eine nichtöffentliche Verhandlung keineswegs eine öffentliche Verkündung aus. Denn der Ausschluß der Öffentlichkeit kann, wie aus Art. 6 I 2, 2. Halbs. MRK hervorgeht, auch auf einzelne Abschnitte des Verfahrens, also z.B. auf die Verhandlung, beschränkt sein. Die Vereinbarkeit des § 310 II, der für sich betrachtet dem Art. 6 I 2 MRK entgegenstehen würde, ergibt sich aber aus seinem untrennbaren Zusammenhang mit § 128 II.

Der Grund für die öffentliche Verkündung der Urteile gemäß § 310 II im Verhandlungstermin oder in einem eigens dazu bestimmten Verkündungstermin (§ 310 I 2. Halbs.) liegt im wesentlichen darin, daß der Entscheidung eine mV vorangegangen ist. Die Verkündung ist demnach eine Folge der Mündlichkeit der Verhandlung. Mit dem Mündlichkeitsprinzip eng verbunden ist der Grundsatz der Öffentlichkeit [1]. Dem Vertrauen der Allgemeinheit in die Rechtspflege durch Teilnahme der Öffentlichkeit an den Gerichtsverfahren ist nicht ausreichend Rechnung getragen, wenn sich die Öffentlichkeit nur auf den Gang der Streitverhandlung erstreckt. Vielmehr sollen die die Allgemeinheit repräsentierenden Zuhörer grundsätzlich im Anschluß an die Verhandlung des Rechtsstreits erfahren, welche Entscheidung das Gericht getroffen hat [2]. In diesem Sinne schreibt § 169 GVG die Öffentlichkeit für die gesamte Verhandlung vor. Mit dem Mündlichkeitsprinzip verbindet sich daher nicht nur die mündliche Verhandlung und die mündliche Verlautbarung [3], sondern auch die öffentliche Verhandlung und öffentliche Verlautbarung. Wenn nunmehr mit dem Verfahren gemäß § 128 II Mündlichkeit und Öffentlichkeit der Verhandlung beseitigt wurden [4], so war es ein logischer Schritt des Gesetzgebers, auch von einer sich an die schriftliche Verhandlung anschließenden mündlichen und öffentlichen Verkündung Abstand zu nehmen. Die

---

1) Siehe oben S. 19 (Fußn. 5).
2) Vgl. Pieck, S. 84; ferner Sauer, Prozeßrechtslehre, S. 24 f.
3) Vgl. Hahn, Motive, S. 287.
4) Siehe oben S. 19.

Beseitigung der Öffentlichkeit der Verlautbarung ist infolgedessen die gesetzliche Konsequenz des Verfahrens omV.

Aus dieser engen Beziehung zwischen den §§ 128 II und 310 II [1] folgt, daß das Einverständnis der Parteien mit einem Verfahren omV nicht nur die schriftliche und damit nichtöffentliche Verhandlung, sondern auch die entsprechende, gemäß § 310 II nichtöffentliche Verlautbarung deckt. Aus diesem Grunde steht § 310 II auch nicht dem in Art. 6 I MRK ausgesprochenen Gebot der öffentlichen Urteilsverkündung entgegen. Denn die Parteien können im konkreten Fall darauf verzichten [2]. Dieser Verzicht liegt bei vernünftiger Würdigung des Verfahrens omV in dem Einverständnis gemäß § 128 II. Es bedarf dazu auch nicht eines zusätzlichen Verzichts auf die Ladung zum Verkündungstermin [3]. Für eine derartige Möglichkeit fehlt es ohnehin an einer gesetzlichen Grundlage. Denn wenn eine mV stattgefunden hat, kann ein Urteil nur nach Maßgabe des § 310 I verkündet werden. Für den Fall, daß omV entschieden wird (§ 128 II), hat die Verlautbarung der Entscheidung allein nach § 310 II zu geschehen. Ein Verzicht auf einen Verkündungstermin wäre daher insoweit nicht nur ohne Sinn, er wäre auch entbehrlich, weil er bereits in dem Einverständnis mit einem Verfahren omV enthalten ist.

Haben dagegen die Parteien im Einzelfall keinen entsprechenden Willen und beschränken sie ihre Einverständniserklärung auf die schriftliche Verhandlung, so hat dies die Unzulässigkeit eines Verfahrens omV zur Folge. Denn wollen die Parteien eine öffentliche Verkündung der Entscheidung in Form des § 310 I, dann erfüllt das Einverständnis nicht die inhaltlichen Voraus-

---

1) Die getrennte Stellung im Gesetz besagt im Ergebnis nichts. Beide Vorschriften waren ursprünglich in § 7 EntlVO (bzw. § 23 a BeschlVO, § 23 BundesratsVO) zusammengefaßt. Durch das VereinhG ist jede Bestimmung an der Stelle in die ZPO eingeordnet worden, an die sie entsprechend dem System der ZPO logischerweise gehörte. Die enge Beziehung der Vorschriften ist jedoch dadurch nicht aufgehoben worden, was sich insbesondere aus der Bezugnahme auf § 128 II in § 310 II deutlich entnehmen läßt.

2) Siehe dazu oben S. 13 f.

3) So Müller, ZMR 1954, 232.

setzungen, die für ein Verfahren omV i.S. des § 128 II erforderlich sind. Die Parteien können kein Verfahren omV befürworten und gleichzeitig den gesetzlich vorgeschriebenen Verkündungsersatz gemäß § 310 II ausschließen.

Für das Verhältnis des § 310 II zu Art. 6 I MRK ergibt sich somit folgendes: Wenn die Parteien ihr Einverständnis i.S. des § 128 II, also auch mit der gesetzlichen Folge des § 310 II, erklärt haben, liegt darin kein Verstoß gegen Art. 6 I MRK. Die nichtöffentliche Verlautbarung ist zulässig, weil die Parteien wirksam darauf verzichtet haben. Wollen dagegen die Parteien nur auf die Verhandlung, nicht auch auf eine Verkündung gemäß § 310 II verzichten, dann genügt das Einverständnis nicht den inhaltlichen Anforderungen an einen Entschluß der Parteien i.S. des § 128 II als Voraussetzung für ein Verfahren omV.

Diesem Ergebnis kann man endlich nicht entgegenhalten, daß das Gericht infolge des Einverständnisses im Rahmen seines Ermessens den Verzicht der Parteien auf eine öffentliche Urteilsverkündung unterstellen würde [1]. Zwar darf die Entscheidung darüber, ob ein Urteil verkündet (§ 310 I) oder ob die Verkündung durch Zustellung ersetzt (§ 310 II) werden soll, nicht im Ermessen des Gerichts liegen. Das würde Art. 6 I MRK widersprechen. Die Annahme aber, daß die Parteien auch mit einer Urteilsverkündung gemäß § 310 II einverstanden sind, stellt keine Ausübung richterlichen Ermessens dar. Diese Feststellung ist das Ergebnis einer tatsächlichen und rechtlichen Würdigung der Parteierklärungen durch das Gericht im Rahmen der Prüfung, ob seitens der Parteien die Voraussetzungen für ein Verfahren omV und damit notwendig auch für eine Urteilsverkündung gemäß § 310 II gegeben sind.

Zusammenfassend ergibt sich, daß die Vorschrift des § 310 II nur in Verbindung mit § 128 II gesehen werden darf, dessen Vereinbarkeit mit Art. 6 I MRK nachgewiesen wurde. Daraus folgt auch die Übereinstimmung des § 310 II mit der Konven-

---

1) So Pieck, S. 109.

tion [1]. Denn entspricht es dem Sinn der Konvention, wenn die Parteien auf die Öffentlichkeit der Verhandlung verzichten [2], so hält die schriftliche und nichtöffentliche Verlautbarung der Entscheidung als Folgesatz des Verzichts auf Mündlichkeit ebenso dem Erfordernis eines "fair trial" stand wie die schriftliche Verhandlung selbst [3].

### 3. Die Verlautbarung gemäß § 310 II im einzelnen

Im Verfahren omV wird die Verlautbarung eines Urteils dadurch bewirkt, daß das Gericht den Parteien und gegebenenfalls den Streitgenossen [4] die "Urteilsformel" schriftlich übermittelt. Diese Mitteilung hat von Amts wegen in der besonderen gesetzlichen Form der Zustellung zu erfolgen. Das zuzustellende Schriftstück braucht weder eine Ausfertigung [5] noch eine beglaubigte Abschrift [6] zu sein. Es muß lediglich das Ergebnis der gerichtlichen Beschlußfassung zweifelsfrei wiedergeben. Die zuzustellende Niederschrift der Urteilsformel braucht darüber hinaus weder den Erfordernissen des § 313 Nr. 1 u. 2 zu entsprechen [7] noch die Unterschriften der Richter zu enthalten [8].

Diese Zustellung der Urteilsformel ersetzt gemäß § 310 II die Verkündung. Vergleicht man diese schriftliche Verlautbarung eines Urteils mit der mündlichen Verkündung, so erkennt

---

1) Bartsch, aaO., S. 391 Fußn. 506; im Ergebnis auch die oben angegebene Literatur auf S. 307 Fußn. 4.
2) Siehe oben S. 14.
3) Vgl. BGHZ 25, 60 (62); Henrichs, MDR 1955, 141; Jauernig, Zivilurteil, S. 56 f.; siehe oben S. 15.
4) Auch dem streitgenössischen, nicht hingegen dem einfachen Nebenintervenienten; Rosenberg-Schwab, § 110 V 2 a (S. 549).
5) BGH, VersR 1963, 1201. - Die Zustellung einer (vollständigen oder abgekürzten) Ausfertigung des Urteils hat aber gegebenenfalls die gleiche Wirkung. Denn eine Ausfertigung ist formell wesentlich mehr als eine beglaubigte Abschrift der Urteilsformel. Ebenso im Ergebnis: RG, HRR 1936, Nr. 690.
6) Siehe zu den Einzelheiten insoweit unten S. 374 ff.
7) Stein-Jonas-Schumann-Leipold, § 310 Anm. IV 2.
8) BGHZ 42, 94 (96). Dagegen unzutreffend Wieczorek, § 310 B II. Das Gesetz verlangt ausdrücklich lediglich die Mitteilung der "Urteilsformel".

man bedeutende Unterschiede. Letztere geschieht in der Weise, daß das Gericht im Anschluß an eine mV oder in einem besonderen dafür bestimmten Verkündungstermin die Urteilsformel verliest (§§ 310 I, 311 II 1). Die Verkündung ist daher ein einheitlicher Akt, durch den gleichzeitig allen Beteiligten in einem einzigen Augenblick die Entscheidung bekannt gegeben wird. Demgegenüber vollzieht sich die Verlautbarung im Falle des § 310 II in mehreren Teilakten. Die Zustellung der mitteilungsreifen Urteilsformel hat mindestens an zwei, im Falle einer Streitgenossenschaft an drei und mehr [1] Beteiligte zu erfolgen. Die Bekanntgabe der Entscheidung durch Zustellung setzt sich somit aus mehreren Einzelhandlungen zusammen, die naturgemäß auch zeitlich auseinanderfallen können, sei es, daß bereits die Absendung der verschiedenen zuzustellenden Schriftstücke im Gerichtsbetrieb, sei es, daß schließlich der Zugang bei den jeweiligen Zustellungsempfängern aus Gründen, die sich aus der Art und Weise der Zustellung ergeben können, nicht gleichzeitig erfolgen. Dabei ist zu berücksichtigen, daß mit jeder einzelnen Zustellung der Urteilsformel im Verhältnis zu der betreffenden Partei sämtliche Merkmale erfüllt sind, die das Gesetz zumindest dieser Partei gegenüber zur vollständigen Bewirkung des Verkündungsersatzes voraussetzt. Dagegen erhält diese Partei nicht - wie bei der Verkündung - Kenntnis von dem Zeitpunkt der Zustellungen, d.h. der Bekanntgabe der Entscheidung an die übrigen Parteien.

In diesen wesentlichen Unterschieden zwischen der Urteilsverkündung (§ 310 I) und Urteilsformelzustellung (§ 310 II) liegt der Grund für die Schwierigkeiten, die Urteilsverlautbarung gemäß § 310 II denjenigen Regeln anzupassen, die die ZPO mit der Verkündung, die bis zur Einführung des Verfahrens omV die einzige Form der Verlautbarung von Urteilen darstellte, verbindet. Mit dem Verkündungsakt erhält der Richterspruch rechtlichen Bestand [2]. Mit der Verkündung ist ein Urteil i.S. des

---

1) Siehe unten S. 50 ff.
2) Rosenberg-Schwab, § 59 I 3 (S. 275).

§ 318 [1] erlassen, so daß das Gericht von diesem Augenblick an seine Entscheidung gebunden ist. An die Verkündung sind ausdrücklich oder stillschweigend Formalwirkungen geknüpft. So setzt die Verkündung bedeutende Fristen in Gang (§§ 320 II 3, 516, 552) und äußert Wirkungen in bezug auf die Vollstreckung der richterlichen Entscheidung (§§ 717 I, 775, 890 u.a.). Alle diese Folgen treten gleichzeitig mit dem Einzelakt der Verkündung ein. Zerfällt hingegen die Verlautbarung gemäß § 310 II in mehrere Teilakte, so erhebt sich die Frage, welche Handlung innerhalb des schriftlichen Verlautbarungsaktes die an die Verkündung geknüpften Wirkungen hervorruft.

## II. Der Eintritt der mit der Verkündung verbundenen Wirkungen im Falle der Urteilsformelzustellung

### 1. Die rechtliche Existenz des Urteils

Ausgangspunkt für die Untersuchung, wann ein gemäß § 310 II verlautbartes Urteil volle Rechtswirkung äußert, muß die Betrachtung des Werdeganges einer gerichtlichen Entscheidung sein. Denn er schließt mit der Verlautbarung ab und kann daher Aufschluß darüber geben, welche Merkmale gegeben sein müssen, um von einer Entscheidung im Rechtssinne sprechen zu können.

Am Anfang der Entscheidung steht die richterliche Willensbildung. Sie stellt einen geistigen Vorgang dar, in dem der zugrundeliegende Streitstoff in tatsächlicher und rechtlicher Hinsicht geordnet, überdacht und schließlich gewürdigt wird. Während dieser Teil der Entwicklung einer Entscheidung beim Einzelrichter nicht in Erscheinung tritt, findet er beim Kollegialgericht in der Beratung seinen Niederschlag. Die Denktätigkeit des Einzelrichters bzw. die Beratung des Richterkollegiums enden mit der Beschlußfassung über die zu treffende

---

1) RG, GruchBeitr. 45, 93; OLG Bamberg, Rspr. 3, 143; Baumbach-Lauterbach, § 310 Anm. 1 A; Thomas-Putzo, § 310 Anm. 1; Stein-Jonas-Schumann-Leipold, § 310 Anm. I 1; Wieczorek, § 318 A; Nikisch, § 100 II 1 (S. 389).

Entscheidung. Damit ist sie tatsächlich vorhanden. Sie äußert sich zunächst rein gerichtsintern und tritt in der Regel dadurch tatsächlich in Erscheinung, daß die Entscheidungsformel schriftlich niedergelegt wird. Dieser Vorgang im inneren Geschäftsbereich des Gerichts kann eine rechtlich erhebliche Entscheidung noch nicht entstehen lassen. Sie ist rechtlich noch ein "nullum", das z.B. bei einem Urteil weder die Instanz beendet noch formell oder materiell Rechtskraft schaffen noch Grundlage für eine wirksame Zwangsvollstreckung sein kann [1]. Eine Entscheidung im Rechtssinne entsteht vielmehr erst dann, wenn sie mit Willen des Gerichts aus dem internen Bereich des Gerichtsbetriebes in die Außenwelt hinausgegeben wird. Erst damit gibt das Gericht zu erkennen, daß der ursprüngliche Entwurf als endgültige Entscheidung in Erscheinung treten soll. In diesem Entäußerungsakt, der für die Entstehung einer Entscheidung unerläßlich ist, liegt das Wesen und die Bedeutung der Verlautbarung. Die Verlautbarung der Entscheidung läßt sich in mannigfacher Weise vorstellen. Nicht jede irgendwie geartete Verlautbarung führt schon zu einem Richterspruch, der eine besondere Form des staatlichen Hoheitsaktes ist, von dem das Gesetz wegen seiner weitreichenden Bedeutung die Beobachtung bestimmter Förmlichkeiten verlangt. Diese Formvorschriften sind ein wesentliches Merkmal der Verlautbarung, die ihrerseits notwendig sind, um einer richterlichen Entscheidung zu rechtlichem Dasein zu verhelfen.

Betrachtet man unter Berücksichtigung dieser Überlegungen die Entstehung eines im Verfahren omV zu verlautbarenden Urteils, so ergibt sich folgendes: Die für die Entstehung einer Entscheidung wesentliche Entäußerung ist im Falle des § 310 II bereits dann bewirkt, wenn die die Urteilsformel enthaltenden, zuzustellenden Schriftsätze abgesandt oder sonst aus dem internen Bereich des Gerichts hinausgegeben worden sind. In diesem Augenblick hat das Gericht alles seinerseits Erforderliche getan, um die Entscheidung in Erscheinung treten zu lassen. Die Entäußerung des Urteils allein reicht jedoch

---

1) Vgl. Rosenberg-Schwab, § 61 III 2 (S. 292).

noch nicht aus, um seine rechtliche Existenz zu begründen. Sie setzt vielmehr eine "formgerechte" Verlautbarung voraus. Es fragt sich, welche Anforderungen § 310 II insoweit stellt.

Nach dem Wortlaut des Gesetzes wird die Verkündung, d.h. die gewöhnliche Form der Verlautbarung im Zivilprozeß "durch Zustellung der Urteilsformel [1] ersetzt" (§ 310 II). Das kann nur bedeuten, daß ein Urteil erst dann als verlautbart i.S. des Gesetzes gelten kann, wenn derjenige formale Akt bewirkt ist, der die Verkündung ersetzen soll. Demnach ist, weil die Urteilsformel gemäß § 310 II sämtlichen Parteien [2] zuzustellen ist, ein im Verfahren omV ergehendes Urteil rechtlich erst dann existent, wenn die erforderlichen Zustellungen der Urteilsformel erfolgt sind [3]. Die Beobachtung dieser Förmlichkeiten ist unabdingbar. Die Parteien können daher gegebenenfalls weder auf die Zustellung verzichten noch den Mangel durch Nichtrüge heilen [4].

Demgegenüber vertritt insbesondere Dräger [5] die Ansicht, daß ein Urteil im Falle des § 310 II bereits mit der ersten Zustellung "erlassen" und damit rechtlich existent sei [6]. Zu dieser Auffassung gelangt Dräger unter Heranziehung der Rechtsprechung zur rechtlichen Entstehung nichtverkündeter Beschlüsse [7]. Wesentliche Voraussetzung für den Beginn des

---

1) Sc. an die Parteien.
2) Siehe oben S. 311.
3) Ebenso die hM.; siehe RGZ 120, 243 (245); 123, 333 (335); RG, JW 1931, 197; BGHZ 8, 303 (305); 32, 370 (371); BGH, VersR 1961, 251; NJW 1964, 248; Baumbach-Lauterbach, § 310 Anm. 3 B; Stein-Jonas-Schumann-Leipold, § 310 Anm. IV 3; Thomas-Putzo, § 310 Anm. 2; Blomeyer, ZPR,§ 81 I 2 b (S. 402); Nikisch, § 78 III 2 (S. 308); Rosenberg-Schwab, § 110 V 2 a (S. 549); de Boor, Rechtsstreit, S. 114; ders., ZZP 54, 471; Münzel, S. 131; Jauernig, Zivilurteil, S. 58; Späth, S. 65; Zscherlich, S. 59; Burkhardt, MDR 1957, 390; a.A. dagegen Wieczorek, § 310 A II b 2 (gegen ihn eingehend und überzeugend Jauernig, Zivilurteil, S. 58 Fußn. 28); Dräger, MDR 1963, 808 f.
Siehe ferner aus der älteren Literatur, im Ergebnis wie hier Stein-Juncker, § 72 A IX 1 (S. 216); Jonas, JW 1933, 1567 (unter A II 3 a).
4) RGZ 90, 295 (197); Stein-Jonas-Schumann-Leipold, § 310 Anm. IV 3; Rosenberg-Schwab, § 110 V 2 a (S. 549).
5) aaO.
6) Dräger, aaO., S. 809, 810.
7) Dräger, aaO., Fußn. 23-25; siehe im einzelnen unten S.361 ff.

selbständigen Daseins einer Entscheidung ist nach seiner Meinung die Verlautbarung, d.h. derjenige Akt, durch den sich das Gericht seiner Entscheidung endgültig entäußert [1]. Dagegen sei die rechtliche Existenz nicht von der Bekanntgabe der Entscheidung abhängig, weil die Kenntnisnahme kein wesentlicher Bestandteil der Verlautbarung, sondern lediglich deren mittelbare Folge sei [2].

Ausgehend von diesen grundsätzlich zutreffenden Erwägungen hätte Dräger allerdings für die gemäß § 310 II zu verlautbarenden Urteile folgerichtig zu dem Ergebnis gelangen müssen, daß nicht erst die erste Zustellung der Urteilsformel, sondern bereits derjenige Zeitpunkt das Urteil zur Entstehung bringt, in dem das Gericht die Entscheidung in den Ausgang oder zur Absendung gegeben hat [3]. Abgesehen hiervon übersieht Dräger die erheblichen Wesensunterschiede zwischen Urteilen und Beschlüssen. Sie treten im besonderen bei einer vergleichenden Gegenüberstellung der Bestimmungen über die Verlautbarung nichtverkündeter Urteile (§ 310 II) und Beschlüsse (§ 329 III) in Erscheinung [4]. Der von Dräger aus den für Beschlüsse geltenden Grundsätzen gezogenen Schlußfolgerung, daß auch ein Urteil bereits mit der Entäusserung zu rechtlichem Dasein gelangt, ist daher schon deshalb nicht zu folgen. Im übrigen schreibt das Gesetz in § 310 II einen bestimmten formalen Akt vor, ohne dessen Beachtung ein im Verfahren omV ergehendes Urteil nicht zu selbständigem Dasein gelangen kann.

Die Ansicht Drägers erweist sich noch unter einem weiteren Gesichtspunkt als unzutreffend. Dräger untersucht die Frage, wann ein Urteil gemäß § 310 II rechtlichen Bestand erhält,

---

1) Dräger, aaO., S. 809; vgl. auch oben S. 314.
2) Im Ergebnis zutreffend Dräger, aaO., 809; Lindner, S. 39f., 44. Auch das Gesetz geht von der bloßen "Gelegenheit" der Kenntnisnahme aus, wenn es die Anwesenheit der Parteien bei der Verkündung nicht für wesentlich ansieht (vgl. § 312 I 1). Darüber hinaus geht die wohl hM. praktisch noch weiter, indem sie eine ordnungsgemäße Verlautbarung (Verkündung) selbst für den Fall annimmt, daß den Parteien der Verkündungstermin nicht mitgeteilt war; so BGHZ (GrZS) 14, 39 ff.; Stein-Jonas-Schumann-Leipold, § 310 I 3 b, mit zahlreichen weiteren Nachweisen in Fußn. 10.
3) Vgl. Dräger, aaO., Fußn. 25.
4) Siehe dazu eingehend unten S. 356.

in Verbindung mit dem Problem der Unabänderlichkeit der Entscheidung (§ 318) [1]. Das ist bereits im Ansatzpunkt verfehlt. Die Meinung, daß es im Ergebnis unpraktisch sei, wenn das Gericht erst mit der letzten Zustellung an seine Entscheidung gebunden sei [2], setzt voraus, daß die Bindung i.S. des § 318 und die rechtliche Entstehung eines Urteils an die gleichen Voraussetzungen geknüpft sind. Das ist jedoch nicht zwingend. Man muß vielmehr zwischen Merkmalen, die die Entstehung eines Urteils bewirken und solchen unterscheiden, die für die Wirkungen eines Urteils erheblich sind.

Zusammenfassend ergibt sich, daß die der hier vertretenen Auffassung, wonach ein Urteil gemäß § 310 II mit der Zustellung an sämtliche Parteien zur Entstehung gelangt, entgegenstehende Ansicht unzutreffend ist.

Schließlich erhebt sich die Frage, wem im Falle einer Parteienmehrheit oder der Beteiligung sonstiger Dritter am Prozeß [3] die Urteilsformel zuzustellen ist, damit das Urteil zur Entstehung gelangt. Das ist streitig. Nach Baumbach-Lauterbach [4] und Rosenberg-Schwab [5] ist die Zustellung an sämtliche Beteiligten mit Ausnahme des einfachen Streithelfers erforderlich. Nach Zöller-Degenhardt [6] dagegen genügt im Falle einer einfachen Streitgenossenschaft bereits die Zustellung an einen Streitgenossen. Diese letzte Ansicht ist unzutreffend. Nach dem Wortlaut des Gesetzes (§ 310 II) ist die Urteilsformel den Parteien zuzustellen. Wie gezeigt [7] ist jeder einzelne Streitgenosse sowohl bei einer einfachen als auch bei einer notwendigen Streitgenossenschaft Partei [8],

---

1) Dräger, aaO., S. 809 unter B I 1 a.
2) Dräger, aaO.
3) Siehe dazu auch oben S.50 ff.
4) § 310 Anm. 3 B.
5) § 110 V 2 a (S. 549, Kleindruck).
6) § 310 Anm. 3 b.
7) Siehe oben S.50, 52.
8) Auch der Dritte eines Zwischenstreites ist Partei i.S. des § 310 II, so daß auch Zustellung an diesen erforderlich ist; zutreffend OLG Frankfurt, NJW 1968, 1240.

nicht dagegen der Streithelfer, so daß das Urteil gegebenenfalls auch ohne Zustellung an diesen existent wird. Es ist aber mit Baumbach-Lauterbach [1] anzunehmen, daß das Urteil gegenüber dem Nebenintervenienten erst "wirksam" wird, wenn es auch diesem mitgeteilt worden ist.

2. Die Bindung des Gerichts

Gemäß § 318 ist das Gericht mit dem E r l a ß an sein Urteil gebunden. Das Gesetz sagt nicht, was es unter dem Begriff des Erlasses einer Entscheidung versteht. Das war auch angesichts des ursprünglichen Verkündungszwanges eines Urteils nicht notwendig, weil der Werdegang der Entscheidung immer mit dem Einzelakt der Verkündung abschloß, die gleichzeitig die entsprechenden Wirkungen der Entscheidung (u.a. auch die Bindung) auslöste. Deshalb verwundert es nicht, wenn in den Kommentaren und Lehrbüchern der "Erlaß" zumeist der Verkündung gleichgesetzt wird [2]. Mit der Möglichkeit einer Verlautbarung des Urteils durch Zustellung und der damit verbundenen Folge, daß die Kundgabe des Urteils in mehrere Teilhandlungen zerfällt, sieht man sich nunmehr vor die Frage gestellt, in welchem Augenblick die Entscheidung i.S. des § 318 "erlassen" ist.

Geht man davon aus, daß ein Urteil als "erlassen" i.S. des § 318 gilt, wenn es verkündet, d.h. in der Form des § 310 I verlautbart wurde, und setzt man an die Stelle der Verkündung einfach die Urteilsformelzustellung i.S. des § 310 II, dann könnte man meinen, daß die Zustellung an sämtliche Parteien bewirkt sein muß, um i.S. des § 318 von einem "erlassenen" und damit unabänderlichen Urteil sprechen zu kön-

---

1) AaO.
2) Vgl. z.B. Baumbach-Lauterbach, § 318 Anm. 1; Stein-Jonas-Schumann-Leipold, § 318 Anm. I 1; Nikisch, § 58 II 1 (S. 229); Rosenberg-Schwab, § 59 I 1 bis 3 (S. 274 f.); Schönke-Kuchinke, § 73 II 3 a (S. 330).

nen [1], weil auch in diesem Augenblick das Urteil erst zu rechtlichem Dasein gelangt. Diese Auffassung trifft jedoch nicht zu. Die Bindung des Gerichts an seine Entscheidung ist vielmehr, wie noch zu zeigen sein wird, von ganz anderen Voraussetzungen abhängig als die "Entstehung" einer Entscheidung. Im übrigen wäre es denkbar unpraktisch, wenn das Gericht ein Urteil, das bereits einer Partei zugestellt und damit - wenn auch nur teilweise - aus dem internen Bereich des Gerichts in die Außenwelt getreten ist, noch abändern könnte [2]. Das widerspräche auch dem Grundsatz, daß das Urteil, solange es noch ein Entwurf bzw. ein Internum des Gerichts ist, den Parteien nicht zugänglich gemacht werden darf [3], gerade weil das Gericht in diesem Stadium des Werdeganges der Entscheidung noch die Möglichkeit der Abänderung hat [4]. Im Falle einer Verlautbarung gemäß § 310 II tritt aber das Urteil zwangsläufig aus dem internen Bereich des Gerichts heraus, ohne dadurch gleichzeitig zur Entstehung zu gelangen und ohne damit den Charakter eines bloßen Urteilsentwurfes zu verlieren. Dieses Ergebnis zwingt zu der Annahme, daß die Bindung des Gerichts zumindest nicht erst mit der Entstehung des Urteils, also mit der letzten Zustellung eintreten darf.

Der für die Bindung des Gerichts maßgebliche Akt ist die Entäußerung, d.h. die Hinausgabe der fertigen, endgültigen und für die Außenwelt bestimmten Entscheidung aus dem inter-

---

1) So Baumbach-Lauterbach, § 310 Anm. 1 A und 3 B; Bernhardt, § 46 (S. 273); Grunsky, S. 190; Späth, S. 65; Reinberger, Recht 1924, 71; Eyermann-Fröhler, § 116 Rdn. 15 (für den Verwaltungsprozeß); wohl auch RGZ 140, 348 (350). Im Ergebnis auch Jauernig, Zivilurteil, S. 90, und Wurzer, S. 186, wenn es dort heißt, daß § 318 unanwendbar sei, solange ein Nichturteil vorliege. Das würde positiv bedeuten, daß § 318 ein existentes, d.h. im Falle des § 310 II an sämtliche Parteien zugestelltes Urteil verlangte. Es ist allerdings zweifelhaft, ob Jauernig und Wurzer, aaO., nicht lediglich an die Verlautbarungsform der Verkündung gedacht haben.

2) Insoweit zutreffend Dräger, MDR 1963, 809 (unter B I 1 a).

3) RGZ 90, 295 (296).

4) Das Gericht würde seine richterliche Schweigepflicht brechen; vgl. Klinger, § 116 Anm. C 1 Abs. 2.

nen Bereich des Gerichts. In diesem Augenblick im Werdegang einer gerichtlichen Entscheidung [1] begibt sich das Gericht endgültig der Möglichkeit, durch Abänderung oder Widerruf auf seinen Entschluß einzuwirken [2]. Dies könnte bereits der Fall sein, wenn die unterschriebene Entscheidung der Geschäftsstelle übergeben wird, damit diese die Zustellung bewirke [3]. Jedoch gehört die Geschäftsstelle zum inneren Geschäftsbetrieb des Gerichts. Solange sich eine Entscheidung noch dort befindet, ist sie noch nicht mit der Außenwelt in Berührung gekommen. Das Gericht kann daher auch noch über sie verfügen, seine Entscheidung gegebenenfalls zurückholen und abändern [4]. Mit der A b s e n d u n g durch Aufgabe zur Post (§ 213) oder durch Übergabe an einen Gerichtswachtmeister zum Zwecke der Zustellung (§ 211) oder durch unmittelbare Übergabe an den Zustellungsempfänger (§ 212 b) hingegen verläßt die Entscheidung den inneren Bereich des Gerichts. In diesem Zeitpunkt ist sie der Verfügungsgewalt des Gerichts insofern entzogen, als die Bekanntgabe des Entscheidungsinhalts an die Außenwelt und damit eine teilweise Entäußerung nicht mehr verhindert werden kann. In diesem Augenblick ist daher das Urteil als in derselben Instanz unabänderlich anzusehen [5].

Demgegenüber wird die Ansicht vertreten, daß ein Urteil mit

---

1) Siehe oben S.313 f.
2) Vgl. RGZ 50, 347 (352 f.); 62, 25 (28); 90, 295 (296); ferner BFH, BStBl. 1964 III, 338; Kann, ZPO, § 7 EntlBek. Anm. 5 (4. Abs.); Stein-Jonas-Pohle, § 128 Anm. X 4; Stein-Juncker, § 72 A IX 1 (S. 216); Lay, S. 97; ebenso für den Verwaltungsprozeß Köhler, § 116 Anm. 4.
3) So Lindner, S. 34 (in bezug auf von Amts wegen zuzustellende Beschlüsse); Fitting, ZZP 10, 5.
4) Ebenso im Ergebnis zutreffend Jonas, JW 1933, 1567 (unter A II 3 b) Walsmann, JW 1933, 1770.
5) Ebenso Stein-Jonas-Pohle, § 128 Anm. X 4; Stein-Juncker, § 72 A IX 1 (S. 216); für das finanzgerichtliche Verfahren ebenso Ziemer-Birkholz, § 104 Rdn. 24.

der ersten Zustellung bindend wird [1]. Diese Meinung geht zwar zutreffend davon aus, daß nicht die Entstehung des Urteils und damit die letzte Zustellung maßgebend sei. Sie verkennt aber die Bedeutung der Zustellung für die Bindung des Gerichts. Die Zustellung stellt eine bestimmte Förmlichkeit des Entäußerungsaktes dar. Die Entäußerung aber ist der alleinige Grund für eine Bindung [2], ohne Rücksicht darauf, inwieweit die Förmlichkeiten des Entäußerungsaktes erfüllt sind. Diese Auffassung von der Bindung mit Bewirkung der ersten Zustellung ist daher abzulehnen.

### 3. Der Beginn der mit der Verkündung verbundenen Fristen

#### a. Die Rechtsmittelfristen gemäß §§ 516, 552 ZPO

Mit der Verkündung des Urteils beginnt die Fünfmonatsfrist der §§ 516, 552 zu laufen. Im Hinblick auf § 310 II ist zunächst zu untersuchen, ob der Rechtsmittelfristbeginn ein Urteil im Rechtssinne voraussetzt, weil gegebenenfalls jeder frühere Zeitpunkt als die letzte gemäß § 310 II zu bewirkende Zustellung, mit der entsprechend dem oben gewonnenen Ergebnis ein im Verfahren omV ergehendes Urteil zu rechtlichem Dasein gelangt, ausscheiden würde.

Ausgangspunkt für diese Untersuchung ist die Bedeutung der Rechtsmittelfristen schlechthin. Sie dienen dem Interesse

---

1) So Blomeyer, ZPR, § 81 I 2 b (S. 402 f.); Rosenberg-Schwab, § 110 V 2 a (S. 549); Dräger, MDR 1963, 809; und die hM. für den Verwaltungsprozeß, siehe PrOVG 43, 102 (104); 71, 262 (264); Brauchitsch-Ule, VwGO § 116 Anm. II 1; Klinger, § 116 Anm. C 1; Redeker-von Oertzen, § 116 Rdn. 7; Schunck-de Clerk, § 116 Anm. 3 a; Ule, § 55 II a.E. (S. 197); Klamroth, BB 1960, 573. Für diese Auffassung wird häufig die Entscheidung des BGHZ 32, 370 (375) bemüht; vgl. Zöller-Degenhardt, § 310 Anm. 3 b; Rosenberg-Schwab, § 110 V 2 Fußn. 4. Dieser Entscheidung läßt sich jedoch lediglich entnehmen, daß spätestens mit der Zustellung des Urteils an e i n e Partei dieses nicht mehr abgeändert werden kann. In welchem konkreten Augenblick jedoch die Bindung eintritt, brauchte der BGH, aaO., nicht zu entscheiden.

2) Zutreffend Zöller-Degenhardt, § 310 Anm. 3 b.

an einem baldigen Eintritt der Rechtskraft. Hiermit ist dann das Ziel des Prozesses, den Parteien Rechtsschutz zu gewähren und den Rechtsfrieden wieder herzustellen, durch einen endgültigen Abschluß des Verfahrens erreicht. Zu diesem Zweck hat das Gesetz unabhängig von der dem Willen der Parteien überlassenen Möglichkeit, die Rechtsmittelfrist durch Parteizustellung vorzeitig in Gang zu setzen, eine absolute Grenze für die Anfechtbarkeit durch die §§ 516, 552 gesetzt. Innerhalb dieses Zeitraumes sollen die Parteien Gelegenheit haben, die Entscheidung, soweit sie einem Rechtsmittel unterliegt, durch ein Instanzgericht überprüfen zu lassen. Das setzt logischerweise voraus, daß die Parteien von der Entscheidung (in der gesetzlichen Form) Kenntnis erlangen konnten [1]. Diese Voraussetzung würde im Falle einer Verlautbarung an e i n e Partei gegeben sein. Das allein reicht jedoch nicht aus, um im Verhältnis zu ihr die Frist gemäß §§ 516, 552 in Lauf zu setzen. Die Parteien müssen vielmehr auch rechtlich Gelegenheit haben, wenn die Fünfmonatsfrist laufen soll, innerhalb dieser ein zulässiges Rechtsmittel einzulegen. Das ist aber nicht der Fall, solange ein gemäß § 310 II zu verlautbarendes Urteil nicht sämtlichen Parteien zugestellt ist [2]. Die zunächst nur e i n e r Partei zugestellte Entscheidungsformel führt zu einem sog. Nichturteil [3]. Dieses ist rechtlich ein "nullum" [4]. Es kann weder formell rechtskräftig werden [5], noch beendet es die Instanz. Die Parteien können gegebenen-

---

1) Die wirkliche Kenntnisnahme ist dagegen unwesentlich. Es schadet daher nicht, daß die Parteien im Verkündungstermin nicht anwesend sind (vgl. § 312 I; Stein-Jonas-Schumann-Leipold, § 312 Anm. I; Rosenberg-Schwab, § 59 I 2 d (S. 275)) oder z.B. im Postzustellungsverfahren nicht für eine Nachsendung gesorgt haben. In beiden Fällen ist den Parteien das Urteil zur Kenntnis gebracht worden in dem Sinne, als sie insweit Gelegenheit hatten, ihre Rechte im Rechtsmittelstreit geltend zu machen.
2) Siehe oben S. 315.
3) Vgl. Baumbach-Lauterbach, Übers. vor § 300 Anm. 3 B b; Thomas-Putzo, Vorbem. zu § 300 Anm. III 1 b; Nikisch, § 102 IV 2 (S. 397); Rosenberg-Schwab, § 61 III 1 b (S. 292); Schönke-Kuchinke, § 73 III (S. 331).
4) Rosenberg-Schwab, § 61 III 2 (S. 292).
5) Rosenberg-Schwab, aaO.

falls die Fortsetzung des Verfahrens beantragen [1]. Gegen ein Nichturteil ist daher grundsätzlich kein Rechtsmittel gegeben [2)3]. Für seine Aufhebung besteht weder ein rechtliches Bedürfnis [4], weil das Verfahren noch in demselben Rechtszug fortgesetzt werden kann [5], noch ist überhaupt eine sachliche Grundlage für ein Rechtsmittelverfahren gegeben [6].

Geht man davon aus, so hängt die Zulässigkeit eines Rechtsmittels grundsätzlich davon ab, daß ein Urteil im Rechtssinne vorliegt. Das würde bedeuten, daß für die der Untersuchung zugrundeliegende Frage nach dem Beginn der Fünfmonatsfristen im Falle einer Verlautbarung gemäß § 310 II erst der Zeit-

---

1) RGZ 133, 215 (221); BGHZ 20, 225 (258); Stein-Jonas-Grunsky, Allg. Einl. vor § 511 Anm. III 1 a (zu Fußn. 40); Nikisch, § 102 IV 3 (S. 397); Rosenberg-Schwab, § 61 III 2 (S. 292); vgl. auch die zahlreichen Nachweise bei Jauernig, Zivilurteil, S. 90 Fußn. 12.

2) Ebenso RGZ 110, 169 (170 f.); 120, 243 (245); RG, JW 1931, 1808 (a.E.); Nikisch, aaO.; Rosenberg-Schwab, § 61 III 2 (S. 293).
Für die Unzulässigkeit schlechthin sind Hein, S. 306 (dagegen eingehend Jauernig, aaO., S. 88, dessen Gegengründe im Hinblick auf ein seinem äußeren Anschein nach existentes Urteil zutreffend sind); Wurzer, S. 188 ff.; Sauer, Prozeßrechtslehre, S. 226; Kisch, LZ 1923, 628.
Demgegenüber vertreten Stein-Jonas-Grunsky, Allg. Einl. vor § 511 Anm. III 1 a, Schönke-Kuchinke, § 73 III (S. 331) und Dräger, MDR 1963, 810, die unzutreffende Ansicht, daß ein Nichturteil grundsätzlich anfechtbar sei. Soweit sich Stein-Jonas-Grunsky, aaO., für seine Meinung auf die Entscheidungen des RG (RGZ 135, 118 ff.; RG, JW 1936, 3313; JW 1937, 1664) stützt, so gibt dies insofern zu Bedenken Anlaß, als nach dem wegweisenden Urteil des GrZS des BGH (BGHZ 14, 39 ff.) die Verlautbarungsmängel, soweit sie den genannten RG-Entscheidungen zugrundeliegen (fehlende Bekanntgabe des Verkündungstermins, unrichtige Verkündungsform), zumindest die Existenz der betreffenden Urteile nicht mehr in Frage steht (vgl. auch BGHZ 42, 94), so daß damit auch die Grundlage für ein Rechtsmittelverfahren gegeben wäre. Die übrigen Entscheidungen, auf die sich Stein-Jonas-Grunsky, aaO., für seine abweichende Ansicht bezieht (RGZ 133, 215; RG, JW 1935, 2812; BGHZ 10, 349; OLG Frankfurt, NJW 1960, 1954), betreffen den besonderen Fall, daß entgegen der Vorschrift des § 317 II von einem Nichturteil eine Ausfertigung erteilt worden ist. Vgl. dazu unten S. 324 ff.

3) Zu den Ausnahmen siehe unten S. 324 ff.

4) Vgl. Sauer, Prozeßrechtslehre, S. 225 f.; Thomas-Putzo, Vorbem. zu § 300 Anm. III 1.

5) Sieh oben zu Fußn. 1.

6) Zöller-Degenhardt, § 310 Anm. 4 b.

punkt der letzten Zustellung [1] in Betracht käme. Denn ohne die rechtliche Gelegenheit, ein zulässiges Rechtsmittel einzulegen, ist für den Lauf der Rechtsmittelfristen kein Raum, weil dies zu dem nicht nur für die Parteien untragbaren, sondern auch zu dem rechtlich bedenklichen Ergebnis führen würde, daß ein Nichturteil rechtskräftig würde.

Berücksichtigt man die Besonderheiten eines zunächst nur e i n e r Partei zugestellten Urteils, so gibt das vorliegende Ergebnis doch insofern zu Bedenken Anlaß, als dieses Nichturteil nicht nur einer Partei bereits bekanntgemacht und damit maßgeblich nach außen in Erscheinung getreten, sondern für das Gericht bereits bindend [2] geworden ist. Es fragt sich deshalb, ob ein derartiges im Entstehen begriffenes Urteil nicht ausnahmsweise ein Rechtsmittel zuläßt mit der Folge, daß die Fünfmonatsfristen gegebenenfalls im Verhältnis zu der betreffenden Partei, der das Urteil zugestellt ist, bereits in diesem Zeitpunkt in Gang gesetzt würden. Denn bei dieser Sachlage wären die Bedenken gegen den vorzeitigen Beginn angesichts der rechtlichen Anfechtungsmöglichkeit zumindest insoweit [3] ausgeräumt.

Der Grundsatz, daß ein Nichturteil den Rechtsmitteln nicht unterliegt, hat zu Recht eine Ausnahme für den Fall erfahren, daß der Urkundsbeamte der Geschäftsstelle von einem Nichturteil entgegen der Vorschrift des § 317 S. 1 eine Ausfertigung erteilt hat [4]. Zwar erlangt ein Urteil durch

---

1) Damit wird das Urteil existent, siehe oben S. 315.
2) Siehe oben S. 320.
3) Die Bedenken hinsichtlich der Möglichkeit des Eintritts der Rechtskraft eines Nichturteils würden gegebenenfalls zurückgestellt werden können, weil sich das Gericht mit der Zustellung an e i n e Partei des Urteils bereits bindend entäußert hat und verpflichtet ist, die übrigen Zustellungen gegebenenfalls nachzuholen; vgl. BGHZ 32, 370 (375).
4) RGZ 90, 295 (296); 133, 215 (218); RG, HRR 1931 Nr. 623; BGHZ 10, 327 (329); 10, 346 (249); 32, 370 ff. (das folgt incidenter aus dieser Entscheidung); KG, ZZP 54, 465 (467) mit insoweit zustimmender Anmerkung von de Boor, das., 472 ff.; OLG Dreseden, JW 1929, 1672; OVG Münster, NJW 1956, 157; Stein-Jonas-Schumann-Leipold, § 311 Anm. III; Zöller-Degenhardt, § 310 Anm. 4 b; Niese, § 70 III 1 b (S. 322); Rosenberg-Schwab, § 61 III 2 (S. 293); Lay, S. 100; Lüke-Zawar, JuS 1970, 213 (unter II 4 a bb); a.A. Hein, S. 306; Sauer, Prozeßrechtslehre, S. 226; ferner Götz, S. 35; Wurzer, S. 188 f.

die Ausfertigung nicht etwa rechtliche Existenz [1]. Es besteht hier aber für die Parteien ein unabweisbares Bedürfnis, die Aufhebung dieses "Entscheidungsgebildes" zu erreichen. Denn die Urteilsausfertigung erweckt nicht nur den äußerlichen Anschein eines rechtlich ordnungsgemäß entstandenen Urteils, weil die Erteilung einer Ausfertigung die rechtliche Existenz der Entscheidung voraussetzt (§ 317 II 1), sondern eröffnet insbesondere auch die Möglichkeit, Vollstreckungsmaßnahmen einzuleiten [2]. Der Rechtsschein eines Nichturteils in ausgefertigter Form und die damit verbundenen Wirkungen im Rechtsverkehr begründen daher ein besonderes schutzwürdiges Interesse der Parteien an der Aufrechterhaltung oder Beseitigung des durch Rechtsschein hervorgerufenen Zustandes. Das rechtfertigt die Zulässigkeit der Anfechtung eines Nichturteils für den genannten Ausnahmefall [3].

Man könnte geneigt sein, die Ausnahme der Zulässigkeit eines Rechtsmittels gegen ein Nichturteil auf den Fall auszudehnen, daß die Urteilsformel einer Partei gemäß § 310 II zugestellt ist, während die Zustellung an die übrigen Parteien ausbleibt oder aus sonstigen Gründen noch nicht erfolgt ist. Denn die Prozeßlage unterscheidet sich auf den ersten Blick nur unwesentlich von dem durch eine Ausfertigungserteilung bewirkten Urteilsschein. Hier wie dort tritt der Inhalt des "Urteils" nach außen in Erscheinung. Die Entscheidung tätigt sogar bereits Rechtswirkungen, indem sie für das Gericht unabänderlich geworden ist [4]. Das Gericht kann bei dieser Sachlage nichts anderes tun, als durch Bewirkung bzw. Nachholung

---

1) RGZ 120, 243 (254).
2) Darauf weisen das OLG Dresden, JW 1929, 1672, Stein-Jonas-Schumann-Leipold, § 311 Anm. II und Jauernig, Zivilurteil, S. 89, zutreffend hin. Sauer, Prozeßrechtslehre, S. 226, hingegen übersieht diesen Gesichtspunkt, wenn er ein Rechtsmittel gegen ein Nichturteil mit der Begründung ablehnt, daß das Untergericht die Entscheidung jederzeit aus der Welt schaffen könne. Wirksamen Rechtsschutz gegen Vollstreckungsmaßnahmen kann jedoch nur das Instanzgericht gewähren, §§ 719, 707.
3) Vgl. die ausführliche Begründung insbes. im Hinblick auf das Verfahren omV bei de Boor, ZZP 54, 472 ff.
4) BGHZ 32, 370 (375).

der übrigen Zustellungen den rechtlichen Bestand des Urteils herbeizuführen. Dazu ist es gemäß § 310 II verpflichtet. Mit der Zustellung an eine Partei tritt daher gewissermaßen ein Zwischenstadium im Werdegang der das Verfahren abschließenden Entscheidung ein, die zwar bereits mehr als einen bloßen Urteilsentwurf darstellt, wie sich aus der Bindung des Gerichts (§ 318) [1] ergibt, die sich aber andererseits erst auf dem Wege zur rechtlichen Existenz befindet, die notwendig ist, um zu bewirken, daß die Instanz oder durch Eintritt der Rechtskraft auch der gesamte Prozeß zu Ende gehen kann. Diese Überlegungen könnten den Schluß nahelegen, gegen diese besondere Art eines Nichturteils ein Rechtsmittel zuzulassen, auch wenn keine Ausfertigung erteilt worden ist.

Die zuzustellende Urteilsformel vermag indessen, auch wenn die Abschrift beglaubigt ist [2], im Gegensatz zur Ausfertigung nicht den Rechtsschein eines rechtlich existenten Urteils zu erzeugen. Denn eine formlose oder beglaubigte Abschrift einer in den Akten befindlichen Urteilsformel erbringt auch nicht den Anschein eines existenten Urteils, weil die Herstellung einer Abschrift nicht die rechtliche Entstehung der Entscheidung voraussetzt. Letzteres ist hingegen bei der Ausfertigung der Fall (§ 317 II 1). Darüber hinaus ist auch die Bedeutung der abschriftlichen Urteilsformel eine wesentlich geringere als bei einer Ausfertigung. Mit dem gemäß § 310 II zugestellten Schriftstück kann die betreffende Partei keine den Gegner beeinträchtigenden, gegebenenfalls nachteiligen Rechtshandlungen, wie z.B. die Einleitung von Zwangsvollstreckungsmaßnahmen, vornehmen [3].

Im Gegensatz zu dem Fall der Ausfertigung eines Nichturteils sind daher mit der Zustellung einer Urteilsformel zunächst nur an e i n e Partei keine Wirkungen verbunden, die schutzwürdige Parteiinteressen berühren. Bedenkt man darüber hinaus

---

1) Siehe oben S. 318 ff., 320.
2) Die Beglaubigung der zuzustellenden Urteilsformel ist nicht erforderlich, siehe oben S. 311.
3) Siehe oben S. 325.

die praktischen [1] und rechtlichen [2] Schwierigkeiten, die die Anfechtbarkeit eines Nichturteils dieser Art mit sich brächten, so ergibt sich, daß keine durchgreifenden Gründe ersichtlich sind, den Grundsatz der Unanfechtbarkeit von Nichturteilen über die gezeigte Ausnahme hinaus zu durchbrechen [3].

Die Zulässigkeit eines Rechtsmittels gegen ein Nichturteil, das deshalb noch kein Urteil im Rechtssinne ist, weil es noch

---

1) Man stelle sich einmal vor, daß die Partei, der die Urteilsformel zugestellt ist, ein Rechtsmittel einlegt, ohne daß die Zustellung an den Prozeßgegner erfolgt. Dann würden die Akten an das Rechtsmittelgericht gelangen, während für den Rechtsmittelbeklagten, dem keine Entscheidung mitgeteilt wurde, noch das Untergericht zuständig wäre. Der Rechtsmittelbeklagte könnte gegebenenfalls auf die Anträge und Behauptungen des Rechtsmittelklägers nicht erwidern, weil er den Inhalt des erstinstanzlichen Urteils nicht kennt. Diese Umstände zeigen, daß der ordnungsgemäße Gang eines Verfahrens in bedenklichem Maße in Frage gestellt wäre.

2) Vgl. dazu auch den Meinungsstreit in Rechtsprechung und Schrifttum; siehe im besonderen BGHZ 32, 370 ff. und BGH, NJW 1964, 248, jeweils mit Anmerkungen von Jauernig (ZZP 73, 444 und NJW 1964, 722) und den weiteren Nachweisen daselbst.

3) Beachte auch die - allerdings nur scheinbare - Ausnahme für den Fall, daß das Gericht ein Urteil in Beschlußform oder umgekehrt einen Beschluß in Urteilsform erläßt. Da jede Entscheidungsart besondere Anfechtungsvoraussetzungen verlangt, erhebt sich in diesen Fällen die Frage, ob gegen einen Beschluß, der wegen seines formellen Charakters eines Urteils einen entsprechenden äußeren Anschein erregt, die Berufung oder Revision zulässig ist (siehe Jauernig, Zivilurteil, S. 84 Fußn. 11; vgl. auch KG, ZZP 54, 467 mit kritischer Anmerkung von de Boor, das., S. 472). Diese Frage hat aber m.E. nichts mit der Anfechtbarkeit eines Scheinurteils im gezeigten Sinne zu tun, weil es hier wegen des Grundsatzes, daß Fehler des Gerichts nicht zu Lasten der Parteien gehen dürfen (BGHZ 40, 265 (267); BGH, LM Nr. 13 zu § 511 ZPO; RGZ 110, 135 (138); KG, JW 1930, 653; OLG Bamberg, NJW 1949, 910; Stein-Jonas-Grunsky, Allg. Einl. vor § 511 Anm. III 1 a m.w.Nachw. in Fußn. 36), auf die Frage ankommt, welches Rechtsmittel gegen die ihrer Art noch streitige, aber existente Entscheidung zulässig ist (vgl. Jauernig, aaO., Wurzer, S. 41). Es besteht zwar auch hier der Schein eines Urteils. Aber die Verneinung eines Urteils führt hier nicht zu einem rechtlichen "nullum", sondern an die Stelle eines nicht existenten Urteils träte der existente Beschluß.

nicht sämtlichen Parteien gemäß § 310 II zugestellt ist, läßt sich auch nicht daraus herleiten, daß sich das Gericht der Entscheidung bereits teilweise entäußert hat und sie nicht mehr abändern kann [1]. Auf diese, wenn auch außergewöhnlichen Merkmale eines Nichturteils kommt es für die Frage der Rechtsmittelfähigkeit an. Der Beginn des Entäußerungsaktes im Falle einer schriftlichen Verlautbarung und der Eintritt der Bindung des Gerichts an seine Entscheidung führen, wie gezeigt [2], noch nicht zu einem Urteil im Rechtssinne. Allein der rechtliche erhebliche Staatsakt, nicht dagegen eine gerichtsinterne Unabänderlichkeit einer im Werden begriffenen Entscheidung beschwert die Parteien und bildet daher die notwendige Grundlage für eine Anfechtung.

Faßt man das Ergebnis der bisherigen Untersuchungen zu der Frage, in welchem Augenblick die Fünfmonatsfristen gemäß §§ 516, 552 im Fall einer Urteilsverlautbarung gemäß § 310 II zu laufen beginnen, zusammen, so läßt sich folgendes feststellen: Auch für den Fall einer nur e i n e r Partei gegenüber gemäß § 310 II bewirkten Zustellung der Urteilsformel, die, wie gezeigt, kein Urteil im Rechtssinne, sondern lediglich ein sog. Nichturteil erzeugt, gibt es keine Ausnahme von dem Grundsatz, daß ein Nichturteil nicht rechtsmittelfähig ist [3][4]. Die Grundlage für ein Rechtsmittelverfahren

1) In diesem Sinne Lay, S. 99; Dräger, MDR 1963, 810 (unter B II 1).
2) Siehe oben S. 318 f.
3) Siehe oben S. 324 f.
4) Zu welchen Schwierigkeiten es führen kann, wenn das Rechtsmittelgericht nicht sorgfältig darauf achtet, ob das gemäß § 310 II zu verlautbarende, dem Rechtsmittel zugrundeliegende Urteil auch tatsächlich ein solches im Rechtssinne ist, macht eine Entscheidung des Bundesgerichtshofes im BGHZ 32, 370 ff. deutlich. In dem betreffenden Rechtsstreit hatten sowohl das Landgericht in erster als auch das Oberlandesgericht in zweiter Instanz verabsäumt, die sämtlichen notwendigen Zustellungen gemäß § 310 II zu bewirken. Der BGH, der nun mit dem Rechtsstreit befaßt war, stand vor der Tatsache, über die Revision gegen ein Berufungsurteil entscheiden zu müssen, das noch gar nicht rechtlich existent und seinerseits aufgrund eines erstinstanzlichen, ebenfalls noch nicht zu rechtlichem Dasein gelangten Urteils ergangen war.

ist demnach erst gegeben, wenn ein rechtlich existentes Urteil vorhanden, d.h., wenn die letzte Zustellung gemäß § 310 II bewirkt ist. Daraus folgt weiter, daß auch die Rechtsmittelfristen gemäß §§ 516, 552 erst von diesem Zeitpunkt an zu laufen beginnen. Denn solange kein Rechtsmittelverfahren statthaft und deshalb auch die für dessen Einleitung notwendige Handlung unzulässig ist, besteht auch keine Rechtfertigung für die Ingangsetzung derjenigen Fristen, denen die betreffende verfahrenseinleitende Handlung unterliegt [1].

Den Beginn der Rechtsmittelfristen gleichwohl wegen der Besonderheiten eines gemäß § 310 II unvollständig verlautbarten Urteils an die jeweiligen Zustellungen der Parteien zu knüpfen [2], begegnet erheblichen Bedenken. Geht man davon aus, daß für diejenige Partei, der die Urteilsformel zugestellt wird, mit diesem Zeitpunkt die Rechtsmittelfrist zu laufen beginnt, ohne Rücksicht darauf, ob und gegebenenfalls wann die Zustellung an die übrigen Parteien erfolgt, dann könnte dies zur Folge haben, daß nach sechs Monaten die Rechtsmittelfristen für die betreffende Partei ablaufen, ohne daß diese Gelegenheit gehabt hätte, ein rechtlich zulässiges Rechtsmittel einzulegen, weil die letzte Zustellung noch nicht bewirkt war. Schon das ist bedenklich. Es käme dann allenfalls eine Wiedereinsetzung in den vorigen Stand wegen Versäumung der Einmonatsfrist in Betracht. Diese ist ihrerseits auch nur innerhalb eines Jahres möglich (§ 234 III). Die Folge wäre, daß eineinhalb Jahre nach Zustellung der Urteilsformel an e i n e Partei dieser gegenüber ein Urteil rechtskräftig würde, ohne daß dieses überhaupt jemals rechtlich existent war. Das widerspräche dem Grundsatz, daß ein Nichturteil keine, auch nicht eine nur formelle Rechtskraft erlangen kann [3].

1) Ebenso im Ergebnis die hM.; siehe BGHZ 42, 94 (95, 97); BGH, VersR 1963, 1202; Baumbach-Lauterbach, § 310 Anm. 3 B; Goldschmidt, Neue ZPO, Anhang 4, § 7 EntlVO Anm. 9; ders., Zivilprozeßrecht, § 58, 2 (S. 183); Kann, ZPO, § 7 EntlBek. Anm. 5 (5. Abs.); Stein-Jonas-Grunsky, § 516 Anm. II 2 b; Sydow-Busch-Krantz-Triebel, Anhang I, § 7 EntlBek. Anm. 6; Wieczorek, § 310 B II a; Rosenberg-Schwab, § 110 V 2 a (S. 549); Göppinger, Erledigung, S. 270 Fußn. 11; Münzel, S. 132; Klamroth, BB 1960, 573.
2) So im Ergebnis Lay, S. 99; Dräger, MDR 1963, 810; wohl auch Lucas, § 23 a Anm. 10.
3) Rosenberg-Schwab, § 61 III 2 (S. 293).

Der hier vertretenen Ansicht über den in den §§ 516, 552 der Verkündung entsprechenden Zeitpunkt mit Bewirkung der letzten Urteilsformelzustellung steht auch nicht entgegen, daß sich die Parteien im Falle der Verlautbarung gemäß § 310 II in der Regel im Ungewissen darüber befinden, wann die Fünfmonatsfristen gemäß § 516, 552 für sie zu laufen beginnen, weil sie nicht ohne weiteres erkennen können, wann das Urteil an die übrigen Parteien zugestellt und somit rechtlich existent geworden ist [1]. Das ist vielmehr eine Folge des Schriftverfahrens und dessen eigentümlicher Verlautbarungsform. Darüber hinaus erwächst den Parteien daraus auch kein nennenswerter Nachteil. Denn sie müssen damit rechnen, daß die Zustellung an die übrigen Beteiligten in der Regel etwa in dem gleichen Zeitpunkt erfolgt sein wird,in dem ihnen die Urteilsformel zugegangen ist. Es liegt im übrigen an den Parteien selbst, ihrem rechtlichen Interesse an dem genauen Datum der letzten Zustellung dadurch Nachdruck zu geben, daß sie sich durch Nachfrage bei Gericht oder durch Akteneinsicht von der Existenz des Urteils vergewissern [2]. Es besteht auch die Möglichkeit, sich durch Anfordern einer Urteilsausfertigung von der rechtlichen Entstehung des Urteils zu überzeugen. Erhält die Partei keine Ausfertigung, so kann das u.a. auch daran liegen, daß das Urteil noch nicht existent ist.

Das gewonnene Ergebnis steht auch nicht zu der für den Fall einer Urteilszustellung gemäß § 625 abweichenden Auffassung im Widerspruch, dergemäß die Rechtsmittelfrist für jede Partei gesondert mit dem Zugang zu laufen beginnt [3]. Diese ebenso wie die Urteilsformelzustellung gemäß § 310 II von Amts wegen erfolgende Zustellung eines Urteils betrifft den Lauf der einmonatigen Rechtsmittelfrist (§§ 516, 552), die im gewöhn-

---

1) So Lay, S. 99; ferner Dräger, MDR 1963, 810 (unter B III 1 b).
2) Zutreffend BGHZ 8, 303 (309); RGZ 140, 348 (352).
3) So die hM.; RGZ 7, 362 (364); RG, JW 1930, 148 (Nr. 27); JW 1931, 1335 (1336 f.); Baumbach-Lauterbach, § 625 Anm. 2; Stein-Jonas-Grunsky, § 516 Anm. II 1 b (zu Fußn. 11); Stein-Jonas-Schlosser, § 625 Anm. II 2; Thomas-Putzo, § 516 Anm. 2 a; Wieczorek, § 625 A II a; Rosenberg-Schwab, § 167 V 1 b (S. 837).

lichen Verfahren durch Parteizustellung (§ 317 I) in Gang gesetzt wird. Eine wirksame Zustellung in diesem Sinne setzt ein existentes Urteil voraus [1]. Diese Art der Zustellung unterscheidet sich daher wesentlich von der amtlichen Zustellung gemäß § 310 II, die die Verkündung ersetzen und damit erst das rechtliche Dasein eines Urteils begründen soll [2]. Die Tatsache also, daß im Falle des § 625 für den Lauf der Rechtsmittelfristen etwas anderes gilt als bei § 310 II, gibt daher im Hinblick auf die hier zu § 310 II und den Beginn der Fünfmonatsfrist gemäß §§ 516, 552 vertretene Auffassung zu keinen Bedenken Anlaß.

Zusammenfassend ergibt sich, daß der Beginn der Fünfmonatsfrist gemäß §§ 516, 552 ein Urteil im Rechtssinne voraussetzt mit der Folge, daß der Lauf der Frist erst mit der letzten Zustellung und somit für alle Parteien gleichzeitig eintritt [3].

### b. Die Antragsfrist auf Tatbestandsberichtigung, § 320 II 3 ZPO

Neben den Rechtsmittelfristen verbindet das Gesetz mit der Verkündung den Beginn der Dreimonatsfrist, innerhalb derer die Parteien die Berichtigung des Tatbestandes beantragen

---

1) Das ergibt sich daraus, daß ein Urteil in Form einer Ausfertigung zugestellt wird (vgl. im einzelnen Rosenberg-Schwab, § 59 II 4 c (S. 279), § 75 I 1 (S. 356 f.)). Die Erteilung einer Ausfertigung ist jedoch nur zulässig, wenn das Urteil verkündet bzw. gemäß § 310 II allen Parteien zugestellt ist (Stein-Jonas-Schumann-Leipold, § 317 Anm. II). Ist eine Ausfertigung unter Verstoß gegen diesen Grundsatz erteilt worden, so ist die Zustellung nur wirksam, wenn bis dahin das Urteil verkündet oder die letzte Zustellung (§ 310 II) bewirkt ist. Im Zeitpunkt der Zustellung muß demnach ein Urteil im Rechtssinne vorliegen, RGZ 140, 348 (350); BGHZ 8, 304 (307).

2) Vgl. zu dem Verhältnis der beiden Amtszustellungen zueinander unten S. 341 ff.

3) Siehe oben S. 329.

können, § 320 II 3 [1]. Es fragt sich auch hier, ob diese Frist bereits mit der Zustellung an e i n e Partei oder erst mit der letzten Zustellung gemäß § 310 II zu laufen beginnt. Letzteres wäre anzunehmen, wenn der Beginn der Tatbestandberichtigungsfrist die Existenz des Urteils voraussetzte [2].

Man könnte zunächst meinen, daß die Erwägungen zu der Frage nach dem Beginn der Rechtsmittelfristen hier entsprechend herangezogen werden können. Allein beruht das Erfordernis eines zu rechtlichem Dasein gelangten Urteils für die Ingangsetzung der Fristen gemäß § 516, 552 im wesentlichen auf dem Gedanken, daß bis zu diesem Moment die Instanz nicht beendet und damit für die Eröffnung des Rechtsmittelverfahrens kein Raum ist. Im Falle des § 320 dagegen ist die Sachlage eine wesentlich andere. Der Sinn des Tatbestandberichtigungsverfahrens ist es, unrichtige Beurkundungen des Parteivorbringens im Tatbestand des Urteils (§ 314) richtig zu stellen [3]. Die Berichtigung erfolgt durch dasselbe Gericht, das die Entscheidung erlassen hat. Das Verfahren verbleibt demnach in demselben Rechtszuge. Daher greifen diejenigen Gesichtspunkte, aufgrund derer der Beginn der Rechtsmittelfristen gemäß §§516, 552 ein rechtlich existentes Urteil voraussetzt, hier nicht durch. Im Gegenteil sprechen hier wesentliche Gründe für die

---

1) Ein Tatbestandsberichtigungsantrag in bezug auf ein Urteil, das im Verfahren omV ergangen ist, ist nur zulässig, wenn es sich um ein gemischt mündlich-schriftliches Verfahren handelt, d.h., wenn also das Urteil a u c h auf mündlichem Prozeßstoff beruht (KG, NJW 1966, 601). Denn der Sinn des § 320 ist der Schutz der Parteien im Hinblick auf die Beweislastregelung des § 314. Diese bezieht sich aber nur auf das "mündliche Parteivorbringen" (§ 314). Die Beweiskraft des Tatbestandes gilt daher nicht für schriftlichen Prozeßstoff (KG, aaO.; Stein-Jonas-Schumann-Leipold, § 314 Anm. I 1; Thomas-Putzo, § 314 Anm. 1). Insoweit besteht kein Bedürfnis für den Tatbestandsbeweis, weil sich das Parteivorbringen genauestens aus den zu den Akten gereichten Schriftsätzen ersehen läßt (Stein-Jonas-Schumann-Leipold, aaO.). § 320 findet daher auf ein rein schriftliches Verfahren gemäß § 128 II keine Anwendung.

2) Siehe die entsprechenden Ausführung zu dem Beginn der Rechtsmittelfristen oben S. 321 ff.

3) Vgl. Stein-Jonas-Schumann-Leipold, § 320 Anm. I 1.

Annahme der Zulässigkeit eines Tatbestandberichtigungsantrages bereits vor Eintritt der rechtlichen Existenz und damit vor Zustellung eines gemäß § 310 II zu verlautbarenden Urteils an sämtliche Parteien.

Es besteht ein dringendes Bedürfnis, die Zulässigkeit einer Tatbestandberichtigung sobald wie möglich im Anschluß an die Entscheidung eintreten zu lassen. Das Gesetz hat deshalb auch die Frist gemäß § 320 II 3, die keiner Verlängerung fähig [1] und gegen die eine Wiedereinsetzung in den vorigen Stand (§§ 233 ff.) ausgeschlossen ist [2], verhältnismäßig kurz auf drei Monate bemessen. Das ist gerechtfertigt, weil das Erinnerungsvermögen des Gerichts [3] an bereits abgeschlossene oder mehr oder weniger weit zurückliegende Rechtsstreitigkeiten naturgemäß nachläßt. Eine Berichtigung muß daher so rechtzeitig erfolgen, daß sie nicht wegen mangelnder Erinnerung tatsächlich unmöglich ist, zumal auch die Entscheidung über den Berichtigungsantrag ohne Beweisaufnahme und unanfechtbar ergeht [4]. Der Erfolg einer Tatbestandsberichtigung und damit die Gewährung des mit § 320 beabsichtigten Rechtsschutzes für die Parteien ist also desto wirksamer, je früher die Parteien einen entsprechenden Antrag stellen. Das rechtfertigt die Annahme, den Antrag gemäß § 320 schon mit Zustellung an e i n e Partei zuzulassen. In diesem Augenblick ist bereits der Beurkundungsvorgang, der die Folgen des § 314 auslöst, rechtlich in Erscheinung getreten. Er begründet daher ein rechtliches Interesse der Parteien an der Richtigkeit ihres beurkundeten Vorbringens.

Diese Erwägungen haben zur Folge, daß der Tatbestandsbe-

---

1) Baumbach-Lauterbach, § 320 Anm. 4; Stein-Jonas-Schumann-Leipold, § 320 Anm. III; Thomas-Putzo, § 320 Anm. 2; Zöller-Degenhardt, § 320 Anm. 2.
2) Arg. 233 I; ebenso BGHZ 32, 17 (27 f.); Baumbach-Lauterbach, § 320 Anm. 1; Stein-Jonas-Schumann-Leipold, § 320 Anm. III (zu Fußn. 15); Rosenberg-Schwab, § 60 I 3 b (S. 286); a.A. Blomeyer, JR 1955, 184.
3) Nur auf das persönliche Erinnerungsvermögen der erkennenden Richter kommt es an, Stein-Jonas-Schumann-Leipold, § 320 Anm. IV 1; Thomas-Putzo, § 320 Anm. 2.
4) § 320 IV; vgl. dazu auch BGHZ 32, 17 (28); Rosenberg-Schwab, § 60 I 3 b (S. 286).

richtigungsantrag kein rechtlich existentes Urteil voraussetzt. Mit dem Zeitpunkt der Zustellung eines Urteils gemäß § 310 II an e i n e n Beteiligten entsteht somit für die betreffende Partei nicht nur das Recht, sondern auch die Pflicht, innerhalb der gesetzlichen Frist den Antrag auf Berichtigung zu stellen [1)2)].

## § 15 Besonderheiten der Urteilsverlautbarung gemäß § 310 II ZPO

### I. Auswirkungen der Urteilsformelzustellung auf das Zwangsvollstreckungsverfahren

Gemäß § 717 I endet die vorläufige Vollstreckbarkeit eines Urteils mit der Verkündung einer Entscheidung, die das Urteil oder die Vollstreckbarkeitserklärung aufhebt oder abändert. Das bedeutet, daß eine Partei, die zunächst ein obsiegendes Urteil erstritten hatte und dann in der zweiten

---

1) Wie hier im Ergebnis Lay, S. 99 f.; anders dagegen die wohl hM.; siehe RGZ 90, 295 (296); Goldschmidt, Neue ZPO, Anhang 4, § 7 EntlVO Anm. 9; Kann, ZPO, § 7 EntlBek. Anm. 5 (5. Abs.); Sydow-Busch-Krantz-Triebel, Anhang I, § 7 EntlBek. Anm. 6;Wieczorek, § 320 B I b; Rosenberg-Schwab, § 60 I 3 b (S. 286). Unklar Stein-Jonas-Schumann-Leipold, § 320 Anm. III; Thomas-Putzo, § 320 Anm. 2; dort ist lediglich von der Zustellung der Urteilsformel die Rede. Es ergibt sich jedoch daraus nicht (auch nicht aus den verwiesenen Stellen bei Stein-Jonas-Schumann-Leipold, aaO.) mit Sicherheit, welche der Zustellungen, wenn diese auseinanderfallen, maßgebend sein soll.

2) Diesem Ergebnis stehen auch keine Parteiinteressen entgegen, wenn die Frist gemäß § 320 II 3 bereits abläuft, ohne daß das Urteil existent geworden ist, weil die letzte Zustellung noch nicht bewirkt worden ist, und ohne daß die Partei die Entscheidungsgründe unter Verletzung der §§ 317 II 2, 315 II zugegangen sind. Dies hindert den Ablauf der Ausschlußfrist des § 320 II 3 nicht; siehe dazu eingehend Stein-Jonas-Schumann-Leipold, § 320 Anm. III und Rosenberg-Schwab, § 60 I 3 b (S. 285; Kleindruck), jeweils mit weiteren Nachweisen.

Instanz unterliegt, nicht mehr berechtigt ist, die Zwangsvollstreckung weiterzubetreiben [1]. Unter Berücksichtigung der mehraktigen Verlautbarung im Falle des § 310 II fragt es sich, wann hier die Vollstreckbarkeit aufgehoben ist.

Würde man die Verkündung i.S. des § 717 I so verstehen, daß allein ein Urteil im Rechtssinne die Vollstreckbarkeit der aufgehobenen oder abgeänderten Entscheidung außer Kraft setzen kann, so führte dies angesichts der mit der Verlautbarung gemäß § 310 II entstehenden Rechtslagen zu unannehmbaren Ergebnissen. Dann könnte eine Partei weiterhin die Vollstrekkung betreiben, obgleich durch die Zustellung des Instanzurteils an e i n e Partei gemäß § 310 II bereits bekannt geworden ist, daß das der Vollstreckung zugrundeliegende Urteil aufgehoben werden soll. Wenn daher § 717 I nach seinem Sinn und Zweck dem Schutze der Parteien vor unberechtigten Vollstreckungsmaßnahmen aufgrund nicht rechtskräftiger Titel gerecht werden will, dann kann im Fall einer Verlautbarung nach § 310 II nicht die Existenz des die Vollstreckbarkeit eines Titels aufhebenden Urteils entscheidend sein. Das gilt insbesondere deshalb, weil sich das Urteil, das bereits einer Partei gemäß § 310 II zugestellt ist, auf dem Wege zur Entstehung befindet, ohne daß es noch abgeändert werden kann [2]. Für den Eintritt der Wirkungen des § 717 I muß es daher bei verständiger Würdigung dieser Vorschrift im Verhältnis zu der schriftlichen Verlautbarung gemäß § 310 II genügen, daß das abänderliche Urteil e i n e r der Prozeßparteien bekannt geworden ist. In diesem Augenblick steht für die Außenwelt erkennbar fest, daß das Urteil mit dem betreffenden aus der Urteilsformel ersichtlichen Inhalt erlassen ist.

---

1) Vollstreckt die Partei gleichwohl, macht sie sich schadensersatzpflichtig. Sieht § 717 II bereits eine Schadensersatzpflicht für den Fall vor, daß aus einem vorläufig vollstreckbaren Titel b e r e c h t i g t e r - w e i s e vollstreckt wird, so entsteht ein Schadensersatzanspruch erst recht dann, wenn die vorläufige Vollstreckbarkeit wieder fortgefallen ist; zutreffend OLG Hamburg, SeuffA 55, 365 (367).

2) Siehe oben S.320.

Das hat zur Folge, daß der aufgrund des aufgehobenen Urteils berechtigte Vollstreckungsgläubiger keine Vollstreckungsmaßnahmen mehr einleiten darf, wenn die Urteilsformel bereits einer Partei zugestellt worden ist. Auf der anderen Seite muß es dem Vollstreckungsschuldner gestattet sein, durch Vorlage der bereits zugestellten Urteilsformel bereits eingeleitete Vollstreckungsmaßnahmen abzuwenden, soweit er ein obsiegendes Urteil, das die Vollstreckbarkeit des der Vollstreckung zugrundeliegenden Titels aufhebt (§ 717 I), erstritten hat. Die gesetzliche Grundlage gegenüber dem Vollstreckungsorgan gibt hier § 775.

Betrachtet man die Voraussetzungen des § 775 Nr. 1, so verlangt diese Bestimmung zwar die Vorlage einer Ausfertigung der den Vollstreckungstitel aufhebenden Entscheidung. Sie kann aber der Partei, die die Einstellung der Zwangsvollstreckung begehrt, nicht erteilt werden, solange das Urteil nicht allen Parteien gemäß § 310 II zugestellt und damit existent ist (§ 317 II 1) [1]. Daraus könnten dem Vollstreckungsschuldner erhebliche Nachteile erwachsen. Berücksichtigt man, daß es bei Schaffung des § 775 einen schriftlichen Urteilserlaß noch nicht gab, wird man in sinngemäßer Auslegung der §§ 775, 717 I, 310 II die Vorlage der zugestellten Urteilsformel genügen lassen müssen, um die Einstellung der Zwangsvollstreckung zu erwirken. Denn ist der Vollstreckungsschuldner nicht in der Lage, die Ausfertigung der der Vollstreckung entgegenstehenden Entscheidung (§ 717 I) vorzulegen, weil sie noch nicht existent ist, hängt aber die Entstehung eines Urteils im Rechtssinne lediglich davon ab, daß das Gericht seiner zwingenden Verpflichtung [2] nachkommt, die notwendigen Zustellungen an sämtliche Parteien zu bewirken, entspricht es dem Schuldnerschutzgedanken des § 775, wenn in diesem Fall das Vollstreckungsorgan gehalten ist, von der Durchführung von Vollstreckungsmaßnahmen Abstand zu nehmen [3].

1) Siehe oben S. 323 f.
2) Vgl. BGHZ 32, 370 (375).
3) Ebenso im Ergebnis Lay, S. 98.

Die Einstellung der Zwangsvollstreckung bei dieser besonderen Sachlage auch ohne Vorlage einer Ausfertigung des die Vollstreckbarkeit des Titels aufhebenden Urteils entspricht auch dem Grundsatz, daß § 775 nicht nur bei Vorliegen der besonderen förmlichen Voraussetzungen eine Amtspflicht des Vollstreckungsorgans begründet, Vollstreckungsmaßnahmen anzuhalten [1], zumal die Vorlage einer Ausfertigung im Falle des § 775 Nr. 1 kein Formalerfordernis darstellt, sondern lediglich den Beweis über die Berechtigung des Einwandes des Vollstreckungsschuldners, daß z.B. ein die Vollstreckbarkeit aufhebendes Urteil ergangen ist, erbringen soll [2]. Herrscht daher im Falle des § 775 Nr. 1 keine absolute Formstrenge, ist es wenig sinnvoll, für die Voraussetzungen einer Einstellung erst die letzte Zustellung gemäß § 310 II und damit die Existenz des im Verfahren omV erlassenen Urteils abzuwarten. Sie kann daher bereits mit der Vorlage der amtlich zugestellten Urteilsformel oder aber auch - wenn möglich - durch Nachfrage bei Gericht erfolgen [3].

Die Frage nach der Maßgeblichkeit der einzelnen Zustellungen gemäß § 310 II im Vollstreckungsrecht wird weiterhin für den besonderen Fall des § 890 bedeutsam. Hier wird die in einem Urteil enthaltene Verbotsnorm, die sich aus einem Unterlassungsgebot und einer Strafandrohung zusammensetzt, mit der Verkündung der Entscheidung wirksam [4]. Das Urteil bildet daher die Grundlage für den Strafbeschluß. Fraglich ist nunmehr, in welchem Zeitpunkt bei einem im Verfahren omV erlassenen Urteil (§§ 128 II, 310 II) die Voraussetzungen für eine Bestrafung gemäß § 890 I gegeben sind.

Die Verurteilung zu einer Strafe nach § 890 I ist ein Akt der Zwangsvollstreckung. Sie kann demnach nur erfolgen, wenn

---

1) Vgl. BGHZ 25, 60 (63 f.); KG, DGVZ 1958, 71; Stein-Jonas-Münzberg, § 775 Anm. III 1 a.E. (m.w.Nachw. in Fußn. 39); wohl auch Pagenstecher, Prozeßprobleme, S. 53.
2) Stein-Jonas-Münzberg, aaO.
3) Vgl. Pagenstecher, aaO., S. 53.
4) OLG Frankfurt, DRpfl. 1954, 46 (68); KG, MDR 1964, 155; OLG Bremen, JR 1965, 24.

deren Voraussetzungen gegeben sind [1]. Es muß ein Titel vorliegen, das Urteil muß mit einer Vollstreckungsklausel versehen und dem Schuldner zugestellt sein (§§ 704, 724, 750). Die Ausfertigung eines Urteils, die für die Zustellung erforderlich ist [2] und die mit der Vollstreckungsklausel versehen die maßgebliche Urkunde für die Zwangsvollstreckung bildet, darf aber nicht erteilt werden, bevor nicht ein Urteil im Rechtssinne vorliegt (§ 317 II 1). Daraus folgt, daß die notwendigen Voraussetzungen für die Zwangsvollstreckung und damit auch für den Erlaß eines Strafbeschlusses gemäß § 890 nicht vor der rechtlichen Existenz, d.h. der Zustellung der Urteilsformel an sämtliche Parteien des im schriftlichen Verfahren ergehenden Urteils geschaffen werden können.

Sind die Vollstreckungsvoraussetzungen im Zeitpunkt der "Bestrafung" gegeben, so ist weiter zu untersuchen, ob diese Voraussetzungen und damit ein zu rechtlichem Dasein gelangtes Urteil auch bereits im Augenblick der "Zuwiderhandlung" gegeben sein müssen.

Für eine Bestrafung gemäß § 890 I kommt es darauf an, daß der Schuldner nach Erlaß des Unterlassungstitels und der Strafandrohung eine Zuwiderhandlung begangen hat [3]. Indessen brauchen die Voraussetzungen der Zwangsvollstreckung noch nicht vorzuliegen [4]. Diese beginnt im Falle des § 890 erst mit der Straffestsetzung, es sei denn, daß die Anordnung der Strafe in einem besonderen Beschluß erfolgt [5].

---

1) Vgl. OLG Bremen, JR 1965, 24; Thomas-Putzo, § 890 Anm. 2 a.
2) Das ist zwar in § 750 nicht ausdrücklich vorgesehen, steht aber in Auslegung des § 170 für Urteile außer Streit; vgl. statt vieler Stein-Jonas-Pohle, § 170 Anm. II 3.
3) So die hM.; siehe OLG Frankfurt, DRpfl. 1954, 46; OLG Hamburg, MDR 1957, 622; MDR 1965, 670; OLG Stuttgart, MDR 1962, 995; OLG Bremen, JR 1965, 24; Baumbach-Lauterbach, § 890 Anm. 3 C; Stein-Jonas-Schönke-Pohle, 18. Aufl., § 890 Anm. II 3; Rosenberg, LB, § 209 II 1 (S. 1084); Schönke-Baur, § 38 III 2 b (S. 166); a.A. OLG München, Rspr. 19, 32; Wieczorek, § 890 Anm. C.
4) Siehe die vorstehende Fußn.
5) OLG Frankfurt, DRpfl. 1954, 46; OLG Hamburg, MDR 1957, 622; OLG Stuttgart, MDR 1962, 995; Stein-Jonas-Münzberg, vor § 704 Anm. VII 2 und ebenda Fußn. 147.

Diese Grundsätze sind mit folgender Maßgabe auf ein im Verfahren omV erlassenes Urteil entsprechend anzuwenden: Eine objektive Zuwiderhandlung i.S. des § 890 ist bereits dann gegeben, wenn die Zustellung der Urteilsformel gemäß § 890 an diejenige Partei bewirkt ist, der das richterliche Gebot auferlegt ist. Nicht erforderlich ist dagegen, daß im Zeitpunkt der Zuwiderhandlung das die Verbotsnorm und Strafandrohung aussprechende Urteil, das aufgrund eines Verfahrens omV ergeht (§§ 128 II, 310 II), allen Parteien zugestellt ist und somit in diesem Moment formell noch kein Vollstreckungstitel i.S. des § 890 vorliegt [1]. Das ergibt sich aus dem Sinn des § 890. Die Strafandrohung in Verbindung mit dem Unterlassungstitel ist im Grunde ein individuelles Strafgesetz gegen den Schuldner, dem es bei Strafe untersagt ist, eine im Urteil näher bezeichnete Handlung zu unterlassen oder deren Vornahme zu dulden. Wenn nunmehr dieser Urteilsspruch entsprechend der Verkündung eines Strafgesetzes in der vom Gesetz dafür vorgesehenen Form bekannt gemacht ist, kann der Schuldner zumindest von demjenigen Augenblick der Strafdrohung objektiv zuwiderhandeln, in dem ihm die Urteilsformel zugestellt (§ 310 II) und damit das Verbot bekannt gemacht ist. Denn damit sind die notwendigen Voraussetzungen für die Strafbarkeit gegeben. Hier kommt es nicht darauf an, ob ein rechtlich existentes Urteil vorliegt. Maßgebend für die Verfolgung einer strafbaren Handlung ist das Vorliegen einer gültigen Strafnorm. Diese wird im Verfahren omV dadurch begründet, daß das Gericht sich der Entscheidung, die das Verbot ausspricht, bindend entäußert hat. Das ist spätestens mit der Zustellung der Urteilsformel an e i n e Partei der Fall [2]. Die Strafbarkeit setzt weiterhin voraus, daß der Täter die Strafnorm aufgrund der gesetzmäßigen Bekanntmachung kennen konnte. Das ist im Falle der Verlautbarung gemäß § 310 II gegeben, wenn die Urteilsformel

---

1) Insoweit geht der hier vertretene Standpunkt weiter als der der aufgeführten Rechtsprechung; siehe oben S. 338. Fußn. 3. Diese setzt jeweils den Erlaß eines vollstreckbaren Urteils voraus; vgl. statt aller OLG Hamburg, MDR 1965, 670.
2) Siehe oben S. 320.

dem Verurteilten, dem das Verbot auferlegt ist, zugestellt ist. Damit sind die Voraussetzungen für ein - strafbares - Zuwiderhandeln i.S. des § 890 gegeben [1].

Nur dieses Ergebnis wird der Bestimmung des § 890, die im Zivilprozeß Strafmaßnahmen mit echtem kriminellen Charakter ermöglicht [2], gerecht. Mit dem Wesen einer Kriminalstrafe wäre es nicht zu vereinbaren, wenn diejenige Partei, der die Urteilsformel mit dem entsprechenden Inhalt gemäß § 310 II zugestellt ist, trotz Kenntnis des ihr auferlegten Verbots diesem allein aus dem Grunde straflos zuwiderhandeln könnte, weil ohne die letzte Zustellung gemäß § 310 II das Urteil noch nicht existent geworden ist [3], obgleich aber das Gericht bereits an seine Entscheidung gebunden ist [4] und die fehlende Zustellung in Erfüllgung seiner Amtspflicht bewirken m u ß [5].

Somit ergibt sich, daß ein Strafbeschluß gemäß § 890 nicht vor Zustellung der Urteilsformel an sämtliche Parteien (§ 310 II) ergehen kann, daß hingegen im Zeitpunkt der Zuwiderhandlung das Urteil lediglich dem Schuldner zugestellt gewesen sein muß, um formellen Voraussetzungen einer Zwangsvollstreckung i.S. des §890 zu genügen [6].

---

1) Vgl. auch KG, MDR 1964, 155 (156), das zutreffend zwischen den Voraussetzungen der Vollstreckung (Erlaß des Strafbeschlusses) und der Strafbarkeit (Zuwiderhandlung) unterscheidet. Auf dieser Grundlage beruhen auch die oben im Text angestellten Erwägungen im Hinblick auf § 310 II.
2) Vgl. Schönke-Baur, § 38 III 4 (S. 167 f.).
3) Siehe auch die zutreffenden Erwägungen des OLG Frankfurt, DRpfl. 1954, 46 (47 f.) und des OLG Hamburg, MDR 1965, 670, die zwar nicht speziell den Fall des § 310 II betreffen, jedoch wegen der grundlegenden Überlegungen über die Voraussetzungen eines Strafbeschlusses gemäß § 890 entsprechend herangezogen werden könne.
4) Siehe oben S. 320.
5) BGHZ 32, 370 (375).
6) Ebenso im Ergebnis wohl Lay, S. 98 f., der sich auf die Feststellung beschränkt, daß eine Zuwiderhandlung gegen ein dem Schuldner ordnungsgemäß kundgemachtes richterliches Gebot strafbar sein müsse, die Strafdrohung deshalb bereits gegenüber diesem mit Zustellung an ihn wirksam sei.

## II. Das Verhältnis der Urteilsformzustellung zur Urteilszustellung

Nach ganz hM. [1] ist die Urteilsformelzustellung streng von der Zustellung des Urteils zum Zwecke der Abkürzung der Rechtsmittelfristen (§§ 516, 552) oder zur Einleitung der Zwangsvollstreckung (§ 750) zu unterscheiden. Das ergibt sich schon aus dem Gesetzeswortlaut des § 310 II, demgemäß diese Zustellung nur die Verkündung ersetzt [2]. Eine vor der Urteilsformelzustellung bewirkte Zustellung des Urteils durch die Parteien ist demnach unbeachtlich, weil das zugestellte Urteil noch nicht rechtlich existent war. Die betreffenden Parteizustellungen setzen daher die Einmonatsfrist (§§ 516, 552) nicht in Lauf [3]. Darüber hinaus vermögen infolge der gesetzlichen Trennung zwischen Amts- und Parteibetrieb weder die Parteizustellung gemäß § 317 die amtliche Urteilsformelzustellung gemäß § 310 II noch letztere die Zustellung der Parteien zu ersetzen [4].

---

1) RGZ 123, 333 (336); RG, JW 1931, 197; RGZ 150, 392 (393); RAG, DR 1943, 948; OLG Celle, MDR 1964, 926; LG Köln, JMBl.NRW 1956, 103; Baumbach-Lauterbach, § 310 Anm. 3 C; Stein-Jonas-Schumann-Leipold, § 310 Anm. IV 4; Thomas-Putzo, § 310 Anm. 2; Zöller-Stephan, § 128 Anm. IV; Bernhardt, § 46 (S. 273); Blomeyer, ZPR, § 56 II 2 (S. 272); Lent-Jauernig, § 70 (S. 205); Nikisch, § 78 III 2 (S. 308, Kleindruck); Rosenberg-Schwab, § 110 V 2 a (S. 549, Kleindruck); Jauernig, Zivilurteil, S. 59 Fußn. 31; Drechsler, ZZP 50, 202.
Ebenso das gesamte ältere Schrifttum; siehe Goldschmidt, Neue ZPO, Anhang 4, § 7 EntlVO Anm. 9 a.E.; ders., Zivilprozeßrecht, § 57, 2 a.E. (S. 193); Kann, ZPO, § 7 EntlBek. Anm. 5 (5. Abs.); Lucas, § 23 a Anm. 10; Seuffert, § 23 Anm. 2; Sydow-Busch-Krantz-Triebel, Anhang I, § 7 EntlBek. Anm. 6; Volkmar, BeschlVO, § 23 EntlVO Anm. 7; Warneyer, Kriegsgesetze, § 23 EntlVO Anm. VI; Stein-Juncker, § 72 A IX 2 (S. 217); Sonnen, Das neue ZPrR, S. 49 f.; Lay, S. 96; Münzel, S. 131; Zscherlich, S. 59 f.

2) Vgl. Münzel, S. 131.

3) RGZ 120, 243 (245); 123, 333 (336); RG, JW 1931, 197 (mit zustimmender Anmerkung von Doerr); RGZ 140, 348 (350 f.); 150, 392 (393); RG, DR 1944, 384; BGH, JR 1955, 251; VersR 1961, 251; Goldschmidt, Zivilprozeßrecht, § 57, 2 Fußn. 18 (S. 183); Lay, S. 100 f.

4) RG, JW 1931, 197; DR 1944, 384; BGH, VersR 1961, 251; LG Köln, JMBl.NRW 1956, 103; Baumbach-Lauterbach, § 317 Anm. 1 a.E.; Thomas-Putzo, § 310 Anm. 2; Rosenberg-Schwab, § 110 V 2 a (S. 549); Jauernig, Zivilurteil, S. 59; ferner BGH, LM Nr. 2 zu § 625 ZPO; Dietz-Nikisch, § 50 Rdn. 5 (in bezug auf dasselbe Problem im Arbeitsgerichtsprozeß).

Diese scharfe Trennung zwischen Amts- und Parteizustellung entfällt jedoch, wenn wie im Eheprozeß gemäß § 625 [1] die Urteilszustellung zum Zwecke der Ingangsetzung der Rechtsmittelfristen gemäß §§ 516, 552 abweichend von § 317 im Amtsbetrieb erfolgt. Geht man streng formal von der eigenständigen Bedeutung jeder einzelnen Zustellung aus, dann wäre im Falle einer Entscheidung aufgrund eines Verfahrens omV im Eheprozeß eine doppelte Zustellung, und zwar jeweils eine Amtszustellung zu fordern [2]. Dieses Ergebnis erscheint sehr formalistisch und drängt zu der Frage, ob bei einem Verfahren omV im Eheprozeß die von Amts wegen vorzunehmende Urteilsformelzustellung gemäß § 310 II und Urteilszustellung gemäß § 625 nicht in der Weise verbunden werden können, daß eine einzige Amtszustellung die Verkündung des Urteils ersetzt und gleichzeitig für den Zustellungsempfänger den Beginn der (einmonatigen) Rechtsmittelfrist bewirkt [3]. Dies soll im folgenden näher untersucht werden.

Betrachtet man die verschiedenen Zustellungsarten, dann kann man feststellen, daß sie sich nicht nur in ihrer Bedeutung , sondern auch in ihrer äußeren Form unterscheiden. Während es im Falle der §§ 317, 625 der Zustellung einer Urteilsausfer-

---

1) Entsprechende Vorschriften finden sich in den §§ 98 BEG, 50 ArbGG.

2) So wohl die überwiegende Meinung in Rechtsprechung und Lehre; siehe BGH, JR 1955, 384 (zu § 98 BEG); RGZ 123, 333 (336); 150, 392 (393); RAG, DR 1943, 948 (zu § 50 II ArbGG); Stein-Jonas-Schlosser, § 625 Anm. II 4; Thomas-Putzo, § 310 Anm. 2; Wieczorek, § 625 A II; Nikisch, § 73 III 2 (S. 308 f., Kleindruck); Rosenberg-Schwab, § 110 V 2 a (S. 549, Kleindruck); Jauernig, Zivilurteil, S. 59 Fußn. 31; Burkhardt, MDR 1957, 390; ebenso auch die ältere Literatur; siehe Goldschmidt, Neue ZPO, Anhang 4, § 7 EntlVO Anm. 9; ders., Zivilprozeßrecht, § 73, 3 g, Fußn. 60 (S. 258); Kann, ZPO, § 7 EntlBek. Anm. 5 (5. Absatz); Sydow-Busch-Krantz-Triebel, Anhang I, § 7 EntlBek. Anm. 6; Sonnen, Das neue ZPrR, S. 49 f.; Drechsler, ZZP 50, 202 f.

3) In diesem Sinne KG, JW 1926, 1597 (mit zustimmender Anmerkung von Lemberg, ebenda); Baumbach-Lauterbach, § 310 Anm. 3 C; Lay, S. 101 ff.; Zscherlich, S. 61; Dräger, MDR 1963, 811.

tigung in vollständiger [1] oder abgekürzter [2] Form bedarf, genügt für die Verlautbarung gemäß § 310 II die Zustellung lediglich einer Mitteilung über die vom Gericht beschlossene Urteilsformel. Dagegen ist die Zustellung einer Ausfertigung oder einer beglaubigten Abschrift des Urteils nicht notwendig [3]. Angesichts dieser gesetzlichen Formvorschriften kommt eine Verbindung der Amtszustellungen gemäß §§ 625, 310 II zwangsläufig nur in Betracht, wenn das zugestellte Schriftstück den gesetzlichen Anforderungen beider Zustellungsformen entspricht. Diese Voraussetzung wäre gegeben, wenn das Gericht eine Ausfertigung des vollständigen oder abgekürzten Urteils zustellte. Darin würde einmal die Mitteilung der Urteilsformel notwendig enthalten sein. Sie entspräche daher völlig den Anforderungen einer Zustellung gemäß § 310 II [4]. Zum anderen genügte die Zustellung in dieser Form aber auch den Vorschriften der §§ 317, 625, 516, 552, 750, um die Rechtsmittelfristen in Lauf zu setzen und die Voraussetzungen für eine Zwangsvollstreckung zu schaffen. Würde dagegen lediglich die Urteilsformel zugestellt, wäre zwar eine wirksame Zustellung gemäß § 310 II, nicht aber auch eine solche gemäß § 625 gegeben, weil sie nicht die Formerfordernisse der §§ 625, 317, 516, 552 und 750 erfüllte. Daraus folgt, daß eine Verbindung der Zustellungen in einem Akt nur dann in Frage käme, wenn die Zustellung in Form einer Urteilsausfertigung geschieht. Es bestehen jedoch Bedenken, ob dieser Weg bei der gegebenen Sachlage gangbar ist.

Gemäß § 317 II 1 darf das Gericht keine Ausfertigung von einem Urteil erteilen, das noch nicht zu rechtlichem Dasein gelangt ist [5]. Das Gericht kann demnach die Zustellung gemäß

---

1) Zur Ingangsetzung der Revisionsfrist ist diese Form unerläßlich, § 552.
2) § 317 II 3, so z.B. für die Berufungsfrist (§ 516) oder als Voraussetzung der Zwangsvollstreckung (§ 750).
3) BGH, VersR 1963, 1201; Stein-Jonas-Schumann-Leipold, § 310 Anm. IV 2.
4) RG, HRR 1936 Nr. 690.
5) Eine dennoch erteilte Ausfertigung ist keine solche. Eine mit diesen "Scheinausfertigungen" bewirkte Parteizustellung ist fehlerhaft; vgl. RGZ 140, 348 (350); RG, DR 1944, 384. Durch Nachholung der Amtszustellung gemäß § 310 II vor Parteizustellung wird jedoch der Mangel geheilt, so RGZ 140, 348 (351).

§ 625 nicht vornehmen, bevor nicht die Zustellungen gemäß § 310 II, die erst die Existenz des Urteils begründen, bewirkt sind. Eine Verbindung der Amtszustellungen gemäß §§ 310 II, 625 wäre daher nur möglich, wenn dem Gericht ausnahmesweise für den vorliegenden Fall gestattet würde, entgegen dem gesetzlichen Gebot des § 317 II 1 eine Ausfertigung von einem noch nicht existenten Urteil zu fertigen. Ob dies zulässig ist, wird man unter dem Gesichtspunkt, daß die Formvorschriften in die ZPO nicht um ihrer selbst willen geschaffen sind und im Hinblick auf den Sinn des § 317 im besonderen untersuchen müssen.

Der Sinn des § 317 II 1 liegt darin, den Parteien so lange keine Ausfertigungen, d.h. Abschriften über die bei den Akten verbleibende Urteilsurschrift auszuhändigen, wie das Gericht sich seiner Entscheidung nicht bindend entäußert hat [1]. Das Verbot soll demnach verhindern, daß sich die Parteien dieser "Ausfertigungen", die formell [2] den vollgültigen Beweis über die Urteilsurschrift erbringen [3], im Rechtsverkehr bedienen, obwohl die Urschrift noch kein Urteil im Rechtssinne, sondern einen bloßen Entwurf darstellt. Mit solchen fehlerhaften Urkunden würde daher nicht nur ein Rechtsschein in bezug auf den Stand des Prozesses erzeugt, aufgrund dessen die Parteien sich veranlaßt sehen könnten, gegen die ihnen gegebenenfalls zugestellten Scheinausfertigungen Rechtsmittel einzulegen [4], sondern es würde sogar der obsiegenden Partei ermöglicht, durch Zustellung der Ausfertigung die Zwangsvollstreckung einzuleiten (§§ 570, 724, 703), bevor überhaupt ein mit rechtlichen Wirkungen ausgestatteter Staatsakt vorhanden ist. Betrachtet man diese Gefahren für die Sicherheit des Rechtsverkehrs aber näher, so fragt es sich, ob sie tatsächlich so erheblich sind, daß sie

1) RGZ 140, 348 (350); BGHZ 8, 303 (307); insoweit auch zutreffend Dräger, MDR 1963, 311 unter III 3 a.
2) Rechtlich handelt es sich um keine Ausfertigung. Diese ist eine bloße "Scheinausfertigung"; siehe RG, DR 1944, 384.
3) Vgl. Stein-Jonas-Münzberg, § 775 Anm. III 1 a (nach Fußn. 39).
4) Siehe oben S. 324 f.

im Falle eines Eheprozesses einer zweckmäßigen Verbindung der Urteilsformelzustellung (§ 310 II) mit der Urteilszustellung (§ 625) entgegenstehen. Was zunächst die drohende Zwangsvollstreckung angeht, so kommt sie in Ehesachen [1] ohnehin nicht in Betracht [2]. Im Hinblick auf die Ingangsetzung der Rechtsmittelfrist hatte sich bereits in anderem Zusammenhang ergeben, daß das Gericht spätestens mit der Zustellung an e i n e Partei das Urteil nicht mehr abändern kann (§ 318) [3] und zur Zustellung der Urteilsformel desselben Inhalts auch an die übrigen Parteien verpflichtet ist [4]. Daraus folgt schon, daß die Gefahr einer entgegen § 317 II 1 erteilten Ausfertigung von einem solchen zwar noch nicht existenten, aber bereits bindend in Erscheinung getretenen Urteil weniger groß ist als im Falle eines noch nicht verkündeten Urteils gemäß § 310 I. Darüber hinaus schützt die Möglichkeit, gegen den durch eine Ausfertigung entstehenden Anschein eines Urteils bereits ein Rechtsmittel einzulegen [5], das Interesse der Parteien an der Überprüfung des noch nicht existenten, jedoch in den Rechtsverkehr getretenen Staatsaktes. Es entstehen somit keine wesentlichen Nachteile für die Parteien, wenn eine Urteilsausfertigung zum Zwecke der Verlautbarung (§ 310 II) und des Beginns der Rechtsmittelfristen gemäß § 625 von Amts wegen zugestellt würde. Die damit entstehenden Rechtsunsicherheiten wegen des Anscheins eines existenten Urteils sind nicht so entscheidend, als daß man aus Zweckmäßigkeitsgründen für den gegebenen Fall nicht einen Verstoß gegen die Formvorschrift des

---

1) Zum Begriff siehe Stein-Jonas-Schlosser, vor § 606 Anm. III 1 ff.

2) Das gilt auch für die Klage auf Herstellung des ehelichen Lebens, § 888 II; vgl. auch Baumbach-Lauterbach, § 606 Anm. 2 E; Stein-Jonas-Schlosser, vor § 606 Anm. III 5.

3) Siehe oben S. 320.

4) BGHZ 32, 370 (375).

5) Siehe oben S. 324.

§ 317 II 1 in Kauf nehmen könnte [1].

Gegen eine Verbindung der Zustellungen gemäß §§ 310 II, 625 erheben sich aber weiterhin im Hinblick auf § 315 III Bedenken. Danach hat der Urkundsbeamte der Geschäftsstelle auf dem Urteil den Tag der Verkündung zu vermerken. Dem § 315 III wird im Falle einer Verlautbarung gemäß § 310 II sinngemäß in der Weise entsprochen, daß der Urkundsbeamte anstelle des Datums der Verkündung die Tage der Zustellungen der Urteilsformel an die Parteien vermerkt [2][3]. Der Zustellungsvermerk gemäß § 315 III kann daher erst auf die Urschrift gesetzt werden, wenn die letzte Zustellung bewirkt und das Urteil damit existent ist. Soll nun die zu vermerkende Zustellung im Falle einer Verbindung der Zustellungen gemäß §§ 310 II, 625 durch denselben Akt bewirkt werden, durch den auch die Rechtsmittelfrist gemäß §§ 625, 516, 552 in Lauf gesetzt werden soll, würde das nicht ohne Mißachtung des § 315 III möglich sein, weil dieses Formerfordernis wegen der fehlenden Zustellung zum Zwecke der Verlautbarung gemäß § 310 II

1) Anders bei der Parteizustellung. Diese ist gegebenenfalls nach BGHZ 8, 303 (307 f.); RGZ 140, 348 (350 f.) unwirksam. Insoweit verkennt jedoch Dräger, MDR 1963, 811, die Bedeutung des § 317 II 1, wenn er dieser Bestimmung Auswirkungen auf die Zustellung gemäß § 310 II und den damit verbundenen Beginn der Rechtsmittelfristen abspricht. Richtig ist zwar, daß § 317 nichts direkt darüber aussagt, ob die Zustellung nach § 310 II geeignet ist, die Rechtsmittelfrist in Gang zu setzen. Das kann diese Zustellung ohnehin überhaupt nicht (siehe oben S. 341). Darum geht es aber auch bei der Prüfung nach Möglichkeiten einer Verbindung der Amtszustellungen gemäß § 310 II und § 625 gar nicht. § 317 ist eben insoweit erheblich, als die Zustellung gemäß § 625 ein existentes Urteil voraussetzt, da ohne dieses keine Ausfertigungen erteilt werden dürfen (§ 317), und daher nach den Formvorschriften der ZPO nicht vor der Bewirkung der Zustellungen gemäß § 310 II eine Zustellung zum Zwecke der Ingangsetzung der Rechtsmittelfrist möglich ist. Insofern übt also § 317 entgegen Dräger, aaO., sehr wohl Einfluß auf die Frage des § 310 II und der Rechtsmittelfristen aus.

2) So zutreffend die hM.; siehe RGZ 140, 346 (351); BGHZ 8, 303 (308); Baumbach-Lauterbach, § 315 Anm. 3; Stein-Jonas-Schumann-Leipold, § 315 Anm. IV; Rosenberg-Schwab, § 59 II 2 g (S. 278).

3) Nicht notwendig ist, wie Wieczorek, § 315 C, Lay, S. 99 Fußn. 8, und Dräger, MDR 1963, 811 f., meinen, daß sämtliche Zustellungstage auf dem Urteil zu vermerken sind. Weil die Verkündung erst mit der letzten Zustellung ersetzt ist, genügt es, daß deren Datum vermerkt wird; ebenso BGHZ 8, 303 (308 f.).

nicht erfüllt werden könnte.

Die Bedenken gegen eine Verbindung der Zustellungen gemäß §§ 310 II, 625 im Hinblick auf § 315 III verlieren jedoch an Gewicht, wenn man sich der zutreffenden hM. anschließt, wonach das Fehlen des Verkündungsvermerks keinen so wesentlichen Formfehler darstellt, daß er die Wirksamkeit der Zustellung einer Urteilsausfertigung (z.B. zum Zwecke der Ingangsetzung der Rechtsmittelfristen) beeinträchtigte [1]. Denn die Bedeutung der Vorschrift beschränkt sich auf den Nachweis der Identität von Urteilsformel der Urschrift und tatsächlich verlautbartem Entscheidungstenor. Der Verkündungsvermerk besitzt auch keine Beweiskraft. Er ersetzt insbesondere nicht den Beweis der ordnungsgemäßen Verkündung [2], der nur durch das Verkündungsprotokoll (§§ 164, 159) [3] oder im Falle der Zustellung gemäß § 310 II durch die Zustellungsurkunden erbracht werden kann. Es würde eine leere Förmlichkeit sein, bei unstreitiger Übereinstimmung der zugestellten Ausfertigung oder beglaubigten Abschrift mit der Urschrift die Zustellung wegen des fehlenden Vermerks gemäß § 315 III als unwirksam zu erachten [4].

Der Verkündungsvermerk gemäß § 315 III gewinnt allerdings im Verfahren omV dadurch an Bedeutung, daß die Parteien bei der Erteilung einer Ausfertigung daraus erkennen können, wann die letzte Zustellung gemäß § 310 II bewirkt und damit die Fünfmonatsfrist (§§ 516, 552) in Gang gesetzt worden ist [5]. Jedoch ist dieser Umstand nicht so wesentlich, um deshalb im Verfahren gemäß §§ 128 II, 310 II der Zustellung des Urteils (§§ 516, 552) ohne den Vermerk i.S. des § 315 III

1) So für die Parteizustellung (§ 317) RGZ 140, 348 (351); RG, WarnRspr. 1936 Nr. 64; GruchBeitr. 27, 1118; JW 1903, 397; BGHZ 8, 303 (308 f.); Baumbach-Lauterbach, § 315 Anm. 3; Stein-Jonas-Schumann-Leipold, § 315 Anm. IV; Thomas-Putzo, § 315 Anm. 4.
2) RG, JW 1905, 115 (116).
3) RG, JW 1905, 115 (116); KG, ZZP 54, 465 (468); Baumbach-Lauterbach, § 315 Anm. 3; Stein-Jonas-Schumann-Leipold, § 315 Anm. IV; Thomas-Putzo, § 315 Anm. 4.
4) So zutreffend BGHZ 8, 303 (309).
5) Vgl. auch BGHZ, aaO.

die Wirksamkeit zu versagen. Diese Aufgabe kommt dem Verkündungsvermerk insbesondere im Verfahren omV nicht zu [1]. Der Sinn dieser formalen Ordnungsvorschrift liegt nicht in einer Mitteilung über die Entstehung des Urteils. Der Verkündungsvermerk bescheinigt vielmehr die Identität der Urteilsschrift mit der verlautbarten Urteilsformel [2]. Die Erkennbarkeit der Zustellungsdaten und damit des Zeitpunktes der Urteilsentstehung im Verfahren omV ist lediglich eine nützliche Nebenfolge des Verkündungsvermerks [3]. Darüber hinaus ist das rechtliche Interesse der Parteien, den genauen Zeitpunkt der Existenz des Urteils zu erfahren, verhältnismäßig gering [4]. Für den seltenen Fall, daß es wegen des Laufes der Fünfmonatsfrist gemäß §§ 516, 552 darauf ankommen sollte, ist es den Parteien im Verfahren omV zuzumuten, sich gegebenenfalls durch Nachfrage bei Gericht nach dem Datum der letzten Zustellung zu erkundigen [5]. Das Fehlen des Verkündungsvermerks berührt deshalb auch im Falle eines im Verfahren omV ergehenden Urteils trotz der besonderen Bedeutung des Vermerks für die Erkennbarkeit der rechtlichen Existenz nicht die Wirksamkeit der Zustellung i.S. des § 625.

Es bestehen jedoch Bedenken, ob der zwangsläufige Verstoß gegen die Ordnungsvorschrift des § 315 III im Falle einer Verbindung der beiden Zustellungen (§§ 310 II, 625) auch unter Berücksichtigung dessen als unwesentlicher Formfehler

---

1) Dies ist wohl auch die Auffassung des BGH, aaO., wenn dort ausgeführt ist, daß "der in § 315 III ZPO vorgesehene Vermerk bei Urteilen, die im schriftlichen Verfahren erlassen werden, praktisch der Datierung des Urteils" dient. - Anders dagegen Dräger, MDR 1963, 811 f.

2) Nichts anderes meint wohl auch das Reichsgericht, wenn es feststellt, daß § 315 III "der Rechtssicherheit dienen und die ordnungsgemäße Verkündung sicherstellen" soll, so RGZ 123, 333 (337); 140, 348 (351).

3) Die Unwesentlichkeit kann man jedoch nicht mit dem Hinweis begründen, daß dieser Vermerk von den Parteien oder Rechtsanwälten tatsächlich nicht beachtet würde, so KG ZZP 54, 465 (467); Lay, S. 99 Fußn. 8. Denn wenn der Verkündungsvermerk einen entsprechenden Sinn haben sollte, so kommt es nicht darauf an, inwieweit dieser in praxi erreicht wird.

4) Anders wohl RGZ 123, 333 (337).

5) So zutreffend RGZ 140, 348 (351); BGHZ 8, 303 (309).

gelten kann, daß der Verkündungsvermerk deshalb nicht auf der Ausfertigung enthalten ist, weil die Grundlagen des Vermerks, die Verkündung bzw. die Vollendung des Verkündungsersatzes, nicht gegeben sind. Die Ansicht nämlich, daß die Verletzung des § 315 III die Wirksamkeit der Zustellung nicht beeinträchtigen könne [1], ging grundsätzlich davon aus, daß im übrigen "den formellen Anforderungen der §§ 170, 317 Genüge getan" war [2]. Nur unter der Voraussetzung, daß ein Urteil vorliegt und dieses wirksam verkündet oder gemäß § 310 II zugestellt ist, sollte es auf das Vorhandensein des Verkündungsvermerks nicht ankommen [3]. Von einer übertriebenen Förmlichkeit [4] kann daher nicht mehr gesprochen werden, wenn nicht nur ein - wenn auch für sich allein nicht wesentlicher [5] - Verstoß gegen § 317 II 1 gegeben ist, sondern wenn der Verkündungsvermerk fehlt, weil er tatsächlich wegen eines noch nicht verlautbarten und daher nicht existenten Urteils überhaupt nicht erfolgen konnte. Hier zeigt sich vielmehr die Schwere des Verstoßes gegen die formellen Voraussetzungen im Urteilszustellungsverfahren. Die Verbindung der Urteilsformel- und Urteilszustellung würde die klare Reihenfolge der Rechtshandlungen mit deren verschiedenen Rechtswirkungen verwischen. Dabei geht es insbesondere um die im Gesetz erkennbare Zäsur zwischen der Existenz des Urteils und dessen Zustellung zum Zwecke des Rechtsmittelfristbeginns (§§ 516, 552). Diesen Einschnitt heben die im Falle einer Verbindung der Amtszustellungen (§§ 310 II, 625) bedingten Formverstöße völlig auf. Der Formfehler im Hinblick auf § 315 III ist daher im vorliegenden Fall so wesentlich, daß er der Wirksamkeit einer Urteilszustellung, sei es im Partei- (§ 317) oder Amtsbetrieb (§ 625), entgegenstehen würde. Damit ist für eine Verbindung der Amtszustellungen

---

1) Siehe oben S. 348.
2) BGHZ 8, 303 (309).
3) BGH, aaO. Diese Entscheidung betrifft zwar eine im Parteibetrieb bewirkte Zustellung. Die Ausführungen gelten aber für die amtliche Zustellung gemäß § 625 entsprechend, weil es in der Form des zuzustellenden Schriftstückes keine Besonderheiten gibt.
4) BGH, aaO.
5) Siehe oben S. 345.

gemäß §§ 625 und 310 II kein Raum mehr, weil die erstere nicht wirksam erfolgen kann, bevor nicht die letztere vollendet ist.

Dieses Ergebnis rechtfertigt sich noch aus einer Reihe weiterer Überlegungen. Ginge man davon aus, daß eine Verbindung der Urteilsformel- und Urteilszustellung gemäß 310 II, 625 zulässig wäre, würde dies zur Folge haben, daß mit der Zustellung an e i n e Partei dieser gegenüber die Einmonatsfrist (§§ 516, 522) in Gang gesetzt würde. Denn im Falle des § 625 beginnt die Frist gegenüber den einzelnen Parteien jeweils mit dem Tage zu laufen, an dem die Zustellung an die betreffende Partei bewirkt ist [1]. Das Urteil könnte demnach für eine Partei unanfechtbar werden, bevor dieses jemals zu rechtlichem Dasein gelangt ist. Zwar wäre, auch solange die Zustellung an die übrigen Parteien noch nicht bewirkt ist, im vorliegenden Falle ein Rechtsmittel zulässig. Denn unter der Voraussetzung der Zustellung einer - wenn auch unter Verletzung des § 317 II 1 erteilten - Ausfertigung wäre nach zutreffender Auffassung [2] ein Nichturteil ausnahmsweise überhaupt rechtsmittelfähig. Die Ausnahme von der grundsätzlichen Unanfechtbarkeit eines Nichturteils darf jedoch vorliegendenfalls nicht als Argument dienen, um damit rechtlich bedenkliche Folgen, die die Ansicht einer Verbindung der Amtszustellungen gemäß §§ 310 II, 625 mit sich brächten, auszugleichen, zumal der betreffende amtliche Zustellungsakt nur unter Mißachtung gesetzlicher Formvorschriften (§§ 317, 315) erfolgen könnte. Die Unsicherheiten des Verfahrensganges, die schon mit der Auffassung, daß ein nicht existentes Urteil unter besonderen Voraussetzungen mit den zulässigen Rechtsmitteln angegriffen werden kann, verbunden sind [3][4], und die Bedenken wegen

---

1) Siehe oben S. 330 f. mit weiteren Nachweisen das.
2) Siehe oben S. 324.
3) Siehe oben S. 328 Fußn. 4.
4) Vgl. auch Jauernig, Zivilurteil, S. 59 Fußn. 31 a.E., der im Ergebnis eine doppelte Amtszustellung für erforderlich hält, aber erkennt, daß "der Blick für die Rechtslage dadurch verdunkelt" wird, daß auch ein Nichturteil rechtsmittelfähig sein kann.

der Verletzung der §§ 315, 317 müssen alle Zweckmäßigkeitserwägungen, die eine Verbindung der Amtszustellungen nahelegen, zurücktreten lassen. Somit sprechen schon die Folgen, die sich im Hinblick auf die Grundlagen eines Rechtsmittelverfahrens im Falle der Zulässigkeit der Verbindung von Urteils- und Urteilsformelzustellung ergeben, gegen diese Auffassung. Darüber hinaus wäre es im Ergebnis unerträglich, daß ein nicht existentes Urteil - wenn auch nur für eine Partei - formell rechtskräftig würde [1].

Aus den vorstehenden Gründen folgt, daß zumindest die Annahme einer verbundenen Amtszustellung mit sofortigem Wirkungseintritt gegenüber e i n e r Partei zu unannehmbaren Ergebnissen führen würde. Entsprechende Unzuträglichkeiten zeigen sich jedoch auch dann, wenn man auf der Grundlage der Zulässigkeit einer einzigen Amtszustellung gemäß §§ 310 II, 625 den Eintritt der an die Urteilszustellung (§ 625) geknüpften Rechtsfolge des Rechtsmittelbeginns erst an die letzte Amtszustellung knüpfte [2]. Zwar würde in diesem Augenblick das Urteil existent. Die Parteien könnten wirksam Rechtsmittel einlegen. Die Bedenken im Hinblick auf die Verletzung des § 315 III wären wegen der Nachholung der Grundlagen eines existenten und ordnungsgemäß verlautbarten Urteils behoben [3]. Dennoch wäre auch dieses Ergebnis unter verschiedenen Gesichtspunkten unbefriedigend.

Es widerspräche zunächst dem § 625 insoweit, als die Rechtsmittelfrist nicht mit Zustellung an die Parteien gesondert zu laufen beginnen würde, wie dies im gewöhnlichen Verfahren der Fall ist [4]. Davon abzuweichen besteht bei einem im Verfahren omV ergehenden Urteil kein Anlaß.

---

1) Das war im übrigen auch ein Grund, weshalb die Fünfmonatsfrist gemäß §§ 516, 552 erst mit der Zustellung gemäß § 310 II an sämtliche Parteien in Gang gesetzt wird; siehe oben S.
2) Diese Lösung zieht Wieruszowski, JW 1929, 1884, in Erwägung.
3) Vgl. RGZ 140, 348 (351); BGHZ 8, 303 (309); Stein-Jonas-Schumann-Leipold, § 310 Anm. IV 5 Fußn. 33.
4) § 221 II gilt hier nicht; siehe dazu RG, JW 1930, 148 (Nr. 27); Stein-Jonas-Schlosser, § 625 Anm. II 2; Stein-Jonas-Pohle, § 221 Anm. II; Thomas-Putzo, § 221 Anm. 2.

Darüber hinaus blieben die Parteien im Falle der Maßgeblichkeit der letzten Amtszustellung, die zugleich die Existenz des Urteils (§ 310 II) und den Rechtsmittelfristbeginn (§ 625) für alle Parteien gleichzeitig begründete, über den Zeitpunkt des Beginns der Einmonatsfrist (§§ 516, 552) im Ungewissen. Keine Partei vermag zu erkennen, ob die Zustellung an sie die letzte war und verneinendenfalls, wann das Urteil an die übrigen Beteiligten zugestellt worden ist. War es den Parteien im Falle des Beginnes der Fünfmonatsfrist zuzumuten, diesen auf andere Weise als durch formgerechte Kundgabe festzustellen [1], kann das hingegen angesichts der verhältnismäßig kurzen Frist von einem Monat nicht angenommen werden. Das rechtliche Interesse der Parteien verlangt hier einen vom ersten Tage an klar erkennbaren Zeitpunkt für den Beginn der Einmonatsfrist, innerhalb derer sich die Parteien zur Einlegung eines Rechtsmittels entschließen müssen.

Somit ist auch vom Ergebnis her die Verbindung der Amtszustellungen gemäß §§ 310 II und 625 nicht tragbar. Das gilt sowohl für den Fall, daß man die Wirkungen des § 625 an jede einzelne Zustellung knüpft als auch für den Fall, daß die Wirkungen erst mit der letzten Zustellung eintreten. Zusammenfassend ergibt sich daher, daß sowohl aus rechtlichen als auch aus tatsächlichen Gründen eine Koppelung der Amtszustellung gemäß § 310 II mit derjenigen gemäß § 625 nicht möglich ist. Die Wesensunterschiede jeder Zustellung für sich und die innere Abhängigkeit der einzelnen Voraussetzungen, wie sie das Gesetz aufstellt, gebieten im Interesse der Rechtssicherheit und -klarheit sowie des Schutzes der Parteien die Einhaltung der Formstrenge, die im Eheprozeß dazu führt, daß bei einem im Verfahren omV ergehenden Urteil eine doppelte Amtszustellung unumgänglich ist [2].

Der Gegenansicht [3] ist zuzugeben, daß die Einhaltung der

---

1) Vgl. RGZ 140, 348 (351); siehe BGHZ 8, 303 (309); siehe oben S. 330.
2) Im Ergebnis ebenso die hM.; siehe dazu oben S. 342 Fußn. 2.
3) Insbesondere das KG, JW 1926, 1597.

Formvorschriften, die zum Erfordernis einer doppelten Amtszustellung führen, eine Mehrbelastung des Gerichts mit sich bringt, die bei oberflächlicher Betrachtung nutzlos erscheinen mag [1]. Das ist aber eine Folge des § 310 II. Die Unsicherheiten, die mit dieser Vorschrift entstehen, haben sich im Verlauf der vorstehenden Erörterungen [2] mehrfach gezeigt. Sie dürfen nicht durch neue Mißhelligkeiten, wie sie durch die Annahme einer einzigen Amtszustellung mit den Wirkungen der §§ 310 II, 625 verbunden wären, noch vermehrt werden. Bei dieser Sachlage ist eine Mehrbelastung der Gerichte nicht zweckwidrig, und zwar auch nicht im Hinblick auf die mit dem Verfahren omV beabsichtigten Verfahrensvereinfachungen. Hier gebietet insbesondere der Grundsatz der Rechtssicherheit eine mit § 310 II verbundene Unbequemlichkeit in Kauf zu nehmen.

Der wohl häufigste von der Gegenansicht erhobene Vorwurf eines übertriebenen Formdenkens [3] dürfte im Hinblick auf die mit dieser Auffassung verursachten Rechtsfolgen als verfehlt gelten. Es ist zwar zutreffend, daß Formvorschriften nicht um ihrer selbst willen bestehen [4]. Gleichwohl hat sich ergeben, daß die im Fall einer Urteilsformelzustellung und Urteilszustellung in einem Zustellungsakt zwangsläufigen Formverstöße im Zusammenhang mit einem ordnungsgemäßen Ablauf des Gerichtsverfahrens in dieser entscheidenden Phase nicht unerheblich sind.

Wenn schließlich die entgegengesetzte Ansicht in dem Erfordernis einer doppelten Amtszustellung die Gefahr einer Rechtsunsicherheit darin zu sehen glaubt, daß die Gerichte die doppelte Amtszustellung nicht praktizierten und beispielsweise ständig bereits nach einer Amtszustellung Rechtskraftzeugnisse erteilten [5], so vermag dieses Argument nicht

---

1) Vgl. KG, aaO.
2) Siehe oben S. 311 ff., 313 ff.
3) KG, aaO.; Baumbach-Lauterbach, § 310 Anm. 3 C; Dräger, MDR 1963, 811.
4) KG, aaO.
5) KG, aaO., unter Hinweis auf die beachtlichen Konsequenzen für das Ehescheidungsrecht.

zu überzeugen. Selbst wenn man unterstellt, daß die Gerichte auch heute häufig in der genannten Art und Weise verfahren, so ist dies kein zwingender Grund, von der hier vertretenen Meinung abzurücken. Denn typische Verfahrensfehler in der Gerichtspraxis sind nur selten geeignet, zur Stützung einer Rechtsansicht herangezogen zu werden. Auch legitimiert eine entsprechende Übung nicht die Mißachtung bestimmter Formvorschriften. Ganz offensichtlich herrscht insoweit in der Praxis erhebliche Unklarheit, wie die zahlreichen Entscheidungen aus der höchstrichterlichen Rechtsprechung zu § 310 II zeigen. Vielleicht liegt hier die größere Gefahr der Rechtsunsicherheiten als in § 310 II selbst.

## § 16 Die Verlautbarung von Beschlüssen

### I. Die Verlautbarung gemäß § 329 III

Gemäß § 329 I werden Beschlüsse, die aufgrund einer mV ergehen, verkündet. In einer Vielzahl von Fällen bedürfen jedoch Beschlüsse ihrer Natur nach keiner vorangehenden mV und deshalb keiner Verkündung. Diese Entscheidungen sind gemäß § 329 III formlos mitzuteilen oder in besonderen Fällen von Amts wegen zuzustellen. Im Gegensatz zur Bestimmung des § 310, die die Verlautbarung von Urteilen regelt, sucht man in § 329 vergeblich nach einer Regelung über die Verlautbarung solcher Beschlüsse, die im Verfahren omV ergehen. In § 329 III ist lediglich von den "nicht verkündeten Beschlüssen" die Rede. Mangels einer anderweitigen Bestimmung ist aber davon auszugehen, daß die Vorschrift des § 329 III auch auf diejenigen Beschlüsse anzuwenden ist, die nur deshalb nicht verkündet werden, weil die Parteien auf die Mündlichkeit des Verfahrens verzichtet haben (§ 128 II). Im Gegensatz zu § 310 II bedurfte es für Beschlüsse keiner besonderen Bestimmung, weil das Gesetz anders als bei Urteilen eine schriftliche Verlautbarung von Beschlüssen bereits vor Einführung des Verfahrens omV kannte. Für die Verlautbarung gemäß

§ 329 III macht es daher keinen Unterschied, aus welchem Grunde die Entscheidung omV ergeht. Insoweit besteht auch kein Streit [1].

Uneinigkeit herrscht dagegen in bezug auf den Charakter des § 329 III, soweit er auf Beschlüsse angewandt wird, die deshalb "nicht verkündet" werden, weil sie im Verfahren omV ergehen. Eine Mindermeinung [2] sieht im Falle einer Entscheidung gemäß § 128 II in der anzuwendenden Verlautbarungsvorschrift des § 329 III ein Analogon zu der Bestimmung des § 310 II in dem Sinne, daß die gemäß § 329 III vorgenommene Amtszustellung wie bei § 310 II als Verkündungsersatz anzusehen sei. Nach dieser Ansicht werden z.B. die Rechtsmittelfristen nicht wie bei den gewöhnlichen "nicht verkündeten" Beschlüssen bereits mit der gemäß § 329 III vorzunehmenden Amtszustellung in Lauf gesetzt [3], sondern erst entsprechend wie bei den gemäß § 310 II verlautbarten Urteilen durch Zustellung im Parteibetrieb [4]. Diese Auffassung wird von der überwiegenden Meinung zu Recht abgelehnt [5][6].

---

1) Baumbach-Lauterbach, § 329 Anm. 2; Stein-Jonas-Pohle, § 128 Anm. X 5 b; Thomas-Putzo, § 128 Anm. 3 f.; Wieczorek, § 128 J II d 3; Blomeyer, ZPR, § 56 II 2 (S. 272); Nikisch, § 78 III 2 (S. 308); Rosenberg-Schwab, § 110 V 2 b (S. 549); im übrigen die gesamte Rechtsprechung, siehe Fußn. 2 u. 5.
2) OLG Hamburg, NJW 1961, 927; MDR 1969, 149; Rosenberg-Schwab, § 110 V 2 b (S. 549); Bürger,NJW 1967, 615 f.; wohl auch Blomeyer, ZPR, § 56 II 2 (S. 272).
3) Zu den einzelnen Wirkungen der im Verfahren omV ergehenden Beschlüsse, siehe unten S. 361 ff.
4) So folgerichtig Rosenberg-Schwab, aaO.
5) OLG Stuttgart, NJW 1954, 273; OLG Bremen, DRpfl. 1957, 276 (unter c) zu § 91 a II; OLG Nürnberg, MDR 1960, 235 (Nr. 103); OLG Braunschweig, NdsRpfl. 1964, 137 = NJW 1964, 1032 (nur Leitsatz); OLG Köln, NJW 1967, 2062; OLG Frankfurt, NJW 1968, 404; OLG Hamburg (III. ZS.), MDR 1969, 933; Stein-Jonas-Schumann-Leipold, § 329 Anm. III 7; Göppinger, Erledigung, S. 269 f.; Horn, NJW 1953, 926 f.; Niemeyer, NJW 1968, 286.
6) Auch für sonstige Beschlüsse herrscht Streit, ob die Zustellung gemäß § 329 III nur die Verkündung ersetzt oder ob sich daran bereits die eine Zustellung der Entscheidung voraussetzenden Wirkungen anschließen. Zutreffend wertet das LG Aachen, NJW 1965, 2064, mit eingehender Begründung z.B. die Amtszustellung einer einstweiligen Anordnung nach §§ 627, 329 III als eine Zustellung i.S. des § 750; dagegen unzutreffend OLG Hamburg (VI. ZS.), MDR 1969, 149, das zu Unrecht in § 329 III ein Analogon zu § 310 II sieht. Vgl. weiter im Text.

Die von der Mindermeinung vertretene Rechtsauffassung, die auf einem Vergleich des § 329 III mit der ausschließlich für Urteile geltenden Vorschrift des § 310 II beruht, findet im Gesetz keine Stütze. Im Gegenteil sprechen wesentliche Gesichtspunkte für eine Interpretation der betreffenden Gesetzesbestimmungen in dem Sinne, daß mit einer Amtszustellung "nicht verkündeter" Beschlüsse gemäß § 329 III nicht nur die Verkündung ersetzt wird, sondern gleichzeitig die mit einer Amtszustellung gemäß § 329 III verbundenen Wirkungen eintreten. Das gilt nicht nur für einen kraft Gesetzes, sondern auch für einen aufgrund Parteieneinverständnisses (§ 128 II) omV ergehenden Beschluß. Das folgt schon aus der gesetzlichen Formulierung des § 329 III.

Ohne einen entsprechenden Wortlaut, wie § 310 II ihn aufweist, sieht das Gesetz zwei verschiedene Formen der Verlautbarung nicht verkündeter Beschlüsse vor, nämlich die formlose Mitteilung und die Zustellung. Die letztere Form der Bekanntmachung ist allein für solche Arten von Beschlüssen vorgesehen, die einem befristeten Rechtsbehelf unterliegen oder für die Fälle, in denen der betreffende Beschluß einen Vollstreckungstitel bildet, eine Terminsbestimmung enthält oder eine sonstige Frist in Lauf setzt. Der Sinn dieser Regelung in § 329 III liegt demnach ersichtlich darin, mit der Mitteilung der Entscheidung durch förmliche Zustellung sicherzustellen, daß den Parteien Gelegenheit zur Kenntnisnahme der Entscheidung gegeben war, um schließlich auf dieser nachweisbaren Grundlage an die Mitteilung so bedeutsame Rechtswirkungen wie z.B. den Rechtsmittelfristbeginn und die Schaffung der Voraussetzungen für die Zwangsvollstreckung zu knüpfen [1]. Nähme man hingegen an, daß im Falle eines Beschlusses, der z.B. der sofortigen Beschwerde unterliegt, die betreffende Zustellung nach § 329 III entsprechend einem gemäß § 329 I verkündeten Beschluß allein die Kundgabe, nicht jedoch zugleich die Ingangsetzung der Zweiwochenfrist (§ 577) bewirkte, fehlte es an einem ersichtlichen Grund, weshalb dann der betreffende Beschluß einer

1) Dies gilt auch für die nicht weniger bedeutsamen Beschlüsse, die eine Terminsbestimmung enthalten oder eine Frist in Lauf setzen (§ 329 III).

"förmlichen" Mitteilung bedarf. Wenn dieser, um gegebenenfalls besondere Rechtswirkungen wie die der §§ 577 II, 750 etc. auszulösen, ohnehin im Parteibetriebe (§ 317) zuzustellen und somit förmlich bekanntzugeben wäre, hätte es der Gesetzgeber dabei bewenden lassen könne, daß alle nicht verkündeten Beschlüsse lediglich durch formlose Mitteilung zu verlautbaren sind [1]. Aufgrund dieser Überlegungen kann die Amtszustellung gemäß § 329 III für bestimmte Entscheidungen nur den Sinn haben, gleichzeitig mit der Kundbarmachung auch die sonst mit einer Zustellung der Entscheidung verbundenen Rechtsfolgen eintreten zu lassen [2]. Dies gilt insbesondere auch für den Fall, daß ein Beschluß gemäß § 329 III zugestellt worden ist, weil er gemäß § 128 II im Verfahren omV ergangen ist [3].

Auch die Entwicklung des Gesetzes in Verbindung mit der Einführung des Verfahrens omV spricht entscheidend gegen die Auffassung, daß ein gemäß §§ 128 II, 329 III zugestellter Beschluß lediglich - wie bei Urteilen gemäß § 310 II - die Verkündung ersetzt [4]. Hierfür ist die Einführung des § 7 EntlVO in die ZPO durch das Vereinheitlichungsgesetz aus dem Jahre 1950 [5] von entscheidender Bedeutung. § 7 Satz 2 EntlVO bestimmte nämlich, daß im Falle einer im Verfahren omV ergehenden Entscheidung deren Verkündung durch die schriftliche Mitteilung, bei Urteilen "durch Zustellung der Urteilsformel" ersetzt würde. Infolge dieser Formulierung herrschte schon unter der Geltung dieser Bestimmung Streit, in welchem Ver-

---

1) In diesem Sinne Stein-Jonas-Schumann-Leipold, § 329 Anm. III 7 (Kleindruck); Niemeyer, NJW 1968, 285.
2) Im Ergebnis ebenso OLG Stuttgart, NJW 1954, 273; OLG Nürnberg, MDR 1960, 235; MDR 1964, 64; OLG Köln, NJW 1967, 1062; OLG Frankfurt, NJW 1968, 404; OLG Celle, NJW 1968, 407; LG Aachen, NJW 1965, 2064; Baumbach-Lauterbach, § 577 Anm. 2 A a; Stein-Jonas-Grunsky, § 577 Anm. II 1; Zöller-Degenhardt, § 329 Anm. 3 b; Niemeyer, NJW 1968, 285; dagegen a.A. OLG Hamburg, NJW 1961, 927; MDR 1969, 149; Bürger, NJW 1967, 615.
3) Anders insoweit Zöller-Degenhardt, § 329 Anm. 2 a, 3 b cc; Rosenberg-Schwab, § 110 V 2 b (S. 549).
4) So aber OLG Hamburg, NJW 1961, 927; Bürger, NJW 1967, 615.
5) Siehe oben S.10.

hältnis diese zu § 329 III stünde [1]. Diese Streitfrage ist aber durch den Gesetzgeber gelöst worden, indem lediglich die "schriftliche Mitteilung" der im Verfahren omV ergehenden Urteile in § 310 II näher geregelt worden, im übrigen aber § 7 Satz 2 EntlVO ersatzlos fortgefallen ist (Art. 8 II Nr. 1 VerinhG). Demnach findet sich über die Verlautbarung der im Verfahren omV ergehenden sonstigen Entscheidungen, insbesondere für die Beschlüsse keine besondere Bestimmung mehr. Diese Gesetzeslage schafft aber, wie man annehmen könnte, keine Lücke, die durch eine entsprechende Anwendung des § 310 II wieder zu schließen sein würde [2]. Vielmehr hat der Gesetzgeber die gemäß § 128 II ergehenden Beschlüsse bewußt keiner eigenen Verlautbarungsregelung unterworfen, weil das Gesetz mit § 329 III bereits eine Vorschrift über Beschlüsse, die nicht aufgrund einer mV ergingen und deshalb nicht verkündet wurden, kannte. Angesichts dessen bedurfte es überhaupt insoweit keiner besonderen Bestimmung [3].

Wenn nunmehr die Formulierung der §§ 23 BundesratsVO, 23 a BeschlVO, 7 EntlVO erneut Unklarheiten [4] in bezug auf den Charakter des § 329 III hinsichtlich der im Verfahren omV ergehenden Beschlüsse hervorgerufen hatte, tat der Gesetz-

---

1) Vgl. dazu eingehend Reinberger, Recht 1924, 70.
2) Siehe OLG Braunschweig, NdsRpfl. 1964, 137 (138 l.Sp.).
3) Vgl. die amtliche Begründung zu dem Entwurf des VereinhG, Bundestags-Drucksache, 1. Wahlperiode, Nr. 530 Anlage 1 a, S. 15, 18.
4) Schon unter der Geltung dieser Vorschriften war streitig, ob die Zustellung von Beschlüssen, die omV ergingen, lediglich die Verkündung ersetzten. Der damalige Rechtszustand war insofern unklar, als § 23 a BeschlVO (§ 7 EntlVO) zwar für Urteile die Zustellung der Formel vorschrieb, jedoch im übrigen die schriftliche Mitteilung der Entscheidung als Ersatz für die Verkündung vorsah. Man konnte daher in bezug auf die im Verfahren omV ergehenden Beschlüsse meinen, daß hier allein § 23 a und nicht § 329 III galt, zumal § 329 III aF. bis zur VO zur Vereinfachung der Zustellungen vom 17.6.1933 (RGBl. S. 394) bekanntlich die amtliche Zustellung für jede Art nicht verkündeter Beschlüsse bestimmte. Gleichwohl vertrat das Reichsgericht (RGZ 90, 295 (296)) bereits zu § 23 BundesratsVO die Ansicht, daß ein solcher Beschluß gemäß § 329 III bekanntzumachen sei. Vgl. zu diesen Fragen eingehend Reinberger, Recht 1924, 70 m.w.Nachw.

geber mit der Einarbeitung des Verfahrens omV gut daran, die nicht verkündeten Beschlüsse, gleichgültig ob der Fortfall der Mündlichkeit auf Gesetz oder einverständlichem Parteihandeln (§ 128 II) beruht, einer einheitlichen Verlautbarungsform zu unterwerfen. Das ist mit dem VereinhG [1] geschehen, indem mit der Übernahme des § 7 Satz 2, 2. Halbsatz EntlVO [2] in § 310 II und der ersatzlosen Streichung des 1. Halbsatzes der Satz 2 des § 7 EntlVO [3] eine Klarstellung oder, soweit man im Hinblick auf § 7 Satz 2 EntlVO einen dem § 310 II entsprechenden Standpunkt vertrat [4], eine Korrektur vorgenommen worden ist [5].

Diese dem Willen des Gesetzgebers entsprechende Lösung ist nicht nur zweckmäßig [6], weil sie im Interesse der Einfachheit und Übersichtlichkeit des Verfahrensganges eine für alle omV ergehenden Beschlüsse und Verfügungen einheitliche Regelung schafft, sondern es ist auch kein sachlicher Grund ersichtlich, weshalb die schriftliche Verlautbarung eines Beschlusses im fakultativ-mündlichen Verfahrens anders beurteilt werden sollte als die einer im Verfahren omV gemäß § 128 ergehenden Entscheidung. In beiden Fällen liegt der entscheidende Grund für den Fortfall der Mündlichkeit in der Entbehrlichkeit einer "mündlichen" Erörterung der Sach- und Rechtslage. Ein Unterschied insoweit besteht lediglich darin, daß das Gesetz in dem einen Fall die Notwendigkeit einer mV nur im Einverständnis der Parteien, im anderen Falle schlechthin in das Ermessen des Gerichts stellt. Aus diesem Grunde besteht aber keine Veranlassung, im Hinblick auf die Form der Verlautbarung trotz der Unterschiede im Wesen des zugrundliegenden Verfahrens die gemäß § 128 II nicht zu verkündenden Beschlüsse abweichend von den sonstigen "nicht verkündeten"

---

1) Siehe oben S. 12.
2) § 7 Satz 2 EntlVO lautete" "Die Verkündung der Entscheidung wird durch schriftliche Mitteilung ersetzt; bei Urteilen ist die Urteilsformel durch Zustellung mitzuteilen".
3) Siehe die vorangegangene Fußnote.
4) Siehe oben S. 357 f.
5) So auch OLG Frankfurt, NJW 1968, 404.
6) Vgl. OLG Braunschweig, NdsRpfl. 1964, 137; OLG Frankfurt, NJW 1968, 404.

Beschlüsse i.S. des § 329 III zu behandeln.

Diese abweichende Beurteilung der im Verfahren omV ergehenden Beschlüsse im Verhältnis zu den Urteilen findet ihre Rechtfertigung in den auch sonst teilweise recht unterschiedlichen Regelungen des Urteils- und Beschlußverfahrens, wie die beschränkte Anwendbarkeit der Vorschriften über Urteile auf die Verlautbarung der Beschlüsse zeigt (§ 329 II). Im übrigen gehen aber alle Versuche, aus § 329 II etwas für oder wider die uneingeschränkte Anwendbarkeit des § 329 III auf die im Verfahren omV ergehenden Entscheidungen herzuleiten, fehl.

Das Gesetz erklärt nur wenige der Vorschriften über Urteile auf Beschlüsse für entsprechend anwendbar (§ 329 II). Zwar ist die Aufzählung in § 329 II nicht erschöpfend [1]. Dennoch läßt sich im besonderen nicht schon aus dem Hinweis in § 329 II auf die Bestimmung des § 310 I, nicht aber auf deren Absatz 2 schließen, daß das Gesetz die im Verfahren omV ergehenden Beschlüsse schlechthin und ohne Besonderheiten denjenigen nicht verkündeten Beschlüssen gleichstellen wollte, die kraft Gesetzes omV ergehen können [2]. Denn § 329 II bezieht sich ersichtlich auf § 329 I, d.h. auf die Regelung der verkündeten Beschlüsse, wie sich aus den dort genannten Bestimmungen unschwer entnehmen läßt (vgl. §§ 309, 310 I, 312) [3].

Noch weniger kann man umgekehrt aus der beschränkten Bezugnahme des § 329 II auf dessen Absatz 1 und der dadurch ausgeschlossenen Anwendbarkeit des § 310 II auf verkündete Beschlüsse eine entsprechende Anwendbarkeit des § 310 II im Falle des § 329 III, also für die nicht verkündeten Beschlüsse

---

1) Baumbach-Lauterbach, § 329 Anm. 3; Stein-Jonas-Schumann-Leipold, § 329 Anm. I vor 1.

2) In diesem Sinne aber OLG Stuttgart, NJW 1954, 273; OLG Bremen, DRpfl. 1957, 276; OLG Nürnberg, MDR 1960, 235 (Nr. 103); OLG Braunschweig, NdsRpfl. 1964, 137; Stein-Jonas-Schumann-Leipold, § 329 Anm. III 7 (Kleindruck)

3) Im Ergebnis ebenso, zutreffend OLG Hamburg, NJW 1961, 927; Bürger, NJW 1965, 615; Niemeyer, NJW 1968, 285.

herleiten [1]. Für eine solche Gesetzesinterpretation besteht vorliegendenfalls sowohl in dem einen wie in dem anderen Sinne kein Bedürfnis, weil wegen des klaren gesetzgeberischen Willens keine auszufüllende Gesetzeslücke vorhanden ist. Aus diesem Grunde scheidet eine ergänzende Heranziehung des § 310 II auf das Beschlußverfahren aus.

Zusammenfassend ergibt sich, daß ein Beschluß, der im Verfahren omV ergeht, als "nicht verkündeter" Beschluß i.S. des § 329 III gilt mit der Folge, daß eine gemäß dieser Bestimmung vorgenommene förmliche oder formlose Mitteilung nicht nur die Verkündung ersetzt, sondern gleichzeitig auch die jeweiligen Wirkungen, wie z.B. gegebenenfalls den Beginn der Rechtsmittelfristen [2] auslöst.

## II. Die rechtliche Existenz und die Wirksamkeit der Beschlüsse

Auf der Grundlage des vorstehenden Ergebnisses gelten für die Verlautbarung eines im Verfahren omV ergehenden Beschlusses keine Besonderheiten gegenüber den sonstigen nicht verkündeten Beschlüssen. Es mag daher im Rahmen dieser Arbeit genügen, die Probleme aufzuzeigen, wie sie in Verbindung mit § 329 III auftreten.

Was zunächst die rechtliche Entstehung angeht, so wird hier in der Regel zwischen den formlos mitzuteilenden und zustellungsbedürftigen Beschlüssen unterschieden. Hinsichtlich der formlos mitzuteilenden Beschlüsse geht die hM. dahin, daß diese Entscheidungen zu rechtlichem Dasein gelangen in dem Augenblick, in dem die Entscheidung "in den Ausgang", d.h.

---

1) So unzutreffend Zöller-Degenhardt, § 329 Anm. 2 a, jedoch beschränkt auf Beschlüsse im Verfahren omV.
2) Siehe oben S.355, ferner unten S. 365.

zur Absendung gegeben wird [1]. Dagegen herrscht im Hinblick auf die zustellungsbedürftigen Beschlüsse Streit, ob diese bereits mit der Hinausgabe [2] oder aber erst mit der gesetzmäßigen Bekanntgabe, also der Zustellung [3] rechtlich existent werden. Diese Frage ist im ersteren Sinne zu beantworten. Das folgt aus dem Wesen der Verlautbarung. Es hatte sich im Zusammenhang mit der Untersuchung, wann ein gemäß § 310 II zuzustellendes Urteil als ein solches im Rechtssinne angesehen werden kann, gezeigt, daß der eigentliche Verlautbarungsakt in der endgültigen, willensgebundenen Entäußerung des zunächst gerichtsinternen Entscheidungsentwurfes an die Außenwelt liegt. Damit ist grundsätzlich diejenige Handlung vollzogen, die die Entscheidung als rechtserheblichen Hoheitsakt zur Entstehung bringt. Die Mitteilung oder Zustellung wären allenfalls dann wesentliche Voraussetzung für die Entstehung eines Beschlusses, wenn entweder die Bekanntgabe oder aber die besondere Kundgabeform der Zustellung als begriffsnotwendiges Merkmal einer Beschlußverlautbarung anzusehen wären.

Was zunächst die Kundbarmachung angeht, ist diese für den rechtlichen Bestand einer Entscheidung nicht wesentlich. Der Gesetzgeber selbst hält die Bekanntgabe der Entscheidung nicht für erheblich. Dies ergibt sich u.a. aus § 312 I 1 i.V. mit § 329 II. Danach werden Urteile und Beschlüsse ordnungsgemäß

---

1) RGZ 144, 260 (262); 150, 357 (361); 156, 385 (390); 160 307 (309 f.); BGHZ 4, 389 (399); BGH, ZZP 71, 420 (= BGHZ 25, 61 ff., das. insoweit nicht abgedruckt); KG, JW 1938, 1044; MDR 1960, 931 (Nr. 80); Baumbach-Lauterbach, § 329 Anm. 4 B; Stein-Jonas-Schumann-Leipold, § 329 Anm. III 2 b (zu Fußn. 31); Blomeyer, ZPR, § 31 III 3 (S. 155); Rosenberg-Schwab, § 59 III 2 b (S. 281); Lindner, S. 46; a.A. Wieczorek, § 329 B I b 2 (mit der "Mitteilung").

2) So Baumbach-Lauterbach, § 329 Anm. 5 C; Stein-Jonas-Schumann-Leipold, § 329 Anm. III 2 b; Thomas-Putzo, § 329 Anm. 3 a; Walsmann, JW 1933, 1770.

3) So RGZ 50, 347 (350); 62, 26 (28); RG, SeuffA 83 Nr. 119; WarnRspr. 1929 Nr. 86; JW 1933, 1769; RGZ 96, 350 (351); 147, 154 (156); RAGE 15, 65 (67); Sydow-Busch-Krantz-Triebel, § 329 Anm. 4; Wieczorek, § 329 B I b 2; Blomeyer, ZPR, § 31 III 1 b (S. 154); Rosenberg-Schwab, § 59 III 2 b (S. 281); vgl. ferner die Anmerkung der Schriftleitung der ZZP zu RG, ZZP 61, 108, das. S. 214.

verkündet und damit rechtlich existent, ohne daß es auf die Anwesenheit der Parteien ankäme [1].

Ebensowenig wie die Kundgabe als solche gehört auch die besondere Form der Zustellung gemäß § 329 III nicht zu den begrifflichen Merkmalen eines Beschlusses. Dies zeigt schon deutlich ein Vergleich zwischen § 329 III und § 310 II. Während § 310 II einen Verkündungs-"ersatz" darstellt und somit eine besondere Voraussetzung für die Entstehung eines Urteils schafft, haben die Verlautbarungsformen gemäß § 329 III - wie gezeigt - nicht diesen Charakter. Darüber hinaus läßt sich unabhängig von einer vergleichsweisen Betrachtung der §§ 310 II, 329 III der letzteren Bestimmung nichts entnehmen, aus dem man schließen könnte, daß der Sinn der Zustellung ausschließlich darauf gerichtet ist, die rechtliche Existenz der Entscheidung zu begründen.

Im Gegenteil geht § 329 III nach seiner Neufassung durch die VO vom 17.6.1933 [2] davon aus, daß grundsätzlich die formlose Mitteilung einen Beschluß zur Entstehung bringt. Nur ausnahmsweise verlangt das Gesetz die Zustellung, und zwar ausschließlich in solchen Fällen, in denen es wegen der besonderen Wirkungen (Fristen, Terminsbestimmung, Vollstreckungstitel) auf die Sicherstellung des Zuganges der Entscheidung ankommt. Die Zustellung hat deshalb ersichtlich nicht den Sinn, die rechtliche Existenz der Entscheidung zu begründen, sondern deren konkrete Wirkungen hervorzurufen. Es ist deshalb kein Grund gegeben, die rechtliche Entstehung eines Beschlusses, der gemäß § 329 III von Amts wegen zuzustellen ist, an andere Voraussetzungen zu knüpfen als in den Fällen, in denen die formlose Mitteilung ausreicht.

Die entgegengesetzte Auffassung beruht im Grunde auf einer unzureichenden Scheidung zwischen Existenz und Wirksamkeit

---

1) Für die Entstehung eines Urteils kommt es nicht einmal darauf an, ob der Verkündungstermin den Parteien bekanntgegeben ist, so BGHZ 14, 39 ff.; dazu eingehend Jauernig, S. 65 ff.; siehe ferner oben S. 322 Fußn. 1.
2) RGBl. S. 394.

einer Entscheidung [1]. So kann ein Beschluß gemäß § 329 III rechtlich existent sein, ohne bereits Wirksamkeit erlangt zu haben, weil noch die formgerechte Bekanntgabe fehlt, die ihrerseits aber für eine ordnungsgemäße Verlautbarung eines Beschlusses [2], die die rechtliche Entstehung der Entscheidung bewirkt, nicht wesentlich ist.

Somit ergibt sich, daß ein gemäß § 329 III zu verlautbarender Beschluß nicht erst mit dem Zugang, d.h. mit der formlosen Mitteilung oder der Bewirkung der Zustellung, sondern bereits mit der endgültigen Entäußerung des richterlichen Willens rechtlichen Bestand erhält. Das ist nicht bereits der Fall, wenn der Richter die Entscheidung der Geschäftsstelle zum Zwecke der Mitteilung oder Zustellung übergibt [3] oder gar schon mit der Unterzeichnung [4], sondern erst mit der Hinausgabe der Entscheidung an den Mitteilungs- oder Zustellungsempfänger durch den zuständigen Geschäftsstellenbeamten [5]. Erst in diesem Moment kann man von einer endgültigen Entäußerung der Entscheidung durch das Gericht sprechen. Denn auch die Geschäftsstelle gehört noch zu dem internen Geschäftsbereich des "Gerichts". Solange die Entscheidung diesen Bereich nicht verlassen hat, kann der Richter noch frei darüber verfügen. Er kann seine Entscheidung noch ändern oder durch Rücknahme der Akten ganz unterdrücken. Zur "endgültigen" Entäußerung gehört vielmehr die Begebung der Entscheidung aus dem Gerichtsbereich in der Weise, daß sie der Machtsphäre und damit dem Zugriff des Richters gänzlich entzogen ist. Diese Voraussetzung ist erst mit der Herausgabe der Beschlußaus-

---

1) So zutreffend Stein-Jonas-Schumann-Leipold, § 329 Anm. III 2 b.
2) Anders dagegen bei den gemäß § 310 II zu verlautbarenden Urteilen, siehe dazu oben S. 315 .
3) So Förster-Kann, § 329 Anm. 3 e; Fitting, ZZP 10, 5; Lindner, S. 34.
4) Oppermann, JW 1934, 3314; dagegen eingehend und überzeugend Förster-Kann, § 329 Anm. 3 e; ferner Fitting, ZZP 10, 5.
5) So die hM., siehe BGHZ 4, 389 (399); RGZ 156, 285 (390 ff.); 160, 307 (309 f.); Baumbach-Lauterbach, § 329 Anm. 4 A; Stein-Jonas-Schumann-Leipold, § 329 Anm. III 2 b (zu Fußn. 33); Thomas-Putzo, § 329 Anm. 3 a; Zöller-Degenhardt, § 329 Anm. 3 a; Blomeyer, ZPR, § 31 III 3 (S. 155); Walsmann, JW 1933, 1770.

fertigung an den Empfänger bzw. der Absendung durch den zuständigen Beamten der Geschäftsstelle gegeben.

Von der Entstehung eines Beschlusses zu unterscheiden ist dessen Wirksamkeit. Letztere setzt nämlich die gesetzmäßige Übermittlung gemäß § 329 III voraus. Daraus folgt zunächst für die zustellungsbedürftigen Beschlüsse, daß deren formlose Mitteilung zwar zur rechtlichen Existenz führt [1]. Dagegen wird gegebenenfalls weder eine Rechtsmittelfrist in Gang gesetzt, noch kann die Zwangsvollstreckung betrieben werden, ohne daß der Beschluß von Amts wegen zugestellt worden ist [2]. Auf die gemäß § 329 III notwendige Amtszustellung können die Parteien auch nicht verzichten [3]. Sie wird nicht durch eine Parteizustellung ersetzt [4]. Letztere ist im übrigen nicht notwendig, um z.B. die Rechtsmittelfrist für eine sofortige Beschwerde in Gang zu setzen [5], weil die Wirksamkeit des Beschlusses auch insoweit mit der Zustellung gemäß § 329 III bewirkt ist. Dies folgt aus dem - bereits dargelegten - wesentlichen Unterschied zwischen § 310 II und § 329 III [6].

Hinsichtlich der formlos mitzuteilenden Beschlüsse fragt es sich, ob die Wirksamkeit des betreffenden Beschlusses bereits an dessen Existenz, oder aber erst an die formlose Bekanntgabe gegenüber den Parteien geknüpft ist. Das Gesetz enthält

---

1) So zutreffend Baumbach-Lauterbach, § 329 Anm. 5 C; Stein-Jonas-Schumann-Leipold, § 329 Anm. III 2 b; a.A. RGZ 135, 303 (304), allerdings noch unter der Geltung des Zustellungserfordernisses gemäß § 329 III aF. (vor der VO vom 17.6.1933, RGBl. S. 394).

2) Siehe BGH, LM Nr. 2 zu § 577 ZPO; OLG Stuttgart, NJW 1954, 273; OLG Nürnberg, MDR 1960, 235; MDR 1964, 64; OLG Köln, NJW 1967, 2062; OLG Frankfurt, NJW 1968, 404; OLG Celle, NJW 1968, 407; OLG Hamburg, MDR 1969, 933; LG Aachen, NJW 1965, 2064; Stein-Jonas-Schumann-Leipold, § 329 Anm. III 7; Thomas-Putzo, § 577 Anm. 3 a cc; Rosenberg-Schwab, § 59 III 2 a (S. 281).

3) RG, HRR 1929, 1392.

4) Stein-Jonas-Schumann-Leipold, § 329 Anm. II 7 (m.w.Nachw.); Zöller-Degenhardt, § 329 Anm. 3 f.; vgl. ferner OLG Stuttgart, NJW 1961, 81.

5) Zutreffend Horn, NJW 1953, 926; vgl. auch OLG Nürnberg, MDR 1966, 235.

6) Siehe dazu oben S. 356 ff.

insoweit keine Regelung [1]. Entscheidend ist deshalb, ob die Bekanntgabe des betreffenden Beschlusses lediglich "Benachrichtigungsfunktion" hat [2] oder aber nach dessen Sinn und Inhalt ein Wirksamkeitsmerkmal darstellt. Das ist bei den einzelnen Arten der Beschlüsse verschieden [3]. Im ersteren Fall wird die Entscheidung mit deren Existenz, d.h. in dem Augenblick wirksam, in dem diese erstmals aus dem internen Bereich des Gerichts hinaustritt [4]. Setzt hingegen das Wesen eines Beschlusses zu dessen Wirksamkeit im Einzelfall die Kundbarmachung an eine oder sämtliche Parteien voraus, wird man die formlose Mitteilung verlangen müssen. Als Zeitpunkt für die Wirksamkeit formlos mitzuteilender Entscheidungen ist, da im Gegensatz zu den zustellungsbedürftigen Beschlüssen der Moment des Zuganges der Mitteilung als nicht feststellbar ausscheidet, die Herausgabe der Beschlußausfertigung oder die Absendung durch die Post als maßgebend anzusehen [5].

## § 17 Mängel der Verlautbarung

Die schriftliche Verlautbarung gemäß §§ 310 II, 329 III ist eine häufige Quelle für Verfahrensfehler. Diese können einmal darin liegen, daß die prozessualen Voraussetzungen für eine bestimmte Art der Verlautbarung nicht gegeben sind, zum anderen aber darin, daß der Verlautbarungsakt nicht der gesetzmäßigen Form entspricht. Die beiden Arten eines Verlautbarungsmangels sollen im folgenden unter dem Gesichtspunkt

---

1) BGHZ 25, 60 (63).
2) So jedenfalls für Entscheidungen des Gerichts, die keine Streitentscheidung, sondern einen Befehl an staatliche Organe enthalten, BGHZ 25, 60 (66); weitergehend Stein-Jonas-Schumann-Leipold, § 329 Anm. III 4 a.E.
3) Vgl. Stein-Jonas-Schumann-Leipold, § 329 Anm. III 4; Rosenberg-Schwab, § 59 III 2 b u. c (S. 281 f.).
4) BGHZ 25, 60 (66); Baumbach-Lauterbach, § 329 Anm. 4 B; Rosenberg-Schwab, § 59 III 2 c (S. 282).
5) Zutreffend Baumbach-Lauterbach, § 329 Anm. 4 B; Stein-Jonas-Schumann-Leipold, § 329 Anm. III 2 b (m.w.Nachw. in Fußn. 33); Rosenberg-Schwab, § 59 III 2 b (S. 281); Lindner, S. 43 f.; dagegen a.A. Thomas-Putzo, § 329 Anm. 3 b; Reinberger, DGWR 1942, 235.

betrachtet werden, inwieweit sie sich auf die Entscheidung im Verfahren omV auswirken.

## I. Fehler prozessualer Zulässigkeitsvoraussetzungen

Wegen der Verwandtschaft der verschiedenen Verfahren mit teilweiser oder gänzlicher Durchbrechung der Mündlichkeit (§§ 128 II, 251 a, 272 a, 331 a) [1] bereitet es in der Praxis vielfach Schwierigkeiten, das der Entscheidung vorangehende Verfahren unter eines der Typen zu subsumieren. Mehrdeutige Parteierklärungen und mißverständliche Formulierungen in den Gründen eines Urteils erschweren häufig die Feststellung, welcher Verfahrensgang der Entscheidung zugrundegelegt worden ist oder hätte zugrundegelegt werden müssen [2]. Die Abgrenzung ist jedoch für die Wahl der richtigen Verlautbarungsform unerläßlich. Während die Aktenlageentscheidungen (§§ 254 a, 331 a) und die Entscheidungen im Verfahren gemäß § 272 a verkündet werden, weil es das Gesetz so vorsieht (§§ 251 a, 331 a) bzw. weil die Entscheidung allein "aufgrund" mV ergeht (§ 272 a), ersetzt im Falle des § 128 II die Urteilsformelzustellung die Verkündung.

Die unterschiedlichen Verfahrensarten und die entsprechenden verschiedenen Verlautbarungsformen in § 310 haben dazu geführt, daß Verkündung und Zustellung der Urteilsformel bisweilen vertauscht werden. Ungeachtet dessen, auf welche Ursache die falsche Verlautbarung zurückzuführen ist, soll im folgenden untersucht werden, welchen Einfluß es auf die Entstehung eines Urteils hat, wenn im Anschluß an ein gesetzmäßiges Verfahren omV ein Urteil entgegen § 310 II verkündet wird.

Ursprünglich herrschte die Auffassung vor, daß ein derart

1) Siehe dazu im einzelnen unten S. 381 ff., 383 ff.
2) Vgl. z.B. RG, JW 1931, 197 und die Anmerkung von Rosenberg, das., unter 1), 2. Abs.; RAG, JW 1935, 2309.

fehlerhafter Verlautbarungsakt kein Urteil im Rechtssinne hervorrufen könne [1]. Dagegen geht die heute wohl überwiegende Meinung zutreffend davon aus, daß ein Urteil auch dann existent wird, wenn es verkündet worden ist, obgleich die Voraussetzungen des § 310 II vorgelegen haben (bzw. umgekehrt) [2][3]. Das Gesetz kennt seit der Einführung des Verfahrens omV zwei gleichberechtigt nebeneinander geltende Formen der Urteilsverlautbarung, nämlich die Verkündung (§ 310 I) einerseits und die Urteilsformelzustellung andererseits (§ 310 II) [4]. Jede Form kann nach dem Willen des Gesetzes ein Urteil zur Entstehung bringen. Zwar sind die prozessualen Zulässigkeitsvoraussetzungen für die eine oder andere Form verschieden. Jedoch ist der richterliche Entscheidungsakt rechtlich selbständig und nach seinen eigenen Gesetzmäßigkeiten zu beurteilen [5]. Gleichgültig, ob die Voraussetzungen für ein mündliches oder ein Verfahren omV

---

1) So namentlich für den Fall, daß ein Urteil nach mV (wenn auch im Einverständnis der Parteien) zugestellt worden ist, RGZ 133, 215 (217 f.); RG, JW 1933, 514; OLG Frankfurt, JW 1925, 2347; KG, JW 1927, 2150 (Nr. 3); JW 1932, 1981; OLG Dresden, LZ 1933, 1107; LG Hamburg, MDR 1950, 171; Schönke-Schröder-Niese, § 81 VI a.E. (S. 368); ferner Bull, AcP 146, 72; ders., ZZP 69, 158; Rosenberg, JW 1931, 197 (Anm. zu Nr. 5).

2) Siehe BGH, RzW 1960, 271; BAG, NJW 1966, 175; Stein-Jonas-Schumann-Leipold, § 310 Anm. I 2 a; Wieczorek, § 310 C I; Rosenberg-Schwab, § 110 V 2 a (S. 549); Jauernig, Zivilurteil, S. 57 ff., 64 ff.; Jonas, JW 1932, 1981; Johannsen, LM Nr. 3 zu § 310 I ZPO; a.A. RGZ 133, 215 ff., und die weiteren Nachweise bei Jauernig, aaO., S. 57 Fußn. 24.
Im Ergebnis ebenso BGHZ 17, 118 (122), wenn dort ausgeführt ist, daß zwar das Verfahren omV unzulässig, jedoch kein Grund für die Annahme eines Nichturteils gegeben sei.

3) Dagegen scheint im Verwaltungsprozeß eine andere Auffassung vorherrschend zu sein; siehe Eyermann-Fröhler, § 116 Rdn. 14; Koehler, § 116 Anm. V; ferner Kah, DÖV 1957, 524 (unter I); dahingestellt von OVG Münster, NJW 1954, 157.

4) Jauernig, S. 58; Sonnen, JW 1932, 2288.

5) Die Selbständigkeit des Verlautbarungsaktes im Verhältnis zu dem vorangegangenen Verfahren ergibt sich im übrigen daraus, daß die Entscheidung nicht durch dieselben Richter verkündet werden muß, die an der vorangegangenen mV teilgenommen haben. § 309 findet insoweit keine Anwendung. Das ist unstreitig; vgl. statt vieler Jauernig, Zivilurteil, S. 19 ff. mit zahlreichen Nachweisen.

gegeben sind, ist dies für die Form der Verlautbarung als solche und damit für den Entstehungsakt unerheblich [1]. Das Verfahren bis zur Entscheidung ist kein wesentlicher Bestandteil des Verlautbarungsaktes [2]. Hat daher das Gericht eine Entscheidung in einer der gesetzlichen Kundgabeformen verlautbart, so liegt eine entsprechende Entscheidung im Rechtssinne vor [3].

Für die Richtigkeit der hier vertretenen Auffassung sprechen eine Reihe weiterer Überlegungen. Es hatte sich anfangs gezeigt, daß die Einordnung eines Verfahrens mit schriftlicher Entscheidungsgrundlage unter den einen oder anderen Formtypus (§§ 128 II, 251 a, 331 a, 272 a) häufig schwierig ist. Das Gericht muß gegebenenfalls den Sach- und Streitstand sorgfältig prüfen, ehe es sich zu der einen oder anderen Art der Verlautbarung entschließt. Eine u.U. fehlerhafte Würdigung der Sach- und Rechtslage, die entsprechend eine falsche Verlautbarungsform zur Folge hätte, darf aber nicht dazu führen, daß der betreffende richterliche Akt rechtlich ein nullum ist. Vielmehr ist im Interesse der Rechtssicherheit anzunehmen, daß der Richterspruch rechtlich zur Entstehung gelangt und dann gegebenenfalls wegen des ihm anhaftenden Mangels einer unrichtigen Verlautbarungsform der Anfechtung unterliegt [4].

Als weiteres Argument für die hier vertretene Auffassung ist ein Gesichtspunkt zu nennen, auf den der BGH in seiner grundlegenden Entscheidung über Verlautbarungsmängel und deren Einfluß auf die Entstehung eines Urteils [5] zutreffend hinge-

---

1) In diesem Sinne Stein-Jonas-Schumann-Leipold, § 310 Anm. I 2 a; Jauernig, Zivilurteil, S. 58; Jonas, JW 1932, 1981 f.; Volkmar, ArbRSamml. 24, 21 (unter 1).
2) A.A. LG Hamburg, MDR 1950, 171.
3) Vgl. auch BGHZ 14, 39 (46 f.). In dieser Entscheidung gelangt der BGH mit zutreffenden Erwägungen, die teilweise auf die vorstehende Problematik übertragen werden können, zu dem Ergebnis, daß die ordnungsgemäße Bekanntgabe des Verkündungstermins nicht zu dem Wesen des Verlautbarungsaktes gehört mit der Folge, daß ein ohne dieses Formerfordernis verkündetes Urteil rechtlich existent ist, BGH, aaO., S. 44, 46 ff.
4) Vgl. auch Lay, S. 120.
5) BGHZ 14, 39 (47 f.).

wiesen hat. Das Gesetz bringt nämlich in den Vorschriften über die unbedingten Revisionsgründe und über die Wiederaufnahmegründe zum Ausdruck, daß auch besonders schwerwiegende Verfahrensmängel im Interesse der Rechtssicherheit nicht die Entstehung eines Urteils beeinträchtigen, sondern lediglich zur Anfechtung berechtigen sollen. Betrachtet man z.B. den Mangel vorschriftsmäßiger Gerichtsbesetzung (§§ 551 Nr. 1, 579 I Nr. 1), so macht dieser Verfahrensfehler nicht nur das vorangegangene Verfahren selbst, sondern an sich auch die Verlautbarung fehlerhaft. Dennoch gelangt ein solches Urteil zu rechtlichem Dasein mit der bloßen Folge der Anfechtbarkeit. Ist aber wie hier die Verlautbarung selbst vollends formgerecht, so kann die Existenz dieses Urteils nicht in Frage gestellt werden. Die Gefahren, die z.B. ein unvorschriftsmäßig besetztes Gericht heraufbeschwört, sind ungleich größer als die im vorliegenden Falle. Genau betrachtet erwächst den Parteien im Falle einer Verkündung aufgrund "schriftlicher" Verhandlung und umgekehrt keinerlei Rechtsnachteil. Die ordnungsgemäße Verkündung wie die Urteilsformelzustellung gewährleistet die Erhaltung sämtlicher Parteiinteressen ungeachtet dessen, in welcher Form die vorangegangene Streitverhandlung stattgefunden hat.

Endlich sprechen auch praktische bzw. allgemeine prozessuale Erwägungen wesentlich für die Entstehung eines Urteils auch im Falle einer falschen Verlautbarungsform. Jedes, gleichgültig in welcher Form ordnungsgemäß verlautbarte Urteil erweckt nach außen den Anschein eines makellosen Hoheitsaktes. Es enthält sämtliche Tatbestandsmerkmale einer richterlichen Entscheidung. Würde man dennoch von einem Nichturteil sprechen, so hätte dies unvertretbare Folgen. Ein vermeintlich rechtskräftig abgeschlossenes Verfahren könnte jederzeit wieder aufgenommen werden. Vollstreckungsmaßnahmen, die die Parteien im Vertrauen auf die Ordnungsmäßigkeit des Urteilsspruches vorgenommen hätten, wären unwirksam [1]. Bei Gestaltungsurteilen würden Rechtsdispositionen in Frage gestellt, die die Parteien im Vertrauen auf den Hoheitsakt vorgenommen hätten. Sowohl die Verletzung des Vertrauensschutzes der Parteien, als auch die Gefahren für die Rechtssicherheit und den Rechtsfrieden, wie sie sich aus der Annahme eines Nichturteils ergäben [2], rechtfertigen deshalb den Schluß, daß eine falsche Form der Verlautbarung der rechtlichen Entstehung eines Urteils nicht entgegensteht.

Die vorstehenden Erwägungen gelten nicht nur für Urteile, sondern entsprechend auch für Beschlüsse und Verfügungen. Wird daher ein Beschluß trotz vorangehendem Verfahrem omV ordnungsgemäß verkündet (§ 329 I), so entsteht gleichwohl eine Entscheidung im Rechtssinne [3].

Anerkennt man somit die Verkündung einer im Verfahren omV ergehenden Entscheidung als geeignete Form, um die rechtliche Existenz der Entscheidung hervorzurufen, obwohl diese hätte zugestellt werden müssen, so wird man darüber hinaus an die Verkündung gegebenenfalls sämtliche Wirkungen zu knüpfen haben, die die Verkündung einer aufgrund mV erlassenen Entscheidung tätigt [4]. Von diesem Ergebnis erscheint

---

1) Wenn der Einwand bereits bei der Vornahme der Vollstreckungsmaßnahmen selbst erhoben würde, müßte der Gerichtsvollzieher prüfen, ob die Einwendung des Schuldners gerechtfertigt ist, da ohne Titel jede Vollstreckung unzulässig wäre. Mit einer entsprechenden Prüfung insoweit wäre jedoch der Gerichtsvollzieher sicher überfordert, wenn man bedenkt, wie schwierig die Typisierung der schriftlichen Verfahren bisweilen sein kann.

2) Auf diese Folgen weist auch der BGH in der bereits mehrfach erwähnten Entscheidung in BGHZ 14, 39 (49 f.) zutreffend hin.

3) OLG Düsseldorf, JW 1925, 819 (Nr. 36); OLG München, MDR 1954, 424; MDR 1962, 224; SchlHOLG, SchlHA 1957, 158; Baumbach-Lauterbach, § 329 Anm. 2; Stein-Jonas-Schumann-Leipold, § 329 Anm. III 3; Wieczorek, § 329 B I b 4; Lay, S. 111; Kann, ZZP 54, 98 (unter II); Jonas, JW 1932, 1981; a.A. Schönke-Kuchinke, § 73 II 2 (S. 329), namentlich für den Fall, daß die Entscheidung zugestellt wird, anstatt verkündet zu werden.

4) Sonnen, JW 1932, 2289; vgl. auch BAG, NJW 1966, 175; OLG München, MDR 1957, 242; SchlHOLG, SchlHA 1957, 138 (jeweils den Eintritt der Rechtsmittelfähigkeit betreffend).

es fraglich, ob sich die Vertauschung der Verlautbarungsform - insbesondere der Fall, daß eine Entscheidung omV verkündet wird - in einer Rechtsmittelinstanz oder sonst irgendwie im Verfahren auswirkt.

Nach dem eindeutigen Willen des Gesetzes liegt in der Verkündung eines gemäß § 310 II zuzustellenden Urteils ein Verfahrensmangel [1]. Eine auf diesen Verfahrensmangel gestützte Berufung könnte Erfolg haben, wenn es sich um einen wesentlichen Verfahrensmangel handelte. Dieser Voraussetzung genügen solche Verfahrensmängel, die das angefochtene Verfahren ungeeignet machen, die ordnungsgemäße Grundlage der Entscheidung zu bilden [2], und die Entscheidung in irgendeiner Weise beeinflußt haben [3]. Betrachtet man im Hinblick darauf eine unzulässige Verlautbarung, so berührt diese weder die Grundlage des Entscheidungsinahlts [4], noch kann diese die Entscheidung überhaupt praktisch beeinträchtigen. Die Nichteinhaltung der prozeßorndungsgemäßen Verlautbarungsform verletzt zwar ein "gewisses Ordnungsinteresse" [5] der Verfahrensgestaltung, ohne sich jedoch auf denjenigen Verfahrensabschnitt auszuwirken, der der Beschaffung der Entscheidungsgrundlage dient und der allein für den Entscheidungsinhalt wesentlich ist. Die Verlautbarung betrifft vielmehr lediglich den Teil des Verfahrens, in dem das Entscheidungsergebnis rechtlichen Bestand erhält. Dieser Verfahrensabschnitt ist daher auf den Inhalt der Entscheidung ohne jeden Einfluß. Eine falsche Verlautbarung kann daher niemals die Ursache

---

1) Ebenso zutreffend Jonas, JW 1932, 1982; Sonnen, JW 1932, 2289.
2) BGH, NJW 1957, 714; OLG Koblenz, NJW 1966, 667; Baumbach-Lauterbach, § 539 Anm. 1 B; Stein-Jonas-Grunsky, § 539 Anm. I; Rosenberg-Schwab, § 141 IV 2 b (S. 742).
3) Baumbach-Lauterbach, § 539 Anm. 1 B; Bettermann, DVBl. 1961, 67 (zu 3 a). Diese Voraussetzung für das Vorliegen eines wesentlichen Verfahrensmangels ist allerdings umstritten; vgl. dazu eingehend Bettermann, aaO.
4) Zutreffend BAG, NJW 1966, 176; Jauernig, Zivilurteil, S. 39, 69 ff.
5) Lay, S. 113.

für eine sachlich fehlerhafte Entscheidung sein [1)2)]. Im übrigen sind keine Nachteile ersichtlich, die den Parteien infolge einer Vertauschung der Verlautbarungsformen entstehen könnten [3)], so daß eine allein auf diesen Verfahrensmangel gestützte Berufung keinen Erfolg haben kann [4)].

Ebensowenig vermag eine Revision auf den betreffenden Verfahrensmangel gestützt zu werden. Ein absoluter Revisionsgrund i.S. des § 551 ist nicht ersichtlich [5)]. Aber auch aus § 549 läßt sich keine Revision begründen. Hier fehlt es an dem Kausalzusammenhang zwischen der Gesetzesverletzung und dem Entscheidungsinhalt [6)], weil - wie gezeigt [7)] - die Form des Verlautbarungsaktes auf den sachlichen Inhalt der feh-

---

1) Zutreffend Jauernig, Zivilurteil, S. 69; vgl. auch BAG, NJW 1966, 176.

2) Es ist daher nicht richtig zu sagen, daß das Urteil gegebenenfalls "regelmäßig" (BAG, NJW 1966, 175; Thomas-Putzo, § 310 Anm. 3 b) oder "ausnahmsweise" (BGH, RzW 1960, 271) nicht auf der falschen Verkündungsform beruht.
Soweit Jonas, JW 1932, 1982, im Falle einer falschen Verlautbarung einen Kausalzusammenhang zwischen Gesetzesverstoß und Entscheidungsinhalt darin sieht, daß das Gericht gegebenenfalls schriftlichen Prozeßstoff berücksichtigen kann, ohne daß die Parteien ihr Einverständnis gem. § 128 II erklärt haben, so hat er im Ergebnis Recht, daß dieser Mangel die Orndungsmäßigkeit der Entscheidungsgrundlage berührt und deshalb die Möglichkeit einer anderen Entscheidung eröffnet. Zweifelhaft ist jedoch, ob dieser Mangel auf einer Verletzung der §§ 310 I oder 310 II beruht (vgl. BSG, NJW 1959, 910). Denn die Nichtberücksichtigung von Prozeßstoff hat mit der Form der Verlautbarung an sich nichts zu tun.

3) Darauf weist das OLG München, MDR 1954, 424, zutreffend hin.

4) Im Ergebnis ebenso Jauernig, Zivilurteil, S. 39 f., 69; Stein-Jonas-Schumann-Leipold, § 310 Anm. I 3 a; ferner Jonas, JW 1932, 1982; a.A. Rosenberg-Schwab, § 110 V 2 a (S. 549, Kleindruck).

5) Zutreffend BAG, NJW 1966, 175 f.

6) Zur Notwendigkeit des Kausalzusammenhanges, statt aller Stein-Jonas-Grunsky, § 549 Anm. VI m.w.Nachw.

7) Siehe oben S. 367 ff.

lerhaft verlautbarten Entscheidung keinen Einfluß hat [1].

## II. Mängel bei der Urteilsformelzustellung

Mangels eines besonderen Hinweises in § 310 II, welche Förmlichkeiten bei der Zustellung der Urteilsformel zu beachten sind, gelten die allgemeinen Vorschriften über die Zustellung (§§ 166 ff.) [2]. Danach besorgt der Urkundsbeamte der Geschäftsstelle die Übergabe einer beglaubigten Abschrift der von den erkennenden Richtern unterschriebenen Urteilsformel an die Parteien [3]. Nach Eingang sämtlicher Zustellungsurkunden hat der Urkundsbeamte den Tag der Zustellung auf der Urschrift zu vermerken [4]. Dabei genügt das Datum der letzten Zustellung, weil dieser Zeitpunkt für das rechtliche Dasein des Urteils entscheidend ist und insoweit den Akt der Ver-

---

1) Das hier gewonnene Ergebnis ist nicht etwa deshalb unbefriedigend, weil es praktisch auf die prozeßordnungsgemäße Form, also ob nach § 310 I oder II zu verlautbaren ist, nicht mehr ankommt. Diese Betrachtungsweise wäre überspitzt. Denn es ist die Pflicht der Gerichte, auf die Bestimmung des § 310 zu achten. Mißständen insoweit zu begegnen wäre die Aufgabe der Justizverwaltung, nicht dagegen der Rechtsmittelgerichte. Ein Rechtsmittelverfahren würde den Parteien im Ergebnis auch nicht zum Vorteil gereichen, weil die bloße Anfechtung eines Urteils zum Zwecke der Nachholung einer ordnungsgemäßen Verlautbarung sachlich überflüssig wäre. Das Verfahren würde lediglich verzögert und verursachte überflüssige Mehrkosten. Es ist darüber hinaus nicht der Sinn des Rechtsmittelverfahrens, die Untergerichte zur Befolgung der Ordnungsvorschrift des § 310 anzuhalten. Vgl. dazu auch Lay, S. 113 f.

2) BGHZ 42, 94 (95).

3) BGHZ 15, 142 (144).

4) BGHZ 8, 303 (308); RGZ 123, 333 (337).

kündung ersetzt [1]. Im Anschluß daran kann der Urkundsbeamte den Parteien eine mit dem Zustellungsdatum versehene Urteilsausfertigung erteilen (§ 317 II 1).

Dieser eben dargelegte Hergang der Verlautbarung eines im Verfahren omV ergehenden Urteils geschieht, wie die Erfahrung lehrt, in der Praxis häufig unter Nichtbeachtung der entsprechenden vom Gesetz vorgeschriebenen Förmlichkeiten. Im folgenden sollen einzelne typische Formfehler dahingehend untersucht werden, welche Wirkungen ein etwaiger Verstoß auf den Verlautbarungsakt haben kann.

Während unter der Rechtsprechung des Reichsgerichts die Meinung vorherrschte, daß jeder Verlautbarungs- (Verkündungs-) mangel zu einem Nichturteil führe [2], unterscheidet man seit der grundlegenden Entscheidung des Großen Zivilsenats des BGH [3] zutreffend zwischen wesentlichen und unwesentlichen Formerfordernissen [4]. Demgemäß sind alle diejenigen Förmlichkeiten als wesentlich anzusehen, die gegeben sein müssen,

---

1) Wieczorek, § 315 C und Dräger, MDR 1963, 811 f., halten den Vermerk sämtlicher Zustellungstage für erforderlich, damit alle Parteien den Beginn der Fünfmonatsfrist (§§ 516, 552) sowie die Frist gem. § 320 II 3 (siehe dazu im einzelnen oben S. 321 ff.) ersehen könnten. Dazu ist zunächst zu bemerken, daß dies nicht der Sinn des Verkündungsvermerkes ist. Vielmehr soll dieser seinem ursprünglichen Sinn nach die Identität der schriftlich niedergelegten Entscheidungsformel mit der tatsächlich von dem Gericht schriftlich kundgemachten Formel bezeugen (BGHZ 8, 303 (308 f.); Stein-Jonas-Schumann-Leipold, § 315 Anm. IV; Rosenberg-Schwab, § 59 II 2 g (S. 278), nicht dagegen einen Fristbeginn kenntlich machen. Im übrigen beginnt nach der hier vertretenen Auffassung die Fünfmonatsfrist erst mit der letzten Zustellung (siehe oben S. 328 f.), abweichend Dräger, aaO. Damit ist die angebliche Bedeutung des Vermerks nicht so erheblich, weil keine der Parteien befürchten muß, daß vor Ablauf von sechs Monaten seit Zustellung an sie die Rechtsmittelfrist abläuft. Ebenso im Ergebnis BGHZ 8, 303 (308); RGZ 123, 333 (337); Baumbach-Lauterbach, § 315 Anm. 3; Stein-Jonas-Schumann-Leipold, § 315 Anm. IV; Rosenberg-Schwab, § 59 II 2 g (S. 278).

2) Vgl. die zahlreichen Nachweise und Beispiele in BGHZ 14, 39 (40 ff.).

3) BGHZ 14, 39 ff.

4) BGH, aaO., S. 44. - Dieser Auffassung hat sich, soweit ersichtlich, das gesamte Schrifttum angeschlossen.

um von einem Urteil im Rechtssinne sprechen zu können [1]. Betrachtet man unter diesem Gesichtspunkt die Urteilsverlautbarung gemäß § 310 II im besonderen, so erkennt man deren wesentliche Eigenschaften in der von dem erkennenden Gericht veranlaßten Entäußerung des wahrheitsgemäßen Entscheidungsinhalts durch einen Zustellungsvorgang. Diesem ist formell genügt, wenn die zugestellte Abschrift der Formel mit der Urschrift übereinstimmt, die Geschäftsstelle die Zustellung veranlaßt hat und gewährleistet ist, daß der Urkundsbeamte in den Zustellungsvorgang eingeschaltet war [2]. Diese Merkmale bilden die Mindestanforderungen an die Entstehung eines gemäß § 310 II verlautbarten Urteils. Die Verletzung irgendeiner Formvorschrift im Rahmen der Zustellung der Urteilsformel ist daher für die Wirksamkeit des Verlautbarungsaktes und damit für die rechtliche Existenz des Urteils ohne Belang, sofern der betreffende Formfehler nicht den gezeigten Begriffskern der Formelzustellung gemäß § 310 II erfaßt. Auf der Grundlage der vorstehenden Erwägungen sollen einzelne Formmängel, die bei der Urteilszustellung gemäß § 310 II häufig auftreten können, näher untersucht werden.

Ein wiederholt in der Praxis in Erscheinung tretender Mangel liegt darin, daß entgegen der Vorschrift des § 170 die den Parteien übersandten Schriftstücke, die die Urteilsformel enthalten, keinen Beglaubigungsvermerk tragen [3]. Dieser Mangel hindert nach zutreffend hM. die Entstehung eines Urteils nicht [4]. Der Sinn des Beglaubigungsvermerkes ist es, dem Zustellungsempfänger Gewißheit darüber zu verschaffen, daß die

---

1) BGH, aaO.; vgl. eingehend dazu Jauernig, Zivilurteil, S. 42 ff.

2) BGHZ 15, 142 (144); 42, 94 (97).

3) Die Häufigkeit der Verletzung dieser Formvorschrift schlägt sich in einer erheblichen Anzahl höchstrichterlicher Entscheidungen zu dieser Bestimmung nieder; siehe die folgende Anmerkung.

4) BGHZ 15, 142 (144); BGH, RzW 1964, 328; BGHZ 42, 94 (97); BGH, MDR 1966, 824 (Nr. 17); Baumbach-Lauterbach, § 310 Anm. 3 A; Stein-Jonas-Schumann-Leipold, § 310 Fußn. 20; Thomas-Putzo, § 310 Anm. 3 c; Blomeyer, ZPR, § 81 I 2 b (S. 402, Kleindruck); Rosenberg-Schwab, § 110 V 2 a (S. 549, Kleindruck); a.A. OLG Stuttgart, RzW 1964, 329; Heyde, RzW 1965, 8 f.

zugestellte Formel mit der Urschrift übereinstimmt [1]. Gleichzeitig wird erkennbar, daß der Urkundesbeamte der Geschäftsstelle bei dem Zustellungsvorgang mitgewirkt hat [2]. Der Beglaubigungsvermerk stellt demnach zwar sicher, daß die Mindestanforderungen an eine Urteilsformelzustellung gewahrt sind. Das Nichtvorhandensein des Vermerkes berührt jedoch nicht den wesentlichen Kern der Urteilsverlautbarung gemäß § 310 II selbst. Ein Urteil im Rechtssinne ist daher trotz Fehlens des Beglaubigungsvermerkes gegeben, wenn im übrigen den Parteien eine mit der Urschrift übereinstimmende Urteilsformel [3] durch Vermittlung des Urkundesbeamten der Geschäftsstelle zugestellt worden ist [4][5].

Bei der Urteilsformelzustellung gemäß § 310 II an einen Rechtsanwalt gelangt nicht selten das Empfangsbekenntnis

---

1) BGHZ 15, 142 (144).
2) Dagegen erscheint die Meinung des BGH, aaO., daß dieser Umstand ebenfalls von § 170 bezweckt wird, zweifelhaft.
3) Geringfügige Ungenauigkeiten sowie offensichtliche Schreibfehler haben bei der Frage der Übereinstimmung des Inhalts der zugestellten Urteilsformel mit der Urschrift (auch bei fehlender Beglaubigung) außer Betracht zu bleiben; siehe OLG Hamburg, MDR 1964, 242.
4) Zutreffend stellt der BGH (BGHZ 15, 144; 42, 97) auf das Vorliegen dieser Voraussetzungen ab. Anders wohl Stein-Jonas-Schumann-Leipold, § 310 Fußn. 20.
5) Dieses Ergebnis steht auch nicht im Widerspruch zu dem Standpunkt, den die hM. in bezug auf die Wesentlichkeit des Identitätsnachweises im Falle der Parteizustllung (§ 317) einnimmt (vgl. RGZ 159, 25 (27); BGHZ 24, 115 ff.; BGH, LM Nr. 3 a zu § 317 ZPO; VersR 1962, 218; MDR 1964, 916). Obgleich § 170 I sowohl für die Amts- als auch für die Parteizustellung gilt, besteht im Falle der Parteizustellung ein gesteigertes Interesse der Parteien an der Gewißheit, daß das zugestellte Schriftstück mit der Urschrift übereinstimmt. Denn während die Parteizustellung die kurze einmonatige Rechtsmittelfrist in Lauf setzt, bewirkt die Amtszustellung den weit weniger einschneidenden Beginn der Fünfmonatsfrist. Während demnach der Vertrauensschutz der Parteien im Falle des § 317 die Einhaltung der Förmlichkeit gebietet, ist dagegen bei der Amtszustellung gem. § 310 II dieser Schutz im Interesse der Vermeidung einer Vielzahl von Scheinurteilen entbehrlich. Der Beglaubigungsvermerk ist demnach als "unwesentliches" Merkmal einer Zustellung gem. § 310 II anzusehen, so daß die Entstehung eines Urteils nicht verhindert wird, wenn der Vermerk fehlt. Im Ergebnis ebenso BGHZ 42, 94 (98) mit zust. Anm. von Gelhaar, LM Nr. 9 zu § 310 II ZPO (unter 3); insoweit auch zutreffend Heyde, RzW 1965, 8.

entgegen der Bestimmung des § 212 a ohne Datum und (oder) nicht unterschrieben zu den Gerichtsakten, ohne daß dies bemerkt wird. Keine dieser Förmlichkeiten aber kann als so wesentlich im oben gezeigten Sinne angesehen werden, daß sie die Entstehung eines Urteils in Frage stellen könnten [1]. Der Sinn des § 212 a liegt darin, nachzuweisen, daß der betreffende Anwalt das Urteil empfangen hat. Zum Wesen der Verlautbarung gemäß § 310 gehört jedoch lediglich der Umstand, daß die Urteilsformel im Rahmen eines Zustellungsvorganges zugegangen ist. Besteht daher kein Streit, daß die Zustellung - wenn auch nicht ordnungsgemäß in der Form des § 212 a - bewirkt ist, sind die Mindestanforderungen an die Entstehung eines gemäß § 310 II zu verlautbarenden Urteils gegeben [2]. Aus den gleichen Gründen vermag das fehlende Datum auf dem Empfangsbekenntnis des Rechtsanwalts die Wirksamkeit der Urteilsformelzustellung und damit den Eintritt der rechtlichen Existenz eines Urteils nicht zu beeinträchtigen. Ebensowenig wie die Unterschrift gehört die Datumsangabe zu den wesentlichen Förmlichkeiten der schriftlichen Urteilsverlautbarung gemäß § 310 II [3].

Zu den maßgeblichen Merkmalen einer Urteilsformelzustellung gemäß § 310 II gehört weiterhin nicht die Mitteilung der Richterunterschriften [4]. Die entgegengesetzte Ansicht [5] fin-

1) Zutreffend BGHZ 41, 337 (339 f.); Baumbach-Lauterbach, § 310 Anm. 3 B; Thomas-Putzo, § 310 Anm. 3 c; Rosenberg-Schwab, § 110 V 2 a (S. 549, Kleindruck).
2) Wenn dagegen im Falle der Parteizustellung nach § 317 das Empfangsbekenntnis als wesentliches Formerfordernis für eine wirksame Zustellung angesehen wird (so BGHZ 8, 314; 30, 335 (336); 35, 230 (237)), dann beruht dies - wie im Falle des Beglaubigungsvermerks (siehe oben S. 377 Fußn. 5) - auch hier auf dem Unterschied zwischen der amtlichen Urteilsformel- und der Parteizustellung. Wegen der einschneidenden Bedeutung der Parteizustellung darf es keinen Zweifel geben, ob und gegebenenfalls wann die Zustellung erfolgt ist. Diese Gewißheit setzt ein ordnungsgemäß ausgefülltes Empfangsbekenntnis voraus. Dazu gehört auch die Unterzeichnung.
3) Anders dagegen auch insoweit die hM. in bezug auf die Parteizustellung gem. §§ 317, 212 a, 198; vgl. BGHZ 8, 314 (317); BGH, RzW 1960, 271; BGHZ 35, 236 (238).
4) BGHZ 42, 94 (96); Baumbach-Lauterbach, § 310 Anm. 3 B; Stein-Jonas-Schumann-Leipold, § 310 Anm. IV 2; Thomas-Putzo, § 310 Anm. 3 c; Gelhaar, LM Nr. 9 zu § 310 Abs. 2 ZPO.
5) Wieczorek, § 310 B II.

det im Gesetz keine Stütze. Im Gegenteil sieht § 310 II zumindest seinem Wortlaut nach die bloße Mitteilung der "Urteilsformel" vor [1]. Dem steht nicht entgegen, daß die Urteilsformel im Zeitpunkt der Zustellung von erkennenden Richtern unterzeichnet sein muß [2]. Dieser Umstand gibt keinen hinreichenden Anhalt für die Annahme, daß die Unterschriften auch bei der Zustellung gemäß § 310 II mitzuteilen sind.

Im Gegensatz zu den bisher genannten Fehlern entsteht nach hM. kein Urteil im Rechtssinne, wenn im Falle der Zustellung durch "Aufgabe zur Post" [3] der gemäß § 213 von dem Urkundsbeamten aufzunehmende Aktenvermerk versäumt wurde [4]. Dieser Auffassung ist zuzustimmen.

Das Wesen der Zustellung liegt in der beurkundeten [5] Übergabe des zuzustellenden Schriftstückes [6]. Dementsprechend ist über den Übergabevorgang eine Urkunde aufzunehmen (§ 190 I), ohne die von einer Zustellung im Rechtssinne nicht gesprochen werden kann [7]. Die Zustellungsurkunde wird im Falle des § 213 durch das amtliche Zeugnis des Urkundsbeamten in den Akten ersetzt [8]. Dieser Vermerk ist daher für eine wirksame Zustellung ebenso unerläßlich wie die gewöhnliche Zustellungs-

---

1) In diesem Sinne BGH, aaO.; Thomas-Putzo, aaO.
2) Andernfalls ist die Zustellung unwirksam, so BGH, NJW 1953, 622 (insoweit in BGHZ 8, 303 ff. nicht abgedruckt); BGH, NJW 1961, 782; BGHZ 42, 94 (96); OGH, NJW 1950, 309 (Nr. 10); Thomas-Putzo, § 310 Anm. 3 c; Rosenberg-Schwab, § 59 II 4 c (S. 28); dagegen abweichend Stein-Jonas-Schumann-Leipold, § 310 Anm. IV 1, unter Hinweis auf § 163 Anm. I u. III. Diese Argumentation ist jedoch mE. im Hinblick auf § 315 I 1 verfehlt.
3) Nicht zu verwechseln mit der "Übergabe zur Post" (§ 193).
4) BGHZ 32, 370 ff. mit zustimmender Anmerkung von Jauernig in ZZP 73, 444 (unter I); BGH, RzW 1960, 271; MDR 1961, 212; RzW 1964, 328; MDR 1966, 131; Thomas-Putzo, § 310 Anm. 3 c; siehe auch BGHZ 8, 314 (316 f.), für den Fall einer Amtszustellung gemäß § 625.
5) Darin unterscheidet sich die Zustellung von allen übrigen Übermittlungsformen.
6) BGHZ 30, 299 (304); Stein-Jonas-Pohle, § 190 Anm. I 1.
7) Zutreffend Stein-Jonas-Pohle, § 190 Anm. I 1.
8) BGHZ 8, 314 (316); Stein-Jonas-Pohle, § 213 Anm. I.

urkunde [1]. Damit gehört § 213 zu den wesentlichen Formvorschriften im oben genannten Sinne. Die Unwirksamkeit der Zustellung infolge Fehlens dieses Vermerkes gemäß § 213 hat demnach zur Folge, daß es an einer formgerechten Verlautbarung fehlt. Denn § 310 II setzt die "Zustellung" der Urteilsformel voraus. Das ohne jede Zustellung, wie dies bei einem fehlenden Aktenvermerk gemäß § 213 der Fall ist, verlautbarte Urteil ist daher ein Nichturteil [2].

---

1) Im Ergebnis ebenso Stein-Jonas-Pohle, § 213 Anm. I in Verbindung mit § 190 Anm. I 1; Blomeyer, ZPR, § 32 IV (S. 162); Rosenberg-Schwab, § 75 IV 4 (S. 365); Schönke-Schröder-Niese, § 34 IV 3 (S. 163). Vgl. ferner zum anwaltlichen Empfangsbekenntnis BGHZ 30, 299 ff. und die zahlreichen Nachweise bei Stein-Jonas-Pohle, § 190 Fußn. 2 u. § 198 Fußn. 17.

2) Dagegen liegt ein rechtlich existentes Urteil vor, wenn ein Aktenvermerk gemäß § 213 vorhanden ist, auch wenn dieser fehlerhaft ist; siehe dazu BGHZ, LM Nr. 59 zu § 209 BEG 1956; OLG Stuttgart, RzW 1961, 34; OLG Frankfurt, NJW 1960, 1954.
Zu den einzelnen Fehlern und den verschiedenen Auffassungen über deren Erheblichkeit vgl. Stein-Jonas-Pohle, § 213 Anm. I.

# Fünfter Teil

# Abgrenzung des Verfahrens ohne mündliche Verhandlung und Schlußbetrachtung

## § 18 Abgrenzung des Verfahrens ohne mündliche Verhandlung von verwandten Verfahrensarten

### I. Die Entscheidungen nach Lage der Akten

Den Aktenlageentscheidungen (§§ 251 a, 331 a) und dem Verfahren omV ist gemeinsam, daß sie den Grundsatz der Mündlichkeit durchbrechen. Im übrigen unterscheiden sie sich jedoch wesentlich. Der Sinn und Zweck der Aktenlageentscheidung liegt nicht wie im Verfahren omV in der Vereinfachung und Beschleunigung durch Vermeidung überflüssiger mVen, sofern Parteien und Gericht damit einverstanden sind, sondern in der Bekämpfung der prozeßverschleppenden Säumnis einer oder beider Parteien [1]. Die Verfahren unterscheiden sich dementsprechend sowohl in ihren prozessualen Voraussetzungen als auch in ihrer Durchführung erheblich.

Während im Falle des § 128 II im allseitigen Einvernehmen der Parteien und des Gerichts in jedem Stadium des Prozesses auf die Mündlichkeit verzichtet werden kann, setzt eine Entscheidung nach Lage der Akten voraus, daß ein Termin zur obligatorischen mV [2] des Rechtsstreits vor dem erkennenden Gericht ordnungsgemäß [3] anberaumt ist. Aufgrund dieses Termins kann eine Entscheidung nach Lage der Akten ergehen, wenn beide Parteien nicht erschienen sind oder nicht verhandeln oder eine Partei zwar erscheint und die andere nicht verhandelt (§ 251 a) [4], oder wenn eine Partei nicht erscheint oder

---

1) Rosenberg-Schwab, § 109 I a (S. 539).
2) Vgl. zu dieser Voraussetzung BGH, NJW 1964, 658.
3) Vgl. KG, DJZ 1925, 93.
4) Vgl. dazu OLG Schleswig, NJW 1969, 936.

nicht verhandelt [1] und die andere Partei den Prozeßantrag auf Erlaß einer Entscheidung nach Lage der Akten stellt (§ 331 a). Somit besteht zwischen dem Verfahren omV und den Aktenlageentscheidungen ein wesentlicher Unterschied in den verfahrenseinleitenden Handlungen der Prozeßbeteiligten sowie in den besonderen Voraussetzungen der Aktenlageentscheidungen, die darüber hinaus für den Fall, daß ein Urteil ergehen soll, nur zulässig sind, wenn in einem früheren Termin eine mV stattgefunden hat (§ 251 a I 2) [2].

Die Grundlage einer Entscheidung gemäß §§ 251 a, 331 a bildet das Ergebnis einer früheren mV, im Falle des § 331 a auch der Vortrag der allein erschienenen Partei [3] und der Inhalt derjenigen Schriftsätze, die zwischen der letzten mV und demjenigen Verhandlungstermin, aufgrund dessen die Aktenlageentscheidung ergeht, gewechselt werden. Eine Verhandlung über diesen schriftlichen Streitstoff findet nicht statt. Insoweit handelt es sich lediglich um die Gewährung rechtlichen Gehörs [4] . Die Verwandtschaft der Aktenlageverfahren

---

1) RG, LZ 1932, 962 u. 965.
2) Siehe in diesem Zusammenhang die streitige Frage, ob ein Verfahren omV die in §§ 251 a, 331 a erforderliche mV zu ersetzen vermag; bejahend LG Stuttgart, ZZP 69, 408; Goldschmidt, Neue ZPO, § 251 a Anm. 2 (a.E.); Stein-Jonas-Pohle, § 251 a Anm. III 4 a; Wieczorek, § 251 a B IV b 2; Rosenberg-Schwab, § 109 II 4 a (S. 541, Kleindruck); de Boor, Entsch.nLdA., S. 28; Sonnen, Das neue ZPrR, S. 43; von Hodenberg, JW 1924, 366; dagegen verneinend Volkmar, BeschlVO, § 251 a Anm. 8; Stein-Juncker, § 71 VI (S. 209 f., Kleindruck); Püschel, Einzelrichter, S. 80; Reinberger, Recht 1924, 83; dahingestellt von RGZ 149, 159 (161); BGH, LM Nr. 8 zu § 128 ZPO.
Der bejahenden Auffassung ist der Vorzug zu geben. Denn der grundlegende Sinn einer notwendig vorangegangenen mV im Falle eines gemäß § 251 a zu erlassenden Urteils liegt darin, daß die säumige Partei zumindest einmal Gelegenheit gehabt haben soll, über das Streitverhältnis in tatsächlicher und rechtlicher Hinsicht zu verhandeln (RGZ 149, 157 (159)); RG, JW 1930, 141 (Nr. 19); HRR 1936 Nr. 292; Rosenberg-Schwab, § 109 II 4 a (S. 541). Diesem Bedürfnis ist aber nicht nur Rechnung getragen, wenn die Streitverhandlung in einem Termin zur mV, sondern im Einvernehmen der Parteien schriftlich erfolgte (vgl. von Hodenberg, JW 1924, 336). Eine Aktenlageentscheidung ist daher zulässig, wenn zuvor eine Entscheidung gemäß § 128 II ergangen war.
3) Volkmar, ArbRSamml. 24, 36.
4) Sauerländer, LZ 1924, 226 f.

mit dem Verfahren omV, in dem eine echte schriftliche Verhandlung stattfindet, besteht somit in dieser Hinsicht lediglich darin, daß schriftlicher Prozeßstoff, ohne daß dieser mündlich eingeführt zu werden braucht (§ 137 III 1), bei der Entscheidung berücksichtigt werden kann. Die Verwertung geschieht im übrigen im Verfahren omV im Einvernehmen aller Prozeßbeteiligten, in den Fällen der §§ 251 a, 331 a dagegen zumindest ohne den Willen der säumigen Parteien [1].

Die Aktenlageentscheidungen sind schließlich nicht wie im Verfahren omV schriftlich zu verlautbaren, sondern zu verkünden (arg. § 251 a I 2), und zwar sofort oder in einem Verkündungstermin (§ 310 I). Urteile dagegen dürfen nur in einem Verkündungstermin verlautbart werden, der auf besondere Art bekanntgegeben werden muß (vgl. § 251 a I 2-4).

Das Aktenlageverfahren gemäß §§ 251 a, 331 a weicht demnach wesentlich sowohl in deren Voraussetzungen als auch in der Art der Stoffbeschaffung sowie in der Durchführung des Verfahrens bis zur Entscheidung von dem Verfahren omV ab [2].

## II. Das Verfahren gemäß § 272 a

Mit § 272 a durchbricht das Gesetz ein weiteres Mal das Mündlichkeitsprinzip. Auch diese Vorschrift soll, wie die §§ 251 a, 331 a, dem Vertagungsunwesen entgegenwirken, das durch nicht oder nicht rechtzeitig angekündigtes Vorbringen

---

1) Vgl. Stein-Juncker, § 72 A I (S. 212).
2) Die Unterschiede werden auch im Kostenrecht ersichtlich. Im Verfahren omV erhalten die Prozeßbevollmächtigten die gleichen Gebühren wie im mündlichen Verfahren, § 35 BRAGO. Bei einer Entscheidung gemäß § 331 a erhält nur der Anwalt der erschienen Partei die Verhandlungsgebühr, § 33 I Nr. 2 BRAGO. Im Verfahren gemäß § 251 a entsteht überhaupt keine Verhandlungsgebühr. Denn weder § 35 (so OLG Karlsruhe, HRR 1930 Nr. 662, zu § 16 aF. RAGebO; Gerold-Schmidt, § 35 Rdn. 13; Lauterbach, § 35 Anm. 1 B a) noch § 33 BRAGO (so Gerold-Schmidt, § 33 Rdn. 12; Swolana, § 33 Anm. 4 a) ist auf § 251 a anwendbar.

häufig hervorgerufen würde. In diesen Fällen erhält die Partei, die mit dem neuen Vorbringen überrascht wird, Gelegenheit, sich innerhalb einer Frist darauf zu erklären. Nach Ablauf der Frist trifft das Gericht sodann eine Entscheidung, ohne daß diejenige Partei, die es versäumt hatte, ihren Vortrag rechtzeitig anzukündigen, noch die Möglichkeit hat, auf die nachträglichen schriftlichen Äußerungen des Gegners zu erwidern [1].

Die Durchbrechung der Mündlichkeit liegt demnach darin, daß nicht nur mündlich vorgetragener Streitstoff (§§ 128 I, 137 II, III), sondern auch ein rechtzeitig [2] zwischen Schluß der mV und der Verkündung eingereichter Schriftsatz zu berücksichtigen ist [3]. Dieser nachgereichte Schriftsatz eröffnet aber weder eine schriftliche Verhandlung i.S. des § 128 III, noch ist er Teil einer solchen [4]. Er ergänzt lediglich das mündliche Vorbringen in der letzten mV und wird so behandelt, als wäre er rechtzeitig und mündlich vorgetragen. Die Entscheidung ergeht dementsprechend allein aufgrund der

---

1) Baumbach-Lauterbach, § 272 a Anm. 1; Stein-Jonas-Schumann-Leipold, § 272 a Anm. I 1; ferner BGH, NJW 1952, 222. Erhält der nachgelassene Schriftsatz andere Behauptungen als die, für die die Erklärungsfrist eingeräumt war, so kann das Gericht die mV wiedereröffnen, wenn es dieses Vorbringen berücksichtigen will. Eine Verpflichtung des Gerichts dazu besteht jedoch nicht, BGH, NJW 1966, 1657.

2) Vgl. § 272 a S. 2, 1. Halbs.

3) BGH, NJW 1952, 222.

4) Zu einer "quasi" schriftlichen Verhandlung kommt es im mündlichen Verfahren häufig dadurch, daß das Gericht der einen Partei wegen nicht rechtzeitig angekündigten Streitstoffes eine Erklärungsfrist einräumt, nach Ablauf derselben sodann auch dem Gegner Gelegenheit gibt, sich auf den zu erwartenden Schriftsatz zu erklären, und im Anschluß daran in dem dazu bestimmten Verkündungstermin eine Entscheidung verlautbart. Dieses in der Praxis häufig geübte Verfahren ist unzulässig (zutreffend OLG Nürnberg, NJW 1949, 29; OLG Stuttgart, ZZP 67, 284; eingehend Buchholz, NJW 1955, 535 f.). Es wird weder durch § 272 a noch durch § 128 II gedeckt. § 272 a gestattet allein die Erwiderung auf nicht rechtzeitig angekündigtes Vorbringen in der letzten mV. § 128 II würde hingegen, wenn man die übrigen Voraussetzungen als gegeben ansehen wollte, eine schriftliche Verlautbarung gemäß § 310 II verlangen.

mV [1] und wird infolgedessen auch verkündet [2].

Das Verfahren gemäß § 272 ist somit mit einem Verfahren gemäß § 128 II insofern verwandt, als es die Berücksichtigung schriftlichen Materials (des nachgereichten Schriftsatzes) ohne Vortrag in der mV gestattet. Der wesentliche Unterschied besteht jedoch darin, daß die Verwertung des von der begünstigten Partei nachgereichten schriftlichen Materials kein Einverständnis der säumigen Partei voraussetzt [3] und die Durchbrechung der Mündlichkeit allein auf den zulässigerweise [4] nachgereichten schriftlichen Streitstoff beschränkt ist [5].

## § 19 Schlußbetrachtung und Gedanken de lege ferenda

### I. Für eine Fortgeltung des § 128 II

Die vorstehenden Untersuchungen des Verfahrens omV haben gezeigt, daß mit diesem eine Vielzahl von Problemen verknüpft ist. Diese sind vornehmlich darauf zurückzuführen, daß der Gesetzgeber ein schriftliches Verfahren in eine Prozeßordnung eingefügt hat, die ganz streng auf dem Mündlichkeitsprinzip aufgebaut war [6], ohne aber im geringsten eine Regelung der Einzelheiten dieses außergewöhnlichen Verfahrens zu

---

1) Stein-Jonas-Schumann-Leipold, § 272 a Anm. III 4.
2) Stein-Jonas-Schumann-Leipold, aaO.
3) BGH, NJW 1952, 222.
4) Andernfalls bedeutet die Anordnung einer Erklärungsfrist einen Verstoß gegen das Mündlichkeitsprinzip, BGH, NJW 1965, 297.
5) Weitere Unterschiede bestehen schließlich darin, daß die Entscheidung im Verfahren gem. § 272 a nur von denjenigen Richtern gefällt werden kann, die an der mV teilgenommen haben (Püschel, JR 1926, 27); dagegen findet § 309 im Verfahren omV keine Anwendung (siehe oben S.25ff.,37). Endlich tritt der Verhandlungsschluß im Falle des § 272 a für die Partei, die ihr Vorbringen nicht rechtzeitig angekündigt hat, mit dem Schluß der mV, für die andere Partei mit dem Ablauf der Erklärurungsfrist ein (siehe dazu im einzelnen Stein-Jonas-Schumann-Leipold, § 272 a Anm. III 4). Es schließt sich demnach hier nicht wie im Verfahren omV an die mV eine echte schriftliche Verhandlung an.
6) Vgl. oben S. 17.

treffen und eine Anpassung der einschlägigen Vorschriften vorzunehmen [1]. Dies blieb der Wissenschaft und Praxis überlassen [2]. Die darauf zurückzuführenden Unsicherheiten und teilweisen Unzuträglichkeiten in der Handhabung des Verfahrens omV haben bewirkt, daß sich die Praxis häufig scheut, sich dieses Verfahrens überhaupt zu bedienen [3], oder aber es erfreut sich so großer Beliebtheit [4], daß es sogar über seine zulässigen Grenzen hinaus angewandt wird [5]. Das stimmt bedenklich.

Ein weiterer Faktor, der zur Skepsis gegenüber dem Verfahren omV beiträgt, ist die Erkenntnis, daß das Verfahren omV sich häufig nicht seinem Sinn und Zweck entsprechend vereinfachend und beschleunigend, sondern im Gegenteil prozeßverschleppend auswirkt. Das hat seinen Grund darin, daß die Schriftlichkeit gegenüber der Mündlichkeit, auch wo diese an sich überflüssig und dementsprechend zeitraubend ist, nicht schlechthin den Vorzug der Beschleunigung genießt. Vielmehr ist es gerade die Mündlichkeit, die den Prozeßgang mit ihrer Terminierung in bestimmten zeitlichen Grenzen hält und sich dadurch nicht unwesentlich einer schleunigen Prozeßabwicklung förderlich zeigt. Die derzeitige Gestaltung des Verfahrens omV läßt dagegen ein entsprechendes Zeitmoment vermissen [6]. Das hat zur Folge, daß sich der Erlaß einer Entscheidung im Verfahren omV bisweilen erheblich verzögert. Das gilt insbesondere in Fällen, in denen dieses Verfahren angeordnet wird, obgleich es völlig ungeeignet ist, so z.B., wenn es sich um schwierigen und (oder) umfangreichen Prozeßstoff handelt, der sich zumeist in einer mV leichter und vor allem erheblich schneller aufklären läßt als in einer umständlichen schriftlichen Verhandlung. Aber selbst dann, wenn das Verfahren omV an sich zweckmäßig ist, führt

---

1) Diese Unterlassung ist zu Recht auf Kritik gestoßen, siehe Lehmann, Das neue ZPR, S. 47; Stürmer, S. 30 f.
2) Vgl. Volkmar, BeschlVO, § 23 a EntlVO Anm. 5; Lay, S. 12; Lehmann, Das neue ZPR, S. 47; Püschel, Einzelrichter, S. 59; Zscherlich, S. 3.
3) Vgl. auch Schoeneich, DRiZ 1952, 153; Kuhn, D iZ 1953, 123.
4) Vgl. BGHZ 18, 61; ferner Bull, ZZP 69, 158.
5) Siehe BGH, aaO. und oben S. 21.
6) Siehe aber § 128 III 3 Entwurf 1970.

dieses nicht immer zu dem vom Gesetz gewünschten Vereinfachungs- und Beschleunigungserfolg. Verantwortlich dafür sind einmal die Parteien, indem sie sich für ihren schriftsätzlichen Vortrag Zeit lassen. Zum anderen liegt die Ursache der Verzögerung aber auch häufig bei dem Gericht, das eine schriftliche Entscheidung - in der Regel infolge Arbeitsüberlastung - gerne hinter andere, wegen § 310 I fristgebundene Entscheidungen zurückstellt [1)2)]. In diesen durch die Terminungebundenheit des Verfahrens omV begünstigten Auswirkungen liegt einer der entscheidenden Mängel des Verfahrens omV überhaupt.

Die vorstehenden Überlegungen werfen nicht zuletzt die Frage auf, ob ein Verfahren omV in der ZPO überhaupt seine Berechtigung hat oder ob man diese Einrichtung nicht entbehren kann. Letzteres ist in der Vergangenheit bisweilen behauptet worden [3)], u.a. mit der Begründung, daß die Einführung des Verfahrens omV eine Notmaßnahme [4)] gewesen sei, die den seinerzeitigen Bedürfnissen Rechnung tragen sollte und nunmehr, nachdem die entsprechenden Verhältnisse überwunden wären [5)], keine Daseinsberechtigung mehre habe [6)]. Diese Ansicht ist

---

1) Vgl. die Begründung zum Entwurf 1970, BT-Drucksache VI/790; (Erster Teil, A III 1 a.E.); Schoeneich, DRiZ 1953, 153.
2) Zu welchen Auswirkungen das führen kann, zeigt die Entscheidung des BGHZ 18, 61 (62), in der der BGH zu Recht das Verfahren des Untergerichts beanstandet, das erst 8 1/2 Monate nach Abgabe der Einverständniserklärungen eine Entscheidung erließ.
3) Ebenso Kann, Justizreform, S. 18; Wach, DJZ 1924, 252; Beroltzheimer, JW 1929, 1884; Pollak, Judicium 1931, 310 ff.; Rosenberg, ZZP 57, 285.
4) Die BundesratsVO, mit der das Verfahren omV in den Zivilprozeß erstmalig Eingang fand (siehe oben S. 18), beruhte auf § 3 des Gesetzes über die Ermächtigung des Bundesrats zu wirtschaftlichen Maßnahmen ... vom 4. August 1914 (RGBl. S. 327) und konnte gemäß § 21 BundesratsVO jederzeit durch die Reichsregierung mit Zustimmung des Reichsrats außer Kraft gesetzt werden.
5) Der Anlaß der VOen der Jahre 1923/24, die der Schwerfälligkeit und Dauer der Prozesse zu begegnen suchten, waren der Währungsverfall und die wirtschaftlichen Krisen. Übermäßige Dauer der Gerichtsverfahren führte nicht selten zu erheblichen wirtschaftlichen Einbußen auch für die obsiegenden Parteien; vgl. Volkmar, JW 1924, 345; Wach, Das neue ZPR, S. 4; Levin, DJZ 1924, 14.
6) So Kann, aaO.; Beroltzheimer, aaO.; Rosenberg, aaO.

jedoch unzutreffend. Wenngleich auch das Verfahren omV ursprünglich aus einem besonderen Bedürfnis heraus entstanden ist, hat es den anfänglichen Charakter einer bloßen vorübergehenden Behelfsregelung sehr bald abgelegt, nachdem es sich für den Prozeßgang ganz allgemein bewährt hatte [1] und deshalb zu einem festen Bestandteil der ZPO wurde [2]. Diese Entwicklung nahm mit der formalen Übernahme des Verfahrens omV aus Nebengesetzen in die ZPO durch das VereinhG seinen (vorläufigen [3]) Abschluß [4]. Man hatte zutreffend erkannt, wie wertvoll die Möglichkeit des Verzichts auf die grundsätzlich notwendige Mündlichkeit in geeigneten Fällen sein kann. Insoweit kann man wohl sagen, daß sich das Verfahren omV in seiner praktischen Anwendung als eine zweckmäßige Einrichtung erwiesen hat. Dagegen haben sich die ursprünglich geäußerten Befürchtungen, daß der Einbruch der Schriftlichkeit zu einer völligen Beseitigung der Mündlichkeit führen würde [5], nicht bewahrheitet. Abgesehen von vereinzelten Fällen, in denen mit der Anwendung des § 128 II Mißbrauch getrieben worden ist [6], bildet die mV in der Praxis entsprechend dem ursprünglichen Sinn und Zweck des Verfahrens omV nach wie vor die Regel, so daß die Schriftlichkeit, die mit dem Verfahren omV in die ZPO hineingetragen worden ist, tatsächlich eine Stärkung des die ZPO beherrschenden Mündlichkeitsprinzips bewirkt hat, indem sie die Mündlichkeit dort ersetzt, wo diese der Erreichung des Prozeßzieles abträglich ist. So läßt sich das Verfahren omV aus der ZPO nicht mehr fortdenken, ohne daß dadurch dem Prozeßgang ein Stück Beweglichkeit genommen würde.

Hat § 128 II somit grundsätzlich seine Berechtigung, könnte man erwägen, das Verfahren omV angesichts seiner Zweckbestimmung und seines Ausnahmecharakters auf einzelne besondere Ver-

---

1) Vgl. auch die Begründung zu § 228 des Entwurfes 1931, ebenda S. 314.
2) Vgl. oben S. 10 f.
3) Der Entwurf 1970 sieht einige Ergänzungen vor, die zu einer Erweiterung des Verfahrens omV führen, siehe unten S. 390 ff.
4) Siehe oben S. 10 . - Die Übernahme des § 7 EntlVO in die ZPO war bereits von dem Entwurf 1931 vorgesehen (vgl. § 228 I Entwurf 1931).
5) Vgl. z.B. Jäckel, GruchBeitr. 30, 659; Wach, DJZ 1924, 252; Pollack, Judicium 1931, 309 f.
6) Vgl. BGHZ 17, 118 ff.; 18, 61 f.; Dispeker, JW 1925, 694; siehe auch oben S. 21.

fahrenslagen zu beschränken [1]. Es ist verschiedentlich versucht worden, den Anwendungsbereich des § 128 II auf einzelne typische Fälle, in denen der Wegfall der Mündlichkeit in aller Regel zu einer Vereinfachung und Beschleunigung führt, zu begrenzen [2]. Diese im Hinblick auf die aufgetretenen Mißbräuche und Fehlanwendungen anzuerkennenden Bestrebungen sind jedoch wirkungslos, es sei denn, der Gesetzgeber würde sich dazu entschließen können, einen abschließenden Katalog der Fälle aufzustellen, in denen allein ein Verfahren omV angebracht wäre. Jedoch stieße eine derartige perfektionistische Regelung eines Verfahrens omV auf Bedenken. Sie würde bei der Mannigfaltigkeit denkbarer Prozeßlagen mit Sicherheit nicht sämtliche Fälle berücksichtigen können, in denen ein Verfahren omV sinnvoll und zweckmäßig sein kann. § 128 II würde demnach gegebenenfalls seinen Zweck nur unvollständig erfüllen. Es ist deshalb, selbst auf die Gefahr hin, daß das Verfahren omV bisweilen nicht zweckgerecht angewandt wird, einer allgemeinen Eröffnung der Schriftlichkeit gegenüber einem beschränkten Anwendungsbereich auf einzelne, ausdrückliche vom Gesetz bestimmte Sachlagen der Vorzug zu geben. Nur diese Lösung wird der Forderung nach einer beweglichen Verfahrensorndung gerecht [3].

Zusammenfassend ergibt sich, daß weder eine Abschaffung noch eine allgemeine Einschränkung des Verfahrens omV in Betracht kommt. Angesichts der großen Anzahl von Problemen aber, wie sie die Vorschrift des § 128 II aufwirft, zeigt sich, daß diese Regelung nicht allen Anforderungen standhält, die erforderlich sind, um einen ordentlichen Gang des Verfahrens omV zu gewährleisten. Hier bedeutet aber die sog. Beschleunigungsnovelle 1970 [4] einen fruchbaren Schritt voran.

---

1) So de Boor, Auflockerung, S. 70.
2) Siehe BGHZ 18, 61 (62); 17, 118 ff.; OLG Köln, HEZ 2, 61; Staud, DJ 1938, 374; Schoeneich, DRiZ 1952, 153; vgl. ferner die Begründung zum Entwurf 1970 (Erster Teil, A III 1); siehe auch oben S. 22 f.
3) Die Güte einer Prozeßhandlung hängt nicht zuletzt von denen ab, die sie handhaben; siehe auch de Boor, Entsch.nLdA., S. 79; Münzel, S. 144 f.
4) Entwurf eines Gesetzes zur Änderung der Zivilprozeßordnung vom 15. Mai 1970 - BT-Drucksache VI/ 790; BR-Drucksache 82/70; nachfolgend Entwurf 1970 genannt.

## II. Der Entwurf eines Gesetzes zur Änderung der Zivilprozeßordnung vom 5. Mai 1970

§ 128 in der Fassung des Entwurfes 1970 sieht, soweit er das Verfahren omV betrifft, wesentliche Änderungen vor. Er bestimmt zunächst, daß eine Entscheidung omV unzulässig ist, wenn diese nicht innerhalb von drei Monaten seit dem Einverständnis der Parteien ergeht (§ 128 II 3 aaO.). Diese Regelung wirkt dem nach diesseitiger Auffassung schwerwiegendsten Mangel des Verfahrens omV in seiner geltenden Gestalt, nämlich der völligen Terminsungebundenheit [1] entgegen. Sie ist daher zu begrüßen. Problematisch ist allerdings die Bemessung der Frist. Namentlich bei solchen Gerichten, die einen verhältnismäßig kurzfristigen Terminsstand haben, wird die Dreimonatsfrist keine Abhilfe vor Verzögerungen schaffen können. Hier wird das mündliche Verfahren in der Regel einfacher und schleuniger zum Ziel führen. Es gilt aber, eine allen Verhältnissen angemessene Höchstdauer zufinden. Dem wird der vorliegende Gesetzesvorschlag wohl gerecht.

Eine weitere wesentliche Ergänzung der bisherigen Regelung liegt in dem Gesetzesvorschlag, daß das Gericht "alsbald einen Zeitpunkt, der dem Schluß der mündlichen Verhandlung entspricht", zu bestimmen habe (§ 128 II 2 Entwurf 1970). Nach der amtlichen Begründung [2] liegt diese Vorschrift auf der Linie der Gesamtkonzeption des Entwurfes, das Verfahren zu straffen und Verschleppungen vorzubeugen [3]. Darüber hinaus bedeutet aber § 128 II 2 Entwurf 1970 insoweit auch einen entscheidenden Beitrag zur Lösung des Problems des Verhandlungsschlusses [4]. Mit dieser Vorschrift zwingt das Gesetz das Gericht praktisch zu einer ausdrücklichen Entschließung analog § 136 IV. Damit entspricht der Gesetzesvorschlag den diesseits gegebenen Empfehlungen [5]. Wegen der möglichen Einwendungen kann daher auf die oben [6] angestellten Erwägungen Bezug genommen werden.

---

1) Siehe oben S. 387.
2) BT-Drucksache VI/790, S. 28 (unter III 2).
3) Auf die verfahrensbeschleunigende Wirkung einer Bestimmung des Verhandlungsschlusses ist bereits hingewiesen worden, siehe oben S. 284 f.
4) Siehe oben S. 201 ff.
5) Siehe oben S. 235.
6) S. 234 f.

Zutreffend hält der Entwurf 1970 auch daran fest, daß die Einverständniserklärungen jeweils nur e i n e Entscheidung decken [1]. Die damit im Gegensatz zu dem Vorschlag des Kommissionsberechtes von 1961 [2] stehende Regelung bewahrt den ursprünglichen Ausnahmecharakter des schriftlichen Verfahrens und verhindert wirksam eine unzweckmäßige Ausdehnung desselben [3].

Nach dem Vorschlag des Entwurfes 1970 soll aber das Verfahren omV eine wesentliche Änderung erfahren, indem die in diesem Verfahren ergehenden ebenso wie die aufgrund mV getroffenen Entscheidungen zu verkünden sind (§ 128 II 2 Entwurf 1970) [4]. Diese Regelung verdient uneingeschränkte Zustimmung. Sie ist ist in zweifacher Hinsicht gegenüber dem geltenden § 310 II von Vorteil. Einmal wird das Verfahren zeitlich, zumindest erst einmal bis zu dem erforderlichen Verkündungstermin begrenzt. Die Fristgebundenheit zwingt sowohl die Parteien als auch das Gericht zu einer Förderung des Rechtsstreits. Die Parteien einerseits müssen dafür Sorge tragen, den wesentlichen Prozeßstoff rechtzeitig dem Gericht zu übermitteln, um nicht Gefahr zu laufen, mit weiterem Vorbringen ausgeschlossen zu werden. Das Gericht andererseits würde sich mit der Anberaumung eines Verkündungstermines selbst dazu anhalten, gegebenenfalls durch prozeßleitende Verfügungen seinerseits um eine rasche Erledigung des Rechtsstreits bemüht zu sein. Darüber hinaus wäre das Gericht genötigt, in dem zur Verkündung anstehenden Termin eine Entscheidung zu erlassen. Wenn sich dann herausstellen sollte, daß die Sache noch nicht entscheidungsreif ist, so daß die Verhandlung wiedereröffnet werden müßte [5], würde dies zu einer eingehenden Prüfung Anlaß sein, inwieweit die Fortsetzung der Verhandlung in schriftlicher Form unter den betreffenden Voraussetzungen noch sachdienlich oder gegebenenfalls nicht die Rückkehr zur mV geboten

---

1) Vgl. BT-Drucksache VI§790, S. 40 (zu Nr. 18); ebenso die Begründung zu § 228 des Entwurfes 1931, ebenda S. 314.
2) Bericht 1961, S. 177 f.
3) Siehe oben S. 278 f.
4) Das entspricht den bereits mit dem Entwurf 1931 gemachten Vorschlägen (§ 304 S. 2 Entwurf 1931).
5) Vgl. RG, LZ 1932, 962.

ist. Die Regelung über die Verkündung der im Verfahren omV ergehenden Entscheidungen trägt somit wesentlich zur Förderung und einer dem Sinn und Zweck des § 128 II entsprechenden Beschleunigung des Verfahrens bei.

Sie genießt aber noch in anderer Hinsicht gegenüber einer schriftlichen Verlautbarung gemäß § 310 II einen entscheidenden Vorzug. Mit der Verkündung würden die zahlreichen Unklarheiten beseitigt, die dadurch entstanden sind, daß diejenigen Vorschriften, die an die Verkündung anknüpfen (vgl. z.B. §§ 516, 552 u.a. [1]), nicht der schriftlichen Verlautbarungsform angepaßt worden sind. Das wäre aber gerade im Hinblick auf den Charakter der gerichtlichen Entscheidungen als hoheitliche Akte mit entscheidenden Wirkungen für und gegen die Beteiligten dringend erforderlich gewesen [2][3].

Die mündliche Verlautbarung ist nicht etwa als einem schriftlichen Verfahren unbedingt systemfremd oder zweckwidrig anzusehen [4]. Die Einführung eines Verfahrens omV zwingt nicht notwendig zu der Konsequenz einer schriftlichen Verlautbarung. Nach dem Sinn und Zweck des § 128 II soll das Verfahren omV dadurch zur Beschleunigung und Vereinfachung beitragen, daß es die mündliche V e r h a n d l u n g entbehrlich macht. Dem widerspricht es nicht, die Entscheidung in einem besonderen Verkündungstermin mündlich zu verlautbaren. Dadurch werden weder die Parteien noch das Gericht unzumutbar beschwert.

---

1) Siehe dazu oben S. 313 ff.
2) Die Entscheidung des BGHZ 32, 370 ff. macht deutlich, zu welchen Verwicklungen die Vorschrift des § 310 II in der Praxis geführt hat. Siehe auch die zahlreichen Nachweise bei Dräger, MDR 1963, 808 ff.
3) Auch das Problem der notwendigen Doppelzustellung in den Fällen, in denen Urteile nicht im Parteibetrieb, sondern von Amts wegen zuzustellen sind, um die Rechtsmittelfristen in Gang zu setzen (vgl. § 625), würde mit der Verkündung gelöst werden. Dieser Gesichtspunkt war im übrigen entscheidend, daß der Entwurf 1931, der allgemein die Urteilszustellung von Amts wegen vorsah, die Verkündung auch der im Verfahren omV ergehenden Urteile vorschrieb; siehe die Begründung zu § 303 des Entwurfes 1931, ebenda S. 323 f.
4) Vgl. Rosenberg, ZZP 57, 241.

Die Parteien einerseits brauchen im Verkündungstermin nicht anwesend zu sein, da hier nicht mehr verhandelt wird. Das Gericht andererseits wird durch die bloße öffentliche Verlesung der Urteilsformel in einem dazu anzuberaumenden Termin kaum belastet. Die Verkündung einer schriftlichen Entscheidung ist daher ganz im Sinne der Vorschrift des § 128 II, die die Parteien und das Gericht in erster Linie von der "mV" entlasten will [1].

Betrachtet man die weiteren Veränderungen des Verfahrens omV, wie sie der Entwurf 1970 vorsieht, so erscheint insbesondere die Bestimmung, daß das Einverständnis "bei einer wesentlichen Änderung der Prozeßlage widerruflich" sein soll, problematisch. Die Bedenken dagegen sind im Zusammenhang mit der Untersuchung über die Widerruflichkeit des Einverständnisses im Hinblick auf die geltende Fassung des § 128 II eingehend erörtert worden [2]. Dem gibt es nichts hinzuzufügen, so daß dieser Vorschlag des Entwurfs 1970 im Ergebnis abzulehnen ist.

Weiterhin vermißt man eine Stellungnahme des Gesetzgebers in bezug auf § 309 [3]. In Anbetracht der in der Praxis bestehenden Unklarheiten [4] wäre eine ausdrückliche Bestimmung wie sie im übrigen in dem Entwurf 1931 vorgesehen war [5], angebracht, die klarstellt, ob § 309 im Verfahren omV anwendbar ist oder nicht. Die Lösung dürfte allerdings nur im letzteren Sinne lauten, weil nur unter dieser Voraussetzung ein Verfahren omV praktikabel wäre [6].

Anschließend sind drei Änderungsvorschläge des Entwurfs 1970 kurz zu betrachten, die das Verfahren omV über den bisherigen Anwendungsbereich hinaus erweitern. Es handelt sich dabei zu-

---

1) Siehe oben S. 20.
2) Siehe oben S. 144 ff.
3) Siehe dazu eingehend oben S. 25 ff.
4) Die - wenn auch unzweideutige - Rechtsprechung des BGH (BGHZ 11, 27 ff.) vermochte die Problematik kaum zufriedenstellend zu lösen. Vgl. insbesondere die eingehende Kritik von Auernhammer, ZZP 67, 256 ff.; dazu eingehend oben S. 41 f.
5) § 302 S. 2 Entwurf 1931.
6) Siehe oben S. 34 ff.

nächst um § 128 III des Entwurfs 1970, der den bisherigen § 510 c ersetzen soll. Diese Sonderregelung eines Verfahrens omV ohne Einverständnis der Parteien ist in ihren Voraussetzungen so speziell, daß es in verfahrensrechtlicher Hinsicht gegen ein schriftliches Verfahren allein aufgrund richterlichen Ermessens nichts einzuwenden gibt. Diese Vorschrift wird den praktischen wirtschaftlichen Gegebenheiten hinsichtlich der Praxis bei den Gerichtsstandvereinbarungen gerecht. Sie ist bestens geeignet, im Hinblick auf die Unzuträglichkeiten und Belastungen, die mit der auf der Mündlichkeit des Verfahrens beruhenden Erscheinungspflicht der Parteien entstehen, Abhilfe zu schaffen. Wesentlich ist aber, daß mit diesem Verfahren in vermögensrechtlichen Streitigkeiten bis zu einem Wert von DM 500,- nicht das Schriftlichkeitsprinzip zum maßgebenden Verfahrensgrundsatz erhoben wurde, was auf erhebliche Bedenken stoßen müßte. Vielmehr steht es in der Macht der Parteien, die sich durch die Schriftlichkeit benachteiligt sehen, die Mündlichkeit der Verhandlung mit einem entsprechenden Antrag zu eröffnen (§ 128 III 3 Entwurf 1970).

Schließlich sieht der Entwurf in den §§ 307 II und 331 III ein schriftliches Anerkenntnis- und Versäumnisverfahren vor. Diese besonderen schriftlichen Verfahren unterscheiden sich von dem omV gemäß § 128 II zunächst in seinen Voraussetzungen, die darin bestehen, daß im Falle des § 307 II Entwurf 1970 der Beklagte den Klageanspruch anerkennt oder im Falle des § 331 III Entwurf 1970 sich auf eine besondere Aufforderung des Gerichts hin (§ 261 a I 1, II Entwurf 1970) nicht schriftlich erklärt, sich gegen die Klage verteidigen zu wollen. Unter diesen Umständen hat das Gericht auf Antrag des Klägers eine entsprechende Entscheidung omV zu treffen. Das "Verfahren" omV ist demnach insoweit auf ganz bestimmte Sachlagen beschränkt. Es weicht äußerlich lediglich noch dadurch von dem Verfahren gemäß § 128 II ab, daß die Entscheidung nicht entsprechend dem Vorschlag des Entwurfes zu § 128 II verkündet, sondern wie nach der geltenden Vorschrift des § 310 II durch Zustellung der Urteilsformel verlautbart wird (§ 310 II Entwurf 1970).

Beide Regelungen begegnen grundsätzlichen Bedenken. So besteht für ein schriftliches Anerkenntnisverfahren kein durchgreifendes Bedürfnis, weil dieses unter der Voraussetzung, daß die Beteiligten einverstanden sind, bereits nach geltendem Recht ohne weiteres möglich ist [1]. Weit fraglicher erscheint jedoch die Einführung eines schriftlichen Versäumnisverfahrens. Hier erfährt m.E. die Schriftlichkeit zugunsten des Beschleunigungszieles des Gesetzesentwurfes eine Stärkung, die nicht mehr bloß eine zweckmäßige Ausgestaltung des Mündlichkeitsprinzips darstellt, sondern den Einzug eines eigenen Schriftprozesses mit allen seinen Nachteilen wie Schwerfälligkeit [2], Erschwernis der Wahrheitsfindung [3], Prozeßdauer und Heimlichkeit [4] bedeutet. Das läuft der grundlegenden Konzeption der ZPO zuwider, dergemäß das Mündlichkeitsprinzip den Kern der Prozeßordnung bildet, während die Schriftlichkeit die Mündlichkeit lediglich zweckgerecht ausgestaltet, indem die Schrift die Mündlichkeit in denjenigen Fällen ergänzt, in denen diese sich als unzweckmäßig erweist. Die Mündlichkeit hat jedoch dadurch ihren Charakter als Prozeßmaxime nicht eingebüßt [5]. Auch der Entwurf 1970 geht hiervon aus, wie sich aus § 128 III 3 Entwurf 1970 ohne jeden Zweifel entnehmen läßt. Unter diesem Gesichtspunkt erscheint es nicht vertretbar, wenn ein Versäumnisurteil bereits aufgrund einer unterlassenen schriftlichen Äußerung ergehen könnte, ohne daß jemals Gelegenheit gegeben war, sich mündlich zu verteidigen.

---

1) Zu den Voraussetzungen eines Anerkenntnisurteils gemäß §§ 307, 128 II siehe oben S.240 f.
2) Eine geordnete und sachgerechte Verhandlungsführung ist nahezu ausgeschlossen; vgl. de Boor, Entsch.nLdA., S. 12.
3) Die Schriftlichkeit neigt naturgemäß zu einer Häufung von Widersprüchen, Unrichtigkeiten und Lückenhaftigkeit; das ist jedoch der Wahrheitsfindung abträglich. Ebenso Pollack, Judicium 1931, S. 309.
4) Siehe dazu Sauer, Prozeßrechtslehre, S. 84; Pollack, Judicium 1931, S. 309; Kleinfeller, § 52 II 1 (S. 163); Renaud, § 81 (S. 209); Bockelmann, NJW 1960, 218.
5) Ebenso im Ergebnis BGHZ 18, 61 f.; Rosenberg-Schwab, § 80 I 2 b (S. 378); Schönke-Schröder-Niese, § 9 I 4 d (S. 56); Blomeyer, Referate, S. 490;Cranz, DRiZ 1953, 41; Begründung zum Entwurf 1931, das. S. 313 f.; Allg.-Verfügung des RJM, DJ 1935, 1955 (unter III).

Zusammenfassend bleibt de lege ferenda festzustellen, daß der Entwurf 1970 mit seiner Neufassung des § 128 II einen wesentlichen Beitrag zu einer sinnvollen Gestaltung des Verfahrens omV leisten könnte. Sie wäre mit Ausnahme der Bedenken gegen die Regelung über die Widerruflichkeit des Einverständnisses und die ungelösten Fragen des § 309 zu begrüßen. Dagegen sollte es bei dem Anwendungsbereich eines Verfahrens omV in seiner geltenden Form verbleiben. Die mit den §§ 307 II, 331 III vorgesehenen besonderen schriftlichen Verfahren sind abzulehnen.

# Literaturverzeichnis


Abraham, Fritz — Die Berufungsbeantwortung. KGBl. 1924, 106 f.

Allgemein-Verfügung des Reichsjustizministers vom 11.11.1935 (IV b 7458) DJ 1935, 1654 ff. (zit. Allg.-Verfügung des RJM)

Amtliche Begründung der Bundesratsverordnung zur Entlastung der Gerichte vom 9. September 1915 Erste Beilage zum RAnz. 1915 Nr. 215

Ansbacher — Der Einzelrichter nach der VO über das Verfahren in bürgerlichen Rechtsstreitigkeiten vom 13. Februar 1924 BayRpflZ 1924, 123 f.

Arens, Peter — Willensmängel bei Parteihandlungen im Zivilprozeß Bad Homburg v.d.H. 1968

Arndt, Adolf — Das rechtliche Gehör NJW 1959, 6 ff.

ders. — Die Verfassungsbeschwerde wegen Verletzung des rechtlichen Gehörs NJW 1959, 1297 ff.

Auernhammer, Herbert — Der Richterwechsel vor Urteilsfällung im Aktenlage- bzw. schriftlichen Verfahren ZZP 67, 256

Bähr, Otto — Der deutsche Civilprozeß in praktischer Betätigung Iher. Jb. 23, 339 ff.

Baumbach-Lauterbach — Zivilprozeßordnung mit Gerichtsverfassungsgesetz und anderen Nebengesetzen 26. Aufl., München 1961, 28. Aufl. München 1965, 29. Aufl., München 1966, 30. Aufl., München 1970 (zit.: Ohne besonderen Auflagenhinweis handelt es sich stets um die 30. Aufl.

Baumgärtel, Gottfried — Wesen und Begriff der Prozeßhandlung einer Partei im Zivilprozeß Berlin 1957 (zit. Prozeßhandlungen)

Baumgärtel, Gottfried — Treu und Glauben, gute Sitten und Schikaneverbot im Erkenntnisverfahren
ZZP 69 (1956), S. 89 ff.

Bauer, Erich — Die Umdeutung von Parteihandlungen im Zivilprozeß
ZZP 64 (1951), 329 ff.

Baur, Fritz — Freiwillige Gerichtsbarkeit
1. Buch: Allgemeines Verfahrensrecht
Tübingen 1955
(zit. Freiwillige Gerichtsbarkeit)

ders. — Wege zu einer Konzentration der mündlichen Verhandlung im Prozeß
Berlin 1966
(zit. Konzentration)

ders. — Die Vorbereitung der mündlichen Verhandlung im Zivilprozeß
ZZP 66 (1953), 209 ff.

ders. — Anmerkung zum Urteil des BGH vom 21.10.1965
JZ 1966, 71 f.

Bendix — Zur Auslegung des § 281 ZPO in der gegenwärtigen Fassung
JW 1924, 393

Bennecke-Beling — Lehrbuch des deutschen Reichsstrafprozeßrechts
Breslau 1900

Bergerfurth, Bruno — Der Widerrufsvergleich und seine Risiken
NJW 1969, 1797 ff.

Bergmann — Corpus iuris indiciari civilis germanici academicum
Eine ausgewählte Sammlung der wichtigsten historischen und dogmatischen Quellen des jetzigen gemeinen deutschen Civilprozesses
Hannover 1819

Bergstrasser, Ludwig — Die Verfassung des Deutschen Reiches vom Jahre 1849
Bonn 1913

Bericht der Kommission zur Vorbereitung der Reform der Zivilgerichtsbarkeit
Herausgegeben vom Bundesjustizministerium, Bonn 1961
(zit. Bericht 1961)

Bernhardt, Wolfgang — Das Zivilprozeßrecht, 3. Aufl.
Berlin 1968

| | |
|---|---|
| Berolzheimer, Hans | Anmerkung zum Urteil des RG<br>vom 21.2.1929<br>JW 1929, 1884 (B) |
| Bethmann-Hollweg, M.A. von | Der Civilproceß des gemeinen Rechts in geschichtlicher Entwicklung<br>Bd. I - III<br>Der römische Civilproceß (I-III)<br>Bonn 1864-1866<br>Bd. IV - VI<br>Der germanisch-romanische Civilproceß im Mittelalter (I-III, 1. Ab.)<br>Bonn 1868-1874<br>(zit. Bethmann-Hollweg (I-VI)) |
| Bettermann, August | Verwaltungsakt und Richterspruch<br>in: Gedächtnisschrift für Walter Jellinek, 12. Juli 1885 - 9. Juni 1955<br>(2. Aufl. München 1955, S. 361 ff.<br>(zit. Bettermann) |
| ders. | Die Zurückverweisung durch das Berufungsgericht im Verwaltungs- und Zivilprozeß<br>DVBl. 1961, 65 ff. |
| Birkmeyer, Karl | Deutsches Strafprozeßrecht<br>Berlin 1898 |
| Blomeyer, Arwed | Zivilprozeßrecht<br>Erkenntnisverfahren<br>Berlin 1963<br>(zit. ZPR) |
| ders. | Anmerkung zum Urteil des BGH<br>vom 20.10.1954<br>JR 1955, 184 |
| Blomeyer, Karl | Schriftliches und mündliches Element im Zivilprozeß<br>Deutsche Landesreferate zum III. Internationalen Kongreß für Rechtsvergleichung in London 1950<br>(Sonderveröffentlichung der Zeitschrift für Ausländisches und Internationales Privatrecht)<br>Berlin 1950<br>(zit. Referate) |
| Bockelmann, Paul | Öffentlichkeit und Strafrechtspflege<br>NJW 1960, 217 ff. |
| Bötticher, Eduard | Anmerkung zum Urteil des BGH<br>vom 29.10.1958<br>MDR 1959, 566 |

Bötticher, Eduard — Anmerkung zum Urteil des BAG vom 23.11.1963 BAG AP Nr. 2 zu § 128 ZPO

Bonin, Paul — Der Prozeßvergleich unter besonderer Berücksichtigung seiner personellen Erstreckung Stuttgart 1957

de Boor, Hans Otto — Die Auflockerung des Zivilprozesses Tübingen 1939 (zit. Auflockerung)

ders. — Einzelrichter und Kollegium im italienischen und deutschen Zivilprozeß Göttingen 1953 (zit. Einzelrichter)

ders. — Die Entscheidung nach Lage der Akten Mannheim 1924 (zit. Entsch.nLdA.)

ders. — Rechtsstreit, einschließlich Zwangsvollstreckung Berlin 1940 (zit. Rechtsstreit)

ders. — Anmerkung zum Urteil des KG vom 18.1.1925 ZZP 50 (1926), 53 ff.

ders. — Anmerkung zum Urteil des KG vom 8.1.1926 ZZP 51 (1926), S. 80 f.

ders. — Anmerkung zum Urteil des KG vom 6.12.1928 ZZP 54 (1929), 469 ff.

Brauchitsch-Drews-Lassar — Verwaltungsgesetze für Preußen Bd. I, 24. Aufl. Berlin 1930

Brauchitsch-Ule — Verwaltungsgesetze des Bundes und der Länder, Bd. I, 2. Halbbd. 2. Aufl. Köln 1962

Bruns, Rudolf — Zivilprozeßrecht Frankfurt a.M. 1968 (zit. ZPR)

Buchholz, Fr. — Das Einreichen von Schriftsätzen nach der letzten mündlichen Verhandlung NJW 1955, 535 f.

Bülow, Oskar — Das Geständnisrecht, Freiburg 1899

Bürger, Eduard — Die Wirkung der Zustellung von Beschlüssen gem. § 329 Abs. 3 ZPO NJW 1967, 615 f.

| | |
|---|---|
| Bull, H.-J. | Prozeßleitung<br>AcP 146 (1941), 50 ff. |
| ders. | Die "Hamburgische ZPO"<br>ZZP 69, (1956), 154 f. |
| ders. | Versäumnis im schriftlichen Verfahren<br>JR 1961, 247 ff. |
| Bunsen | Prozeßrechtsgeschäfte<br>ZZP 35 (1906), 401 ff. |
| Burkhardt, Herbert | Das schriftliche Verfahren im Zivilprozeß<br>MDR 1957, 388 ff. |
| Canaris, Claus-Wilhelm | Die Feststellung von Lücken im Gesetz, Berlin 1964 |
| Canstein, Raban Frhr.v. | Die rationellen Grundlagen des Civilprozesses, Wien 1877 |
| Cranz, Werner | Der Grundsatz der Mündlichkeit im Zivilprozeß<br>DRiZ 1953, 41 |
| Cremer, Rudolf | Mündlichkeit und Unmittelbarkeit im Zivilprozeß, Diss. Köln 1929 |
| Curtius | Parlamentarisches zur Zivilprozeßreform<br>JW 1924, 354 ff. |
| Dahs, Hans | Anmerkung zum Urteil des OLG Hamm vom 4.12.1951<br>NJW 1952, 276 f. |
| Delius | Die Entscheidung nach Lage der Akten im neuen Zivilprozeß<br>Recht 1924, 97 ff. |
| Dersch-Volkmar | Arbeitsgerichtsgesetz vom 3.9.1953<br>6. Aufl. Berlin 1955<br>(zit. ArbGG) |
| Diebitsch, Horst | Zehn Hauptprobleme des Erkenntnis verfahrens nach dem Entwurf einer Zivilprozeßordnung von 1931 im Vergleich zum geltenden deutschen und österreichischen Recht<br>Diss. Leipzig 1933 |
| Dietz-Nikisch | Arbeitsgerichtsgesetz<br>München 1954 |
| Dispeker | Die Bewährung der Zivilprozeßverordnung vom 13. Februar 1924 in der Praxis<br>JW 1925, 690 ff. |
| Donau, Helmut | Kostenprobleme beim Prozeßvergleich<br>NJW 1955, 1424 ff. |

Draeger, Dieter — Probleme des nicht verkündeten Urteils
MDR 1963, 808 ff.

Drechsler — Zur Frage der Verkündung von Urteilen gemäß § 7 der Bekanntmachung zur Entlastung der Gerichte vom 13. Mai 1924
ZZP 50 (1926), 202 ff.

Drüll, Alfred — Die Anwendbarkeit bürgerlichrechtlicher Normen auf die Parteihandlungen im Zivilprozeß
Dis.. Köln 1934

Echterhölder, Rudolf — Die Europäische Menschenrechtskonvention im Rahmen der verfassungsmäßigen Ordnung
JZ 1955, 689 ff.

ders. — Die Europäische Menschenrechtskonvention in der juristischen Praxis
JZ 1956, 142 ff.

Egger, Thomas — Verschleppung und Beschleunigung des Verfahrens in bürgerlichen Rechtsstreitigkeiten
Diss. Erlangen 1935

Ehlert, Gerhard — Die Bedeutung der Mündlichkeit im deutschen Zivilprozeß mit besonderer Berücksichtigung der Revisionsinstanz, Diss. Hamburg 1926

Etlzbacher, Paul — Die Handlungsfähigkeit (nach deutschem bürgerlichen Recht)
Bd. I: Das rechtswirksame Verhalten
Berlin 1903

Engel, Friedrich — Vergleichende Darstellung der deutschen Verordnung über das Verfahren in bürgerlichen Rechtsstreitigkeiten vom 13. Febr. 1924 und der österreichischen ZPO
DJZ 1924, 345 ff.

Enneccerus-Nipperdey — Allgemeiner Teil des Bürgerlichen Rechts, 14. Aufl. Tübingen 1955

Entwurf eines Gesetzes zur Änderung der Zivilprozeßordnung mit Begründung vom 15. Mai 1970
Deutscher Bundestag, 6. Wahlperiode
Drucksache VI/790 und Bundesrats-Drucksache 82/70
(zit. Entwurf 1970)

Entwurf einer Zivilprozeßordnung, veröffentlicht durch das Reichsjustizministerium, Berlin 1931
(zit. Entwurf 1931)

Erdsiek — Rückgabe nachträglich eingereichter Schriftsätze?
NJW 1955, 939

Eyermann-Fröhler — Verwaltungsgerichtsordnung, 4. Aufl. München 1965

Fasching, Hans-W. — Kommentar zu den Zivilprozeßgesetzen
Bd. II: Zivilprozeßordnung, §§ 1-225 ZPO samt Einführungsgesetz
Wien 1962
(zit. öZPO)

Fenn, Herbert — Die Anschlußbeschwerde im Zivilprozeß und im Verfahren der Freiwilligen Gerichtsbarkeit
Bielefeld 1961

ders. — Anmerkung zum Urteil des BAG vom 21.9.1961
SAE 1962, 167 f.

ders. — Anmerkung zum Urteil des BGH vom 21.10.1965
NJW 1966, 732 f.

Feuerbach, Anselm Ritter von — Betrachtungen über die Öffentlichkeit und Mündlichkeit der Gerechtigkeitspflege, Gießen 1821

Fezer, Gerhard — Die Funktion der mündlichen Verhandlung im Zivilprozeß und im Strafprozeß, Tübingen 1970

Fischer, Walther — Anmerkung zum Urteil des KG vom 17.11.1927
JW 1928, 2156

Fitting — Über die Erlassung und Bekanntmachung der gerichtlichen Entscheidungen
ZZP 10 (1887), 1 ff.

Förster-Kann — Kommentar zur Zivilprozeßordnung
Bd. II, 3. Aufl. Berlin 1926

Forsthoff, Ernst — Verwaltungsrecht I
7. Aufl. München 1958

Foth, Heinrich — Reines Prozeßrecht
Diss. Münster 1953

Fraeb — Mündlichkeit und Schriftlichkeit des Verfahrens vor dem Kollegialgericht und seinem Einzelrichter in erster und zweiter Instanz nach dem Rechtsgang der Notverordnung vom 13. Febr. 1924 (RGBl. I, S. 135 ff.) und Bekanntmachung des Textes der ZPO vom 13. März 1924 GruchBeitr. 67 (1925), S. 412 ff.

Frankenburger — Bemerkung zum Urteil des RG vom 16.9.1932 JW 1933, 514

Franklin, Otto — Das Königliche Kammergericht vor dem Jahre 1495, Berlin 1871 (zit. Kammergericht)

ders. — Das Reichshofgericht im Mittelalter, Hildesheim 1967 (Nachdr. d. Ausgabe Weimar 1867) (zit. Reichshofgericht)

Furtner, Georg — Das Urteil im Zivilprozeß 2. Aufl. München 1967

Gaedecke — Antrag auf Entscheidung nach Lage der Akten (I) JW 1925, 1536

Gaul, Hans Friedhelm — Der Widerruf der Rechtsmittelrücknahme nach rechtskräftigem Verfahrensabschluß unter Berücksichtigung des gleichen Problems beim Rechtsmittelverzicht ZZP 74 (1961), 49 ff.

ders. — Zur Frage nach dem Zweck des Zivilprozesses AcP 168 (1968), 27 ff.

Geib, Gustav — Die Reform des deutschen Rechtslebens, Leipzig 1848

Gelhaar — Anmerkung zum Urteil des BGH vom 14.7.64 LM Nr. 9 zu § 310 Abs. 2 ZPO

Gerau — Über die Ausführung des Prinzips der Mündlichkeit im bürgerlichen Prozesse AcP 33 (1850), S. 416 ff.

Gerold-Schmidt — Bundesgebührenordnung für Rechtsanwälte, 3. Aufl., München 1967

Gerold, Wilhelm — Anmerkung zum Beschluß des OLG Hamm vom 8.4.1958 NJW 1958, 1242 f.

Ginnut, Ernst — Die Konzentrationsmaxime nach der geltenden Zivilprozeßordnung Diss. Göttingen 1933

| | |
|---|---|
| Glaser, Julius | Handbuch des Strafprozesses. Bd. I Leipzig 1883 |
| Göppinger, Horst | Die Erledigung des Rechtsstreits in der Hauptsache, Stuttgart 1958 (zit. Erledigung) |
| ders. | Die Parteianhörung und die Parteivernehmung in Ehesachen, zugleich eine Betrachtung über die Praxis des Eheprozesses ZZP 73 (1960), 59 ff. |
| ders. | Das Ermessen des Richters JJb 9 (1968/69), 86 ff. |
| Görg-Müller | Finanzgerichtsordnung (FGO) Neuwied 1966 |
| Götz, Heinrich | Urteilsmängel und innerprozessuale Bindungswirkung, Berlin 1956 |
| Goetzeler, Richard | Beiträge zur Lehre von der Nebenintervention nach geltendem und zukünftigem Rechte, Stuttgart 1937 |
| Goldenring | Begriff und Durchführung des Grundsatzes der Mündlichkeit im Zivilprozeß ZZP 14, 52 ff. |
| Goldschmidt, James | Die neue Zivilprozeßorndung vom 13. Mai 1924, Berlin 1924 (zit. Neue ZPO) |
| ders. | Zivilprozeßrecht, 2. Aufl. Berlin 1932 (zit. Zivilprozeßrecht) |
| ders. | Der Prozeß als Rechtslage Berlin 1925 (zit. Prozeß) |
| Golsong, Heribert | Die europäische Konvention zum Schutze der Menschenrechte und Grundfreiheiten JbÖffR NF Bd. 10 (1961), 123 ff. |
| Graßhof | Zur Handhabung des § 272 a ZPO JR 1926 (I), 593 |
| Groß | Grundsätze des Verfahrens Das Juristische Büro 1953, S. 399 ff. |
| Grunsky, Wolfgang | Grundlagen des Verfahrensrechts Bielefeld 1970 |
| Güthe-Schlegelberger | Kriegsbuch, Die Kriegsgesetze mit der amtlichen Begründung und der gesamten Rechtsprechung und Rechtslehre, Bd. II, Berlin 1916 |

Guttmann, Max — Unmittelbarkeit und freie Beweiswürdigung und die Zukunft unserer Gerichts-Verfassung, Mannheim 1907

Habscheid, Walther J. — Die Rechtsnatur der Erledigung zur Hauptsache, Festschrift für Friedrich Lent zum 75. Geburtstag
München 1957, S. 153 ff.

ders. — Nebenintervention und Armenrecht
ZZP 65 (1952), S. 477 ff.

Hagen, Lambert — Über die Grundprinzipien des Entwurfs einer Prozeß-Ordnung in bürgerlichen Rechtsstreitigkeiten für den Norddeutschen Bund
Bonn 1869

Hahn, C. — Die gesamten Materialien zur Civilprozeßordnung und dem Einführungsgesetz zu derselben vom 30. Januar 1877, Berlin 1880
(aus: Die gesamten Materialien zu den Reichsjustizgesetzen, Bd. II)
(zit. Motive)

Heck, Ph. — Gesetzesauslegung und Interessenjurisprudenz
AcP 112 (1914), 1 ff.

Hegler, August — Beiträge zur Lehre vom prozessualen Anerkenntnis und Verzicht, Tübingen 1903

ders. — Mündlichkeit und Unmittelbarkeit im Prozeß
Der Rechtsgang, Bd. I, 1913
S. 192 ff., 385 ff.
(zit. Rechtsgang)

Heilberg, Adolf — Verordnung des Bundesrats zur Entlastung der Gerichte vom 9. Sept. 1915
JW 1915, 1512 ff.

ders. — Die Reform der Gerichtsverfassung und des Verfahrens
JW 1924, 446 ff.

Heilbronn, Brigitte — Freies pflichtmäßiges Ermessen des Richters, Breslau 1929

Hein, Wolfgang — Identität der Parteien, Bd. I
Berlin 1918

Heinsheimer, Karl — Vorverfahren vor einem Gerichtsmitglied im landgerichtlichen Prozeß
LZ 1914, 54

Heinsheimer, Karl — Besprechung des Buches von Neukamp, Die Bekanntmachung zur Entlastung der Gericht vom 9. Sept. 1915 nebst der amtlichen Begründung
JW 1915, 1384

ders. — Der neue Zivilprozeß, insbesondere das Verfahren vor dem Einzelrichter
2. Aufl. Mannheim 1924
(zit. Der neue ZP)

Hellweg, August — Geschichtlicher Rückblick über die Entstehung der deutschen Civilprozeßordnung
AcP 61 (1878), 78 ff.

Hellwig, Konrad — Lehrbuch des deutschen Zivilprozeßrechts, Bd. II, Leipzig 1907
(zit. LB)

ders. — Justizreform, Berlin 1908
(zit. Justizreform)

ders. — System des Deutschen Zivilprozeßrechts, T. I, Leipzig 1912
(zit. System)

ders. — Prozeßhandlung und Rechtsgeschäft, in: Festgabe der Berliner juristischen Fakultät für Otto Gierke zum Doktorjubiläum 21.8.1910, Bd. II: Privatrecht. Zivilprozeßrecht
Breslau 1910, S. 41 ff.
(zit. Prozeßhandlungen)

Hencke. Wolfram — Sanktionen bei Verletzungen des Anspruchs auf rechtliches Gehör
ZZP 77 (1964), 321 ff.

Henkel, Heinrich — Strafverfahrensrecht
1. Aufl. Stuttgart 1953
2. Aufl. Stuttgart 1968

Hengsbach, Paul — Die Gedanken der "Clausula rebus sic stantibus" im Zivilprozeßrecht, Diss. Erlangen 1934

Henrichs, Wilhelm — Änderung der ZPO durch die Konvention von Rom?
MDR 1955, 140 ff.

Heyde, Waldemar — Zustellung der Urteilsformel nach § 310 Abs. 2 ZPO
RzW 1965, 8 f.

Hildebrandt, Heinz — Die Grundgedanken der Zivilprozeßreform vom 27. Okt. 1933
Berlin 1934

Hodenberg, Frhr. von — Die Verordnung über das Verfahren in bürgerlichen Rechtsstreitigkeiten vom 13. Febr. 1924
JW 1924, 365 ff.

Hodler, Christian — Die Freiheit der Person nach der neuen Europäischen Menschenrechtskonvention
JW 1953, 531 f.

Horn, Helmut — Einige Fragen zu § 91 ZPO
ZPO 1953, 924 ff.

Jäckel — Auch ein Wort zum deutschen Civilprozeß
GruchBeitr. 30 (1886), 635 ff.

Jauernig, Othmar — Das fehlerhafte Zivilurteil
Frankfurt a.M. 1958

ders. — Anmerkung zum Urteil des BGH vom 15.6.60
ZZP 73 (1960), 444 ff.

Johannsen — Anmerkung zum Urteil des BGH vom 28.10.1953
LM Nr. 2/3 zu § 128 ZPO

ders. — Anmerkung zum Urteil des BGH vom 2.4.1955
LM Nr. 6 zu § 128 ZPO

Jonas — Die Verordnung zur Vereinfachung der Zustellungen vom 17.6.1933
JW 1933, 1565 ff.

ders. — Anmerkung zum Urteil des KG vom 5.2.1932
JW 1932, 1981 f.

Jellinek, Walter — Verwaltungsrecht, 3. Aufl.
Berlin 1931

Kade — Zur Frage der Prozeßverschleppungen
DJZ 1902, 354 ff.

ders. — Ein Überblick über die zur Neugestaltung des bürgerlichen Rechtsstreitverfahrens neuerdings gemachten Vorschläge nebst einigen Zusätzen
ArchBürgR 30 (1907), 185 ff.

Kähler, Ernst — Prozeßbeendigung durch Prozeßvergleich? Diss. Rostock 1938

Kah, Hermann — Die Urteilsverkündung im verwaltungsrechtlichen Verfahren
DÖV 1957, 524 ff.

Kann, Richard — Die Zivilprozeßordnung und Nebengesetze, Berlin 1924
(zit. ZPO)

Kann, Richard — Justizreform, Festschrift für Eduard Heilfron zum 70. Geburtstage, Berlin 1930 S. 175 ff. (zit. Justizreform)

ders. — Besprechung der Kommentare von Trendelenburg und Wassermann zu der Verordnung des Bundesrats zur Entlastung der Gerichte JW 1915, 1131 ff.

ders. — Die Entscheidung nach Lage der Akten JW 1924, 383 ff.

ders. — Der Einzelrichter ZZP 49 (1925), S. 111 ff.

Keidel, Theodor — Freiwillige Gerichtsbarkeit 9. Aufl. München 1967

ders. — Die wesentlichen Änderungen des Zivilprozeßverfahrens durch die VO vom 13.2.1924. BayRpflZ 1924, 129 ff., 145 ff.

Kip, Hand Gerhard — Das sogenannte Mündlichkeitsprinzip, Köln 1952

Kisch, Wilhelm — Unwirksame Urteile LZ 1923, 625 ff.

Klamroth — Mit welchem Datum sind Urteile der Verwaltungsgerichte zu bezeichnen, die ohne mündliche Verhandlung ergangen sind? BB 1960, 573

Klein, Franz — Mündlichkeitstypen, Materialien zur Beurtheilung des österreichischen Zivilprozeßordnungsentwurfes vom Jahre 1893 Wien 1894

Klein-Engel — Der Zivilprozeß Österreichs Mannheim 1927

Kleinfeller, Georg — Lehrbuch des Deutschen Zivilprozeßrechts, 3. Aufl. Berlin 1925

Klinger, Hans — Verwaltungsgerichtsorndung 2. Aufl. Göttingen 1964

Koehler, Alexander — Verwaltungsgerichtsorndung Berlin 1960

Koffka, Emil — Mündlichkeit und Unmittelbarkeit im Civilprozeß GruchBeitr. 31 (1887), 145 ff.

| | |
|---|---|
| Kräwel | Erfahrungen im jetzigen deutschen Civilprozesse ZZP 3 (1881), 445 ff. |
| ders. | Erfahrungen im deutschen Civilprozesse ZZP 4 (1882), 241 ff. |
| Kuhn, Georg | Mißbrauch des schriftlichen Verfahrens? DRiZ 1953, 123 |
| Kuhnke, H.-H. | Der Beweisbeschluß DR 1940, 179 ff. |
| Kries, August von | Das Prinzip der Unmittelbarkeit im Beweisverfahren der deutschen Prozeßordnungen ZStW 6 (1886), 88 ff. |
| ders. | Lehrbuch des deutschen Strafprozeßrechts, Freiburg i.B. 1892 |
| Lappe, F. | Anmerkung zum Beschluß des OLG Frankfurt vom 16.5.1962 DRpfl. 1962, 341 |
| Lang, Alfred | Die Zulässigkeit bedingter Parteihandlungen im Zivilprozeß, Diss. München 1954 |
| Larenz, Karl | Allgemeiner Teil des deutschen Bürgerlichen Rechts München 1967 (zit. Allg. Teil) |
| ders. | Lehrbuch des Schuldrechts, Bd. I, Allgem. Teil, 2. Aufl. München 1968 (zit. Schuldrecht) |
| ders. | Methodenlehre der Rechtswissenschaft, 2. Aufl. Berlin 1969 (zit. Methodenlehre) |
| Laun, Rudolf von | Das freie Ermessen und seine Grenzen, Leipzig 1910 |
| ders. | Das richterliche Ermessen bei der Anordnung der Vorlegung der Handelsbücher ZZP 42 (1912), S. 1 ff. |
| Lauterbach-Albers | Kostengesetze, 15. Aufl. München 1966 (zit. Lauterbach) |
| Lay, Christian | Die Abwandlungen der zivilprozessualen Sätze bei den Entscheidungen ohne mündliche Verhandlung, Diss. Tübingen 1933 |
| Lehmann, Heinrich | Der Prozeßvergleich, München 1911 (zit. Prozeßvergleich) |

| | |
|---|---|
| Lehmann, Heinrich | Zivilprozeßreform und Rechtsstaatsgedanke, in: Das neue Zivilprozeßrecht (Sonderheft der Rheinischen Zeitschrift für Zivil- und Prozeßrecht des In- und Auslandes) Mannheim 1924 (zit. Das neue ZPR) |
| Lehmann-Hübner | Allgemeiner Teil des Bürgerlichen Gesetzbuches, 16. Aufl. Berlin 1966 |
| Lemberg | Anmerkung zum Urteil des KG vom 10.9.1925 JW 1926, 1597 |
| ders. | Anmerkung zum Urteil des RG vom 28.11.1931 JW 1932, 646 f. |
| Lent, Friedrich | Zivilprozeßrecht, 9. Aufl. Berlin 1959 (zit. Zivilprozeßrecht, 9. Aufl.) |
| ders. | Zur Unterscheidung von Lasten und Pflichten der Parteien im Zivilprozeß ZZP 67 (1954), 344 ff. |
| Lent-Habscheid | Freiwillige Gerichtsbarkeit 4. Aufl. München 1962 |
| Lent-Jauernig | Zivilprozeßrecht 15. Aufl. München 1970 |
| Leonhardt, A. | Die bürgerliche Proceßordnung und deren Nebengesetze 3. Aufl. Hannover 1861 (zit. Proceßordnung) |
| ders. | Zur Reform des Civilprocesses in Deutschland, 2. Beitr. Hannover 1865 (zit. Reform) |
| ders. | Reichstagsrede anläßlich der zweiten Beratung der Civilproceßordnung im Plenum des Reichstages, 11. Sitzung, am 18.11.1876, abgedr. bei Hahn, Motive, S. 1291 ff. |
| Levin, L. | Richterliche Prozeßleitung und Sitzungspolizei, Berlin 1913 (zit. Prozeßleitung) |
| ders. | Die Entlastungsverordnung vom 9.9.1915 und die Neugestaltung des bürgerlichen Rechtsstreits GruchBeitr. 60 (1916), 1 ff. |

| | |
|---|---|
| Levin, L. | Der Entwurf eines Gesetzes zur Beschleunigung des Verfahrens in bürgerlichen Rechtsstreitigkeiten DJZ 1924, 13 ff. |
| ders. | Über die Grundlagen des Zivilprozesses DJZ 1924, 670 ff. |
| ders. | Besprechung der 12. Aufl. des Kommentars von Gaupp-Stein, in der Bearbeitung von Jonas, 3.-5. Lieferung, 1925 JW 1925, 1968 ff. |
| Liedtke, F. | Der Zivilprozeß der Zukunft JW 1911, 907 ff. |
| Linde, Timoth. Balth. | Lehrbuch des deutschen gemeinen Civilprocesses, Bonn 1838 |
| Lindner, Herbert | Das Wirksamwerden von Beschlüssen und Verfügungen, Diss. Leipzig 1938 |
| Loewe-Rosenberg | Die Strafprozeßordnung und das Gerichtsverfassungsgesetz, Bd. I: Einleitung, §§ 1-373 a StPO 21. Aufl. Berlin 1963 |
| Lucas. Hermann | Zivilprozeßreform, Bd. I: Die Beschleunigungs-Verordnung vom 22. Dezember 1923, Berlin 1924 (Zit. Lucas) |
| Lucas-Richter | Zivilprozeßreform, Bd. II: Die Verordnung über das Verfahren in bürgerlichen Rechtsstreitigkeiten vom 13. Februar 1924 Berlin 1924 |
| Lüke, Gerhard | Die Beseitigung des Prozeßvergleichs durch Parteivereinbarung - BGHZ 41, 310 JuS 1965, 482 ff. |
| Lüke-Zawar | Durchblick: Die Fehlerhaftigkeit von Rechtsakten JuS 1970, 205 ff. |
| Maas, Sally | Der Grundsatz der Unmittelbarkeit in der Reichsstrafprozeßordnung, Diss. Breslau 1907 |
| Mangler | Die Bundesratsverordnung zur Entlastung der Gerichte SächsArch 1915, 405 ff. |
| von Mangoldt-Klein | Das Bonner Grundgesetz 2. Aufl. Berlin 1964 |

Marcus — Bausteine zur Gesetzesreform (Begründung zu § 36 a ZPO) Recht 1907, 1298

von Marth — Die Auslegung des § 7 der Entlastungsbekanntmachung LZ 1932, 785

Martin, Christoph — Vorlesung über die Theorie des deutschen gemeinen bürgerlichen Prozesses, Bd. I.II Leipzig 1855-1857

Marwitz — Zu § 272 a JW 1924, 948 f.

Maunz, Theodor — Deutsches Staatsrecht 17. Aufl. München 1969

Maunz-Dürig-Herzog — Grundgesetz, Lfg. 1-9 Bd. I, Art. 1-69 München 1968

Maurer, Georg Ludwig — Geschichte des altgermanischen und namentlich altbayrischen öffentlich-mündlichen Gerichtsverfahrens, dessen Vorteile, Nachteile und Untergang, Heidelberg 1824

Meiss, Wilhelm — Schriftliches und mündliches Element im Zivilprozeß Deutsche Landesreferate zum III. Internationalen Kongreß für Rechtsvergleichung in Sondon 1950 (Sonderveröffentlichung der Zeitschrift für Ausländisches und Internationales Privatrecht), Berlin 1950

Menger, Anton — System des österreichischen Civilprozeßrechts, Bd. I: Der Allgem.T. Wien 1876

Mennecke, Heinz — Wesen und Beseitigung des Prozeßvergleichs, Diss. Leipzig 1933

Meyer, Hermann — Zur Verständigung über den Begriff der Mündlichkeit des Verfahrens GruchBeitr. 31 (1887), 834 ff.

Michel, Artur — Über die absolute Nichtigkeit von Zivil-und Strafurteilen Diss. Jena 1906

Morvay — Rechtsprechung nationaler Gerichte zur Europäischen Konvention zum Schutze der Menschenrechte und Grundfreiheiten vom 4.11.1950 (MRK) ZaöRuVR 21 (1961), 89 ff., 316 ff.

Müller, Hanswerner — Gibt es die Rechtseinrichtung der Anschlußbeschwerde? JR 1954, 212 ff.

ders. — Anmerkung zum Urteil des BGH vom 29.10.1958 DVBl. 1960, 100 f.

Müller — Die Änderungen der ZPO durch die Konvention zum Schutze der Menschenrechte und Grundfreiheiten ZMR 1954, 231 f.

Münzel, Friedrich — Die Entscheidung nach Lage der Akten, Diss. Bonn 1925

Nathan, Hans — Das Zivilprozeßrecht der Deutschen Demokratischen Republik, Bd. I Berlin 1957

Neukamp, Ernst — Die Bekanntmachung zur Entlastung der Gerichte vom 9.9.1915 nebst der amtlichen Begründung, Leipzig 1915

Neumiller — Die Verordnung des Bundesrats zur Entlastung der Gerichte vom 9. Sept. 1915 BayRpflZ 1915, 313 ff.

Niemeyer, Peter — Nochmals zur Wirkung der Zustellung von Beschlüssen gemäß § 329 Abs. 3 ZPO NJW 1968, 285 f.

Niese, Werner — Doppelfunktionelle Prozeßhandlungen, Göttingen 1950

Nikisch, Artur — Zivilprozeßrecht, 2. Aufl. Tübingen 1952

Nordemann, Wilhelm — Brauchen wir einen Justizsenator? BerlAnwBl. 1969, 58 ff.

Nußbaum, Arthur — Die Prozeßhandlungen, ihre Voraussetzungen und Erfordernisse, München 1908

Obermayer, Klaus — Das Verhaltensermessen der Verwaltungsbehörden NJW 1963, 1177

Oertmann, Paul — Die Aufrechnung im deutschen Zivilprozeßrecht, Berlin 1916

Oppler — Zur BRVO vom 9.9.1915 betr. die Entlastung der Gerichte LZ 1915, 1498 ff.

Paech — Zur Frage der Bewährung der Zivilprozeßnovelle in der landgerichtlichen Praxis ZZP 49 (1925), 305 ff.

Paeffgen, Theodor — Das Prinzip der Unmittelbarkeit im Zivilprozeß, Diss. Köln 1935

Pagenstecher, Max — Zur Lehre von der materiellen Rechtskraft, Berlin 1905 (zit. Rechtskraft)

ders. — Prozeßprobleme, Mannheim 1930 (zit. Prozeßprobleme)

Palandt — Bürgerliches Gesetzbuch 30. Aufl. München 1971

Partsch, Karl-Josef — Die Rechte und Freiheiten der Europäischen Menschenrechtskonvention, in: Bettermann-Neumann-Nipperdey, Die Grundrechte, Bd. I, Halbbd. I, S. 235 ff.

Peters, Ernst — Der Prozeßvergleich, Diss. Leipzig 1908

Peters, Karl — Strafprozeß, 2. Aufl. Karlsruhe 1966 (zit. StrPr)

Peters, Willibald — Prozeßverschleppung, Prozeßumbildung und die Lehren der Geschichte, Berlin 1904 (zit. Prozeßverschleppung)

ders. — Die wälsche Art im deutschen Rechtsstreit und ihre Zukunft Hannover 1916 (zit. Wälsche Art)

Pieck, Werner — Der Anspruch auf ein rechtsstaatliches Gerichtsverfahren Berlin 1966

Pietsch, Ulrich — Bedingungsfeindlichkeit im Privatrecht Diss. Kiel 1967

Planck, Julius Wilhelm — Lehrbuch des deutschen Civilprozeßrechts, Bd. I: Allg.T. Nördlingen 1887

Pohle, R. — Anmerkung zum Urteil des BAG vom 21.9.1961 AP Nr. 11 zu § 72 ArbGG 1953 (Streitwertrevision)

Pollak, R. — Über einzelne Entscheidungsgrundlagen erster Instanz Judicium (3.Jg.) 1931, 293 ff.

Predari — Besprechung von "Neukamp, Ernst, Die Bekanntmachung zur Entlastung der Gerichte vom 9.9.1915 nebst der amtlichen Begründung" GruchBeitr. 60 (1916), 708

Püschel, Willy — Gilt § 309 ZPO für das Urteil nach Lage der Akten? Recht 1924, 357 ff.

ders. — Der Einzelrichter und seine Zuständigkeit, Berlin 1925 (zit. Einzelrichter).

ders. — Zum Anwendungsgebiet des § 279 a ZPO JR 1925 (I), 868 ff.

ders. — Besprechung der 12. Auflage 1925 des Kommentars zur Zivilprozeßordnung von Stein-Jonas JR 1925 (II), 894 ff.

ders. — Hat sich die Zivilprozeßnovelle vom 13.2.1924 bewährt? JR 1926 (I), 22 ff.

ders. — Anmerkung zum Urteil des OLG Jena vom 16.5.1925 ZZP 51 (1926), 85 f.

Ratz, Paul — Grundsätze eines neuen Zivilprozesses AcP 141 (1935), 1 ff.

Redeker-von Oertzen — Verwaltunsgerichtsordnung 3. Aufl. Stuttgart 1969

Reinberger, Willy — Entscheidung ohne mündliche Verhandlung (§§ 23 a, b der Entlastungsverordnung vom 9.9.1915 in der Fassung der Verordnung vom 22.12.1923) Recht 1924, 69 ff.

ders. — Entscheidung nach Lage der Akten (§§ 251 a, 331 a ZPO) Recht 1924, 478 ff.

ders. — Die Berufungsbeantwortung KGBl. 1925, 1 ff.

ders. — Gegenvorschläge zum Entwurf einer ZPO. Buch 1-8 (T.B zum Buch 2) JR 1932, 87 ff.

ders. — Zur "formlosen Mitteilung" nach § 329 Abs. 3 ZPO DGWR 1942, 234 ff.

Remmelé — Besprechung des Buches von Peters, W., Prozeßverschleppung ZZP 33 (1904), 397 ff.

Renaud, Achilles — Lehrbuch des gemeinen deutschen Civilprozeßrechts, der ordentliche Proceß, 2. Aufl. Leipzig 1873

Riedel-Corves-Sußbauer — Bundesgebührenordnung für Rechtsanwälte, 2. Aufl. Berlin 1966

Röhl, Helmut — Das rechtliche Gehör NJW 1953, 1531 ff.

Rötelmann — Anmerkung zum Beschluß des OLG Hamm vom 26.2.1953 DRpfl. 1953, 251 f.

Rommel, Otto — Eine notwendige Änderung im Prinzip der Mündlichkeit Recht 1904, 218

Rosenberg, Leo — Stellvertretung im Prozeß Berlin 1908 (zit. Stellvertretung)

ders. — Vereinfachung, Kräftigung und Beschleunigung des Verfahrens, in: Das neue Zivilprozeßrecht (Sonderheft der Rheinischen Zeitschrift für Zivil- und Prozeßrecht des In- und Auslandes), Mannheim 1924 (zit. Das neue ZPR)

ders. — Anmerkung zum Urteil des RG vom 13.10.1930 JW 1931, 197

ders. — Zu dem Entwurf einer Zivilprozeßordnung ZZP 57 (1933), 185 ff.

ders. — Lehrbuch des Deutschen Zivilprozeßrechts, 9. Aufl. München 1961 (zit. LB)

Rosenberg-Schwab — Zivilprozeßrecht, 10. Aufl. München 1969

Samter, M. — Güteverfahren und Streitverfahren vor dem Amtsgericht in übersichtlicher, systematischer Darstellung nach den Neuvorschriften der Zivilprozeßordnung vom 13.5.1924 Berlin 1924

Sauer, Wilhelm — Grundlage des Prozeßrechts 2. Aufl. Stuttgart 1929 (zit. Grundlagen)

ders. — Allgemeine Prozeßrechtslehre Detmold 1951 (zit. Prozeßrechtslehre)

ders. — Umstrittene Grundbegriffe des Prozeßrechts JR 1951, 157 ff.

| | |
|---|---|
| Sauerländer, Johann David | Entscheidungen nach Lage der Akten und Entscheidungen ohne mündliche Verhandlung<br>LZ 1924, 222 ff. |
| Schefold | Das neue Verfahren in bürgerlichen Rechtsstreitigkeiten<br>DRiZ 1924, 159 ff. |
| Schiedermair, Gerhard | Vereinbarungen im Zivilprozeß<br>Bonn 1935 |
| Schima, Hans | Die Versäumnis im Zivilprozeß<br>Leipzig 1928 |
| Schlochauer, Hans-Jürgen | Öffentliches Recht - Grundzüge des Bundesstaatsrechts und des allgemeinen Verwaltungsrechts in der Bundesrepublik Deutschland unter Berücksichtigung der Verbindung zum Völkerrecht<br>Karlsruhe 1957 |
| Schlosser, Peter | Einverständliches Parteihandeln im Zivilprozeß<br>Tübingen 1968 |
| Schmidt, Richard | Lehrbuch des deutschen Zivilprozeßrechts, 2. Aufl.<br>Leipzig 1906<br>(zit. LB) |
| Schmidt, Eberhard | Lehrkommentar zur Strafprozeßordnung und zum Gerichtsverfassungsgesetz<br>T.I Die rechtstheoretischen u. die rechtspolitischen Grundlagen des Strafprozeßrechts, 2. Aufl. Göttingen 1964<br>T.II Erläuterungen zur Strafprozeßordnung u. zum Einführungsgesetz zur StPO, Göttingen 1957<br>(zit. Eb.Schmidt) |
| Schmidt-Räntsch | Deutsches Richtergesetz<br>München 1962 |
| Schmincke-Sell | Kommentar zum Arbeitsgerichtsgesetz<br>2. Aufl. Stuttgart 1928 |
| Schmitz, Emil | Zur Frage der Prozeßverschleppungen<br>DJZ 1902, 209 ff. |
| Schneider, Hans-Joachim | Fernsehübertragung von Vorgängen der Hauptverhandlung - BGHSt 16, 111<br>JuS 1963, 346 ff. |

| | |
|---|---|
| Schneider, K. | Das amtsgerichtliche Verfahren nach den Verbesserungsvorschlägen des Reichsjustizamtes ZZP 37 (1908), 354 ff. |
| Schoeneich | Über das schriftliche Verfahren nach § 128 Abs. 2 ZPO DRiZ 1952, 153 |
| Schönke, Adolf | Anmerkung zum Beschluß des BGH vom 23.9.1952 JZ 1953, 180 |
| Schönke-Baur | Zwangsvollstreckungs-, Konkurs- und Vergleichsrecht 8. Aufl. Karlsruhe 1969 |
| Schönke-Schröder-Niese | Lehrbuch des Zivilprozeßrechts 8. Aufl. Karlsruhe 1956 |
| Schönke-Kuchinke | Zivilprozeßrecht, 9. Aufl. Karlsruhe 1969 |
| Scholz, Eberhard | Die Fortsetzung des Verfahrens bei Ungültigkeit des Prozeßvergleichs, Diss. Göttingen 1932 |
| Schultzenstein | Die Unterzeichnung der Beschwerde in den Angelegenheiten der freiwilligen Gerichtsbarkeit ZZP 27 (1900), 514 ff. |
| Schunck-De Clerk | Verwaltungsgerichtsordnung mit ergänzenden Bundesgesetzen und den Ausführungsgesetzen der Länder 2. Aufl. Siegburg 1967 |
| Schwartz, Johann-Christoph | Vierhundert Jahre deutsche Civilprozeß-Gesetzgebung Berlin 1968 |
| Schwarzer, Herbert | Beiträge zur Lehre vom Prozeßvergleich, Diss. Erlangen 1953 |
| Schwarz-Kleinknecht | Strafprozeßordnung 28. Aufl. München 1969 |
| Seibert, Claus | Telefonische Rechtsmitteleinlegung DRiZ 1952, 8 |
| Seuffert, Lothar | Kommentar zur Verordnung des Bundesrats zur Entlastung der Gericht vom 9.9.1915 München 1916 |
| Seuffert-Walsmann | Kommentar zur Zivilprozeßordnung Bd. I, 12. Aufl. München 1932 |

Siegel, Michael — Aussetzung und Antrag auf Entscheidung nach der EntlastungsVO
BayRpflZ 1926, 386 f.

Siegert, Karl — Die Prozeßhandlungen, ihr Widerruf und ihre Nachholung
Berlin 1929

Skonietzki-Gelpcke — Zivilprozeßordnung und Gerichtsverfassungsgesetz, Bd. I
Berlin 1911

Sohm, Rudolph — Institutionen, Lehrbuch der Geschichte und des Systems des römischen Privatrechts
12. Aufl. Leipzig 1905

Sonnen, Theodor — Das neue Zivilprozeßrecht
Berlin 1924
(zit. Das neue ZPrR)

ders. — Streitfragen des neuen Zivilprozeßrechts
JW 1924, 1285 ff.

ders. — Einzelrichter und Prozeßgericht
GruchBeitr. 67 (1925), 474 ff.

ders. — Anmerkung zum Urteil des OLG Karlsruhe vom 1.4.1925
JW 1925, 2351 f.

ders. — Antrag auf Entscheidung nach Lage der Akten (II)
JW 1926, 1536 f.

ders. — Anmerkung B zum Urteil des RG vom 17.1.1932
JW 1932, 2288

Späth, Manfred — Problemverflechtung bei § 128 Abs. 2 ZPO in bezug auf die Widerruflichkeit des Parteieinverständnisses
Diss. Würzburg 1968

Staab, Lothar — Die Gestaltung des Verfahrens nach § 34 Verwaltungsgerichtsgesetz
DÖV 1954, 521 ff.

Staud, Eberhard — Die Zivilrechtspflege im Jahre 1937
DJ 1938, 372 ff.

Staudinger - (Bearb.) — J.v.Staudingers Kommentar zum Bürgerlichen Gesetzbuch mit Einführungsgesetz und Nebengesetzen
Bd. I Allgem.T. 11. Aufl. Berlin 1957
Bd.II Recht der Schuldverhältnisse T. 1 b (§ 242) 11. Aufl. Berlin 1961

Stein, Friedrich — Literaturbesprechung von Hellwig, Prozeßhandlung und Rechtsgeschäft ZZP 41 (1911), 417 ff.

ders. — Bedingte Prozeßhandlungen DJZ 1913, 35 ff.

Stein-Jonas-Schönke-Pohle — Kommentar zur Zivilprozeßordnung 17./18. Aufl. Bd. I §§ 1-510 c, Tübingen 1953 Bd.II Tübingen 1956 (zit. Stein-Jonas-Schönke-Pohle, 17./18. Aufl.)

Stein-Jonas - (Bearb.) — Kommentar zur Zivilprozeßordnung Bd. I 1.-5., 9. Lfg. Bd.II 6.-8., 10.-11. Lfg. 19. Aufl. Tübingen 1964-1970

Stein-Juncker — Grundriß des Zivilprozeßrechts- und des Konkursrechts 3. Aufl. Tübingen 1928

Stier, Karl-Heinz — Der Begriff des freien Ermessens und seine richterliche Nachprüfung, Diss. Göttingen 1955

Stier, Wilfried — Ist bei Aussetzung nach § 148 ff. ZPO eine mündliche Verhandlung erforderlich? JZ 1960, 354 f.

Stobbe, O. — Geschichte der deutschen Rechtsquellen, Bd. I, Abt. 2 Braunschweig 1864

Striemer — Die Entscheidung nach Lage der Akten in der Zivilprozeßnovelle DJZ 1924, 500 ff.

Stürmer, Georg — Die Einschränkung des Mündlichkeitsprinzips in der deutschen Zivilprozeßgesetzgebung Diss. Erlangen 1929

Süsterhenn, Adolf — Die Europäische Konvention zum Schutze der Menschenrechte und Grundfreiheiten DVBl. 1955, 53 ff.

Süß, Theodor — Die Wirkungsgrenzen des Anerkenntnisses im deutschen Reichszivilprozeßrecht Berlin 1921

Swolana, Günter — Bundesgebührenordnung für Rechtsanwälte, 3. Aufl. München 1966

Sydow-Busch-Krantz-Triebel — Zivilprozeßordnung und Gerichtsverfassungsgesetz nebst Anhang, 22. Aufl. Berlin 1941

Thomas, Heinz — Anmerkung zum Urteil des BAG vom 21.9.1961 NJW 1962, 836 f.

Thomas-Putzo — Zivilprozeßordnung mit Gerichtsverfassungsgesetz und den Einführungsgesetzen 4. Aufl. München 1970

Trendelenburg, Ernst — Die Bundesratsverordnung zur Entlastung der Gerichte vom 9.9.1915 nebst der amtlichen Begründung, Berlin 1915 (zit. BundesratsVO)

ders. — Die Bundesratsverordnung zur Entlastung der Gerichte vom 9.9.1915 JW 1915, 1064 ff.

Trutter, Josef — Über prozessuale Rechtsgeschäfte, München 1890

Ule, Karl Hermann — Verwaltungsprozeßrecht 4. Aufl. München 1966

Ültsch — Der Einzelrichter der 1. Instanz nach der Zivilprozeßreform BayRpflZ 1924, 281 ff.

Verhandlungen des Deutschen Juristentages
(zit. Verh.d.DJZ)
26. DJT (Berlin 1902)
Bd. III S. 491 ff. (Hamm)
S. 570 ff. (Strähler)
29. DJZ (Karlsruhe 1908)
Bd. II S. 102 ff., 115 ff. (Jastrow)
31. DJT (Wien 1912)
Bd. I S. 29 ff. (Salinger)
S. 259 ff. (Degen)
Bd. III S. 825 ff. (Wildhagen)
S. 856 ff. (Vierhaus)
S. 870 ff. (Magnus)

Volkmar, Erich — Schleunigkeit und Unmittelbarkeit im künftigen Zivilprozeß GruchBeitr. 55 (1911), 278 ff., 575 ff.

ders. — Die Verordnung zur Beschleunigung des Verfahrens in bürgerlichen Rechtsstreitigkeiten vom 22.12.1923 2. Aufl. Mannheim 1924 (zit. BeschlVO)

| | |
|---|---|
| Volkmar, Erich | Die Verordnung zur Beschleunigung des Verfahrens in bürgerlichen Rechtsstreitigkeiten JW 1924, 17 ff. |
| ders. | Die Verordnung über das Verfahren in bürgerlichen Rechtsstreitigkeiten vom 13.2.1924 JW 1924, 345 ff. |
| ders. | Redaktionsversehen? Eine Betrachtung zur Auslegung der Prozeßnovelle LZ 1924, 25o ff. |
| ders. | Wichtige Streitfragen des neuen Zivilprozeßrechts JW 1925, 707 ff. |
| ders. | Entscheidung nach Lage der Akten und Entscheidung ohne mündliche Verhandlung in: Handwörterbuch der Rechtswissenschaft, hrsg. v. Stier-Somlo-Elster, Bd. II. Leipzig 1927, S. 288 u. 292 ff. (zit. HWB) |
| ders. | Grundprobleme der Zivilprozeßreform Judicium (2. Jg.) 1929/30, 223 ff. |
| ders. | Anmerkung zum Urteil des RAG vom 23.2.1935 ArbRSamml. 24, 21 f. |
| ders. | Anmerkung zum Urteil des RAG vom 27.3.1935 ArbRSamml. 24, 35 ff. |
| ders. | Anmerkung zum Urteil des RAG vom 7.10.1936 ArbRSamml. 28, 160 |
| ders. | Anmerkung zum Beschluß des LAG München vom 14.4.1937 ArbRSamml. 30, 134 |
| Vollkommer, Max | Die lange Dauer der Zivilprozesse und ihre Ursachen ZZP 81 (1968), 102 ff. |
| ders. | Anmerkung zum Beschluß des BGH vom 2.10.1967 NJW 1968, 1092 |
| Wach, Adolf | Das Geständnis AcP 64 (1881), 201 ff. |
| ders. | Handbuch des deutschen Zivilprozeßrechts, Bd. I Leipzig 1885 (zit. Handbuch) |

Wach, Adolf — Die civilprozessualische Enquête
Ergänzungsheft zum D. 11 der ZZP, Berlin 1887
(zit. Enquête)

ders. — Die Mündlichkeit in dem Entwurf der österreichischen Civilprozeßorndung
Leipzig 1896
(zit. Mündlichkeit)

ders. — Vorträge über die Reichs-Civilprocessordnung, 2. Aufl.
Bonn 1896
(zit. Vorträge)

ders. — Grundfragen und Reform des Zivilprozesses, Berlin 1914
(zit. Grundfragen)

ders. — Die geplante Verordnung über das Verfahren in bürgerlichen Rechtsstreitigkeiten, in: Das neue Zivilprozeßrecht (Sonderheft der Rheinischen Zeitschrift für Zivil- und Prozeßrecht des In- und Auslands), Mannheim 1924
(zit. Das neue ZPR)

ders. — Die Schriftlichkeit im Zivilprozeß des neuen Rechts
DJZ 1924, 246 ff.

Walsmann, Hans — Die streitgenössische Nebenintervention, Leipzig 1905
(zit. Nebenintervention)

ders. — Der Irrtum im Prozeßrecht
AcP 102 (1907), 1 ff.

ders. — Anmerkung zum Urteil des RG vom 29.9.1929
JW 1930, 549

ders. — Anmerkung zum Beschluß des RG vom 26.9.1932
JW 1933, 1769 ff.

ders. — Schriftlichkeit und Mündlichkeit
ZZP 61 (1939), 381 ff.

Warneyer, Otto — Die Kriegsgesetze prozeßrechtlichen Inhalts
Tübingen 1917
(zit. Kriegsgesetze)

ders. — Die Zivilprozeßordnung
Berlin 1037
(zit. ZPO)

| | |
|---|---|
| Weber, Hellmuth von | Die Durchsetzung der Grundrechte der Europäischen Menschenrechtskonvention in der innerdeutschen Strafrechtspflege<br>MDR 1955, 386 ff. |
| Weismann, Jakob | Lehrbuch des deutschen Zivilprozeßrechts, Bd. I,II<br>Stuttgart 1903-1905 |
| Wendt, Peter | Zur Frage der innerstaatlichen Geltung und Wirkung der Europäischen Konvention zum Schutze der Menschenrechte<br>MDR 1955, 658 |
| Wenger, Leopold | Institutionen des römischen Zivilprozeßrechts<br>München 1925 |
| Wenzel, Leonhardt | Die Befugnisse des Vorsitzenden des Arbeitsgerichts<br>ArbuR 1969, 166 ff. |
| Westermann | Die richterliche Ermessensentscheidung als Erscheinung materiellen Rechts (Vortr. auf d. Tagung deutscher Zivilrechtslehrer in Bad Bertrich am 17.-19.10.1952), mitgeteilt von Schwarz<br>AcP 152 (1952/53), 445 ff. |
| Wetzell, Georg Wilhelm | System des ordentlichen Civilprozesses, 3. Aufl.<br>Leipzig 1878 |
| Wieczorek, Bernhard | Zivilprozeßordnung und Nebengesetze<br>Bd. I, T.2; ZPO, 1.Buch:Allgem. Vorschriften, §§ 108-252<br>Berlin 1957<br>Bd.III : ZPO, 3.-7.Buch: §§ 511-703 a<br>Berlin 1957<br>Bd. IV,T.2: ZPO, 8.-10.Buch: Zwangsvollstreckung, §§ 864-1048<br>Berlin 1958<br>Bd. V : Gerichtsverfassungsgesetz und Nebengesetze, Berlin 1957 |
| Wiener, Alfred | Anmerkung zum Urteil des KG vom 2.7.1927<br>JW 1927, 2471 |

Wieruszowski — Anmerkung zum Urteil des RG vom 21.2.1929 (Abgedr. in RGZ 123, 333 ff.) JW 1929, 1883

Wildhagen — Das Verfahren vor dem Einzelrichter nach der Verordnung vom 13.2.1924 DJZ 1924, 265 ff.

Witte, Walter — Zum Einverständnis mit einer Entscheidung ohne mündliche Verhandlung NJW 1955, 1465 f.

Wolf, H. — Der Prozeßvergleich AcP 88 (1898), 153 ff.

Wolff, Hans Julius — Verwaltungsrecht, Bd. I 6. Aufl. München 1965

Wurzer, Gustav — Nichturteil und nichtiges Urteil Breslau 1927

Ziemer-Birkholz — Finanzgerichtsordnung Kommentar Berlin 1966

Zöller - (Bearb.) — Zivilprozeßordnung mit Gerichtsverfassungsgesetz und Nebengesetzen, 10. Aufl. München 1968

Zscherlich — Das Verfahren nach § 7 Entlastungsverordnung Diss. Leipzig 1927

## Abkürzungsverzeichnis

| | |
|---|---|
| a.A. | anderer Ansicht |
| aaO. | am angegebenen Ort |
| AcP | Archiv für die civilistische Praxis |
| aF. | alte Fassung |
| AP | Nachschlagewerk des Bundesarbeitsgerichts. Arbeitsrechtliche Praxis |
| ArbGG | Arbeitsgerichtsgesetz |
| ArbRSamml. | Arbeitsrechts-Sammlung |
| ArbRspr. | Rechtsprechung in Arbeitssachen |
| ArbuR | Arbeit und Recht. Zs. f. Arbeitsrechtspraxis |
| ArchBürgR | Archiv für bürgerliches Recht |
| arg. | argumentum |
| BAG | Bundesarbeitsgericht |
| BAGE | Entscheidungen des Bundesarbeitsgerichts |
| BayBS | Bereinigte Sammlung des bayerischen Landesrechts |
| BayGVBl. | Bayerisches Gesetz und Verordnungsblatt |
| BayObLG | Bayerisches Oberstes Landesgericht |
| BayObLGZ | Sammlung von Entscheidungen des Bayer. Obersten Landesgerichts in Z(C)ivilsachen |
| BayRpflZ | Zeitschrift für Rechtspflege in Bayern |
| BB | Der Betriebs-Berater |
| BBl. | Büroblatt für gerichtliche Beamte |
| Bd. | Band |
| BEG 1953 | Bundesergänzungsgesetz zur Entschädigung für Opfer der nationalsozialistischen Verfolgung v. 18.9.1953 |
| BEG | Bundesgesetz z. Entschädigung f. Opfer d. nationalsoz. Verfolgung i.d.F.v. 29.6.1956 |
| Bearb. | Bearbeiter |

| | |
|---|---|
| BerlAnwBl. | Berliner Anwalts-Blatt |
| BFH | Bundesfinanzhof |
| BGBl. | Bundesgesetzblatt |
| BGH | Bundesgerichtshof |
| BGHSt. | Entscheidungen des Bundesgerichtshofs in Strafsachen |
| BGHZ | Entscheidungen des Bundesgerichtshofs in Zivilsachen |
| BR | Bundesrat |
| BRAGO | Bundesgebührenordnung für Rechtsanwälte v. 26.7.1957 (BGBl. I S. 907) |
| BSG | Bundessozialgericht |
| BStBl. | Bundessteuerblatt |
| BT | Bundestag |
| Büro | Das Juristische Büro |
| BVerfG | Bundesverfassungsgericht |
| BverfGE | Entscheidungen des Bundesverfassungsgerichts |
| BVerfGG | Ges. ü. das Bundesverfassungsgericht v. 12.3.1951 (BGBl. I S. 243) |
| BverwG | Bundesverwaltungsgericht |
| BverwGE | Entscheidungen des Bundesverwaltungsgerichts |
| das. | daselbst |
| ders. | derselbe |
| DGVZ | Deutsche Gerichtsvollzieher-Zeitung |
| DGWR | Deutsches Gemein- und Wirtschaftsrecht |
| d.h. | das heißt |
| DJ | Deutsche Justiz |
| DJZ | Deutsche Juristenzeitung |
| DÖV | Die Öffentliche Verwaltung |
| DR | Deutsches Recht |
| DRpfl. | Der deutsche Rechtspfleger |
| DVBl. | Deutsches Verwaltungsblatt |
| EFG | Entscheidungen der Finanzgerichte |
| FinG | Finanzgericht |

| | |
|---|---|
| Fußn. | Fußnote |
| ggf. | gegebenenfalls |
| GruchBeitr. | Beiträge zur Erläuterung Deutschen Rechts, begr. v. Gruchot |
| GrZS | Großer Senat in Zivilsachen |
| HEZ | Höchstrichterliche Entscheidungen. Sammlung v. Entscheidungen d. Oberlandesgerichte u.d. Obersten Gerichte in Zivilsachen |
| hM. | herrschende Meinung |
| HRR | Höchstrichterliche Rechtsprechung |
| JbÖffR | Jahrbuch des öffentlichen Rechts der Gegenwart |
| IherJb. | Jahrbücher für die Dogmatik d. heutigen röm. Rechts u. deutschen Privatrechts |
| JJb. | Juristen-Jahrbuch |
| insbes. | insbesondere |
| JR | Juristische Rundschau |
| i.S. | im Sinne |
| JuS | Juristische Schulung |
| JZ | Juristenzeitung |
| KG | Kammgericht |
| KGBl. | Blätter für Rechtspflege im Bezirk des Kammergerichts |
| KGJ | Jahrbuch für Entscheidungen des Kammergerichts in Sachen der freiwilligen Gerichtsbarkeit, in Kosten-, Stempel- und Strafsachen |
| LAG | Landesarbeitsgericht |
| LM | Nachschlagewerk des Bundesgerichtshofs, hrsg. v. Lindenmaier, Möhring u.a. |
| LwVG | Gesetz ü.d. gerichtliche Verfahren in Landwirtschaftssachen v. 21.7.1953 (RGBl. I S. 667) |
| LZ | Leipziger Zeitschrift für Deutsches Recht |
| m.a.W. | mit anderen Worten |
| MDR | Monatsschrift für Deutsches Recht |
| mE. | meines Erachtens |

| | |
|---|---|
| MRK | Konvention zum Schutze der Menschenrechte und Grundfreiheiten v. 4.11.1950 |
| mV(en) | mündliche Verhandlung(en) |
| m.w.Nachw. | mit weiteren Nachweisen |
| NdsRpfl. | Niedersächsische Rechtspflege |
| NF | neue Folge |
| NJW | Neue Juristische Wochenschrift |
| o.ä. | oder ähnlich |
| omV | ohne mündliche Verhandlung |
| ORG | Oberstes Rückerstattungsgericht für die Britische Zone |
| ORG Berlin | Oberstes Rückerstattungsgericht für Berlin |
| OGH | Oberster Gerichtshof für die Britische Zone |
| OLGZ | Entscheidungen der Oberlandesgerichte in Zivilsachen |
| RAG | Reichsarbeitsgericht |
| RAGE | Entscheidungen des Reichsarbeitsgerichts |
| RAGebO | Gebührenordnung für Rechtsanwälte v. 7.7.1879 i.d.F.v. 5.7.1927 (RGBl. I S. 162) |
| RAnz. | Deutscher Reichs-Anzeiger und Preußischer Staatsanzeiger |
| Recht | Das Recht, begr. v. Soergel |
| RGBl. | Reichsgesetzblatt |
| RGZ | Entscheidungen des Reichsgerichts in Zivilsachen |
| RJM | Reichsminister der Justiz |
| Rspr. | Rechtsprechung der Oberlandesgerichte auf dem Gebiete des Zivilrechts |
| RZPO | Reichszivilprozeßordnung |
| RzW | Rechtsprechung zum Wiedergutmachungsrecht |
| S. | Seite |
| SAE | Sammlung arbeitsrechtlicher Entscheidungen |
| SächsArch. | Sächsisches Archiv für Rechtspflege |
| sc. | scilicet (ergänze) |
| SchlHA | Schleswig-Holsteinische Anzeigen |

| | |
|---|---|
| SchlHOLG | Schleswig-Holsteinisches Oberlandesgericht |
| SeuffA | Seufferts Archiv für Entscheidungen der obersten Gerichte in den deutschen Staaten |
| SGG | Sozialgerichtsgesetz i.d.F.v. 23.8.1958 (BGBl. I S. 613) |
| SJZ | Süddeutsche Juristenzeitung |
| sog. | sogenannte |
| u.a. | unter anderem |
| u.a.m. | und andere mehr |
| Übers. | Übersicht |
| u.U. | unter Umständen |
| VereinhG | Gesetz zur Wiederherstellung der Rechtseinheit auf dem Gebiete der Gerichtsverfassung der bürgerlichen Rechtspflege, des Strafverfahrens und des Kostenrechts v. 12.9.1950 (BGBl. S. 455) |
| Verh.d.DJT | Verhandlungen des Deutschen Juristentages |
| vgl. | vergleiche |
| VO(en) | Verordnung(en) |
| Vorbem. | Vorbemerkung |
| VwGO | Verwaltungsgerichtsordnung |
| WarnRspr. | Rechtsprechung des Reichsgerichts, soweit sie nicht in der amtlichen Sammlung der Entscheidungen des RG abgedruckt ist, hrsg. v. Warneyer |
| ZaöRuVR | Zeitschrift für ausländisches öffentliches Recht und Völkerrecht |
| z.B. | zum Beispiel |
| ZMR | Zeitschrift für Miet- und Raumrecht |
| ZStW | Zeitschrift für die gesamte Strafrechtswissenschaft |
| ZZP | Zeitschrift für Zivilprozeß |

EUROPÄISCHE HOCHSCHULSCHRIFTEN

Reihe II Rechtswissenschaft

Nr. 1 Norbert M. Westenberger, Mainz: Verkehrspsychologische Testverfahren und das Grundgesetz. 104 S. 1967.

Nr. 2 Michel Amaudruz, Genève: La garantie des défauts de la chose vendue et la non-conformité de la chose vendue dans la Loi uniforme sur la vente internationale des objets mobiliers. Etude de droit comparé. 328 p. 1968.

Nr. 3 Hans Egger, Bern: Der Einfluss des Art. 88 SVG auf den Regress der Versicherer. 84 S. 1968.

Nr. 4 Beat Steinemann, Bern: Verkehrsdelikt und Militärstrafrecht. 84 S. 1968.

Nr. 5 Ferdinand Meyer, Zürich: Die Untersuchungskompetenzen des amerikanischen Kongresses. 396 S. 1968.

Nr. 6 Peter Staub, Bern: Die Ergänzung der Motorfahrzeug-Haftpflichtversicherung nach Art. 75 und 76 SVG. 144 S. 1968.

Nr. 7 Paul-Henri Burki, Lausanne: Le problème de l'abus des positions dominantes des grandes entreprises dans le Marché Commun. 148 p. 1968.

Nr. 8 Etienne Grisel, Lausanne: Les exceptions d'incompétence et d'irrecevabilité dans la procédure de la Cour internationale de Justice. 244 p. 1968.

Nr. 9 Michel Béguelin, Bern: Das Gewohnheitsrecht in der Praxis des Bundesgerichts. 152 S. 1968.

Nr. 10 Beatrice Gukelberger, Bern: Die Absichtsdelikte des Schweizerischen Strafgesetzbuches. 96 S. 1968.

Nr. 11 Thomas Geisser, Freiburg: Die Weinbezeichnungen nach schweizerischem, österreichischem, italienischem, französischem und deutschem Recht. 372 S. 1968.

Nr. 12 Hanspeter Kehrli, Zürich: Interkantonales Konkordatsrecht. 200 S. 1968.

Nr. 13 Hansjürg Schnellmann, Zürich: Die Rechtsbeziehungen des Ehemannes zum eingebrachten Gut der Ehefrau. 136 S. 1969.

Nr. 14 Konrad Butz, Zürich: Das Recht der Seefahrt mit Yachten in vergleichender Darstellung. 248 S. 1969.

Nr. 15 Peter J. Bratschi, Bern: Die Bedeutung der Verfassungsinitiative in der Sozialgesetzgebung der Schweiz. 146 S. 1969.

Nr. 16 Felix Wüst, St. Gallen: Die interkantonale Vereinbarung über die Kontrolle der Heilmittel vom 16. Juni 1954. 368 S. 1969.

Nr. 17 Erika Schmidt, Bern: Die Nötigung als selbständiger Tatbestand und als Tatbestandselement im Strafgesetzbuch. 104 S. 1969.

Nr. 18 Paul Ulrich Lanz, Basel: Die Delegation der Befugnisse des Verwaltungsrats. 76 S. 1969.

Nr. 19 Elisabeth Fopp, Zürich: Die Straftaten des alten Menschen. 104 S. 1969.

Nr. 20 Jürg Stucki, Bern: Der Hausfriedensbruch (Art. 186 StGB) verglichen mit den entsprechenden Regeln des amerikanischen Rechts unter besonderer Berücksichtigung des Model Penal Code des American Law Institute. 147 S. 1970.

Nr. 21 Peter V. Saladin, St. Gallen: Das Recht auf Werbung und seine öffentlichrechtlichen Schranken. 356 S. 1969.

Nr. 22 Jenö C. A. Staehelin, Bern: Die gewohnheitsrechtliche Regelung der Gerichtsbarkeit über fremde Staaten im Völkerrecht. Versuch einer Reinterpretation der Praxis. 128 S. 1969.

Nr. 23 Walter A. Stöckli, New York: Church-State and School in Switzerland and the United States. A Study in Comparative Constitutional Law. 52 p. 1969.

Nr. 24 Cécile M. Ringgenberg, Zürich: Die Beziehungen zwischen dem Roten Kreuz und dem Völkerbund. 112 S. 1969.

Nr. 25 Urs Zinsli, Bern: Die Quellenbesteuerung des unselbständigen Erwerbseinkommens in der Schweiz. 216 S. 1970.

Nr. 26 Léon Chaubert, Neuchâtel: L'Union postale universelle. Son statut juridique, sa structure et son fonctionnement. 149 p. 1970.

Nr. 27 Elisabeth Bener-Wittwer, Neuchâtel: Le caractère du droit de marque et les importations parallèles. 196 p. 1970.

Nr. 28 Marx Heinz, Bern: Das dingliche Wohnrecht. 144 S. 1970.

Nr. 29 Hans Engler, Zürich: Die Zivilschutzorganisation in der Schweiz. 168 S. 1970.

Nr. 30 Seref Ünal, Bern: Geschäftsführung und Vertretung bei Kollektivgesellschaften im schweizerischen und im türkischen Recht. 132 S. 1970.

Nr. 31 Susanne Imbach, Bern: Die Heilmittelkontrolle in der Schweiz aus staats- und verwaltungsrechtlicher Sicht. 120 S. 1970.

Nr. 32 Urs Vetsch, Bern: Die staatsrechtliche Beschwerde wegen Verletzung von Konkordaten. 96 S. 1970.

Nr. 33 Markus Boehringer, Bern: Ausführung und Vollzug von Staatsverträgen durch bundesrätliche Verordnungen. 96 S. 1971.

Nr. 34 Georg Lechleiter, Zürich: Das Kind als Gegenstand und Opfer krimineller Misshandlung. 132 S. 1971.

Nr. 35 Bruno Paul Schneider, Bern: Die versicherungsrechtliche Erfassung der Gefahrstatsachen nach schweizerischem und deutschem Recht. 68 S. 1971.

Nr. 36 Ivan Thomas Locher, Bern: Die Selbsthilfe als Voraussetzung staatlicher Hilfsmassnahmen (Art. 31 bis, Abs. 4 BV). 152 S. 1971.

Nr. 37 Conrad Lerch, Zürich: Der Bund und die kantonalen Hochschulen. Gesamtstaatliche Tätigkeit zugunsten von Wissenschaft und Forschung 1740–1970. 324 S. 1971.

Nr. 38 Michael Béky, Zürich: Rechtspolitische Probleme im Zusammenhang mit dem anthropologisch-erbbiologischen Gutachten: Ein Beitrag zur geplanten Teilrevision des schweizerischen Familienrechts. 164 S. 1971.

Nr. 39 Roland Beuttner, Genève: La cession de créance en droit international privé. 160 p. 1971.

Nr. 40 Hans Nater, Zürich: Die Haftpflicht des Geschäftsherrn gemäss OR 55 angesichts der wirtschaftlich-technischen Entwicklung. 142 S. 1971.

Nr. 41 Wolfgang Zoller, Frankfurt: Über die Bedeutung des Art. 80 GG. Gewaltenteilungsgrundsatz und Normensetzung durch die Verwaltung. 186 S. 1971.

Nr. 42 Rudolf Tuor, Bern: Die Berücksichtigung der einheitlichen Mindestgrundsätze über die Behandlung der Gefangenen in der Schweiz. (Dargestellt am Strafvollzug des Kantons Luzern). 292 S. 1971.

Nr. 43 Roland von Büren, Bern: Teilzeitarbeit und temporäre Arbeit als neue Formen von Dienstleistung im schweizerischen Recht. 282 S. 1971.

Nr. 44 Hanns Jürgen Weigel, Frankfurt: Beurteilungsspielraum oder Delegationsbegriff? Der Umfang des verwaltungsgerichtlichen Rechtsschutzes im Hinblick auf das Prinzip der abgeleiteten Staatsgewalt. 180 S. 1971.

Nr. 45 Friedrich Becker, Frankfurt: Das Teilzeitarbeitsverhältnis in arbeitsrechtlicher Sicht. 178 S. 1971.

Nr. 46 Giorgio Bernardoni, Berna: L'azionista unico e l'azionista sovrano nel diritto svizzero e italiano. 112 S. 1971.

Nr. 47 Rudolf Grüninger, Basel: Die Oper im Urheberrecht. 124 S. 1971.

Nr. 48 Johannes Wiederhold, Mannheim: Stiftung und Unternehmen im Spannungsverhältnis. 148 S. 1971.

Nr. 49 Heinrich Ganseforth, Braunschweig: Das Widerstandsrecht des Art. 20 Abs. 4 Grundgesetz im System des Verfassungsschutzes. 186 S. 1972.

Nr. 50 Gerhart Poetzl, Freiburg i.Br.: Die Verwirkung des Namens- und Unterhaltsrechts geschiedener Ehegatten. Ein Beitrag zu den §§ 56, 57 und 66 des Ehegesetzes unter Berücksichtigung des schweizerischen und österreichischen Rechts. 174 S. 1971.